IGLESIA CATÓLICA Y NACIONALIDAD CUBANA

Encuentros Nacionales de Historia

Tomo II

COLECCIÓN FÉLIX VARELA Nº 23

EDICIONES UNIVERSAL, Miami Florida, 2005

IGLESIA CATÓLICA Y NACIONALIDAD CUBANA

Encuentros Nacionales de Historia

Tomo II

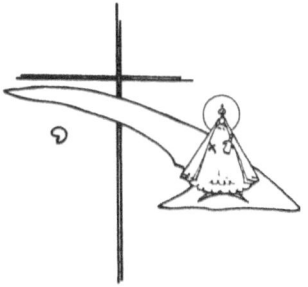

Memoria de los cuatro Encuentros Nacionales de Historia convocados por la Comisión Nacional de Pastoral de Cultura de la Conferencia de Obispos Católicos de Cuba, celebrados en la ciudad de Camagüey, Cuba.

Editor y Compilador: Joaquín Estrada Montalván

Copyright © 2005 Comisión Nacional de Pastoral de Cultura

Primera edición, 2005
Segunda edición (Reedición), 2024

EDICIONES UNIVERSAL
P.O. Box 450353 (Shenandoah Station)
Miami, FL 33245-0353. USA
Tel: (305) 642-3234 Fax: (305) 642-7978
e-mail: ediciones@ediciones.com
http://www.ediciones.com

Library of Congress Catalog Card No.: 2004105384
Primera edición: ISBN: 978-1-59388-032-3
Segunda edición: ISBN: 978-1-59388-355-3

Compilador y Editor: Lic. Joaquín Estrada Montalván

Corrección: Lic. Mariela Peña Seguí

Copia de los textos originales: Lic. María Cristina Puga

Maquetación y composición de textos: Nury A. Rodríguez
Diseño de cubierta y páginas interiores: Luis García Fresquet

Fotos de la portada:
Logotipo Encuentros Nacionales de Historia: Arq. Elizabeth García Vitar.
Mons. Adolfo, Padre Enrique Pérez Serantes, Carlos J. Finlay, portada de un Anuario De La Salle (fondo) y Santuario Nacional del Cobre, Santiago de Cuba y de la Iglesia de San Juan de Dios, Camagüey.

Foto de la contraportada: Virgen del Campo, de Maidelina Pérez Lezcano. Esta pintura le fue obsequiada al Sr. Manolo Fernández Santalices en el Homenaje que se le brindó durante el IV Encuentro Nacional de Historia «Iglesia Católica y Nacionalidad Cubana»

Todos los derechos
son reservados. Ninguna parte de
este libro puede ser reproducida o transmitida
en ninguna forma o por ningún medio electrónico o mecánico,
incluyendo fotocopiadoras, grabadoras o sistemas computarizados,
sin el permiso por escrito del autor, excepto en el caso de
breves citas incorporadas en artículos críticos o en
revistas. Para obtener información diríjase a
Ediciones Universal.

Índice

TERCER ENCUENTRO 7

Iglesia Católica y Nacionalidad Cubana 9
Listado de participantes 13

DISCURSOS Y MENSAJES 15
Palabras de apertura 15
Homilía de la Misa de clausura 18
Mensaje del Cardenal Pio Laghi, Hna. Silvia Ma. Casado, stj
y Cardenal Paul Poupard 24
Hacia una historia crítica. José G. Quintas 27
Presentación del libro «El Colegio Seminario San Basilio Magno».
Rafael Duharte Jiménez 30

CONFERENCIAS 31
Jorge Mañach: cultura y destino Nacional. Dr. Roberto Méndez Martínez ..31
Apuntes para una teología desde Cuba. Jesús Garmilla Zapatero 45
El tema religioso en la poesía cubana del s. XIX. Dr. Luis A. Alvarez ...191
Criollaje, Iglesia Católica y educación en la América española
(siglos XVI y XVII). Hernán Venegas Delgado 203

PANEL
Iglesia Católica y pensamiento católico en Cuba 216
Evolución del pensamiento católico en Cuba, desde los orígenes
hasta 1959. Mons. Carlos Manuel de Céspedes García-Menocal 216
Pensamiento católico cubano desde 1960 hasta el ENEC.
P. Antonio Rodríguez Díaz 230

PANEL
Tres temas relevantes del pensamiento católico en Cuba 237
José de la Luz y Caballero. Perla Cartaya 237
El Habanero o el concepto de nacionalidad del Padre Félix Varela.
Fr. Fidel de Jesús 249
La Academia Católica de Ciencias Sociales: una institución al
servicio del pueblo de Cuba. Salvador Larrúa Guedes 272
Resúmenes de las ponencias 283

ÍNDICE

CUARTO ENCUENTRO 295

Crónica 297
Listado de participantes 301

DISCURSOS Y MENSAJES 304
Palabras de apertura 304
Homilía de la Misa de clausura 306
Mensaje de Mons. Dionisio García 312
Presentación del libro «Te basta mi gracia» de Su Eminencia
Card. Jaime Ortega. Orlando Márquez 313
Presentación del Libro «El Santero Cubano». P. Raúl Rodríguez Dago . . 315

CONFERENCIAS 317
Filosofía católica y sociedad en Cuba. P. Antonio Rodríguez 317
La Fe Cristiana y su proyección Social. Ricardo Arias Calderón 330
La Iglesia Católica en la Cuba colonial y el mundo Trabajador.
Mons. Ramón Suárez Polcari 347
Catolicismo, religiones populares e identidad nacional cubana
Prof. Israel Moliner Castañeda 357
Obra social de la Iglesia en Camagüey. Siglo XX. Amparo Fernández 376
Universidad del Aire. Laicos –y algunos clérigos–. Diálogo y
compromiso social. Dr. Roberto Méndez 389
Asociaciones y movimientos católicos en Cuba: su proyección
social en la República. Manuel Fernández Santalices 401
La Iglesia y las constituciones republicanas de 1901 y 1940. Joel Prado . . .420
Pluralismo religioso e increencia en la Cuba republicana. Énfasis
en el tema «Iglesia Católica y Sociedad». Mons. Carlos Manuel de
Céspedes García-Menocal 431
Acción Católica y sociedad en Cuba. Diego Echemendía 461

PANEL
Congregaciones religiosas y obra social en Cuba. Una muestra. 465
Obra social de las Hijas de la Caridad en Cuba 1847-1961.
Sor Hilda Alonso, hc 465
La obra social de los franciscanos en Cuba. Dr. Salvador Larrúa Guedes . . 476
Resúmnees de las ponencias 491

Anéxo fotográfico del Tercer y Cuarto Encuentro 505

TERCER ENCUENTRO

Iglesia Católica y Nacionalidad Cubana

Beatriz Suárez Font

Durante los días del 7 al 9 de junio, sesionó en Camagüey el Tercer Encuentro Nacional de Historia, en esta ocasión dedicado al tema: Pensamiento y cultura católica en Cuba. Al mismo asistieron importantes personalidades de nuestra Iglesia encabezadas por el Cardenal Jaime Ortega Alamino, Arzobispo de La Habana y Presidente de la Comisión de Cultura de la COCC, así como investigadores de distintas comunidades católicas de Cuba y el extranjero, y de instituciones de investigación histórica y culturales del país.

Las palabras de bienvenida estuvieron a cargo de Mons. Adolfo Rodríguez, Arzobispo de Camagüey y Presidente de la Conferencia de Obispos Católicos de Cuba, quien al referirse a la importancia de la labor de investigación histórica que se lleva a cabo dentro de la Iglesia, la comparó con la parábola de «La semilla de mostaza», teniendo en cuenta los inicios en el año 1996 y los pasos que se han dado en otras diócesis durante los últimos años para organizar este trabajo.

El Lic. Joaquín Estrada Montalván, presidente de la Comisión Organizadora de los Encuentros, hizo la apertura del mismo y expuso los resultados que se han obtenido desde el 96 hasta hoy, que se resumen en publicaciones, eventos a nivel diocesano, nuevas personas interesadas en estos trabajos y, sobre todo, destacó la importancia del intercambio sano y respetuoso entre investigadores de diferentes criterios e ideologías pero «todos de buena voluntad», que movidos por el amor a la patria, tratan de comprender su pasado. Este espacio constituye «una experiencia de fraternidad que contribuye a construir para nuestros hijos un mejor hogar, una casa donde Cuba, madre y padre, mire su pasado y construya su futuro».

El programa del Encuentro estaba cargado de temas de interés, como en las dos versiones anteriores. Comenzaré refiriéndome a las distintas conferencias, paneles e intervenciones especiales.

Las sesiones de trabajo quedaron abiertas con la excelente conferencia del Lic. Roberto Méndez sobre «Jorge Mañach y la cultura nacional cubana». Con la maestría que lo caracteriza, Roberto nos mostró la figura de Mañach libre de prejuicios que tanto ha limitado el conocimiento de su polifacética obra. Personalmente le agradezco la posibilidad que me brindó de conocer esta personalidad, más allá del tratamiento que se le ha dado en las aulas universitarias y, ante la ausencia casi total de sus escritos o estudios dedicados a su obra, esperamos contar con las Memorias del Encuentro, pues el texto de esta conferencia, sin dudas, constituye una importante fuente de información.

En horas de la tarde tuvo lugar la intervención especial del Sr. Manuel Fernández, laico cubano que reside en España, que, como en cada ocasión, dio muestras de un caudal enorme de información que ha atesorado durante largos años de investigación, además de su vivencia personal. Así rememoró el camino del catolicismo en nuestro país, en un trabajo que él denominó «Catolicismo en Cuba».

Después de un día de bastante trabajo, en horas de la noche se presentó la intervención del P. Jesús Garmilla sobre «Apuntes para una teología desde Cuba». El P. Garmilla, a partir de la parábola del hijo pródigo, reflexionó sobre la necesidad de que los cristianos actuemos según el padre de la parábola para que, de ese modo, contribuyamos a la reconciliación de los cubanos. Esta intervención resultó de mucho interés para todos los presentes.

A continuación se presentó el libro «Colegio y Seminario San Basilio Magno» de la Dra. Olga Portuondo y el P. Joan Rovira, sj, actual rector del Seminario. Este es uno de los frutos de los Encuentros de Historia, pues su origen se remonta al Segundo celebrado en El Cobre en 1998, cuando los autores expusieron este tema en una conferencia.

El jueves 8 se desarrollaron dos paneles; el primero sobre «Iglesia Católica y pensamiento católico en Cuba», con la participación de Mons. Carlos Manuel de Céspedes, el P. Antonio Rodríguez y el laico Eduardo Mesa. En las intervenciones se expuso el desarrollo que ha experimentado el pensamiento católico en nuestro país a través de las distintas etapas de nuestra historia hasta la actualidad, destacando los hechos, grupos y personalidades que han marcado hitos en cada una de ellas.

En la tarde se desarrolló el segundo panel titulado «Tres temas relevantes del pensamiento católico en Cuba», a cargo de la Dra. Perla Cartaya, que abordó la figura de José de la Luz Caballero; por su parte, Fr. Fidel de Jesús se refirió al tema de la nacionalidad según el P. Félix Varela; y el Dr. Salvador Larrúa trató la figura de Mariano Aramburu y la primera Academia Católica de Ciencias Sociales. De este panel fue muy importante el tratamiento a figuras que han influido en la conformación de nuestra nacionalidad.

El viernes nos reservó otros momentos relevantes. Uno de ellos fue la conferencia del Dr. Luis Álvarez sobre «Poetas y poesía católica en Cuba». El Dr. Álvarez demostró ser un hombre culto y de una sólida formación, sin embargo, se expresó de forma sencilla y asequible en la exposición del tema, refiriéndose a la obra de distintas figuras como Zequeira, Heredia, Plácido, Zenea, Luaces, la

Avellaneda, Úrsula Céspedes, Juan Nápoles Fajardo, Luisa Pérez de Zambrana y Casal. En la obra de ellos, dijo, el tema religioso en su poesía no es marginal, sino un componente raigal y, por ello, presente en nuestra cultura.

Interesante también resultó la intervención del Dr. Hernán Venegas, investigador del Instituto de Historia, que versó sobre «Criollaje e Iglesia en Hispanoamérica y Cuba». Con maestría y tono mesurado el Dr. Venegas se refirió a la relación del criollo con la institución eclesiástica, señalando las luces y sombras que hubo en ellas a través de nuestra historia y la de Hispanoamérica. De manera desapasionada y objetiva manejó el tema, modo real de contribuir a la profundización del conocimiento de nuestro pasado.

Otra presencia de los hermanos en la emigración fue la del Dr. Enildo García con el tema «Influencia Espiritual del Seminario 'San Carlos y San Ambrosio'». Con la sencillez que caracterizó toda su participación en el Encuentro. Enildo aportó interesantes datos históricos encontrados por él en los Archivos de Indias y del Vaticano, que ha tenido la oportunidad de consultar.

Los trabajos presentados en las comisiones, en general, eran todos de alta calidad. Es digno de destacar la participación de ponencias que abordan historias particulares. Este es otro de los frutos de la semilla sembrada hace casi cinco años y que, a mi entender, tienen un valor extraordinario porque están rescatando y sacando del anonimato las vivencias de personas y comunidades que han mantenido viva la llama de la fe en nuestra amada patria y que, en un futuro, que ya no parece tan lejano, permitirán escribir una nueva historia de la Iglesia en Cuba.

La atención general en la Casa Diocesana de La Merced fue excelente, el alojamiento, la comida y la exquisita velada cultural. Gracias al P. Willy, que no descansa y cuida de todos los detalles, así como a todo el equipo que trabaja con él.

La misa de clausura estuvo presidida por el Cardenal, Mons. Jaime Ortega, y concelebrada por todos los obispos y presbíteros presentes en el Encuentro y el Diácono Reynaldo Peña ayudó en la celebración al Cardenal, que en su homilía destacó, entre otros temas, la importancia de reconocer que «haya una mediación cultural en la instauración de la Iglesia en cualquier parte y el conocimiento de la realidad histórica es fundamental para la siembra de la semilla evangélica. Es tan esencial conocer el pasado como capturar el momento presente...»

El Tercer Encuentro Nacional de Historia fue una nueva ocasión de comprobar lo acertado de la idea de su concepción y sigue siendo un importante espacio donde, desde la diversidad, los participantes discuten y debaten temas de interés común, que se enriquecen a partir de los distintos criterios para al final proyectar una imagen de Cristo y de la Iglesia más limpia de interpretaciones infundadas. Pero al hacer un recuento del pasado de la Iglesia debemos tener presentes las ideas expresadas por Su Santidad Juan Pablo II el 12 de marzo, a propósito de la

Jornada del Perdón, al referirse a lo que ha llamado «purificación de la memoria», donde, además de ejemplos de santidad, ha dicho «no podemos dejar de reconocer las infidelidades al Evangelio de algunos de nuestros hermanos, especialmente durante el segundo milenio». Además, es bueno tener presente que «la Iglesia de hoy y de siempre se siente comprometida a purificar la memoria de aquellas tristes vicisitudes de todo sentimiento de rencor o de venganza».

Publicada en la revista *Cocuyo* de la diócesis de Holguín. Año IV # 19. 2000

Listado de Participantes

PINAR DEL RÍO
    P. Antonio Rodríguez - Panelista

HABANA
    Mons. Jaime Ortega Alamino
    Mons. Carlos Manuel de Céspedes
    Dr. Hernán Venegas
    Mons. Salvador Riverón
    Lic. Walfredo Piñera
    Lic. Juan Emilio Friguls
    Fr. Fidel de Jesús
    Sr. Eduardo Mesa
    Dra. Perla Cartaya
    Dr. Salvador Larrúa
    Lic. Navia García
    Lic. Daniel Agüero
    Lic. Yoana Hernández Suárez
    Arq. Orlando Márquez

MATANZAS
    Lic. Harlene Govea
    Lic. Rouget Sóñara

SANTA CLARA
    Laura M. Fernández
    P. Jesús Garmilla
    Lic. Yoel Prado

CIENFUEGOS
    Eloy M. Viera Moreno
    Lic. Eliza Martínez
    Lic. Rogelio Leal

CAMAGÜEY
    Mons. Adolfo Rodríguez
    Dr. Luis Álvarez
    Lic. Roberto Méndez
    Dra. Olga García

Lic. Amparo Fernández
Lic. Eugenio Viñas
Dr. Eduardo Albert Santos
Lic. Raúl Alejandro González

BAYAMO
Gabriel Espinosa

HOLGUÍN
Diac. Reinaldo Peña
Lic. Beatriz Suárez Font
Lic. Manuel Martínez

SANTIAGO DE CUBA
Mons. Pedro Meurice
Lic. Elsa Santos García
P. Joan Rovira Canielles
Lic. Isabel de la O
Dra. Olga Portuondo Zúñiga

GUANTÁNAMO
Juan Antonio Torrel Lluch
José Francisco Lammoglia Guillama

ESPAÑA
Sr. Manolo Fernández

ESTADOS UNIDOS
Enildo García

COMITÉ ORGANIZADOR
Lic. Joaquín Estrada
P. Álvaro Beyra
Lic. Diego Echemendía
Lic. Roberto Méndez
Lic. José Quintas
José Brauet del Pino
Laura Fernández
P. Jorge Catasús

DISCURSOS Y MENSAJES

Palabras de Apertura

Lic. Joaquín Estrada Montalván

Emmo. Mons. Card. Jaime Ortega Alamino
Excmo. Mons. Adolfo Rodríguez
Excmo. Mons. Juan García
Excmo. Mons. Salvador Riverón
Distinguidos conferencistas, panelistas, ponentes,
invitados y participantes en el evento:

*«La Iglesia y las instituciones culturales de la nación
deben encontrarse en el diálogo, y cooperar así
al desarrollo de la cultura cubana»
Juan Pablo II en la Universidad de La Habana, Enero de 1998*

Con esfuerzos, desvelos, alegrías y sobre todo con mucho amor, estamos iniciando la tercera edición de los Encuentros Nacionales de Historia «Iglesia Católica y Nacionalidad Cubana». En esta ocasión con el tema «Aportes de la Iglesia Católica al pensamiento y cultura cubanos». La fe católica, como todos sabemos llegó a «la tierra más hermosa» que ojos humanos habían visto junto al Almirante Cristóbal Colón y se fue inculturando a través de todo el complejo proceso de formación de nuestra identidad, hasta penetrar en lo más íntimo de ella, llegando a conformar lo que el Papa nombró varias veces en su visita a nuestro país como «el alma cristiana de la cultura cubana».

Leyendo nuevamente en estos días el Documento Final del ENEC he encontrado un párrafo que resume muy bien el espíritu de estos eventos y todos los proyectos relacionados con la Historia de la Iglesia y la Nación Cubana que estamos impulsando:

*La historia, aun hecha de realidades pasadas, tiene tal valor
educativo, avalado por la indiscutible experiencia de lo vivido, que
no sería posible una seria reflexión para el presente y el futuro de la*

evangelización en Cuba sin mirar, serenamente y con deseos de aprender, a ese pasado que nos marca el paso con sus luces y experiencias, que nos alerta y purifica con sus sombras y fallos, pero que, sobre todo, nos pone en contacto con nuestras raíces y nos nutre con la savia de lo que nos es propio, siempre antiguo y siempre nuevo: la efusión renovadora de nuestra cubanía iluminada por el Evangelio de Jesucristo.

Sobre esto vamos a conversar, término que prefiero al de dialogar, durante estos tres días de intensa labor, como habrán podido ver en sus programas. Estamos seguros de que el tema propuesto podrá ser ampliamente abordado, ayudará a clarificar varias problemáticas, pero será imposible de agotar.

Será este encuentro como un alto en el camino, que servirá para recapitular lo andado, a la vez que nos dará fuerzas para continuar la ruta con nuevos bríos y la dirección más clara. Los invito, pues, a centrarnos en el amplio y rico tema que nos ocupa para sacarle la mayor savia posible a este evento.

Hemos avanzado en estos estudios, me atrevo a decir que mucho en estos últimos cuatro años, desde el primer encuentro en 1996. Han aparecido valiosos textos producidos tanto dentro como fuera de Cuba. Las publicaciones diocesanas tratan sistemáticamente de esta materia en sus paginas. Aulas y Cátedras se ocupan en toda la Isla de estos asuntos. Han nacido los encuentros diocesanos de historia en Camagüey y recientemente en Holguín, y existe la intención y el deseo de irlos creando en varias diócesis.

Pero lo más importante que se ha logrado, es que el camino es cada vez transitado por más historiadores de diversos puntos de vistas e ideologías, que se interesan en colaborar con los Encuentros Nacionales de Historia «Iglesia Católica y Nacionalidad Cubana» seguros de que desde estos, pueden enriquecer el acervo cultural y espiritual de nuestra nación. Lo que ha permitido que nos conozcamos mucho mejor, tanto los que vivimos dentro de la fe católica como aquellos que profesan otra o ninguna, cubanos y cubanas todos de buena voluntad que generosamente se han incorporado a estos eventos. Este acercamiento humano que se ha logrado aquí, ojalá se expanda a otras áreas de la vida nacional porque nos hará mucho mejores y permitirá entregarles a nuestros hijos un mejor hogar, con una familia más unida y cordial.

Podemos decir que se están cumpliendo los objetivos con que fueron lanzados a la luz pública estos encuentros:

- Ayudar a conocer el lugar real de la Iglesia Católica dentro de la historia de Cuba.

- Estimular los estudios locales, regionales y de personalidades, hechos por aquellos indagadores implicados directamente en cada realidad
- Colaborar en la creación de nuevos espacios bibliográficos.
- Colaborar en la imprescindible labor de formar conciencia de amor a Cuba como Patria y Matria en las jóvenes generaciones. Es este el objetivo de mayor vitalidad.

Los resultados de los eventos son ya palpables, pero su éxito mayor no está en lo logrado, el éxito no está a la mitad del camino, su éxito estará siempre en lo que puedan aportar en cada edición. Seguiremos celebrando estas Bienales Nacionales de Historia con la intención y el deseo de que estos constituyan una Casa donde Cuba, Padre y Madre, vea con alegría una representación de sus hijos encontrando juntos su pasado, para encontrar juntos su porvenir.

Gracias a todos ustedes que respondieron a la Convocatoria, y que han tenido la gentileza de estar presentes. Gracias también, por supuesto, a todos los que materialmente los han hecho posible y, por encima de todo, gracias a nuestro Señor Jesucristo, Señor de la Historia.

Pidamos a nuestra Madre Celestial la Virgen de la Caridad, al Siervo de Dios P. Félix Varela, y al Siervo de Dios P. Olallo que intercedan ante Él, por el éxito de este Tercer Encuentro Nacional de Historia «Iglesia Católica y Nacionalidad Cubana» que declaro oficialmente inaugurado en nombre de su Comité Organizador.

Muchas gracias.

Homilía de su Eminencia Monseñor Cardenal Jaime Ortega Alamino en la Misa de Clausura

La liturgia de esta semana, que va de la Ascensión a Pentecostés, constituye un octavario del Espíritu Santo. La Iglesia toda, como en los días que precedieron en Jerusalén aquella efusión clamorosa del Espíritu que la lanzó a las plazas, se pone ahora en oración y vuelve a repetir: «ven, Espíritu Santo». Es el Espíritu el que capacitará a la Iglesia para anunciar al mundo entero el mensaje sublime y profundo que le ha confiado su Señor.

La lectura del libro de los Hechos de los Apóstoles nos revela hoy, con la agudeza y el sabor a que nos tiene acostumbrados San Lucas, la difícil naturaleza del mensaje que los discípulos de Jesús, enviados por su Maestro y Señor y movidos por el Espíritu Santo debían llevar hasta los confines de la tierra. Enormes barreras se levantaban en Judea, en Galilea, en Grecia, en Asia Menor y en Roma, para el anuncio del Nazareno clavado en un madero que ha resucitado. Esas barreras eran sobre todo culturales. Concepciones populares, tradiciones, pensamientos filosóficos de altos vuelos hacían, cada uno a su modo, una muralla alrededor de aquello que el mismo San Pablo calificaría de «escándalo para los Judíos y locura para los Griegos».

Pablo estaba en Cesarea porque al comparecer ante el Sanhedrín en Jerusalén a causa de ciertos disturbios y acusaciones, supo utilizar muy bien la dialéctica. Vio que sus jueces eran unos fariseos y otros saduceos. Los primeros creen en la resurrección de los muertos, los otros no y Pablo, que siempre había pertenecido al grupo de los fariseos, declaró allí que él sólo había enseñado la resurrección de los muertos. Se produjo un gran altercado entre los jueces unos a favor y otros en contra de la resurrección y la autoridad romana decidió enviar a Pablo al gobernador romano Félix en el puerto de Cesarea. Allí Pablo, de prisionero se convirtió en huésped, vivía en una casa contigua a la de Félix y llegó a ser amigo de él. Cambiaron a Félix y vino Festo que le dio igual trato y la lectura de hoy nos presenta el desenlace de la historia.

Festo aprovechó la visita del rey Agripa para presentarle el caso de Pablo. Agripa no era amigo del sumo sacerdote Ananías que era saduceo y que deseaba que Pablo fuera condenado. Agripa no era fariseo pero era de la tribu de Dan, que estaba integrada por gentes más sencillas, a quienes no les gustaba Ananías. Esta es la coyuntura histórico-cultural que aprovechan Festo y Pablo. Pero vale la pena repetir la narración del libro de los Hechos que manifiesta, por sí misma, la complejidad del mensaje cristiano. Así describe el romano Festo al judío Agripa este litigio: «se trataba sólo de ciertas discusiones acerca de su religión, y de un difunto llamado Jesús, que Pablo sostiene que está vivo. Yo, perdido en semejante discusión, le he preguntado a Pablo si quería ser juzgado en Jerusalén, pero Pablo como ciudadano romano ha apelado a Roma, y allí lo enviaré».

El mensaje cristiano extravía a los romanos y enfrenta unos a otros a los judíos; verdad esencial en la fe ante la cual se sienten los hombres perdidos, desconcertados. Pero se destaca en el relato la capacidad intelectual y la sagacidad del apóstol Pablo, que sabe cuándo conviene reclamar su condición de fariseo y cuándo es necesario hacer uso de su ciudadanía romana. En todos los casos sabe emplear la dialéctica y es capaz de hacerse sinceramente amigo de Félix y de Festo. Digna de mención es la crónica de San Lucas, llena de sutilezas y alusiones que descubren también a un buen conocedor de ese mundo al cual debía llevarse el anuncio de Jesucristo Salvador.

Hay una mediación cultural en la instauración de la Iglesia en cualquier parte y el conocimiento de la realidad histórica es fundamental para la siembra de la semilla evangélica. Es tan esencial conocer el pasado como captar el momento presente, porque la Iglesia no puede considerarse solamente de modo fenomenológico como una institución fundada hace dos mil años por Jesús de Nazaret, con una trayectoria precisa en el devenir histórico. De hecho Jesucristo no es un fundador en el sentido universalmente aceptado del término, ni puede decirse con absoluta validez que la Iglesia ha sido fundada por Jesús. Los fundadores establecen normas y reglamentos. Hay un momento de fundación, cuando los compromisos de pertenencia y dirección quedan establecidos. No es así en la Iglesia.

Los Santos Padres hablan a menudo de que la Iglesia nace del costado abierto de Cristo en la Cruz. La Iglesia fluye de Jesucristo, pero no en un punto determinado de la historia hace dos mil años. La Iglesia está fluyendo siempre de Jesucristo, analógicamente al acto creador. Dios no se sitúa en el límite retrospectivo del tiempo para crearlo todo de golpe. Y así hay un acto creador de Dios en cada vida humana que se gesta en el seno materno.

Cada hombre y cada mujer que encuentra a Jesucristo y lo reconoce en la fe como el hijo de Dios vivo queda incorporado a Cristo por la acción del Espíritu Santo y el bautismo en su cuerpo que es la Iglesia. La Iglesia está integrándose en Cristo cada día, fluye de su amor a los hombres a cada instante.

Jesucristo no fue un simple maestro de doctrina, cuyo conocimiento nos incorporaría a una escuela de pensamiento y a un consecuente estilo de vida. Él es la Palabra hecha carne que ha venido a nosotros. Él descendió del cielo, del seno de la Trinidad santísima, para recogernos misericordiosamente a los que yacíamos en las tinieblas y en sombra de muerte y levantarnos con Él, que asciende a los cielos llevando cautiva nuestra cautividad. Jesús no es un maestro que muestra un camino, Él es el camino. Cuando accedemos a Él, él nos colma con la vida que vino a traer en abundancia a la tierra y nos introduce por su Espíritu Santo en esa corriente inextinguible de amor trinitario que retorna siempre al Padre.

A Jesús cada uno debe amarlo con un amor de entrega y de dejación. «Quien ama a su Padre o a su Madre más que a mí, no es digno de mí»... «quien quiera ser mi discípulo que se niegue a sí mismo, que cargue con su cruz y me siga». Cada hombre, cada mujer que quiera tomar en serio el seguimiento de Cristo debe establecer una relación personal de amor con Jesús. Esa es la razón de la triple pregunta de Jesús a Pedro: «Pedro, ¿me amas?... ¿me amas más que éstos?». Aún las responsabilidades en la Iglesia dependen de la capacidad de entrega del corazón a Jesús. Por esto el mensaje cristiano es desorientador o aún inaceptable también para el hombre de hoy. Porque se trata de una historia de amor que sólo puede ser recibida por quien está dispuesto a dejarse amar.

Lo que Dios ha hecho por nosotros los hombres y por nuestra salvación: descender a nuestra miseria, anonadarse, morir en una cruz, es algo incomprensible para el hombre de «pensamiento débil», el hombre «lite» que cree que vale tan poco, que nada tiene tanta importancia, ni nosotros mismos, ni menos aún nuestros actos. Ese es el hombre posmoderno. En el modernismo el hombre se consideró tan importante que Dios estorbaba, le robaba su libertad, lo sentía como un oponente a sus deseos de grandeza. En esta época de la historia el hombre es un ser tan irrelevante que no se atreve a justificar los grandes esfuerzos que Dios hace para salvarlo. Un poco así era el mundo romano decadente. En esas aguas debería bregar el pescador de Galilea y para eso necesitaba amar mucho a Jesús. Del amor dependerá también nuestra presencia y acción de Iglesia en el acontecer histórico de Cuba, que vive también esta etapa posmoderna de la historia del mundo.

La Iglesia en Cuba hoy debe amorosamente suscitar ese amor a Jesús. La memoria viva que la Iglesia tiene que brindar a la humanidad del nuevo milenio es la de su Señor, nacido en la pobreza del pesebre, contemplado por los pastores, cantado por los ángeles, que compartió todo lo nuestro, menos el pecado, y que murió por nosotros en la Cruz. Resucitado y glorioso está vivo y presente en medio de nosotros y lo estará siempre, hasta el fin del mundo.

La posibilidad de la Iglesia de dar verdaderos frutos y de aportar algo nuevo a la sociedad depende de su constancia para hacer inolvidable a Jesucristo, para que los hombres de cada época y de cada lugar lo experimenten cercano.

La fe cristiana lleva consigo este mensaje de salvación para el hombre concreto, es decir, una persona que ha nacido en una familia, que integra otros grupos de trabajo, de estudio, deportivos, de entretenimiento, de desarrollo cultural; que es ciudadano de un país determinado, con responsabilidades históricas, que tiene además, y esto es fundamental, un destino eterno. La Iglesia no puede ser, pues, una sociedad alternativa a la comunidad humana.

En sociedades de un fuerte estatismo o donde el individualismo o el nacionalismo exacerbado se han enseñoreado, puede existir en algunos o en muchos la tentación de considerar a la Iglesia, precisamente, como una sociedad alternativa.

Pero la Iglesia, como hemos dicho, se comprende a sí misma, desde la memoria de Jesús con su mensaje, con la irradiación de su persona. Se comprende a sí misma movida siempre por el Espíritu Santo, que en cumplimiento de su promesa, Jesús le ha dado. Ella guarda además en su seno los sacramentos, que permiten que la gracia de Cristo se haga hoy presente y actuante. Por tanto, la Iglesia se comprende como enviada por Dios y en total acatamiento del plan de Dios sobre ella.

Sin embargo, he aquí que está solicitada, requerida al mismo tiempo, como lo estuvo su Maestro, por las angustias y las esperanzas de los hombres. (G.S.I,1). La Iglesia vivirá siempre en la tensión de estos dos reclamos: una absoluta fidelidad a lo que ella es y debe seguir siendo según el querer de Dios y una fidelidad al clamor de la humanidad en busca de certezas, de consuelo, de esperanzas y aún de satisfacción de sus necesidades vitales. La Iglesia vive siempre entre la grandeza y la debilidad de estas dos realidades.

El gran desafío para la Iglesia no es sólo ser aceptada por las estructuras sociales y políticas siendo como ella es; sino también aceptarse a sí misma como sacramento de Cristo en el mundo, renunciando, como lo hizo su Señor, a la eficacia que se espera de ella desde criterios o proyectos totalmente terrenales.

Cuando la comunidad cristiana, la Iglesia, ha sido rechazada por la sociedad, ha intentado legitimarse a sí misma colaborando en las cosas que la sociedad valora. Es verdad que la Iglesia tiene que dar con su vida, con sus obras buenas, testimonio de la fe que la anima; pero no debe buscar carta de ciudadanía ni aprobaciones que le otorguen créditos en el presente o para el futuro y, en los sitios donde hay alternancia de poder, ni en un partido ni en otro; porque es un error olvidar la aportación específica de la Iglesia y querer ganar crédito, por la eficacia de sus contribuciones, en dominios donde pueda parecer que pretende suplantar a la sociedad en su propio campo. Así la Iglesia puede ser solicitada de variados modos para constituirse en alternativa temporal, en orden a resolver los problemas de este mundo. Consentir a esto constituiría un vaciamiento interno de la misión que Cristo le ha confiado.

En concreto, para este nuevo siglo y nuevo milenio, ¿qué puede aportar la Iglesia a Cuba?

La aportación de la Iglesia en Cuba en este siglo que comienza debe hacerse en tres campos principales: en la estructuración y fortalecimiento de la vida personal, del orden moral y de la convivencia social.

1° El fortalecimiento de la vida personal por medio de la fe cristiana se produce cuando el ser humano se hace consciente de su dignidad de hombre y encuentra la alegría de vivir, pues sabe que hay un Dios que lo ama y cree en él. Nace así un hombre positivo, reconciliado con la historia y consigo mismo, que no puede sino enriquecer la sociedad donde vive, al mismo tiempo que fortalece su vida personal.

2° Es necesario también fortalecer el orden moral. La amoralidad y la desmoralización son peores que la inmoralidad.

La Iglesia no se presenta en medio de la sociedad únicamente como una instancia moral, más bien ella le da al ser humano un fundamento privilegiado de la moralidad, que es la persona de Jesucristo y su mensaje. Encontrándolo a él se transforma la vida. Los valores que propone el Evangelio fundan un elevado comportamiento ético.

3° Hay que lograr que la convivencia entre los hombres y mujeres que integran un mismo pueblo se impregne de amor, de sentimientos de benevolencia y solidaridad entre todos. Para esto es necesario la reconciliación entre los que se hallan distanciados, enfrentados, cargados de rencores.

Por fin, la Iglesia ofrece, más que todo, como riqueza que le es propia, y que desea compartir con los hombres de todo tiempo y lugar, una gran familia, con una historia larga de muchos siglos que permite una verdadera fraternidad espiritual, por medio de la oración y que abarca también aspectos importantes de la cultura.

Para alcanzar estos propósitos la Iglesia usa una metodología distinta en cuanto al modo de hacer, pues tiene en cuenta tanto el contenido del mensaje como la libertad del hombre. Para la Iglesia el respeto al hombre y el respeto al honor de Dios están inseparablemente unidos. La Iglesia no exhorta ni esgrime con insolencia argumentos contra el mundo, la sociedad o las estructuras políticas; propone valores y los fundamenta en su propia fe. Pero aún así, aún cuidando todos los reclamos evangélicos en el contenido del mensaje y en la metodología para transmitirlo, el mensaje de Jesús es desestabilizante, y lo es para nosotros mismos. No es de extrañar, pues, que pueda causar en algunos irritación o enojo.

Sin embargo, al modo de Pablo en el relato de los Hechos de los Apóstoles, debemos actuar con sagacidad, inteligencia y movidos siempre por el amor. Ese apóstol fogoso que fue Pablo tuvo una gran lucidez, un aguante y una paciencia impropios de su temperamento, porque había sido domeñado por el amor de Cristo. Pablo era capaz de diálogo y de trabar auténticas relaciones de amistad con Lucas, con Aquila y Priscila, pero también con Félix y con Festo supo relacionarse con cristianos y no cristianos.

Solamente una respuesta de amor personal a Jesús como la que dio Pedro, como la de Pablo, nos puede hacer a nosotros, cristianos de hoy en Cuba, capaces de participar activamente en el acontecer histórico de nuestro país desde nuestra propia identidad, como portadores de un mensaje bienhechor para nuestro pueblo, sorteando todas las dificultades, empleando sabiamente la «dialéctica» del amor cristiano que, en palabras del mismo San Pablo, trasciende toda filosofía.

Que el profundizar en nuestra propia historia eclesial en Cuba, como se ha hecho en este evento, sirva de valiosa ayuda para este propósito. Que nuestra Madre, la Virgen de la Caridad del Cobre, bendiga estos esfuerzos y los haga fructificar.

COMISIÓN NACIONAL DE PASTORAL DE CULTURA DE LA CONFERENCIA DE OBISPOS CATÓLICOS DE CUBA

CONGREGATIO
DE INSTITUTIONE CATHOLICA
(DE SEMINARIIS ATQUE STUDIORUM INSTITUTIS)

Roma 24 de abril de 1999

PROT. N. 563 / 99
(Huic numerus in responsione referatur)

Estimado Señor:

Hemos recibido la publicación "MEMORIAS" del *Segundo Encuentro Nacional de Historia: Iglesia Católica y Nacionalidad Cubana*, que recoge los discursos, mensajes, conferencias y mesa redonda, junto con el resumen de las ponencias de este Segundo Encuentro celebrado en Santiago de Cuba, los días 11 a 14 de junio de 1998.

Lo hemos ojeado y leído con interés, por cuanto en la hora actual estamos faltos de información exacta sobre Cuba, su presente y su pasado.

Dios quiera que la apertura al mundo preconizada por S.S. Juan Pablo II en su reciente visita a la Isla, vaya dando sus frutos y pronto podamos ver muchos anhelos hechos realidad, sobre todo en el campo en que nosotros estamos empeñados como es el de la Escuela Católica.

Con el deseo de que así sea, nos es grato manifestarle el agradecimiento por su envío, a la vez que nos sentimos de Vd.

Devotísimo en el Señor

Pio Card. Laghi

+ Giuseppe Pittau, secr.

Lic. Joaquín ESTRADA MONTALVÁN
Casa Diocesana de la Merced
CAMAGUEY.- CUBA

F.M.

COMPAGNIA DI SANTA TERESA DI GESÙ
Direzione Generale

¡Viva Jesús!

Roma, 23 de agosto de 1999

Lic. Joaquín Estrada Montalván
Comité Organizador
Encuentros Nacionales de Historia
Camagüey

Estimado Sr. Estrada Montalván:

Le agradezco mucho que nos haya enviado las Memorias del Segundo Encuentro Nacional de Historia "Iglesia Católica y Nacionalidad Cubana", celebrado en Santiago de Cuba en el mes de junio del año pasado.

Me alegra que en la Mesa Redonda sobre las Congregaciones Católicas participara también nuestra Hna. Dolores Centurión, exponiendo la "Presencia de la Compañía de Santa Teresa de Jesús en Cuba a través de su obra educativa".

Le prometo mis oraciones para que puedan continuar esta hermosa labor al servicio de la Iglesia de Cuba en este paso al Tercer Milenio.

Un saludo con afecto

Silvia Ma. Casado Alverdi
Superiora General

PONTIFICIUM CONSILIUM
DE CULTURA

Prot. No. 371/99

Vaticano, 11.05.99

Estimado Lic. Estrada:

Con grande satisfacción recibo la completa y bien trabajada información sobre el segundo encuentro nacional de historia, "Iglesia Católica y Nacionalidad Cubana", y sobre la Convocatoria de la Comisión Episcopal para la Cultura de la Conferencia de Obispos Católicos de Cuba (COCC), al III encuentro Nacional de Historia, a celebrarse en la ciudad de Camaguey del 11 al 14 de junio del 2000.

La historia de la cultura católica es fuente abundante de experiencias y compromisos a favor del Amor y la Verdad. El acerbo de la Iglesia es siempre un faro de referencia. Tomar conciencia de la obra de la Iglesia en el pasado, ayuda a reafirmar nuestro compromiso en este momento de gracia y responsabilidad, cuando se hace necesario proyectar el ya inminente nuevo milenio. "La historia es el lugar donde podemos constatar la acción de Dios a favor de la humanidad" (*Fides et Ratio, 11*).

Paul Cardenal Poupard
Presidente

Bernard Ardura
Secretario

Lic. Joaquín **Estrada Montalván**
Casa Diocesana de la Merced
Plaza De los Trabajadores, 4
Camaguey 70100. **CUBA**

Hacia una Historia Crítica

Presentación del libro
Presencia en Cuba del Catolicismo. Apuntes históricos del siglo XX,
de Manuel Fernández Santalices

José G. Quintas

Sin restar méritos a otros momentos singulares del Tercer Encuentro Nacional de Historia «Iglesia Católica y Nacionalidad Cubana», evento que ha sido rico por la calidad de las diversas conferencias, intervenciones y ponencias, y por el clima fraternal de diálogo que ha primado siempre, deseo, sin embargo, distinguir la presentación por Manuel Fernández Santalices de su libro *Presencia en Cuba del Catolicismo. Apuntes históricos del siglo XX.*

Este autor, cubano residente en España, es un profundo conocedor de la realidad eclesial cubana, pues desde joven ocupó responsabilidades en organizaciones laicales, además de ejercer el periodismo y la crítica cinematográfica; entre otros merecimientos tiene el de haber sido cofundador, con el Padre Ignacio Biaín, y redactor jefe de *La Quincena* (1955-1961), quizás la más descollante publicación católica del país en su historia.

Presencia en Cuba del Catolicismo cuenta con un prólogo de Monseñor Pedro Meurice Estiú, arzobispo de Santiago de Cuba, y en un prefacio, once apretados capítulos y un anexo nos conduce por la historia de la Iglesia Católica de nuestra patria en este convulso siglo XX que ahora concluye. Es imposible en tan pocas páginas comentar una obra que a pesar de su carácter de apuntes, como el propio autor se precia en aclarar, nos brinda un sustancioso análisis de varias temáticas. Sirvan como muestra los títulos de algunos de los capítulos: *Para una historia del anticlericalismo en Cuba; Perfil crítico de la enseñanza católica en Cuba; Fe, cultura y cambios y Juan Pablo II inaugura en Cuba el siglo XX.* Además Fernández tiene a bien publicar en un anexo un Índice de publicaciones católicas periódicas en Cuba durante el siglo XX, de obligada consulta, donde enumera la cifra nada desdeñable de 202 publicaciones.

Si algo posee este libro es proporcionar otra visión del acontecer de la Iglesia Católica, lejos de los acostumbrados enfoques, y ello sin dejar de acercarse a una *historia crítica* en el mejor sentido del término. Es una aportación modesta, pero a la vez valiosa, de lo que ciertos historiadores han denominado *contramemoria histórica.* Para un mejor entendimiento de lo que quiero decir, citemos a continuación a uno de ellos:

> (...) los historiadores siempre tendemos a ver solamente el pasado que fue, pero sin preguntarnos nunca acerca de los pasados que pudieron haber sido. Es decir, vemos la historia como una línea tersa y bien establecida del pasado vencedor que se impuso, pero ignoramos o pasamos por alto todos esos pasados sometidos y derrotados, todas esas líneas vencidas que, aunque no lograron convertirse en dominantes, están sin embargo presentes en la historia, y que continúan y se desarrollan, y que siguen siendo vigentes aunque sea dentro de una condición subordinada, pero que termina por borrarse y desaparecer de nuestro análisis si atendemos solo a la historia «tal como aconteció», a la historia que fue, a la historia que venció. Entonces, pasar la mano de la mirada histórica «a contrapelo» de esos pasados dominantes, hacer hablar a los silencios, desplegar las formas de la contramemoria histórica, como diría Michel Foucault, restituir los pasados vencidos, constituye una parte imprescindible de toda empresa de una historia genuinamente crítica, historia crítica que todos debiéramos desarrollar... [1]

Para este historiador, la única historia que vale la pena practicar es la historia crítica, de la cual se declara devoto. Y añade luego que

> la verdadera historia es necesariamente crítica, tiene que calar hondo y restituir toda la complejidad del pasado. Tiene que ser historia compleja, múltiple, plurifacética, capaz de hacer hablar a los silencios, que restituya la complejidad de la vida en el pasado, tal y como esa complejidad se nos aparece en el presente. [2]

Pienso, con entera honestidad, que Fernández Santalices ha logrado con *Presencia en Cuba del Catolicismo* aproximarse a la práctica de una historia crítica y con ello ha procurado un inestimable servicio al hacer hablar a los silencios, a la contramemoria histórica de la Iglesia Católica en Cuba.

Hace más de un siglo un hombre que no pudo saber nada de esta corriente historiográfica, es decir, de historia crítica o contramemoria histórica, al enjuiciar a un célebre historiador de su época, César Cantú, definía en una crónica el auténtico alcance de hacer historia. Ese hombre no era otro que José Martí, quien para *La Opinión Nacional* de Caracas –y para la posteridad– escribió:

> Historiar es juzgar, y es fuerza para historiar estar por encima de los hombres y no soldadear de un lado de la batalla. El que puede ser reo, no ha de ser juez. El que es falible, no ha de dar fallo. El que mi-

lita ardientemente en un bando político, o en un bando filosófico, escribirá su libro de historia con la tinta del bando. Mas la verdad, como el sol, ilumina la tierra a través de las nubes. [3]

Por esta senda martiana ha caminado Manuel Fernández Santalices, y demos gracias a Dios por contar con una obra que está por encima de los hombres y no soldadea de un lado de la batalla. Es, sin dudas, uno de los grandes valores de *Presencia en Cuba del Catolicismo*. Busquémosla en nuestras bibliotecas diocesanas y leámosla para crecer en el conocimiento de la verdadera historia de la Iglesia Católica en Cuba.

NOTAS

[1] Carlos Antonio Aguirre. *Itinerarios de la historiografía del siglo XX. De los diferentes marxismos a los varios Annales.* Centro de Investigación y Desarrollo de la Cultura Cubana «Juan Marinello». La Habana, 1999, Pagina 117.

[2] Ibid.

[3] José Martí. *Obras Completas*. Tomo 14. Editorial Ciencias Sociales. La Habana 1975. Paginas 399 y 400.

Presentación del libro El Colegio Seminario San Basilio Magno

Rafael Duharte Jiménez

Tengo el honor y el placer de presentarles este libro que lleva como título «El Colegio Seminario San Basilio», cuyos autores: la Dra. Olga Portuondo Zúñiga, Historiadora de la Ciudad de Santiago de Cuba, y el Padre Joan Rovira, s.j., actual rector del Seminario, tenemos el privilegio de que nos acompañen esta tarde. Antes de cederle la palabra a los autores quisiera hacer algunas breves consideraciones sobre la obra que ellos por obvias razones de modestia no podrían.

En primer lugar debo consignar que este libro es fruto en gran medida del II Encuentro Nacional de Historia, en el cual Olga Portuondo presentó algunas ideas sobre la historia del Seminario San Basilio Magno que luego de una rigurosa investigación y con la coautoría del Padre Rovira conformarían este estupendo libro que hoy les presentamos. Creo que puede ser un motivo de legítimo orgullo para los animadores de estos eventos el que en sus sesiones de trabajo y por qué no también en las conversaciones de pasillos y sobremesa haya fraguado la idea de esta importante obra.

En segundo lugar quisiera destacar el alcance científico del libro y lo haré citando un fragmento del excelente texto del Profesor Ricardo Repilado que lo prologa: Dice éste en el mismo: «El Seminario San Basilio Magno, fundado en Santiago de Cuba en 1722, es la más antigua de las instituciones cubanas de estudios superiores. Hoy, a unos escasos veintitrés años de cumplir sus primeros tres siglos de existencia, San Basilio Magno sigue en la brecha. Sin embargo, cuando se trata de la historia de la educación en Cuba, algunos vacilan al estimar la importancia de esta institución en el desarrollo cultural del país, actitud que obedece a varias causas que no viene al caso enumerar aquí salvo una, que es determinante: hasta ahora no habíamos contado con una relación orgánica y bien documentada de la vida del Seminario en estos casi trescientos años».

De manera que, como ustedes pueden apreciar, «El Colegio Seminario San Basilio Magno» ha venido a llenar un importante vacío historiográfico. No cabe la menor duda de que para la historia de la pedagogía en particular y la historia de la cultura cubana en general, esta obra tiene un inestimable valor.

CONFERENCIAS

Jorge Mañach: Cultura y Destino Nacional

Dr. Roberto Méndez Martínez

En junio de 1950, durante el período presidencial de Carlos Prío, marcado ya por la disolución de las grandes esperanzas de crecimiento en la democracia, una voz, desde el Circuito CMQ de Radiocentro, convertido en Universidad del Aire, advertía:

Si hubiese que definir ahora en una sola palabra el ideal de hoy, yo diría que consiste en hacer de Cuba una entidad histórica trascendente. Con la patria no basta: cualquier país puede ser una patria. Con la república no basta: la república no es más que una forma. Cuando una forma semejante se ha llenado de sustancia espiritual y social, cuando se ha integrado y solidarizado cabalmente de modo que no haya vacíos ni tensiones en ella, cuando no sólo se siente vivir en sus recuerdos, sino también en su voluntad creadora de futuro, esa entidad histórica ha alcanzado dignidad de nación.

Nosotros queremos una Cuba que no sólo sea, sino que trascienda en el espacio y en el tiempo. Una Cuba cuya resonancia se asocie a algo más que el azúcar y el tabaco -placeres de sobremesa- y a la fama frívola de sus gentes simpáticas y de sus nocturnidades livianas. Queremos una Cuba con peso específico en el mundo. Ya que no pueda nunca ser poderosa, que sea al menos prestigiosa, con ese prestigio de desarrollo espiritual, material y técnico, de sanidad en las costumbres dominantes y de esmero en la cultura, con que trascienden al mundo pueblos aún más pequeños que el nuestro, como Bélgica, Suiza, Holanda, algunos países escandinavos y hasta el Uruguay hispanoamericano. [1]

Quien ponía tan ardiente fe en el destino de Cuba era Jorge Mañach, cuya existencia, desde los inicios de la tercera década del siglo XX estuvo estrechamente ligada a la vida pública de la Isla. Severo crítico del gobierno de Alfredo Zayas, participó en la Protesta de los Trece, fundador y miembro activo del Grupo Minorista, defendió el «arte nuevo» y la renovación del pensamiento nacional desde las páginas de la Revista de Avance de la que fue codirector. Contrario a la dictadura machadista, fundó un partido, el ABC, en el que se mezclaban la oposición política y la acción conspirativa. Fue Secretario de Educación durante la presidencia de Mendieta y delegado a la Constituyente de 1940, allí formó parte de la Comisión de Estilo que redactó la *Carta Magna*. A pesar de todo esto, le quedó tiempo para ser catedrático de Filosofía de la Universidad de la Habana, profesor invitado de varios altos centros de estudios de Estados Unidos, periodista sistemático, amigo de la polémica y estudioso ferviente del legado martiano hasta el punto que su biografía *Martí, el apóstol* ha llegado a convertirse en paradigmática. No puede escribirse la historia de la cultura cubana sin tener en cuenta los aportes de Jorge Mañach.

En 1925, el joven minorista, dictó desde la tribuna de la Sociedad Económica de Amigos del País una conferencia cuyo propio título era una provocación: «La crisis de la alta cultura en Cuba». En ella, según decía, procuraba evadir las dos posiciones que consideraba habituales a la hora de evaluar los problemas nacionales: «el narcisismo inerte y la estéril negación propia» [2], para sustituirlas por «la fría prosopopeya del investigador analítico» como premisa para llegar a un optimismo justificado porque como aclara: «Nuestro optimismo ha de ser el genuino, que se refiere siempre al futuro; el optimismo que se refiere al presente no es sino conformismo» [3]. Señala el escritor –seguramente ante un auditorio ya bastante alarmado y sacado de cierta modorra académica– que: «Tanto respecto del pasado como con relación al porvenir, nuestra alta cultura se encuentra actualmente en un instante crítico» [4]. Diferencia –y esto es especialmente digno de atención– la instrucción, la educación, de la alta cultura:

> *La instrucción pública es, pues, una función extensa, de índole democrática. La alta cultura, por el contrario, es una gestión intensa –un conglomerado de esfuerzos individuales, especiales y tácitamente coorientados que crea una suerte de aristocracia. Por la instrucción los pueblos se organizan; sólo logran, empero, revelar su potencialidad espiritual mediante ese cúmulo de superiores aspiraciones y de abnegadas disciplinas que constituyen la alta cultura.* [5]

Mañach entiende por cultura, pues, no el nivel de instrucción general del pueblo, sino algo más estructurado y profundo: *Un agregado de aportes intelectuales numerosos, orientados hacia un mismo ideal y respaldados por un estado de ánimo popular que los reconoce, aprecia y estimula.* [6]

Por tanto, son para él pueblos cultos aquellos en los que una minoría de científicos, pensadores, artistas trabajan en un empeño, en una voluntad común y gozan por ello de la estimación y el respeto popular, perspectiva que de ningún modo encontraba en el panorama cubano.

Con el auxilio de la ciencia histórica, el conferencista dividió la evolución de la cultura cubana en cuatro grandes fases: la *pasiva*, extendida desde los orígenes coloniales hasta 1820, la *especulativa*, marcada por el ascenso de preocupaciones intelectuales y patrióticas, en el breve período desde 1820 a 1868; la *ejecutiva*, cubierta por las dos guerras de independencia y por último la *adquisitiva*, que ocuparía las dos décadas de vida republicana ya transcurridas. Más allá de lo que pueda haber de forzado en esta clasificación, como en cualquier otro intento de reducir la historia a períodos abstractos, e inclusive a sus juicios poco acertados sobre figuras como José Agustín Caballero y Francisco de Arango y Parreño, a quienes conocerá mejor años después, sus conclusiones esenciales son interesantes, en primer lugar, durante las dos primeras etapas:

> *La instrucción se desarrolla entre nosotros lenta, y por así decir, horizontalmente, la cultura, en cambio, fuera de toda correlación, describe una trayectoria ascendente que alcanza su nivel máximo en la época inmediatamente anterior a las guerras de independencia.* [7]

Esto último debe atribuirse no a la calidad de la enseñanza del período sino sobre todo a la presencia de una serie de figuras excepcionales: Domingo Del Monte, Félix Varela, José Antonio Saco y José de la Luz y Caballero. Pero el inicio de la guerra de independencia –y esto es polémico, pero atendible–: *Al destruir la unidad espiritual de la cultura, desterró de entre nosotros la contemplación, nodriza perenne del saber, y nos conquistó la dignidad política a cambio del estancamiento intelectual.* [8]

Lo que explica, mirando el período republicano ya recorrido con la conclusión de que: *Una revolución política que triunfa trae consigo, fatalmente al parecer, un período sucesivo de apatía, de indigencia ideológica y de privanza de los apetitos sobre el ideal.* [9]

A su juicio, el gran defecto de la alborada republicana fue el que «no se comprendió la necesidad urgente de buscar un contenido trascendental para la patria meramente política que acababa de ganarse» [10].

La gran misión de su vida será precisamente la búsqueda de este sentido trascendente de la cultura cubana, el único capaz de convertir a la Isla que ya es patria y nacionalidad, en una Nación.

De este «pecado original» derivarían el auge de la codicia, el desorden, la falta de grandes aspiraciones e ideales y sobre todo el corrosivo «choteo». Con agudo bisturí, disecciona el orador el panorama nacional para constatar la falta casi absoluta de producción intelectual desinteresada, la desaparición del hombre enciclopédico, versado en múltiples ramas del saber, la depauperación del nivel de las conversaciones y la decadencia de la antigua visión culta del Derecho —«ya no se producen abogados sabios: sólo se dan abogados *listos*» [11]— así como la desaparición del pedagogo como mentor, a la manera de Varela y Luz, o del orador que recoja la tradición que viene de Cortina, Montoro, Martí, para no hablar ya del periodismo o de la afición a las bellas letras. En fin:

> *Así como en la política se entronizaron hábitos de incautación, de inconsulta insuficiencia y de favoritismo, convirtiendo la cosa pública en tesoro de todos y revistiendo al gobernante de una sonreída inmunidad, así también se desvalorizaron todas las demás funciones: fue catedrático quien quiso, periodista quien lo osó, intelectual el primer advenedizo capaz de perpetrar un libro, de pulsar una lira clarinesca o allanar una Academia.* [12]

Las causas de esta crisis fueron divididas por Mañach en tres tipos: causas individuales, causas orgánicas y causas sociales. Entre ellas apunta: el carácter «frívolo, actualista, e imprevisor» del cubano, su versatilidad excesiva que le lleva a disipar las energías en múltiples sentidos, sin concretar nada, la sustitución frecuente del estudio profundo por la confianza en las rápidas intuiciones y la continua tentación del «gozar de la vida», agravada esta última por lo que él llama, con cierta exageración «la inclemencia de nuestro clima» («Ningún gran sistema filosófico ha sido compuesto a 76 grados Fahrenheit, que es nuestra temperatura media» [13]. Todo esto se agrava a nivel social por la falta de rigor crítico, de cooperación y por el rechazo popular de la labor de las minorías.

A pesar de todo esto, confía Mañach en que una vez conocidos los males pueda ponerse remedio a ellos y con voz profética avizora:

> *Cuba sólo podrá ser grande algún día, como lo es Bélgica, como lo es Suiza, porque se haya convertido en un centro de rica producción intelectual. En la más abierta sociedad, ningún individuo goza de tanto respeto y prestigio como el hombre sabio; así también, a ningún pueblo le protege tanto la conciencia internacional como a aquel que ha sabido hacer de sí mismo un foco indispensable de superior cultura.* [14]

Desde el siglo XIX, tanto ciertos viajeros como figuras del patio habían procurado analizar el carácter de los habitantes de la Isla y mostrado preocupación o desprecio por uno de sus rasgos: la tendencia a burlarse, de manera más o menos superficial, de todo o casi todo. Fernando Ortiz, en los tempranos artículos que recogiera en su volumen *Entre cubanos, ensayos de Psicología tropical*, iba a insistir en este aspecto, pero sólo Mañach, en una conferencia de 1928, luego enmendada y publicada como ensayo bajo el título *Indagación del choteo*, tomaría el toro por los cuernos.

El choteo, señala él, es no tomar en serio «nada de lo que generalmente se tiene por serio» [15], salvo en el caso en que el asunto pueda dañar al mismo chistoso:

> *Durante un ciclón pude ver cómo unos vecinos hacían jácara de los estragos hasta que un rafagazo les voló el techo de su propia casa. No de otra suerte el choteo mantiene sistemáticamente su actitud hacia todas las cosas tenidas por serias mientras no llegan a afectarle de un modo tal que haga psicológicamente imposible el «chotearlas».* [16]

Tras esta «jácara» descubre el ensayista un motivo fundamental: la repugnancia a toda autoridad o más allá «la ausencia del sentido de la autoridad», a causa de la falta de educación, de sensibilidad que impide apreciar cualquier sublimidad. En el choteo están siempre entrañados los elementos del desorden, en la medida en que implica una negación de toda jerarquía, derivado al menos en primera instancia de un deseo de familiaridad con el ambiente, una tendencia niveladora, a la que se ha llamado también «parejería»; detrás de todo esto se encuentra a veces una burla de la misma cualidad que el sujeto admira, hecha en una forma desvaloradora que parece dictada por el resentimiento. No confunde el autor choteo con humor criollo o gracia, lo ve no en el ingenio ágil, sino en la burla impresionista y externa. A partir de aquí, caracteriza fallas que aprecia en el carácter cubano, entre ellas, la falta de profundidad:

> *En otras palabras, nuestra mentalidad media carece del sentido de la tercera dimensión –la dimensión de profundidad–. Vemos las cosas en contornos más que en relieves. Las implicaciones más hondas, los alcances más lejanos, se nos escapan casi siempre. De ahí que toda la vida se nos convierta un poco en escenografía, que a nada reconozcamos suficiente realidad para tomarlo en serio ni bastante importancia para darnos a ello por entero.* [17]

No deja de tener en cuenta rasgos tan variados y contrapuestos como la liberalidad, el hedonismo, la susceptibilidad al halago, el indiferentismo ante las empresas de cierta trascendencia, para detenerse en un rasgo especial: la independencia.

> *El cubano generalmente se contenta con que no lo molesten. La libertad en abstracto le tiene sin cuidado con tal de que no llegue a afectar su personal albedrío. Permanece insensible y hasta aquiescente a las arrogaciones y a los rigores excesivos de la autoridad mientras no siente en lo vivo de sí mismo la lastimadura. Somos, como ya observó de los españoles Ortega y Gasset, más sensibles a la violación del fuero privado que a la del público, y no nos decidimos a la protesta sino cuando el exceso de dominio coarta la personal independencia.* [18]

Por esta razón el cubano parece querer abolir toda jerarquía y poner todas las cosas en un mismo plano de confianza. A esto se añade un razonamiento histórico: si durante la etapa independentista, la represión española y aun el propio espectáculo de la situación del país, inhibieron la alegría superficial, el advenimiento de la República, con su rápida restauración económica creó una atmósfera propicia a la improvisación en todos los órdenes: en la política, en las cátedras, en el periodismo, los arribistas hicieron todo tipo de desafueros y frente a toda esa falsedad vino la quiebra del respeto y con ella toda la chocarrería. De ahí que pueda precisar «más que una tendencia inmanente de nuestro carácter, éste es el resultado de una determinada experiencia colectiva». [19]

Esto debía tener una consecuencia axiológica: los valores son tomados por el cubano con una levedad alarmante:

> *La falta de penetración honda, de sentido de profundidad y lejanía, le priva muchas veces al cubano de apreciar al primer golpe de vista (que es generalmente el único que cultiva) la trascendencia o las implicaciones de un hecho cualquiera. De aquí que todos los valores tengan que acusarse muy fuertemente con una gran solidez y rotundidad, para que el cubano medio los calibre. Pero entonces nadie los respeta más, aunque no los acate ni se ponga al servicio de ellos.* [20]

Terrible constatación esta de la relación del cubano con los valores, sólo respetados cuando se presentan de modo casi aplastante, pero con un respeto que no incluye ni acatamiento ni servicio, sino simple reconocimiento formal. Junto al choteo, esta vaciedad axiológica ha sido el más constante defecto del carácter nacional, agravada por el carácter simulador de esta actitud, tan cercana a lo que el Padre Varela llamara «máscaras políticas» y agravada por cada una de las convulsiones que ha sufrido el país, sin que la labor de políticos, religiosos, pensadores, haya podido corregirla en lo esencial.

¿Es transitorio el choteo? Así lo creía Mañach en 1955, cuando revisaba la tercera edición del ensayo, la revolución antimachadista parecía haber *dramatizado* al cubano, ciertas reformas en la vida pública, cierta profundización en la cultura, daban la impresión de haber ido civilizando al pueblo y disminuyendo esta lacra. Mas el autor pecó de optimismo, leído el ensayo en pleno año 2000, conserva toda su alarmante actualidad, por la impronta que deja –sin perspectivas de que desaparezca por ahora– en la cultura cubana y más aún en la continua búsqueda de definición de la nación. La invitación del maestro permanece: «Ha llegado la hora de ser críticamente alegres, disciplinadamente audaces, conscientemente irrespetuosos» [21].

Pero tan paradójica formulación sigue resultando muy difícil en la práctica cotidiana.

En su discurso de ingreso a la Academia Cubana de Historia, publicado luego, en 1944, en el volumen Historia y estilo, bajo el título de «La nación y la formación histórica», Mañach lanzó una afirmación inquietante: «Cuba aún no es una nación»; la tesis –que motivó, como casi todos sus juicios, vivas contradicciones y contó, desde el mismo momento en que fue pronunciada, con el criterio adverso de Emeterio Santovenia y otros autores más o menos consagrados– se apoyaba en un análisis de las «designaciones» de la Isla, desde las muy tempranas de Juana y Fernandina, pasando por la geográficamente restrictiva de La Habana, para alcanzar en el siglo XVIII la más ilustrada de «el País», hasta que en el siglo XIX transita desde «la Isla» de los románticos hasta «la Patria» de los independentistas, consolidada por la prédica martiana de la revolución «con todos y para el bien de todos»:

> *Quedó entonces Cuba lista efectivamente para lograr la Nación, que es cosa muy distinta de la mera nacionalidad jurídica. Pero la insustanciación económica y social de la Independencia por un lado, y por otro el platismo, que dejó como intervenida por voluntad ajena la aspiración de la conciencia cubana, se combinaron para que lo meramente formal y jurídico prevaleciera. Durante los primeros treinta años de soberanía, sólo por excepción significativa (Sanguily, Juan Gualberto Gómez, Márquez Sterling) se invoca en Cuba a la Nación. Sólo se habla de «la República»: de la forma, no de la sustancia; de la ley, no de la vida; de lo convencional, no de lo real. Se*

> repitió en nuestra tierra, lo que con tanta insistencia había advertido Martí al enjuiciar la independencia en otras zonas de la América nuestra: «la colonia continuó viviendo en la República». Y no se le ocultó al juicio más sincero que todo había venido a parar aquí en una mera figuración de himno y bandera, sin independencia vital efectiva. Economía precaria y de mando ajeno, tierra en fuga; moneda y banca extranjeras; españolidad enquistada y cubanidad en derrota; cultura perezosa y mimética; política vacía de sensibilidad social; conato de Estado en una patria sin nación. [22]

En la sección final del discurso, titulada «Perspectiva», Mañach hace gala de nuevo de su optimismo, reconoce que «las fuerzas instintivas y espontáneas que sin cesar trabajan en el seno social van adelantando, aunque no lo quisiéramos, nuestra solidaridad de pueblo» [23].

Por otra parte, espera que el fin de la Segunda Guerra Mundial traiga consigo un esclarecimiento de las polémicas sobre la emancipación del hombre y despejado el panorama de ideologías totalitarias que subordinan el individuo a la colectividad, crezca en Cuba y en todo el mundo una estricta vocación de nación:

> No dejaremos, pues, que nos aparten de nuestro camino las consignas falsamente humanistas que predican la negación de las nacionalidades –y la van minando de hecho– so pretexto de supuestas exigencias de la solidaridad universal. Tanto valdría pretender acabar con las personalidades en aras de lo humano. El mundo del futuro tiene que ser una coordinación de personas, no de meros individuos. Una vez más, el deber de Cuba coincide con la vocación del mundo. [24]

En 1949, Mañach polemizó con otra figura clave de la cultura cubana: José Lezama Lima, desde las páginas de la revista Bohemia. Si bien la polémica parecía tener carácter exclusivamente literario y a lo sumo estético, pues lo puesto en tela de juicio era la validez o no de las poéticas que confluían en la revista Orígenes, de manera subyacente había algo de mayor alcance: dos visiones de la cultura y dos visiones del papel intelectual en la sociedad se enfrentaban. Si Lezama, ante el panorama hostil de la República, defiende la literatura –y el cultivo del pensamiento en general– como un ejercicio «secreto» que permitirá llegar hasta las esencias de lo cubano e influir en la teleología de lo nacional, forjar un destino para Cuba; el autor de *Historia y estilo*, a quien la literatura de los origenistas le resulta oscura –insiste mucho en los «no comprendo»– y por tanto no le parece útil a nivel social, fiel a su juventud minorista, sobrevalora el papel de la Revista de Avance en el plano social y sobre todo, considera que la actividad pública es imprescindible para el intelectual. El creador de «Muerte de Narciso» tiende a la introspección:

> *Pero de esa soledad y de esa lucha con la espantosa realidad de las circunstancias, surgió en la sangre de todos nosotros, la idea obsesionante de que podíamos al avanzar en el misterio de nuestras expresiones poéticas trazar, dentro de las desventuras rodeantes, un nuevo y viejo diálogo entre el hombre que penetra y la tierra que se le hace transparente.* (25)

Mañach comienza su réplica por el aspecto más sensible: el ético. No cree que las labores que en el terreno de la política, la animación cultural, el periodismo, sean la negación de una pureza intelectual, pues eso mismo hicieron en su tiempo Bello, Sarmiento, Alberdi, Hostos, Martí, Varona. Frente a los «poetas, o ensayistas químicamente puros» él opone la condición del intelectual inmerso en los deberes públicos:

> *Esa es la gran tradición del intelectual americano: responder al menester público, no sustraerse a él; vivir en la historia, no al margen de ella. En los países ya muy granados y maduros, es perfectamente justificable que el escritor se consagre enteramente a sus tareas creadoras como tal, porque la conciencia moral e histórica de que está asistido, y aún la estética, encuentra en torno suyo un ámbito de suficiente respeto y servicio a los valores espirituales, y gente lo bastante numerosa, en la política o en el periodismo, para sustentar esos valores. Pero los pueblos todavía en formación reclaman y esperan demasiado de sus hombres de espíritu para que estos le vuelvan soberbia o tímidamente las espaldas.* (26)

Nada delicado en su respuesta, alude a posiciones como la de Lezama como «purezas altivas» y «ascetismos cómodos» y contrapone a ellas su propia vocación de servicio: «yo creo que el primer deber de un hombre de espíritu es luchar porque el espíritu efectivamente reine en el ámbito donde el destino le situó».

En el último artículo de la polémica: «Final sobre la comunicación poética» que vio la luz en Bohemia el 23 de octubre de ese año, Mañach volvió por sus fueros. El artículo está marcado por su preocupación acerca del papel que la poesía puede desempeñar dentro de la sociedad cubana. Justifica así su insistencia en el tema:

> *Huelga decir que la cosa tiene cierta importancia cubana. No trascendemos mucho al exterior, o a la Historia, por nuestros episodios políticos, sino por la cultura.(...) Que se cultive en Cuba poesía buena es cosa tan importante, por lo menos, como el que la Nación esté bien gobernada y, desde luego, mucho más importante que la fortuna, próspera o adversa, de tal o cual bandería o renglón administrativo.* [27]

Hay que decir que Mañach defendió siempre esta participación pública del intelectual y la padeció hasta sus últimas consecuencias. Se ha dicho que no fue un político profesional, ni un líder carismático, esto redujo el alcance inmediato de su gestión en la cosa pública, pero es innegable que a largo plazo dejó una imagen positiva de lo que podía una figura prestigiosa hacer con los espacios oficiales que ofrecía la República. También se le ha criticado excesivamente por su concepción de que son las minorías selectas las que cambian el destino de un país, pero hay que decir que estas minorías no son aristocracias de la sangre ni del dinero, sino el conjunto de hombres de ciencia, pensadores, creadores que con un ideal común engrandecen la cultura de una nación, forman lo que él llamó «la alta cultura» y en ese selecto grupo podía estar un hombre como Mañach y otro no menos grande, aunque muy diverso en su proyección como Lezama.

La obra de este pensador tiene una coherencia asombrosa: *La crisis de la alta cultura..., Indagación del choteo, Historia y estilo*, sus conferencias de los años 50 al 52 en la Universidad del Aire. Uno de los elementos que contribuyen decisivamente a esta unidad es la noción de que la cultura no es pura erudición, sino que gana su sentido fundamental a través de la ética y precisamente, su preocupación por el estado de la cultura cubana tiene que ver sobre todo con el estado ético del país. En 1952, sólo unos días después del golpe de estado de Batista, el escritor dictaba en la Universidad del Aire dentro del Curso del Cincuentenario, la conferencia «La cultura en los 50 años de independencia», en ella señalaba que:

> *El ethos hispánico enraizado en la pasión, en el honor y en cierto sentido estoico de la vida, se ha aguado mucho entre nosotros por el clima y otras influencias. El acento psicológico cayó aquí en la levedad y el sensualismo.* [28]

Según el autor, dos influencias perniciosas tuvo la moral pública: la copia del utilitarismo codicioso, proveniente de Norteamérica, sin el freno que allá le pone su fondo puritano y por otra parte «la prosperidad material mal administrada». Las consecuencias se hicieron visibles enseguida:

La solemnidad jubilosa del estreno de la República fue cediendo a la frivolidad y al choteo. Hiciéronse las costumbres cada vez más descriolladas o más vulgares, desde los salones a los paseos de carnaval. Hasta la vieja cortesía criolla entró en crisis [29].

Esto se agravó por el estado de la moral privada:

En el orden de la moral privada, las normas éticas tradicionales del decoro personal y familiar se vieron crecientemente amenazadas por el ansia de enriquecimiento, el hedonismo y el desenfreno en los divorcios. Comenzó a producirse así el fenómeno central de la disolución ética: la quiebra de la integridad, de la cohesión entre la conducta y los principios. Sobre la conciencia triunfaba la conveniencia y sobre el ser el tener... [30]

De ahí su conclusión definitiva:

El gran problema de Cuba era, pues, asegurar la integridad de la vida ciudadana sobre la base de la integridad en la conciencia individual. [31]

Según él, este aspecto se agravó tras la revolución antimachadista: se puso más énfasis en los derechos ciudadanos que en los deberes, del espíritu revolucionario se pasó al desenfreno y al peculado. Esto trajo como consecuencia la nueva quiebra del orden democrático, de existencia tan frágil y en clara alusión a los sucesos recientes:

El poder sin moral carece de resistencia: está «desmoralizado». Pero los que asaltan el poder cuando hay otras vías de rectificarlo, los que se imponen por los recursos primarios de la deslealtad y de la fuerza física, no son menos culpables. Si empiezan por faltar a la moral de su propio cuerpo, ya se supondrá lo que puedan contribuir a la moral social. Las distintas formas de conducta que aprueban esa usurpación, acusan por igual el descenso en la conciencia cívica. La acusan los aduladores menguados, los hombres tenidos por íntegros que se agrietan ante la tentación, los intelectuales que abdican de los principios en los momentos en que más urge defenderlos; y también el ciudadano indiferente, o el que cree que lo que importa es sólo que hay orden, aunque sea un orden sin paz moral y sin libertad. [32]

Para poner remedio a estas cosas, para que Cuba encontrara el rumbo a más noble destino, reclamaba el pensador que «cada cubano recaude en sí mismo todas sus reservas de energía y las haga valer hasta el heroísmo si es preciso»[33].

La respuesta oficial no se hizo esperar: la Universidad del Aire fue brutalmente clausurada. Quedaban sólo nueve años de vida al intelectual y los viviría en el ansia por elevar al país de ese estado de ramplonería y exaltación de la fuerza bruta, sus propuestas políticas no cuajaron, sus llamados éticos fueron una vox clamantis in deserto.

Hace dos años se cumplieron cien de su natalicio, pocos lo conmemoraron –esta vez la Iglesia, a través de la Casa Laical, apoyada por algunos intelectuales, fue la feliz y casi única excepción– sin embargo, urge revisar el pensamiento de Mañach, tan profético y doloroso en su actualidad; a él podría aplicarse la misteriosa imagen del libro apocalíptico ese que es dulce al paladar, pero al comerlo amarga las entrañas. No puede leerse, interpretarse, vivirse la cultura cubana sin tener en cuenta los aportes de esta figura que sigue hablándonos desde su presencia trascendente. ¿Qué nos dice? Lo mismo que en 1950 advirtió a los oyentes de su conferencia «Imagen de un destino nacional» y que vale la pena citar in extenso para concluir:

> *Hoy todos estamos desmoralizados por la misma tenuidad y provisionalidad constante de lo que nos rodea. No nos sentimos estimulados por el medio para hacer otra cosa que vivir lo mejor que podamos nuestras vidas individuales, y naturalmente, las vivimos casi todos bastante mal, sin entusiasmo y sin heroísmo. Hemos perdido así el sentido de la posteridad, de la trascendencia, y cerramos los ojos de la imaginación para no representarnos la Cuba que han de vivir nuestros hijos.*
>
> *Lo que hay que hacer es querer esa Cuba mejor, si es que los queremos de veras a ellos. Quererla en nuestra imaginación, con todos nuestros desvelos, con todos nuestros fervores, con toda nuestra voluntad. Trabajar en cada momento, cada cual desde lo suyo, por esa Cuba mejor. No limitarnos al poco más o menos, ni al ir tirando, ni al ir consintiendo. No cultivar más las indiferencias menguadas y los pequeños cinismos, arguyendo cobardemente que esto no hay quien lo remedie. Ser cada uno de nosotros una irradiación viva de la inconformidad y de crítica, sí, pero alimentada siempre por la fe última en nuestro destino. La fe mueve montañas porque al sustentar en los hombres el sentido de la trascendencia, sobrenatural o terrena, les da confianza para ser mejores. Cuba está necesitada de ese entusiasmo trascendente. Cuando todos nos pongamos en ese*

estado de ánimo, al cual nos autorizan los grandes momentos y el curso general de nuestra propia historia, nos estimularemos los unos a los otros para querer más y mejor; insensiblemente iremos superando la elementalidad y provisionalidad a que hoy nos resignamos, y la Cuba que entre todos iremos haciendo se parecerá cada vez más a la Cuba soñada desde el amanecer de nuestra vocación nacional, a esa imagen fúlgida que todos llevamos en el corazón, como la bandera centenaria lleva la estrella en el seno de su triángulo rojo. [34]

CITAS Y REFERENCIAS:

[1] Jorge Mañach: «Imagen de un destino nacional» .En: *Cuadernos de la Universidad del Aire*. Tercer Curso. No.19, julio, 1950. Pág.88
[2] Jorge Mañach: «La crisis de la alta cultura en Cuba». En: *Ensayos*. La Habana, Ed. Letras Cubanas, 1999, p.7
[3] *Ibid.*
[4] *Ibid*, p.8.
[5] *Ibid.*
[6] *Ibid,* p.9.
[7] *Ibid*, p.11.
[8] *Ibid*, p.14
[9] *Ibid*, p.15.
[10] *Ibid*
[11] *Ibid*, p.20
[12] *Ibid,* p.16
[13] *Ibid*, p.31
[14] *Ibid*, p.34.
[15] Jorge Mañach: «Indagación del choteo». En: *Ensayos*. Ed. cit, p.51
[16] *Ibid.*
[17] *Ibid*, p.67
[18] *Ibid*, p.69.
[19] *Ibid*, p.74.
[20] *Ibid,* p.76.
[21] *Ibid*, p.83.
[22] Jorge Mañach: «La nación y la formación histórica». En: *Ensayos*. Ed cit, p.128
[23] *Ibid,* p.129.
[24] *Ibid*, p.130.
[25] José Lezama Lima: «Respuestas y nuevas interrogaciones. Carta abierta a Jorge Mañach». *Bohemia*, 2 octubre, 1949, p.77.
[26] Jorge Mañach: «Reacciones sobre un diálogo literario. Algo más sobre poesía vieja y nueva». *Bohemia*,16 de octubre de 1949, p.63.
[27] Jorge Mañach :«Final sobre la comunicación poética», *Bohemia,* 23 octubre, 1949, p.56.
[28] Jorge Mañach: «La cultura en los 50 años de independencia». En: *Cuadernos de la Universidad del Aire,* no. 41, abril,1952, p.382.
[29] *Ibid,* p.383
[30] *Ibid.*
[31] *Ibid.*
[32] *Ibid*, p.384.
[33] *Ibid*, p.385.
[34] Jorge Mañach: «Imagen de un destino nacional». En: Cuadernos de la Universidad del Aire, no.19, julio, 1950, p.90.

Apuntes para una Teología desde Cuba

Jesús Garmilla Zapatero

JUSTIFICACIÓN

El título de este capítulo puede parecer pretencioso. Y de hecho puede que lo sea. Por ello me parece necesario explicar en qué sentido entiendo como viable, justificable y positiva la «elaboración de una teología pensada y vivida desde Cuba, desde su pueblo y desde su Iglesia».

Tal vez el concepto más extendido de teología haga referencia de un modo prácticamente exclusivo a una reflexión ya hecha, terminada y cerrada. Cuando hablamos de teología viene a nuestra mente una conceptualización y su desarrollo elaborados por los llamados «teólogos», o bien, por el Magisterio eclesiástico especialmente el Papa y los obispos. Sin embargo, la reflexión teológica es algo mucho más abierto y amplio, más asequible y «popular» de lo que en ocasiones creemos.

> *En todo cristiano existe una reflexión inherente a la fe. Una reflexión espontánea, nacida bajo la impresión de los acontecimientos o la presión del ambiente; teología elemental, accesible a todos, en donde la fe se esfuerza en comprender el por qué y el cómo de lo que cree. La teología como ciencia es la obra del creyente que se sirve de su razón para comprender mejor lo que posee ya por la fe. La teología es la fe vivida por un espíritu que piensa, y científicamente elaborada. (René Latourelle, «Teología, ciencia de la salvación», Ed. Sígueme, Salamanca 1968, pág. 26).*
>
> *No se trata aquí de tener la osadía de escribir una teología científica. Sería intentar matar moscas con cañones. Sí me parece valioso profundizar en esa reflexión de los acontecimientos que han tenido lugar y están ocurriendo en nuestra tierra. Es escudriñar «los signos de los tiempos» de que hablaba Juan XXIII. Y esto, desde una perspectiva cristiana a la luz de la Palabra de Dios en contraste con la realidad histórica de nuestro pueblo.*

Tampoco se trata de ignorar o desconocer lo que se suele conocer por «teología clásica», es decir, la reflexión histórica de la Iglesia a través de todos los siglos, toda la aportación que cientos de hombres han hecho y que están a la base de toda teología perenne.

Nuestra intención es infinitamente más modesta. Intenta simplemente que el Evangelio de Jesucristo se encarne más y mejor en el pueblo cubano actual del Tercer Milenio. Se trata de «conectar» más y mejor con los hombres y mujeres de hoy, y eso supone una reflexión desde la fe y desde la vida a la luz de la Palabra de Dios y del Magisterio de la Iglesia.

Esa fue también, en mayor escala y profundidad teológica la finalidad de la «teología latinoamericana de la liberación»:

> *Este tipo de teología que parte de la atención a una problemática peculiar nos dará, tal vez, por una vía modesta pero sólida y permanente, la teología en perspectiva latinoamericana que se desea y necesita. Y esto último no por un frívolo prurito de originalidad, sino por un elemental sentido de eficacia histórica, y también –¿por qué no decirlo?– por la voluntad de contribuir a la vida y reflexión de la comunidad cristiana universal. (Gustavo Gutiérrez, «Teología de la Liberación», ed. Sígueme, Salamanca 1972, pág. 39).*

En realidad, mi intento es provocar una reflexión teológica seria desde Cuba. En otras partes de este trabajo hablo de la necesidad de pensar la realidad y de pensar la acción eclesial, sin caer en teoricismos de gabinete o tecnicismos de laboratorio. Algo de esta reflexión, aunque de un modo asistemático y discontinuo viene haciéndose en artículos publicados en las distintas revistas diocesanas o afines, y por supuesto en el ENEC y en el Magisterio Episcopal, pero hay que tomar mayor conciencia para que teólogos cubanos, pastoralistas, historiadores, pongan manos a la obra y continúen profundizando en todos estos temas que irán sentando los fundamentos para una reflexión hecha por cubanos y desde Cuba, sin necesidad de acudir constantemente a elaboraciones especulativas del extranjero. Un capítulo importante merecen la catequesis y la Historia de la Iglesia en Cuba. En otros lugares insistimos en ello: urge que catequistas (cfr. ENEC Instrucción Pastoral de los Obispos de Cuba No. 134, pág. 261) e historiadores cubanos hagan un esfuerzo por desarrollar estas dos parcelas tan decisivas en la vida eclesial cubana.

A pesar de ser discutibles las reflexiones del controvertido dominico brasileño *Frei Betto*, las traigo a colación por lo que puedan tener de reto y acicate a una teología cubana autóctona:

En Cuba, desde hace algún tiempo, se les presta cada vez más atención a la Iglesia y a la religión por parte de los intelectuales y académicos. Se da el fenómeno opuesto a lo que sucede en el resto del Continente: no existen teólogos dedicados al tema, si se exceptúa a los padres Carlos Manuel de Céspedes y René David, y éstos lo hacen, todavía, con timidez. Los otros no son más que profesores de teología que se limitan a repasar a sus alumnos la doctrina católica de acuerdo con la óptica vaticana. Ni siquiera se intenta buscar la forma de incorporar esta instrucción a la cultura propia, por la cual la teología también puede hallar un modo de integración a la realidad latinoamericana y caribeña y, específicamente, en la coyuntura cubana.

Resulta una ironía que, en Cuba, los militantes del Partido Comunista, sean quienes más se interesan por el fenómeno religioso como objeto de investigación teórica y de su examen crítico (Frei Betto, «Fe y política en Cuba Socialista», prefacio a: Aurelio Alonso, «Iglesia y Política en Cuba revolucionaria», Edit. Ciencias Sociales, La Habana 1997, págs. VII y VIII).

Lo mismo podemos decir con relación a una «espiritualidad del hombre cubano». Esta Iglesia debe dar pasos en la elaboración de un estilo propio de vivir la fe y la vida íntima de relación con Dios. Se trata de ir caminando, sin chauvinismos ni nacionalismos trasnochados, hacia un modo específico de espiritualidad cubana, que sin desconocer o menospreciar las grandes y sempiternas corrientes de espiritualidad cristiana y las inagotables escuelas de los grandes orantes, elabore canales y estilos de una espiritualidad más autóctona. No sólo la teología debe ser «cubana», sino también su espiritualidad, profundamente conectada con la vida del pueblo y con la reflexión teológica hecha desde el pueblo y desde su historia, en íntima conexión con el Evangelio como «vaso comunicante» *sine qua non.*

Mons. Stella lo expresó de esta manera tan sencilla y definitiva:

Al reflexionar sobre espiritualidad laical no debemos quedarnos en los grandes fundamentos bíblicos y escuelas de espiritualidad de la Iglesia universal sino que cada pueblo, marcado en su matriz nacional por la fe cristiana que ha logrado encarnarse en su cultura, como es el caso de Cuba, tiene en su propia tradición y en la vida de sus patricios, «semillas del Verbo» trasvasadas al lenguaje propio que no sólo forman parte de la herencia cultural, siempre enriquecedora del espíritu, sino que son auténticas fuentes de espiritualidad porque expresan, a su forma, la vida nueva que nos anunció a Cristo y que nos encomendó que lleváramos hasta los confines de la tierra. (Mons. Beniamino Stella, «Homilía para la Asamblea Interdiocesana de Laicos», El Cobre, 30 de Noviembre de 1997, No. 2; los subrayados son míos).

En definitiva, hacer «nuestra propia teología» no es algo novedoso ni original. Los autores de la Biblia tienen su propia teología y a nadie le extraña. Existen una teología de cada sinóptico, una teología joanea, una teología paulina, una teología profética, sapiencial, etc. Siempre intentando responder mejor al hombre a quien iba destinado su escrito o su palabra. Incluso la misma pedagogía progresiva de Dios en su Revelación pautada al hombre, ¿qué es si no una manera amorosa y comprensiva de irle desvelando paulatinamente su rostro y sus designios?

En múltiples ocasiones y de muchas maneras habló Dios antiguamente a nuestros padres por los Profetas. Ahora, en esta etapa final, nos ha hablado por un hijo, al que nombró heredero de todo, lo mismo que por él había creado los mundos y las edades. (Heb. 1, 1-2).

Si Dios se adapta al hombre para que pueda asimilarle y entenderle, si le habla *«en múltiples ocasiones y de muchas maneras»*, también nosotros, los agentes pastorales de la Iglesia cubana tenemos el derecho y el deber de hablar a nuestros hermanos, creyentes o no, en un lenguaje inteligible, encarnado, inculturado. Y esto se llama, hacer teología desde Cuba, para los cubanos y en cubano. Es el mismo Jesucristo, «ayer, hoy y siempre» pero que habla al «alma cubana» con un idioma que ésta pueda asumir e introyectar.

Una evangelización al estilo de Jesús que parte de las realidades. Partiendo del agua del pozo de la samaritana (Jn 4, 1), del pan de la mesa de los cafarnaitas (Jn 6), de la cruz del ciego (Mc 10, 46; Jn 9, 37), de la vida de Lázaro (Jn 11, 25), Jesús anuncia que hay otra agua, otro pan, otra luz, otra vida. Los temas comunes de la conversación humana que se forja en el diario vivir y en el diario luchar, son tantas y tantas oportunidades para anunciar la salvación de Cristo a partir de la misma vida. (ENEC. Instrucción Pastoral de los Obispos de Cuba, No. 127, p. 259-260)

En definitiva, no hay verdadera teología si no hay encarnacionismo e inculturación. Siempre que reflexionamos el mensaje que el pueblo nos da, no sólo con su palabra, sino también con su gesto, con su llanto, con su desencanto, con sus esperanzas, y lo tamizamos con el Evangelio, es decir, lo filtramos desde Jesús de Nazareth, estamos «haciendo teología cubana»; no será una teología especulativa o científica, pero sí una teología espontánea, «casera», nuestra, entrañable. Y este esfuerzo no será valdío, se traducirá en unas homilías más cubanizadas, en unas catequesis y unas liturgias más «criollas», unos documentos episcopales más asequibles al hombre de la calle o al guajiro del batey más remoto.

Las «Parábolas cubanas»

Esta parece otra osadía. No es lícito entresacar de la Palabra de Dios los textos y forzarlos, manipularlos, según nuestra conveniencia, pero sí es cierto que Dios habla al hombre en un ambiente y en unas circunstancias históricas bien determinadas. Esto lo sabemos todos. Por eso, no es ilícito «seleccionar» algunos textos, especialmente evangélicos, que parecen especialmente adecuados para el hombre y la mujer cubanos de hoy y su entorno socio-eclesial. Específicamente quiero fijarme en algunas parábolas de Jesús que estimo presentan un mensaje muy afín a las inquietudes del cubano, sobre todo de los creyentes en Cristo. Lógicamente, toda la Palabra de Dios puede escucharse y leerse en cualesquiera de los ámbitos en que se predique o se medite, y otros textos, incluso otras parábolas, pueden tener una interpretación tan encarnada en la realidad de Cuba y su Iglesia como éstas, que a modo de ejemplificación presento a continuación.

La parábola del hijo pródigo (Lc 15, 11-32)

A veces pienso que este texto original y exclusivo de Lucas sería suficiente para captar la médula del mensaje de Dios a los hombres. Es como una especie de paradigma de la Revelación, como una síntesis de todo lo que Dios, especialmente a través de Jesucristo, ha deseado transmitirnos a los seres humanos.

> *La parábola del hijo pródigo está considerada con razón, por la profundidad y la grandeza de su tema y por la belleza de su forma, como la perla entre todas las parábolas de Jesús transmitidas en los evangelios: «el evangelio del evangelio». (Josef Schmid, «El Evangelio según San Lucas», ed. Herder, Barcelona 1969, pág. 363).*

Lucas 15, la llamada «parábola del hijo pródigo» es, a mi entender, la más acertada y afinada glosa que ser humano alguno haya podido escribir sobre la gran pregunta de siempre: ¿quién es Dios? Esta parábola se puede considerar como la mejor y más cercana «reproducción» de Dios. Viene a responder a la pregunta sobre la identidad, la esencia, del Misterio de Dios. Jesús nos presenta esta imagen de Dios a través del género literario de la parábola. Y de una parábola no siempre bien comprendida. Nos hemos pasado media vida y media historia identificándonos –normalmente desde una óptica moralista– con uno de los dos hijos que nos presenta Lucas. Esta parábola ha sido objeto y contenido de múltiples retiros espirituales, exposiciones piadosas, diálogos de conciencia, en que nos hemos comparado en nuestras actitudes y actos con el hijo pródigo o con el hijo mayor. Normalmente el esquema hacía referencia a nuestra fidelidad para con Dios. Incluso esta parábola es conocida en todo el mundo cristiano como «parábola del hijo pródigo». Nada más lejos de la intencionalidad de Jesús que moralizar al presentarnos a los dos hijos como dos modelos –ambos ambiguos éticamente hablando– de conducta. Esta parábola no es, ciertamente *la parábola* de dos modos de actuación: el bueno y el malo, de un modo dualista. Es la *parábola sobre Dios*, una aproximación –desde mi punto de vista, la más conseguida– al verdadero rostro de Dios, la mejor introducción al misterio insondable e inescrutable de Dios. El *Deus absconditus,* el Dios *«totalmente otro»*, el Dios desconocido, inasible, impenetrable se hace presencia, cercanía, asequibilidad, desvelamiento, en la parábola lucana. Es la mejor «fotografía» que tenemos de Dios, la menos velada, la más realizada, la mejor conseguida.

> *No se debería llamar a esta parábola del hijo pródigo, sino del padre bondadoso, ya que su figura es el protagonista de la narración. Ella forma el centro inmutable en torno al cual se mueve toda la historia incluso en el extranjero (Witold Marchel, «Abba, Padre. El Mensaje del Padre en el Nuevo Testamento». ed. Herder, Barcelona 1967, pág. 86).*

La parábola del hijo pródigo, que más exactamente debiera llamarse la parábola del amor del padre (Joachin Jeremías, «Interpretación de las parábolas», ed. Verbo Divino, Estella 1971, pág. 114).

No se trata de hacer aquí una interpretación o un comentario exhaustivo de la parábola, pero sí quiero resaltar esa imagen de Dios que nos presenta Jesús. El Dios de la parábola es un Dios de bondad y misericordia, un Padre Dios o un Dios-Padre, que incluso en contra de lo que podríamos llamar una sana pedagogía en términos actuales, permite a su hijo menor irse de la casa paterna, a pesar de una posible minoría de edad, que aparentemente no le advierte de los peligros que va a encontrar fuera de casa, que incluso le entrega su herencia en vida: tanto el derecho de propiedad como el derecho a disponer (en contra de las formas legales de transmisión de herencia de la época). Pero la bondad y la misericordia del padre se hacen más imprevisiblemente manifiestas ante el regreso del hijo: no hay una pregunta, un castigo, un reproche, ni siquiera un sentimiento de abandono o traición: el padre nos sorprende organizando una fiesta, colmando al hijo de regalos y perdonando con el más exquisito y elegante de los «olvidos» por la infidelidad del hijo que regresa arrepentido.

> *La parábola describe en una magnífica sencillez: así es Dios, tan bueno, tan indulgente, tan lleno de misericordia, tan rebosante del amor. Se alegra del regreso del pródigo, como el padre, que organiza un festín (Joachim Jeremías, id. Pág. 117).*

Si traigo aquí a colación la «parábola del padre bueno» como la primera entre las «parábolas cubanas» es precisamente en este sentido de resaltar la misericordia y la bondad de Dios. En nuestro pueblo cubano, creyente o no, cristiano o no, es urgente la presentación del Dios de Jesucristo, es decir, el Dios que Cristo nos presenta en Lucas 15, así como en las parábolas de la «oveja perdida» (Lc 15, 4-7; Mt 18, 12-14) y de la dracma perdida (Lc 15,8-10), y en general, de las llamadas «parábolas de la misericordia». Estamos necesitados de este Dios bondadoso, Dios de la paternidad en un pueblo que se siente huérfano, Dios de la consolación en un pueblo que está desconsolado (cfr. En este mismo capítulo IV el epígrafe 6°), Dios que perdone y acoja, recibe sin preguntar ni reprochar a todos los que siempre nos hemos ido y siempre hemos regresado, Dios que acompaña incluso en la lejanía de «tierras extrañas» (dentro o fuera de la geografía de Cuba), Dios respetuoso con la libertad de quienes hemos exigido nuestra heredad anticipadamente forzándole a donarnos autonomía e independencia, Dios que desde lejos nos espera al caer de la tarde con la fiesta preparada, la mesa puesta y el pan y el vino (o la cerveza) aguardándonos... Las «parábolas de la misericordia», especialmente ésta, central, del «hijo pródigo» fueron escritas para el hombre y la mujer cubanos de hoy que necesitan purificar su idea y su imagen de Dios. ¿Cuántos dioses hay? Quizás tantos como creyentes, o como seres humanos. Nuestra tarea de evangelización debe plantearse muy en serio la urgencia de exorcizar el verdadero rostro de Dios. No hay más Dios que el Dios de Jesucristo, que no es otro que el Dios de Lucas 15. Las demás «fotografías» de Dios, la del Dios Omnipotente, Omnisciente, Juez, etc., sin ser falsas, corresponden más al «Dios de los filósofos» que al Dios bíblico, y sobremanera, al Dios neotestamentario. El Deus ex machina, tan presente en la mente y en el corazón de nuestros cristianos, no es el Dios de Jesús. Tampoco lo es el Dios arbitrario, injusto o iracundo que castiga a los justos y permite medrar a los miserables. El Dios de Jesucristo no es el Dios «incomprensible» por sus arbitrariedades y permisiones del mal y la injusticia, sino el Dios «incomprensible» por su sorpresiva sobrecarga de amor y misericordia. Nuestro Dios, el de Jesucristo, es el Dios desconcertante por un amor que supera tanto nuestro concepto como nuestra experiencia personal de amor. Así, cuando decimos que Dios nos ama estamos muy lejos de entender en qué consiste realmente el amor de Dios. ¡Tan cualitativa y cuantitativamente diverso es a lo que nosotros entendemos o experimentamos por amor! Cuando decimos, asi mismo, siguiendo con la terminología jesuana, que «Dios es Padre», o lo que es lo mismo: que «Dios es Madre», estamos a años-luz de desentrañar la esencia del Misterio de Dios que pretendemos aprehender con las categorías humanas de paternidad/maternidad-filiación. Lo mismo ocurre con otras categorías tales como «amor esponsal» (cfr. «Cantar de los Cantares», y libro de Oseas; o las alegorías paulinas al tema del amor y el matrimonio), o como la amistad. No tenemos conceptos para desentrañar quién es Dios. Quizás sean los místicos quienes más se han acercado a esa inclinación de pergeñar, al menos, quién es Dios.

Presentar este Dios cargado de misericordia, que ni permite el mal ni es agente del mismo, ni tiene nada que ver con los grandes –o los pequeños– dramas y tragedias de los hombres y de los pueblos, que deja actuar las llamadas «causas segundas», las leyes de la naturaleza, de la física y de la química, las leyes del azar y la casualidad, el desarrollo histórico de los pueblos producto de la acción o la omisión de los hombres, es tarea urgente de la Iglesia cubana –y seguramente de todas las Iglesias locales– en su evangelización del hombre postmoderno. Personalmente opino que la purificación de la imagen de Dios es una de las tareas más apremiantes de la Iglesia actual, en Cuba y en el extranjero.

En este sentido de la parábola como presentación del amor ilimitado de Dios es como entiendo que debe usarse en este contexto que hemos llamado de «teología cubana» espontánea y «casera». Esto no excluye que la visión de los dos hijos no tenga también una lectura creyente profundamente actualizada en el contexto cubano de hoy. La parábola incluye obviamente a los dos hijos: el hijo mayor que se quedó en casa y el hijo pequeño, pródigo, que se fue del hogar paterno.

Estas dos figuras, emblemáticas, paradigmáticas, encuentran una resonancia especial e histórica en nuestra realidad cubana. Todos somos conocedores del éxodo, de la diáspora de millones de cubanos. No sólo es un fenómeno de emigración al extranjero, de «exilio externo», sino también un fenómeno de emigración interna, bien por encapsulamiento o enconchamiento de las realidades que pueden vivirse como hostiles, sino de fuga generalizada de las iglesias, a nivel religioso. En ambos casos estaríamos hablando de un «exilio interno», de una clandestinidad socio-política o de unas catacumbas religiosas. En los últimos cuarenta años la Iglesia católica –y en cierta medida el resto de las iglesias cristianas– fue testigo de un abandono masivo de sus hijos, tanto por el «exilio exterior» como por el «exilio interior» que hacía vivir una religiosidad privatizada ajena a toda pertenencia a la institución eclesial.

El hecho ha venido diluyéndose en los últimos años, como es de todos sabido; muchos «hijos pródigos» han –o hemos– regresado a la casa paterna y muchos –o tal vez, no tantos– «hijos mayores» han rechazado o desconfiado de la autenticidad y sinceridad de la vuelta de sus hermanos. La situación –a la que nos referimos desde otros puntos de vista en este trabajo– ha motivado y posiblemente seguirá creando, un serio problema pastoral que como todo lo pastoral tiene una fundamentación teológica y por ende, bíblica. La parábola que nos ocupa tiene mucho que decirnos al respecto en orden a entrambas actitudes de los dos hijos.

> *Hoy muchos de los hombres y mujeres que vivieron dolorosamente estos conflictos, que se alejaron ellos de la Iglesia y no bautizaron a sus hijos, que ni siquiera les hablaron de Dios en sus casas... hoy, muchos de aquéllos, repito, que callaron, ocultaron, disimularon su fe, nos dicen: ¿cómo pude yo no bautizar a los niños? ¿Cómo pudimos nosotros vivir como si Dios no existiera? Algunos regresan con verdaderos complejos de culpabilidad.*
>
> *Esta es una de nuestras culpas nacionales de las cuales todos debemos arrepentirnos: quienes por debilidad entraron en el gran silencio acerca de Dios y quienes impusieron tan dura carga a las conciencias de la gente (Card. Jaime Ortega, Homilía en Camagüey, 20 de enero de 1995).*

El tema de «los que se fueron y los que se quedaron» es uno de los «frentes de reconciliación» de que hablamos en el epígrafe No. 3 de este capítulo. En esta parábola encontramos una, entre otras, de las fundamentaciones bíblicas para su solución definitiva, porque como continuó diciendo el Cardenal cubano en su Homilía anteriormente citada:

> *No recuerdo todo esto para ahondar en heridas aún abiertas, sino porque es necesario que todos reflexionemos de modo que algunas de esas actitudes, parcialmente superadas, no perduren ni en unos ni en otros, para que en breve tiempo podamos hablar en pasado absoluto de ellas (id.).*

En definitiva, la reconciliación entre «los dos hijos cubanos»: el de Miami y el de La Habana, el católico que nunca abandonó la Iglesia y el que se fue pero ahora ha regresado, el que asumió la ideología marxista-leninista y posteriormente dio un viraje hacia el catolicismo y el que siempre se sintió cristiano y permaneció «en la Casa de sus padres», sólo puede hacerse desde la fe, desde la conciencia de que sólo Dios reconcilia y es el Padre de la parábola quien acoge, perdona y aglutina en torno a sí. No somos los hermanos los encargados últimos –o primeros– de la reconciliación, es Dios quien nos reconcilia desde nuestra actitud reconciliadora de hermanos que nos sentimos hijos del mismo y único

Padre reconciliador. En definitiva ¿quiénes son los que se fueron y quiénes los que se quedaron?, ¿no nos hemos ido todos alguna vez o muchas veces de la Casa donde nacimos?, ¿y no hemos virado todos, de múltiples maneras, aunque sea sólo con un deseo ambiguo e innominado a las raíces que albergan una necesidad honda de paz y de eternidad que sólo en Dios puede hallarse? Mientras los cubanos no entendamos que todos nos hemos ido y que todos tenemos derecho a regresar, no habremos entendido suficientemente ni lo que significa ser cristiano ni en qué consiste la paternidad exclusiva de Dios.

La segunda parte de la parábola lucana, en que se refiere al hijo mayor que nunca abandonó al Padre no es una adición a la primera parte cuyo protagonista es el hijo pródigo. Según Joachim Jeremías, Jesús la añadió porque la parábola está dirigida a hombres que sintonizan más con el hijo mayor que con el hijo menor:

> *La parábola fue dicha a hombres que se parecen al hermano mayor, es decir, a hombres que se escandalizan del evangelio. Hay que alcanzarlos en la conciencia. Jesús les dice: Así de grande es el amor de Dios para con sus hijos perdidos y vosotros estáis sin alegría, sin amor, desagradecidos y justos ante vuestros propios ojos. ¡Sin embargo, sed también misericordiosos! ¡No seáis insensibles! ¡Los muertos en espíritu resucitan, los que andan perdidos encuentran el hogar, alegraos conmigo! (Joachim Jeremías, op. cit., pág. 117-118).*

La actitud del hijo mayor queda abierta, no sabemos si aceptó definitivamente a su hermano «infiel y pecador», si se sentó con él a la mesa, si lo valoró como interesado y oportunista –¡tenía hambre!– en su arrepentimiento, si comprendió finalmente «el corazón del Padre».

> *La parábola no dice una sola palabra al respecto. Pero no deja lugar a dudas en cuanto a que nadie puede permanecer con el padre, si no recibe como él al hijo perdido. Reparemos cómo el padre, al concluir dice expresamente: 'éste es tu hermano'. El hijo mayor ha de tender su mano fraterna al perdido en señal de reconciliación; de lo contrario él mismo se pierde. Más aún, el momento de la vuelta del hermano menor es también para él el momento de aprender por primera vez en su vida lo que significa ser de veras hijo y hermano. El camino hasta el corazón del padre pasa únicamente por el sí al hermano (Witold Marchel, op. cit.., pág 87-88).*

Ojalá el acontecimiento histórico de un pueblo –el cubano– que se pone en actitud de éxodo y exilio, voluntario o forzado, siempre desgarrador, sea ocasión de redescubrir al hermano y a través de él, encontrarse con el Dios de Jesucristo, el Padre misericordioso de las parábolas lucanas de la misericordia que siempre acoge, perdona, tolera, comprende y al final hace una fiesta: la fiesta del «batey común» de donde nunca debimos irnos.

La parábola de los trabajadores de la viña (Mt. 20, 1-16)

Llamada también la «parábola de los trabajadores de la hora undécima», es preferible llamarla la «parábola del patrono generoso». También aquí, como en la «Parábola del hijo pródigo» los personajes principales no son los obreros de la viña (como no lo eran los dos hijos en Lc 15), sino el patrono (como lo era el «padre» en la parábola anterior). Se trata pues, de una designación inexacta e incluso errónea de ésta –y otras– parábolas de Jesús. El error nace cuando se hace una lectura y una meditación excesiva o exclusivamente moralista de las parábolas o cuando se cae en una alegorización de las mismas. Con esta parábola ha tenido lugar una interpretación alegórica de la misma, según la cual la intencionalidad de Jesús iba más a obrar un cambio en la mentalidad de su auditorio que a una presentación del Reino de Dios y del mismo rostro de Dios. *Joachim Jeremías,* el gran exegeta conocedor como nadie de las parábolas de Jesús, sitúa ésta del «patrono generoso» entre las parábolas referidas a la misericordia de Dios, aquéllas que contienen la Buena Nueva propiamente dicha. La parábola que nos ocupa es una justificación de esta Buena Noticia frente a quienes la critican.

Esto nos indica que, al igual que en la parábola del padre misericordioso, la intención de Jesús es mostrar aquí «quién es Dios». Es un parábola «teológica» en el sentido más estricto del término. Y es en este sentido central en que la proponemos como una «parábola cubana»: hace referencia a la gratuidad salvífica de Dios, al amor inconmensurable, sorpresivo y aparentemente «injusto» de Dios. Con esta parábola Jesús destruye nuestro concepto humano de «justicia distributiva». Dios rompe los moldes de lo que llamamos la «justicia» y «campea por sus fueros», supera nuestras estructuras mentales y nuestras conceptualizaciones religiosas y retributivas. Dios supera la Ley, incluso su propia Ley simplemente porque es Dios. De aquí lo difícil de entender esta parábola, que en una primera lectura nos parece arbitraria e injusta, como extraña, desentendida; negligente y hasta antipedagógica nos parece a simple vista la actitud del padre con el hijo pródigo, antes y después de su marcha, de su pecado. Es de nuevo el Dios sorpresivo, el Dios desconcertante, inasible, inabordable. El Dios de los místicos, no el Dios de los filósofos, ni en ocasiones, el Dios de los teólogos.

Esta parábola es otra «versión», otra fotografía desde otro ángulo, del genuino rostro de Dios. Jesús es el fotógrafo por antonomasia. Nosotros tenemos que aprender a hacer una hermenéutica adecuada de sus flashes sobre Dios.

Así pues, esta parábola del «propietario generoso» e imprevisible, es una «parábola cubana» no tanto –aunque también– por los obreros de la viña en las distintas horas, sino porque muestra a nuestro pueblo -y por supuesto, a todo el mundo- una imagen del Dios de la gratuidad y el amor fuera de todo corsé. Y nuestro pueblo, insisto, está urgido y hambriento de ese Dios gratuito. Un Dios que no tiene tan en cuenta «la hora» en que nos hemos puesto a trabajar, ni siquiera «la calidad» de nuestro trabajo, ni el «lugar concreto» donde trabajamos en la Viña sin límites del mundo, de la cultura, de la sociedad en que vivimos. De este modo se ensanchan los campos de la salvación y se flexibilizan los tiempos y momentos de la gracia. Ya no es necesario ser «católico de toda la vida», ni trabajar en un grupo apostólico de mi parroquia, ni bautizarme a los veintitantos días de nacido, ni mucho menos recibir la unción de los enfermos como un pasaporte para la vida eterna. Todo es la Viña del Señor, no hay relojes porque Dios supera las coordenadas de tiempo y espacio. *«Todo es gracia»*, como dijera *George Bernanos;* la salvación en Cristo sobreabunda, incluso allí donde hay pecado e infidelidad.

La «parábola del propietario generoso» (y yo añado: e imprevisible y sorprendente) muestra que el acento no está colocado en el llamado a la Viña, ni en la solicitud a mantener una actitud resignada ante el *discutido «muchos son los llamados y pocos los escogidos»*, ni en el impenetrable *«los últimos serán los primeros y los primeros serán los últimos»*, sino en el pago del jornal al caer de la tarde. Y aquí es donde entra la misericordia y la «justicia gratuita» del Dios de la bondad.

> *Esta interpretación de la parábola es la que hoy prevalece: se trata de una lección sobre la igualdad de la recompensa en el reino de Dios. Si de buen grado se añade: una lección de que toda recompensa es gratuita, entonces no es acertado; pues los primeros, para hablar con san Pablo, reciben la recompensa por obligación, no por gracia (Rm 4, 4) Pero, aun prescindiendo de todo esto, el punto culminante de la historia, lo sorprendente para los oyentes, no es ciertamente: «¡El mismo salario para todos!», sino: «¡Un salario tan grande para los últimos!» (Joachin Jeremías, op. cit, pág. 28).*

Topamos de nuevo con el tema tratado anteriormente de «los que se fueron y los que se quedaron», de «los viejos y los nuevos», de los «que se fueron y han regresado cuando ya todo es más fácil, menos peligroso, menos complicado» y hasta otorga un cierto «caché» con reminiscencias de un pasado remoto. Los operarios de la primera hora regresan cansados del calor asfixiante de la viña: exigen su salario. Y tienen derecho a ello. Nadie se los negará. Tampoco Dios. Han aguantado la sofocación del duro trabajo de tanto tiempo. Pero no deben sentirse los únicos, ni los mejores, ni deben convertirse en árbitros o jueces de los operarios de las horas postreras. No es su tarea, ni su derecho. Eso es cosa del «propietario generoso» e imprevisible y sorpresivo que va más allá de nuestros cánones de justicia. Entender esta «parábola cubana» es otro camino que ayuda a la reconciliación intraeclesial de nuestro pueblo, esa reconciliación «de amplio espectro» que necesitamos para ir restañando nuestras heridas y taponando todas las grietas y rendijas («*hendijas*» en cubano) que nuestra propia responsabilidad ha ido propiciando a lo largo de los años. Y no solamente de los últimos cuarenta.

> *La parábola no describe un acto de arbitrariedad, sino el hecho de un hombre de corazón, que es generoso y compasivo con los pobres. Así obra Dios, dice Jesús. ¡Así es Dios! ¡Tan bueno! El da parte en su reino también a los publicanos y pecadores, inmerecidamente; tan grande es su bondad. Todo el acento recae sobre las palabras finales: 'Porque yo soy tan bueno' (v. 15) (Joachim Jeremías, op. cit, pág. 29-30).*

La segunda parte de esta parábola puede parecer una adición. Como nos ocurría con la segunda parte de la «parábola del hijo pródigo». Sin embargo, no es así. Es más, el centro de gravedad de la parábola recae precisamente en la segunda parte: la indignación de los perjudicados (v. 9-15), es decir, de los que trabajaron en la viña desde el alba, del hijo mayor que nunca se fue de casa, de quienes permanecieron obedientes, trabajadores y fieles a la figura del propietario-padre.

> *Manifiestamente la parábola va dirigida a hombres que se parecen a los que murmuran, que critican la Buena Nueva, que se escandalizan de ella, a los fariseos, por ejemplo. Jesús les quiere mostrar cómo su crítica es injustificada, odiosa, despiadada, implacable. Así es Dios, les dice, ¡tan bueno! Y porque Dios es tan bueno, por eso lo soy yo también (Joachim Jeremías, op. cit, pág. 30).*
>
> *¿No se ha reconocido, en los obreros de la hora undécima, a los héroes de las tres grandes parábolas de la «justicia» de san Lucas? Dios puede ejercer su misericordia, como ha hecho con el samaritano, con el publicano, con el pecador público. En retorno, se conten-*

ta con la confianza de su criatura. La parábola de San Mateo va, es cierto, más lejos, porque «la justicia de la fe» queda ensalzada, en el juicio final. Pero ya aquí abajo era una prenda de la alegría celestial, en la que Dios acoge a sus buenos y fieles servidores. (Lucien Cerfaux, «Mensaje de las Parábolas». Ed. FAX, Madrid 1969, pág. 189-190).

La parábola del sembrador (Mc.4,3ss; Mt.13,3ss; Lc.8,4ss)

Finalmente, y de un modo breve, la «parábola del sembrador» (Mc 4, 3 ss y paralelos) presenta, a mi manera de ver, una gran sintonía con el *«Sitz im leben»* del pueblo y la Iglesia cubana. Según *Joachim Jeremías,* a quien sigo al pie de la letra en estos párrafos, se trata de una parábola dirigida a la Iglesia primitiva, en la que se desplaza el acento escatológico a lo psicológico, es decir, se trata de una parábola dirigida a los recientemente convertidos a quienes exhorta a fundamentar su fe y mantener su fidelidad.

La parábola, en la interpretación, se convierte en una amonestación a los convertidos, que deben examinar el estado de su corazón y juzgar la seriedad de su conversión (Joachim Jeremías, Op. cit, pág. 71).
(Se trata de) una exhortación a los convertidos, poniéndolos en guardia contra la deficiente firmeza en tiempos de persecución y contra el espíritu del mundo (Ibid, pág. 135).

Si esta parábola sintoniza de un modo axial con la realidad eclesial cubana de hoy es, fundamentalmente, por la proliferación de conversos que está teniendo lugar actualmente en la Iglesia de Cuba. El hecho, suficientemente propalado, no debe llevarnos a un sentimiento triunfalista o revanchista. Sería un error de un profundo infantilismo. La «conversión» al cristianismo, de una manera relativamente masiva, plantea a la Iglesia en Cuba un grave problema pastoral. Lejos de las euforias superficiales, debe llevarnos, como Iglesia, a una honda reflexión donde vayamos respondiendo, con objetividad y profundidad a preguntas tales como: ¿qué representa exactamente este fenómeno socio-religioso? ¿cómo hay que interpretarlo? ¿qué cauces de discernimiento estamos empleando para explicarlo y asumirlo? ¿cuáles son las motivaciones religiosas que están a la base del hecho? ¿cómo purificar y encauzar estas motivaciones cuando no son muy auténticas y pueden responder a otras causas un tanto interesadas o espúreas? ¿qué instrumental catequético y sobre todo, qué contenidos evangelizadores estamos proporcionando a estos «conversos de la hora undécima»? ¿qué garantías de fidelidad, firmeza y autenticidad podemos esperar de ellos? ¿qué ocurriría si los condicionantes socio-políticos volvieran a tornarse en situaciones altamente conflictivas y difíciles? ¿qué modelo de Iglesia estamos ofreciendo a quienes vienen por primera vez o regresan después de muchos años «fuera de la casa paterna» con unos esquemas eclesiológicos y teológicos que responden a una mentalidad, una formación, una teología pre-conciliar de los años 50?... Estas y otras preguntas de la misma ralea deben motivarnos a los agentes de pastoral para poder responder mejor a los conversos de los últimos años. Nunca una euforia infantil de una visión triunfalista y cuantitativa debe hacernos perder de vista qué es y qué significa ser cristiano en la Cuba de hoy y del Tercer Milenio.

La meditación de la «parábola del sembrador» nos puede ayudar a fundamentar bíblicamente estos datos a los que venimos refiriéndonos. Está incluida en el grupo de parábolas que hacen referencia a la confianza en Dios, a la aceptación de que nuestra tarea es sembrar, trabajar lo mejor que podamos y sepamos en la viña del Señor, pero que sólo Él es quien cosecha, quien riega, quien recoge el fruto. Nuestras tentaciones por el éxito, la eficacia y la cosecha personal impiden muchas veces una verdadera siembra, nos sentimos «dueños de la viña» y queremos ver los frutos con inmediatez, siempre dentro de nuestro tiempo que no coincide necesariamente con el tiempo escatológico de Dios. El tiempo actual de la Iglesia cubana no es el de la cosecha, sino el de la siembra, la paciencia histórica y la confianza desmedida en el propietario del campo. En este sentido, la parábola nos invita a evangelizar respetando «los cuatro campos» en los que cae la semilla de la Palabra de Dios, sin manipularlos o distorsionarlos, con confianza en Dios a pesar de las dificultades y los fracasos.

> *Aunque gran parte del trabajo parezca estéril e ineficaz a los ojos humanos, aunque en apariencia suceda fracaso tras fracaso, Jesús está lleno de alegría y confianza: la hora de Dios viene, y con ella la bendición de una cosecha que supera todas las peticiones y esperanzas. A pesar de todos los fracasos y resistencias, Dios hace aparecer el magnífico final prometido de unos comienzos desconsoladores (Joachin Jeremías, op. cit, pág. 136).*

En este intento de aproximación y búsqueda de unas categorías teológicas que sintonicen con el hombre y con la Iglesia cubana de hoy, quiero reflexionar en este capítulo sobre cuatro de estas categorías que a modo de «claves teológicas» pueden ayudarnos, tal vez, a una mejor evangelización de nuestro pueblo.

Se trata de las categorías teológicas de: reconciliación, esperanza, misericordia y consolación. No se trata de una visión exhaustiva, sino de una iniciación o acercamiento a temas o soportes teológico-eclesiológicos que subyacen tanto en el «alma cubana» como en la reflexión magisterial del Papa, de los obispos cubanos y de otros autores preocupados por la nueva evangelización de la Isla.

TEOLOGÍA «EN CLAVE DE RECONCILIACIÓN»

Es, seguramente, la categoría teológica más utilizada o fundamentante de una naciente «teología cubana». Como veremos enseguida, se encuentra ampliamente desarrollada tanto en el Magisterio del Papa en su Visita Pastoral a Cuba (enero 1998) como en el magisterio de los obispos cubanos (desde Mons. Pérez Serantes hasta nuestros días) como en distintos autores cubanos comprometidos con la evangelización en Cuba.

El concepto ha ido evolucionando y enriqueciéndose en los últimos cuarenta años y se encuentra a su vez, muy relacionado, con el término «diálogo». Desde mi punto de vista, está sin embargo por elaborar una teologización más sistemática de la reconciliación como clave fundamental y fundamentante de una necesaria teología cristiana desde Cuba. A continuación intentaremos acercarnos al tema desde tres ópticas: la Sagrada Escritura, el Magisterio del Santo Padre en Cuba y del Magisterio eclesiástico cubano y una reflexión teológica sobre la reconciliación en el contexto socio-cultural de Cuba.

La reconciliación en la Biblia.

La reconciliación en el Antiguo Testamento ha evolucionado, incluso hasta el punto de presentársenos en cierto modo contradictorio y de carácter diverso. En pocas palabras, por reconciliación se entiende en el Antiguo Testamento, la restauración de la comunidad de vida entre Dios y el hombre, rota por el rechazo de éste a la voluntad divina. Aparece como obra de la misericordia de Dios, y a la vez, como acción protagonizada por el mismo hombre siempre bajo la acción de Dios.

En las distintas formas de entenderse la reconciliación en el Antiguo Testamento, encontramos: el apaciguamiento de la ira de Dios a través de un culto de propiciación por parte del hombre; como rito expiatorio orientado a borrar el pecado; realizada en ocasiones por mediadores elegidos por el mismo Yahvéh, especialmente los profetas. Estos insisten mucho más en la reconciliación moral y religiosa realizada a través de la conversión y por la obediencia a los mandatos de Dios similar a la idea de satisfacción (la expiación alcanzada por el Siervo sufriente de Is. 53).

> *Esta expiación no se consigue mediante un acto cultual (la sangre en sí misma no desempeña ya papel alguno), sino mediante el*

acto personal de un mediador que, a pesar de su inocencia, sufre en lugar de los pecadores el castigo que éstos habían merecido y obtiene así la reconciliación de los mismos con un Dios personal y misericordioso (H. Haag, A.van den Born, S. de Ausejo, Diccionario de la Biblia; Ed. Herder, Barcelona 1967, pág. 1652).

Se conoce, desde los tiempos más antiguos, en el Antiguo Testamento, la idea de que Dios perdona los pecados por simple iniciativa suya, independientemente de actos rituales y expiatorios, sin ni siquiera necesidad de intercesores.

Reconciliar, reconciliarse, es, fundamentalmente, recuperar la armonía perdida, maltrecha, desbaratada; restablecer una amistad ofendida, maltratada, una relación distanciada, enajenada. En el Antiguo Testamento un mediador, lleva a cabo la reconciliación entre el Dios ofendido y los hombres pecadores que han sido infieles a Dios, especialmente el día de la expiación o *«Yom Kippur»* (cfr. Lev. 16).

Los profetas hacen un llamamiento constante al pueblo para que se reconcilie con el Dios de la Alianza ofendido por los pecados de los hombres. Así nos dice el libro de Isaías: *Él será juez de las naciones, árbitro de pueblos numerosos. Convertirán sus espadas en arados, sus lanzas en podaderas. No alzará la espada nación contra nación, ni se prepararán más para la guerra (Is 2, 4).*

La actitud perdonadora, reconciliadora, proviene siempre de Dios. Es Dios quien da el primer paso; Dios quien tolera, quien olvida, quien espera el regreso del hombre pecador.

En el Nuevo Testamento el perdón de los pecados aparece tanto en forma de expiación como en forma de reconciliación propiamente dicha. Cristo aparece como la realización perfecta de la propiciación ya que con su sangre expió los pecados del género humano (cfr. Rom 3, 25; 1 Ped. 1, 18 ss). Los escritos paulinos presentan la redención de Cristo como reconciliación entre Dios y el hombre pecador (Rom 5, 10ss; 2Cor 5, 18-20: Col 1, 20-22: Ef 2, 16). Para Pablo, es Dios, quien por pura iniciativa suya, pone fin al estado de enemistad en que se encontraba con el hombre por culpa del pecado.

El cambio es independiente de toda modificación en las disposiciones de los hombres, ni tampoco consiste en una modificación que Dios produciría en sus propias disposiciones. Cuando Pablo emplea el verbo en pasiva, presenta la obra de la reconciliación como obra de Dios, obra de su amor (Rom 5, 8) o de su beneplácito (Col 1, 19); y no acentúa la existencia de un cambio en las disposiciones de Dios o en las de los hombres con respecto a Él, sino las nuevas relaciones pacíficas que Dios ha hecho surgir (H. Haag, etc. op. cit. pág. 1654).

Es decir, la iniciativa de la reconciliación proviene siempre de Dios, independientemente del hombre. Es Dios quien siempre da el primer paso del perdón y la amnistía. Esto no significa, no obstante, que el hombre no deba ponerse «en situación de reconciliación», que no deba estar abierto y dispuesto a recibir esa reconciliación y a ser, a su vez, agente de reconciliación. La reconciliación es siempre gracia de Dios, y por tanto, requiere esa apertura y aceptación de la misma, de lo contrario, se queda baldía, es como una energía inutilizada, desaprovechada. Dice también el «Diccionario de la Biblia» al que seguimos en este punto: *«No obstante, el hombre, a quien ha colocado en esta nueva condición, el hombre 'recreado', debe responder libremente a la iniciativa de Dios y entrar en el plan divino: este segundo paso tiene que darlo el hombre». (Id.).*

Es, pues, con la persona de Jesucristo, donde encontramos todo un «tratado» de reconciliación y perdón. Es Cristo quien nos reconcilia con el Padre, con nuestros hermanos y con nosotros mismos. Cristo nos reconcilia con la vida y con la naturaleza. Sin la persona de Jesucristo, la reconciliación quedaría inválida, estéril, incapacitada de hacerse realidad; sería una palabra más, carente de contenido dinámico, imposibilitada de generar de verdad actitudes y actos reconciliadores.

Porque Cristo es nuestra paz. Él ha hecho de los dos pueblos uno solo, destruyendo el muro de enemistad que los separaba. Él ha anulado en su propia carne la ley con sus preceptos y sus normas. Él ha creado en sí mismo de los dos pueblos una nueva humanidad, restableciendo la paz. El ha reconciliado a los dos pueblos con Dios uniéndolos en un solo cuerpo por medio de la cruz y destruyendo la enemistad. Su venida ha traído la buena noticia de la paz: paz para ustedes los que estaban lejos y paz también para los que estaban cerca: porque gracias a él unos y otros, unidos en un solo Espíritu, tenemos acceso al Padre. (Ef. 2, 14-18).

El texto de Efesios es clave. Gracias a Jesús es posible la paz y la reconciliación entre los pueblos. Referido al viejo Israel y al nuevo pueblo adquirido por la sangre de Cristo todos somos llamados a una reconciliación universal que sólo en Cristo tiene lugar. La Cruz de Cristo es el camino de redención o reconciliación. El misterio del dolor, del sufrimiento, es fuente de paz y amnistía, aunque no lo podamos entender racionalmente.

Cristo no llega hasta nosotros con explicaciones y razones para tranquilizarnos o para alienarnos. Más bien viene a decirnos: Vengan conmigo. Síganme en el camino de la Cruz... El sufrimiento se transforma cuando experimentamos en nosotros la cercanía y la solidaridad del Dios vivo (Juan Pablo II, Palabras en el Santuario de «El Rincón», La Habana, 24 de enero de 1998, N° 3).

Con su muerte, Cristo nos reconcilia con el Padre, cuando aún éramos «enemigos», es decir, antes de la Redención definitiva de la Cruz y la Resurrección del Señor. «Con más razón ahora», nos dirá Pablo en su Carta a los Romanos, que hemos sido definitivamente liberados por la Cruz de Cristo.

Porque si siendo enemigos Dios nos reconcilió consigo por la muerte de su hijo, mucho más reconciliados ya, nos salvará para hacernos partícipes de su vida. Y no sólo esto, sino que nos sentimos también orgullosos de un Dios que ya desde ahora nos ha concedido la reconciliación por medio de nuestro Señor Jesucristo (Rom 5, 10-11).

Y el autor de Colosenses dice: «También ustedes estaban en otro tiempo lejos de Dios y eran sus declarados enemigos por sus malas acciones. Ahora, en cambio, por la muerte que Cristo ha sufrido en su cuerpo mortal, les ha reconciliado con Dios y ha hecho de ustedes su pueblo, un pueblo sin mancha ni reproche en su presencia» (Col 1, 21-22).

«Orgullosos de Dios», dice Pablo. Orgullosos y agradecidos por haber sido salvados por la Cruz de Jesús.

La reconciliación, obra «cerrada» definitivamente por la sangre de Cristo, sigue, no obstante, «abierta» por nuestra tarea de constante reconciliación en nuestros ambientes. Reconciliados, somos llamados a reconciliar. En este sentido la reconciliación obrada definitivamente por Cristo, precisa un cumplimiento total realizado por nuestra parte, sin que la aparente contradicción sea tal.

Todo viene de Dios que nos ha reconciliado consigo mismo por medio de Cristo y nos ha confiado el ministerio de la reconciliación. Porque era Dios el que reconciliaba consigo al mundo en Cristo, sin tener en cuenta los pecados de los hombres, y el que nos hacía depositarios del mensaje de la reconciliación (2 Cor 5, 18-19).

La reconciliación adquirida por Cristo llega a todo el universo creado, se extiende a toda la Creación. Todo lo que Dios creó ha sido definitivamente rescatado por Cristo. El pecado, la extorsión, el mal, aniquilados para siempre.

En el himno cristológico a los Colosenses, Cristo aparece como centro del universo, *«Primogénito de toda criatura»*, en quien *«fueron creadas todas las cosas»*, *«todo lo ha credo Dios por él y para él»*. El cristocentrismo de este himno presenta claramente al Señor Resucitado como eje focal de reconciliación y paz: «Dios, en efecto, tuvo a bien hacer habitar en Él la plenitud, y por medio de él reconciliar consigo todas las cosas, tanto las del cielo como las de la tierra, trayendo la paz por medio de su sangre derramada en la cruz» (Col 1, 19-20).

El Santo Padre en su visita a Cuba en enero de 1998 se apoyó abundantemente en las Escrituras para hacer un llamamiento a la reconciliación. Así, citando 2Cor 5, 18, dijo:

> *Les aliento a seguir siendo 'ministros de la reconciliación' (2Cor 5, 18), para que el pueblo que les ha sido encomendado, superando las dificultades del pasado, avance por los caminos de la reconciliación entre todos los cubanos sin excepción. Ustedes saben bien que el perdón no es incompatible con la justicia y que el futuro del País se debe construir en la paz, que es fruto de la misma justicia y del perdón ofrecido y recibido (Juan Pablo II, Encuentro con los miembros de la COCC, La Habana, 25 de enero de 1998, N° 7).*

En conclusión, la reconciliación según Pablo, hace referencia al hombre nuevo justificado y santificado por la sangre redentora de Cristo, es El quien nos reconcilia con el Padre, desde entonces el hombre vive en paz con Dios y tiene acceso a El. (cfr. Rom 5, 2; Ef 2, 18).

> *La reconciliación, en el plano de las grandes epístolas, se explica según el contexto de Romanos 5. La obediencia (Rom 5, 19) y la justicia de Cristo (5, 18) han sido el contrapeso del pecado y de la desobediencia de Adán. En las epístolas de la cautividad, la idea de la reconciliación de los gentiles y de los judíos, se ha unido a la de la reconciliación con Dios. El acceso a la misma paz divina suprime la enemistad que entre ellos existía; Cristo sobre su cruz ha matado toda enemistad (Ef. 2, 16). El concepto se amplía más en Colosenses 1, 20: La reconciliación y la pacificación alcanzan a 'todo lo que existe en la tierra y en los cielos'... En este plano, la reconciliación ha llegado a ser una idea muy general, que San Pablo aplica tanto al cosmos como al universo (judíos y paganos) y a la vida cristiana (Lucien Cerfaux, Jesucristo en San Pablo, Ed. Descleé de Brouwer, Bilbao 1967; pág. 130).*

La reconciliación en la Visita Pastoral de Juan Pablo II a Cuba (1998).

Antes de iniciar este apartado me ha parecido interesante introducir una breve cita, más bien simbólica por su autoría y por el momento histórico en que fue escrita. Se trata de un parágrafo del Mensaje al significativo I Congreso Católico Nacional en noviembre de 1959. Su autor, el Papa de aquellos años: Juan XXIII. ¿Es esta la primera alusión a la reconciliación referente al pueblo y la Iglesia cubanos por parte de un Pontífice romano? Posiblemente sí:

> *La convivencia humana y el orden social han de recibir su mayor impulso de una multiforme labor orientada por convicción de los miembros de la comunidad hacia el bien común. Cuando la angustia y el tormento tienen aún frescas las rosas de las heridas, esta caridad impone un gesto preciso: amistad, estima, respeto mutuos; una actitud interior, un diálogo continuado, un perdón sin distingos, una reconciliación que se ha de reconstruir, día a día y hora a hora, sobre las ruinas del egoísmo, de la incomprensión (Juan XXIII, «Mensaje al I Congreso Católico Nacional», La Habana noviembre de 1959, en: «Mensajes de los Papas a Cuba», Ediciones «Vitral», Pinar del Río septiembre de 1997, pág. 22).*

Pero ciñámonos al Magisterio de Juan Pablo II en Cuba, todo él cargado de amor, diálogo y reconciliación. No podía ser de otro modo en quien vino, igual que el Apóstol Pablo, como *«ministro de la reconciliación»* (2Cor 5, 18). En realidad, el objetivo del Papa en su Visita Pastoral a nuestra Isla se centraba en ser fuente y agente de paz y reconciliación. Prácticamente había que reproducir aquí la mayor parte de sus Homilías y discursos si pretendemos exponer su pensamiento sobre el concepto y el contenido de la reconciliación.

Incluso antes de venir a Cuba, el Papa se dirigió a los cubanos exhortándolos *«a producir la ansiada reconciliación»*:

> *Queridos hijos e hijas de Cuba, no dejéis de proclamar que Jesucristo es el único Salvador; que su Evangelio puede transformar las mentes y los corazones, producir la ansiada reconciliación y convocar a los cubanos, como a todos los pueblos de la Tierra, hacia una auténtica fraternidad, sin odios ni recelos (II ENEC, Mensaje enviado por S.S. Juan Pablo II al ECO (II ENEC) por el décimo aniversario del ENEC, Vaticano 2 de febrero de 1996, No. 5).*

Esta, que hemos llamado, «clave teológica» para la Iglesia cubana, la encontramos pues, alentando todo su Magisterio. Por eso, vamos a traer a colación en este epígrafe, solamente aquellos textos en los que el Santo Padre habla explícitamente de reconciliación. No son pocos. Juan Pablo II sabe la importancia que entrañan la reconciliación y el perdón para el pueblo cubano, la necesidad urgente de emprender caminos reales y no sólo teóricos, de pacificación y concordia. Él aboga, como José Martí, para: «Que siempre esté la puerta abierta, de par en par para todos los que yerran. Sólo la grandeza engendra pueblos, sólo los fortifica la clemencia» (José Martí, Obras Completas, Tomo 22, Edit. Nacional de Cuba, La Habana 1963, pág. 56).

La propuesta reconciliadora del Papa no parte de un supuesto ahistórico, sino que es una derivación imprescindible de hechos y realidades históricas que deben ser reconciliados. Es una reconciliación realista. Una reconciliación histórica. La hace nacer, como veremos también en el epígrafe siguiente por parte de los obispos cubanos, a partir de decenios de confrontación y malentendidos, de tensiones y sinsabores. Parte de la realidad de un pueblo que debe reconciliarse consigo mismo y esto desde diversos ángulos, como veremos más adelante. Es una reconciliación «de amplio espectro» que parte de la realidad histórica de un pueblo autoherido y desgarrado en sus cinco siglos de Historia.

El Papa, conocedor de la realidad cubana, le dijo a nuestros obispos en unas palabras ya citadas anteriormente: «Les aliento a seguir siendo 'ministros de la reconciliación' (2Cor 5, 18), para que el pueblo que les ha sido encomendado, superando las dificultades del pasado, avance por los caminos de la reconciliación entre todos los cubanos sin excepción» (Juan Pablo II, Palabras a los obispos cubanos, La Habana 25 de enero de 1998, No. 7).

Quisiera resaltar dos ideas presentes en este párrafo. En primer lugar, y a tenor de lo que escribía antes, el mensaje de reconciliación papal no se insiere en el aire, en lo teórico, sino en un sano realismo histórico. Por eso, el Papa, conecta «el ministerio (servicio) de la reconciliación» con *la superación de las dificultades del pasado*. El término «dificultades» abarca un amplio campo donde pueden desentrañarse muchos de los grandes problemas de desencuentro habidos entre la Iglesia y el Estado revolucionario en los últimos 40 años. Pero entiendo que esas «dificultades» pueden ser ampliadas, temática y temporalmente, a otras realidades conflictivas acaecidas en otros períodos históricos anteriores a la Revolución Socialista. Restringir las «dificultades del pasado» únicamente a un pasado reciente y no extenderlas a un pasado más lejano en el tiempo sería un reduccionismo histórico que ignoraría la necesidad de reconciliación del pueblo cubano desde otros frentes de ruptura histórica. «Dificultades del pasado» urgidas de ser reconciliadas son también: la precaria y en ocasiones injusta y discriminatoria relación del blanco con el negro, las profundas desigualdades socio-económicas que durante siglos vivió nuestro pueblo y que motivó distanciamientos y desprecios entre las clases sociales, entre la sociedad urbana y la sociedad rural. «Dificultades del pasado», a reconciliar ministerialmente como nos pide San Pablo en la cita empleada por el Papa, son también, a nivel eclesial, las nunca bien llevadas o tal vez las nunca emprendidas relaciones ecuménicas, o la desatención, desconocimiento y hasta menosprecio por parte de algunos sectores de la Iglesia Católica de las religiones sincréticas tan fuertemente enclavadas en la sociedad cubana, especialmente entre los más pobres y los de raza negra. Estas ideas las retomo en otros lugares de este trabajo.

La segunda idea que creo reseñable en la cita anterior del Papa, es su preocupación porque la reconciliación sea «entre todos los cubanos sin excepción». El Papa, efectivamente, no vino a Cuba a dirigirse solamente a los católicos, sino a todos los cubanos de buena voluntad. Por eso la reconciliación debe estar gestada por todos y dirigida a todos «sin excepción». En este sentido el Papa añade un poco más adelante en su Mensaje a los obispos: «Prosigan como 'mensajeros que anuncian la paz' (Is 52, 7) para que se consolide una convivencia justa y digna, en la que todos encuentren un clima de tolerancia y respeto recíproco» (Juan Pablo II, Palabras a obispos cubanos, La Habana, 25 de enero de 1998, N° 7).

El Papa no es desconocedor, no obstante, de las dificultades que entrañan el mismo perdón y la reconciliación. Él, que supo perdonar y visitar en la cárcel a *Ali Agca*, comprende que el perdón y la reconciliación son siempre una gracia de Dios, y que no basta el voluntarismo humano para crear redes cada vez más tupidas de perdón y reconciliación.

Nos enseña también que la reconciliación no supone un olvido imposible de las heridas, sino una cicatrización de éstas, que no significa un pasar por alto la justicia y hacer «borrón y cuenta nueva» como si nada realmente hubiera ocurrido. Perdonar no es ignorar la ofensa, la propia y la ajena, sino sanear las heridas para que no duelan, para que no se enconen.

La paz y el futuro de Cuba, se asientan pues sobre las sólidas bases de la justicia y la reconciliación. El perdón supone la justicia, pero es imprescindible para la paz y para un futuro *«con todos y para el bien de todos»*, como quería Martí.

La reconciliación, por otra parte, y siguiendo el pensamiento del Papa, no es algo aleatorio, negociable, opcional, una especie de lujo del que se pueda prescindir. Es por el contrario, imprescindible en pos de una sociedad nueva, distinta, trasformada, «la civilización del amor». Es, por lo tanto, una tarea, un «ministerio» que debemos asumir como algo ineluctable porque somos hombres y mujeres de futuro. Así, dirigiéndose a los jóvenes cubanos reunidos en Camagüey, les dijo: «Ustedes serán los heraldos de una nueva evangelización para una sociedad también nueva, la Cuba de la reconciliación y el amor» (Juan Pablo II, Mensaje a los Jóvenes cubanos, Camagüey, 23 de enero de 1998, No. 6).

Aquí el Papa relaciona íntimamente la reconciliación con el proyecto de construcción de «una sociedad nueva». El Papa la relaciona además con «la nueva evangelización». Conocemos el contenido del término «nueva evangelización» acuñado por el Papa en mensajes anteriores. Este proceso evangelizador, con sus rasgos característicos influye positivamente en una «sociedad también nueva», una sociedad centrada en otro concepto muy amado por Juan Pablo II: «la civilización del amor». La reconciliación aparece claramente como clave de éxito en la consecución de un mundo más justo, más humano, donde los valores del Reino sean realidad. Llevar a cabo la nueva evangelización, es, pues, trabajar por una sociedad más acorde al designio de Dios sobre la Tierra, tal y como nos lo enseñó Jesucristo. La reconciliación se convierte así en elemento insoslayable para un futuro centrado en el amor, la tolerancia y la concordia.

¿Quiénes son «agentes de reconciliación»? Indudablemente todos los cubanos estamos llamados a serlo. No es tarea reservada a los obispos, sacerdotes o religiosos/as cubanos, ni siquiera a las comunidades católicas en solitario. Todo cubano de buena voluntad está invitado a esta tarea histórica de tolerancia, concordia y reconciliación. Sin embargo la Iglesia, fundada por Jesucristo, Príncipe de la Paz y Señor de la Historia, detenta una responsabilidad privilegiada, un compromiso que brota de las raíces de su Fundador. Renunciar, postergar, descuidar este mandato evangélico sería traicionar al mismo Dios de Jesucristo, que lo es de reconciliación y de amor. Por eso la Iglesia, constituida por todos los bautizados en Cristo debe asumir un rol de vanguardia en el ministerio y la tarea histórica de la reconciliación.

En varias ocasiones, más o menos implícitas, el Papa recuerda a la Iglesia esta misión. Resaltamos dos textos donde se explicita más esta acción reconciliadora por parte de la Iglesia:

> *Como la Virgen María, la Iglesia es Madre y Maestra en el seguimiento de Cristo, luz para los pueblos y dispensadora de la misericordia divina. Como comunidad de todos los bautizados, es asimismo recinto de perdón, de paz y de reconciliación, que abre sus brazos a todos los hombres para anunciarles al Dios verdadero (Juan Pablo II, Homilía en Santiago de Cuba, 24 de enero de 1998, No. 4).*
>
> *La Iglesia es maestra en humanidad. Por eso, frente a estos sistemas, presenta la cultura del amor y de la vida, devolviendo a la humanidad la esperanza en el poder transformador del amor vivido en la unidad querida por Cristo. Para ello hay que recorrer un camino de reconciliación, de diálogo y de acogida fraterna del prójimo, de todo prójimo (Juan Pablo II, Homilía en La Habana, 25 enero de 1998, No. 5).*

En ambos textos de las Misas de Santiago y de La Habana aparecen elementos similares: La Iglesia es Madre y Maestra, Maestra en humanidad, luz para los pueblos, dispensadora de misericordia, portadora de una cultura basada en el amor y la vida y no en la violencia o la fuerza, capaz de devolver a los hombres la esperanza perdida, consciente de la fuerza transformadora del amor como energía que engrandece a los pueblos. Aparece también la idea antes resaltada de una reconciliación ofrecida a todos los hombres, a todos los cubanos, sin tener en cuenta diferencias ideológicas, religiosas, culturales, raciales, etc. La Iglesia no se queda pues enquistada en un solipsismo salvífico, no es un ghetto ni un club de salvados y justificados, sino «un recinto de perdón, de paz y de reconciliación». La Iglesia se presenta así como ámbito, como «batey común», como útero receptor de todo cubano que quiera vivir su fe en el Dios de Jesucristo y trabajar por una Cuba mejor. Es una Iglesia que abre sus puertas de par en par a todos los cubanos. ¡Es la Iglesia de la reconciliación! Convencida está de que sólo desde el diálogo y el perdón se puede construir una Cuba nueva.

Pero además, el Papa presenta la reconciliación en este segundo texto de la Homilía en la Plaza de la Revolución de La Habana, como una realidad dinámica y procesual, no como algo puntual alcanzado por voluntarismos conseguidos en la precariedad del instante pasajero o de la emotividad espiritual de un momento de conversión u oración. Se refiere a la reconciliación como *«un camino a recorrer»*. Se trata pues de una reconciliación en clave de proceso, en clave de camino. Todos sabemos lo que es un camino: tiene origen y fin, está expuesto a dificultades y encrucijadas, a cansancios y vueltas atrás, a extravíos y atajos engañosos, a la paciencia histórica y a los ritmos provocados tanto por el mismo caminante como por elementos y circunstancias externos a él. Así es, para el Papa, la reconciliación: un camino a recorrer no exento de dificultades, un camino donde no se ve con facilidad la meta, donde las dudas, las prisas o las ralentizaciones, las divergencias en la ruta a seguir, las opiniones plurales, etc. hacen de la reconciliación una tarea ardua y frágil en cuyos pormenores tendríamos que ir, poco a poco, poniéndonos de acuerdo los cubanos. No es ciertamente una autopista bien señalizada con un suelo homogéneo desprovisto de baches, sino un camino a veces tortuoso y nunca fácil. Esta es nuestra tarea como Iglesia: ayudar y ayudarnos unos a otros para ir haciendo el camino de la reconciliación, con paciencia histórica pero sin pausas legitimadoras de la comodidad o el instalacionismo, con ideas claras pero no fijas ni intercambiables, en compañía solidaria con quienes quieran recorrer un camino que es el de todos con un respeto profundo a la pluralidad y la variedad ideológica o religiosa, sin afanes de liderazgo ni caudillismo sino como quien sirve y sabe ser buen compañero de camino. Es un proceso, y como todo proceso supone pautas, ritmos distintos, detenimientos, acelerones, errores que deben irse subsanando en el mismo caminar.

Ya en el Vaticano, cinco meses más tarde, el Papa quiso reunirse de nuevo con nuestros Pastores cubanos a fin de: «Que no se apaguen tantas genuinas esperanzas suscitadas en el mensaje que les dejé y que las enseñanzas que del mismo brotan puedan concretarse gradualmente en el futuro». (Juan Pablo II, Mensaje a los Obispos cubanos, Vaticano 9 de junio de 1998, No. 1).

En esta ocasión, el Papa volvió a referirse a la reconciliación, una vez más. De nuevo hace referencia a la Iglesia Católica como «ámbito de perdón, paz y reconciliación». De nuevo recuerda a los Obispos cubanos, y por tanto a nosotros, nuestra misión de ser agentes de reconciliación. Sus palabras fueron éstas:

> *La Iglesia católica en Cuba, de la que ustedes son los legítimos Pastores, es una comunidad viva que promueve el amor y la reconciliación y difunde la verdad que brota del Evangelio de Jesucristo, a tiempo y a destiempo (cfr. Tim 4, 2). La Iglesia forma parte notable no sólo de la historia patria, sino del presente y es, en cierto modo, corresponsable junto con otras instancias, del futuro (Juan Pablo II, Ibid No. 4).*

Nuevamente el Papa, aunque de una manera menos explícita, relaciona la reconciliación y la misión reconciliadora de la Iglesia católica con el futuro de Cuba: *«La Iglesia es... corresponsable junto con otras instancias, del futuro».* El Papa relaciona a la Iglesia, además, con la «historia patria», es decir, presenta a la Iglesia, en la mejor Eclesiología postconciliar, encarnada y centrada en la historia de los pueblos, no como una realidad paralela ajena *«a los gozos y las esperanzas»* (GS 1) de las gentes, sino como parte de una misma y única historia de la humanidad, que es siempre historia de salvación para todos, redimidos en la Cruz de Cristo. Pero la Iglesia cubana está también «en el presente», no es objeto de museo ni proyecto de ultratumba, sino realidad encarnada en el hoy, en los problemas de sus gentes, en sus esperanzas y sus desencantos, en sus alegrías y sus sufrimientos. Es la Iglesia fundada por Jesucristo, llamada a vivir su Evangelio. Por eso, el Papa, en Roma, como en Cuba, exhorta de nuevo a los Obispos a ser, como pide Pablo, «ministros de la reconciliación»: *«Les exhorto a vivirlo como auténticos «ministros de la reconciliación» (2Cor 5, 8), de modo que el mensaje que dejé en Cuba, pueda tener continuidad y producir abundantes frutos bajo su guía». (Juan Pablo II, Ibid, No. 5).*

Preocupado –el Papa insiste en varias ocasiones– por que su Mensaje se arraigue y produzca los frutos deseados, Juan Pablo II condiciona la fertilidad presente y futura de sus palabras al ejercicio del «ministerio de la reconciliación». Otra prueba más de la importancia que concede el Santo Padre a esta «clave teológica» para Cuba que es la reconciliación.

En el Magisterio pontificio para Cuba, el concepto de reconciliación que nos ocupa, se refiere también a dos ámbitos bien concretos, a dos colectivos de cubanos en situación bien diferente pero en ambos casos, necesitados de reconciliación: los cubanos del exilio y los presos cubanos.

El Papa se refirió a los exiliados en varias ocasiones, pero concretamente cuando habla de la reconciliación. Y lo hace en dos oportunidades: en la misa de Santiago de Cuba y en el Mensaje a los Obispos en La Habana. Dice el Papa:

> *Desde aquí quiero enviar también mi saludo a los hijos de Cuba que en cualquier parte del mundo veneran a la Virgen de la Caridad; junto con todos sus hermanos que viven en esta hermosa tierra, los pongo bajo su maternal protección, pidiéndole a Ella, Madre amorosa de todos, que reúna a sus hijos por medio de la reconciliación y la fraternidad (Juan Pablo II, Homilía en Santiago de Cuba, 24 de enero de 1998, No. 5).*

El texto de La Habana es más desarrollado y profundo, y da el tono de ese «frente a reconciliar» que son los cubanos de la diáspora. En este amplio párrafo que copiamos a continuación encontramos elementos de cómo debe ser la «pastoral de la reconciliación» con los cubanos que viven fuera de Cuba:

> *Sé que su atención pastoral no ha descuidado a quienes, por diversas circunstancias, han salido de la Patria pero se sienten hijos de Cuba. En la medida en que se consideran cubanos, éstos deben colaborar también, con serenidad y espíritu constructivo y respetuoso, al progreso de la Nación, evitando confrontaciones inútiles y fomentando un clima de positivo diálogo y recíproco entendimiento. Ayúdenles, desde la predicación de los altos valores del espíritu, con la colaboración de otros Episcopados, a ser promotores de paz y concordia, de reconciliación y esperanza, a hacer efectiva la solidaridad generosa con sus hermanos cubanos más necesitados, demostrando también así una profunda vinculación con su tierra de origen (Juan Pablo II, Homilía en La Habana, 25 de enero de 1998, No. 5).*

Reseñamos brevemente las ideas centrales de ambas citas: el Papa no ignora ni olvida a los millones de cubanos que viven fuera de su Patria y pide a la Virgen de la Caridad, Madre de todos los cubanos, *«que reúna a sus hijos por medio de la reconciliación»*. Reconoce, en los cubanos en el exilio, su identidad y pertenencia cubanas y les pide que colaboren *«con serenidad y espíritu constructivo y respetuoso al progreso de la nación»*. No omite el Papa *«las confron-*

taciones inútiles» de que han sido exponentes algunos sectores del exilio, y les exhorta a *«un clima de diálogo y recíproco entendimiento»* y a la vez, a ser *«promotores de paz y concordia, de reconciliación y esperanza»* y a ser solidarios con los cubanos más necesitados *«demostrando también así una profunda vinculación con su tierra de origen».*

Este análisis, somero pero profundo, que hace el Papa de los cubanos del exilio, vinculándolos también a ellos a la tarea de la reconciliación, amplía el horizonte de una reconciliación reductiva limitada a una restauración en las relaciones interpersonales solamente en el interior de la Isla. Como veremos en otro epígrafe de este trabajo, el mundo del exilio cubano es otro campo a reconciliar, y toda acción pastoral de la Iglesia cubana, debe tenerlo en cuenta.

El segundo ámbito concreto de reconciliación de que habló el Papa en Cuba se refiere al dramático mundo de nuestros presos. Carentes de libertad y con todo el sufrimiento que comporta siempre el presidio, Juan Pablo II hizo hincapié en una acción reconciliadora con quienes están –por los motivos que fuere– privados de libertad: «Aliento a promover esfuerzos en vista de la reinserción social de la población penitenciaria. Esto es un gesto de alta humanidad y es una semilla de reconciliación, que honra a la autoridad que la promueve y fortalece también la convivencia pacífica en el País» (Juan Pablo II, Mensaje en el Santuario de San Lázaro en «El Rincón», La Habana 24 de enero de 1998, No. 3).

En el contexto de su Encuentro «con el mundo del dolor», el Papa no podía olvidar ese otro campo a reconciliar que es la población penitenciaria. Toda Pastoral penitenciaria debe tener, pues, una línea reconciliadora. El preso es, en general, un ser humano necesitado de reconciliarse consigo mismo y con la sociedad en que vive, como único camino para una correcta y eficaz reinserción social. Esta es otra tarea que la Iglesia asume actualmente en Cuba, no siempre sin dificultades.

Creo que queda patente en este apretado comentario a los mensajes papales, que el Sucesor de Pedro tiene muy en cuenta la reconciliación como categoría bíblica y teológica que debe penetrar y recorrer toda la vida y la acción de la Iglesia católica cubana, e incluso, en ciertos sentidos, de todos los cubanos, cristianos o no, que crean en la concordia. La reconciliación aparece así, en las palabras del Papa, como una «clave» raigal para una aproximación a una naciente teología desde Cuba.

> *Como Sucesor del Apóstol Pedro y siguiendo el mandato del Señor he venido, como mensajero de la verdad y de la esperanza, a confirmarles en la fe y dejarles un mensaje de paz y reconciliación en Cristo (Juan Pablo II, Ceremonia de despedida en el Aeropuerto «José Martí», La Habana 25 de enero de 1998, No. 3).*

En éstas, sus últimas palabras de despedida, el Papa sintetiza «el motivo» de su Viaje Pastoral a Cuba: confirmarnos en la fe y dejarnos *un mensaje de paz y reconciliación en Cristo*.

Termino este recorrido sobre la presencia del concepto y el espíritu «reconciliación» en el Magisterio del Papa en Cuba, con el último fragmento de la hermosa oración a la Virgen de la Caridad del Cobre en la Plaza «Antonio Maceo» de Santiago de Cuba, antes de proceder a su coronación:

¡Madre de la reconciliación!
Reúne a tu pueblo disperso por el mundo.
Haz de la nación cubana
Un hogar de hermanos y hermanas
Para que este pueblo abra de par en par
Su mente, su corazón y su vida a Cristo,
Único Salvador y Redentor,
Que vive y reina con el Padre y el Espíritu Santo
Por los siglos de los siglos.
Amén

(Juan Pablo II, Homilía en la Misa de Santiago de Cuba, 24 de enero de 1998, No. 6)

La reconciliación en el Magisterio de los Obispos cubanos (desde Mons. Pérez Serantes hasta 1999).

Como no era menos de esperar, el contenido del concepto teológico «reconciliación» recorre la mayor parte del Magisterio eclesiástico cubano al que he tenido acceso. No podía ser de otro modo teniendo en cuenta la emergencia bíblica del término.

El magisterio de Mons. Enrique Pérez Serantes.

En la recopilación «La Voz de la Iglesia en Cuba», encontramos una gran preocupación, especialmente en *Mons. Enrique Pérez Serantes,* en la década de los 50 y hasta 1961 por el tema de la reconciliación y la paz. El gran Arzobispo cubano insiste grandemente en un llamamiento a la paz en la época de la dictadura de Batista y posteriormente en los primeros años de la Revolución. Con el estilo literario propio de la época y como respuesta puntual a acontecimientos concretos, Pérez Serantes tiene siempre una palabra profética y valiente.

> *«Aún a trueque de ser mal comprendidos y peor juzgados, hemos cumplido siempre con el deber de tratar de apaciguar los ánimos, de aminorar exageraciones, y de propiciar un ambiente de concordia en nuestro alrededor, sin sustraernos por eso al imperio de la realidad»* (Mons. Enrique Pérez Serantes, «Paseo macabro», Santiago de Cuba, 7 de octubre de 1958, en: La Voz de la Iglesia en Cuba, op. cit., Doc. 13, N°1, pág. 48).

Las intervenciones del arzobispo oriental recogidas en el libro citado hacen referencia a hechos tales como el asalto al Cuartel Moncada en comunicación fechada el 29 de julio de 1953; intervención para salvar la vida a Fidel Castro y compañeros en carta dirigida al *Coronel Río Chaviano* de 30 de julio de 1953; comunicado pidiendo la paz el 28 de mayo de 1957; igual contenido de 24 de marzo de 1958; con motivo de la explosión del polvorín de El Cobre el 16 de abril de 1958; nuevamente exhortando a la paz el 22 de agosto de 1959; con ocasión de la profanación del cadáver de un joven rebelde el 7 de octubre de 1958 y solicitando nuevamente paz y concordia el 24 de diciembre de 1958, ya a las puertas del triunfo revolucionario.

> *En 1958, él (Pérez Serantes) y Mons. Martín Villaverde, obispo de Matanzas, pedirán a Batista que abandone el poder (ENEC, pág. 41, No. 54).*

En todas estas exhortaciones, comunicados, circulares, encontramos una exquisita sensibilidad profética y pastoral en el *Obispo Pérez Serantes*. Se nota, sin embargo, una cierta tristeza en sus llamamientos: *«Tenemos, con todo, que confesar con dolor que nuestros más caros empeños han resultado casi siempre estériles».* (Mons Enrique Pérez Serantes, id., «La Voz de la Iglesia en Cuba», op. cit., Doc. 13, N° 2; pág. 48).

> *Asimismo se queja del desinterés o desidia que los hechos de la provincia oriental suscitan en el resto de Cuba: «En esta provincia de Oriente venimos soportando los horrores de una guerra civil hace ya largo tiempo, sin que, al parecer, se hayan enterado debidamente nuestros hermanos en gran parte del territorio nacional»* (Mons Enrique Pérez Serantes, «Basta de guerras», Santiago de Cuba, 24 de diciembre de 1958, en: «La Voz de la Iglesia en Cuba», op. cit., Doc. 14, N°1; pág. 50).

Y en el mismo documento añade:

> *Nos parece que sería ya hora de que la nación entera, el resto de la familia se mostrase sensible a tanto dolor, a tanta aflicción y llanto, y en aras del bien común, suspendiéndose el ritmo y la comodidad del ordinario y dulce vivir para actuar en son de paz, en esta contienda, tan prolongada y tan dura, ya que, sustraerse a tan noble empeño y aparecer indiferente a la angustia nuestra pudiera decirse que era algo que, cuando menos, rozaba los linderos de lo que el amor familiar repudia y execra (Mons Enrique Pérez Serantes, id, en: «La Voz de la Iglesia en Cuba», Doc. 14, N° 7; pág. 51).*

La queja sobre el desdén y el desinterés a que se refiere *Pérez Serantes* va dirigida «a la nación entera». Ignoro si esconde también una referencia al resto de sus hermanos los Obispos cubanos. Efectivamente en la recopilación de documentos episcopales en que me baso sólo encuentro en la década de los 50, una exhortación del Episcopado cubano a la paz, fechado el 25 de febrero de 1958 y firmado por los siete obispos del momento encabezados por el *Cardenal Arteaga*. No aparecen más documentos referentes a la paz por parte de los Obispos. Ignoro si existen y no están recopilados en la fuente citada, en cualquier caso contrasta la vasta pastoral profética del arzobispo de Santiago de Cuba con el resto de sus hermanos en el Episcopado.

1959 marca, como es sabido, una nueva etapa en la historia civil de Cuba y por tanto en la historia de su Iglesia. Recorramos, valiéndonos del libro tantas veces citado, la presencia del concepto «reconciliación», en esta primera etapa de la década de los 60, en el Magisterio episcopal cubano.

La obra de *Mons. Pérez Serantes* se continúa en múltiples y atinados documentos hasta 1961 haciendo llamamientos a la paz y a la concordia, al perdón y a la reconciliación. Ya el 29 de enero de 1959, aún aceptando la pena de muerte, escribe: *Quisiéramos que ningún hombre fuese condenado a la pena capital, y con la Iglesia encomiamos la conducta de aquél que ha perdonado al asesino de su hermano, en virtud del mandato de Jesucristo de amar a nuestros enemigos. (Mons. Enrique Pérez Serantes, «El justo medio», Santiago de Cuba, 29 de enero de 1959, en: «La Voz de la iglesia en Cuba», op. cit., Doc. 16, N° 9; pág. 61).*

Y añade:

> *Nos permitimos aconsejar al líder máximo del movimiento Revolucionario que, a los títulos de esforzado paladín de la libertad, merecedor de figurar en la misma línea avanzada de los más geniales, valerosos y humanos revolucionarios de América, desde la inmensa altura de la gloria, en buena lid conquistada, quiera nimbar su frente con la aureola refulgente de la clemencia, tratando de que*

se reduzcan cuanto sea posible las sanciones y que se mitiguen, creando para ello un clima de generoso perdón (Mons. Enrique Pérez Serantes, id., en: «La Voz de la Iglesia en Cuba», Doc. 16, N° 10; pág. 61).

La historia de Cuba hará algún día justicia a este gran hombre y excelente eclesiástico que fue Mons. Enrique Pérez Serantes. En una de sus últimas pastorales, fechada el 23 de diciembre de 1960, dice:

No escribimos por el simple hecho de escribir y menos por el de combatir o molestar. Por nuestro Dios, por nuestros hermanos, por nuestra Patria empeñamos honesta y virilmente nuestras armas, la de la verdad y de la justicia, calzando el suave guante del amor, que deseamos sea siempre nuestro distintivo. Escribimos ahora, como escribíamos hace dos años, como hemos escrito siempre, con energía y sin temor, pues pudiendo no hemos sabido callar nunca frente a una injusticia, y esto lo saben y lo recuerdan todos los que no sean advenedizos, desmemoriados o sectarios (Mons. Enrique Pérez Serantes, «Con Cristo o contra Cristo», Santiago de Cuba, 23 de diciembre de 1960, en: «La Voz de la Iglesia en Cuba», Doc. 37, Nros. 1, 2, 4, pág. 159).

Mensaje de la COCC en Navidad de 1970.

Pero el concepto teológico de «reconciliación» lo asume el Magisterio propiamente en las últimas tres décadas de este siglo. Da la impresión que fue imponiéndose suavemente como una clave imprescindible del ser y del quehacer de la Iglesia cubana. Surge espontáneamente como gracia del Espíritu, como regalo hecho por Dios a una Iglesia que va descubriendo en la reconciliación un camino, un método y un objetivo insoslayables si no queremos perder el tren de la historia. Sin reconciliación no habrá futuro, ni para Cuba ni para la Iglesia.

El primer desarrollo magisterial del concepto lo encuentro en Mons. *Evelio Díaz,* en el Mensaje de la Conferencia Episcopal de Cuba con motivo de la Navidad y de la Jornada Mundial de la Paz en 1970. Lo transcribo íntegramente debido a su importancia, tanto por su desarrollo y descripción como por ser el primer texto amplio sobre el término, que he podido localizar:

Una condición indispensable para la consecución de esa Paz es, sin duda, el esfuerzo por la reconciliación, palabra que contiene toda una perspectiva humana y salvadora. «Reconciliarse» significa

> *precisamente partir cada uno de sí mismo tomando como base la sinceridad de intención y volverse hacia los otros como miembros iguales en dignidad dentro de la ancha familia que es la comunidad humana. Supone, por tanto, que cada individuo y cada grupo, en todos los niveles de la existencia, acepte compartir las responsabilidades y los bienes con los demás, por el hecho de ser hermano bajo un solo Padre común y en una sola familia humana (Mons. Evelio Díaz Cía, «Navidad y Jornada Mundial de la Paz 1970», La Habana 24 de diciembre de 1969 en «La Voz de la Iglesia en Cuba», Doc. 42, pág. 187-188, No. 4,).*

Mons. Evelio Díaz pone las bases de una teología implícita de la Reconciliación que se va a ir desarrollando progresivamente en los dos decenios siguientes. Entre los aspectos descriptivos de la reconciliación, el Presidente de la Conferencia Episcopal de Cuba en los comienzos de los 70, habla de «esfuerzo». La reconciliación supone un esforzarse, no es una actitud espontánea que surja del ser humano fácilmente. Implica una especie de gimnasia interior, una purificación, una catarsis. Se trata de un proceso interior a nivel personal o grupal que requiere un esfuerzo, un «hacerse violencia interior».

Mons. Evelio dice también algo importante entre líneas: «palabra que contiene toda una perspectiva humana y salvadora». Quiero entender que esta «perspectiva humana» hace referencia a un nivel antropológico, psicológico, y no solamente al ámbito teológico. Efectivamente, la reconciliación promueve en el ser humano ingredientes internos de maduración personal, de concordia consigo mismo, de pacificación interior. Contempla, pues, una «perspectiva humana» y no solamente una categoría teológica. Pero esta dimensión antropológica de la reconciliación no debe entenderse como paralela a la dimensión de la vida cristiana. Ambas se imbrican y se requieren mutuamente. Toda pacificación interior genera un acercamiento implícito o explícito a Dios, por eso, no debe existir paralelismo entre ambas dimensiones, sino una profunda interrelación complementaria y mutuamente enriquecedora.

Otro elemento descriptivo de la categoría teológica de reconciliación, que aparece ya en este primer documento y que encontraremos en todo el Magisterio posterior es la interiorización de la reconciliación: *«a partir cada uno de sí mismo»*. La reconciliación teológica es totalizante, no se trata de una pacificación coyuntural, puntual, ni es una estrategia política para momentos históricos especialmente delicados. En definitiva, es una dimensión irrenunciable del ser cristiano, una «raíz del Evangelio», que no se puede obviar.

Por eso se injerta en el mismo corazón del ser cristiano y trasciende la historicidad concreta y pasajera.

> *No habrá, en fin, reconciliación, –y es algo que nos concierne particularmente a nosotros los cristianos– , sin una conversión sincera que haga de cada uno de nosotros un testigo fehaciente de lo que creemos (Mons. Evelio Díaz Cía, Id. en «La Voz de la Iglesia en Cuba», Doc. 42, pág. 188, No. 5).*

Pero no se queda varada en uno mismo, no es una conquista personal que se reserva un triunfo o una cosecha propia. Reconciliación habla de dos y habla de muchos. Es un movimiento dinámico de idas y vueltas que no admite reservas personales o individualismos larvados. Reconciliado conmigo mismo, soy sujeto reconciliador con mis hermanos: «volverse hacia los otros como miembros iguales en dignidad dentro de la ancha familia que es la comunidad humana» (cfr. Op. cit) y añade Mons. Evelio en el párrafo siguiente al antes citado: «En el orden práctico, sin embargo, no habrá reconciliación si ésta no comienza de persona a persona, entre todos aquellos que comparten y se encuentran de una u otra manera en la vida diaria» (Mons. Evelio Díaz Cía, Id. en «La Voz de la Iglesia en Cuba», Doc. 42, Pág. 188, No. 5).

Se intuye en el texto un llamamiento a la humildad y a la modestia como metodología reconciliadora. La reconciliación se hará de tú a tú, de persona a persona, en la sencillez del diálogo interpersonal que reconcilia, perdona y sana. No se trata pues, de un movimiento socio-eclesial, o de un alarde apoyado en tecnologías modernas o en estrategias pastorales... es, sobre todo, aunque no únicamente, la fertilidad del grano de mostaza y de la pizca de levadura. En los sitios de trabajo, en las secundarias y en los pres, en el vecindario, en la misma comunidad eclesial, deben crearse condiciones, ámbitos de reconciliación interpersonal que vayan alumbrando, lentamente, un proceso reconciliador que partiendo de las bases nos conceda el fruto de ser un pueblo reconciliado y siempre en vías de reconciliación.

En el Mensaje de Navidad que nos ocupa, encuentro también una clave importante para desentrañar esta categoría teológica de la reconciliación: una clave universalista. El documento habla de *«la ancha familia que es la comunidad humana»* (Op. cit., pág 187), *«el hecho de ser hermano bajo un solo Padre común y en una sola familia humana»* (Op. cit. pág. 188). Da, entiendo yo, un carácter amplio y universal al concepto; no lo reduce, pues, a los cristianos y a la Iglesia, sino que lo proyecta y lo propone como reto y meta al pueblo cubano no católico: «No habrá reconciliación sin un cambio de mentalidad que ponga su acento en una mejor comprensión entre las generaciones diferentes y entre los distintos modos de pensar, partiendo de la dignidad humana de cada hombre nuestro hermano». (Mons. Evelio Díaz Cía, Id. en «La Voz de la Iglesia en Cuba» Doc. 42, pág. 188, No. 5).

El arzobispo de La Habana hace un llamamiento universal al cambio de mentalidad, a la comprensión entre generaciones y entre diversas ideologías. El documento asume así, un planteamiento político, –que no partidista– de la categoría teológica de la reconciliación, evitando un reduccionismo religioso que lo relegara a una perspectiva únicamente intra-eclesial o religiosa. El salto es importante en cuanto completa la pluridimensionalidad del término, que queda delimitado ya, en esta primera aproximación magisterial, como algo personal, interpersonal y universalista (político).

No podía faltar, lógicamente, la perspectiva propiamente religiosa del término, que le da su mejor connotación teológica. Efectivamente, la reconciliación, lo es siempre con Dios.

> *«Sólo Él (Cristo) ha venido a reconciliarnos con el Padre para reconciliarnos entre nosotros mismos asumiendo la familia humana en la familia de Dios» (Mons. Evelio Díaz Cía, «La Voz de la Iglesia», Doc. 42, pág. 188, No. 6).*

Esta última cita es una síntesis apurada de todo este Mensaje de la Navidad de 1969. Cristo aparece *«recapitulando todas las cosas»*. Sólo en Dios y desde Dios puede acometerse un proceso difícil y lento de reconciliación. Cristo nos reconcilió con el Padre y por eso, reconciliados en nosotros mismos, hemos de ser agentes de reconciliación entre nuestros hermanos.

Mensaje de Navidad y Jornada de la Paz 1974.

La Conferencia Episcopal de Cuba se hace eco de la convocatoria del Papa Pablo VI para la celebración del Año Santo 1975, bajo el título precisamente de la «Reconciliación».

El desarrollo del término en el Mensaje de Navidad y Jornada de la Paz para el primero de enero de 1974 no es descriptivo, más bien sintetiza las dimensiones del mismo, en idéntica línea del documento de 1970, si bien añadiendo nuevos elementos y sintetizando lo que de un modo más amplio se decía en el documento firmado por Mons. *Evelio Díaz* Cía, cuatro años antes.

Dicen los Obispos cubanos:

> *La temática de la paz adquiere un particular relieve este año en que el Papa ha convocado la celebración de un Año Santo precisamente bajo el título de la «Reconciliación»:*

- *Reconciliación con Dios, de quien nos apartamos por el pecado;*
- *Reconciliación en el interior de nuestras comunidades católicas, tan divididas frecuentemente por pequeñeces;*
- *Reconciliación con nuestros hermanos de otras confesiones, a quienes nos une la fe común en Cristo como Salvador enviado por el Padre;*
- *Reconciliación en fin con todos los hombres de diversas ideologías con los que compartimos la tarea de edificar un mundo más justo, fraterno y solidario*

(Conferencia Episcopal, 23 de diciembre 1973 en «La Voz de la Iglesia en Cuba», Doc. 44, pág. 192-193, Nros. 3 al 6).

La síntesis y desarrollo de la categoría de reconciliación, se amplía con relación al documento del 70. Fundamentalmente añade dos nuevas líneas que enriquecen y amplían el concepto: la reconciliación en el seno de las comunidades católicas y la reconciliación con los hermanos de otras confesiones. (La reconciliación con Dios y con los hombres de «diversas ideologías» aparece ya en el documento antes comentado).

La alusión a la reconciliación intraeclesial es importante, y no es ciertamente innecesaria o arbitraria. Toda Iglesia debe convertirse a su Señor constantemente; es una Iglesia «semper reformanda», como nos recuerda el Concilio Vaticano II. Dentro de la Iglesia cubana, como señalamos en otros lugares de este trabajo, hay una gran necesidad de conversión y reconciliación entre razas, reconciliación que supone comprensión y respeto ante el hermano que se fue y después viró, reconciliación, en definitiva, a la búsqueda de un modelo de Iglesia que ofrezca y viva un rostro de Cristo más lozano y evangélico. Una Iglesia que no reconociera su propio pecado interior y que no trabajara en su conversión y reconciliación interiores no estaría preparada para ser una Iglesia reconciliadora extramuros.

La referencia a la reconciliación con *«nuestros hermanos de otras confesiones, a quienes nos une la fe común en Cristo»* (o.c. pág. 193) pone el dedo en una de las llagas abiertas en la Iglesia católica cubana. A mi modo de ver, como también comento en otro lugar de esta reflexión, el reto ecuménico sigue estando presente en las Iglesias cubanas. La división que vivió la Iglesia en lejanos momentos históricos sigue siendo una herida aún sin cicatrizar del todo para cualquier discípulo de Cristo, que quiso una única Iglesia. Habrá que dar pasos serios en la reconciliación con las Iglesias cristianas de Cuba, a pesar de las dificultades existentes.

> *La conversión del corazón, la oración, el diálogo ecuménico, las actividades comunes nos irán ayudando a superar dificultades y a encaminarnos hacia la unidad que Cristo el Señor deseó para todos sus discípulos (ENEC, pág 79; No. 245).*

El Mensaje de 1974 que estamos comentando, no omite la obligada referencia a la reconciliación personal, interior, matriz de cualquier proceso reconciliador, cuando dice que estamos convocados *«a una profunda renovación interior que haga posible esta reconciliación a todos los niveles»* («La Voz de la Iglesia en Cuba», doc. 44, No. 7, pág. 193).

Este último parágrafo completa la visión multiforme de la categoría que nos ocupa: no hay auténtica reconciliación si no hay antes y a su vez, una reconciliación interior, un proceso de conversión al Señor.

Mensaje de Navidad y Jornada de la Paz 1975.

La Jornada de la Paz de 1975 llevó como título: «La reconciliación, camino hacia la paz». Los Obispos cubanos, en su habitual mensaje navideño, analizan la relación existente entre ambos conceptos. Si bien, en ocasiones, el término «paz» es más abundante en el Magisterio eclesiástico cubano que el de «reconciliación», éste, sin embargo, cobra un contenido especial por la situación histórica que viene viviendo nuestro país.

> *La paz nace y vuelve a nacer al calor de reconciliaciones constantes y laboriosas del hombre consigo mismo, del hombre con los demás hombres, de los diversos grupos humanos entre sí y de todos con Dios nuestro Padre que nos hace a todos hermanos. (Conferencia Episcopal de Cuba, 22 de diciembre de 1974 en «La Voz de la Iglesia en Cuba», Doc. 46, pág. 197, No. 3).*

Los Obispos repiten nuevamente el carácter poliédrico de la reconciliación: es una reconciliación a varias bandas, no algo estratégico o puntual con motivo de una determinada coyuntura política o histórica. Abarca todo el ser del hombre, lo penetra con profundidad y lo vuelca hacia sus hermanos.

El texto que comentamos tiene, además, un cierto sabor dinámico, procesual, del que hablaba en páginas anteriores. Hace referencia, efectivamente, a *«reconciliaciones constantes y laboriosas»*, lo que supone, por su pluralidad, un iter de proceso y dinamismo, no algo fijista, que se adquiere y se conserva sin más. Y repite, como en documentos antes citados, el carácter de «laboriosidad» y esfuerzo de la reconciliación.

A continuación, el Mensaje del Año Nuevo de 1975 hace un llamamiento a todos al análisis objetivo de la realidad. Una realidad que no esté basada en el realismo, en la objetividad, en el análisis de la praxis, se quedaría en un concepto romántico e idealista pero no en un término generador de vida y transformación. El llamamiento episcopal es importante, y nos impele a los católicos, a ser más reflexivos, analíticos y críticos con nuestra propia realidad eclesial y con el medio que nos circunda. Dice la Conferencia Episcopal en enero de 1975:

> *Ahora bien para que este difícil camino conduzca a reconciliaciones genuinas es necesario que las partes, sean personas o comunidades humanas, sepan tomar en cuenta la realidad objetiva, analizada serenamente, mantengan su identidad y, simultáneamente, estén abiertos al diálogo auténtico que, normalmente traerá consigo un movimiento de renovación profunda: tanto en el orden personal como en el estructural en Cuba (cuando de diálogo entre comunidades o instituciones se trata) (Conferencia Episcopal de Cuba, Id. En «La Voz de la Iglesia en Cuba», doc. 46, pág. 197-198, No. 4).*

Este es el párrafo donde podemos encontrar una mayor inserción a la realidad, un descenso a la misma problemática de la reconciliación. Aborda, aunque de modo somero, el «cómo» de una reconciliación. En primer lugar, habla nuevamente de «reconciliación» en plural. Esto significa que el documento presupone rupturas, disensiones, divergencias varias. No se trata, por tanto, de una reconciliación circunscrita a un campo o a un problema concreto, sino que abarca múltiples facetas «por reconciliar». Hace un llamamiento, como decía antes, al análisis estructural y asume implícitamente la crítica sana que supone todo «diálogo auténtico» que debe estar abocado a una *«renovación profunda, tanto en el orden personal como en el estructural»* (o.c. pág. 198).

La inclusión del concepto «diálogo» me parece de sumo interés. La reconciliación se lleva a cabo, entre otros canales, a través de un diálogo sincero, respetuoso y abierto.

Los Obispos cubanos en la Instrucción pastoral con motivo de la promulgación del Documento final del ENEC, en mayo de 1986, dedican una parte del mismo a la «Evangelización y Diálogo». Allí dicen los Obispos:

> *Entre las condiciones del diálogo: respeto a la propia fe, humanidad para saber oír, sinceridad, honradez... la primera es el amor» (ENEC, No. 80. Pág. 247) «En el diálogo no buscamos la verdad sobre Dios sino que estamos disponibles a ofrecerla en caridad para que se sirva de ella quien en su libertad personal la busque» (ENEC,*

No. 81, pág. 247). «No vamos al diálogo con toda la verdad en nuestro poder absoluto, sino en búsqueda de la verdad para encontrarla juntos, en el sincero reconocimiento de los elementos plurales que hay en esta vida» (Id). «*El diálogo no es una opción (AG 11) que se toma o se deja al arbitrio de cada uno, sino algo inherente al ser mismo de la Iglesia que debe estar siempre en diálogo como actitud y como método, aun en el caso de que el diálogo no sea posible. Sin diálogo no es posible ni la misión, ni la participación, ni la comunión» (Id, No. 82).*

La larga cita del ENEC no es más que una muestra de la densa doctrina de los Obispos cubanos sobre el diálogo, como instrumento imprescindible de reconciliación. Remito a una lectura serena y meditativa sobre el mismo (cfr. ENEC, pág. 246 a 249), que retomaré inmediatamente.

El talante episcopal de llamamiento a la paz y a la reconciliación se continúa en la mayoría de los documentos, especialmente en los distintos mensajes navideños y jornadas por la Paz del 1° de enero.

El ENEC.

En la Homilía pronunciada con ocasión del primer aniversario de la celebración del ENEC, el 18 de febrero de 1987, Mons. Ortega, hace una profunda reflexión sobre las expectativas y logros, aún escasos por el poco tiempo transcurrido, del ENEC. Para el Arzobispo de La Habana, el ENEC fue: «Un acto de fe de la Iglesia que está en Cuba, con todo lo que conlleva una andadura de fe: conversión, adhesión a Cristo y a su mensaje, compromiso evangelizador que las dificultades no logran empañar» («La Voz de la Iglesia en Cuba», pág. 306 No. 3).

Efectivamente, cuando se leen las reflexiones de la Iglesia cubana recogidas en el ENEC uno se percata rápidamente de la presencia activa del Espíritu Santo en aquellos encuentros eclesiales. Hay un talante utópico, esperanzador, cargado de gozo y frescura evangélicos que nos recuerda los documentos del Concilio Vaticano II. Hace bien el Arzobispo, cuando dice: «Se hace necesaria una lectura en profundidad, para comprender las verdaderas metas del ENEC». (Card. Jaime Ortega, Homilía en el 1er Aniversario del ENEC, La Habana 18 de febrero 1987 en «La Voz de la Iglesia en Cuba», Doc. 66, pág. 311, No. 37).

Y añade: «Los frutos del ENEC no fueron sembrados para cosecharlos a corto plazo y la impaciencia no ayuda a la maduración» (o.c. No. 41).

El ENEC fue, efectivamente, un regalo de Dios a la Iglesia y al pueblo cubano, cuyos frutos están cosechándose y recogiéndose en la paciencia histórica de Dios. Después, el ENEC sigue siendo una rica fuente de teología cubana donde debemos beber constantemente todos los cristianos. Nada más triste que engavetar este libro y no leerlo en profundidad y meditarlo como nos pedía en el primer aniversario de su celebración el actual Cardenal de La Habana.

Diez años más tarde del ENEC, el ECO retoma la misma reflexión. Los frutos, en la misma voz del Cardenal Ortega, son ya más visibles:

> *En los diez años transcurridos desde la celebración de aquel primer Encuentro Eclesial, ha crecido la población cubana, pero ha crecido también la Iglesia, que ha visto multiplicarse sus diócesis y los movimientos laicales; ha aumentado también la cantidad de religiosas de diversas congregaciones que han venido a dar su aporte valioso a la evangelización de nuestro pueblo. Son además numerosos los sacerdotes que, viniendo de distintos países, tienden la mano a la Iglesia en Cuba en momentos de tanta urgencia pastoral... También se han multiplicado en estos diez años transcurridos las iniciativas pastorales, y la Iglesia ha visto crecer el número de sus fieles... (Card. Jaime Ortega, Acto de Apertura del ECO, La Habana 21 de febrero de 1996).*

Es en este rico contexto del ENEC donde encontramos una mayor profundización y desarrollo de la categoría de reconciliación.

Es en el ENEC donde se habla incluso de una «Teología de la Reconciliación», (cfr. Pág. 89, No. 287) que a mi modo de ver, aparece ya aquí con un desarrollo más amplio y denso que en los documentos del Magisterio cubano antes citados.

Planteamiento antropológico.

Parte el ENEC de un planteamiento antropológico de la reconciliación. Ya habíamos encontrado esta visión en documentos anteriores, pero ahora el desarrollo es mayor. Son las limitaciones humanas, las deficiencias personales, la estructura misma de pecado, las que ocasionan rupturas, disensiones, alejamientos. Es algo, por tanto, muy íntimo al corazón del hombre. La reconciliación se presenta como camino de sanación interior.

> *Las limitaciones de nuestra condición humana y el pecado, que es la más grande de ellas, han introducido rupturas que es necesario superar constantemente (ENEC, pág. 89, No. 288).*

Jesucristo, el único reconciliador.

Toda reconciliación parte de Dios y lleva a Dios. Nadie puede reconciliarse consigo mismo y con su hermano si no lo hace desde Dios. Es Dios quien da el impulso de la gracia reconciliadora. La reconciliación no es el resultado del voluntarismo humano, sino la aceptación humana de la gracia reconciliadora de Dios. La obra de la reconciliación supera ampliamente el esfuerzo humano. No es un impulso que surja solamente de la buena voluntad. Sólo Dios mueve a la reconciliación.

El Nuevo Testamento, el Magisterio eclesiástico y toda la reflexión teológica de veinte siglos nos presentan a Jesucristo como Aquel que ha reconciliado a los hombres con Dios y entre sí y que ha dejado a su Iglesia este ministerio de reconciliación como herencia irrenunciable (2 Co. 5, 17.20) (ENEC pág. 89-90, No. 288).

La Iglesia, sacramento de reconciliación.

La obra reconciliadora y pacificadora de Cristo es continuada por la Iglesia. La Iglesia es, por eso, sacramento reconciliador de Dios. La Iglesia comunica y posibilita esa única acción reconciliadora que brota del amor de Dios. Esta dimensión indeleble de la Iglesia no es opcional, ni coyuntural, ni obedece a estrategias históricas o contiendas políticas: brota de su mismo ser sacramental.

Pero la Iglesia, fundada por Cristo y constituida por seres humanos, se aleja en ocasiones del mandato amoroso de su Fundador. Está, por ello, constantemente impelida a la autoevaluación y la autocrítica. Una Iglesia cerrada en sí misma, que descuidara esta dimensión de evangelización reconciliadora estaría siendo la esposa infiel de Jesucristo.

Para reconciliar hay que estar en constante proceso de autorreconciliación. El pecado hunde sus raíces en la Iglesia humana y le lleva en ocasiones a obnubilar su dimensión sacramental y salvífica. Urge por ello, que la Iglesia cubana se autointerprete en un dinamismo constante de conversión y vuelta a la reconciliación. Sólo reconciliados podemos ser reconciliadores.

Es pues, responsabilidad de la Iglesia vivir en estado de reconciliación, porque se reconoce formada por criaturas limitadas y pecadoras que, cuando se apartan de los caminos de Dios, no pueden resignarse a vivir fuera de la comunión con Él; porque sabe también que debe fomentar la reconciliación entre sus miembros distanciados por cualquier razón y porque se siente llamada a ser fermento de reconciliación en el seno de la gran familia humana (ENEC, pág, 90, No. 289).

«Vivir en estado de reconciliación» y «sentirse llamado a ser fermento de reconciliación» son dos facetas imprescindiblemente unidas. La reconciliación nunca se logra de un momento para otro, es un proceso interior amplio en el tiempo, que dura toda la vida a nivel personal y que nunca se agota a nivel eclesial... por eso el ENEC habla de «vivir en estado de reconciliación». Y ser fermento, levadura, reclamo de pacificación.

Los frentes a reconciliar.

El ENEC no peca de romanticismo. Especifica cuáles son los «frentes» que hay que reconciliar. Nombra las heridas por su nombre, las diagnostica e indica su terapia. Las divisiones son múltiples y abarcan toda la gama de rupturas históricas, malentendidos y faltas de diálogo. El ENEC habla, además, de las decisiones personales, de las divisiones

«Por razones de fe, por motivaciones sociopolíticas o por diversas concepciones filosóficas, en el marco de un ateísmo estructural, militante, que penetra toda la estructura estatal, en sus diversos niveles y sectores» (ENEC, pág. 90, No. 290).

Se ciñe, en este caso, a la situación sociopolítica nacida de la Revolución Socialista. Sin embargo, no cierra tampoco el camino a viejas heridas, abiertas o mal cerradas desde antes de 1959. Más adelante el ENEC, habla de esos otros «frentes» a reconciliar, tales como las relaciones con los hermanos cristianos de otras iglesias y confesiones religiosas, las relaciones –más frías e inexistentes que tensas o violentas– con el sincretismo religioso, el secularismo y el laicismo existentes en Cuba antes del 59, etc.

El diálogo reconciliador asume características particulares con los diversos interlocutores: cristianos de otras confesiones, creyentes no cristianos y no creyentes. Existen orientaciones muy claras del Magisterio y una «praxis» iluminadora que permiten a la Iglesia Católica en Cuba continuar e incrementar, en nuestras peculiares circunstancias, estas diversas formas de diálogo, expresión –todas ellas– de una misma vocación reconciliadora al servicio de la realización de la unidad creciente de toda la familia humana, en el ámbito de nuestra nación (ENEC, pág. 91, No. 293).

Nuestra actitud de diálogo debe estar abierta a todos: a los hermanos de otras confesiones con quienes no tenemos una plena comunión de fe; a los sectores de la religiosidad popular; a los que sean ateos por formulación filosófica, y a los ateos prácticos que, aunque afirman creer en Dios, viven como si no existiera; con la ciencia y la cultura, con la sociedad y con todos los pueblos; con aquéllos que en la sociedad tienen a su cargo el difícil servicio de la autoridad, y eso mediante las relaciones institucionales y mediante las relaciones interpersonales que se forjan en la vida diaria (ENEC, Instrucción Pastoral de los Obispos de Cuba, pág. 248, No. 86).

La Iglesia pide perdón.

La Iglesia de Jesucristo es más noble y «más de Jesucristo» cuando pide perdón. Después del Vaticano II, Papas como Pablo VI o Juan Pablo II han tenido la humildad y la valentía evangélicas necesarias para pedir perdón por errores históricos. No debemos ocultar nunca los errores de la Iglesia a lo largo de su historia. Hay que saber pedir perdón en su momento oportuno, y esto, de un modo sincero y honesto, no coyuntural o diplomático. El ENEC reconoce en varios lugares las deficiencias evangelizadoras de la Iglesia a lo largo de estos cinco siglos. Expresamente dice:

> *En el cumplimiento de su misión reconciliadora entre todos los que compartimos la condición humana, la Iglesia Católica comienza por reconocer su cuota de responsabilidad con relación a las tensiones y divisiones de variado género que pesan sobre nuestro pueblo.*
>
> *Agradece a Dios el don de la unidad interna y le pide perdón por todo lo que en nuestra historia pasada y en nuestra vida actual no haya contribuido a la solidaridad entre los distintos grupos humanos que componen nuestro pueblo. (ENEC pág. 90, No. 291).*

Algunas concreciones sobre la reconciliación en el ENEC.

El ENEC presenta una terapia, desciende a las condiciones del diálogo y al modo de llevarlo a cabo. Con el trasfondo, tal vez, de las grandes encíclicas papales sobre el diálogo, especialmente la «Pacem in Terris» de Juan XXIII, el ENEC se refiere a cómo llevar a cabo ese proceso reconciliador.

Clarifica que no se trata de pretender una «uniformidad de pensamiento y de actitudes». Esto supondría destruir el diálogo antes de iniciarlo. La actitud dialógica presupone un exquisito respeto por el pensamiento del interlocutor. El cristiano se sabe no poseedor de una verdad exclusiva y absoluta. Solo Dios es Absoluto y sólo Dios es la Verdad y a Dios ni se le posee, ni se le manipula.

> En el diálogo no buscamos la verdad sobre Dios sino que estamos disponibles a ofrecerla en caridad para que se sirva de ella quien en su libertad personal la busque. La búsqueda de la verdad no obliga a renunciar a lo que tenemos por certeza dada en la fe, menos a disimularla o a ponerla en tela de juicio. Pero 'la verdad no es propiedad mía ni tuya: es de ambos' dice San Agustín. No vamos al diálogo con toda la verdad en nuestro poder absoluto, sino en búsqueda de la verdad para encontrarla juntos, en el sincero reconocimiento de los elementos plurales que hay en esta vida (ENEC, Instrucción Pastoral de los Obispos de Cuba, pág. 247, No. 81).

Reconciliar no es unificar criterios e ideas reduciéndolos a la unicidad. No se trata de que «los demás» terminen pensando como nosotros. Esto sería todo lo contrario de la reconciliación.

> (La reconciliación) sí exige un esfuerzo de comprensión de las distintas posturas, una valoración objetiva de las mismas, un discernimiento claro y respetuoso de los elementos comunes y de las diferencias y conflictos, y una búsqueda de la posible concertación de objetivos compartidos desde la propia identidad. Supone un juicio previo acerca de la honestidad en la actitud del «otro» y una voluntad de diálogo, concebido éste como el camino más plenamente humano para la superación de todas las formas de conflictividad social (ENEC, Pág. 90, No. 292).

Hermosas palabras éstas del ENEC que fijan y sitúan unas pautas claras de diálogo reconciliador. Palabras como «discernimiento, respeto, búsqueda, concertación, objetivos compartidos, honestidad del otro, voluntad de diálogo», etc. son los mejores ingredientes para un desarrollo eficaz de la dimensión reconciliadora de la Iglesia y sientan las bases de esa Teología de la reconciliación que la Iglesia cubana pretende.

De este modo, el ENEC da un paso cualitativo en el Magisterio de la Iglesia cubana en el campo de la reconciliación entre hermanos. Se sitúa, como debe, en un marco teologal y no político: «El terreno en el que se plantea la misión reconciliadora de la Iglesia es, pues, el de la fe, la esperanza y la caridad» (ENEC, pág. 90, No. 292).

Esta es la Iglesia «maestra en humanidad» de la que hablan los últimos Papas (cfr. Juan Pablo II, Homilía en La Habana, 25 de enero de 1998, No. 5). Una Iglesia dialogante, comprensiva, que pone y no impone, que busca desde la humildad con quienes quieran acompañarla en su camino por el mundo, hogar común de todos los hermanos, «batey común» para los cubanos.

La reconciliación se lleva a cabo, fundamentalmente, a través del diálogo. Con una actitud críptica, soberbia, empecinada, prepotente, la Iglesia no puede dejarse reconciliar ni ser agente de reconciliación. Si estamos más preocupados por conservar que por evangelizar –con los riesgos inherentes a toda evangelización– podremos tener «una casa muy linda» pero vacía y estéril. El diálogo reconciliador conlleva el riesgo de vivir inmersos en el mundo. No se trata de purificar el mundo sino de ver limpio en la misma impureza del mundo, de valorar y gozarse con esas «semillas del Verbo» de que hablaba el Vaticano II y retoma el ENEC (cfr. Pág. 241, Nos. 54-55). La emergencia del diálogo no es una opción, nos dice el ENEC, sino una dimensión del mismo ser del cristiano.

El ENEC ha sido insistente en llamar a la Iglesia cubana a estar abierta al diálogo porque el diálogo no es una opción (AG 11) que se toma o se deja al arbitrio de cada uno, sino algo inherente al ser mismo de la Iglesia que debe estar siempre en diálogo como actitud y como método, aun en el caso de que el diálogo no sea posible. Sin diálogo no es posible ni la misión, ni la participación, ni la comunión. El diálogo se fundamenta en el misterio de la Santa Trinidad de un solo Dios que constituye la vida cristiana como alianza, como vida de relación, y de relación no intelectual, sino personal, interpersonal y cordial (ENEC pág. 247, No. 82).

Termino esta reflexión sobre la Teología de la Reconciliación del ENEC, con unas profundas palabras de la Instrucción Pastoral de los Obispos en la promulgación del Decreto final del ENEC:

Queridos hermanos: Razonemos nuestras opiniones, pero oigamos con respeto al otro incluyéndolo en nosotros mismos. Hagamos del diálogo la actitud fundamental y el método normal de nuestras relaciones humanas, porque muchas divisiones que existen entre los hombres son artificiales e ilógicas. Busquemos juntos la verdad, que es patrimonio de todos, sin herir a nadie; ¿para qué lastimar si la intención última del diálogo es la reconciliación? Apliquemos el diálogo para no caer en lo mismo y repetir los mismos errores. Mirar al otro desde nuestra vivencia y no desde la suya, es mirarlo desde esquemas que pueden convertirse en una falsa torre de marfil. Pensemos razonablemente que hay un germen de verdad en cada hombre, en cada sistema, en cada religión, y seamos comprensivos en aceptar el interés apasionado que cada hombre pone por su propio germen, lo cual es explicable y justificable. Si nosotros tuviéramos los mismos antecedentes, experiencias, necesidades, formación... que otros, estaríamos dispuestos a pensar de la religión igual que ellos. Debemos convencernos, en fin, de que todo el que busca la verdad y el bien busca a Dios sin saberlo y aun sin quererlo« (ENEC, Instrucción Pastoral de los Obispos de Cuba. Pág. 249, No. 88).

«El Amor todo lo espera»

El Mensaje de la COCC, *«El amor todo lo espera»*, de fecha 8 de septiembre de 1993 ha sido, tal vez, el documento episcopal más impactante de los últimos años (cfr. Maza «Iglesia y sociedad», pág. 52). No sólo dentro de Cuba, también en el extranjero, el Mensaje episcopal dirigido a «sacerdotes, diáconos, religiosos, religiosas, laicos católicos y cubanos todos», supuso como una especie de salida oficial de las catacumbas. Es cierto que la Iglesia cubana a través de sus obispos se ha hecho presente con su palabra profética en muchos momentos de la vida del pueblo cubano, pero tal vez nunca, con un carácter magisterial tan transparente, sincero y analítico como en este Mensaje pastoral. Se ha dicho que acontecimientos como la misión de la Cruz Peregrina, el ENEC de 1986 y *«El amor todo lo espera»* de 1993 marcan un nuevo hito en la última historia de la Iglesia cubana –amén de la visita de Juan Pablo II a Cuba ya en enero de 1998.

No nos proponemos aquí hacer un análisis de esta Pastoral, pero sí resaltar su contribución a esa «Teología de la Reconciliación» que la Iglesia cubana viene haciendo no sólo en los Documentos de los Obispos sino también en las homilías de los sacerdotes, en los pronunciamientos, cursos y mensajes de todo tipo, y lo que es más importante, en la actitud y el estilo de una Iglesia que quiere ser puente de reconciliación y no muro de división y dispersión.

«El amor todo lo espera» no es una reflexión monográfica sobre el tema de la reconciliación que ahora nos ocupa, por eso no encontramos en ella, un tratamiento tan explícito y desarrollado como veíamos en el documento final del ENEC y en la Instrucción Pastoral de los Obispos del 86. Sin embargo, «El amor todo lo espera» está tan transido de un espíritu y un talante reconciliador, que quien no descubriera esto no habría entendido nada de la intencionalidad de los obispos. Todo el documento es un himno a la concordia, a la esperanza, al intento de solucionar los problemas por los caminos del diálogo, el perdón, la fraternidad y la reconciliación. La historia de Cuba reconocerá y agradecerá algún día

a los obispos de esta época, el gran aporte de reconstrucción nacional que supone este documento, tan denostado, no obstante, por algunas instancias y medios de comunicación.

No se encuentra en *«El amor todo lo espera»* ni el más mínimo ingrediente de rencor, subjetivismo o ideologización. Su marco referencial, profundamente teológico y cristocéntrico, se basa en el amor, la solidaridad, la justicia y la esperanza.

> *Todos quisiéramos, y ésta es nuestra constante oración, que en Cuba reinara el amor entre sus hijos, un amor que cicatrice tantas heridas abiertas por el odio, un amor que estreche a todos los cubanos en un mismo abrazo fraterno, un amor que haga llegar para todos la hora del perdón, de la amnistía, de la misericordia. Un amor, en fin, que convierta la felicidad de los demás en la felicidad propia («La Voz de la Iglesia en Cuba», pag 403, No. 16).*

Esta cita bastaría para entender todo el espíritu de *«El amor todo lo espera»*. Se inscribe en la más genuina tradición evangélica de la reconciliación y la utopía cristiana. Nos recuerda aquellas palabras de Cristo en la sinagoga de Nazareth cuando tomando el rollo de Isaías leyó: «*El Espíritu del Señor está sobre mí, porque me ha consagrado para llevar la buena noticia a los pobres, me ha enviado a anunciar libertad a los presos y dar vista a los ciegos; a poner en libertad a los oprimidos; a anunciar el año favorable del Señor*» (Lc 4, 18-19) y Jesús terminó diciendo: «*Hoy mismo se ha cumplido esta Escritura delante de ustedes*» (Lc 4, 21).

Esta Escritura de misericordia y compasión, de solidaridad y amnistía se cumple hoy, también, aquí en Cuba.

Explícitamente, *«El amor todo lo espera»*, usa pocas veces el concepto «reconciliación». En una de ellas, haciendo alusión a la necesidad de reconciliación en el interior del pueblo cubano como premisa necesaria para una reconciliación amplia que abarque también a los cubanos que se hallan fuera de la Isla (cfr. «La Voz de la Iglesia en Cuba», pág. 405, No. 26).

Es hacia el final del Documento, cuando se va bajando cada vez más a soluciones concretas, cuando más se habla de reconciliación propiamente dicha. Una vez más, como en el ENEC y como en otros Comunicados, reconciliación y diálogo aparecen mutuamente relacionados.

La Pastoral de los Obispos recurre a la densa doctrina que sobre el diálogo presenta el ENEC en sus números 306 al 330, así como el Mensaje de Navidad de 1989. Y reivindica, una vez más, el anhelo de reconciliación y de paz del pueblo cubano cuando dice que: «Es evidente que los caminos que conducen a la reconciliación y a la paz, como el diálogo, tienen un innegable respaldo popular y además, mucha simpatía y prestigio» («La Voz de la Iglesia en Cuba», pág 413, No. 59).

Y los Obispos desarrollan una vez más el contenido del diálogo como camino de reconciliación:

> *Por esto desea (el pueblo cubano) un diálogo franco, amistoso, libre, en el que cada uno exprese su sentir verbal y cordialmente. Un diálogo no para ajustar cuentas, para depurar responsabilidades, para reducir al silencio al adversario, para reivindicar el pasado, sino para dejarnos interpelar. Con la fuerza se puede ganar a un adversario, pero se pierde un amigo, y es mejor un amigo al lado que un adversario en el suelo. Un diálogo que pase por la misericordia, la amnistía, la reconciliación, como lo quiere el Señor («La Voz de la Iglesia en Cuba», pág 413, No. 60).*

«El Amor todo lo espera» es un momento más del clamor de la Iglesia cubana por la reconciliación y la paz. Nunca podrá la historia retrotraerse a este afán de diálogo y de reconciliación. Nuestros hijos y los hijos de nuestros hijos podrán hablar en un futuro de una Iglesia que supo estar a la altura de las circunstancias con la única fuerza del Evangelio, una Iglesia que supo acompañar a su pueblo por los caminos de la misericordia y la amnistía, la misma que Jesús dijo que HOY se cumplía en El.

> *Es hora, queridos hermanos, de levantar los ojos del corazón a Dios nuestro Padre, suplicándole la reconciliación entre nosotros, el triunfo del amor y de la paz («La Voz de la Iglesia en Cuba», pág 416, No. 71).*

La Declaración del Comité Permanente de la COCC, rechazó el 7 de octubre del mismo año las acusaciones de que fue objeto el citado Mensaje y ratificó una vez más la necesidad de diálogo y conciliación.

> *Aspiramos a que este diálogo se dé en todas las instancias, porque la unidad entre todos los cubanos depende de la capacidad para concertar y esto sólo se logra nucleando lo diverso a través de un diálogo. Reafirmamos, pues, nuestra confianza en este camino que se funda en el amor y la comprensión entre todos los seres humanos, tal como nos lo propone Jesús de Nazareth» («La Voz de la Iglesia en Cuba, pág. 425, No. 7 y 8).*

Dos años más tarde, el ya Cardenal Jaime Ortega, Arzobispo de la Habana, se queja del poco eco despertado por esta Carta Pastoral, al menos en lo concerniente a la reconciliación:

> *Este era (el amor) el núcleo del mensaje «El amor todo lo espera», que hasta ahora parece haber quedado sin respuesta por parte de muchos (Card. Jaime Ortega, Homilía en la Basílica del Cobre, Centenario de José Martí, 10 de octubre de 1995).*

La temática de la reconciliación que hemos ido descubriendo, tanto en el Magisterio del Sumo Pontífice como en el de los Obispos cubanos se continúa sin interrupción hasta el presente. Como ya hemos dicho, es una línea de fuerza que traspasa y penetra la palabra de nuestros Pastores, haciéndose cada vez más profunda, desarrollada e insistente. Sin riesgos de extremismos, podríamos calificar el Magisterio de los Obispos especialmente en los últimos cuarenta años, como «magisterio de la reconciliación». La historia eclesiástica de Cuba así lo señalará cuando, con la perspectiva del tiempo y el desapasionamiento de los acontecimientos, sea escrita y conocida por todos los cubanos. Será conocida como una historia de arduos intentos, no siempre fructuosos, en vías del diálogo y la reconciliación. Nunca, generaciones venideras, podrán achacar a nuestra Iglesia un silencio cómplice, una dejación del ministerio profético o una insensibilidad ante los problemas de su pueblo en la segunda mitad de esta centuria. Las críticas justas a actitudes incomprometidas de la Iglesia, especialmente durante los últimos 50 años del siglo XIX e incluso en las tres primeras décadas del presente siglo, –críticas que deben ser ponderadas y realizadas con realismo histórico– no podrán esgrimirse nunca con la Iglesia cubana de la segunda mitad del siglo XX, al menos nunca con la amplitud efectuada en épocas anteriores. La crítica histórica es sana y necesaria y este mismo trabajo es un referente de ello, pero no creo que pueda ser despiadada con la Iglesia cubana de los últimos años que ha hecho y está haciendo un esfuerzo serio y loable de acercamiento reconciliador, esperanzador, consolador y misericordioso con su pueblo.

> *Tengo la certeza de que la Iglesia cubana se ha acercado a su propia historia y a la de la Nación en la que está injertada inseparablemente, sin estos extremos sino con esta perspectiva de perdón, reconciliación y rescate de todo lo bueno, animada por lo que pudiéramos llamar, quizá, como una «mística» para la investigación histórica, que no permita ni las lecturas triunfalistas, ni los enfoques tan negativos que arrasen con toda luz que ilumine el presente y el porvenir. (Mons. Beniamino Stella, Homilía para la Misa de Clausu-*

ra del *II Encuentro Nacional de Historia, Santiago de Cuba 14 de Junio de 1998. El subrayado es mío).*

Esta «mística para la investigación histórica» es la que debe prevalecer siempre entre nosotros. Supone veracidad, objetividad, «realismo histórico», afán constructivo y superador de pesimismos y frustraciones. Pues bien, la Iglesia cubana está «atinando» con las fibras más sensibles, con las zonas más «en carne viva» del actual momento histórico de su pueblo. Lo que en este trabajo venimos llamando «claves teológicas cubanas» no es otra cosa que la traducción a una conceptualización teológica de los «puntos álgidos» del pueblo cubano; en definitiva, una teologización legítima y necesaria de los «signos de los tiempos» que vive esta nación.

El entretejido de reconciliación que recorre todos los mensajes y documentos de nuestros Obispos es un signo de este acercamiento sistemático y sistematizado de nuestros Pastores a la historia y la experiencia cubanas, como nos dice Mons. Stella en la homilía antes citada. En los textos siguientes nos encontraremos con esa preocupación reconciliadora en un orden aproximadamente cronológico.

Mensaje de Navidad de 1993.

Como todos los años, los Obispos cubanos escriben un Mensaje de felicitación por el tiempo de Navidad. 1994 fue un año difícil para el pueblo cubano: la «crisis de los balseros» conmovía el corazón de Cuba e incluso el de la opinión pública mundial. Los obispos habían publicado en septiembre su famoso y polémico mensaje *«El amor todo lo espera».* Por otra parte, no eran pocas las dificultades de todo tipo motivadas fundamentalmente por el llamado «período especial». En este clima preocupante y tenso se inscribe el *Mensaje de Navidad del 93*, plagado de palabras de amor y esperanza. El diálogo, por otra parte, vuelve a ser factor común en este documento. Los obispos insisten machaconamente en la necesidad de diálogo y reconciliación para afrontar los problemas de Cuba.

> *Debemos estar siempre dispuestos a un diálogo capaz de reconocer las razones de cada uno y las equivocaciones y defectos propios. De este modo el verdadero diálogo se encamina a mejorar las condiciones de vida, tanto personales como sociales. La mutua y dialogante relación entre hombres bien intencionados, y mucho más cuando de cristianos se trata, ha de basarse en una actitud no excluyente de personas, de argumentos y de razones del otro. No ha de conducir tampoco a una defensa avasalladora de la propia opinión y ha de respetar una espontánea libertad, sin ceñirse escuetamente a*

temas prefijados de antemano. A este respecto es alentador observar cómo parece que se está abriendo paso la posibilidad de un diálogo con la emigración cubana y, es de desear también, que esta misma idea se convierta en una esperanzadora realidad por medio de un verdadero diálogo interno (Obispos Cubanos, «La Voz de la Iglesia en Cuba»; Mensaje de Navidad, 25 noviembre de 1993, pág. 427, No. 8).

Una vez más, los Obispos cubanos hacen un llamamiento al diálogo, a un diálogo amplio, que incluye a todos los hombres *«bien intencionados»*, que viene referido no sólo a las instancias gubernamentales, sino *«mucho más cuando de cristianos se trata»*. Un diálogo esperanzador también *«con la emigración cubana»*. Un diálogo que tiene condiciones para que llegue a ser fértil y provechoso, para *«mejorar las condiciones de vida, tanto personales como sociales»*; condiciones tales como: un reconocimiento sincero y objetivo de las equivocaciones y errores de ambas partes sin identificaciones unilaterales con la verdad absoluta, así como la inclusión de todo tipo de criterios en el mismo: *«no excluyente de personas, de argumentos y de razones del otro»*.

Otra condición imprescindible para el éxito del diálogo es el rechazo de toda actitud de *«defensa avasalladora de la propia opinión»*. *«Y ha de respetar una espontánea libertad, sin ceñirse escuetamente a temas prefijados de antemano»*. Humildad, pues, en la defensa de las propias ideas y libertad para poder exponer cada parte implicada sus razones sin ideas ni fijas ni prefijadas previamente. Sin estas condiciones no es posible dialogar. Pero hay que ir creando estas condiciones posibilitadoras que conduzcan –a través del diálogo– a una reconciliación global y amplia en el pueblo cubano.

En este Mensaje de Navidad del difícil 1993, los Obispos Católicos de Cuba dieron ejemplo y prueba, una vez más, de su voluntad de diálogo total. Y oran al Señor por la paz de su pueblo: «Elevemos nuestras súplicas al Señor por la reconciliación y el bienestar de nuestro pueblo que propicien las condiciones necesarias para que pueda reinar la paz en el corazón de todos los cubanos y en el seno de nuestras familias» (Id, No. 11).

«Llamamiento a todos nuestros fieles cristianos, a todo nuestro pueblo cubano», 24 de agosto de 1994.

Los Obispos continúan preocupados por los problemas de los cubanos. Se hacen eco nuevamente del terrible drama de muchos hermanos que se lanzan al mar en condiciones de gran riesgo e inseguridad. Hacen un llamamiento a la cordura, a la sensatez y a la reflexión:

> *Nos preocupa el éxodo masivo de cubanos que abandonan la tierra «más hermosa que ojos humanos han visto», lanzándose irreflexivamente al mar en embarcaciones rudimentarias bajo una especie de estado de desesperación que, con tal de irse de su país, los lleva a aceptar cualquier destino (Obispos Cubanos, «Llamamiento a todos nuestros fieles cristianos, a todo nuestro pueblo cubano», 24 de agosto de 1994 en «La Voz de la Iglesia en Cuba», pág. 447, No. 3).*

Planteado el motivo de la preocupación ciertamente alarmante y grave, los Obispos incursionan nuevamente por las vías de la reflexión, el diálogo, la «mesa redonda» y la conciliación mutua nuevamente, so pena de parecer obsesivos, insisten en lo mismo:

> *No es inusual en la historia que, en la vida de los pueblos, existan conflictos internos o con otros países, pero en esta hora presente sí es inusual que las situaciones conflictivas no puedan resolverse en la mesa de negociaciones a través de un diálogo respetuoso y sincero.*
>
> *La Iglesia cubana lleva ya muchos años pidiendo y encareciendo respetuosamente este diálogo en vista del bien común, que es la ley suprema del derecho, y esto tanto dentro de la sociedad cubana como en las relaciones con los Estados Unidos. Pero esta gestión conciliadora de la Iglesia, que hasta hoy ha tenido resultados precarios no tranquiliza plenamente nuestra conciencia de cubanos y de obispos y no podría justificar ahora una actitud resignada, como quien no tiene esperanza. La situación presente, que afecta a tantas personas e instituciones, es demasiado grave y triste para permanecer ante ella como meros espectadores.*
>
> *Reiteramos, pues, insistente invitación a la negociación y al diálogo y en nuestra condición de obispos y de cubanos hacemos un llamamiento a la cordura, para que tantos hermanos nuestros no arriesguen sus vidas ni las de otros, lanzándose al mar (Id., Pág. 448, Nros. 7, 8, 9).*

Traigo a colación la larga cita de este «Llamamiento» episcopal de 1994 como una muestra más, casi desesperada y dramática, de la intencionalidad dialogante y reconciliadora de la Iglesia cubana por boca de sus legítimos Pastores, así como de su preocupación por los problemas y sufrimientos de su pueblo.

El «Llamamiento» del verano del 94 termina con un nuevo ofrecimiento de la Iglesia a ejercer su «ministerio de la reconciliación», el mismo confiado por Cristo y actualizado y encarecido ahora por los Obispos cubanos:

> *Les aseguramos una vez más, con sincero afecto, que la Iglesia cubana continúa con los brazos abiertos y las manos extendidas, dispuesta siempre a brindar a todos el ministerio de reconciliación que le ha sido confiado por el Señor, propiciando la búsqueda de caminos que lleven a la concordia y a la paz, por encima de todas las situaciones conflictivas internas y externas que puedan presentarse. (Id., pág. 449, No. 12).*

El «ministerio de la reconciliación» se perfila, pues, como servicio prioritario e ineludible en la Iglesia cubana de hoy. Pero tenemos mucho que reflexionar y orar todavía, para desentrañar cómo ejercer ese ministerio y cómo generar en todos los cubanos un espíritu convencido de la «mística de reconciliación» que se precisa. No basta, efectivamente, la buena voluntad de diálogo y reconciliación, es menester, además, inducir las mentes y los corazones para crear una especie de «plataforma amplia de consenso» en la voluntad de reconciliación. Los pasos concretos a dar para lograr esa voluntad común están aún por perfilarse. Y he aquí una misión bien concreta de la tarea evangelizadora y educativa de la Iglesia en Cuba.

Comunicado acerca de la actualidad nacional. 22 Septiembre 1994.

Apenas un mes más tarde del *«Llamamiento»* anterior, los Obispos vuelven a hacer público un *«Comunicado acerca de la Actualidad Nacional»*. El poco tiempo transcurrido entrambos deja entrever la preocupación episcopal por los graves problemas cubanos. En esta ocasión aprovechan la coyuntura de la LXXXVIII Asamblea Plenaria para manifestar dicha preocupación y a la vez, sin asomo alguno de pesimismo, oportunismo u oscurantismo, comunicar al pueblo que: «Vislumbramos signos de esperanza de que es posible conciliar voluntades para hallar salidas negociadas a las situaciones críticas» (Conferencia de Obispos Católicos de Cuba, «Comunicado acerca de la Actualidad Nacional», 22 Septiembre 1994 en «La Voz de la Iglesia en Cuba», pág. 453, no. 1).

De una manera más breve que en el documento de agosto del mismo año, reinciden en la voluntad de diálogo y negociación para afrontar los graves problemas cubanos y conducir a la Patria a la ansiada reconciliación. Abogan por un diálogo multilateral, no sólo entre los gobiernos de Cuba y de Estados Unidos, sino sobre todo en el interior de la Isla, entre los distintos modos de pensar de los cubanos que vivimos en el «batey común».

(Que el espíritu de concertación) se extienda, al mismo tiempo, a la vida interna de la nación para que cada cubano, aceptado en su diversidad, pueda sentirse bien en su propia casa (Id., pág. 453, No. 4).

El diálogo se amplifica a todos los cubanos, «aceptados en su diversidad» y no se polariza en un diálogo meramente político o institucional en el que las bases, los «cubanos de a pie», queden fuera de la conciliación o de presuntas negociaciones.

Y de nuevo, como en documentos episcopales anteriores, la Iglesia se autodefine y se autopresenta a su pueblo como «administradora de pacificación», como «ministra de reconciliación», asumiendo con responsabilidad histórica su ser «sacramento universal de salvación»:

Es misión universal de la Iglesia la conciliación entre personas e instituciones con el fin de promover en la práctica caminos de concertación« (Id., pág. 454, No. 8).

El magisterio del Cardenal Jaime Ortega desde 1994 hasta 1999.

En este epígrafe quiero presentar, aunque sea de un modo somero, las múltiples referencias que sobre el tema de la reconciliación encontramos en el magisterio del segundo Cardenal cubano, *Mons. Jaime Ortega y Alamino*, Arzobispo de La Habana.

La mayor parte de las referencias de nuestro Cardenal a la «clave reconciliadora» de la Iglesia en estos últimos cinco años se encuentran en sus Homilías, especialmente en las pronunciadas en las Misas que con ocasión de su nombramiento cardenalicio celebró en distintos lugares de Cuba y del extranjero, sobre todo con las comunidades cubanas de Estados Unidos. Si bien la estructura de dichas homilías es prácticamente la misma en todas las Eucaristías, sí encontramos matices, enriquecimientos y profundizaciones en algunas de ellas. Resalta, como veremos a continuación, la preocupación por la reconciliación con los cubanos emigrados especialmente en Estados Unidos. Hay una evidente inquietud por sanar heridas, acercar posiciones, llamar a la comprensión, exhortar a la generosidad, limar resentimientos, eliminar venganzas, en definitiva, sembrar amor donde anidan el rencor o el odio. Estimo de una gran importancia esta Homilética recogida en un opúsculo titulado precisamente *«Homilías del Cardenal Jaime L. Ortega Alamino, Arzobispo de La Habana. Octubre 1994 - Octubre 1995».*

Analicemos, al menos brevemente, el pensamiento del Cardenal en estas Homilías y finalmente otras aportaciones suyas al tema que nos ocupa, en entrevistas, etc.

Así, en la Homilía de la Misa celebrada en Cienfuegos el nuevo Cardenal expresó:

> *Llamamos a la reconciliación y a la armonía en el seno de la familia, entre las personas en general y al perdón que alcance aún al enemigo en el seno de la sociedad.*
>
> *Queridos hermanos y hermanas: los cubanos, como pueblo, estamos necesitados de reconciliación y ésta no puede darse sin perdón. El perdón no es el olvido. Quizá no sea bueno olvidar nuestras faltas y errores, para no volver a caer en ellos. La historia de los pueblos no puede tejerse de olvidos y silencios y los momentos más críticos reclaman siempre de quienes son actores en la vida nacional el perdón y la misericordia a fin de poder superarlos. (Card. Jaime Ortega, Homilía en Cienfuegos, 18 de febrero de 1995).*

Son varias las ideas a que hace referencia el Cardenal: un llamamiento a la armonía y la reconciliación; un perdón amplio que se difunda por todos los sectores de la sociedad («aún al enemigo en el seno de la sociedad»); conciencia de la necesidad de concordia y reconciliación a nivel social en todo el pueblo cubano; un perdón que no supone un olvido irreal o fantasioso sino una actitud madura, objetiva, justa y equilibrada. El perdón no suprime la justicia misericordiosa. ¿Cómo olvidar desde nuestros propios errores y pecados hasta los desatinos y graves injusticias que cometen nuestros hermanos, personal o colectivamente? El Cardenal añade a continuación del texto antes citado la necesidad de la comprensión, de no tomarse la justicia por mano propia, de no condenar ni juzgar a los demás. El amor y la compasión vienen siempre en ayuda de nuestro deber de perdonar a todos. Se trataría de entrar en una especie de corriente común de perdón y misericordia, en una «mística nacional de reconciliación y concordia».

Diez días más tarde, en Pinar del Río, diócesis donde fue Obispo el nuevo Cardenal, analizando los períodos más oscuros y tristes para la Iglesia cubana, en que hubo tantos abandonos y defecciones, *Mons.* Ortega recuerda en su Homilía cómo es Cristo quien de verdad reconcilia, el único realmente reconciliador. La reconciliación, difícil, ardua, compleja, procede del Dios misericordioso que siempre nos perdona:

> *La culpa de haber entrado en el gran silencio sobre Dios o de haber impuesto sobre otros esta dura carga tiene redención por medio de Cristo 'que nos reconcilió con Dios'. Como nos dice San Pa-*

> *blo en su 2da Carta a los Corintios: 'Dios mismo estaba en Cristo reconciliando al mundo consigo, sin pedirle cuenta de sus pecados'. De este modo todo el que llegue a Él con corazón arrepentido, alcanza su perdón (Card. Jaime Ortega, Homilía en Pinar del Río, 28 de febrero de 1995).*

Para un cristiano, la reconciliación no es obra solamente personal, producto o consecuencia de su buena voluntad, o de una especie de ascesis obligada, tampoco es una estrategia política como recurso o tregua de una pacificación coyuntural, sino una más honda dimensión procedente de Dios que reconcilia y sana el mismo corazón enfermo del hombre y la sociedad. No se trata de podar el follaje enfermo y seco sino de arar las raíces más hondas infectadas de desavenencia histórica y desencuentros sucesivos. Sólo Dios puede reconciliar desde tan hondo y tan radicalmente.

Sin referirse explícitamente a la reconciliación, el *Cardenal Ortega* exhorta a los católicos y cubanos en general que viven en Miami a la unidad y al amor. Estimo que las palabras del arzobispo habanero, tanto en Miami como en otras plazas del extranjero, tienen una honda significación. La ruptura con los cubanos que viven fuera de Cuba no es sólo física, la lejanía no es sólo geográfica, la separación no sólo material... existe una ruptura incluso eclesial motivada entre otras cosas por el tiempo transcurrido, la falta de comunicación frecuente, veraz y objetiva y el distanciamiento propio de la inculturación en un estilo de vida diferente al cubano. Todo esto va produciendo una especie de «incomprensión de ida y vuelta» que con el paso inexorable del tiempo provoca lejanía, ahonda en el desconocimiento mutuo y distancia en la visión de Cuba y sus realidades y problemas.

> *Ser Cardenal en Cuba hoy reviste un carácter especial, significa también ser el Cardenal de una nación que se extiende más allá de sus límites geográficos. Esta extensión de la nación no debe traer consigo forzosamente la fragmentación espiritual ni el distanciamiento entre quienes forman parte de un mismo pueblo. Esta realidad de una nación dilatada y a menudo dividida, es un llamado a nuestra conciencia de cubanos a hacer todo cuanto sea posible en el orden humano para labrar un futuro de esperanza, de amor y unidad en el seno de la gran familia cubana (Card. Jaime Ortega, Nota de prensa, Visita a Miami, 26 de mayo de 1995).*

En la misma nota de Prensa, el *Cardenal Ortega* reitera el ofrecimiento de la Iglesia Católica de Cuba para ser plataforma de encuentro y meditación, de diálogo y concordia entre todas las partes en conflicto:

> *Quiero expresar aquí, como antes lo hice en Cuba, el deseo y la buena voluntad de la Iglesia Católica Cubana de contribuir, en la medida de sus posibilidades, a superar todas las dificultades que subsistan todavía estando ya a las puertas del Tercer milenio, para hallar caminos de concordia y de paz entre todos los hijos de Cuba (Card. Jaime Ortega, Nota de Prensa, Visita a Miami, 26 de Mayo de 1995).*

Dirigiéndose, también en Miami, a católicos y seguramente a muchos cubanos increyentes, el Cardenal vuelve a insistir en la importancia de la reconciliación en el presente y futuro del Archipiélago cubano:

> *Cuba necesita del abrazo fraterno de los cristianos cubanos, que sea como fermento de reconciliación y anuncio de paz en el seno de nuestro pueblo de los dos lados del estrecho floridano. La misión de la Iglesia es propiciar ese abrazo, anhelar el reencuentro y suplicarlo día a día al Señor. (Card. Jaime Ortega, Homilía en la Catedral de Miami, 27 de mayo de 1995).*

Esta misión de la Iglesia cubana de posibilitar un abrazo fraterno entre los cubanos «de ambos lados del estrecho floridano» nos debe mover a buscar caminos concretos de diálogo. El Cardenal, lógicamente, no baja a detalles, y menos en una homilía, que no es lugar ni momento para arbitrar dichos cauces, pero nos deja con la interpelación de buscar esos caminos concretos de diálogo. Interpelación extensiva tanto a las comunidades cubanas en la Isla como fuera de ella.

Otra referencia a la necesidad de reconciliación entrambas comunidades cubanas la hace *Mons. Ortega* Alamino en la siguiente homilía:

> *¡Cuanta necesidad tenemos los cubanos, como pueblo, de relativizar nuestra situación y de relativizarnos también cada uno de nosotros mismos, de modo que seamos capaces de encontrarnos y hacerlo para expresarnos nuestro amor de hermanos, para ahondar en nuestras raíces comunes, para sentir como un solo pueblo! (Card. Jaime Ortega, Homilía en la Universidad de Santo Tomás, La Florida, 28 de mayo de 1995).*

El Cardenal introduce un nuevo término en esta ocasión: «relativización». El concepto puede ser importante porque da un paso en el campo de la concreción. Relativizar los acontecimientos pasados, no magnificarlos, no centralizarlos, sino colocarlos en su sitio justo, sin extrapolaciones emotivas, puede ser una buena terapia conducente a ganar cotas de perdón y reconciliación. Vivir fijados en hechos dolorosos, por muy graves y traumáticos que puedan haber sido, no facilita ni la superación higiénica de los mismos a nivel psicológico, ni por supuesto la superación positiva a nivel sociológico. Para un cristiano, Dios es el único Absoluto, todas las demás dimensiones y realidades, todas las ideas y las personas, son siempre relativas, deben relativizarse para no convertirse en eje alrededor del cual gire la vida de la persona. Urge, por tanto, relativizar el pasado para que no sea rémora, lastre que impida avanzar hacia un futuro de paz y concordia en el que podamos «sentir como un solo pueblo».

Sin embargo, la homilía del Cardenal donde trata con mayor detenimiento el tema de la reconciliación entre todos los cubanos, fue la que tuvo lugar en Nueva York el 17 de junio del mismo 1995. Se puede considerar como «la homilía de la reconciliación con los cubanos emigrados». Prácticamente toda ella es una pieza de oratoria sagrada orientada a la reconciliación. Comentamos esta homilía:

> *De amor entre cubanos tratamos aquí, bajo la mirada de la Virgen de la Caridad, nuestra Patrona, que desde su altar de El Cobre invita a todos los hijos de Cuba, a los de nuestra tierra y a los que viven lejos de la Patria, a la reconciliación, a la paz, al amor.*
>
> *Hay palabras como reconciliación, perdón, misericordia, que expresan actitudes propias del creyente en Jesucristo. Fuera de la fe cristiana es difícil encontrar equivalencias a esos conceptos, aún en otras religiones de la tierra que no ponen la fe en Cristo Jesús en el centro de sus creencias. Así debe entenderse el mensaje que, en nombre del Señor, repito sin cansarme adonde quiera que voy: como un llamado a la conciencia y al corazón de cada cristiano que es capaz de oír y entender con el sentido propio de la fe (Cardenal Jaime Ortega, Homilía en la visita a Nueva York, 17 de junio de 1995).*

Se repiten las mismas ideas encontradas hasta el momento en el periplo cardenalicio por tierras cubanas y extranjeras, el mismo llamamiento a la reconciliación, al perdón y a la paz que «repito sin cansarme adondequiera que voy», y que se ubican en «un llamado a la conciencia y al corazón de cada cristiano». No es pues, un tema menor en el magisterio del Cardenal cubano, sino que él mismo lo sitúa «en la conciencia y en el corazón», es decir, en los centros vitales de decisión y reflexión del cubano: en el mismo centro de la persona.

En el párrafo siguiente, que reproduzco a continuación, el arzobispo de La Habana y por entonces Presidente de la COCC analiza distinguiendo de qué tipo de reconciliación se trata, deslindándola -como veíamos en una homilía anterior- de toda connotación estrictamente política o coyuntural. Mons. Ortega se refiere una vez más a la reconciliación cristiana, no a cualquier otro tipo de pacto o estrategia, sino a la reconciliación que brota del Evangelio de Jesucristo. Así dice:

> *Porque no hay similitudes exactas entre estas palabras nacidas de la novedad del Evangelio de Jesús y los conceptos que se usan en la política, tales como negociación, concertación, acuerdo, pacto. Nada de esto se halla en el vocabulario del Nuevo Testamento como conceptos teológicos propios u originales del cristianismo. De hecho, entre partidos políticos, entre enemigos enfrentados por guerras u otras querellas, entre facciones opuestas por razones ideológicas o de otra índole puede haber negociaciones, acuerdos y aún pactos, sin que haya reconciliación, ni perdón, ni mucho menos amor entre quienes los efectúan (Card. Ortega, Id.).*

Este párrafo es clave en la intelección del concepto de «reconciliación» en la mente de nuestro Cardenal, puesto que lo enriquece distinguiéndolo con toda claridad de los contenidos ideológicos y hasta éticos que puede conllevar el término desde una perspectiva sociopolítica. Puede existir, posiblemente, un problema de lenguaje cuando se habla de reconciliación. Para muchos, cuando la Iglesia, incluso el Papa, hablan de reconciliación, puede significar un concepto de contenido más sociopolítico que evangélico y ver en él y en quienes lo enuncian intenciones pragmáticas y temporales, en definitiva superficiales, negociadoras, como tantos pactos, acuerdos y tratados a que nos tiene acostumbrada la Historia, incluida la misma historia eclesiástica. Es preciso entender bien y transmitir mejor lo que se entiende por reconciliación en el sentido en que sitúa el término el Cardenal Ortega, y por supuesto el Papa y todos los obispos cubanos. Puede haber todo tipo de pacto y negociación «sin que haya reconciliación, ni perdón, ni mucho menos amor entre quienes los efectúan», nos dice el Cardenal. El verdadero sentido de la reconciliación parte inexcusablemente para un cristiano, del Evangelio de Jesús. He aquí otra tarea crucial para nuestras catequesis: la iluminación teológica de qué entendemos por reconciliación cuando la predicamos y la priorizamos. No basta con emitir enunciados o mensajes cargados de razón y buena voluntad, es preciso también transmitirlos en todo su rigor evangélico. Continuamos con la misma homilía que me he atrevido a llamar «de la reconciliación».

> *Sin embargo, puede haber amor, cercanía espiritual, perdón y reconciliación entre dos o más amigos, entre los miembros de una familia o entre los hijos de un mismo pueblo, distanciados tal vez por razones ideológicas, políticas, militares u otras, pero que son capa-*

ces de superar, al más alto nivel humano de sentimientos y de pensamiento, las barreras que los separan (Card. Ortega, id.).

Nuevamente reitera y abunda Mons. Ortega en la verdadera intencionalidad de su discurso, y en las fuentes de donde mana: el evangelio de Jesús dirigido al corazón del hombre, que es donde tiene lugar la reconciliación auténtica. Y para ello vuelve a distanciarse de cualquier veleidad de tipo político que pueda achacársele o que pudiera pretenderse de sus palabras, intentando erigirlo, a él o a sus palabras, como paladín de determinada facción ideológica. Así dice a continuación, para que a nadie le queden dudas:

> *El propósito sublime y audaz de Jesús es cambiar el corazón del hombre, sólo así podrá surgir la civilización del amor de la que habla el Papa Juan Pablo II. Del amor entre amigos, de amor y reconciliación en las familias y entre todos los cubanos, hablando al corazón de ustedes, a lo hondo de sus conciencias, he tratado y trato en cada ocasión que se me brinda, como lo hacía Jesús y como lo debe hacer un discípulo suyo, sacerdote, obispo, cardenal de la Iglesia.*
> *No tengo la misión de proponer o iniciar negociaciones políticas. Nadie nunca ha solicitado esto a la Iglesia en Cuba (...).*
> *Sin embargo, para fomentar la reconciliación entre personas, familias o pueblos la Iglesia no tiene que esperar que nadie solicite su servicio. Esa es parte de su propia misión. A ella su Señor le ha confiado el ministerio de la reconciliación y por eso exhortará a tiempo y a destiempo, oportuna o importunamente. (Id.).*

Bien sentadas las bases de qué se entiende por reconciliación, el Cardenal constata de nuevo la necesidad de la misma. Sin necesidad de un análisis científico parece obvio que el pueblo cubano se encuentra dividido, distanciado, y esto en varios «frentes» susceptibles de ser reconciliados. Esta es la tarea de la Iglesia y ésta su hora histórica insoslayable.

> *No es verdad, queridos hermanos, que nuestro pueblo esté todo reconciliado; ni siquiera es cierto que entre los cristianos católicos de Cuba o de fuera de Cuba exista una entera reconciliación (Id.).*

El deber de la reconciliación atañe, pues, no sólo a las relaciones deterioradas, frías o abiertamente hostiles entre los cubanos que viven en Cuba y los cubanos que viven fuera de Cuba, es asimismo, una realidad presente también dentro de la Iglesia católica; es un llamamiento que nuestros Pastores hacen también a todos sus fieles católicos. El Cardenal enriquece nuevamente su reflexión:

> *Cuando la Iglesia habla de reconciliación y amor se refiere a dejar de lado esos modos de proceder para instaurar la concordia y favorecer la paz entre las personas en el seno de las familias y de toda nuestra comunidad nacional, especialmente entre todos los que profesan la fe cristiana (Id.).*

La conversión al Evangelio de Jesús de Nazareth es el resorte, la palanca que debe movernos a reconciliarnos entre todos los cristianos y entre todos los cubanos.

Hasta aquí el comentario a la Homilía pronunciada por el *Card. Jaime Ortega* en Nueva York el 17 de junio de 1995, tal vez el texto del Magisterio episcopal cubano que más amplia y profundamente ha desarrollado el reto eclesial y evangélico de la reconciliación entre los cubanos, si bien referido, preferentemente, a las relaciones entre cubanos emigrados y cubanos que permanecen en la Isla.

Meses más tarde, con ocasión de la Conmemoración del Centenario de la caída en combate de *José Martí*, en el privilegiado santuario cubano de la Basílica de El Cobre, S.E.R. el *Cardenal Jaime Ortega* retoma el tema de la reconciliación en la Homilía de la Eucaristía. En esta Homilía el *Card. Jaime* hace referencia a su reciente viaje a Estados Unidos y a sus palabras dirigidas a los cubanos en torno a la reconciliación. Con tristeza, pero también con firmeza, denuncia la poca acogida a su llamamiento, al «lenguaje eterno del evangelio», a «palabras como perdón y reconciliación... rechazadas inmediatamente por algunos hermanos cubanos, incluso cristianos». Asimismo, se lamentó de que actitudes similares fueron proferidas a su regreso a Cuba en algún artículo periodístico donde «se llamaba tonto a aquél que hablara de amor y reconciliación».

La queja del Cardenal es significativa y objetiva, y demuestra una vez más la necesidad de reconciliación entre cubanos a la que se refirió en sus visitas y viajes a comunidades católicas en Cuba y en el exilio cubano. Se confirma lo que venimos diciendo –siguiendo a nuestros Pastores– a lo largo de este trabajo: existe realmente una situación susceptible y urgida de reconciliación; se trata, por otra parte, de una tarea educativa, lenta, compleja, difícil, que supone una gran «mística de reconciliación», y que empleará varias generaciones de católicos en el III Milenio; es, ciertamente, a mi modo de ver, la misión prioritaria de la Iglesia de Jesucristo en estos delicados momentos históricos.

A pesar del rechazo producido al mensaje evangélico del Cardenal, insiste en esta homilía ante la Virgen de la Caridad, en la necesidad de concordia y perdón entre los cubanos.

Nuestro pueblo se ha visto dispersado por innumerables países y este éxodo no cesa de crecer. Separando familias y amigos. Sólo en la comunidad cubana del área de Miami se calcula que viven más de 700 000 cubanos. Esta parte del pueblo cubano que vive fuera de Cuba no deja de sentir, en su inmensa mayoría, el amor a la Patria y el deseo de bienestar para quienes vivimos aquí. Muchos tratan de ayudar a sus familiares, enviándoles dinero y medicamentos. Estos son ya signos de amor entre los miembros de un mismo pueblo; pero es necesario deponer aún actitudes severas allá y aquí. En mi reciente viaje a Miami y a New York hablé el lenguaje eterno del Evangelio, el único verdadero cuando queremos promover la auténtica fraternidad y acercar corazones. Pero palabras como perdón y reconciliación, propias de nuestra fe cristiana, eran rechazadas inmediatamente por algunos hermanos cubanos, incluso cristianos, que escribieron encendidos artículos en la prensa o enviaron a los periódicos cartas llenas de amargura.

Unos meses más tarde aquí en Cuba, en la prensa oficial me sentí personalmente aludido con palabras muy parecidas a aquéllas que leí en Estados Unidos. En un artículo periodístico que tocaba el tema de las relaciones de Cuba con la nación del Norte se llamaba tonto a aquel que hablara de amor y reconciliación (Card. Jaime Ortega, Homilía en la Basílica Ntra. Sra. de la Caridad de El Cobre, Centenario de José Martí, 10 de Octubre de 1995).

Y con ocasión de la «Jornada Diocesana de Jóvenes Católicos esperando al Papa», realizada en el templo de Jesús de Miramar, el Cardenal, a una de las ocho preguntas formuladas por los más de 2 000 jóvenes allí congregados, matizó nuevamente qué hemos de entender por reconciliación, en una amplia intervención:

La palabra reconciliación es de las que más escollos tiene. En Estados Unidos expliqué dos veces qué entiende un cristiano por reconciliación. Han existido, por otra parte, una serie de procesos en el mundo actual, bajo el influjo del vocabulario cristiano e incluso con una participación activa de la Iglesia en Guatemala, El Salvador y otros países. Han existido procesos de reconciliación nacional. Yo aclaraba muy bien, en mi viaje a Estados Unidos, que la Iglesia no tiene en Cuba ninguna encomienda de un proceso de reconciliación en el sentido este. Nada de eso. Cuando el Papa en Cuba hable de reconciliación estará dirigiéndose al corazón de los cubanos: a deponer actitudes violentas de unos hacia otros con un término muy cristiano que es de difícil aceptación para muchos, pero que el cristiano no puede obviar por el hecho de que sea muy duro en su aceptación. Yo dije, en Estados Unidos, que la reconciliación es un proceso en el cual la iniciativa siempre la tendrá el cristiano, porque es el que cree en ella. Porque Jesucristo reconcilió consigo, como dice San Pablo, a los dos pueblos, derribando con su cuerpo el muro que los separaba para la reconciliación entre judíos y paganos. Y esto vale para toda la humanidad. Creo que es ahí donde se entiende la reconciliación que nosotros pedimos. Que haya unos sentimientos de reconciliación. Cuando la palabra es usada aquí o fuera de aquí, ustedes se han dado cuenta de que siempre es rechazada porque se interpreta en el plano político (en el que normalmente tiende a pensarse). Entonces se hace una transposición rápida, se habla de situaciones concretas, de personas, de hechos históricos pasados y entonces es como si hubiera una gran molestia. Yo creo que lo primero es deponer esas actitudes violentas en el corazón del cristiano buscando caminos de paz y de reconciliación. (Card. Jaime Ortega, «Jornada Diocesana de Jóvenes Católicos esperando al Papa», La Habana, 30 de agosto de 1997, en Revista «Palabra Nueva», Año VI, No. 60, La Habana, septiembre 1997, pág. 11).

El rechazo a esta actitud reconciliadora lleva al Cardenal a cerciorarse una vez más de la importancia del amor, del «amor que todo lo espera» como única energía capaz de instaurar una sociedad y un hombre nuevos; y se refiere no sólo al ámbito católico sino a todos los cubanos,

sean católicos o cristianos en general y los que profesan otra o ninguna religión (Id.).

De triunfar el amor, podremos sentarnos los cubanos todos a conversar, como hermanos, de la independencia de Cuba, de la libertad, de la justicia y de ese mismo amor, que debe perdonar ofensas y olvidar agravios, y la reconciliación dejará de ser una palabra temida para convertirse en el bálsamo que cure las heridas de la Patria (Id.).

Del 21 al 25 de febrero de 1996, la Iglesia cubana presidida por sus Pastores, se reúne en La Habana para celebrar el «Encuentro Conmemorativo (ECO)», el Décimo Aniversario del «Encuentro Nacional Eclesial Cubano» (ENEC), lo que Juan Pablo II llamó el II ENEC. En la sesión de apertura, el Cardenal Ortega dirigió unas palabras de bienvenida a Obispos, sacerdotes, diáconos, religiosos, religiosas y laicos «venidos de todas las diócesis de nuestro país». El Cardenal hace una especie de revisión analítica de la situación de la Iglesia cubana en esos momentos, y como no era menos de esperar, y según su insistente magisterio, se refiere nuevamente a la reconciliación entre cubanos, especialmente entre «las dos Cubas»: la que permanece en el Archipiélago y la que vive en el extranjero. Hace referencia, con objetividad y realismo, a las actitudes díscolas de cubanos que ni creen ni aceptan la reconciliación, tal como ya hiciera en la Homilía del Cobre a propósito del Centenario de José Martí:

> *Desde el Primer ENEC la Iglesia de Cuba fijó claramente su postura con respecto a los hermanos cubanos que viven fuera de nuestro país. Decía el Documento Final del ENEC que, si bien pensamos que el lugar del católico cubano está en nuestra Patria y junto a la Iglesia que anuncia en Cuba a Jesucristo Salvador, respetábamos la opción de muchos hermanos nuestros a partir del país e incluso la comprendíamos, a veces con dolor, porque en ocasiones no se les dejó en Cuba otra posibilidad para ellos y para sus familias...*
>
> *«Sabemos que, a pesar de voces estridentes y no significativas, la comunidad cubana de Miami, especialmente su mayoría católica, se siente cercana a nuestra Iglesia y busca caminos para estrechar los lazos de amor con los cubanos de aquí (Card. Jaime Ortega, Palabras en el Acto de Apertura del Encuentro Conmemorativo del X Aniversario del ENEC, La Habana 21 de febrero de 1996).*

Si bien la reconciliación a que hace referencia el Cardenal se centra nuevamente en el nivel «cubanos de dentro / cubanos de fuera» de un modo prácticamente exclusivo, ya es importante que el tema que nos ocupa estuviera presente en la evaluación sobre la Iglesia cubana en el período que va del ENEC (1986) al II ENEC (1996). En una perspectiva más amplia sobre el mismo concepto reincide *Mons. Ortega* en la homilía con motivo de la Misa de Clausura del mismo Encuentro:

> *Una Iglesia que reconoce sus infidelidades, pide perdón, y en espíritu penitente, se propone olvidar agravios, superar las divisiones surgidas durante el milenio que termina, entre los mismos cristianos, y ser fermento de reconciliación y de paz en el mundo, colaborando a construir la civilización de la justicia y el amor. (Card. Jaime Ortega, Homilía en la Misa de Clausura del II ENEC, La Habana 25 de febrero de 1996).*

La tónica es aquí más amplia y teológica. Habla de una Iglesia que se autodefine pecadora, «en espíritu penitente» y pide perdón por sus infidelidades históricas tanto al Dios de Jesucristo como al mismo pueblo cubano. Comenzar por este *«mea culpa» es «conditio sine qua non»* en toda obra de reconciliación. Sólo una Iglesia que pide perdón puede ser mediación y ámbito del perdón social. La reconciliación «ad extra» supone una previa *«auto-reconciliación»*.

En segundo lugar, la amplitud de estos fragmentos no es sólo cuantitativa sino también cualitativa: no se refiere a una reconciliación necesaria para un pasado reciente, sino pendiente desde un pasado remoto: «superar las divisiones surgidas durante el milenio». Sin dejar, pues, de ser histórica y encarnada, no se reduce a una urgencia surgida por motivaciones sociopolíticas más o menos próximas en el tiempo, sino «durante el milenio», y de cara a afrontar el «Tertio Millennio Adveniente», como nos pide el Papa.

La homilía de Clausura del II ENEC termina con una toma de posturas encerrada en tres «opciones de base de la Iglesia y del cristiano», «aparte de las opciones pastorales» del ECO, es decir, previas y fundamentales a las conclusiones de tipo pastoral de la Iglesia reunida en La Habana en 1996. Son, por tanto, opciones más teológicas y eclesiológicas que pastorales. Una de estas tres «opciones de base» hace referencia explícita a la reconciliación: «Una confianza total en el poder de Dios que vence el mal, aún dentro del mismo corazón humano, y es dueño absoluto de la historia; con plena conciencia de tener, en esta hora de nuestra vida nacional, una especial *misión reconciliadora»*. (Id).

La «misión reconciliadora» de la Iglesia cubana forma parte pues, según el Cardenal Ortega, de las «opciones de base» eclesiológicas de la misma. La reconciliación es un «locus theologicus» de la Iglesia cubana.

Con motivo de la visita de Juan Pablo II a Cuba en enero de 1998, la Iglesia cubana hizo un esfuerzo en la publicación de una revista interdiocesana intitulada *«Verdad y Esperanza»*. Se anunció como el primer número y desafortunadamente no ha visto nuevas ediciones. En cualquier caso, el Cardenal respondió a una interesante entrevista realizada por *Orlando Márquez,* director de la revista «Palabra Nueva» de la Arquidiócesis de La Habana y Coordinador Nacional de la UCLAP. Entre los temas tratados en esta entrevista ocupan un lugar importante el de la reconciliación y el del diálogo. Así, ante las dificultades y el rechazo a la reconciliación en determinados sectores y a los que hace referencia el periodista, el Cardenal respondió:

> *Ni el perdón, ni la reconciliación, como el mismo amor al prójimo: «ámense unos a otros», son propuestas para tomar o dejar; son la médula del cristianismo y en poner en práctica esos mandatos de Jesús nos va el ser o no cristianos (Orlando Márquez, «Entrevista al*

Eminentísimo Señor Cardenal Jaime Ortega Alamino», Revista «Verdad y Esperanza»; Santa Clara, enero 1998, pág. 7).

Finalmente, en las breves palabras que Mons. Ortega dispensó como bienvenida al Santo Padre en la Misa concelebrada en la Plaza de la Revolución de La Habana, y ante la importancia histórica del acontecimiento, el Cardenal se refiere nuevamente a la reconciliación:

> *Desde ahora sentimos que será imposible a los que estamos aquí no amarnos como hermanos, no perdonar nuestras ofensas recíprocas, no olvidar agravios, no abrirnos a la verdad dicha con sinceridad, no poner por obra todo lo justo, bueno y noble que pueda traer la reconciliación entre todos los cubanos y la paz y la felicidad a nuestro pueblo. (Card. Jaime Ortega, Palabras de Bienvenida al Papa Juan Pablo II, Misa de La Habana, 25 de enero de 1998).*

«Démonos fraternalmente la paz».

Se trata de un Mensaje de los Obispos Cubanos con motivo de la ya inminente visita a Cuba de Juan Pablo II. Los Obispos quieren iluminar con esta reflexión lo que será considerado por muchos un hecho histórico para la Iglesia Católica e incluso para la Nación cubana. Los Obispos, con esta carta pastoral «a los católicos y a todos los cubanos de buena voluntad» quieren preparar a sus fieles y a todos los cubanos que así lo deseen para que la Visita del Papa sea realmente provechosa para todos. Transcurridos los meses desde aquel histórico enero de 1998, podemos congratularnos todos con el éxito pastoral de la Visita papal.

El mensaje que nos ocupa, es ya por su mismo título, un llamamiento a la concordia, la paz y la reconciliación. Las palabras con que los sacerdotes invitan en la Eucaristía a los fieles católicos al rito de la paz, son las elegidas por los Obispos para dar nombre y contenido a este mensaje.

Tal vez la palabra que más aparece en este mensaje, como veremos más adelante, es el concepto teológico de «esperanza». Sin embargo, la reconciliación es nombrada explícitamente en dos ocasiones, concretamente en los números 17 y 19 del documento. La reconciliación aparece aquí con toda su carga dinámica, energética, generadora. No es una palabra pasiva, teórica, teñida de sentimentalismo o romanticismo, sino cargada de acción: se habla siempre de «promover la reconciliación», lo que supone una misión educadora, una tarea pedagógica ineludible para la Iglesia cubana de hoy.

He aquí los dos textos a que hacemos referencia: «En los actuales momentos que vive la nación, la Iglesia percibe de manera especial su vocación a la fraternidad, a fin de promover la reconciliación entre todos los hijos de la nación cubana». (Obispos Cubanos, «Démonos fraternalmente la paz», 1° diciembre 1997, No.17).

Entre los frutos que esperan los Obispos de la Visita de Juan Pablo II aparece también la reconciliación, entendida como tarea eclesial y dirigida a todos los cubanos «sin distinción alguna» (No.17): «Promover la reconciliación entre todos los cubanos» (Id. No.19).

«¡Abran sus corazones a Cristo!»

Se trata de una especie de «meditación sabrosa», llena de gozo y serenidad y de confiada esperanza, en los días siguientes a la Visita del Papa a Cuba.

El mensaje tiene ese tono propio de la alegría y la paz que produce un acontecimiento largamente acariciado y denodadamente preparado durante meses. Quedaban atrás las dudas, las preocupaciones, los esfuerzos para que todo saliera bien. El Papa había regresado a Roma pero en Cuba quedaba sembrada «la semilla de la esperanza».

Lógicamente, el mensaje recoge algunas ideas centrales del Magisterio del Sumo Pontífice en Cuba. No pretende resumir los amplios y densos temas tratados por el Papa, pero sí señala los hitos más sobresalientes de sus palabras.

La reconciliación, que es lo que en este momento nos interesa, no está ausente de «¡Abran sus corazones a Cristo!», implícita y explícitamente. Así, cuando los Obispos se arriesgan a codificar a partir de las palabras del Papa «un hermoso programa de acción pastoral en sintonía con la preparación al Tercer Milenio del Cristianismo», no dudan en hablar de reconciliación cuando nos dicen: Debe también la Iglesia animar a los fieles laicos a vivir su vocación con valentía y perseverancia para que puedan buscar con las demás personas de buena voluntad, en espíritu de reconciliación y solidaridad, las soluciones a los diversos problemas de la sociedad siguiendo la Doctrina Social de la Iglesia (Obispos Cubanos, «¡Abran sus corazones a Cristo!», 12 de febrero de 1998, No. 16.6).

«El Espíritu quiere soplar en Cuba»

A propósito de la Solemnidad de Pentecostés, y con el incentivo de estar celebrando en 1998 el Año del Espíritu Santo, según la decisión de Juan Pablo II, los Obispos cubanos emiten un nuevo documento.

La presencia y la voz del Papa, cuatro meses después de su viaje a Cuba, siguen «aleteando» en la Iglesia cubana y por ende, en este documento que ahora nos ocupa.

De nuevo las palabras del Papa inundan el Mensaje episcopal, de algún modo continuación de «¡*Abran sus corazones a Cristo!*».

Sin embargo, el tema de la reconciliación apenas es tratado en este Mensaje, sólo en una ocasión, y de soslayo, aparece el concepto, considerado como uno de los valores propios del pueblo cubano:

> *En las celebraciones eucarísticas presididas por el Santo Padre en Cuba se expresaron muchos de los componentes esenciales en la formulación del apego al suelo patrio y a todo lo que él significa: amor, paz, reconciliación, libertad, justicia, alegría, solidaridad, entusiasmo, responsabilidad, fe en Dios, esperanza, aprecio por la familia y el trabajo, confianza en una juventud que quiere llevar una vida limpia y digna, amor a nuestra Patrona, la Virgen de la Caridad de El Cobre (Obispos Cubanos, «El Espíritu quiere soplar en Cuba», 31 de mayo de 1998, No. 18).*

Otros escritos acerca de la reconciliación.

Homilía de Mons. Stella en el II Encuentro Nacional de Historia, Santiago de Cuba 14 de junio de 1998.

No podemos ser exhaustivos. Una investigación sobre la literatura eclesial de los últimos años en torno al concepto y al contenido de la reconciliación sería ardua y, sin duda, muy útil y necesaria. Por eso, en este apartado de nuestro trabajo, voy a limitarme a presentar algunas muestras del valor y la importancia que se viene dando a la reconciliación en la Iglesia Católica Cubana en los últimos decenios. El recorrido que hemos hecho, con el riesgo del agobio de las citas, del Magisterio episcopal desde Mons. Pérez Serantes hasta nuestros días (1999) y del Magisterio del Papa Juan Pablo II, podríamos desplegarlo ahora con relación a las aportaciones de laicos comprometidos preocupados también por esta temática que consideramos la primera clave teológica y pastoral a desarrollar en Cuba.

Antes de hacer referencia a estos autores, quisiera incluir unas palabras del ex Nuncio Apostólico en Cuba, Mons. Beniamino Stella, que con gran ponderación, claridad y profundidad, hace gala de una «cubanía» adquirida en sus varios años en la Isla. Su sensibilidad por la Iglesia cubana y sus problemas, queda manifiesta en el siguiente texto cuando dice:

> *Historia sin perdón y reconciliación es fanatismo que desemboca en violencia y revancha. Historia sin reconocer los fallos es soberbia que nos enajena de la realidad y obstaculiza la necesaria fra-*

ternidad. Historia, como leyenda negra que no reconoce lo bueno, es visión apocalíptica que, por lo menos desanima, cuando no destruye las raíces y referencias que deben alimentar el presente y dar sentido a toda proyección futura (Beniamino Stella, «Homilía para la Misa de Clausura del II Encuentro Nacional de Historia», Santiago de Cuba, 14 de Junio de 1998).

El siempre recordado Nuncio lleva la reconciliación al campo de la historia cubana. La hermosa homilía de donde entresacamos las palabras anteriores es un canto a vivir la historia con responsabilidad, despojándola de subjetivismos interesados, rescatándola de toda tergiversación o manipulación espúreas, confrontándola con la verdad objetiva de los datos y de los hechos, exorcizándola de todo intento malsano de satanización y derrotismo «reconciliándola» con la petición del perdón imprescindible a partir de los errores inevitables de toda historia, incluyendo por supuesto, los errores históricos cometidos por la Iglesia.

Nos reconciliaremos con nuestra historia cuando la conozcamos verazmente, cuando la asumamos con todas sus luces y sombras, cuando hagamos del «tiempo vivido» un cimiento restaurado para el «tiempo pensado», que es el futuro convertido en sentido y en proyecto, con una historia hecha día a día desde una vocación teleológica preñada de esperanza. Reconciliar la historia no es sólo «mirar hacia atrás sin ira», sino mirar hacia delante con esperanza. El futuro también es susceptible de reconciliación, es la «anakefalaiosaszai» paulina:

Cuando se cumplieron los tiempos, Dios decidió recapitular todas las cosas en Cristo (unificarlas bajo una sola cabeza: «anakefalaiosaszai»), las que están en los cielos y las que están sobre la tierra. (Ef 1, 10).

Por medio de Él, Dios reconcilió a todo el universo ordenándolo hacia Él, tanto lo que está en la tierra como lo que está en el cielo, haciendo la paz mediante la sangre que Cristo derramó en la Cruz (Col 1, 20).

En Cristo, Dios estaba reconciliando consigo mismo al mundo, sin tomar en cuenta los pecados de los hombres (2 Cor. 5, 19).

La atención a la actitud reconciliadora de la Iglesia por parte del que fuera Nuncio en Cuba hasta abril de 1999 la dejó patente en sus homilías de despedida en distintas Catedrales cubanas, recogidas en varias publicaciones diocesanas. Las siguientes palabras de Mons. Stella dan testimonio, una vez más de esta preocupación por la reconciliación:

> *La magnanimidad jamás es signo de debilidad ni de concesión al error, es siempre testimonio de la grandeza de alma y de voluntad constructiva y conciliadora. La Iglesia sabe, por experiencia propia, que la fuerza no siembra ni ideas ni ideales, y que la segregación y marginalización de las personas por sus opiniones diversas no hace sino reforzar esas opiniones con el sello del sufrimiento (Mons. Beniamino Stella, «En el Adviento del Tercer Milenio», Conferencia en el Aula «Fray Bartolomé de las Casas», La Habana 30 de marzo de 1995, en «Cuadernos del Aula Fray Bartolomé de las Casas», La Habana, pág. 12).*

El Plan Global de Pastoral 1997-2000.

El Plan Global de Pastoral (PGP) elaborado por la COCC para el trienio 1997-2000 y como preparación al Gran Jubileo del año 2000 convocado por el Papa, nos presenta la reconciliación como parte del mismo Objetivo General de esta Planificación de la Iglesia cubana. La inclusión del término en la formulación del Objetivo General nos da idea de la capitalidad del concepto y de la preponderancia que, una vez más, le dan nuestros Obispos. Transcribimos el Objetivo General del PGP 1997-2000:

> *Impulsar la nueva evangelización con la fuerza del Espíritu Santo, desde comunidades proféticas, participativas e inculturadas, para dar a conocer a Jesucristo, Evangelio del Padre, y así promover la dignidad humana, trabajar por la reconciliación y contribuir a la edificación de la civilización de la justicia y del amor (Obispos Cubanos, PGP 1997-2000. Objetivo General, pág. 2).*

La fórmula «trabajar por la reconciliación» observa el mismo espíritu dinámico, el mismo principio activo, que hemos constatado en textos anteriores de distintas plumas. Introducido en el mismo Objetivo General de PGP 1997-2000, no queda ya la menor duda sobre la urgencia de poner en práctica en toda la Iglesia cubana el «ministerio de la reconciliación», y declarar a Cuba «tierra necesitada de reconciliación» en varios campos. El PGP nos obliga a todos los católicos a «trabajar por la reconciliación»; ya no es una simple invitación o exhortación de nuestros Pastores, sino una opción, un objetivo, que supone concreciones y mediaciones de acción y praxis pastoral a todos los niveles eclesiales y, por supuesto, a escala personal, espiritual.

El mismo PGP 1997-2000, cuando desarrolla este Objetivo General, nos dice:

> *Trabajar por la Reconciliación. Nuestra Iglesia, consciente de la despersonalización del hombre actual, de su individualismo y materialismo, presentes también en nuestra sociedad, quiere disponerse a la celebración del Tercer Milenio comprometiéndose en el «Ministerio de la Reconciliación», reconciliación del hombre con Dios, consigo mismo y con su historia; reconciliación de las personas entre sí; reconciliación del hombre con la creación (Obispos Cubanos, PGP 1997-2000. Pág. No. 4).*

En una síntesis bien acabada, se nos desglosa en qué consiste la Reconciliación, tal y como venimos comprobando en fuentes antes aludidas: reconciliación del hombre con Dios, consigo mismo, con los demás hombres, con su historia, con la creación...

Es, ahora, tarea de las comunidades cristianas desarrollar, profundizar, concretar, arbitrar cauces pastorales específicos, para enriquecernos y cumplimentar este objetivo, so pena de quedarnos en la pura teoría, o lo que es peor, «engavetar» este Documento que nos conmina a la praxis pastoral y antes, a la conversión personal.

Sin detrimento de las concreciones a que puedan llegar las comunidades desde su propia situación, el PGP nos orienta bajando aún más al campo de los objetivos específicos cuando desarrolla la «Línea de acción 2: Favorecer la Reconciliación»:

> *Medios de Acción:*
> *1. Desarrollando una Teología de la Reconciliación que favorezca la realización de nuestro modelo de Iglesia.*
> *2. Educando para el diálogo y buscando caminos para su desarrollo.*
> *3. Viviendo en la Liturgia y en la Catequesis la dimensión del perdón y la reconciliación.*
> *4. Promoviendo acciones en común con los diversos sectores socioculturales.*
> *5. Potenciando la dimensión servidora de la Iglesia.*
> *(Obispos Cubanos, PGP 1997-2000, pág. No. 6).*

Es enormemente audaz y profética esta «Línea de acción 2» y sus «Medios de Acción». Es, quizás, la primera vez que un documento eclesial de esta categoría habla sin ambages de una *«Teología de la Reconciliación»* cubana, dándole de este modo oficialidad y carta de ciudadanía. Los Obispos piden que «se desarrolle» esta Teología. (Algo de lo que estamos intentando hacer modestamente en este trabajo). Y esta Teología se elabora desde el pueblo, desde las bases, en la reflexión sobre la realidad a la luz de la Palabra de Dios.

Nos interesa también subrayar algo de lo que hablaremos en el último capítulo de este trabajo: la «*realización de nuestro modelo de Iglesia*»: un modelo de Iglesia nuestro, es decir, cubano, no importado o copiado del extranjero, sino gestado y desarrollado a partir de las realidades de nuestro pueblo y nuestra historia. Dilucidar «nuestro modelo de Iglesia» no es algo sencillo, supone en ocasiones renunciar a viejas ataduras, a esquemas anacrónicos, a conquistas ya periclitadas, a falsas visiones de la fe y la vida ya superadas por el tiempo, la Teología y hasta por el sentido común. Se trataría, en definitiva, de un lanzarse, libres y desnudos, pobres y osados, a un proyecto de Iglesia de futuro capaz de conectar con la fibra más íntima del corazón de nuestro pueblo.

Entre los «Medios de acción» aparece también una palabra-quicio: la educación; «educando para el diálogo» dice el Documento. Esta es, entiendo, una tarea central de nuestra Iglesia: educar a nuestros hermanos, desde una educación *freireana*, liberadora y no bancaria o depositaria. Una educación que «suscite personas» y no vasallos ideológicos o pseudo-religiosos, que forme para la libertad y el compromiso.

También hablan los «medios de acción» de la promoción de plataformas y acciones comunes con todos los sectores socio-culturales. En el mejor espíritu de las palabras del Papa, especialmente en su «Encuentro con el mundo de la Cultura», el PGP nos estimula a crear vínculos de comunicación, de reflexión compartida y respetuosa con otras instancias del pensamiento y la intelectualidad. De no hacerlo así, reforzaríamos la imagen de una Iglesia excesiva y erróneamente volcada sobre sí misma, una Iglesia «centrípeta», muy ocupada en sus asuntos internos, –a veces anodinos– pero poco abierta a la nueva evangelización y a los problemas reales de los hombres y mujeres de hoy.

Finalmente, el PGP 1997-2000 vuelve a hacerse cargo del concepto de reconciliación en el «Objetivo específico 2» cuando nos dice: «Favorecer el crecimiento de comunidades cristianas, vivas y dinámicas, que lleven adelante la nueva evangelización y sean signo de amor y reconciliación en medio del pueblo». (Obispos Cubanos, PGP 1997-2000, Pág. 11).

Y en la explicitación del Objetivo se añade: «Siendo fieles al Evangelio, viven la comunión en la diversidad, favorecen la reconciliación y la tolerancia, y sostienen así la esperanza del pueblo» (Id.).

Es un llamamiento a que nuestras comunidades sean fermento de reconciliación en medio de nuestro pueblo, pero para ello, añado yo, nuestras comunidades deben estar y sentirse reconciliadas consigo mismas, «enraizadas en el Amor de Cristo».

La inclusión del «ministerio de la reconciliación» en el PGP me parece un paso muy importante a la hora de hablar de aquélla como una «clave» teológica para Cuba.

«La Teología de la reconciliación» del P. René David.

Entre los acontecimientos más importantes relacionados con la Iglesia de Cuba entre 1895 y 1995, elencado por Manuel Fernández Santalices, llama la atención la referencia a una publicación del sacerdote francés P. René David, afincado en Cuba desde hace muchos años y persona querida y conocida por todos:

> *1981. Aparece el primer texto del documento «Para una Teología pastoral de la reconciliación desde Cuba», donde el sacerdote francés René David, profesor de Teología del Seminario de San Carlos y San Ambrosio de La Habana, fundamenta doctrinalmente las posibilidades de un diálogo entre cristianos y marxistas (Manuel Fernández Santalices, «Cuba: catolicismo y sociedad en un siglo de independencia. Cronología 1895-1995», Ed. Konrad Adenauer, pág. 80).*

Este «honor» de aparecer citado en una Cronología centenaria que abarca en el libro poco más de 100 páginas no es inmerecido. La *«Teología de la Reconciliación» del P. David* es el primer, y que yo sepa el único, esfuerzo de sistematización teológico-pastoral de la categoría bíblica de la reconciliación. Le corresponde pues, al *P. René David*, el mérito de sistematizar, al menos de un modo introductorio, el «latir» reconciliador que ya encontramos, en germen, en el magisterio de *Mons. Enrique Pérez Serantes* en los difíciles albores de la década de 1960.

Se trata de un opúsculo que ha llegado a mis manos mecanografiado y fotocopiado; ignoro si se ha publicado o editado de otra manera. Consta de 24 apretados folios y está fechado en La Habana en noviembre de 1981. ¡Han pasado, por tanto, 18 años desde su escritura! Y es importante, para valorar este documento, tener en cuenta el momento de creación: antes del ENEC, y en una época en que comenzaban tímidamente algunos acercamientos entre la Iglesia y el Estado (Celebración del II Congreso del PCC 1980 en el que se omite todo lo referente a la lucha anti-religiosa, conclusión de la Asamblea de Puebla en 1979 en una línea de diálogo y conciliación, visita a Cuba del Card. Bernardin Gantin en el mismo año, etc.).

Sin embargo, el P. David es consciente modestamente del alcance de su obra y así la inicia:

> *Estas reflexiones son apenas un esbozo de una Teología y una pastoral de reconciliación. Son más bien un despertar. ¡Quizás muchos pensarán que es un sueño! Pero, por lo menos en cuanto a no-*

sotros, cristianos, ¿no es el mismo Evangelio el que nos despierta? (René David, «Para una Teología y pastoral de reconciliación desde Cuba», La Habana, noviembre de 1981, pág. 1).

Se inicia el trabajo con una comparación entre la «Teología de la Liberación» nacida en América Latina a finales de la década de 1960 y la «Teología de la Reconciliación» a la que da rango de tal el P. *David*. El autor es consciente de la situación socio-económica y política diversa en uno y otro caso y que da lugar a «Teologías» distintas. La realidad cubana difiere de la latinoamericana, especialmente en las opciones políticas de Cuba y el resto de los Estados de América Latina. De aquí surge esta «Teología de la Reconciliación», génesis que *David* explica así:

> *Lo penoso para un cristiano que sabe que Cristo es fundamentalmente Reconciliador, es sobre todo, la situación histórica de enfrentamiento, de incomprensiones, de condena recíproca que se prolonga en desconfianza mutua, en presiones contra la fe, por una parte; y por otra parte, en falta de compromiso para construir una sociedad que anuncia a los creyentes su desaparición como creyentes (Id.).*

El enfrentamiento, la ruptura, se convierten así en «locus theologicus» de donde brota una teología reconciliadora:

> *De esa situación y de la fe en Cristo Reconciliador, parte una teología de la reconciliación. Se siente, por supuesto, solidaria de la Teología de la Liberación. Pero mientras que esta última enfoca directamente la liberación y espera como uno de los frutos la reconciliación, la Teología de la reconciliación tiene como horizonte la misma reconciliación (Id., pág. 2. El subrayado es nuestro).*

Sentadas estas premisas distintivas entrambas Teologías y señalados sus límites y contenidos, al menos de un modo aproximativo, el *P. René David* hace una fundamentación bíblica, no hecha tal vez hasta el momento, que pone los cimientos escriturísticos a la nueva teología cubana.

Esta apoyatura bíblica la basa, sobre todo, en San Pablo, *«particularmente sensible a la misión reconciliadora de Cristo»,* y cita los textos clásicos de Col 1, 13 y 19-20, así como Ef 2, 11-18 y 2Cor 17-20. Recuerda también el Sermón de las Bienaventuranzas en la versión de Mt 5, 23-26. De aquí saca la importante distinción entre reconciliación personal con Dios y reconciliación social, que por otra parte, no pueden caminar paralelamente:

No se puede separar la reconciliación con Dios de la reconciliación del hombre consigo mismo y del esfuerzo del hombre (individuo y pueblo) por reconciliarse con los demás hombres (individuos y pueblos) y con la misma naturaleza por un trabajo humanizador y una ciencia y técnica, no destructora, sino constructora (Id.).

A continuación ensaya una definición de reconciliación como «iniciativa gratuita» del amor de Dios que nos ofrece su perdón «para que podamos convertirnos» y de este modo poder celebrar la reconciliación.

Continúa profundizando en qué es la reconciliación y arguye con realismo, que la reconciliación no significa la ausencia de conflictos, no tiene nada que ver con una «paz irenista» exenta de un proceso dilatado y arduo de confrontación, diálogo y oración.

Insiste también en la misión reconciliadora de la Iglesia, como parte integrante de su tarea evangelizadora, acudiendo para ello al texto paradigmático de Lc 15, 11-31: la «parábola del hijo pródigo»: «La Iglesia debe ser el hoy de la misericordia divina, pero empezando por su propia purificación, pues no es perfecta como Dios» (Id. Pág. 3).

Esta misión reconciliadora de la Iglesia –agrega René David– tropieza, cuando la fe se hace operativa, con el análisis complejo de la realidad. Y entonces surge la pregunta sobre la posibilidad y las condiciones reales de la reconciliación. Entre éstas últimas cita la importancia de superar la carga paralizante del miedo: «¿Es cristiano un miedo al comunismo, que esteriliza toda preocupación reconciliadora? Y podríamos preguntar a los hermanos comunistas: ¿es revolucionario un temor al diálogo con los cristianos?» (Id., Pág. 4).

A continuación la obra del sacerdote francés se introduce en un profundo análisis sobre las posibilidades reales de reconciliación entre cristianos y comunistas, siempre en la perspectiva cubana. Entiendo que se trata de una magnífica introspección que supone un conocimiento amplio de la filosofía marxista-leninista y que se inscribe en los movimientos de diálogo con el cristianismo de los años 60-70. Es una aportación que debe ser conocida por todos los católicos cubanos y, ¿por qué no?, también por nuestros hermanos socialistas. Aunque el momento histórico ha cambiado grandemente en Cuba en estos últimos 18 años, desde que *René David* escribió su obra, no ha perdido vigencia en muchos de sus acertados planteamientos. Nosotros, por nuestra cuenta, desistimos de un análisis más a fondo de la obra, pues no es éste ni el lugar ni la intención de este trabajo; reste, sin embargo, constancia de su importancia en la elaboración cubana de la «teología de la reconciliación».

Una única crítica haría a la obra del *P. David:* reducir la Teología de la reconciliación al diálogo marxismo-cristianismo. Seguramente no tuvo otra intencionalidad, pero considero que la teología de la reconciliación en Cuba debe abarcar otros campos «susceptibles de reconciliación», como hemos encontrado, por ejemplo en el Magisterio papal y en las Homilías del Cardenal de La Habana; lo que vengo llamando aquí: una reconciliación «de amplio espectro», como intentaremos expresar en otro epígrafe de este capítulo (cfr. Cap. III, 3.5.6).

Sin duda esta ausencia, más ocasional que real, la subsana el mismo autor en una espléndida Conferencia que tuvo 16 años más tarde en la III Semana Social Católica que tuvo lugar en El Cobre del 22 al 25 de mayo de 1997. Aquí, en «Reconciliación y paz», nuestro autor retoma ideas de su «Para una Teología y pastoral de la reconciliación desde Cuba»; en un marco mucho más doctrinal y amplio. Es una nueva sistematización teológica sobre la reconciliación hecha desde Cuba, que debe ser conocida y meditada por todos los agentes de pastoral cubanos.

El P. David hace una inmersión en el tema refiriéndose a los puntos básicos que más interesan. Recuerda que no hay verdadera reconciliación con Dios si no la hay con los hermanos, son dos «realidades íntimamente unidas», y para ello acude a San Pablo citándolo en la 2da Corintios, en Efesios y en Colosenses, como ya hiciera en su trabajo de 1981. Cita también a Juan Pablo II en su Exhortación Apostólica «Reconciliatio et Paenitentia» y en otros lugares de su Magisterio.

También en esta Conferencia de El Cobre, nuestro autor hace una definición de reconciliación, diciendo que: «La reconciliación parte de Dios en su voluntad salvífica de restablecer la comunión de los hombres con Él y que de antemano les ofrece su perdón». (P. René David, «Reconciliación y Paz», Memorias de la III Semana Social Católica, El Cobre, 22-25 Mayo 1997, pág. 30).

En el desarrollo de su definición hace una interesante precisión entre reconciliación como virtud y reconciliación como acto:

> *Conviene distinguir la virtud de reconciliación y el acto de reconciliación. La virtud de reconciliación es esa disposición permanente de antemano, y ese dinamismo de ofrecer nuestro perdón, nuestra reconciliación, quitando primero los obstáculos de nuestra parte. Pero sólo si los otros están en disposición de suprimir los obstáculos de su parte y aceptar la reconciliación, es cuando podrá darse el acto de reconciliación, la realización de la reconciliación. (Id.).*

Entre las condiciones necesarias para que se dé la reconciliación y la paz –siempre tan unidas–, el *P. David* se refiere a: tener una actitud, una iniciativa personal y comunitaria de perdonar y de crear un ambiente que lo propicie; asimismo, se requiere una «metanoia», «una purificación del pecado de odio o de rencor que puede afectar a ciertos cristianos», etc.

Así como en su trabajo de 1981 refiere la reconciliación fundamentalmente al diálogo y la relación entre cristianos y marxistas, en esta Conferencia el *P. David* amplía el ámbito de la reconciliación al mundo ecuménico. Esta es una originalidad que aporta la novedad de esa reconciliación de «amplio espectro»; se apoya en el Documento de Puebla, en un mensaje del Papa Pablo VI en 1974 y finalmente en la Encíclica «Ut unum sint» del actual Pontífice.

Junto a la iniciativa de la reconciliación y la conversión personal, añade como condición de la reconciliación y de la paz, la necesidad de perdón y el amor: «El amor cristiano debe también hacernos pasar de un surgimiento negativo que hace criticar y desolidariza a un sufrimiento redentor, salvífico, que une los sufrimientos inevitables de la ruptura, mientras dura, a la Cruz del Señor Jesús, para que la reconciliación pueda realizarse» (Id. Pág. 32).

Insiste, más adelante, en la importancia de una Iglesia encarnada que debe siempre estar presente en una cultura y una sociedad, con un compromiso encarnacionista claro, tal y como definen el I° y II° ENEC y se interroga con realismo: «¿Hasta dónde la Iglesia debe hacerse lo que son los que necesitan reconciliación? ¿Hasta dónde va la solidaridad, no sólo espiritual, que debe ser universal y permanente, sino también cultural y social?» (Id. Pág 33).

Termina las «condiciones para la reconciliación y la paz» con otras dos categorías: la sinceridad y la tolerancia. Así, hablando de esta última, dice nuestro autor:

> *La tolerancia es necesaria como camino a la reconciliación o a la realización misma de la reconciliación, cuando la discrepancia no versa sobre cosas tan importantes que aplazan todavía la realización... La tolerancia es una cuestión de humildad para no pensar tener el monopolio de la verdad y de su comprensión, una cuestión de respeto a la libertad... y una cuestión de realismo... para saber esperar los tiempos oportunos y no utilizar los medios que estarían en contradicción con el fin que se busca (Id.).*

La tolerancia no debe confundirse con la pasividad y el indiferentismo, con la connivencia con la injusticia y la opresión, pero es la que nos lleva siempre a esperar momentos oportunos y a no utilizar nunca métodos violentos.

En el tercer apartado de su Conferencia, habla de las mediaciones de la reconciliación a favor de la paz, y cita fundamentalmente: la oración, el diálogo, las manifestaciones de solidaridad, el trabajo, la cultura, la patria y en Cuba, nuestra Señora de la Caridad.

Refiriéndose al diálogo –tan coaligado con la reconciliación–, distingue tres niveles, siguiendo a los filósofos personalistas: la comunicación, la ayuda mutua y la comunión, cada uno más profundo y complejo que el anterior hasta llegar al amor fraterno como cúlmen de la reconciliación.

«Las manifestaciones de solidaridad», como su nombre indica, se refieren a las ocasiones y los esfuerzos de solidaridad entre Iglesia y Estado; el trabajo se concreta en una colaboración del cristiano con la vida pública; la cultura es otro campo de acercamiento y trabajo común a pesar de las divergencias; la patria y la Virgen del Cobre, son finalmente, otras mediaciones o caminos concretos de reconciliación.

Este es otro aporte del P. David: bajar a casos concretos, a mediaciones posibles y reales que no hagan de la reconciliación una palabra sin sentido ni contenido, sino pletórica de dinamismo y esperanza.

Termina su Conferencia en El Cobre planteando «diversas dimensiones de la reconciliación»: la reconciliación consigo mismo, la de los cubanos en Cuba y la de los mismos fuera de la Isla y la reconciliación entre todas las naciones. Abre así el arco de la reconciliación en sus distintas variantes como quizás nunca había sistematizado y profundizado la teología cubana en clave reconciliadora. Sobre esto, nos enseña el sacerdote francocubano:

> *Si la persona no se acepta, no acepta su sexualidad, su situación familiar, social, etc., se amarga, busca falsa compensación en la crítica a los demás; no tiene paz y no es artífice de paz (Id. pág. 36).*
>
> *La patria debe ser vínculo de unión entre los cubanos aún cuando hay discrepancias entre ellos por el problema político. Pero es sobre todo nuestra fe cristiana que nos obliga a sentirnos responsables de la salvación de los once y medio millones de cubanos, y para salvar hace falta, en la continuidad de la encarnación redentora de Jesús, ser solidarios de todos (Id.).*
>
> *También tendremos que vivir la Cruz que extiende sus brazos a los cubanos del exterior, que comprenden nuestra situación y a los que la rechazan (Id. pág. 37).*

Así discurre el trabajo del P. René David. Como hemos dicho antes, a él le cabe el mérito de ser, –en lo que yo pueda conocer– el primero en preocuparse por una elaboración más sistemática de la Teología cubana de la Reconciliación. Sus palabras, tanto en el trabajo de 1981 como en el más reciente de 1997, son una importante aportación que hay que tener en cuenta en cualquier reflexión posterior sobre el tema que nos ocupa.

Breves referencias en escritos firmados por laicos.

Traemos tres a colación, que apenas comentamos para no incidir más en las mismas ideas: «La Iglesia de Cuba, en estos momentos, tiene que enfrentar algunos desafíos que le son particulares: Promover la reconciliación de un pueblo que está dividido tanto en el orden familiar, como en el social, en el económico y en el geográfico» (Laura María Fernández, Sínodo para las Américas, L'Osservatore Romano, No. 50, 12 de diciembre de 1997, pág. 18 [650]).

Y añade en su Informe, Laura María Fernández, miembro de la Comisión episcopal para los laicos y Directora de la Revista «Amanecer» de Santa Clara:

«Queremos crecer en el compromiso evangelizador como Iglesia profética, participativa e inculturada, para promover al hombre, reconciliándolo consigo mismo, con la sociedad y con Dios, siendo solidarios con nuestro pueblo y defendiendo el valor de la vida como don supremo de Dios» (Id.).

Son palabras semejantes a las expresadas por el Director de la Revista *Palabra Nueva*:

«A las puertas del Tercer Milenio de la Era Cristiana, y tras casi cien años de la independencia de España, período en el cual el enfrentamiento y la división no nos han faltado, nuestros sentimientos cristianos demandan algo más que la lucha fratricida o la confrontación violenta, intolerante y satanizante del otro» (Orlando Márquez, «La actitud cristiana», Revista «Palabra Nueva», Año V, No. 55, La Habana, febrero de 1997, pág. 2).

Y finalmente, *Dagoberto Valdés*, miembro del Pontificio Consejo «Justitia et Pax», dice:

«Es una obligación moral contribuir a la formación de esos cubanos que ya están siendo protagonistas de un proyecto nuevo. La Iglesia puede cooperar en esta formación personalizadora. Es de desear que en la formación, como en el proyecto, no se excluyera a nadie ni nos dejáramos llevar por el resentimiento y los prejuicios. La reconciliación es el único camino para sanar nuestro presente y construir en paz ese nuevo proyecto para Cuba. Juntos, pinos nuevos y troncos viejos, podremos continuar la obra de Varela, Céspedes y Martí» (Dagoberto Valdés, «Cumbre: esperanza, compromiso

y actuación», Conferencia en el Aula Fray Bartolomé de las Casas, La Habana, 27 de abril de 1995, en: «Cuadernos del Aula Fray Bartolomé de las Casas», pág. 43-44).

Aproximación teológica a la reconciliación en Cuba. Síntesis.

El recorrido que hemos hecho a través de la Biblia, el Magisterio papal y de los Obispos cubanos, así como de otros escritos de autores cubanos, no ha pretendido agotar las fuentes. Se trata, más bien, de un acercamiento, un asomarse, a los filones bíblicos y magisteriales de donde toma su savia el concepto y el contenido de *reconciliación* como primera clave para un esbozo de una teología desde las realidades cubanas.

Lo mismo haremos con el resto de las «claves» que consideramos jalones apreciables en este intento de aproximación teológica: *la esperanza, la misericordia y la consolación.*

En estos últimos párrafos sobre la *reconciliación* queremos sintetizar algunas ideas centrales que han ido apareciendo en los textos anteriores y que hemos ido comentando en su lugar. Recopilamos, pues, esas ideas maestras que puedan ser el fundamento para la gestación de una teología hecha desde Cuba.

Ciertamente, son muchas las preguntas que nos invaden: ¿es posible la *reconciliación*?, ¿qué entendemos exactamente por este término?, ¿quiénes deben reconciliarse?, ¿cómo lograr, en la práctica, este proceso *reconciliador*, y en cualquier caso, de qué se trata, de una *reconciliación* política, de una *reconciliación* religiosa, de una *reconciliación* de clases, de una *reconciliación* internacional...?, ¿cuáles son los «frentes» o niveles a reconciliar?, ¿quién debe obrar esta *reconciliación*?, ¿de qué base partimos?, ¿existen elementos históricos, socioculturales, religiosos, etc., suficientes para que sea viable la *reconciliación* o es sólo una quimera bienintencionada?, ¿la *reconciliación* es un «borrón y cuenta nueva», o supone la justicia? En definitiva, ¿estamos los cubanos dispuestos a reconciliarnos, lo deseamos realmente, o es una bucólica sinfonía sin partitura?

Muchas y graves preguntas de no fácil respuesta. Algunas de ellas han ido siendo encaradas y respondidas en lo ya escrito. Tampoco se trata aquí de afrontarlas todas, ni tenemos, por otra parte, lucidez y conocimientos suficientes para hacerlo. El tema queda, obviamente, abierto a nuevas y más ricas aportaciones.

La reconciliación como «locus theologicus» en Cuba.

La reconciliación es ciertamente un «lugar teológico» en Cuba. El recorrido que hemos hecho, relativamente amplio, por el magisterio eclesiástico cubano, parece que nos muestra con suficiente claridad que la reconciliación no es un tema menor en la reflexión teológica que se hace en Cuba y desde Cuba. Recordábamos en otro lugar, que no solamente contamos con ese magisterio «escrito», sino con profundo y acendrado magisterio pastoral realizado oralmente, especialmente en homilías litúrgicas, catequesis, diálogos informales, seguimiento espiritual, etc. Toda la Iglesia cubana es una Iglesia «en estado de reconciliación», que ha asumido esta categoría bíblico-teológica como línea axial de su ser y su quehacer. En este sentido, podemos decir que no es posible pensar la realidad eclesial cubana sin tener en cuenta la reconciliación. Hacerlo de otro modo, ignorarla, eludirla, soslayarla, supondría un anacronismo eclesial y teológico de graves consecuencias para un futuro. Una acción pastoral que no la priorice será una acción pastoral que no parta de la realidad y que por tanto, estaría traicionando la misma realidad del pueblo cubano, la línea magisterial de la Iglesia y el futuro de esa Iglesia y de ese pueblo. Ya no es posible prescindir de esta categoría ni en el análisis de la realidad, ni en la reflexión teológica, ni en la praxis eclesial. Dicho de otra manera: la reconciliación no es una opción teológico-pastoral, sino una exigencia que brota fontalmente de la vida y la andadura del pueblo de Cuba y de su Iglesia.

La reconciliación es obra de Dios.

La apoyatura bíblica y magisterial de los apartados anteriores de este trabajo nos muestra con amplitud que no es posible la reconciliación si no se hace desde Dios, si no es Dios mismo quien la inicia en el corazón del hombre, la germina, la alimenta y finalmente, quien la lleva a término con fertilidad y fruto. No es por tanto, producto del voluntarismo humano, ni siquiera de esa «buena voluntad» tan necesaria por otra parte para tantas cosas, sino germen inspirado por Dios en el corazón de los hombres y aceptado generosa y obedientemente por la libertad humana.

Tampoco es una acción nacida de las simples exigencias temporales del decurrir de la historia. No surge de unas urgencias socio-políticas concretas. No es un proyecto estratégico que se requiera para subsanar situaciones coyunturales pasajeras. Por eso, no nace de situaciones esporádicas que supongan un plan o un frente de reconciliación nacional de inspiración política o partidista, sino más bien, para un creyente, de esa «tensión» escatológica entre un mundo ya liberado por Cristo muerto y resucitado, y un mundo siempre sujeto a una transformación definitiva que avanza hacia el futuro del Cristo Omega, «recapitulador» de todo lo creado. Por eso la reconciliación «no termina nunca», supera el espacio y el tiempo, las fechas históricas y los escenarios del mundo, y se proyecta hacia el futuro en un afán escatológico de reconciliación plena y definitiva de todo lo creado.

Esto no significa, no obstante, ni que el hombre no tenga nada que hacer en algo que es «obra de Dios», ni que no haya «momentos», «tiempos», en los que la reconciliación no se haga especialmente «urgente». El actor principal, el agente único de la reconciliación sólo es Dios, pero a la vez, debe contar con la colaboración reflexiva y activa de sus hijos los seres humanos. Así lo ha querido el mismo Dios en su designio de Salvación; por eso la reconciliación, ciertamente génesis y «opus» activa de Dios, supone el empeño de todos los hombres de buena voluntad. No sólo de los creyentes o de los cristianos, sino de todo aquél que se siente actor y no simple espectador de la acción histórica. Traigamos a nuestra mente los innumerables textos del Papa a su paso por Cuba. Se trata de un llamamiento, un reto, una responsabilidad, a hacer nuestra propia historia, a escribir con nuestras vidas una «historia cubana de la reconciliación».

Pero es además, éste que vivimos, y aquí en Cuba, un «tiempo» adecuado para la reconciliación. Los tiempos no son siempre iguales. No los vivimos todos, ni los pensamos todos, con la misma intensidad, con la misma virulencia, con la misma urgencia. Cada tiempo tiene «su afán», como nos recuerda el libro sagrado. Y éste es, para los cubanos, un «tiempo de gracia» porque es esencialmente un tiempo de purificación y de reconciliación. Los renglones con que hemos ido escribiendo nuestra historia, desde hace más de 500 años, están marcados con rasgos patéticos de rupturas, incomprensiones, rencores, discriminaciones. Y esto no lo podemos negar porque es parte de nuestra historia no sólo reciente, sino pasada. En un nuevo Milenio, cargado de esperanzas y expectativas de todo tipo, pero también de incertidumbres, se hace urgente un «tiempo especial» (más que un «período») de amnistía y perdón que nos lleva a preparar el suelo cubano como territorio reconciliado consigo mismo, tierra abonada para que todos los cubanos podamos tratarnos como hermanos más allá de las diferencias que las razas, las culturas, las religiones, las ideas políticas que el tiempo y las zozobras de la historia han ido favoreciendo en el «ajiaco» cubano. Preparar el solar cubano para que los hijos de nuestros hijos no tengan nunca que avergonzarse de sus progenitores, y por el contrario, puedan «sentarse a conversar juntos en el batey común» de la tierra que les vio nacer. Este tiempo es «tiempo especial» de reconciliación, de una reconciliación urgida, gestada y revelada por Dios, pero asumida responsablemente por sus hijos, sus hijos cubanos del siglo XXI.

Dimensiones de la reconciliación.

Tanto partiendo de los textos bíblicos como de los textos eclesiásticos, la reconciliación se entiende siempre en diversos niveles, dimensiones o áreas. Es decir, nunca está constreñida a una reconciliación con los demás, como pudiera pensarse a simple vista, sino que debe ser entendida en diversos planos.

En primer lugar, toda reconciliación comienza por uno mismo. Es una conquista antropológica antes que cristiana. El ser humano es siempre un ser proclive a la ruptura interior, a la esclavitud, a la falta de aceptación personal, a la inmadurez. El hombre está vocacionado a la tarea inevitable de su realización personal; la maduración o integración de la personalidad, discurren por caminos de reconciliación interior, personalizada. Los acontecimientos de la vida diaria, la historia personal, las relaciones interpersonales, la misma biología de cada uno, la familia, etc., condicionan sin determinar, la estructura de la personalidad. El camino es, en ocasiones, arduo, plagado de magulladuras y desgarrones, y por ello, requiere una terapia ininterrumpida durante toda la vida para sanar las heridas que la misma vida ocasiona. Todos los seres humanos somos seres heridos, separados, rotos. La primera ruptura traumática es nuestro mismo nacimiento: el corte del cordón umbilical es siempre la primera herida que sufre el hombre, la primera separación importante, el primer «exilio» que nos expulsa involuntariamente del placentero, seguro y deseado seno materno. Es la primera herida física en nuestro cuerpo; por eso el ombligo nos recuerda siempre nuestra primera separación, nuestra primera ruptura, nuestra primera herida. Las heridas, no obstante, no son negativas en sí mismas si sabemos convertirlas en elemento positivo, es decir, si permitimos que se transformen en cicatrices. Las cicatrices tienen el objetivo de ayudarnos a recordar nuestra propia vulnerabilidad, nuestras heridas ya curadas y sanadas. Queda la marca, como un sello recordatorio de nuestra fragilidad humana. Si no hubiéramos sufrido heridas a lo largo de nuestra vida, no tendríamos conciencia de nuestra falibilidad y nuestra debilidad. Lo importante es que las heridas cicatricen, que deseemos y nos esforcemos para que se conviertan en marcas recordatorias, que no permitamos que se nos infecten y se perpetúe su dolor. Las cicatrices son heridas reconciliadas. Quien sana sus heridas colaborando a su cicatrización está reconciliándose consigo mismo porque está reconciliándose con el dolor, el sufrimiento, la ruptura, la violencia. Esta es la primera tarea del ser humano: sanar sus heridas, arbitrar una terapia eficaz, aunque dolorosa en ocasiones, que le permita permanecer sano corporal y espiritualmente para poder seguir viviendo con fertilidad, alegría y paz interiores.

La reconciliación con uno mismo es imprescindible para acometer la reconciliación en cualesquiera de sus otros estratos o niveles. Si uno no está reconciliado consigo mismo, o lo que es más exacto, en «proceso de reconciliación constante», no puede ser agente reconciliador en ningún aspecto ni en ninguna dimensión. Sólo reconcilia quien es consciente de su necesidad constante de auto/reconciliación. La reconciliación no es una profesión, un conocimiento racional, un bagaje cultural o intelectual, sino una actitud que informa y conforma con pretensiones de definición la propia vida personal. Y esto supone esa auto/reconciliación.

El «proceso de reconciliación» supone una dialéctica compleja, con movimientos de ida y vuelta, con redes entrecruzadas que van y vienen. Yo me reconcilio conmigo mismo si soy factor de reconciliación con los demás, y a la inversa, yo consigo cotas de reconciliación externas a mí en la medida en que crece mi capacidad y mi efectiva reconciliación intrapersonal. Los grandes hombres que a través de la historia, y en todos los lugares del mundo han servido al proceso de reconciliación universal, pensemos por ejemplo en Mahatma Gandhi, han sido hombres reconciliados consigo mismos, hombres reconciliándose consigo mismo en la medida en que eran agentes de pacificación y reconciliación entre sus hermanos. Que nadie pretenda, pues, reconciliar nada ajeno a sí si no ha reconciliado, o está consciente del proceso de reconciliación que debe hacer «dentro de sí».

Pero para un cristiano, existe un nivel o un estrato, superior y a la vez más profundo de reconciliación. Se trata de la reconciliación con Dios. Que no va ni antes ni después de los niveles a que acabamos de referirnos, sino que forma parte intrínseca de la misma «dialéctica» o proceso de reconciliación integral. Si, como decíamos antes, la reconciliación es, en primera instancia, obra y primicia de Dios, no podemos prescindir de la dinámica de relación reconciliadora hombre/Dios. Y se da la misma interacción: cuando yo me auto-reconcilio, me reconcilio con los hermanos, y «por eso» me reconcilio con Dios. Cuando yo soy agente de reconciliación en mi entorno, en mi ambiente, en mi tiempo, en mi país, me reconcilio conmigo mismo y a la vez, y «por eso», me reconcilio con Dios. Dicho con otras palabras: Dios no es ajeno a ningún proceso, aunque sea mera intención, de reconciliación. En este sentido, Dios es parte de nuestra Historia, actor de la misma, parte integrante de la misma, protagonista ineludible, respetuoso espectador/actor de los pasos y los retrocesos que damos los hombres en la construcción de nuestro mundo. Por eso le llamamos «Señor de la Historia», porque sin intervenir de forma tal que elimine la libertad y la responsabilidad del pensamiento y de la acción humanos, contamos con su «presencialidad activa» en nuestra historia, sin forzarla, sin inclinar la balanza hacia ninguna parte, respetando elegantemente las acciones y omisiones humanas, la gracia aceptada y el pecado libremente perpetrado por sus hijos. En definitiva, no hay dos historias: una profana y otra sacra, sólo existe una misma y única historia, que es historia de Salvación y que se hace más palpable cuando el hombre, en nuestro caso el hombre cubano, acepta la presencia reconciliadora de Dios en el proceso dialéctico de reconciliación y no hace caso omiso de su responsabilidad histórica en la misma finalidad: lograr una tierra reconciliada y un pueblo reconciliado.

Contenido de la reconciliación.

La reconciliación, tal y como la entiende la Sagrada Escritura y la reflexión teológica, no es un concepto vacío de contenido. No es una simple pretensión inocua o neutral. No deambula por el campo del romanticismo, de una paz irenista sin base en la realidad y en la justicia. La reconciliación supone la conversión, la «metanoia», un cambio radical de actitudes, de mentalidad, de transformación paulatina pero auténtica de la urdimbre interior más profunda de los seres humanos y de las coordenadas que estructuran la sociedad.

Es por eso que la reconciliación no es sólo una palabra. Hay que pasar de la palabra al gesto, y del gesto a la acción, y de la acción a la transformación definitiva. No bastan las palabras cargadas de buena voluntad, la reconciliación supone siempre gestos evidentes de perdón y de paz. Por eso, la reconciliación es, en cierto modo, un «sacramento», en su más elemental definición: signo sensible de salvación y de gracia. Debe ser, por tanto, «significativa», en el sentido etimológico del término, «señal», «seméion», que pueda ser palpado, aprehendido, interpelante para quienes lo capten y estén dispuestos a acogerlo e incorporárselo. Nuestro mundo está aburrido de palabras sin contenido, palabras que han perdido su «significado», es decir, que han dejado de ser «signo», «señal», «seméion», «sacramento». Sólo si la reconciliación deviene «sacramento» podrá ser «eficaz» y se convertirá en esperanza henchida de vida para el futuro.

Pero la reconciliación no se contrapone con la justicia. Más bien, la supone y la necesita. Reconciliar no es olvidar ingenuamente. Este sería un arte difícil o imposible de ejercitar por los seres humanos. Queda la cicatriz, pero se «olvida» la herida, una vez sanada y saneada. Lo que no podemos pretender es eliminar incluso la cicatriz, recordemos el valor pedagógico de la misma. El perdón, que conlleva toda reconciliación, no supone un olvido ingenuo de la herida, sino un recordatorio salvífico de la cicatriz. Y esto, desde la fe, sólo puede lograrse en la perspectiva del Cristo que perdona y reconcilia: «Vete y en adelante no peques más» (Jn 8, 11).

Por ello, la reconciliación supone también el «diálogo», del que tanto hablan nuestros Obispos cubanos y el Papa Juan Pablo II. El diálogo es el camino de entendimiento entre los seres humanos, detesta la violencia y la apropiación patrimonial de la verdad. La relación dialógica es todo un arte, no una simple argucia argumental orientada a «ganar» la batalla de las ideas políticas, religiosas, económicas, etc. El diálogo nunca está dirigido al triunfo personal, sobre todo cuando va revestido de orgullo y vanidad, o no se establece como búsqueda común de la verdad. El cristiano no se siente propietario único de la totalidad de la verdad, no se identifica con ella, y por eso practica la humildad en la búsqueda común y en la aceptación de las verdades del otro, de los hallazgos, erróneos o no desde nuestra óptica, de nuestros hermanos compañeros de viaje. La humildad es, pues, ingrediente inevitable que sazona todo diálogo conducente a la reconciliación. Si llevamos presupuestos al diálogo, especialmente aquellos referidos a las actitudes más internas del otro, nuestro diálogo nace muerto, no es capaz de desarrollarse. El diálogo supone, por ende, confianza absoluta en las actitudes más profundas del otro. La actitud dialógica es comprensiva, da siempre todos los votos de confianza que sean menester en aras de un acercamiento común a la verdad.

El diálogo, además, no guarda inquinas, resentimientos, rencores, «no pasa la factura», no echa en cara al otro, aunque sea un adversario ideológico o religioso, sus ideas o posicionamientos ante los grandes temas de confrontación o discernimiento común. Por eso, la actitud dialógica, como el proceso reconciliador, suponen la «amnistía», una hermosa palabra cargada de energía positiva, que pertenece a la misma familia lingüística de «olvido» en el sentido que antes hemos explicado. La «amnistía», olvida la deuda, la condona sin ningún reato posterior, simplemente conserva la «cicatriz» en su sentido de recordatorio pedagógico del mal. Recordemos al profeta Isaías y las palabras de Jesús en la sinagoga de Nazareth (cfr. Lc. 4, 18-19). El diálogo, en definitiva, podría ser descrito con las mismas palabras y el mismo espíritu con que Pablo escribió el conocido «himno a la caridad» (1Cor 13, 1ss).

Finalmente, el diálogo debe efectuarse desde posiciones de igualdad y no de superioridad/inferioridad. Cuando un interlocutor se sabe o se siente poderoso, está inoculando en el presunto diálogo el virus de la esterilidad. Es un diálogo frustrado porque uno de los dos «dialogantes» no se pone «en la piel del otro», en su corazón y en sus ideas. Se cree prepotente y más tarde o más temprano aplica su patente de corso sobre el contenido del diálogo y sobre la persona con la cual pretendía dialogar. Todas las personas somos, pensamos, actuamos, reaccionamos de un modo específico, obedeciendo a determinadas pautas de pensamiento y comportamiento que siempre tienen «su razón de ser», son un producto natural de causas, motivaciones, experiencias personales, incluso carga genética, que preceden, explican y fundamentan un definido sistema de pensamiento, una opción religiosa (o ausencia de la misma), una forma «connatural» de acción, de donde proceden una ética y unos valores distintivos consecuentes. Entender, mejor aún, comprender, que nada ocurre «porque sí», y que nadie piensa y actúa «porque sí», sin más razones previas que explican aunque no justifiquen dichas actitudes y actos, es un elemento axial en toda teoría y praxis del diálogo.

La reconciliación, ministerio de la Iglesia en Cuba.

El concepto «ministerio», tan querido a la teología paulina, no hace referencia únicamente, –como a veces puede pensarse– al ámbito de los clérigos, ni siquiera a los conocidos como «ministerios» laicales. Por eso, los escritos del Nuevo Testamento, excepción hecha de las llamadas «cartas pastorales», cuando hablan de «ministerium» van dirigidos a las comunidades, no a sus ministros. El vocablo «ministerio» significa «servicio», y toda la Iglesia es eminentemente «ministerial», es decir, está al servicio del mundo porque la Iglesia es «protosacramento» universal de salvación, es el sacramento originario del mismo Cristo. Sin entrar aquí, lógicamente, en una descripción de la ministerialidad de la Iglesia, sí queremos resaltar algo que está patente en el Magisterio episcopal cubano: que la reconciliación es un ministerio actual y apremiante en el hoy y el aquí cubanos. Es un servicio que la Iglesia cubana quiere y debe prestar a su pueblo en este momento histórico. Los textos que trajimos a colación anteriormente en este capítulo (epígrafes 3.3 y 3.4) son una base teológico-pastoral de este aserto.

Parece innecesario insistir en el espíritu encarnacionista por el que ha optado la Iglesia cubana en los últimos decenios, reafirmado especialmente en el I° y II° ENEC y en el Plan Global de Pastoral 1997-2000. Este encarnacionismo de la Iglesia supone una inmersión real y efectiva en el grave problema de la desunión, la ruptura, la separación y el resentimiento de su pueblo. Si la Iglesia cubana no es fiel a este espíritu, al menos teóricamente asumido desde sus más altas esferas eclesiásticas, no será fiel al momento histórico que le toca vivir, y lo decimos una vez más: las generaciones venideras se lo tendrán en cuenta, del mismo modo que en estos momentos vemos con reservas la actitud de la Iglesia jerárquica en Cuba con ocasión de la Guerra de la Independencia de 1895, el Patronato Regio y tantos otros errores cometidos en nuestra historia pasada y más reciente. La Iglesia cubana está a tiempo de no perder, una vez más, el tren de la historia, y desde un espíritu teologal encarnacionista e inculturado responder a las expectativas y esperanzas de nuestra gente.

Ese espíritu reconciliador que quiere y debe asumir la Iglesia cubana debe iniciarse en sus mismas comunidades. Sería baladí empezar por otro sitio, intentar crear «esferas de reconciliación» fuera de nuestro ámbito cuando dentro de nuestras comunidades y nuestros templos, en nuestras liturgias, catequesis o reuniones pastorales, la reconciliación no pasa de ser una hermosa palabra de connotaciones bíblicas, pero por la que no optamos decidida y eficazmente. ¿Podríamos afirmar desde aquí, que efectivamente en nuestros medios eclesiales existe una auténtica y sólida actitud reconciliadora, un verdadero proceso dialógico, una clara opción –cueste lo que costare– en pro de una reconciliación que pueda abocar a un futuro más feliz y en paz entre todos los cubanos? No estoy seguro de poder afirmarlo con rotundidad. Es posible que sigan existiendo entre nuestros católicos mentalidades afincadas en el resentimiento, en el rencor, en la venganza, en la incomprensión, en la no asunción de su propia cuota de responsabilidad en el proceso histórico de nuestro pueblo. La reconciliación, decíamos antes, supone la conversión, la «metanoia», y ésta no siempre se da de un modo tan nítido y decidido. De aquí que la Iglesia debe empeñarse vivamente en ayudar a sus fieles a cambiar su mentalidad a este respecto y a ir consiguiendo una fuerte red de solidaridad, perdón y amnistía. De lo contrario, no es posible ser agentes de reconciliación, a lo máximo iremos parcheando rotos para un gran descosido, pero continuaremos metiendo vino viejo en odres nuevos.

Reconciliación «de amplio espectro».

En otros lugares de este trabajo la hemos llamado así por entender que refleja con bastante exactitud lo que queremos decir: que la reconciliación, a nuestro modo de ver, no debe identificarse con un «hacer las paces» con el Gobierno actual de la Nación, ni siquiera debe reducirse a un diálogo marxismo-cristianismo, ni tampoco a un proceso surgido exclusivamente en los últimos años con ocasión del triunfo de la Revolución Socialista en 1959. Este reduccionismo temporal y temático cercena la globalidad de la categoría bíblico-teológica encasquillándola en variantes temporales y provisorias. Así, la reconciliación perdería toda su profundidad y alcance a que nos hemos referido anteriormente, y también su historicidad por ceñirla a un arco de tiempo excesivamente limitado que tampoco explica en su totalidad la verdadera causalidad de la urgencia de la reconciliación. Siguiendo con la terminología farmacológica, la reconciliación es un antibiótico de «amplio espectro» capaz de eliminar todos los virus que han enfermado el suelo patrio y que no se han inoculado ni en los últimos tiempos ni en una sola modalidad. Reducir los «problemas» del pueblo cubano a consecuencias derivadas de un régimen político, concretamente de la Revolución Socialista, es, además de una enorme injusticia histórica un gran desatino y una ingenuidad. Ese maniqueísmo, de considerarnos «nosotros» los «buenos» y «ellos» los «malos» no sólo no contribuye a la pacificación de nuestro pueblo sino que además, insisto, incurre en una profunda injusticia y en una gran falacia histórica. Los problemas del pueblo cubano se iniciaron, quizás hiperbolizando un poco la cuestión, el día que Cristóbal Colón puso sus pies en tierras orientales de Cuba.

Este reduccionismo de la categoría y los contenidos de la reconciliación es quizás una de las limitaciones que encuentro en gran parte de la literatura eclesial al respecto. En los textos citados anteriormente podemos encontrar algunas referencias a una reconciliación más amplia, pero da la impresión de que no se ha descubierto la totalidad y la profundidad que supone una reconciliación verdadera. El Cardenal Jaime Ortega y Alamino amplía la reconciliación al ámbito de las relaciones entre cubanos que vivimos en Cuba y cubanos que viven fuera de Cuba; asimismo, la interesante ponencia del P. René David en el II Encuentro Nacional de Historia profundiza en el concepto que nos ocupa, y amplía grandemente su contenido y su proyección. Esto no obsta a que sigamos echando en falta una intelección del término más amplia, es decir, una reconciliación «de amplio espectro».

¿Cuáles son los campos del «espectro» que hemos de reconciliar, como Iglesia y como ciudadanos cubanos? Son varios, nunca adscritos a una relación marxismo-cristianismo únicamente. Así, además de una necesidad real y de una urgencia de saneamiento entre el cubano de Cuba y el cubano del extranjero, entre lo que se ha llamado el «exilio exterior» y el «exilio interior», del que se ha ocupado profusamente el Cardenal Ortega, existen también otros ámbitos del espectro, menesterosos de reconciliación. Así, existe en nuestro pueblo desde siglos pasados, una lejanía y en ocasiones una discriminación inter-racial. Ni éste es momento, ni tengo conocimientos suficientes para un análisis profundo del hecho, pero creo que es innegable, a pesar de los pasos positivos que parecen haberse dado en los últimos años, un real aunque a veces larvado distanciamiento e injusta opinión entre blancos, mulatos y negros. Aceptar el mestizaje en Cuba, es aceptar la misma realidad de Cuba, no aceptarlo es, simplemente, no aceptar el hecho etnocultural de nuestro pueblo.

Cuba, en su variopinta realidad de tipos y culturas, no puede renunciar ni mucho menos solapar, su composición africana. Nuestros hermanos africanos fueron traídos injusta, abusiva e inhumanamente a nuestras tierras en un crimen que hoy calificaríamos de «lesa humanidad»; sólo la perspectiva histórica nos hace aceptarlo y entenderlo sin dejar por eso de condenar el terrible genocidio que supuso la esclavitud en América Latina, y por tanto en Cuba, desde el siglo XVI hasta el siglo pasado. Con los esclavos africanos llegó también un número amplio de culturas y de religiones. Todos sabemos cómo tuvieron que vivir su fe aquellos esclavos en medio de un Catolicismo férreo y exclusivista que no entendía otro modo de ser religioso que no fuera el cristiano. Nuestros esclavos tuvieron que «camuflar» su fe sincretizándola con la religión del opresor más poderoso. De ahí surgieron las religiones sincréticas de origen africano que pueblan el amplio panteón de las religiones en Cuba. Pues bien, éste es otro campo a reconciliar, que no significa nunca unificar, convencer, anular, sino simple y llanamente reconciliar en el sentido que venimos dando al término. Aquí también podemos preguntarnos: ¿qué grado de conocimiento, cercanía, empatía, respeto, admiración, solidaridad, tenemos los católicos de nuestras Comunidades con nuestros hermanos de las religiones sincréticas africanas que existen precisamente como consecuencia de la intransigencia histórica del catolicismo de los siglos pasados? ¿No debemos sentirnos corresponsables de estos sectores que, por otra parte, ocupan la mayoría del amplio y variado espectro religioso cubano? Estas religiones sincréticas, con tantos puntos de contacto con nuestro Catolicismo como su mismo nombre indica, nos exigen actitudes cristianas profundas de reconciliación y respeto. Y poco se oye hablar de esto en nuestros medios eclesiales.

Otro campo del amplio espectro susceptible de ser reconciliado es el campo de las relaciones ecuménicas entre las Iglesias cristianas. La unidad de las Iglesias no es algo optativo, que podemos afrontar o no, que puede dejarnos inermes o por el contrario llevarnos a establecer vínculos de fraternidad, diálogo y cercanía. En otra parte de este trabajo hablamos más ampliamente de este aspecto, baste señalar aquí que el ecumenismo, las relaciones entre las Iglesias que seguimos a Cristo, es otro frente a reconciliar, otro campo en que hemos de trabajar si queremos que «todo quede consumado en Cristo».

En el último capítulo de este trabajo, donde intentaremos esbozar un modelo de Iglesia cubana para el Tercer Milenio, retomaremos estos puntos como «retos» ineludibles de la Iglesia de hoy y de mañana. Mientras tanto, retengamos solamente que estos retos o desafíos están sujetos también a una reconciliación que hemos llamado «de amplio espectro» porque entendemos que así lo quiso Cristo, hermano universal.

Hacia una praxis reconciliadora.

La reconciliación supone una praxis, como hemos dicho anteriormente. Pero esta praxis lleva consigo unos requisitos a los que de algún modo nos hemos venido refiriendo ya. Sin ánimo de reincidir en lo ya dicho, parece importante que los católicos estemos abiertos a un nuevo modo de entender nuestra fe y a un estilo y un modelo de Iglesia claramente inclinada hacia la reconciliación; se precisa sacudirnos todo prejuicio que impide un acercamiento recíproco y auténtico, así como la eliminación de todo estereotipo histórico que invalide dicha aproximación.

Estamos conmemorando en la Iglesia Católica, el Gran Jubileo del Año 2000, año en que celebramos con «júbilo» el Misterio de la Encarnación del Verbo en la Historia, el culmen de la Revelación de Dios a los hombres. Se trata de un «tiempo fuerte», de un tiempo abierto en la esperanza a un mundo mejor, a un futuro más denso de amor y fraternidad entre todos los cubanos. Un auténtico «kairós» en nuestra historia. ¿Por qué no soñar los cubanos que este «jubileo» anticipe la Reconciliación definitiva, escrita con mayúscula en nuestra propia vida y en nuestro propio pueblo? La reconciliación es «un bien arduo» que sólo se completará en el «eschatón» definitivo de la Historia. Pero esto nunca nos exime de trabajar por anticipar «esos cielos nuevos y tierras nuevas» de que nos habla el libro del Apocalipsis (21, 1). La reconciliación es «lo que hay que hacer ahora», prácticamente «lo más importante que hay que hacer ahora».

TEOLOGÍA «EN CLAVE DE ESPERANZA»

La *esperanza* es una virtud teologal, lo que hace de ella una categoría teológica –juntamente con la fe y la caridad– raigal en toda vida cristiana y en toda reflexión teológica de todos los tiempos y todas las geografías. Aceptado esto tan elemental, la virtud teologal de la esperanza encuentra en Cuba un «caldo de cultivo» especialmente adecuado. Juntamente con la «reconciliación» es posiblemente la dimensión teológica más básica y más empleada en el Magisterio del Santo Padre en su Visita a Cuba donde se presentó precisamente como *«mensajero de la esperanza»*, así como de los obispos cubanos en las últimas décadas. Y no es, ciertamente, un artilugio o una recurrencia amañada u oportunista, es un auténtico «locus theologicus» originado no en mentes teóricas o en teólogos –o eclesiásticos– funcionarios del laboratorio o de la alquimia teológica desentrañada del pueblo; todo lo contrario, el llamamiento y la pretensión de la virtud de la *esperanza* como una de las piedras axiales de la vida, y por ende de la reflexión teológica en Cuba, responde al descubrimiento de una necesidad histórica inscrita, vivida y padecida en el corazón de la sociedad cubana. La Iglesia cubana lo sabe como consecuencia de su conocimiento y su inserción en las entrañas de su pueblo, y por eso, llama a la *esperanza*, estimula e incita a sus creyentes –y por qué no– a todo el pueblo a vivir una vida esperanzada y esperanzadora.

Por eso, no es ningún descubrimiento ni ninguna novedad, decir que la que llamamos «teología cubana» pasa inevitablemente, vertebrándose, por la *clave de la esperanza*, como uno de sus ejes y bases insoslayables. Es amplio, como veremos más adelante, el magisterio de obispos, sacerdotes, religiosos/as y laicos, al respecto, no sólo a nivel de literatura, sino –qué duda cabe– a nivel de magisterio oral.

Como simple muestra de este magisterio de nuestra Iglesia, fundado, orientado y transido de esperanza, son estas palabras –entre otras– del Cardenal cubano:

> *Cuando el corazón humano late con amor genera la esperanza y ¡cómo necesita hoy nuestro pueblo la esperanza! Hace falta henchir el alma de amor para que haya esperanza pues ésta busca espacios abiertos y grandes y no puede anidar en los corazones empequeñecidos por la queja o el rencor.*
>
> *Una y otra vez en estas últimas décadas muchos cubanos han sentido cerrarse las puertas de la esperanza y no hallaron para sí y*

para sus familias otra salida a sus angustias, si no ir a instalarse fuera de nuestro país. Esta sigue siendo hoy para no pocos hermanos nuestros, su única esperanza. Esto es también un dolor de la Patria y de la Iglesia...

La Iglesia Católica está llamada especialmente en Cuba a testimoniar la esperanza cristiana y a sembrarla en el corazón de los cubanos. No podemos fallarle a Cristo Jesús en esta hora de gracia (Card. Jaime Ortega, Homilía en Pinar del Río, 28 de febrero de 1995. Los subrayados son míos).

La *esperanza* es una dimensión eclesial que en los últimos decenios ha adquirido «protagonismo» entre las virtudes cristianas en todo el mundo. Aquellas palabras de *Péguy* que la llamaba la «pequeña virtud», la cenicienta entre otras, parecen haber perdido actualidad. Nuestro mundo está ayuno de esperanza y de visión utópica de futuro en lo que se ha llamado el «ocaso de las ideologías»; surge esta virtud como un reclamo y una necesidad para todos los seres humanos.

Especialmente a finales de la década de los 60 surge un movimiento teológico, sobre todo de corte protestante, que gira en torno a esta categoría teológica. Emerge entonces la llamada *«Teología de la esperanza»*, a partir de la obra del mismo título de *Jürgen Moltmann*, publicada en castellano en Salamanca en 1969 (Ed. Sígueme). Junto a él, filósofos como *Pedro Laín Entralgo* («La espera y la esperanza», Madrid 1958), *Gabriel Marcel* («Homo Viator», París 1944), *Gómez Caffarena* («Metafísica Fundamental», Madrid 1969) y sobre todo *Ernst Bloch,* que desde una perspectiva marxista introduce la *esperanza* como médula de su reflexión filosófica a partir de su obra fundamental «El Principio Esperanza», publicada por vez primera en 1959 y en castellano en 1971 (Salamanca, Ed. Sígueme). La actividad teológica centrada en la esperanza, aparte de *Moltmann,* contó con autores de la talla de *Wolfgang Pannenberg* («Fundamentos de Cristología», Salamanca 1974 y «Revelación como historia», obra colectiva publicada en Salamanca 1977), *J. B. Metz* («Teología del Mundo», Salamanca 1970) y los grandes teólogos católicos *Karl Rahner* y *Hans Urs von Balthasar*. También, desde la teología latinoamericana de la liberación, han hecho su aporte teólogos como *Leonardo Boff, Gustavo Gutiérrez, Ignacio Ellacuría, Jon Sobrino, Juan Luis Segundo,* etc. A todos ellos habrá que acudir para una fundamentación teológica y bíblica de la *esperanza.* Todos ellos piensan desde la clave de futuro. El hombre es más proyecto y profecía que memoria por otra parte irrenunciable en la mayoría de estos filósofos y teólogos.

Obviamente, ni nuestra preparación ni nuestra intencionalidad es presentar aquí una filosofía y/o una teología de la esperanza, simplemente resaltar en esta inédita «teología cubana», las que considero líneas fundantes de la misma.

Como en los aspectos anteriores, hagamos un bosquejo de lo que nos dice la Sagrada Escritura sobre la esperanza.

La esperanza en la Biblia

Para el judío del Antiguo Testamento, la *esperanza* era algo importante: su religión se basaba en una Alianza que suponía unas promesas por parte de Dios: la *esperanza* era la expectación del cumplimiento de ese bien futuro prometido por Dios. Se esperaba en la protección y la bendición de ese Dios. Antes de la entrada en Canaán, el objeto de la esperanza, aquello que se esperaba, era sobre todo, la conquista y posesión de esa tierra prometida. Conseguida esa promesa, la *esperanza* va a adquirir unos aspectos más amplios, diríamos más «espirituales»: se espera la liberación de todo mal y de una era feliz, duradera. Los profetas, que llaman siempre a la conversión y el arrepentimiento del pueblo, son siempre, no obstante, mensajeros y testigos de la *esperanza* en la restauración de Israel, o al menos, de un «resto» fiel, así Jer 31, 31-34; 32, 38 ss, Ez 16, 59 ss o Is 55, 3; 49, 8; 61, 8.

A partir de esta «nueva Alianza», la *esperanza* veterotestamentaria va adquiriendo tintes escatológicos que cada vez se irán afirmando más a través de toda la Revelación bíblica y fijarán definitivamente la esperanza con un objeto claramente teologal: Dios será el «objetivo» de lo que se espera. El hombre piadoso puede llamar a Yahvéh su *esperanza*: «¡Bendito quien confía en el Señor y busca en Él su apoyo!» (Jer 17, 7; cfr. Sal 61, 4; 71, 4, etc.).

¿Quién es el sujeto de la *esperanza*? En el Antiguo Testamento, sobre todo lo es el oprimido, el pobre, el menesteroso, el que espera en su precariedad, con confianza, la ayuda de Yahvéh (por ejemplo, Sal 13, 6; 33, 18; 119, 81, etc.). El pecador arrepentido es otro «sujeto de *esperanza*» cuando reconoce su culpa, su abyección y su incapacidad personal para llegar a Dios (Sal 130, 1-8; 51, 9, etc.).

En el judaísmo posterior se esperan también la inmortalidad (Sal 3, 4) y la resurrección de los muertos (c Mac 7, 11).

Sin embargo, en el Antiguo Testamento, la *esperanza* no representa una dimensión tan esencial como en el Nuevo Testamento.

> *La idea de esperanza, en el Antiguo Testamento, no es tan estrecha como la nuestra... sobre todo en los LXX, la esperanza va unida a la confianza, se mantiene con la expectativa de la fidelidad de Yahvéh, aunque no falta el momento de la incertidumbre, esencial a la esperanza, pues el que espera se somete totalmente a la misteriosa voluntad divina y sabe que se le prueba por mucho tiempo y que Dios no está forzosamente obligado a obrar. (Johannes B. Bauer,*

«Diccionario de Teología Bíblica», Ed. Herder, Barcelona 1967, pág. 331).

Es en el Nuevo Testamento, especialmente en San Pablo, donde encontramos un mayor y definitivo desarrollo bíblico-teológico de la revelación de la virtud teologal de la *esperanza*. Aparece como confianza en Dios, es en Él en quién nos refugiamos, quien nos concede la vida y la salvación. Se trata de una inconmovible confianza en Dios (Rom 15, 12; 1Cor 15, 19, etc.). Jesús promete el Reinado de Dios principalmente a los humildes, a los perseguidos, a los pobres (Mt 5, 3-12; Lc 6, 21-26); en las bienaventuranzas, Jesús les promete la realización de su *esperanza*.

Pero, como decimos, es San Pablo quien más profundiza en una teología de la esperanza cristiana. Los textos centrales son: Rom 5, 5-11 y 8, 31-39, así como 1Tes 2, 16 y Ef 1, 4.6; 2, 4-6.

> *Sabemos bien que hasta el presente la humanidad entera sigue lanzando un gemido universal con los dolores de su parto. Más aún: incluso nosotros, que poseemos el Espíritu como primicia, gemimos en lo íntimo a la espera de la plena condición de hijos, del rescate de nuestro ser, pues con esta esperanza nos salvaron. Ahora bien, la esperanza de lo que se ve ya no es esperanza; ¿quién espera lo que ya ve? En cambio, si esperamos algo que no vemos, necesitamos constancia para aguardar (Rom 8, 22-25).*

Se trata de una esperanza «de lo que no se ve», una *esperanza* que atañe a toda la humanidad y que tiene una amplitud cósmica, universal, que trasciende los límites no sólo de una individualidad sino incluso de un colectivo o comunidad. Es toda la Creación que gime *«con los dolores de su parto»*, todo el Universo el que está a la expectativa de una salvación ya prometida y realizada a la vez *«in persona Christi»*. Esperanza pues, que supone una gran confianza (1Cor 15, 19; 2Cor 1, 10; 3, 12; Flp 1, 20) y una espera paciente (Rom 5, 4ss; 1Tes 1, 3).

La *esperanza* no está referida únicamente a los bienes futuros, sino también a la presencialidad y actualidad de los bienes del Reino. El cristiano espera el Reino de Dios, la parusía, la resurrección y en definitiva la gloria futura, pero esto no le exime de trabajar en la construcción del Reinado de Dios, es decir, en la construcción de una sociedad más justa, más libre, más fraterna. Y esta acción está transida de *esperanza* cristiana que tiende a la consumación de la escatología ya realizada.

El fundamento de la *esperanza* cristiana es el mismo Cristo. En la encarnación del Verbo alcanza la salvación su punto culminante que se realiza definitivamente en la muerte y Resurrección de Jesucristo.

En la encarnación, muerte y resurrección del Hijo de Dios, que son a la vez el cumplimiento supremo del amor de Dios hacia nosotros y la incorporación de nuestro destino en el de Cristo tiene la esperanza cristiana su fundamento inquebrantable («Juan Alfaro», Esperanza Cristiana y liberación del hombre, Ed. Herder, Barcelona 1972, pág. 37).

Por eso la *esperanza* del cristiano –como recordaremos más adelante– no está ni necesaria ni primariamente basada en los «signos esperanzadores» del decurrir inmanente de la historia. No se origina ni se afinca en los éxitos personales o sociales, ni en los acontecimientos aciagos o pretendidamente beneficiosos según nuestra mutable interpretación de los mismos; no se apoya en lo que opinamos necesario o provechoso, ni se alimenta de palabras, actitudes o hechos de personas concretas aunque sean testigos y mensajeros de la *esperanza*. Esto sería un espejismo, un ilusionismo irremisiblemente proyectado hacia el fracaso y la frustración. No es en los hechos ni en los personajes donde se basamenta nuestra *esperanza*, aunque no sea ocioso ni irrenunciable conocerlos, escudriñarlos y discernirlos para fortalecer «nuestra fe en la *esperanza*». El cristiano debe descubrir e interpretar los signos de la realidad que le hablen o le musiten al menos, «pequeñas razones» para la *esperanza*, pero es sólo en Cristo muerto y resucitado, donde en último término se edifica nuestra «gran» *esperanza*.

Nuestra esperanza tiene un nombre: Jesucristo. Se funda en un hecho: su resurrección. Todo lo que se encierra en la esperanza del cristiano, capaz de «esperar contra toda esperanza», nace del crucificado que ha sido resucitado por Dios. El «principio-esperanza» del cristiano, su fundamento, su principium, en ese acontecimiento y en la historia de esperanza abierta por Él. Sólo desde Cristo resucitado se nos revela el futuro último que podemos esperar para la humanidad, el camino que puede llevar al hombre a su verdadera plenitud y la garantía última ante el fracaso, la injusticia y la muerte (José A. Pagola, «Esperar: creatividad enraizada, frente a nihilismo fatigado», en Revista Sal Terrae, Santander, abril 1993, No. 956, pág 267).

Así pues, en la teología paulina de la *esperanza*, el misterio de Cristo muerto y resucitado da sentido y razón de ser a la *esperanza*. Pero este acto humano de esperanza, incluye para Pablo, diversos aspectos unidos entre sí; así la espera de la salvación futura, la confianza en la promesa de Dios por Cristo, la paciencia perseverante que no cede ante los problemas, la «demora» en la culminación de quien se espera, la audacia del espíritu y la libertad de quien se gloría únicamente en la salvación de Cristo. La *esperanza* lo es en Dios a través de Cristo. Es El quien salva y es en El en quien esperamos confiadamente.

> *El acto de esperanza implica, pues, indivisiblemente el abandono radical de nosotros mismos al amor misericordioso de Dios como garantía única de nuestra salvación y el reconocimiento (no ya pensado, sino vivido) de nuestra impotencia para salvarnos. Es una decisión radical de captación honda y dolorosa de nuestra situación concreta de pecadores, y de entrega suplicante del corazón al amor de Dios que perdona y salva (Juan Alfaro, Op. cit., pág. 41).*

Ese abandono en Dios, único dador de esperanza, no significa quietismo, ni pasividad, ni mucho menos renuncia a una «lucha contemplativa» hasta que Dios sea «todo en todos» (cfr. 1Cor 15, 28). Supone más bien, una profunda confianza y lleva a una gran alegría. Pablo nos insta a vivir así: «Como buenos hermanos, sean cariñosos unos con otros, rivalizando en la estima mutua. En la actividad no se echen atrás; en el espíritu manténganse fervientes, siempre al servicio del Señor. Que la esperanza les tenga alegres, sean enteros en las dificultades y asiduos a la oración; háganse solidarios de las necesidades de los consagrados; esmérense en la hospitalidad» (Rom 12, 10-13).

En conclusión, para San Pablo, y por tanto, en toda la Palabra de Dios, Cristo se presenta como *«nuestra esperanza»* (1Tim 1, 1); Dios es para nosotros *«el Dios de la esperanza»* (Rom 15, 13); por eso, la esperanza que brota de Cristo resucitado puede mantenerse y crecer *»contra toda esperanza»* (Rom 4, 18).

La esperanza en la Visita Pastoral de Juan Pablo II a Cuba, enero 1998.

> *Juan Pablo II nos habló en su visita a nuestro País 31 veces de la esperanza... La primera fue cuando sobrevolaba nuestras tierras dirigiéndose a nosotros los pinareños; en un especial saludo nos dijo: 'Les animo a perseverar en su opción de fe, su esperanza viva y su caridad solícita'. La última mención de la esperanza, cuando se despedía ya en el aeropuerto y nos dijo: 'Construyan el futuro de su Patria con ilusión, guiados por la luz de la fe, con el vigor de la esperanza, y la generosidad del amor fraterno'. (Mons. José Siro González Bacallao, Misa en honor de la Virgen de la Caridad, Pinar del*

Río, 8 de septiembre de 1998 en Rev. «Vitral», Año V, No. 27, sep/oct. 1998, pág. 6).

Estas palabras del Obispo de Pinar del Río nos sirven de introducción a este apartado sobre la presencia del concepto de *esperanza* en el magisterio del Papa en Cuba. El obispo pinareño recabó 31 citas sobre la categoría que nos ocupa: amplia profusión, pues, a quien vino a Cuba precisamente como *Mensajero de la esperanza*. Intentaremos, sin agotar las fuentes nutricias del Viaje Papal, acercarnos al mensaje que entrañan sus palabras.

Pero hay que remontarse a un mes atrás para encontrar ya entonces, en el Mensaje de Navidad, un llamamiento del Papa a la *esperanza*, como quien va poniendo la primera piedra del robusto edificio magisterial y pastoral de su doctrina en Cuba: *«En esta Navidad del Señor de 1997 deseo animarles a la esperanza, viviendo en la verdad de Cristo«* (Juan Pablo II, Mensaje de Navidad, Vaticano 20 de diciembre de 1997, No. 3).

Quisiera que todos los cubanos pudieran vivir este día tan entrañable animados por la esperanza. Pues sin ella se apaga el entusiasmo, decae la creatividad y mengua la aspiración hacia los más altos y nobles valores (Juan Pablo II, Ibid. No. 2).

El primer núcleo de textos papales en torno a la esperanza hace referencia a su propio viaje apostólico. El Papa es consciente, al igual que el pueblo cubano, de las expectativas y esperanzas que suscita su visita a Cuba. Ya en el Mensaje del mes anterior a propósito de la Navidad, antes citado, hace referencia a estas «Esperanzas legítimas que ha suscitado mi peregrinación a su Isla» (Ibid, No. 4).

El Papa ve su propio viaje con *esperanza*, tiene *esperanza* de que no será una visita baldía, que sus palabras no se las llevará el viento, que no caerán en saco roto, que muy por el contrario, servirán para acrisolar el edificio de la reconciliación y el progreso del pueblo cubano. La *esperanza* que nos trae el Papa va orientada al bien concreto de todos los cubanos. Son varias las citas relacionadas con la esperanza que supone este Viaje. Transcribimos sólo algunas: *«Me llena de satisfacción visitar esta Nación, estar entre ustedes y poder compartir así unas jornadas llenas de fe, de esperanza y de amor»* (Juan Pablo II, Palabras a su llegada al Aeropuerto Internacional «José Martí», Ceremonia de llegada, La Habana, 21 de enero de 1998, No. 1); *«Con este Viaje apostólico vengo, en nombre del Señor, para confirmarlos en la fe, animarlos en la esperanza, alentarlos en la caridad». (Ibid, No. 3).*

Son prácticamente sus primeras palabras en la Ceremonia de llegada al Aeropuerto habanero. Ya aquí sienta las bases, los objetivos de su viaje, las «reglas de juego». El Papa no viene con otra misión que no sea pastoral, por eso acude con insistencia a las virtudes teologales que fundamentan dicha praxis apostólica. Él viene «en el nombre del Señor», no en el suyo propio, ni siquiera preferentemente como jefe del pequeño Estado del Vaticano, aunque fuera recibido con tales honores por las más altas autoridades del país.

Cuatro veces aparece ya en estas primeras palabras el concepto teológico, la virtud de la *esperanza*, lo que sienta ya un precedente de la capitalidad que concede el Papa al término teológico que nos ocupa como una de las «claves» del horizonte teologal cubano. «Animar la esperanza» del pueblo cubano es, pues, uno de los objetivos más precisos de su Viaje. Eso le pidieron los obispos cubanos en sus palabras de bienvenida a sus Diócesis y eso le pidió todo el pueblo de Cuba. El Papa lo sabía y por eso y para eso vino a nuestro archipiélago del Caribe.

> *He venido a Cuba, como mensajero de la verdad y la esperanza, para traerles la Buena Noticia... sólo el amor puede iluminar la noche de la soledad humana; sólo él es capaz de confortar la esperanza de los hombres en la búsqueda de la felicidad. (Juan Pablo II, «Mensaje a los jóvenes cubanos», Camagüey 23 de enero de 1998, No. 1).*

Estas palabras dirigidas a los jóvenes, confirman el contenido de su Viaje: la *esperanza* confortada y asentada sobre el amor de Dios *«manifestado en Cristo Jesús, Señor nuestro»*, utilizando la cita paulina que empleó el Papa (Rom 8, 39).

Era como su «tarjeta de visita», en todos los lugares de la geografía cubana donde el Papa estuvo y habló. Prácticamente las mismas palabras encontramos en su visita a «El Rincón».

> *Vengo como peregrino de la verdad y la esperanza a este Santuario de San Lázaro, como testigo, en la propia carne, del significado y el valor que tiene el sufrimiento cuando se acoge acercándose confiadamente a Dios, rico en misericordia (Juan Pablo II, Mensaje pronunciado en el Encuentro con el mundo del dolor en el Santuario de San Lázaro en «El Rincón», La Habana 24 de enero de 1998, No. 2).*
>
> *He venido a este País como mensajero de la esperanza y de la verdad, para dar aliento y confirmar en la fe a los Pastores y fieles de las diversas Diócesis de esta Nación (cfr. Lc 22, 32). (Juan Pablo II, Mensaje en el Encuentro Ecuménico en la Nunciatura Apostólica, La Habana 25 de enero de 1998, No. 1).*
>
> *Al estar entre ustedes quiero darles la buena noticia de la esperanza en Dios (Juan Pablo II, Homilía en la Plaza José Martí, La Habana 25 de enero de 1998, No. 3).*

> *Estoy en medio de ustedes como Mensajero de la verdad y la esperanza (Ibid, No. 8).*
>
> *He venido como mensajero de la verdad y la esperanza, a confirmarlos en la fe y dejarles un Mensaje de paz y reconciliación en Cristo (Juan Pablo II, Mensaje en la Ceremonia de despedida. Aeropuerto Internacional «José Martí», La Habana 25 de enero de 1998, No. 3).*

Este acopio de citas papales, ciertamente no exhaustivo, demuestra la intencionalidad del Papa de «animar en la *esperanza*» a todos los cubanos.

Esta especie de «carta de presentación», reiterada hasta la saciedad en prácticamente todas sus intervenciones, se va a desglosar en un desarrollo del contenido de la *esperanza*. La *esperanza* es posible, nos dirá el Papa, porque se asienta en Dios y en *«Jesucristo, nuestra esperanza»*. Es una esperanza en un futuro mejor, en un futuro nuevo, no una esperanza reducida al «éschaton» final, sino presente ya y lanzada a un futuro intrahistórico; nada más lejos en la teología y en la mente del Papa que una *esperanza* confundida con un premio *post mortem*, con una vida ciertamente más plena y feliz pero reservada al «más allá». La *esperanza*, de la que es mensajero, es una *esperanza* para el hoy y el mañana del pueblo cubano, no una utopía inalcanzable para nuestra sociedad actual. Los textos que enlazan *esperanza* con futuro, se repiten en muchas de sus Homilías y discursos, recorren, como las palmas reales, toda la «geografía» magisterial de Juan Pablo II en Cuba. Veamos algunos de estos textos, comenzando por unas de entre sus palabras, más citadas en todas partes:

> *Que Cuba se abra con todas sus magníficas posibilidades al mundo y que el mundo se abra a Cuba, para que este pueblo, que como todo hombre y nación busca la verdad, que trabaja por salir adelante, que anhela la concordia y la paz, pueda mirar el futuro con esperanza. (Juan Pablo II, «Palabras a su llegada al Aeropuerto Internacional 'José Martí'». Ceremonia de llegada. La Habana, 21 de enero de 1998, No. 5).*
>
> *Hoy vengo a compartir con ustedes mi convicción profunda de que el Mensaje del Evangelio conduce al amor, a la entrega al sacrificio y al perdón, de modo que si un pueblo recorre este camino es un pueblo con esperanza de un futuro mejor. (Ibid., No. 4).*
>
> *La Iglesia es maestra en humanidad. Por eso, frente a estos sistemas, presenta la cultura del amor y de la vida, devolviendo a la humanidad la esperanza en el poder transformador del amor vivido en la unidad querida por Cristo (Juan Pablo II, Homilía en la Plaza «José Martí», La Habana, 25 de enero de 1998, No. 5).*

Al final de estas reflexiones quiero asegurarles que regreso a Roma con mucha esperanza en el futuro, viendo la vitalidad de esta Iglesia local. (Juan Pablo II, Mensaje en el Encuentro con la COCC, La Habana, 25 de enero de 1998, No. 7).

Pero quizá el texto más programático de la conexión esperanza/futuro se encuentra en este mismo Mensaje inmediatamente citado cuando el Papa hace referencia a la importancia histórica de la Iglesia cubana en estos momentos y a su responsabilidad en el »ministerio de la esperanza«. Así dice el Papa a los Obispos cubanos:

«Las circunstancias para la acción de la Iglesia han ido cambiando progresivamente, y esto inspira esperanza creciente para el futuro... Muchas son las expectativas y grande es la confianza que el pueblo cubano ha depositado en la Iglesia como he podido comprobar en estos días... Ustedes, queridos hermanos, permaneciendo al lado de todos, son testigos privilegiados de esa esperanza del pueblo, muchos de cuyos miembros creen verdaderamente en Cristo, Hijo de Dios, y creen en su Iglesia, que ha permanecido fiel aun en medio de no pocas dificultades». (Ibid, No. 2).

El Papa reconoce «carta de ciudadanía» a la Iglesia cubana en estos momentos. Ha detectado, y lo dice con claridad, que un gran sector de nuestra sociedad ha puesto su *esperanza* en la Iglesia católica cubana. De aquí nuestra responsabilidad por animar esa *esperanza* y por no defraudarla. Uno de los motivos de esa *esperanza* que el pueblo cubano concede a su Iglesia nace de su credibilidad social actual de quien *«ha permanecido fiel aun en medio de no pocas dificultades»*. La fidelidad de la Iglesia católica cubana parece fuera de dudas históricas, y no ha sido otra que fidelidad a Cristo muerto y resucitado. Aquella fidelidad es el cimiento de esta credibilidad y esta *esperanza* de fines de siglo. Traicionar estos motivos de esperanza sería traicionar también tantos años *«compartiendo los gozos y esperanzas, los anhelos y aspiraciones de esta porción del Pueblo de Dios que peregrina en estas tierras»* (Ibid., No. 1).

¿A quién se dirige el Papa en Cuba cuando habla de la *esperanza*? Obviamente, a todos los cubanos; sin embargo, sobresalen unos destinatarios «privilegiados»: los jóvenes. Es a ellos a quienes más se dirige de un modo específico Juan Pablo II. Recuerda aquellas palabras de *José Martí*: «los niños son la esperanza del mundo». Los jóvenes, para el Papa, son la esperanza de la Iglesia y de Cuba. De todos es conocido el interés y la preocupación de *Karol Wojtyla* por la juventud, sus múltiples encuentros con ellos en todo el mundo, la alegría y el entusiasmo que los jóvenes despiertan en este ya anciano Papa. Lo vimos en Camagüey, el Papa «se rejuveneció» en contacto con los jóvenes. El sabe que la fuerza y el dinamismo de los jóvenes es esencial para la Iglesia, así se lo hizo saber a los muchachos cubanos en el Mensaje que les dejó escrito en Camagüey.

> *Los ojos (de Cristo), llenos de ternura, se fijan también hoy en el rostro de la juventud cubana. Y yo, en su nombre, los abrazo, reconociendo en ustedes la esperanza viva de la Iglesia y de la Patria cubana (Juan Pablo II, «Mensaje a los jóvenes cubanos», Camagüey, 23 de enero de 1998, No. 1).*
>
> *De corazón me dirijo a ustedes, queridos jóvenes cubanos, esperanza de la Iglesia y de la Patria, presentándoles a Cristo, para que le reconozcan y le sigan con total decisión. (Juan Pablo II, «Homilía en la Plaza 'Ignacio Agramonte'», Camagüey, 23 de enero de 1998, No. 2).*

En el Aula Magna de La Habana, el Papa también se refirió al binomio juventud/esperanza citando al P. Félix Varela, cuando terminó su Mensaje con estas palabras:

> *Para ello me permito poner de nuevo en las manos de la juventud cubana aquel legado, siempre necesario y siempre actual, del Padre de la cultura cubana; aquella misión que el Padre Varela encomendó a sus discípulos: 'Diles que ellos son la dulce esperanza de la patria y que no hay patria sin virtud, ni virtud con impiedad'. (Juan Pablo II, Mensaje en el Aula Magna de la Universidad de La Habana en el Encuentro con el mundo de la Cultura, La Habana 23 de enero de 1998, No. 6).*

El Papa dirige también su mensaje de *esperanza* a obispos, sacerdotes, religiosos/as cubanos cuando les dice: «No pierdan la esperanza ante la falta de medios materiales para la misión, ni por la escasez de recursos, que hace sufrir a gran parte de este pueblo» (Juan Pablo II, Mensaje en el Encuentro con el clero, religiosos, religiosas, seminaristas y laicos comprometidos en la Catedral de La Habana, La Habana, 25 de enero de 1998, No. 3).

Y dirigiéndose a los seminaristas les exhorta: «Miren con esperanza el futuro en el que tendrán especiales responsabilidades. Para ello, afiancen la fidelidad a Cristo y a su Evangelio, el amor a la Iglesia, la dedicación a su pueblo». (Ibid, No. 5).

También a los laicos recuerda el Papa su compromiso bautismal vivido en la esperanza: Lo hace en el mismo Mensaje en la Catedral de La Habana: «La tarea de un laicado católico comprometido es precisamente abrir los ambientes de la cultura, la economía, la política y los medios de comunicación social para trans-

mitir, a través de los mismos, la verdad y la esperanza sobre Cristo y el hombre».
(Ibid, No. 6).

La sensibilidad pastoral de Karol Wojtyla hace que se fije y dirija su mensaje a los cubanos que viven fuera de Cuba por distintos motivos. Así, dirigiéndose a los obispos cubanos, les anima a trabajar en la reconciliación con este sector del pueblo cubano:

> *Ayúdenles, desde la predicación de los altos valores del espíritu, con la colaboración de otros Episcopados, a ser promotores de paz y concordia, de reconciliación y esperanza, a hacer efectiva la solidaridad generosa con sus hermanos cubanos más necesitados demostrando también así una profunda vinculación con su tierra de origen (Juan Pablo II, «Mensaje en el Encuentro con la COCC, »La Habana, 25 de enero de 1998, No. 5).*

Finalmente, los destinatarios específicos del «Mensajero de la esperanza» son todos los discípulos de Cristo que pertenecen a distintas iglesias y denominaciones religiosas no-cristianas. El Papa manifiesta una vez más su sensibilidad por el mundo del Ecumenismo. Así en el Encuentro Ecuménico celebrado en la Nunciatura Apostólica el Papa dijo a los representantes del Consejo de Iglesias de Cuba y de diversas confesiones cristianas así como de algunos exponentes de la comunidad judía: «La intensa dedicación a la causa de la unidad de todos los cristianos es uno de los signos de esperanza presentes en este final de siglo» (Juan Pablo II, «Mensaje en el Encuentro Ecuménico en la Nunciatura Apostólica», La Habana 25 de enero de 1998, No. 3).

Y otras referencias a la esperanza en la unidad hizo el Papa en el rezo del «Angelus Domini» en la Plaza «José Martí» el mismo último día de su estancia en Cuba.

María, la Virgen Madre de Dios ocupa también un lugar destacado en las palabras del Papa con relación a la virtud de la esperanza. A ella la llama «Nuestra Señora de la Esperanza» (Encuentro con el Mundo del dolor, No. 5) y «signo de esperanza» (Homilía en Santiago de Cuba, No. 6); en ella confía «los anhelos y esperanzas de este noble pueblo» («Angelus Domini» en La Habana, No. 3 y «Mensaje a los miembros de la COCC», No. 7).

La esperanza en el Magisterio de los Obispos cubanos.

Recorrer todo el Magisterio de nuestros obispos a partir de 1914, fecha del primer documento episcopal de la recopilación publicada bajo el título «La Voz de la Iglesia en Cuba», tantas veces citada en este trabajo, tras el rastro del concepto «*esperanza*» sería un trabajo ímprobo aunque no por eso inútil. Qué duda cabe, empero, que implícita o explícitamente, el espíritu de *esperanza* empapa todos los documentos del Magisterio cubano, incluso o principalmente, en los momentos más difíciles y delicados por los que ha pasado nuestra Patria. No podemos hacer aquí esa relación tan exhaustiva, simplemente dejar constancia de la actitud esperanzada y esperanzadora presente en la palabra episcopal.

Mensaje de Navidad de 1989

Ya cercano a nuestros días encontramos una exhortación episcopal a los jóvenes cubanos animándoles en la esperanza. Los Obispos cubanos saben, como *Martí*, que los niños y los jóvenes son la *esperanza* del mundo, la *esperanza* de Cuba. Así, en el Mensaje de Navidad de 1989, dicen los Obispos:

> *La esperanza crecerá y se rejuvenecerá también si los mayores confiamos más en los jóvenes, parte considerable del pueblo, a los que, con gran sacrificio, nuestra nación pobre, ha querido capacitar en los diversos campos intelectuales, técnicos, y culturales. Son estos jóvenes precisamente, los que deben medir, criticar y transformar nuestra realidad, renovándola también con su nueva visión y sus exigencias. Un pueblo siempre podrá tener esperanza en la medida en que no tema al aporte de sus propios jóvenes, los escuche libremente, se deje interpelar por ellos y los haga cada vez más responsables del bien común. (Obispos cubanos, «La Voz de la Iglesia en Cuba», pág. 351)*

Llamamiento a la esperanza. Mons. Meurice, septiembre 1993.

En el conflictivo año 1993, el Arzobispo de Santiago de Cuba hace otro llamamiento a la *esperanza*. Recuerda que la *esperanza* no es una droga, un tranquilizante en los momentos de dificultad o de depresión. La situación socioeconómica del país es delicada después de la inesperada caída de la URSS en los 90, que sume al pueblo cubano en un «período especial» aparentemente indefinido.

Estas son las palabras del Primado de la Iglesia cubana:

> *La esperanza, la esperanza, el don de la esperanza que viene de Dios no es una droga que se le da al creyente para que aguante aquí en este mundo mientras va a gozar y llega al mundo de allá. La esperanza en este mundo es una mujer preñada que se llama María y está llena de esperanza pero que tuvo ella que entregarse a eso, y sa-*

crificarse en eso; y su esperanza pasa por el sacrificio; y su esperanza para por el compromiso. La esperanza del pueblo no es una 'droga'. La Iglesia no le da la 'droga' a nadie (...). La Iglesia da la Fe, da la esperanza para comprometerse con la vida (Mons. Pedro Meurice Estíu, Homilía en el Cobre, 8 de Septiembre de 1993, «La Voz de la Iglesia en Cuba», pág 420).

El magisterio del Cardenal Jaime Ortega.

El Magisterio del *Cardenal Jaime Ortega* presenta todo un florilegio de textos sobre la *esperanza*. Al igual que vimos con el tema de la *reconciliación*, la *esperanza* es otro concepto clave en las homilías e intervenciones del Arzobispo de San Cristóbal de La Habana. Incluso ambos términos se entrecruzan y se dinamizan mutuamente. Y al igual que ocurría con el *«principio reconciliación»*, ocurre con el *«principio esperanza»*: Mons. Jaime los desentraña y clarifica, los acota y circunscribe, los tematiza, para evitar reduccionismos, hiperbolizaciones o simplemente malentendidos. Así, cuando habló en el acto de apertura del II ENEC en febrero de 1996, recordó una vez más el carácter teologal de la esperanza, ajeno a expectativas políticas o afán de poder. La *esperanza*, como la reconciliación, se apoya en Cristo:

> *Miramos hacia el año 2000 con esperanza. Esa esperanza no está hecha de cálculos para mejorías económicas espectaculares, ni se apoya en otros factores humanos. La esperanza cristiana está puesta en Dios, en el Señor de la historia, que conduce nuestras vidas y los acontecimientos todos de la humanidad con absoluto respeto de nuestra libertad, pero haciendo que triunfe siempre el bien: No teman, pequeño rebaño mío, yo he vencido al mal (Card. Jaime Ortega, «Palabras en el Acto de Apertura del II ENEC», 21 de febrero de 1996).*

El «principio esperanza», como lo llama Ernst Bloch desde una perspectiva filosófica marxista, ostenta –al igual que en el cristianismo– una direccionalidad, una teleología. El cristianismo es, en este sentido, y en la mejor acepción de la palabra, una utopía, una escatología. Sin extendernos excesivamente en esta dimensión escatológica del Evangelio, sí hemos de recordar el horizonte futurista que lo recorre, y que en ningún caso descarta, olvida o desatiende el carácter presentista que lo invade. Dicho con otras palabras, el cristiano vive su dimensión escatológica en la tensión del «ya sí pero todavía no», en contra de interpretaciones filosóficas o teológicas que acentúan más o acentúan sólo, uno de los dos polos temporales: el presente o el futuro. Esa «tensión» escatológica hace que el cristiano viva la esperanza volcado al futuro, no como sujeto o como generación que se inmola en aras de un futuro utópico pero inmanente, cerrado a la trascendencia (Bloch), sino como quien se siente agente del hoy que se autorrealiza ya en la misión utópica del futuro mejor.

El Cardenal lo recuerda con las siguientes palabras cuando conecta la esperanza con el futuro:

> *De pie en el umbral de la esperanza, serenamente, alegres y seguros de la cercanía de Dios, nos llega el momento de preguntarnos, como los israelitas hicieron a Juan el Bautista: entonces, ¿qué tenemos que hacer?*
>
> *Y es normal que esto suceda, pues nadie puede asomarse a la esperanza sin cuestionarse al mismo tiempo acerca del futuro, porque la esperanza no es otra cosa que un puente tendido hacia el futuro (Card. Jaime Ortega, «Homilía presentación como Cardenal de la Santa Iglesia», La Habana 11 de diciembre de 1994).*

Pero esa *esperanza* abierta al futuro no ha estado siempre presente en el corazón de la Iglesia cubana y de su pueblo. Ha habido –según el pensamiento del Cardenal– un «pecado histórico contra la esperanza», un olvido de Dios en los últimos años de la historia de este pueblo.

En las varias homilías de las Eucaristías presididas por el nuevo Cardenal entre 1994 y 1995 hace referencia a esta «deserción de la esperanza», producto de una etapa en que no era fácil permanecer en la fe. Así lo dice el Cardenal:

> *Nuestra Iglesia en Cuba ha debido hacer el recorrido azaroso de los apóstoles pasando por el desconcierto de la Cruz y de la fe callada en Cristo resucitado... Porque vimos empequeñecerse en número y en posibilidades misioneras a nuestra Iglesia, al mismo tiempo que se agrandaba en amor, cohesión, unidad, espíritu de sacrificio y fidelidad al Señor (Card. Jaime Ortega, «Homilía en la Catedral de Santiago de Cuba», 4 de junio de 1995).*
>
> *Parecía en aquellos tiempos que el ateísmo sería el pensamiento común de nuestro pueblo y que había que preparar a las futuras generaciones para que no se sintieran 'incómodas' en un mundo sin fe (Ibidem).*

Y concluye el Cardenal: «¡Qué ilusión pensar que a Dios se le puede reemplazar en la vida por cualquier otra cosa! ¡Cómo hemos pecado los cubanos una y otra vez contra la esperanza!» (Ibidem).

La pérdida de la *esperanza*, el pecado contra la *esperanza*, lleva a que muchos cubanos quieran abandonar la Isla. Sabemos que en múltiples ocasiones los Obispos cubanos, y el mismo Juan Pablo II en Cuba, han exhortado a su pueblo a permanecer en Cuba y a ser «protagonistas de su propia historia», especialmente cuando se trata de migraciones ilegales y peligrosas. Una vez más el Sr. Cardenal exhorta a afrontar el futuro con *esperanza* dentro de la Isla:

> *Esta situación se hace más preocupante cuando, angustiados por las dificultades, agotados y decepcionados con respecto al futuro, algunos cristianos deciden irse de Cuba. (Ibidem).*
>
> *Sólo el poder del Espíritu Santo puede arrancar del alma del cubano esas ansias de escapar, que han venido a reemplazar, en cierto grado, la verdadera esperanza cristiana. (Ibidem).*

La Iglesia cubana, según el pensamiento de *Mons. Ortega Alamino*, no puede marginarse de ser vocera de la esperanza, de enarbolar la bandera del compromiso por el bien de su pueblo, dentro de Cuba y desde Cuba, sin veleidades o tentaciones de poder terrenal, sin intromisiones directas en lo tocante a la vida política, conservando, no obstante, su misión de iluminación ética de todas las realidades del ser humano pero siempre respetuosa con los ámbitos autónomos extraeclesiales.

> *Una Iglesia de la esperanza, que siembra la esperanza en el corazón de nuestros hermanos. Que conoce, ama y sirve a su Señor y presta a la sociedad entera el servicio que le es propio (Card. Jaime Ortega, «Homilía en Camagüey», 20 de enero de 1995).*
>
> *En medio de tanta decepción, frustraciones y desalientos, los católicos debemos ser en Cuba testigos de la esperanza. (Card. Jaime Ortega, «Homilía en Santiago de Cuba», 4 de junio de 1995).*

Palabras de bienvenida al Papa en las cuatro diócesis cubanas, enero 1998.

Es llamativo, curioso, pero ciertamente significativo, que los cuatro obispos cubanos en cuyas sedes diocesanas presidió la Eucaristía el Santo Padre, citaron el vocablo *«esperanza»*, es decir, pidieron al Papa que *«animara la esperanza»* del pueblo cubano. Desconozco si estas palabras de bienvenida fueron contrastadas previamente, pero intuyo que cada Obispo desconocía las palabras del resto de sus hermanos en el Colegio Episcopal cubano. Si a esto se añade la relativa brevedad de dichos saludos es doblemente significativa la importancia que los Obispos cubanos conceden a la *esperanza*. Recorramos esos cuatro momentos:

Mons. Fernando Prego Casal, Obispo de Santa Clara: «Anime nuestra esperanza, Santidad, para que podamos levantar siempre nuestra vista hacia el cielo, aun en medio de las ansiedades y desilusiones causadas por las penas, los fracasos y los trabajos de la vida diaria» (Mons. Fernando Prego, «Palabras de bienvenida al Santo Padre», Santa Clara, 22 de enero de 1998).

Mons. Adolfo Rodríguez Herrera, Arzobispo de Camagüey: «Su visita coincide con las puertas ya del III Milenio en el que queremos recorrer de la mano de Cristo nuevos caminos en un nuevo siglo cargado de esperanzas, dando una respuesta de fe a los nuevos retos pastorales de la Iglesia del año 2000» (Mons. Adolfo Rodríguez, «Palabras de bienvenida al Santo Padre; Camagüey, 23 de enero de 1998).

Mons. Pedro Meurice Estíu, Arzobispo de Santiago de Cuba: «Por esos mares vino también esta Virgen, mestiza como nuestro pueblo. Ella es la esperanza de todos los cubanos. Ella es la Madre cuyo manto tiene cobija para todos los cubanos sin distinción de raza, credo, opción política o lugar donde viva». (Mons. Pedro Meurice, «Palabras de bienvenida al Santo Padre»; Santiago de Cuba, 24 de enero de 1998).

Mons. Jaime Ortega Alamino, Cardenal Arzobispo de La Habana: «Su ministerio apostólico, Santidad, lo ha llevado por los caminos del mundo como el buen samaritano de los tiempos modernos, aliviando pesares y alimentando esperanzas» (Mons. Jaime Ortega, «Palabras de Bienvenida al Santo Padre», Santuario de San Lázaro en «El Rincón|»; La Habana, 24 de enero de 1998); «Enséñanos, Padre, el camino de la Verdad, descúbrenos nuestros errores, aviva nuestra fe, alienta la esperanza de este pueblo de la Arquidiócesis de La Habana y de sus Diócesis sufragáneas de Pinar del Río y Matanzas» (Card. Jaime Ortega, «Palabras de Bienvenida al Santo Padre»; La Habana, 25 de enero de 1998).

Homilía en la fiesta de la Caridad del Cobre.
Mons. José Siro González, 8 sept. 1998.

Con ocasión de la fiesta de la Virgen de la Caridad del Cobre el 8 de septiembre de 1998, el obispo de Pinar del Río, Mons. José Siro González Bacallao, dedicó la Homilía de la Misa al tema de la esperanza. De él son estas patéticas y conmovedoras palabras: «La gran familia que formamos los cubanos necesita esperanza. Hace unos años los obispos hablamos de 'desánimo, desarraigo y fragilidad en este pueblo'. Hoy, lamentablemente, tenemos que añadir desesperanza» (Mons. José Siro González, «Homilía en la Misa de la Virgen de la Caridad», Pinar del Río, 8 de septiembre de 1998, en: Rev. «Vitral», Año V, No. 27, septiembre-octubre 1998, pág 6).

La homilía tiene lugar a menos de ocho meses de la Visita Pastoral del Papa, *«mensajero de la esperanza»*, a Cuba; por eso, nos embargan graves preguntas ante estas dramáticas palabras de un Pastor tan encarnado en la realidad cubana como es el Obispo de Pinar del Río. ¿Qué queda de la visita del Papa? ¿De verdad «animó en la *esperanza*» al pueblo cubano, tal y como le pidieron todos los Obispos cubanos de las cuatro sedes en que celebró la Eucaristía? ¿Tan «despedazado» está este pueblo? Son preguntas muy serias para dar respuestas espontáneas y poco fundamentadas. Lo cierto es que también Mons. *José Siro* se hace interrogantes:

> *¿Dónde ponemos nuestra esperanza, hijos? ¿En soluciones fáciles y mágicas? ¿En el abandono y huida de las realidades que conforman la cruz de cada día, la cruz de la vida? ¿En alienaciones que vacían y desesperan más? ¿Dónde la ponemos? (Ibidem).*

Y añade en su hermosa y paternal homilía: «Cuatro elementos, según el Papa, son necesarios para que construyamos el futuro de nuestra querida Cuba, a saber: la ilusión, la luz de la fe, el vigor de la esperanza y la generosidad del amor fraterno» (Ibidem).

«Démonos fraternalmente la paz».

En la misma línea de preocupación por alentar la *esperanza* de su pueblo se encuentra el documento colectivo de los Obispos cubanos publicado en las vísperas de la tan esperada visita del Papa a Cuba. «Démonos fraternalmente la paz» puede considerarse el *«mensaje de la esperanza»* por excelencia emanado del pensamiento y del corazón de nuestros Obispos. Veinte veces, salvo error u omisión, he contabilizado la presencia del concepto teológico en este Mensaje de apenas 21 apartados fechado el 1° de noviembre de 1997. Desarrolla todo el contenido de esta virtud como tal vez no se había hecho anteriormente por parte de nuestros Obispos. Veamos este Magisterio que tanto avala la Teología cubana como «teología de la esperanza».

> *La esperanza cristiana no está reservada exclusivamente al más allá. Comienza a construirse aquí, en esta vida y en este mundo y encuentra su plenitud cuando se hagan realidad las dos últimas verdades que profesamos en el Credo: 'Espero la resurrección de los muertos y la vida del mundo futuro'... Los cristianos no nos encon-*

tramos desorientados, pues tenemos una esperanza cierta hacia donde dirigimos nuestra vida (Obispos Cubanos, «Démonos fraternalmente la Paz», 1° de noviembre de 1997, No. 5).

Después de presentar la inminente visita del Papa como *«Mensajero de la esperanza»* (no. 3 y 4), los obispos comienzan por enseñar en qué consiste la *esperanza cristiana*. Y la presentan, como no podría ser de otra forma, en esa tensión escatológica a la que nos referíamos anteriormente a propósito de una de las homilías del *Cardenal Ortega*. La *esperanza* cristiana, insisten los Obispos, no se encorseta ni se ciñe a la vida eterna, sino que hunde sus mejores raíces en el hoy intrahistórico exigiendo a los cristianos un compromiso en la transformación de «este siglo» sin descuidar «el otro siglo». Esta escatología que ha venido en llamarse de «los dos siglos» despeja, pues, cualquier tentación tanto de temporalismo inmanentista como de futurismo ahistórico.

Por esperar 'unos cielos nuevos y una tierra nueva' (Apoc 21, 1) los cristianos sabemos que la esperanza es necesario comenzar a construirla en este mundo... Para vivir la esperanza cristiana es necesario abrir las puertas de nuestros corazones a Jesucristo... La esperanza cristiana y la apertura de todas las puertas a Cristo están solublemente unidas. (Ibid., No. 6).

La *esperanza* cristiana, pues, sólo se entiende desde la conversión personal. Ambas van juntas, una sin la otra, no se entienden. Y ambas suponen *«un compromiso con las realidades terrenas» (Ibid)*, puesto que la conversión no es *«un simple sentimiento subjetivo» (Ibid)*.

Los Obispos aclaran también en este Mensaje preparatorio a la venida del Papa, quién es el destinatario y dónde se realiza la *esperanza*. Lógicamente, el destinatario de toda *esperanza* es siempre el hombre. Y acudiendo a la Encíclica programática del Pontificado de Juan Pablo II, *«Redemptor hominis» (1979)* recuerdan que *«el camino de la Iglesia es el hombre»* (No. 7).

En el hombre, como misión de la Iglesia, se articula el doble mensaje de Juan Pablo II para Cuba: la verdad y la esperanza. El Papa viene a anunciar, al cubano de hoy, la verdad sobre Jesucristo y sobre el mismo hombre, a fin de que éste pueda tener esperanza (Ibid. No. 8).

No podía faltar una alusión clara y amplia a la misión de la Iglesia como testigo de la esperanza, al igual que hemos visto con respecto a la reconciliación y presentaremos con relación a la misericordia y a la consolación.

> *La Iglesia en Cuba está llamada a animar la esperanza del pueblo ante el futuro. El desaliento que muestran muchas personas se convierte en una profunda llamada a la evangelización. El hombre que se esfuerza en vivir el Evangelio encuentra motivos, desde su fe en Jesucristo, para enfrentar la vida con esperanza. Pero la esperanza no es un mensaje ilusorio que adormece al hombre sin ofrecerle razones palpables para alcanzarla. La esperanza debe contar con elementos objetivos que encuentren su mejor expresión en la promoción humana. (Ibid, No. 11).*

Esperanza, pues, basada en los signos de los tiempos, en «elementos objetivos», históricos, ponderables y susceptibles de ser analizados o desde las Ciencias Humanas o desde la óptica de la fe, pero ciertamente no se trata de una esperanza-resignación, espiritualista y escapista. El cristiano debe saber escudriñar esos «pequeños signos de esperanza» que van asentando la gran *Esperanza* teologal que sólo es Dios.

En los tres últimos apartados del Mensaje del 1° de noviembre de 1997, los Obispos retoman el tema de la esperanza:

Primero, reincidiendo en la misión de la Iglesia: «Animar la esperanza del pueblo ante el futuro» (Ibid, No. 19).

Segundo, estando cierta de que si la Iglesia cumple su tarea evangelizadora en Cuba en todos sus aspectos: «Estos elementos podrían ser captados por el pueblo cubano como semillas de esperanza en el futuro» (Ibid, No. 20).

Y finalmente, retomando el motivo del Mensaje: la esperanza que suscita en ese momento la cercanía del Viaje Apostólico de Su Santidad Juan Pablo II a Cuba: «Nuestro pueblo ha puesto en esa visita muchas de sus esperanzas... Pidamos para que la visita del Santo Padre sea el inicio de lo que es una de las mayores esperanzas: que todos los cubanos podamos darnos fraternalmente la paz» (Ibid., No. 21).

«El Espíritu quiere soplar en Cuba».

El grave problema de la emigración en Cuba, que viene apareciendo inevitablemente en distintos momentos de este trabajo, es también preocupación de los Obispos cubanos. No podemos olvidar que alrededor de dos millones de cubanos han abandonado su tierra de nacimiento y que muchos de ellos siguen sintiendo y viviendo como cubanos a pesar de las distancias y/o los años transcurridos fuera de Cuba. Es por eso que de nuevo en el Mensaje de Pentecostés de

1998, vuelve a dedicarse atención al problema de la emigración cubana proponiendo como una de sus causas precisamente la *«falta de esperanza»*.

Si Cuba quiere conservar y potenciar en el nuevo siglo todo cuanto ha logrado en materia de educación y sanidad y en otros campos del desarrollo social, debe encontrar los medios para que jóvenes y adultos se sientan satisfechos y felices de servir a su nación. No sólo las razones económicas alimentan el flujo migratorio, hay también motivaciones de otro orden, por ejemplo, difíciles situaciones familiares, preocupación por la educación de los hijos y una falta de esperanza en muchos al ver que las dificultades perduran (Obispos cubanos, «El Espíritu quiere soplar en Cuba», 31 de mayo de 1998, No. 15).

Otros escritos sobre la esperanza.

Homilía para la Asamblea Interdiocesana de Laicos. Mons. Beniamino Stella. El Cobre 30 de noviembre de 1997.

Del 27 al 30 de noviembre de 1997, vísperas ya de la Visita de *Karol Wojtyla* a Cuba tuvo lugar en El Cobre una Asamblea Interdiocesana de Laicos con el tema: «Pasado, presente y futuro del laico en la Iglesia cubana», con un rico contenido y con un panel de invitados y conferencistas de primera línea en el pensamiento eclesial y laical tanto de Cuba como del resto del mundo. La homilía de la Eucaristía de Clausura fue pronunciada por el entonces Nuncio de Su Santidad en Cuba, *Mons. Beniamino Stella.* En esta homilía, cargada de orientaciones y mensajes al apostolado laical, el Nuncio se refirió en varias ocasiones a la *esperanza,* definiendo el adviento de 1997 como *«marcado por la esperanza».*

Este Adviento está marcado por la esperanza. Juan Pablo II viene como mensajero de la esperanza. El profeta Jeremías nos presenta la raíz de toda esperanza verdadera que no conduce a la alienación o a la resignación frente a los acontecimientos de la vida personal y de la historia humana: la esperanza cristiana tiene su fundamento en la justicia. (Mons. Beniamino Stella, «Homilía en la misa de Clausura de la Asamblea Interdiocesana de Laicos»; El Cobre, 30 de noviembre de 1997).

Esta idea de la relación esperanza/justicia, de la justicia como origen y fundamento de la esperanza, es el hilo conductor de gran parte de la homilía de El Cobre. *Mons. Stella* desarrolla su pensamiento del siguiente modo:

> *Ustedes, laicos cubanos, han sido durante muchos años de silencio y no pocos sufrimientos, ese resto fiel, que ha esperado contra toda esperanza... y han reconocido que el Dios cristiano, el Padre de nuestro Señor Jesucristo, se ha hecho garante y hacedor de nuestra esperanza porque es, y será en todos los tiempos que se avecinan: El Señor-nuestra-justicia (Ibidem, Jer 33, 16).*

Sin justicia la *esperanza* se debilita, enferma. Trabajar por la justicia es ya una manera de afianzar y afincar la *esperanza*. De lo contrario, la *esperanza* se convierte en algo fatuo, invertebrado, más cercano a la resignación espiritualista que a la realización de la justicia en nuestra sociedad.

> *Sin el empeño por la justicia cristiana –que siempre culmina en el perdón, la reconciliación y la misericordia que salvan tanto al que sufre las injusticias como a los que oprimen al pueblo– no podemos predicar la verdadera esperanza cristiana (Ibidem).*
>
> *Sin este esfuerzo por construir una sociedad más justa, la esperanza no tendrá esa mística cristiana que tiene su raíz en la encarnación en Jesucristo y que tiene su culminación en el Reino que Él vino a inaugurar, y que aunque tenga su plenitud más allá de la historia, se está construyendo ya en todas las experiencias personales y sociales que defiendan la justicia (Ibidem).*

El nuncio en aquellos momentos, hace un llamamiento claro a trabajar por la justicia para «dar razón de la esperanza», para fundamentarla; acepta que la *esperanza* se construye ya a partir de *«todas las experiencias personales y sociales»* que estén orientadas a lograr mayores cotas de justicia en el mundo. Deja abierta aquí, a mi modo de entender, una concepción amplia de colaboración por un mundo mejor no reservado como patrimonio exclusivo a los cristianos, sino a todos los hombres y mujeres que desde distintas opciones políticas, religiosas o culturales defienden la justicia y por tanto son constructores de *esperanza*.

> *Los laicos católicos son y deben ser, en todas partes, trabajadores de la justicia y el derecho para que la esperanza que anunciamos encuentre eco en el corazón de los que sufren y levante la cabeza de los desalentados (Ibidem).*

Con la misma actitud de diálogo, reconciliación y apertura a los no-creyentes, *Mons. Stella* insiste en su homilía:

> *Hoy el laicado cubano tiene la experiencia y la madurez histórica para darse cuenta de que la labor de la Iglesia y especialmente de los laicos en un Estado laico, es decir, no confesional, es proponer proyectos de esperanza para la sociedad en que viven y no sólo para los creyentes o para beneficio de las Iglesias y dar razones suficientes para que los que no comparten la fe puedan ver en esos proyectos, acciones de beneficio común, moral, espiritual y material para todos los ciudadanos (Ibidem).*

En la misma continúa desarrollando el importante tema de la participación de los católicos en la vida política y social. Desborda nuestro interés en este momento, pero remitimos a ello como uno de los lugares más esclarecedores del Magisterio de la Iglesia sobre la actuación de los laicos católicos cubanos en el proceso político actual.

Breves referencias a la esperanza en escritos firmados por laicos.

No se trata de analizar toda la literatura existente en torno al tema que nos ocupa, sólo presentar algunos testimonios que den fe de la centralidad de la *esperanza* en el pensamiento eclesial cubano, también en el de los laicos católicos.

En un breve, pero «esperanzador» artículo sobre la esperanza, *Eduardo Mesa* nos ayuda a seguir esperando, con confianza en que «este árbol dará ramas nuevas».

Comienza el autor preguntándose sobre el futuro de la *esperanza* en Cuba, sobre su viabilidad:

> *En este tiempo por el que transcurrimos pareciera que la esperanza, como el unicornio del juglar, se ha perdido definitivamente. Ni lamentaciones, ni recompensas la han de encontrar. Y permanece así, perdida para algunos, muerta para otros.*
>
> *Es difícil reencontrar la esperanza. ¿Cómo esperar con alegría si la vida se reduce a sobrevivir? ¿Qué esperanza sostener en un país sin futuro previsible? (Eduardo Mesa, «Reencontrar la esperanza», en Rev. «Palabra Nueva», Año V, No. 48; La Habana, junio 1996, pág. 5).*

Haciendo una brevísima incursión por algunos momentos de la Historia de Cuba, especialmente a partir de la guerra del 95, Mesa encuentra motivos para la esperanza en personalidades, gestos y hechos cargados de indiscutible amor a Cuba que cimientan un futuro esperanzado.

> *Aparte de esa esperanza escatológica, que es la más universal esperanza, hay en nuestro contexto luminosidades que bien me animan, personas que voy conociendo, y actitudes de éstas alimentan la certeza de que, aun con todos los dolores posibles, este árbol dará ramas nuevas. Más que hallar el perdido unicornio es ésta mi encontrada esperanza (ibidem).*

En una reflexión sobre la esperanza en Cuba, había que dedicar un sitio de honor a nuestro *P. Félix Varela y Morales*. Sus «Cartas a Elpidio» son, literalmente, «Cartas desde la esperanza», «Cartas con esperanza». El tema, lógicamente, desborda nuestras posibilidades. Pero sí quiero hacer referencia a ello valiéndome de un artículo publicado en la Revista «Enfoque» de la ya Arquidiócesis de Camagüey.

Recordamos, antes que nada, las palabras de Luis Álvarez Álvarez, citando la conocida obra de Eduardo Torres-Cuevas a propósito del personaje «Elpidio»:

> *La tesis más aceptable es la de que se trata de un personaje creado por la imaginación de Varela, como un símbolo que refleja a la juventud cubana. Etimológicamente Elpidio significa esperanza y en los comienzos de la obra Varela escribe, refiriéndose a la juventud: Diles que ellos son la dulce esperanza de la patria (Eduardo Torres-Cuevas, «Félix Varela. Los orígenes de la ciencia y la con-ciencia cubanas», Edit. Ciencias Sociales, La Habana 1995, pág. 362; citado por Luis Álvarez Álvarez, «P. Félix Varela: Cartas a la Esperanza», en Rev. «Enfoque», Año XVII, No. 60, Camagüey, octubre-diciembre 1997, pág. 2-7, nota 2).*

El P. Félix Varela fue un hombre de esperanza cristiana, de profunda esperanza en el pueblo de Cuba, especialmente en la juventud que él tanto amó y a la que dedicó los primeros años de su vida en el Seminario San Carlos y San Ambrosio. Quede aquí, al menos una sencilla constancia, de esa «vieja semilla de esperanza» sembrada en Cuba y que lejos de permanecer estéril o haberse corrompido por el paso de los años, sigue siendo germen prometedor de una Cuba mejor.

Y dejó dicho, en estas páginas (en las «Cartas a Elpidio»), que la esperanza, su Elpidio, eran las generaciones venideras, cada uno de nosotros, entonces, como depositarios de su esperanza y su fe (Luis Álvarez Álvarez, Art. Cit., pág. 7).

Terminamos esta sección sobre la «Teología de la esperanza» en Cuba en el pensamiento del Papa, Obispos y laicos cubanos, recordando las preocupantes —pero sin duda verosímiles interpelaciones— del Obispo de Pinar del Río en su ya citada Homilía del 8 de septiembre de 1998. Palabras y preguntas semejantes se hacían y se hacen los cubanos de ayer y de hoy: ¿Es posible la esperanza en Cuba? ¿En quién ponemos nuestra esperanza?

¿De qué seremos capaces, en el próximo siglo, con la sobrecarga de cansancio, frustración y desesperanza que acompaña a tanta –a mucha– gente en Cuba? (Me pregunto, seriamente, si aún quedan ternura y esperanza para volver a empezar) («Fifo», Sollicitudo Rei Socialis, 1987-1997»; Rev. «Presencia», Año VI, No. 40; Matanzas, noviembre-diciembre 1997, pág. 5).

Las aparentemente preguntas catastrofistas del autor del «Boletín Laical Diocesano» de Matanzas así como las comedidas interpelaciones del Obispo de Pinar del Río encuentran respuesta solamente en *«Cristo, nuestra esperanza»* (1Tim 1, 1). Nos lo recuerda Mons. José Siro, en la misma Homilía antes citada:

Pongamos nuestra esperanza en quien no defrauda ni engaña, en el Señor Jesús, en su Madre, la que llegó a nuestros mares, con el título de la Caridad, la que es «esperanza de todos los cubanos» como dijera el arzobispo de Santiago de Cuba en su inolvidable saludo al Papa (Mons. José Siro González Bacallao; «Anima nuestra esperanza». Homilía en la Misa celebrada en honor de la Virgen de la Caridad, Pinar del Río, 8 de septiembre de 1998, en Rev. «Vitral», Año V, No. 27, Pinar del Río, septiembre-octubre 1998, pág. 6).

Aproximación teológica al concepto de esperanza en el contexto cubano actual.

A partir de lo dicho hasta el momento podemos aventurarnos a señalar, de un modo sintético, algunas ideas básicas que ayuden a una deseada elaboración teológica más acabada sobre la *esperanza* como clave sustentante y presente en la vida, en la Iglesia y en la Teología cubana subyacente.

Parece una conclusión obvia, especialmente a partir de los documentos magisteriales del Papa y de la Iglesia cubana, que nuestro pueblo está carente y a la vez ansioso de *esperanza*. No es fácil conocer en profundidad las ausencias y los anhelos más hondos de los pueblos. No podemos por eso, partir de datos estadísticos que avalen estas afirmaciones. Sin embargo, el contacto diario con la gente nos hace sustentar sin reservas esta tesis de la ausencia y a la vez, la querencia de la *esperanza*.

Alguien ha dicho alguna vez, que el pueblo cubano tiene serias dificultades para albergar *esperanza*. Es posible que sea cierto. Pero también es verdad que las ausencias más hondas son las que crean las presencias más reales. La ausencia de luz es la única capaz de hacernos alentar la claridad y la transparencia. La *esperanza* de los cubanos es una esperanza adormecida y un tanto atormentada. Existe la duda lógica de la consecución de un mundo mejor. Se palpa una especie de escarmiento social que dificulta la confianza inherente a la *esperanza*. Como si no fuera posible esperar... como si se hubiera perdido «el objeto» de la *esperanza*... En efecto, ¿qué se espera? Y sobre todo, ¿desde dónde se espera?, ¿en qué se funda la *esperanza*?

Quizás no existe una conciencia clara de qué se espera en el fondo. Las mejorías económicas y sociales no satisfacen las ansias más profundas de los seres humanos. Se esperan y se necesitan mejorías en esos niveles, pero los anhelos más hondos, en ocasiones desconocidos, inconfesables o irrazonados en los cubanos van por otros senderos. No se distinguen en esencia de los deseos y de las metas del resto de las personas. Por eso, hemos de ayudar a nuestra gente a descubrir qué es lo que esperan, por qué lo esperan y dónde podrán encontrarlo. Esta es también tarea de la Iglesia: *educar para discernir qué es la esperanza, de dónde nace y en quién –desde nuestra fe– se fundamenta*.

No se trata, pues, de una esperanza en cambios socioeconómicos o políticos concretos, sino de algo mucho más hondo que no descarta, sin embargo, la transformación de las estructuras en que nos movemos.

Seguramente, a la base de tanta desesperanza –que en ocasiones es desesperación– de muchos creyentes cristianos está una fundamentación errada y por tanto, débil y contingente, de la *esperanza* cristiana. Tanto la aproximación bíblica como el Magisterio eclesiástico, que hemos presentado aquí, nos presentan a Jesucristo como única fuente fundante de la *esperanza*. Al igual que en la reconciliación, en la misericordia, y en la consolación, los cristianos hemos de acudir siempre al Misterio de Cristo como última y primera justificación de todo.

Si creyéramos de verdad que Cristo ha resucitado, tendríamos una *esperanza* resistente y firme. Y es que la *esperanza*, lo dijimos antes, no puede basarse en acontecimientos señeros o exitosos, en presagios de futuristas o en estadísticas premonitorias de sociólogos profesionales. La *esperanza* no se programa, ni se prepara u organiza en una computadora. No depende de un plan pastoral, ni de determinado proyecto político, ni se asimila a mesianismos pasajeros, ni hace referencia a las leyes del azar y la casualidad, ni se funda en unas «buenas perspectivas» en los indicadores macroeconómicos del futuro. No es, en definitiva, una utopía más, una ideología «cargada de proyección» para el porvenir, ni una excusa tranquilizante ante situaciones de crisis agudas o crónicas para los pueblos o para las personas. Es en Cristo en quien se fundamenta la *esperanza*, en el Cristo vivo y resucitado. Cristo es *«nuestra esperanza»* (1Tm 1, 1).

> *La Resurrección abre para toda la humanidad un futuro de vida plena. Cristo resucitado por el Padre sólo es «el primero que ha resucitado entre los muertos» (Col 1, 18). Él se nos ha anticipado a todos para recibir del Padre una vida definitiva que nos está también reservada a nosotros. Su resurrección es fundamento y garantía de la nuestra. 'Dios, que resucitó al Señor, también nos resucitará a nosotros por su fuerza' (1Cor 6, 14). La muerte no tiene, pues, la última palabra. El hambre, las guerras, los genocidios, las 'limpiezas étnicas'... no constituyen el horizonte último de la historia. El sida, la metralleta, el cáncer... no terminan con el hombre. El ser humano puede esperar algo más que lo que brota de las posibilidades mismas del hombre y del mundo. A una vida 'crucificada', pero vivida con el Espíritu de Cristo, le espera resurrección. (José A. Pagola, «Esperar: creatividad enraizada, frente a nihilismo fatigado» en Rev. «Sal Terrae», Santander 1993, No. 956, pág. 267).*

Pienso que es en este sentido en el que la Iglesia debe clarificar ideas y lo que es más importante, purificar actitudes. Estamos dentro de las «tareas actuales» de la Iglesia de hoy a que nos referimos en otras partes de este trabajo. Sembrar esperanza significa, entre otras cosas, clarificar qué se entiende por esperanza, cómo vivir la esperanza y de dónde parte la misma.

En cualquier caso, la acción eclesial cubana no puede ignorar la realidad en que está enclavada, sino partir de ella, desentrañándola para iluminarla desde la Palabra de Dios. No puede ser, por tanto, una teología sustentadora de una praxis pastoral que no cuente con el supuesto de la realidad de su gente. Lo contrario sería un «theologumenon», una teoría teologizada sin conexión real con la vida.

> *La teología de la esperanza exige el análisis previo de la existencia humana y de la comprensión de sí mismo, que el hombre vive en el acto de su propio existir, para descubrir qué relación hay entre la existencia del hombre y su esperanza; es decir, para ver si la es-*

peranza es algo marginal en el hombre o ésta radica en lo más profundo de su vida... No es posible conocer a fondo la estructura propia de la esperanza cristiana, si no se tienen en cuenta las infraestructuras humanas que la condicionan. (Juan Alfaro, «Esperanza cristiana y liberación del hombre», ed. Herder, Bardelona, 1972, págs. 15-16).

Partiendo de esa misma realidad del hombre y la mujer cubanos, la Iglesia tiene la misión de ser *testigo de la esperanza*. Pero esto significa que quienes pertenecemos a esa Iglesia debemos ser los primeros en sentirnos *testigos de la esperanza*. No podemos alentar la esperanza si no nos sentimos esperanzados y esperanzadores. Para poder *«dar razón de nuestra esperanza»* (1Ped 3, 15) tenemos que creer profundamente en ella. Sólo por contagio podemos transmitir *esperanza*. La *esperanza*, como la fe, sólo se comunica «boca a boca», por ósmosis.

La Iglesia tiene hoy «la responsabilidad de la esperanza», pues antes que nada ha recibido la misión de ser «testigo del futuro de Cristo» (Cfr. J. Moltmann, «Teología de la esperanza», Salamanca 1969, pág 235-236). Antes que «lugar de culto público» o «sacramento santificador del mundo», y antes que «instancia moral», la Iglesia ha de entenderse a sí misma como «comunidad de la esperanza» (José A. Pagola, Ibid, pág 270).

Desde la fe en el Cristo Resucitado, la comunidad eclesial cubana está vocacionada y obligada desde el Evangelio a despertar la *esperanza* en medio de su pueblo. Si no lo hace no estará siendo fiel a su Señor Jesús. Hoy y siempre, aquí o en cualquier parte, la Iglesia debe ser «comunidad de la esperanza». Está constreñida a caminar con su pueblo sembrando y alimentando la *esperanza* cristiana. Si se encapsula, si se instala, si camina por otros derroteros que no sean los de su pueblo, traiciona su vocación a la esperanza. El «ministerio de la esperanza» es capital hoy en nuestra sociedad. El rostro de nuestro pueblo pide a gritos «mensajeros de la esperanza», como lo fue Juan Pablo II; «testigos de la esperanza», es decir, hombres y mujeres de *esperanza* que creemos en la *esperanza* y vivimos *«en esperanza»*, y esto no solamente de un modo individualista sino formando parte de la misma y única Iglesia de Cristo. *«Un solo Cuerpo y un solo Espíritu, como una es la esperanza a la que hemos sido llamados»* (Ef. 4, 4).

«La responsabilidad de la esperanza» en la Iglesia cubana de hoy es apremiante (cfr. Supra). Esto implica una gran apertura eclesial a la realidad de nuestro pueblo, un salir de nuestros templos, de nuestro culto, de los pequeños o grandes problemas intraeclesiales para volcarnos en las incertidumbres, ausencias y desarraigos de nuestra gente. Las siguientes palabras, escritas en y para otro contexto social pueden ser aplicables también, como llamada de atención a la Iglesia cubana:

> *Si la comunidad eclesial se vuelve insegura y se deja contagiar por el pesimismo, la angustia o el cansancio, ¿quién escuchará su testimonio de esperanza? Si los hombres la ven ocupada casi siempre en sus propios problemas y en su futuro, preocupada excesivamente por su seguridad, atormentada hasta la ansiedad por su propia conservación y autoabastecimiento, hemos de hacernos graves preguntas: ¿Qué es lo que mueve la marcha de esta Iglesia? ¿Quién moviliza su actividad? ¿El instinto de conservación? ¿La defensa de los propios intereses? ¿Dónde está el Espíritu de Resucitado que ha de impulsarla hacia un futuro más humano y humanizador? (José A. Pagola, Ibid, pág. 271).*

Ciertamente son graves las preguntas de José A. Pagola, a quien sigo en esta parte de la reflexión. Deben llevarnos a todos a un sincero examen de conciencia, personal y eclesialmente. Si queremos que este «ministerio de la esperanza» no se quede en bonitas palabras, en floriluras teológicas o pastorales, si queremos que el «mensaje de esperanza» que nos trajo el Papa no se vuelva papel mojado, palabras serias y conmovedoras sin aplicación en la vida, si no queremos perder la llamada histórica de cara al Tercer Milenio y no defraudar «las esperanzas puestas por el pueblo en la comunidad de la esperanza», entonces tenemos que plantearnos, en reflexión comunitaria y en oración sincera ante el Señor de la historia, cómo estamos posibilitando y tejiendo las redes de la esperanza cristiana desde una Iglesia que cree profundamente en el Espíritu del Resucitado como razón y base de lo que es y de lo que proclama.

Siguiendo el excelente artículo de *Pagola*, varias veces citado, la esperanza cristiana vivida y urgida hoy, debe tener algunos rasgos:

Debe ser, no una virtud puntual, sino un estilo de vida, un modo de entenderse en el mundo, un talante para afrontar la existencia histórica, un vivir esperanzado en Cristo Resucitado. Esto significa, que no dependemos necesariamente de acontecimientos externos, ni siquiera de nuestra «temperatura» espiritual, sino del mismo Espíritu de Cristo.

> *No hay que buscar otros cimientos. La cohesión en la ortodoxia, el atrincheramiento en el propio grupo, las medidas disciplinarias... pueden generar seguridad. La esperanza sólo brota del Señor. 'Mire cada cual cómo construye. Pues nadie puede poner otro cimiento*

que el ya puesto, Jesucristo' (1Cor 3, 10-11) (José A. Pagola, Ibid, pág. 272).

La *esperanza* se vive además en la confrontación con la sociedad, ora fijada en un materialismo inmanentista y tecnológico, ora en utopías terrenas y futurismos intrahistóricos. Por eso comporta el riesgo de esperar «*contra toda esperanza*» (Rom 4, 18), incluso en las épocas y en las situaciones de mayor crisis y desconcierto. En un mundo que no apuesta claramente por el Dios de Jesucristo, la Iglesia cubana – como la Iglesia universal, obviamente– debe vivir una *esperanza* arriesgada y solitaria ante los profetas de la inmanencia y el sin-sentido históricos; debe mantener una fe contestada y rechazada en el «*Dios de la esperanza*» (Rom 15, 13).

La *esperanza* se paladea mejor en las situaciones críticas. No es la virtud de la pasividad resignada ni del «agarrarse a un clavo ardiendo», pero se genera y se ejercita raigalmente en momentos históricos de especial desasosiego y convulsión, tanto a nivel personal como colectivo. Es como la flor que nace en el desierto o en el estercolero, allí donde más se la precisa y se la aprecia. Es una *esperanza* que sólo se comprende bien desde la Cruz, desde la «*Theología crucis*». El grito desolado de Jesús en la Cruz: «*Dios mío, Dios mío, ¿por qué me has abandonado?*» (Mt 27, 46) está cargado de esperanza porque está pronunciado en un contexto de desolación, abandono y muerte, y a la vez, preñado de una profunda esperanza: «*Padre, a tus manos encomiendo mi espíritu*» (Lc 23, 46).

La *esperanza* cristiana se traduce en «*paciencia en el sufrir*» (1Tes 1, 3). En una sociedad que busca por encima de todo escapar del sufrimiento, soslayar el más mínimo malestar o incomodidad, evitar la más pequeña prueba o contradicción, una sociedad analgésica, que tiene pavor al sufrimiento, la esperanza cristiana, de la que debe ser pedagoga la Iglesia, nos fortalece en medio del dolor y la pena.

> «*Estamos orgullosos en las dificultades, sabiendo que la dificultad produce entereza; la entereza, calidad; la calidad, esperanza; y esa esperanza no defrauda, porque el amor que Dios nos tiene inunda nuestros corazones por el Espíritu Santo que se nos ha dado*» (Rom 5, 3-5).

Estas breves líneas, que pretenden ser una mera aproximación a la *esperanza*, como clave teológica inevitable a la acción evangelizadora de la Iglesia cubana, pueden ayudarnos a entender y vivir nuestra acción eclesial desde esta perspectiva. Estoy convencido de la urgencia de esta tarea para la Iglesia cubana. Sólo la *esperanza* responde a las expectativas últimas del hombre, una *espe-*

ranza cristiana, como aquí he intentado atisbarla. Que la descubra, no en el mañana inmediato, sino en el pasado mañana que comenzó hoy y se vive hoy abierto a un futuro absoluto que no renuncia al presente. Esta es nuestra «responsabilidad de la esperanza».

> *El cristiano, en suma, que vive el futuro proyectable como mediación del futuro absoluto, ha de testificar ante el mundo su esperanza participando activamente en lo que el mundo espera. Cierto que la esperanza relativiza la espera, de forma semejante a como el futuro absoluto desvela la relatividad de los futuros contingentes. Mas es obvio que el creyente no puede ejercitar su temple de «esperante» en otro lugar que no sea el de la expectación intramundana. Es seguro que si la esperanza ha emigrado, en las masas contemporáneas, de la religión a las ideologías seculares, ello se ha debido en buena parte a una manifiesta incapacidad de los cristianos para resolver la antinomia entre «las esperanzas» que sus coetáneos nutrían y la esperanza que ellos proclamaban. (Juan L. Ruiz de la Peña, «La Otra Dimensión», ed. Sal Terrae, Santander, 1986, pág. 26-27).*

Teología «En Clave de Miseri Cordia»

Quiero insistir en que las cuatro claves o dimensiones teológicas que presento como necesarias a una incipiente teología desde las realidades del pueblo cubano, no son ni exclusivas ni indiscutibles. Son simples pautas que ayuden a una meditación eclesial o personal a los agentes de pastoral en nuestra Iglesia cubana. Responden, pues, más a mi subjetividad y a mi intuición que a un análisis objetivo tanto de las realidades humanas como del quehacer de la Iglesia en Cuba.

Empero, junto a esas «intuiciones» de claves o categorías bíblico-teológicas que atraviesan el corazón del pueblo cubano y de su Iglesia que he venido introduciendo, quiero exponer a continuación una ciertamente muy relacionada con las anteriores: la *misericordia*.

Es obvio que toda acción eclesial, en cualquier etapa histórica y en cualquier lugar del mundo debe estar «cruzada» de una *«entrañable misericordia»* (Lc 1, 78). Ocurre lo mismo que hemos dicho refiriéndonos a las categorías bíblico-teológicas anteriores. Pero también como hemos dicho en los casos anteriores, hay situaciones históricas que reclaman una mayor acentuación en determinadas verdades, valores o actitudes del Evangelio. En el contexto social de nuestro pueblo, la *misericordia* se eleva como una virtud que debe envolver toda la vida de la Iglesia para ser fiel a Jesucristo y al pueblo que se le ha encomendado.

Profundamente relacionada con la caridad, con la reconciliación y el diálogo, con la tolerancia y la clemencia, con la consolación y la esperanza confiada, la *misericordia* es otra faceta del único necesario: el Amor de Dios a los hombres.

Presente, con distintos nombres, en el Magisterio de los obispos cubanos y del Papa en su visita a nuestra tierra, procederemos de igual modo que en los casos anteriores: la misericordia en la Biblia, en el Magisterio de nuestros Pastores y en la reflexión teológica desde las realidades de nuestro pueblo; siempre de un modo introductorio y sintético, sin pretensiones maximalistas o exhaustivas.

5.1 La misericordia en la Biblia.

La *misericordia* aparece en las Sagradas Escrituras profundamente conectada con la «gracia», la «bondad» y el «amor» de Dios. La *misericordia* de Dios es un modo de autorrevelación divina. Dios es *«dives in misericordia», «rico en misericordia»* (Ef 2, 4).

> *El Señor, el Dios compasivo y clemente, paciente, misericordioso y fiel, que conserva la misericordia hasta la milésima generación, que perdona culpas, delitos y pecados (Ex 34, 6-7).*

Así se presenta Dios a Moisés, que al escuchar esta «autodefinición» del mismo Dios, *«se inclinó y se echó por tierra»* (v. 8-9) en señal de adoración. Dios hace una alianza, un pacto con un pueblo testarudo e infiel y le concede siempre nuevas oportunidades, una Alianza constantemente prorrogada por la bondad de Dios.

Misericordia, clemencia, compasión... son conceptos análogos a pesar de sus diferencias. Dios se presenta como Dios de Amor, siendo y actuando de un modo misericordioso, clemente, compasivo... palabras, desgraciadamente, muy en desuso en la terminología del hombre actual.

En Os 11 aparece ya no tanto el «Dios-esposo» de Os 2, sino el «Dios-padre»; con imágenes que hablan de la ternura de un padre por su hijo a quien enseña a caminar, lo lleva en brazos, lo cuida, lo besa (Os 11, 1-4): «Con cuerdas de ternura, con lazos de amor los atraía; fui para ellos como quien alza un niño hasta sus mejillas y se inclina hasta él para darle de comer» (Os 11, 4).

Y aparece la misericordia como elemento constitutivo del mismo ser de Dios: «Mi corazón se revuelve dentro de mí y a la vez se conmueve mi compasión. No dejaré correr el ardor de mi ira... porque yo soy Dios, no un hombre; ... y no me complazco en destruir» (Os 11, 8b-9).

La compasión y la misericordia de Dios, en el Antiguo Testamento, nacen de su libertad y de su gracia, son producto de su liberalidad y de su gratuidad. Dios es misericordioso porque quiere, porque no puede ser de otra manera: «Yo protejo a quien quiero y tengo compasión de quien me place» (Ex 33, 19b).

Pero Dios escucha, sobre todo, al pobre y desvalido, es decir, a aquél que más le necesita, a quien tiene su corazón disponible para que Dios ocupe su lugar. El más pobre, el más menesteroso, goza de la misericordia de Dios: «Si recurre a mí, yo lo escucharé, porque soy misericordioso» (Ex 22, 26b). «Pues en ti encuentra compasión el huérfano» (Os 14, 4b).

El Dios del Antiguo Testamento es siempre Dios de perdón y *misericordia*, en contra de lo que a veces podemos pensar:

> *Pero nuestros antepasados fueron soberbios, y desoyeron tercamente tus mandatos: no quisieron oir y se olvidaron de las maravillas que tú hiciste en su favor. En su terquedad se empeñaron en volver a la esclavitud que padecieron en Egipto. Pero tú eres el Dios del Perdón, clemente y misericordioso, lento a la ira y rico en amor, por eso no los abandonaste (Neh 9, 16-17).*
>
> *En tu gran misericordia no los aniquilaste ni los abandonaste, porque eres un Dios clemente y misericordioso (Neh 9, 31).*
>
> *Vuelvan al Señor, su Dios. El es clemente y misericordioso, lento a la ira, rico en amor y siempre dispuesto a perdonar (Jl 2, 13).*
>
> *Porque sé que eres un Dios clemente, compasivo, paciente y misericordioso, que te arrepientes del mal (Jon 4, 2).*

Pero es, tal vez, en los Salmos, donde encontramos mayor profusión de un Dios vivido y comprendido por el pueblo de Israel como un Dios clemente y misericordioso:

> *Pero tú, Señor mío, Dios clemente y compasivo, paciente, lleno de amor y fiel (Sal 86, 15).*
> *El Señor es clemente y compasivo, paciente y lleno de amor (Sal 103, 8).*
> *Ha hecho maravillas memorables, el Señor es compasivo y misericordioso (Sal 111, 4).*
> *El Señor es benigno y justo, nuestro Dios es todo ternura (Sal 116, 5).*
> *El Señor es clemente y compasivo, paciente y rico en amor. El Señor es bondadoso con todos, a todas sus obras alcanza su ternura (Sal 145, 8-9).*

Estas confesiones de fe nos muestran un Dios muy lejano a la imagen que muchas veces tenemos los cristianos de Dios. No es el Dios verdugo, castigador e implacable. Sustantivos como *misericordia*, clemencia, ternura, compasión, fidelidad, paciencia, se trocan en adjetivos aplicados a Dios por el salmista: misericordioso, clemente, tierno, compasivo, fiel, paciente, etc. Así, Dios es «el misericordioso» por antonomasia:

> *El pueblo suplicaba al Señor Altísimo, al Misericordioso dirigía sus plegarias (Eclo 50, 19a).*

En el Nuevo Testamento, Cristo asume el carácter de «misericordioso» aplicado sólo a Dios en la literatura veterotestamentaria. Sin embargo, sólo una vez aparece el término dirigido a Cristo: «Por eso tenía que hacerse en todo semejante a sus hermanos, para ser ante Dios sumo sacerdote misericordioso y digno de crédito, capaz de obtener el perdón de los pecados del pueblo» (Heb 2, 17).

Pero sí se habla ampliamente de «la misericordia» de Dios y de que Dios ejerce esa misericordia con su pueblo. Es una misericordia que brota de la libertad, la gracia y el favor de Dios, como en el Antiguo Testamento.

Así, en los cánticos de la historia de la infancia de Jesús, en Lucas, el «Magnificat» y el «Benedictus»:

> *Y es misericordioso siempre con aquéllos que le honran (Lc 1, 50).*
> *Tomó de la mano a Israel, su siervo, acordándose de la misericordia (Lc 1, 54).*
> *Sus vecinos y parientes oyeron que el Señor le había mostrado su gran misericordia y se alegraron con ella (Lc 1, 58).*
> *De este modo mostró el Señor su misericordia a nuestros antepasados y se acordó de su santa alianza (Lc 1, 72).*
> *Por la misericordia entrañable de nuestro Dios (Lc 1, 78).*

También para San Pablo Dios está transido de clemencia y *misericordia*, es un Dios salvador que perdona nuestros pecados:

> *Pero Dios, que es rico en misericordia y nos tiene un inmenso amor, aunque estábamos muertos por nuestros pecados, nos volvió a la vida junto con Cristo. –¡Por pura gracia ustedes han sido salvados!–, nos resucitó y nos sentó con él en el cielo (Ef 2, 4-6).*
> *Por eso, sabiendo que Dios en su misericordia nos ha confiado este ministerio, no nos desanimamos (2 Cor 4, 1).*
> *A mí, que primero fui blasfemo, perseguidor y violento, y que hallé misericordia, porque lo hacía por ignorancia estando fuera de la fe (1Tim 1, 13).*

La *misericordia* de Dios forma parte de su proyecto de salvación escatológica, especialmente con referencia a Cristo en quien se concentra la quintaesencia de la *misericordia* y el amor del Padre:

> *También ustedes eran en otro tiempo rebeldes a Dios, pero ahora por la desobediencia de los israelitas, han alcanzado misericordia. De igual modo, ellos son ahora rebeldes debido a la misericordia que Dios les ha concedido a ustedes. Porque Dios ha permitido que todos seamos rebeldes para tener misericordia de todos (Rm 11, 30-32).*
>
> *Pero ahora ha aparecido la bondad de Dios, nuestro Salvador, y su amor a los hombres. Él nos salvó, no por nuestras buenas obras, sino en virtud de su misericordia, por medio del bautismo regenerador y la renovación del Espíritu Santo (Tit 3, 4-5).*
>
> *Bendito sea Dios Padre de nuestro Señor Jesucristo, que por su gran misericordia, a través de la resurrección de Jesucristo de entre los muertos, nos ha hecho renacer para una esperanza viva (1Pe 1, 3).*
>
> *Ustedes, que en otro tiempo no eran pueblo, ahora son pueblo de Dios; ustedes, que no habían conseguido misericordia, ahora han alcanzado misericordia (1Pe 2, 10).*

El corazón misericordioso de Cristo envuelve y empapa los cuatro evangelios, es el corazón del evangelio. La vida de Jesús es una vida cargada de ternura, perdón y bondad. Sus encuentros interpersonales están henchidos de esa bondad y esa *misericordia*. Jesús fue «el hombre para los demás». No se le entiende si no es desde esta perspectiva. Su comprensión y bondad, por ejemplo, con la adúltera sorprendida en adulterio, es entre otras, una prueba irrefutable del corazón misericordioso de Jesús que conoce como nadie al *«Padre de las misericordias»* (2Cor 1, 3).

La misericordia de Jesús se extiende incluso a los enemigos, para quienes solicitan perdón y comprensión (cfr. Mt 7, 2-12). No se trata de una compasión y una *misericordia* sentimentales o teóricas, sino de una auténtica *«misericordia activa»*, de una «compasión práctica» que nos lleva a «padecer-con» («com-padecer-nos») nuestros hermanos.

Jesús declara abiertamente que la compasión y la *misericordia* superan al juicio y al sacrificio cultual, y se extienden a todos los hombres, incluidos los pecadores:

> *No necesitan médico los sanos, sino los enfermos. Entiendan lo que significa: misericordia quiero y no sacrificios; yo no he venido a llamar a los justos, sino a los pecadores (Mt 9, 12).*

> *Si ustedes supieran lo que significa misericordia quiero y no sacrificios, no condenarían a los inocentes (Mt 12, 7).*

La actitud misericordiosa de Jesús se traslada, lógicamente, como invitación y reclamo, a quienes somos sus discípulos. El seguimiento de Jesús supone siempre un acercamiento a Él. No podemos ser sus seguidores si no intentamos «parecernos» a Él, vivir y ser como Él vivió y fue.

En la parábola del siervo cruel (Mt 18, 21-38), Jesús nos hace un llamamiento a ser generadores de misericordia, a tener un corazón, como Dios, «rico en misericordia»:

> *Entonces el señor lo llamó y le dijo: «siervo malvado, yo te perdoné aquella deuda, porque me lo suplicaste. ¿No debías haber tenido compasión de tu compañero, como yo la tuve de ti? Entonces su señor, muy enfadado, lo entregó para que lo castigaran hasta que pagase toda la deuda. Lo mismo hará con ustedes mi Padre celestial si no se perdonan de corazón unos a otros (Mt 18, 32-35).*

La parábola del padre misericordioso, de que hablamos en páginas anteriores, forma parte también de ese bloque de «parábolas de la misericordia» que nos obligan a tener un corazón compasivo partiendo de la misma compasión de Dios y de su Hijo Jesucristo. Las palabras contundentes del apóstol Santiago, no dejan lugar a dudas sobre este llamamiento a una *«misericordia activa»*, no a simples palabras:

> *Tendrá un juicio sin misericordia quien no practicó la misericordia. La misericordia en cambio, saldrá victoriosa en el juicio. (Sant 2, 13).*

La Palabra de Dios es, pues, un exponente claro del Dios de Jesucristo: es un Dios de amor y *misericordia*, que nos exige tener «los mismos sentimientos de Cristo».

> *Que desaparezca de entre ustedes toda agresividad, rencor, ira, indignación, injurias y toda suerte de maldad. Sean más bien bondadosos y compasivos los unos con los otros, y perdónense mutuamente, como Dios los ha perdonado por medio de Cristo. (Ef 4, 31-32).*
>
> *Finalmente, tengan todos el mismo pensar; sean compasivos, fraternales, misericordiosos y humildes (1Pe 3, 8).*

La misericordia en la Visita Pastoral de Juan Pablo II a Cuba.

¿Cómo ignorar que el Magisterio del Santo Padre en Cuba está marcado fuertemente por el amor y la misericordia? Sus referencias al amor cristiano, al amor de Dios a los hombres, son tan amplios en todas sus intervenciones que intentar una presentación de las mismas supondría transcribir prácticamente todas sus palabras. Tampoco podría haber sido de otro modo pues todos sabemos cómo el amor es el mensaje central del Evangelio y de la vida de Jesús. Por eso, y por razones de brevedad, voy a citar simplemente unos pocos textos wojtilianos referidos exclusivamente a la misericordia.

El Papa que escribió *«Dives in Misericordia»* hizo referencias expresas a esta dimensión que consideramos la tercera «clave» teológica para Cuba.

Quizás la homilía y el posterior Mensaje a los jóvenes tenidos en Camagüey, son los documentos donde más «concentrada» está la «energía del amor». Es conocida la preocupación y el entusiasmo de Juan Pablo II por los jóvenes, y por eso no es de extrañar «la carga de amor» que rezuman sus palabras:

> *Queridos jóvenes, los animo a sentir el amor de Cristo, siendo conscientes de lo que Él ha hecho por ustedes, por la humanidad entera, por los hombres y mujeres de todos los tiempos. Sintiéndose amados por Él podrán amar de verdad. Experimentando una íntima comunión de vida con Él, que vaya acompañada por la recepción de su Cuerpo, la escucha de su Palabra, la alegría de su perdón y de su misericordia, podrán imitarlo, llevando así, como enseña el salmista, «una vida limpia». (Juan Pablo II, Homilía en Camagüey, 23 enero de 1998).*

En el Mensaje escrito que dejó a los jóvenes cubanos, también en Camagüey, el Papa les recuerda la imperiosa necesidad de hombres y mujeres que se dediquen al ministerio sacerdotal, religioso, y a la vida contemplativa. Hombres y mujeres que imploren para todos sus hermanos cubanos la *misericordia* de Dios.

> *La Iglesia en su Nación tiene la voluntad de estar al servicio no sólo de los católicos sino de todos los cubanos... necesidad de hombres y mujeres que, consagrando sus propias vidas a Cristo, se dediquen generosamente al servicio de la caridad; tiene necesidad de almas contemplativas que imploren la gracia y misericordia de Dios para su pueblo (Juan Pablo II, Mensaje a los jóvenes cubanos, Camagüey 23 enero 1998, No. 5).*

Junto a los jóvenes, es de todos sabido el amor profundo del Papa por la Virgen María. La «M» de su escudo pontificio y toda su trayectoria personal y sacerdotal dan constancia inequívoca de su fuerte carácter mariano. Así, en su Encíclica «Veritatis Splendor» –entre otras citas– el Papa relaciona a María con la misericordia. Lo hace con estas palabras:

> *María es Madre de misericordia porque Jesucristo, su Hijo, es enviado por el Padre como revelación de la misericordia de Dios (cfr. Jn 3, 16-18). Él ha venido no para condenar sino para perdonar, para derramar misericordia (cfr. Mt 9, 13). Y la misericordia más grande radica en su estar en medio de nosotros y en la llamada que nos ha dirigido para encontrarlo y proclamarlo, junto con Pedro, como «el Hijo de Dios vivo» (Mt 16, 16). Ningún pecado del hombre puede cancelar la misericordia de Dios, ni impedirle poner en acto toda su fuerza victoriosa, con tal de que la invoquemos («Veritatis Splendor» No. 18).*

La misma relación la retoma en Cuba en una de sus homilías, cuando al ir a coronar la imagen cubana de la Virgen de la Caridad recuerda las palabras del Magnificat como razón de la felicidad humana:

> *«Dichosa tú que has creído, porque lo que te ha dicho el Señor se cumplirá» (Lc 1, 45). En estas palabras está el secreto de la felicidad de las personas y de los pueblos: creer y proclamar que el Señor ha hecho maravillas para nosotros y que su misericordia llega a sus fieles de generación en generación (Juan Pablo II, Homilía en Santiago de Cuba, 24 enero 1998, No. 3).*

La Iglesia aparece también, una vez más, como «dispensadora de misericordia»; nada más lejos, por lo tanto, de la mentalidad de Juan Pablo II, que una Iglesia intransigente e intolerante que no tenga en cuenta los sufrimientos y las debilidades de su pueblo: «Como la Virgen María, la Iglesia es Madre y Maestra en el seguimiento de Cristo, luz para los pueblos y dispensadora de la misericordia divina». (Juan Pablo II, Homilía en Santiago de Cuba, 24 enero 1998, No. 4).

Como también era de esperar, el encuentro del Papa con el mundo del dolor está cargado de entrañas de misericordia. En esta hermosa pieza literaria amén de mensaje teológico, Juan Pablo II apela a la misericordia para aproximarse al sufrimiento y al dolor humanos.

> *El dolor llama al amor, es decir, ha de generar solidaridad, entrega, generosidad en los que sufren y en los que se sienten llamados*

a acompañarlos y ayudarlos en sus penas (Juan Pablo II, Mensaje en el Encuentro con el mundo del dolor, La Habana 24 enero de 1998, No. 4).

Una referencia específica a la misericordia hizo Juan Pablo II al citar al Siervo de Dios José Olallo, de la Orden Hospitalaria de San Juan de Dios, cuando lo llama: «Testigo de la misericordia, cuya vida ejemplar en el servicio a los más necesitados es un fecundo ejemplo de vida consagrada al Señor» (Juan Pablo II, Mensaje en el Encuentro con el clero, religiosos, religiosas, seminaristas y laicos comprometidos. La Habana, 25 enero 1998, No. 2).

Omitimos otras referencias del Papa en Cuba con relación a la dimensión de la misericordia. Queda constancia del sentido implícito del amor y la misericordia que rebosa el magisterio papal entre nosotros los cubanos.

La misericordia en el Magisterio de los Obispos cubanos.

Las mismas aclaraciones que hemos hecho respecto al Papa y el tema de la misericordia en Cuba, las hacemos en referencia al Episcopado cubano: sería ímprobo el trabajo de entresacar y analizar textos episcopales a lo largo de los años. Basten algunas breves alusiones.

> *En esta Navidad invitamos a todos los cubanos a vivir con mayor hondura el amor misericordioso y el recíproco perdón, así como los invitamos a asumir, con una actitud consciente esta calidad del amor, no sólo a nivel de las relaciones personales, sino en todos los ámbitos de la existencia familiar, social, económica, cultural y política (Obispos cubanos, Mensaje de Navidad 1989, «La Voz de la Iglesia en Cuba», Doc. 75, pág. 349, No. 6).*
>
> *Con nuestra invitación a vivir en el amor y a posibilitar la esperanza, creemos que estamos contribuyendo realmente al incremento de la justicia y de la paz verdaderas en nuestra nación cubana. Estamos convencidos, asimismo, de que el amor fraterno y misericordioso y la esperanza favorecen el clima de serenidad, por y para el diálogo nacional ... (Id., pág. 351, No. 14).*

Puede decirse que todos los «Mensajes de Navidad» de nuestros obispos, que se han hecho ya habituales, desde 1969 hasta nuestros días, con la interrupción de algunos años, están centrados en el amor, la paz, la reconciliación y la misericordia cristianas. Así, como muestra de esta constante enseñanza de nuestros Obispos, nos dicen en su último Mensaje navideño de 1998: «Al acercarnos al Padre encontraremos, ante todo, la misericordia que pone paz en el corazón y mueve la voluntad a acciones humanas de benevolencia y reconciliación, tan necesarias para la construcción de una sociedad más justa y fraterna» (Obispos cubanos, Mensaje de Navidad 1998).

El ENEC se hizo eco, obviamente, y hasta la saciedad, de la *misericordia* y el amor cristianos, especialmente cuando nos habla de la participación en la edificación de una «Civilización del amor» (cfr. ENEC, pág 91 y siguientes). Si bien no encontramos una sistematización explícita sobre la *misericordia* propiamente dicha, sí podemos contar con una amplia profundización sobre la reconciliación (Ver el epígrafe 3.3.5 de este capítulo III), el diálogo, la «civilización del amor», la paz, etc.

En el II ENEC, aunque no se elaboraron documentos, sí estuvo presente esta dimensión caritativa y misericordiosa de la Iglesia cubana. Especialmente fue resaltada por el Cardenal de La Habana en el Acto de Apertura del 21 de febrero de 1996.

En las homilías de las Eucaristías celebradas por *Mons. Jaime Ortega* a propósito de su nombramiento como Cardenal de la Iglesia católica, no faltaron tampoco alusiones a la dimensión misericordiosa de la Iglesia en Cuba. Así nos dice el Sr. Cardenal:

> *La historia de los pueblos no debe tejerse de olvidos y silencios y los momentos más críticos reclaman siempre de quienes son actores en la vida nacional el perdón y la misericordia a fin de poder superarlos (Card. Jaime Ortega, Homilía en Cienfuegos, 18 febrero 1995).*
>
> *En esta noche oscura del alma católica cubana, brillaba la estrella de María. Para el pequeño resto fiel, la Virgen de la Caridad siguió siendo, como en todas las etapas difíciles de nuestra historia nacional, quien nos acompañó en la oración durante la espera de la manifestación de Dios, de ese Pentecostés que estremeciera nuestra Iglesia para salir a las plazas y que moviera los corazones de los cubanos para entender ese lenguaje diferente que nos presenta el Evangelio de Jesucristo, con los matices dulces y exigentes del perdón, de la misericordia, de la reconciliación, de la esperanza, del amor (Card. Jaime Ortega, Homilía en Santiago de Cuba, 4 junio de 1995).*

Ya citamos profusamente en otro lugar de este trabajo la que hemos llamado «Homilía de la reconciliación con el exilio», que pronunciara en Nueva York el Cardenal cubano. En ella dice, entre otras cosas:

> *Hay palabras como reconciliación, perdón, misericordia, que expresan actitudes propias del creyente en Jesucristo. Fuera de la fe cristiana es difícil encontrar equivalencias a esos conceptos, aun en otras religiones de la tierra que no ponen la fe en Cristo Jesús en el centro de sus creencias (Card. Jaime Ortega, Homilía en Nueva York, 17 de junio de 1995).*

Más recientemente, en la alocución que tuvo el Cardenal Arzobispo de La Habana en CMBF (Radio Musical Nacional) con ocasión de la solemnidad de Nuestra Señora de la Caridad, dijo:

> *Si los cubanos hoy seguimos el consejo de nuestra Madre del cielo, y vamos al encuentro de Jesús, volveremos a escuchar las palabras de Cristo acerca del amor entre nosotros: 'Ámense unos a otros como yo los he amado'. Volveremos a oír que Jesús nos dice que seamos misericordiosos como Dios nuestro Padre es misericordioso (Card. Jaime Ortega, Alocución en CMBF (Radio Musical Nacional), 8 de septiembre de 1998. Tomado de Rev. «Vitral», Año V, No. 27, septiembre/octubre 1998, pág. 8).*

Finalmente recordar que el Plan Global de Pastoral para 1997-2000, aunque no nombra expresamente el concepto misericordia, se refiere en el Objetivo Específico 3, línea de acción 2 a: «Fomentar la responsabilidad por medio de la solidaridad, la caridad y el servicio» (PGP, pág. 14).

Todo ello nos habla de una clara preocupación de nuestra Iglesia por el amor caritativo, la solidaridad y la *misericordia*, si bien hemos de admitir que no contamos con un desarrollo y una profundización concreta sobre la dimensión de la *«misericordia»*, sino únicamente de un modo implícito y normalmente a través de la virtud teologal del amor.

Aproximación teológica al concepto de misericordia en el contexto cubano actual.

La misericordia surge cuando la lógica de la justicia se agota. Es más, cuando todas las lógicas se vuelven incapaces de satisfacer al hombre. Allí donde la Ley termina, con su inapelabilidad, con su finalidad cerrada, nace la misericordia. La misericordia sólo tiene lugar cuando se cierran todas las fronteras, cuando se agotan todas las posibilidades, cuando todo se hace irresoluble, cuando la Naturaleza ya no da más de sí.

La misericordia de Dios nace de su gracia y de su liberalidad. Lo hemos visto en el acercamiento bíblico a esta categoría. Es como un «plus» de Dios, una nueva y enésima oportunidad, un seguir esperando y confiando en el hombre. Lo que la naturaleza no puede dar lo dan la misericordia y la compasión de Dios. Es más, «la misericordia se ríe del juicio», es decir, pone en solfa la racionalidad, la ley y hasta la eticidad. Es, en definitiva, el amor de Dios que supera –sin contradecirse– los mismos límites que Dios puso.

La *misericordia* se engendra desde la miseria. «Miseria» y «misericordia» son dos conceptos afines. La «misericordia» se define etimológicamente como «corazón abierto a la miseria», «corazón sensible ante la miseria». Por eso, donde no hay miseria, vaciedad, desasosiego, ruptura interior, no puede haber *misericordia*.

Dios es misericordioso porque «conoce» como nadie la miseria del hombre y del mundo. Su *misericordia* nace de su conocimiento de la miseria humana. Por eso, la historia de su relación con el hombre, que es siempre historia salvífica, es por definición, «historia de misericordia» gratuita y entrañable. El Dios que «se arrepiente» de reprender o castigar a su pueblo, es siempre un Dios omnipotente que se vuelve voluntariamente omni-impotente para desde su vulnerabilidad amorosa y cómplice con el hombre, intentar de nuevo la salvación.

Cristo es el paradigma de la omni-impotencia de Dios. El Jesús que nace en Belén, débil y vulnerable, dependiente humanamente de María y José, expuesto a la enfermedad, al dolor, a todas las contingencias, y finalmente a la muerte, es el Dios que se hace indefenso, asumiendo la miseria, para desde ella, ser «el misericordioso» (cfr. Heb 2, 17) dador de misericordia para con todos.

> *Era menester que Jesús fuera vulnerable y quedara herido para hacerse misericordioso. A través de las crisis con que tuvo que enfrentarse es como la miseria del hombre entró en su corazón. La conoció. Tuvo experiencia de ella. Y esa miseria le pareció inaceptable al bienaventurado Hijo de Dios. De aquí aquella inmensa pasión de misericordia que se elevó en su corazón. Era preciso transfigurar a ese hombre miserable (Bernard Lambert, «Las bienaventuranzas y la cultura hoy». Ed. Sígueme, Salamanca 1987, pág. 151).*

Es el Cristo «kenótico» (cfr. Fil 2, 6-8) que asume la miseria y el pecado para «comprender» mejor al hombre y desde ahí, *«desde la muerte en cruz»* (v.8) redimirlo. Desde entonces, y evidentemente desde «antes», nada que sea humano es ajeno o neutral para Dios. La suerte del hombre es la suerte de Dios, porque el mismo Dios prueba y bebe hasta las heces el cáliz del sufrimiento y la miseria del hombre.

> *El cual, siendo de condición divina, no consideró como presa codiciable el ser igual a Dios. Al contrario, se despojó de su grandeza, tomó la condición de esclavo y se hizo semejante a los hombres. Y en su condición de hombre, se humilló a sí mismo haciéndose obediente hasta la muerte, y una muerte de cruz (Fil 2, 6-8).*

Del mismo modo que la esperanza es una virtud «para tiempos difíciles», la misericordia lo es para tiempos críticos, para épocas de desolación e incertidumbre. Así como Dios «genera más misericordia» en la inmersión histórica del Verbo en la miseria, así también, a más miseria se precisa engendrar más misericordia. El padre de la parábola lucana del «hijo pródigo», ejercitó en demasía su misericordia cuando mayor fue la miseria de sus hijos: el que se fue y el que se quedó. Es, con otras palabras, lo que nos dice Pablo: *«donde abundó el pecado sobreabundó la gracia»*. La miseria, el sufrimiento, el pecado, generan misericordia y compasión por parte de Dios.

Por todo ello, el pueblo cubano está necesitado de misericordia. De una misericordia especial, extraordinaria, histórica, puntual. No de la misericordia «habitual» que debe desplegarse siempre y en todo lugar, sino de una misericordia específica e insoslayable. Y por todo esto, entiendo la *misericordia* como clave esencial en la praxis pastoral, y por ende, en la reflexión teológica de la Iglesia cubana.

Pero para tener *misericordia* es preciso haberse visto alcanzado y sumergido existencialmente en la miseria. Lo acabamos de ver al hablar del Dios hecho hombre. Quien no se ha sentido, no se siente, no se experimenta, como inmerso en la miseria, no es capaz de tener entrañas de *misericordia*.

> *La misericordia ha quedado proscrita. La «sociedad progresista» ha decretado que está prohibido pensar en el sufrimiento de las víctimas. El bienestar exige un precio: el sacrificio de los más débiles. Eso es todo. Por otra parte, la organización eficaz de la sociedad y el funcionamiento eficiente de las cosas van reprimiendo la «cultura del corazón». La ternura, la acogida cálida a cada persona, el cariño... van siendo barridos de la sociedad. No hay lugar para el corazón. Pero donde no hay corazón no crece la esperanza. El cristiano se esfuerza por despertarla desde una actitud de misericordia y compasión comprometida (José A. Pagola, «Esperar: creatividad enraizada, frente a «nihilismo fatigado», en: Rev. «Sal Terrae», Santander 1993, No. 956, págs. 278-279).*

Dicho con otras palabras, quien no se sabe pecador, quien no se reconoce de verdad –no sólo de palabra– pecador y «miserable», no puede ser misericordioso. La misericordia nace en el corazón lleno de miseria de un miserable. La compasión es padecer con el hermano de igual a igual, no desde la superioridad de quien se cree superior, justificado o convertido.

Por todo esto, el «ministerio de la misericordia» hemos de vivirlo los cristianos desde la «conciencia de miseria y de pecado», personal y eclesial. Una conciencia de miseria y de pecado que no abdica, empero, de la alegría, la esperanza y el optimismo de sabernos ya rescatados por Cristo.

> *El que se detesta, el que se odia, es un hombre sin misericordia consigo mismo y con los demás. Si no tiene misericordia, no será creador ni para sí mismo ni para el prójimo. Se cerrará a la vida, impedirá que la vida pase a otros hombres. (Bernard Lambert, op. cit., pág 149).*

Quienes más han sufrido en su espíritu los azotes de la miseria humana, en sus múltiples manifestaciones, son quienes más aptos están para ejercer la misericordia, es más, sólo éstos podrán ser misericordiosos si no han permitido que las heridas se enconen y se infecten, sino que han sido capaces, a base de cuidado, cariño y tiempo, de cicatrizar las incisiones que su historia y la historia de los demás les han ido infligiendo. Quien tiene cicatrices se sabe vulnerable y por ello, sana y comprende las heridas de los demás ayudándoles a una cicatrización definitiva. Pero quienes no se sienten heridos y heridores, o quienes no consienten en que sus heridas cicatricen porque en el fondo son neuróticos de la miseria y la violencia, jamás podrán dispensar cuidado y saneamiento a sus hermanos. Estarán excesivamente ocupados en sus propias heridas, arañando en ellas para impedir a la postre la sanación. Y la *misericordia*, nacida de la miseria contra la que se lucha, no tendrá cabida en su corazón.

Por eso la *misericordia* está también profundamente imbricada con la reconciliación, la consolación y la esperanza, de que estamos hablando en estas páginas. Son distintas caras del mismo poliedro. Unas y otras se necesitan, se requieren y se suponen entre sí. No puede existir una sin faltar la otra. Todas ellas, por lo demás, forman parte del quehacer histórico de la Iglesia cubana actual.

Y todas ellas son dinámicas, activas, propulsoras de transfiguración y cambio. Son creativas. No son categorías, virtudes o dimensiones de la vida y de la fe que pretendan calmar, resignar, apaciguar. No son virtudes de conservación y mantenimiento, sino de renovación y recreación orientadas al Reinado de Dios en la tierra. Es lo que nos dice el Papa Juan Pablo II:

> *El significado propio y verdadero de la misericordia no consiste solamente en una mirada, aunque sea la más penetrante y la más cargada de compasión, dirigida hacia el mal moral, corporal o material; la misericordia se manifiesta en su aspecto propio y verdadero cuando revaloriza, cuando promueve, cuando saca el bien de todas las formas del mal que existen en el mundo y en el hombre. Así entendida, constituye el contenido fundamental del mensaje mesiánico de Cristo y la fuerza constitutiva de su misión. Así es como la comprendían y practicaban sus apóstoles y sus discípulos. Ella no dejó nunca de revelarse, en su corazón y en sus acciones, como una demostración del dinamismo del amor que no se deja «vencer por el mal», sino que «vence al mal por el bien». Es menester que el rostro auténtico de la misericordia sea siempre desvelado de nuevo. A pesar de los múltiples prejuicios, se muestra especialmente necesaria para nuestra época (Juan Pablo II, «Dives in misericordia», cap 4).*

La Iglesia cubana está llamada a vivir en el Tercer Milenio como ámbito de *misericordia* en medio de su pueblo, como generadora de compasión, como experta en tolerancia y reconciliación, como maestra de clemencia, como testigo del amor. Sí, es preciso que ese «dinamismo del amor» del que nos habla el Papa, se haga cada vez más fuerte y visible en nuestra Iglesia. Nada más triste que una Iglesia que aparezca más como madrastra que como madre, como jueza de sus hijos que como defensora comprensiva de sus errores, como instancia perfecta que reprende o rechaza las debilidades e infidelidades de sus hermanos. Si la Iglesia cubana no se hace y se siente vulnerable con sus hijos, herida con los mismos dardos, sufriente en los mismos afanes, solidaria y partícipe en los mismos escarceos de sus fieles creyentes, no podrá ser la Iglesia compasiva y misericordiosa. Todos los demás pecados de la Iglesia, la Historia termina por comprenderlos y perdonarlos. La falta de misericordia, no.

Son terribles las palabras del apóstol Santiago citadas anteriormente: «Tendrá un juicio sin misericordia quien no practicó la misericordia. La misericordia en cambio, saldrá victoriosa en el juicio» (Sant 2, 13).

Y estas palabras se refieren también –o principalmente– a nosotros, los hombres y mujeres de Iglesia que hemos conocido con mayor conciencia tal vez, la *misericordia* de Dios. Una *misericordia*, que al igual que el resto de las «claves» de que venimos hablando, no puede quedarse en un simple vocablo más o menos afortunado, sino que debe continuarse y traducirse en gestos, hechos, realizaciones, contenidos educativos y catequéticos, estilo de vida, modo de situarse en la sociedad, actitudes básicas del ser y del actuar. ¿Cómo presentarnos ante nuestro pueblo como «ministros de la misericordia» si somos intransigentes, intolerantes, duros de corazón con nosotros mismos o con nuestros hermanos más cercanos? ¿Cómo proclamar la *misericordia* si no comprendemos en ocasiones actitudes o actos de nuestros hermanos por la simple razón de ser diferentes a nosotros, pensar de manera diversa incluso en cuestiones fronterizas o superfluas? Pretender encorsetar a todos en el mismo esquema, en el mismo molde, sin respetar el derecho a la disensión, a la diversidad o a la libre expresión de ideas o sentimientos, es no tener misericordia ni respeto con los demás.

La situación del pueblo cubano requiere en estos momentos un talante especialmente misericordioso por parte de su Iglesia. Se están viviendo unas actitudes y desarrollando unos actos que deben ser interpretados desde una óptica moral especial y «en situación». Los condicionamientos externos, en particular los de índole económico, han forzado actuaciones singulares y atípicas en otros contextos del mundo. Este delicado tema moral debe ser asumido ya por nuestra Iglesia sin más dilaciones. Los códigos éticos no pueden aplicarse ahistóricamente, en abstracto y de un modo universal y genérico, sino «situados y fechados» en medio de unas circunstancias concretas. Sería injusto, a mi modo de ver, aplicar una normativa moral que no tuviera en cuenta estos condicionamientos que si bien no tienen por qué ser determinantes, sí influyen poderosamente en el ser y el actuar de nuestros hermanos. Muchos de los actos que debemos rechazar como «éticamente reprobables» debemos no obstante entenderlos como puntuales, circunstanciales e históricos. La llamada «doble moral», la ambigüedad en los límites entre verdad y mentira, la ética del «resolver» como eufemismo encubridor de un verbo más vergonzante socialmente hablando, el fenómeno del «jineterismo» que no debemos circunscribirlo únicamente al ámbito sexual sino que tiene ramificaciones y connotaciones más amplias y preocupantes, el problema del «mercado negro», el fingimiento como actitud sistematizada de supervivencia, etc., son algunas de las manifestaciones del obrar del cubano que nos deben llevar a una reflexión serena sobre una especie de «nueva moral» que parte de una «nueva sociedad» que es real e inevitable. No se trata, supongo que es casi innecesario decirlo, de un «ablandamiento moral», de una justificación en bloque de actitudes y actos éticamente rechazables: nunca la Iglesia ni los cristianos podremos justificar lo que Dios reprueba y la misma Iglesia rechaza. Se trata más bien, de ser sensibles y conocedores de esa «miseria» desde donde decíamos que debe generarse la *misericordia*, siguiendo aquel principio antes aludido «a más miseria, más misericordia», a más sufrimiento y pecado, más gracia y Amor. La Iglesia debe ser, a mi modo de entender las cosas, profundamente misericordiosa con su pueblo a la hora de una educación de la moralidad personal y social. Quizás sea más grave pecar por defecto de comprensión que por exceso de misericordia. ¿O puede ser pecado, en algún caso, el «exceso» de *misericordia*?. La *misericordia* debe ser la clave para afrontar los graves problemas morales que crea al cubano la situación actual en que vive. Sólo desde la compasión y la *misericordia* pueden y deben analizarse estos problemas. Y eso supone, insisto, que la Iglesia cubana se sienta de verdad pecadora, vulnerable, herida en su historia y en la historia de su pueblo, *«casta et meretrix»*; *«semper reformanda»* (cfr. UR, 6; LG, 8) como nos recordó el Concilio Ecuménico Vaticano II.

La quinta bienaventuranza de Mateo: *«Bienaventurados los misericordiosos porque ellos alcanzarán misericordia»* (Mt 5, 7), nos sitúa en el centro de la actitud que los católicos cubanos debemos observar: alcanzaremos *misericordia*, es decir, seremos perdonados y tolerados por Dios, si a nuestra vez somos misericordiosos con los demás. El espíritu de las Bienaventuranzas debe impregnar a la Iglesia cubana en su tarea de ser un ámbito de amor y *misericordia*.

No en balde los Obispos cubanos eligieron el «himno a la caridad» de San Pablo para dar título y contenido a su más conocida y polémica comunicación al pueblo cubano, la más importante para algunos autores de todo el Magisterio episcopal: *«El Amor todo lo Espera»*.

San Pablo, en su carta a los Corintios, hace del amor el centro de la vida cristiana: *«el amor no pasa nunca»* (1Cor 13, 8). Efectivamente, para Pablo, sin amor hasta las mejores cosas, léase planes pastorales, catequesis, actos de culto, etc., se reducen a nada (v.v. 1-3); el amor es fuente y origen de todos los bienes, de él surgen la vida, la paz, la reconciliación, el diálogo (v.v. 4-7); el amor es prenda segura en el hoy histórico de la promesa escatológica del amor definitivo en el Padre (v.v. 8-13). La hermosa descripción del amor cristiano que hace Pablo, es también una evocación de lo que son la *misericordia* y la compasión:

> *El amor es paciente y bondadoso; no tiene envidia, ni orgullo, ni jactancia. No es grosero, ni egoísta; no se irrita ni lleva cuentas del mal; no se alegra de la injusticia, sino que encuentra su alegría en la verdad. Todo lo excusa, todo lo cree, todo lo espera, todo lo aguanta (1Cor 13, 4-7).*

Siguiendo el mismo espíritu de Pablo en su carta a los Corintios, los Obispos cubanos nos han recordado, en el Mensaje antes citado de 1993:

> *Todos quisiéramos, y ésta es nuestra constante oración, que en Cuba reinara el amor entre sus hijos, un amor que cicatrice tantas heridas abiertas por el odio, un amor que estreche a todos los cubanos en un mismo abrazo fraterno, un amor que haga llegar para todos la hora del perdón, de la amnistía, de la misericordia. Un amor, en fin, que convierta la felicidad de los demás en la felicidad propia*

(Obispos Cubanos, «El Amor todo lo espera», septiembre 1993, No. 16 en «La Voz de la Iglesia en Cuba»).

Esta es la perspectiva de la misión de la Iglesia en la Cuba de hoy y de mañana, la clave teológica que debe cruzar y atravesar tanto las actitudes y los actos de sus hijos como los de la misma Iglesia institución, representada fundamentalmente por sus pastores.

Una Iglesia de misericordia será una Iglesia venerada en el futuro por haber sido compasiva con su pueblo, desde sus propios errores y defectos, y por eso mismo por haber sido fiel al Jesús del evangelio, *«manso y humilde de corazón»* (Mt 11, 29).

Es la Iglesia que debe orar cada día con las hermosas palabras de la Plegaria Eucarística V/b: «Danos entrañas de misericordia ante toda miseria humana...»

TEOLOGÍA «EN CLAVE DE CONSOLACIÓN»

No cabe duda de que la «reconciliación» (y el diálogo), juntamente con la «esperanza» y la «misericordia» son las categorías más presentes en el discurso teológico implícito a todo el Magisterio eclesiástico cubano.

No puede decirse lo mismo del concepto *«consolación»*. No es fácil encontrar este término en la literatura eclesial cubana reciente ni pasada. Tampoco su contenido, su desarrollo, forman parte del acervo magisterial de la Iglesia cubana. Sólo de un modo más bien tangencial, epidérmico, hallamos una descripción de las causas y de la necesidad de «consuelo»; y mucho menos existe, a mi modo de ver, un desarrollo, ni siquiera implícito, de una teología «en clave de consolación».

Las razones pueden ser varias, en primer lugar, la misma ausencia de descubrimiento de una necesidad de *consolación*. Producto, tal vez, de una falta de reflexión, no nos hemos percatado de que el pueblo cubano es un pueblo que necesita ser consolado. Junto a esta ausencia analítica y teológica, otra razón de esta omisión puede encontrarse en el desconocimiento y hasta en la mala intelección del concepto mismo de *«consolación»*, *«consuelo»*. Suena mal este término, no sintoniza ni con la mentalidad actual ni con el mismo sentir psicológico del cubano. Sus resonancias nos llevan a pensar más bien en resignación, «compasión» mal entendida (otro concepto bíblico minusvalorado y relacionado con la *«consolación»*), inactividad, pusilanimidad, derrotismo... Nada más lejos, sin embargo, de lo que realmente es la *«consolación»*, como veremos enseguida. La resistencia a consolar y a ser consolado es, empero, totalmente teórica. Si somos sinceros sobre todo, capaces de escudriñar en la realidad, veremos cómo el pueblo cubano está urgido de consuelo y cómo la Iglesia es y debe ser «consoladora» de su pueblo. Y tomar conciencia de este ministerio en el nuevo Milenio.

La *consolación* no es solamente una clave de la teología cubana actual, sino al igual que la reconciliación, la esperanza y la misericordia, un auténtico e insoslayable «ministerio» de la Iglesia cubana. Es un servicio, una «diakonía» que nos pide el pueblo. *«Consuelen, consuelen a mi pueblo, dice vuestro Dios»* (Is 40, 1) es una tarea, un reto y una invitación a la Iglesia cubana de hoy.

6.1 La consolación en la Biblia

La Biblia conoció la categoría y el contenido del *«consuelo»* y la *«consolación».* Nos acercamos brevemente a ello, ayudados de los Diccionarios bíblicos al respecto.

El mundo antiguo habló y escribió mucho del consuelo y del arte de consolar; pero, en el fondo, fue un tiempo de desolación o desconsuelo. Es característico en este sentido que al mismo tiempo que tenía una divinidad, un numen para todo, no tenía un dios cuyo oficio o función fuera consolar. En cambio, si entramos en el mundo de la Biblia, lo hallamos lleno de consuelo (Johannes B Bauer, «Diccionario de Teología Bíblica», ed. Herder, Barcelona, 1967, pág. 209).

Haciendo un repaso de esta categoría encontramos en el Antiguo Testamento un libro precisamente llamado «Libro de la Consolación», el que se corresponde a los capítulos 40 al 55 del profeta Isaías, libro llamado también «Deuteroisaías» o «Segundo Isaías». Sabemos que el autor de estos capítulos no es el mismo de los primeros treinta y nueve ni de los últimos del llamado «Tercer Isaías», capítulos 56 al 66. Se trata de un autor anónimo del que nada sabemos excepto que es un extraordinario teólogo y un gran poeta inspirado por Dios.

Personaje fervoroso y optimista, solidario con la suerte y sufrimiento de su pueblo, y con una profunda fe en Dios como señor de la historia. Es, sobre todo, un gran teólogo, buen conocedor de las antiguas tradiciones proféticas y teológicas de su pueblo... Y, al mismo tiempo, abierto al mundo religioso y cultural de su entorno, y particularmente atento a los «signos» de su tiempo. (La Biblia. Introducción al profeta Isaías. Ed. Casa de la Biblia, Madrid 1992, pág. 707).

Aparte de que la semblanza sobre el autor anónimo del «libro de la consolación» que hace la introducción al libro de Isaías editado por «La Casa de la Biblia» sea una hermosa descripción de lo que debe ser un agente de pastoral en Cuba actualmente, nos sitúa en los rasgos de un personaje que descubrió la necesidad de consuelo de su pueblo, y como buen profeta, ejerció ese «arte de consolar» que la situación histórica de Israel reclamaba en el siglo VI a. C.

Efectivamente, el «Deuteroisaías» se dirige a los exiliados y desterrados judíos en tierras de Babilonia (Is 40-48). El profeta les consuela anunciándoles la liberación del yugo político que durante décadas había diezmado al pueblo de Dios con deportaciones sucesivas y con un empobrecimiento moral y material para quienes pudieron permanecer en su tierra natal. El profeta se va a tropezar con múltiples dificultades y contradicciones: un sector de su pueblo se siente abandonado y olvidado de Dios, otros no aceptan que la liberación y purificación de su pueblo provenga de un pagano, de un extranjero que no adore al Dios Yahvéh: el rey persa Ciro, de quien Dios se vale para salvar a su pueblo, y otros, finalmente, alucinados y deslumbrados por el progreso, la riqueza y la cultura extranjeros (los dioses babilónicos) sucumben ante la idolatría y la seducción, son infieles al Dios de Israel. Es un pueblo ciego y sordo que se resiste a creer y esperar en el Dios de sus padres y pierde la esperanza en un futuro nuevo (Is 42, 18ss).

Los capítulos 49 al 55 parecen dirigirse a un pueblo ya reinstaurado en tierras palestinas a partir del 537 a.C. El profeta se decepciona después de esta primera repatriación y se dirige a un pequeño «resto» que permanece fiel a pesar del rechazo y la persecución por parte de los suyos. El profeta, ojo avizor de los nuevos signos de los tiempos, consuela a un pueblo excesivamente herido por tantos años de opresión y exilio:

> *¡Qué hermosos son sobre los montes los pies del heraldo que anuncia la paz, que trae la buena nueva, que pregona la victoria! Que dice a Sión: «Tu Dios es Rey», Escucha: tus vigías gritan, cantan a coro, porque ven cara a cara al Señor, que vuelve a Sión. Rompan a cantar a coro, ruinas de Jerusalén, que el Señor consuela a su pueblo, rescata a Jerusalén; el Señor desnuda su santo brazo a la vista de todas las naciones, y verán los confines de la tierra la victoria de nuestro Dios (Is 52, 7-10).*

El «consuelo» y la «consolación» aparecen no sólo en el Deuteroisaías, sino en otros textos bíblicos. Así, conoce el consuelo que supone la visita de amigos y vecinos que acompañan a Jacob ante la noticia de su hijo José asesinado: «Todos sus hijos e hijas acudieron a consolarle, pero él rehusaba consolarse y decía: 'voy a bajar en duelo al sheol donde mi hijo'. Y su padre le lloraba» (Gen 37, 35).

O los tres amigos que consuelan a Job ante su sufrimiento: «Tres amigos de Job se enteraron de todos estos males que le habían sobrevenido, y vinieron cada uno de su país: Elifaz de Temán, Bildad de Súaj y Sofar de Naamat. Y juntos decidieron ir a condolerse y consolarle» (Job 2, 11).

O el consuelo que brinda David al rey Janún por la muerte de su padre por medio de unos embajadores: «Dijo David: 'tendré con Janún, hijo de Najás, la misma benevolencia que su padre tuvo conmigo'. David envió a sus servidores para que le consolaran por su padre» (2Sam 10, 2).

En otros lugares de la Sagrada Escritura aparece la *«consolación»* como respuesta a las múltiples necesidades o miserias humanas: así, el *consuelo* a través de la amistad (Eclo 6, 16), a través de una carta (Jer 29, 1-23), a través de la comida y la bebida (Gen 14, 18) etc.

Sin embargo, la Palabra de Dios nos enseña que el *consuelo* puede ser negativo cuando es puramente humano y se convierte en algo «profesional», en una especie de costumbre vacía de empatía y auténtica sensibilidad, cuando quien consuela no se «com-padece» (es decir, no «padece-con», no vive el *«pathos»* de su hermano sufriente), no se sitúa en el lugar, dentro de la piel del otro y se «queda fuera» con un consuelo frío, estereotipado, en una receta o una respuesta prefijada y *ad hoc:*

> *Respondió Job: He oído ya mil discursos semejantes; todos ustedes son unos consoladores importunos. ¿No hay límite para los discursos vacíos? ¿qué te impulsa a replicar? (Job 16, 2-3).*
>
> *Y me queréis consolar con vaciedades? Vuestras respuestas son puro engaño (Job 21, 34).*
>
> *Los fetiches prometen en vano, los agoreros ven falsedades, cuentan sueños fantásticos, consuelan sin provecho (Zac 10, 2).*

Al igual que veíamos en el tema de la reconciliación, la *consolación* es fundamentalmente obra de Dios. Somos reconciliados y reconciliadores, consolados y consoladores, en la medida en que dejamos a Dios penetrar en nosotros y hacer su obra salvífica. Es Dios quien consuela, el único realmente consolador, el único que domina «el arte de consolar» a plenitud. Nuestra tarea, nuestro «ministerio» de consolación es siempre una participación en la obra de gracia consoladora del Dios de la misericordia y el perdón.

> *El verdadero y, a la postre, el único consolador es el Señor Dios, que lo mismo consuela al individuo en sus pruebas (los pasajes a este propósito son, sobre todo en los salmos, tan numerosos, que casi no pueden alegarse en particular), como al pueblo en el juicio de la historia (piénsese, por ejemplo en el segundo Isaías 40, 1; 51, 3. 12; 66, 11-13; y Ezequiel 33-48; Jer 14, 8, citado en Lc 2, 25-; 31, 9, etc). Mediadora de este consuelo divino es su palabra y su ley (cf. por ej. Sal 119) y, en general, la Escritura (1 Mac 12, 9; 2Mac 15,*

9; Rom 15, 4) y los profetas (2Pe 1, 19) cuya más bella misión, además de amenazar con el juicio divino, es la de consolar; y como consoladores, permanecieron en el recuerdo de las generaciones posteriores (Eclo 48, 24; 49, 10) (Bauer, op. cit., págs. 209-210).

La larga cita de Bauer, cimentada en pasajes de la Escritura, nos prueba que Dios, a través de su Palabra, de la Ley y de los Profetas es el único y verdadero consolador. «Como uno a quien su madre le consuela, así yo les consolaré a ustedes; y por Jerusalén serán ustedes consolados» (Is 66, 13).

En el Nuevo Testamento, la teología de la *consolación* se funde como no podía ser de otro modo, con la figura de Jesucristo el Redentor. Él anunció la salud, la salvación, el consuelo. El protagonismo de Dios aparece sin ambages:

Que Dios, fuente de toda constancia y consuelo, les conceda andar de acuerdo entre ustedes, como es propio de cristianos (Rom 15, 5).

¡Bendito sea Dios, Padre de nuestro Señor, Jesús Mesías, Padre cariñoso y Dios que es de todo consuelo! Él nos alienta en todas nuestras dificultades, para que podamos nosotros alentar a los demás en cualquier dificultad, con el ánimo que nosotros recibimos de Dios; pues si los sufrimientos del Mesías rebosan sobre nosotros, gracias al Mesías rebosa en proporción nuestro ánimo (2Cor 1, 3-5).

La *consolación* que viene sólo de Dios está, pues, ordenada al porvenir, es un *consuelo* escatológico. Pero no únicamente. También en el Nuevo Testamento, se trata de un consuelo ante las adversidades y sufrimientos de la vida terrenal. Especialmente el consuelo de Dios va dirigido a los más pobres y necesitados (Mt 11, 5; Lc 4, 18); a los enfermos y presos (Mt 25, 36.43); a los huérfanos y viudas (Lc 1, 27; 4, 25; 7, 12) etc.

Mención especial merecen las bienaventuranzas: «Bienaventurados los afligidos, porque ellos serán consolados» (Mt 5, 3). «Bienaventurados ustedes que ahora lloran, porque reirán» (Lc 6, 21).

Cargadas todas ellas de una fuerte energía de liberación utópica, muestran explícitamente esta tercera bienaventuranza, el consuelo de los pobres y desheredados del mundo privilegiados de Jesús de Nazareth.

El que llora, pero espera, tiene ya una consolación. El que, a pesar de todas las apariencias en contrario, sabe que hay una liberación al final del camino, ya está consolado. El que contempla el orden del mundo y sabe que la desgracia pasará, que las privaciones tendrán fin, que la muerte será vencida, que el poder de los po-

tentados tendrá término, que el rico no se llevará sus bienes de la tierra, que en la lucha entre el lobo y el cordero acabará venciendo el cordero, que la ciudad de Dios terminará imponiéndose sobre el mal, que Dios aguarda a los hombres al final de la vida para llevar a cabo su juicio y darle a cada uno según sus obras, ése experimenta una consolación. También experimenta una consolación aquél que sabe que Dios se ha comprometido con el pobre, con el que sufre la violencia de los hombres, con el hombre que se ve reducido a la esclavitud, con el que se inclina por efectos de la dureza, del odio, de la división y la tortura. Experimenta ya una consolación porque su corazón, establecido en la dependencia creadora en virtud de la bienaventuranza de la pobreza, participa de la fuerza y de la libertad de Dios. Sí, experimenta ya una consolación real aguardando la consolación que le traerá el acontecimiento del porvenir absoluto del mundo... La palabra de Dios me consuela, los sacramentos de Jesucristo, me consuelan. Me consuelan haciéndome vivir las bienaventuranzas (Bernard Lambert, «Las bienaventuranzas y la cultura hoy», ed. Sígueme, Salamanca 1987, pág. 113).

Los seguidores de Jesucristo, los creyentes en el Sermón de la Montaña y las Bienaventuranzas, hemos de ser consoladores de nuestro pueblo cubano, tenemos que descubrir nuestro «ministerio de la consolación» a partir de las necesidades y pobrezas morales y materiales de nuestra gente. La palabra de Dios viene una vez más en nuestra ayuda cuando ilumina este servicio y esta tarea que podemos y debemos hacer a los creyentes y al pueblo cubano en general: «Por favor, hermanos, llamen la atención a los ociosos, animen a los apocados, sostengan a los débiles, sean pacientes con todos» (1Tes 5, 14).

Las palabras ya citadas del Deuteroisaías siguen siendo la mejor fundamentación bíblica a esta clave teológica de la consolación que a mi humilde entender no debe faltar, explícitamente, en el testimonio y en la nueva evangelización de la Iglesia cubana: «Consuelen a mi pueblo, dice el Señor, consuelen a mi pueblo» (Is 40, 1).

Aproximación teológica al concepto de consolación en el contexto cubano actual.

Recapitulamos algunas ideas expresadas hasta el momento que pueden servirnos como acercamiento a esta dimensión de nuestra evangelización:

La *«consolación»* es una categoría suficientemente desarrollada tanto en el Antiguo Testamento como en el Nuevo Testamento.

Un análisis sociológico del pueblo cubano no puede obviar su condición de «pueblo sufriente» desde varias coordenadas, especialmente aquéllas que hacen referencia a su vida ética y espiritual en el sentido más amplio de la palabra.

> *A todos los que de algún modo se ven duramente afectados por estas tribulaciones, les dirigimos una palabra de aliento y consuelo, que nos resulta fácil, porque reconocemos que es más difícil asumir un dolor que podría evitarse que aceptar aquellas penas inevitables que la vida nos impone. Pero confiamos en que el Padre de las misericordias y Dios de todo consuelo les lleve al corazón la paz que tanto necesitan. (Obispos Cubanos, «Llamamiento a todos nuestros fieles cubanos, a todo nuestro pueblo cubano», «La Voz de la Iglesia en Cuba», op. cit., 24 de agosto de 1994; pág 448, No. 10).*

En la primera entrevista concedida por Mons. *Arturo González Amador* después de su Ordenación episcopal a la Revista diocesana «Amanecer» decía comentando su lema episcopal: «En cuanto a lo de 'haz el bien', quiero consolar en primer lugar; »consolar a mi pueblo», como dice el profeta Isaías, y trabajar por el bien común, sin excepción de personas, credos, ideologías... trabajar por lo que signifique lograr un poco de bienestar para la gente» (Mons. Arturo González, Entrevista en Rev. «Amanecer», Año III, No. 22, Noviembre-Diciembre 1998, pág. 17).

Existen, desde el Magisterio eclesiástico y desde otros escritos eclesiales, «descripciones» de esta «situación de sufrimiento», que no obedece únicamente a un llamado «período especial» o a acontecimientos puntuales o pasajeros, sino que está muy inducido en el «alma cubana» (Ver a este respecto palabras del Papa en sus discursos y homilías en Cuba, así como en el «Angelus» rezado en el Vaticano el miércoles siguiente a su regreso de Cuba. Asimismo, las palabras de *Mons. Meurice* en la bienvenida a Juan Pablo II en Santiago de Cuba, etc.).

> *Al acercarse el Adviento del Tercer Milenio del Cristianismo levanto mis ojos hacia la amada Isla de Cuba y haciendo memoria de su belleza incomparable entre las tierras de América, como la describió el Almirante, pero compartiendo también con ella los dolores del mundo moral y de las carencias materiales, ruego al Espíritu Santo consolador que inspire y promueva en medio de vuestra Iglesia las necesarias vocaciones a la vida sacerdotal, a la vida religiosa y al laicado comprometido, para que, al atravesar esta prueba y emprender la pronta y necesaria reconstrucción de la querida nación cubana, los católicos sean siempre en medio de su pueblo*

«profetas de la consolación», que anuncien a sus compatriotas que ese gran poder de recuperación nacional que han experimentado los cubanos durante pasadas crisis es, en último término obra de ese mismo espíritu que renueva la faz de la tierra (Juan Pablo II, Audiencia a la Comunidad eclesial cubana participante en la investidura del Card. Jaime Ortega, Vaticano 26 de noviembre de 1994).

Existen, asimismo, tomas de postura eclesiales con una «teología de la consolación» implícita en sus contextos. De un modo especial la abundancia de citas papales en que anima al pueblo cubano a no tener miedo. Sirvan, como ejemplo, las siguientes:

No tengan miedo, abran las familias y las escuelas a los valores del Evangelio de Jesucristo, que nunca son un peligro para ningún proyecto social (Juan Pablo II, Homilía en Santa Clara, 22 de enero de 1998, No. 4).

Como dije al inicio de mi Pontificado y he querido repetir a mi llegada a Cuba: No tengan miedo de abrir sus corazones a Cristo (Juan Pablo II, Homilía en Camagüey, 23 de enero de 1998. No. 4).

Del mismo modo, el llamamiento a mantener el optimismo, la ilusión y la esperanza, la invitación a estar animados en medio de las dificultades diarias, el «consuelo» que no sólo en el magisterio escrito sino también en homilías, conversaciones privadas, celebraciones litúrgicas llenas de alegría, música y cantos autóctonos, son signos de ese ministerio consolador del que venimos hablando.

No creo que exista, sin embargo, una concientización clara y compartida de la necesidad de este ministerio y por ende, de una teología con esta clave que la sustente. ¿Cuántas horas pasamos los sacerdotes «consolando» a nuestro pueblo, ejerciendo otro ministerio importante: el «ministerio de la escucha» paciente , sin límite de tiempo, a cualquier hora del día o de la noche? Existe, ciertamente, tanto el ministerio como la teología de fondo, sólo es preciso tomar conciencia de ello, no se nos impute la queja del salmista: «Espero compasión, y no la hay; consoladores, y no los encuentro» (Sal 69, 21).

Al igual que en la reconciliación, la *consolación*, como hemos visto en la fundamentación bíblica, procede de Dios, es Él quien da el primer paso, el único protagonista, el que de verdad consuela. Cristo es el gran consolador, nosotros como discípulos, participamos diaconalmente de este ministerio que es tarea y reto históricos.

La Iglesia cubana tiene en este campo, un desafío histórico ineludible. Esta, como su misión reconciliadora, como la misión esperanzadora y misericordiosa de las que hemos hablado es precisamente *SU* misión recibida de Jesucristo. Consolar a su pueblo significa ayudar a restañar sus heridas, desarrollar una terapia cristiana que vaya mitigando, con una enorme paciencia histórica, los golpes, vacíos, tristezas y decepciones de nuestros hermanos. Consolar al pueblo no es resignarlo, «pasarle la mano», darle un opio o un analgésico que le ayude a soportar los problemas de todo tipo. Es, sobre todo, prepararle para afrontar su protagonismo personal y social, colaborar en la maduración como persona y como pueblo que le lleve a vivir una vida más plena y feliz. Esto significa la consolación bíblica: reagrupar, reconfortar, consolidar. En este sentido nos invita el Señor a consolar: «Consolamini, consolamini, popule meus, dicit Deus vester» (Is 40, 1).

Y en este sentido será recordada en un futuro la Iglesia cubana de los años 2000, del mismo modo que los profetas bíblicos permanecieron en el recuerdo de las generaciones posteriores:

> *Con el poder del espíritu vio el fin de los tiempos, y consoló a los afligidos de Sión« (Eclo 48, 24).*
>
> *Cuanto a los doce profetas, que sus huesos reflorezcan en sus tumbas. Porque ellos consolaron a Jacob, y lo rescataron por la fidelidad y la esperanza» (Eclo 49, 10).*

Sancti Spíritus 29 de junio de 1999

El tema religioso
en la poesía cubana del siglo XIX

Dr. Luis Álvarez Álvarez

La presencia del tema religioso –de perspectiva católica– en la poesía cubana, por las características esenciales de la cultura de la Isla, puede ser advertida en una amplia variedad de matices y modalidades. En la medida en que la cultura es, como en su día la semiótica cultural supo definirla, [1] el tiempo-espacio que permite la comunicación entre los hombres, y la poesía, desde luego, resulta uno de los productos culturales más finamente codificados, resulta inevitable advertir una diversidad de vías a través de las cuales la religión católica constituye parte integrante de la poesía cubana. En las reflexiones que seguirán, no se prestará atención a modalidades tales como la presencia meramente verbal del simbolismo católico, o la reconfiguración de tropos de origen cristiano, o el préstamo, con fines puramente estilísticos y no esencialmente temáticos, de simbología cristiana. Me interesa específicamente meditar sobre la poesía que, de manera definida y clausa, constituye *una comunicación cuyo tema fundamental es de carácter católico*. Necesito, por lo demás, hacer otra advertencia fundamental: no se espere hallar en estas consideraciones el habitual, positivista y desesperante recuento exhaustivo que suele caracterizar nuestros usos (y abusos) supuestamente críticos e histórico-literarios. Lamento reconocer de antemano que no comparto el espíritu de inventario, al menos no para la reflexión culturológica. Y, por lo demás, confieso encontrar de particular atractivo los presupuestos de la hermenéutica de Paul Ricoeur, para la cual, si bien los condicionantes epocales y contextos en sentido más general son de gran importancia para la interpretación, ésta puede proyectarse, en su fuste interpretativo más pronunciado. Como ha subrayado este lúcido filósofo francés, «Potencialmente un texto es dirigido a cualquiera que pueda leer. Realmente es dirigido a mí, *hic et nunc*. La interpretación se completa como apropiación cuando la lectura proporciona algo como un acontecimiento, un acontecimiento del discurso, que lo es en el momento presente». [2] Así pues, no me interesa hacer una historia de la poesía católica cubana, sino interpretarla en lo que constituye un acontecimiento de cultura y de meditación para mí mismo en primer término, y asumo esta actitud precisamente por recordar lo mucho que valoraba Martí el sabio principio estético horaciano que estipula que, en arte, *si vis me flere dolendum primum ipsi tibi*. [3]

Y, en este caso, lo que a mí me conmueve al asomarme como lector a esta poesía, es el modo secreto en que desde el siglo XIX comienzan a trazarse, en invisible entramado, las arterias secretas que van a desembocar en la difícil, barroca, atormentada y luciente poesía del siglo XX, vasos comunicantes que acarrean sangre, savia, simiente y acíbar, pero también fundamentan una manera de asomarse a la fe desde la poesía y, también, ¿por qué no?, de asomarse a la poesía desde la fe. Es ése el recorrido personal que pido compartir, y no las fechas, las muertes cotidianas, los condicionamientos o el alcance de la poesía de tema católico en la Cuba del siglo de Félix Varela y de José Martí. [4]

En la *Colección* de poesías que imprimiese el fabuloso Don José Boloña en 1833, se incluye una serie de sonetos de concentrado tema religioso y que, por lo demás, carecen de firma. Esos poemas se orientan en dos sentidos básicos: la primera es declarar cuál sea la esencia y modos de conducta de Dios hacia el hombre, dirección temática que se hace obvia ya en los títulos («Dios siempre es el mejor padrino de los pecadores», «Dios perdona el delito, pero venga su agravio», «Dios ayuda a los que no se niegan a sus auxilios», «Dios siente más que otro pecado, el que perjudica al prójimo», «Dios nos mira con lástima, como a hijos del pecado», etc.); la segunda es el compromiso del hombre, su voluntad de participar en la Alianza divina. El estilo de estos textos es elemental y en ellos la devoción severamente eclesial y escasamente subjetiva. No quiero decir con ello que su aliento artístico sea escaso; no es imposible hallar en ellos momentos de fuerza y elegancia, como en los versos «Tú, que la paz que al hombre prometiste // Quieras que el cielo en arco nos la exprese.» [5] La simplicidad invencible, el tono de catecismo en verso, y, particularmente, el matiz de oralidad («Acúsame, Señor, de mis arrojos // Viendo que Adán y yo somos iguales»), conforman un sello de sólida alabanza, en una poesía de ribete patriarcal y adusto sentido: es, en efecto, una palabra ancestral, cuya característica esencial es la basta certeza; incluso cuando el poeta escribe un verso tan intenso «Dame, Señor, los labios del Psalmista», no lo hace con la íntima vibración de una poesía atormentada, sino con la directa inmediatez de oración primitiva. Es así que, en mi personal recepción de esta poesía religiosa de tan remota datación, me es difícil sustraerme a la impresión, subjetiva por demás, de que esos versos tienen una resonancia veterotestamentaria más que evangélica, tanto por su adustez y su reciedumbre simplificadora, como por su esencial entonación colectiva.

Este sentido eclesial, marcadamente catecuménico, de la poesía religiosa de inicios del siglo XIX, explica quizás el porqué en la Isla, antes que un poema de íntima y personal comunicación con Dios, el tema religioso se proyecta en un texto de carácter épico, el largo poema «La muerte de Judas», de Ma-nuel Justo Rubalcava. Es interesante notar que se trata, en efecto, de un texto épico que se construye alrededor de una figura *antiheroica*. Pero ese mismo carácter aparta el poema de toda verdadera conmoción del sujeto lírico; el fluir poético está siempre controlado por la omnisciente voz del narrador de epopeyas.

Es, por lo demás, en un soneto de Manuel de Zequeira y Arango donde puedo atisbar algo de esa interiorización conmovida de que carecen los serenos sonetos recogidos por Don José Boloña. En efecto, «A la vida, pasión y muerte de Jesucristo» es un poema que no se construye simétricamente desde alguno de los principios de fe de los Evangelios, sino que centra su interés en la propia reacción del poeta ante la pasión y la muerte del Verbo, su personal estremecimiento ante la muerte de Jesús a manos de malvados e impíos. Es interesante observar que, al seleccionar un aspecto de la vida de Jesús, Zequeira se concentra en dos pasajes: el del Niño Dios que asombra, por su sabiduría, a los doctores del templo, y en el de Lázaro resucitado. Nótese la impalpable proyección del neoclasicismo en esta estrecha selección de elementos de vida: Zequeira prefiere el tema del conocimiento y el tema del triunfo sobre la enfermedad y la muerte, dos componentes inalienables de la reflexión ilustrada en el siglo XVIII. Pero el matiz de subjetividad, todavía es muy tenue, y hay que confesar que el proceso de interiorización del tema religioso en la poesía cubana, apenas comienza en Zequeira. Nótese, por lo demás, que no es posible achacar a las características literarias de la época esta limitada volcadura del yo lírico: Fina García Marruz, por ejemplo, ha hecho notar, con intensa penetración, que puede percibirse un definido onirismo lírico en Zequeira, quien habría escrito alguno de los textos poéticos más alucinados del siglo XIX cubano.[6] Pero nada de ese extraño élan alcanza a su poesía de tema religioso.

Naturalmente, la entrada del estilo romántico, con su vocación simultánea por las pasiones y por los encuadres exóticos, sombríos, oníricos y fantasmales, introducirá cambios substanciales. Pero el romanticismo no significa mera-mente un cambio, por así decir, de tópicos y de escenografía. La renovación es más fuerte y profunda, y en ella tiene un lugar fundamental lo que pudiéramos llamar «el redescubrimiento de Dios» por el hombre de la cultura euroccidental. Este profundo proceso de transformación, en primer lugar del hombre europeo, tuvo un conjunto tan amplio de factores que es imposible examinarlo aquí. Valga recordar, sin embargo, la renovación que significó la magna obra de René de Chateaubriand, *El genio del cristianismo*, con su enfoque estético de la tradición católica en la cultura europea, punto de vista por demás inquietante para las mentes más tradicionalistas de la época. Respaldado e impelido por las ideas de *El genio del cristianismo*, por la bancarrota económica, ideológica, política y humana del imperio napoleónico, y, sobre todo, por la necesidad de renovación experimentada por toda Europa, el romanticismo se abre paso como una nueva actitud, tanto en las artes como en otras disciplinas sociales: la filosofía, la historiografía, la economía, la pedagogía. El impacto de las nuevas ideas en Europa no se hace esperar mucho tiempo en Cuba. En la idea de Dios, la poesía romántica subraya con particular fuerza los matices de infinitud, de misterio y, sobre todo, de dulzura y de sacrificio. José María Heredia trasluce todo esto en uno de sus textos de cumplida perfección, «Últimos versos», donde se dirige, ahora sí en recoleta y personal comunicación, al «Dios infinito», al «Verbo increado», y, sobre todo, en un verso de estatura extraordinaria, a la «Víctima perenne de inefable amor».[7] Es interesante que sea precisamente en la poesía de Heredia, la primera de nítido y consciente sentido de cubanía en nuestra literatura, donde se identifique no solamente uno de los poemas católicos de mayor refinamiento, sino también una manera de encarar el diálogo con el Verbo en la cual el poeta participa con todo el fervor de su propia intimidad, asumida no como un estereotipo, como un número más en la inmensidad de la ecclesia, sino en su individual y difícil concreción de persona humana. Heredia consigna entre nosotros una nueva actitud manifiesta en versos como «¡Redentor divino! Mi alma te confiesa» y en «Permite a lo menos que mi labio impuro // Una su voz débil a los sacros cantos.» [8]

La asociación intensa de apelación a Dios y de dolor patrio, pero en este caso individual, alcanzan en «Plegaria a Dios», de Gabriel de la Concepción Valdés una cristalización que convirtió este poema, creo con justicia, en una especie de monumento simbólico, en el sentido foucaultiano del término, de un conjunto de factores que jalonaban la vida de Cuba en la época. Por lo demás, se ha sugerido alguna vez que «Plegaria a Dios», efectivamente escrito en trance de muerte, es fruto de una improvisación total, y que su apelación a Dios no responde a un verdadero sentido de fe. Hay que señalar, sin embargo, que *Plácido*, que sella su breve trayectoria vital y poética con «Plegaria a Dios», había escrito varios poemas de tema religioso (por ejemplo, «A la muerte de Jesucristo», «La resurrección», «A la bendición de la nueva nave de la iglesia de Matanzas», «Las flores del sepulcro») a lo que hay que añadir, por cierto, que el texto de «A la muerte de Jesucristo» revela que «Plegaria a Dios» no proviene de una improvisación total de último momento, sino que la imagen del martirio, y la relación con Dios Padre, están delineadas de una manera similar en el poema religioso que escribiera mucho antes de la dramática muerte de su autor. [9] Pero, en esta tesitura temática, posiblemente el poema que más nítidamente explica y prepara el camino de «Plegaria a Dios» es el que se titula «El poeta»; este texto, si bien no es de lo más logrado de su autor desde el punto de vista literario, entraña una serie de reflexiones de claro sello romántico: el poeta, pues, es un ser incomprendido por el mundo, pues su obra resulta constantemente rechazada por el vulgo; el poeta, entonces, sólo encuentra asidero y comprensión en el Verbo, y sólo Él debe ser objeto profundo de la poesía. Pero esto mismo tiene que ver con que el poeta ha recibido el don de comunicarse con el Verbo: «Él solo dirige su canto al eterno

// Al rey de los reyes, al dios de Judá» y más adelante concluye: «Tan sólo el poeta comprende a su Dios». [10] Del mismo modo, en «Las venturas del trabajo», dedicado a Manuel González del Valle, Plácido apela de nuevo a privilegiar un tipo de ser humano ante los ojos de Dios:

> *Nos hizo a todos Dios; todos hermanos*
> *Al nacer somos, y al morir lo mismo:*
> *Aquellos que se muestran más humanos*
> *Rebeldes a la voz del despotismo,*
> *Ya sean reyes, pastores, o artesanos*
> *Contrarios del estólido egoísmo,*
> *Y sólo formen de virtud proyectos,*
> *Esos serán sus hijos predilectos.* [11]

Por todos estos factores, hay que concluir que el postrer poema de Plácido no fue una casualidad derivada de la proximidad de la muerte, después de un proceso denigrante, sino que *Plácido*, a su manera personal, ingenua, no muy culta quizás, no demasiado estructurada, había estado continuamente próximo en su obra al tema de Dios, el cual alcanza una estatura que poco puede discutirse en su página última. Cintio Vitier ha señalado que *«Plácido* (carpintero, tipógrafo, peinetero, improvisador), expresa la cubanía de la intrascendencia, de la lisa cotidianidad amarga o dulce, del vaivén en el fondo tan misterioso de todo lo aparente y efímero.» [12] En efecto, *Plácido* es, a pesar de sus limitaciones, un poeta enteramente cubano por su acento y por su estilo. Y en esa cubanía de su estilo, su poema póstumo, en mi opinión, tiene un peso específico indudable, pues, si bien no hay allí ni el paisaje patrio, ni la ingravidez, ni el ornamento ni cualquiera otra de las categorías con que se ha querido identificar la esencia de lo cubano en nuestros poetas. Pero, a pesar de todo ello, «Plegaria a Dios» es un poema que simultáneamente expresa la quintaesenciada destilación emocional de la era romántica en Cuba, y que contextualmente alude a los primeros sufrimientos de la conciencia nacional, conciencia cuyas bases fundamentales comienzan a ser delineadas con el pensamiento ilustrado que penetra en Cuba a finales del siglo XVIII. Por eso es la invocación doblemente simbólica, al «Ser de inmensa bondad, Dios poderoso», apelación que entraña la esencia que para la poesía romántica tiene una imagen de Cristo esencialmente amorosa y neotestamentaria, y el «Rey de los reyes, Dios de mis abuelos», imagen de justicia defensora de la colectividad, ese «mis abuelos» que, en boca del poeta Plácido, doblemente expósito, podría sugerir sobre todo la imagen estremecida y doliente de la patria.

Gracias a la renovación romántica general de la literatura euroccidental, pero también y sobre todo a la especificidad de Cuba como comunidad que gradualmente se alza hacia sí misma, hacia su orto paulatino como nación, la poesía de tema católico se renueva entre nosotros, se interioriza ya desde las primeras voces del romanticismo, y, por esos paradójicos e imprescindibles avatares de la creación y, también, de la vida de la fe, en la medida en que la poesía se hace *autocomunicación*, y se enrumba por los adentros del espíritu del poeta, simultáneamente amplía su ámbito, se proyecta cada vez más lejos y a lo ancho de la vida nacional. Es un fenómeno general de germinación y crecimiento, y el tratamiento del tema religioso, dentro del marco específico de la poesía, experimenta también la profundidad y magnitud del cambio.

Así pues, Dios resulta ahora invocado desde una perspectiva a la vez más subjetiva y, a veces, incluso esteticista, pues se lo asocia con la Belleza total e, incluso, con el Arte. Por ello escribe José Jacinto Milanés:

> *Desde aquel próspero día,*
> *muerta mi antigua tristeza,*
> *pedí amor, pedí belleza*
> *a Dios, poeta grandioso,*
> *en ese poema hermoso*
> *que llaman naturaleza.* [13]

El tópico de la relación entre Dios y la grandeza del arte, asentada en la visión del Verbo como Arte Sumo, recorre todo el siglo XIX cubano. Aparecerá lo mismo en un poeta menor, como Francisco de Agüero y Agüero, [14] como en la poesía de alto vuelo de Juan Clemente Zenea:

> *Dios me escucha: Dios tan sólo*
> *Con sus bondades alcanza,*
> *A sostener mi esperanza,*
> *A sostener mi virtud...*
> *Dales también, ¡oh Dios mío!,*
> *Cuando a la muerte sucumba*
> *Siemprevivas a mi tumba,*
> *Laureles a mi laúd.* [15]

El martirio de la Isla bajo el despotismo colonial español es un componente que habría de matizar la poesía de tema religioso. En «Plegaria a Dios», *Plácido* traza una unión intensa entre el individuo sufriente y el Verbo; algo semejante se constata en el poema que Rafael María Mendive escribe estando preso en el Castillo del Príncipe, «A la luz de la luna», poema que concebido, a la vez, como una profesión de cubanía, y como «Un himno a Dios, al son de mi cadena». [16]

Pronto esta identificación entre el sufrimiento político y la plegaria a Dios tendrán un sentido colectivo general. No creo, a partir de ello, que pueda entenderse la «Oración de Matatías», de Joaquín Lorenzo Luaces, como un texto donde la emoción religiosa, la intensidad de la apelación a Dios para que ayude a un pueblo torturado por el extranjero que lo tiraniza, pudiera haberse escrito con idéntica eficacia lírica de no haber mediado las circunstancias políticas específicas de Cuba, pues, a diferencia de lo que ocurre con la epicidad un poco teatral de «La muerte de Judas», de Rubalcava, en «La oración de Matatías» se percibe el estremecimiento mismo de la cotidianidad:

> *En el cáliz de la afrenta, hasta las heces*
> *nos dio a beber tu mano;*
> *y sólo vemos extranjeros jueces*
> *en vez del sacerdote y el anciano.*
>
> *Nuestro dueño vigila nuestras fiestas;*
> *ya bailes ya festines;*
> *y apaga nuestras tímidas orquestas*
> *con el ruido triunfal de sus clarines.* [17]

En La Avellaneda pueden hallarse, por otra parte, puede hallarse una vertiente distinta de la poesía religiosa. En «Dios y el hombre» enfrentamos un texto de reflexión filosófica. [18] Concebido como diálogo altisonante, a la manera entre neoclásica y romántica que discurre por toda la copiosa obra poética de la autora, «Dios y el hombre» examina las dudas racionales del hombre, y, sobre todo, sus reproches a la Providencia. La conclusión del texto, eminentemente romántica, subraya lo insondable del Divino Misterio, y la anonadada pequeñez del hombre. Una línea semejante, por su orientación reflexiva, es «Las dos luces», cuyo tema es la grandeza de la razón y el libre albedrío, como dones de Dios al hombre. Por lo demás, La Avellaneda escribió numerosos poemas de tema religioso, [19] en los que concentra su energía creadora en la conformación de imágenes, que permitan la visualización lírica de momentos de la vida religiosa o de la Biblia; por ejemplo, en «El día final», panorama apocalíptico, escribe estos versos de indudable melodismo: «Remonta el ángel de la muerte el vuelo // Por los inmensos campos del vacío.» [20] Pero algo hay de excesivamente teatral, de impostado en toda su producción en este sentido. Sólo cuando logra sobreponerse al engolado tono de la época, la Avellaneda alcanza la necesaria intensidad en el sentimiento poético-religioso, como en su cabal soneto «A Dios». Es también una mujer, Úrsula Céspedes de Escanaverino, quien se ocupa de escribir, y logra hacerlo con gracia, una poesía de directa entonación moralizante, impulsora de un activo apostolado cristiano y que halla en «Obras de misericordia» su realización más eficaz. [21]

Las voces pintorescas y a veces semicoloquiales de los nativistas y siboneyistas aportan su propia entonación a la poesía religiosa. Juan Cristóbal Nápoles Fajardo, el Cucalambé, consolida, en su ingenuo cuanto grácil decimario «La Virgen de la Caridad», lo que terminará por ser una tradición en la poesía cubana. «A Dios y a Cuba mi canción entono // Y no sé a la verdad lo que es un trono», [22] escribiría el Cucalambé, con la lisa sencillez de los humildes, y esas palabras valen como certificado de identidad cultural. La poesía de tono nativista pudo ser considerada como la zona menos cuidada de la desaliñada poesía de la primera generación romántica. Pero, vista desde el ángulo de la temática religiosa, y en aparente paradoja que, en realidad, no es tal, con el Cucalambé de las loas a la Virgen de la Caridad puede emparentarse Luisa Pérez de Zambrana, con Zenea la voz más exquisita de lo que ha sido considerado hasta hoy como una supuesta segunda generación romántica en la poesía cubana, estilizada y cuidadosa de la forma. En efecto, el poema «Ante la Virgen de la Caridad», insistentemente olvidado hoy, alcanza una sencillez de entonación y una transparencia de estilo que permiten no solamente asociarla con la rústica entonación del Cucalambé, sino también, como puente mágico de un siglo a otro, con las paladeables estrofas a la Virgen del Cobre de Emilio Ballagas. Con profunda emoción dice Luisa Pérez de Zambrana:

> *También nosotros somos ¡madre amada!*
> *náufragos que tu amparo reclamamos,*
> *haz que delante de nosotros siempre*
> *flotar tu blanca túnica veamos.*
>
> *Y sobre nuestras frentes abatidas,*
> *desde los esplendores de sus salas,*
> *¡oh paloma del cielo! tiende, tiende*
> *los cendales de lirios de tus alas.* [23]

En el caso de Luisa Pérez de Zambrana, puede incluso hablarse de una manera suya de conformar una imagen poética de la Virgen. Pues, en efecto, en el poema «A la Virgen de Lourdes», esta visión de fulgurante blancura y transparencia, que caracteriza su poema sobre la Virgen del Cobre, adquiere ahora la fuerza deslumbrante de una acumulación luminosa de ese mismo color blanco que, medio siglo más tarde, se enseñoreará de la poesía de Emilio Ballagas. Véase la primera estrofa del poema a la Virgen de Lourdes:

¡Oh blanquísima y dulce azucena,
en los valles de Lourdes caída!
¡oh paloma de nácar, venida
de los vastos jardines de Dios!
De una agreste colina, en la cumbre,
imprimiste las nítidas huellas,
tú, que pisas alfombras de estrellas,
tú, que apoyas la planta en el sol.[24]

La poesía religiosa de Luisa Pérez de Zambrana alcanza la estatura mayor en el panorama general del siglo XIX. La blancura cósmica de que ve rodeada a la Virgen, concuerda con la inconsútil levedad con que presiente al Ángel Guardián, transparente como el agua, con un intangible rumor de arpas, como un joven álamo que invita a la oración en la tarde. Así como creó un ámbito prodigioso para su dolor de esposa, de madre y de cubana, enmarcado por el bosque de sombría profundidad, Luisa Pérez de Zambrana configura un espacio paralelo y contrastante con la tinta densidad del bosque: en esa segunda zona de prodigio poético, camelias blancas, nácares irisados, flotantes nubes, luna cándida, trazan el dominio de la oración y la fe. Mientras los demás poetas cubanos del XIX se asoman a la poesía religiosa para dar a expresar su propia fe, su angustia, su esperanza o su reflexión, Luisa Pérez de Zambrana procede de manera inver-sa, y da cuerpo, color y sonoridad entrañable a un mundo de confianza y oración, en el que parece prefigurarse la contemplación deleitosa que, más tarde, estallarán como laudes gozoso en la poesía del Padre Gaztelu. Con su voz simultáneamente agónica y serena se cierra el tema religioso en la poesía cubana del siglo XIX.

El modernismo comienza en Cuba lentamente. [25] Una de las ilogicidades manifiestas en la historización literaria tradicional cubana, es la de considerar, simultáneamente, que no hubo un modernismo en Cuba y, a la vez, que sí existió un posmodernismo, es decir, que hubo un consecuente sin que haya existido su ante-cedente histórico. En realidad, lo más aceptable, en términos de razón y de apreciación histórico-cultural, es pensar que en Cuba hubo, simplemente, un modernismo desfasado y peculiar. Una de las fundamentaciones posibles para este modo de concebir el problema sería que, a pesar de todo, Boti, Poveda y Acosta sí incorporaron rasgos de la orientación sentimental y romántica de los poetas que los precedieron. Por otra parte, hay que señalar que no hubo un verdadero corte antagónico entre el romanticismo hispanoamericano y el modernismo. Susana Rotker, por ejemplo, establece que «las vidas y discursos de los modernistas adquieren un viso romántico en plena era de la tecnología, absorbiendo por homologación las propuestas estéticas y los modos de percibir la realidad de Gautier, Leconte de Lisle, Víctor Hugo, Catule Mendès, Oscar Wilde,

Huysmans, Poe, por citar a unos pocos.» [26] De acuerdo con ello, lo que rechazan los nuevos poetas a fines del siglo XIX y principios del siglo XX no es la obra o el espíritu mismo del romanticismo, sino la retórica romántica, que había venido a suceder a la neoclásica, que Víctor Hugo se había empeñado con éxito en desautorizar. De este modo, los modernistas asumen posturas de evidente vocación intertextual. Y, en tanto movimiento tardío, el modernismo en Cuba viene a permear la sensibilidad de la recepción lectora, sólo en las primeras décadas del siglo XX.

Casal, por tanto, es la última gran voz el siglo XIX en la cual se identifica el tema religioso, que en «El puente», de la colección *Hojas al viento,* asume el tradicional sentido de puente unitivo con Dios, sin particular elaboración estilística.

En *Nieve*, sin embargo, aparece ya un laboreo marcadamente modernista del motivo bíblico, específicamente en «La muerte de Moisés» y, sobre todo –por su escorzado tratamiento del asunto–, en «El camino de Damasco». El tema reaparece, con tintes no religiosos, sino pictóricos y esteticistas en «Un fraile», de la brevísima sección «Cromos españoles». Es en otra sección de *Nieve*, «Marfiles viejos», donde el tema religioso asume una fuerza singular y efectiva en el soneto «Al Juez supremo». Imágenes de una intensidad anunciadora de la poesía del siglo XX, aparecen en Rimas, para evidenciar que en Casal el tema es algo más que un motivo literario:

UN SANTO

Vive, bajo el sayal del franciscano,
En la lóbrega celda de un convento,
Donde tiene, por único contento,
La dulce paz del corazón cristiano.

Entre las ondas del cabello cano
Que sombrean su rostro macilento,
Brillar se ve su puro pensamiento
Como un astro entre nubes de verano.

Frente al disco de fúlgida custodia,
Cántico celestial su voz salmodia
O, como exangüe monje de Ribera,

Que siempre a la tortura está propicio,
Ciñéndose a las carnes el cilicio,
Medita ante sagrada calavera.

Es evidente el tono de nostalgia que, en la voz del poeta, preanuncia el alejamiento gradual de la poesía del tema religioso, que en el siglo siguiente habrá de amedularse en poetas de directa y firme definición religiosa, como el Padre Gaztelu, o en esporádicos estallidos de soledad espiritual, como Gastón Baquero. El siglo XIX, etapa de transición entre la cultura definidamente religiosa del siglo XVIII, y la laicización del siglo XX, constituyó una apasionada y penetrante cámara de ecos y movimientos del espíritu, en la cual la emoción y la inspiración religiosa marcaron indeleblemente mucha de la mejor poesía escrita en la Isla. Así, con Casal, que se aparta ya nítidamente del tema, concluye un siglo de poesía en el cual se proyectó sobre la cultura cubana toda la intensidad de la milenaria tradición católica.

NOTAS

(1) Particularmente en la magna obra del semiólogo ruso Iuri Lotman.
(2) Paul Ricoeur: *Teoría de la interpetación. Discurso y excedente de sentido.* México. Siglo XXI Editores, 1998, p. 103.
(3) Cfr. José Martí: *Obras completas.* La Habana. Ed. Ciencias Sociales, 1975, t. 21, p. 110.
(4) Y, por cierto, tampoco voy a abordar a quienes, como el propio José Martí, tocaron el tema religioso en un momento dado de su trayectoria creativa, para abandonarlo rápidamente.
(5) Sin firma: «Dios siempre es misericordioso con el género humano», en: Samuel Feijóo, compilador: *Sonetos en Cuba.* La Habana. Dirección de Publicaciones de la Universidad de Las Villas, 1964, p. 17.
(6) Fina García Marruz: «Manuel Zequeira y Arango. En el centenario de su nacimiento», en: *Hablar de la poesía.* La Habana. Editorial Letras Cubanas, 1986, p. 245.
(7) José María Heredia: «Últimos versos», en *Obra poética.* La Habana. Editorial Letras Cubanas, 1993, p. 236-237.
(8) *Ibidem.*
(9) Cfr. Gabriel de la Concepción Valdés: Poesías selectas. La Habana. Cultural, S.A., 1930, p. 178-179.
(10) *Ibid.*, p. 235.
(11) *Ibid.*, p. 253.
(12) Cintio Vitier: *Lo cubano en la poesía.* La Habana. Impresores Úcar, García, S.A., 1958, p. 81.
(13) José Jacinto Milanés: *«La niña sola»,* en: Poesía y teatro. La Habana. Editorial Letras Cubanas, 1981, p. 127.
(14) Cfr. Francisco Agüero y Agüero: *Sentimientos y creencias.* Camagüey. Imprenta Ramen-tol, S.A., 1956. En particular el poema «Dios».
(15) Juan Clemente Zenea: *Poesía.* La Habana. Editorial Letras Cubanas, 1989, p. 275.
(16) Rafael María Mendive: *Poesías escogidas.* La Habana. Ed. Arte y Literatura, 1977, p. 64.
(17) Joaquín Lorenzo Luaces: «Oración de Matatías», en: *Poesías escogidas.* La Habana. Editorial Letras Cubanas, 1981, p. 114.
(18) Rafael María Mendive también ensaya esa cuerda lírica entre filosófica y religiosa en el poema «Invocación religiosa».
(19) Poemas de La Avellaneda como «A Dios» , «La cruz» y «Las siete palabras y María al pie de la cruz» continúan el tono retórico y altisonante frecuente en la poesía de tema religioso en el romanticismo.
(20) Gertrudis Gómez de Avellaneda: *Antología poética.* La Habana. Ed. Letras Cubanas, 1983, p. 131.
(21) Úrsula Céspedes de Escanaverino: *Poesías.* La Habana. Publicaciones del Ministerio de Educación. Dirección de Cultura, 1948, p. 103 y sig.
(22) Juan Cristóbal Nápoles Fajardo, el Cucalambé: *Poesías completas.* La Habana. Ed. Letras Cubanas, 1983, p. 223.
(23) Luisa Pérez de Zambrana: *Poesías.* La Habana. Imprenta «El Siglo XX», 1920, p. 34.
(24) *Ibid.*, p. 157.
(25) *Cfr.* Luis Álvarez Álvarez: «98 y poesía cubana», en: *Temas.* Número extraordinario 12-13. Octubre de 1997 marzo de 1998, p. 116-134.
(26) Susana Rotker: *Fundación de una escritura: las crónicas de José Martí.* La Habana. Editorial Casa de las Américas, 1992, p. 39.

Criollaje, Iglesia católica y educación en la América española (siglos XVI y XVII)

Hernán Venegas Delgado

«*El buen trigo suele bastardear en ruyn tierra*».

El surgimiento del término criollo se hunde en los orígenes de la formación del sistema colonial moderno, por lo que no resulta incongruente relacionar este con la palabra «crioulo», que proviene del idioma portugués, ya que este es vehículo de expresión de ese primer colonialismo periférico en las costas africanas, donde habían debutado los lusitanos, vinculados desde sus orígenes a la colonización americana por la vía del comercio de esclavos y de todo tipo de mercancías.

Así, el crioulo es en sus inicios el hijo de negros esclavos nacido en las factorías costeras portuguesas en Africa de donde resulta atendible el criterio de numerosos autores de que, de estas, pasó a la América española y portuguesa. La palabra sería rápidamente asimilada por otros idiomas, comenzando por aquellos presentes en las diversas islas francesas, inglesas y holandesas, que las nuevas potencias coloniales de esos orígenes arrebataban cada vez más a España. De aquí que de ese «crioulo» inicial el castellano formase su «criollo» y que, posiblemente de ambos, surgiesen los calcos lingüísticos del francés (créole), del inglés (creole) y de otras lenguas neolatinas y germánicas.

Pero lo más importante es que bien pronto su significado da cabida rápidamente en América a los hijos de peninsulares nacidos en este continente y a los mestizos de estos, negros e indígenas.

Así, en 1563, el primer obispo de Guatemala, D. F. de Marroquín, utilizaba el término criollo con el significado de español nacido y criado en América; y en 1568 los jesuitas del Perú lo usaban corrientemente, a tal extremo que la *Monumenta Peruana*, de 1571, lo maneja con toda naturalidad. [1]

El problema se complica cuando algunos intelectuales, funcionarios, religiosos y otros hispanos comienzan a notar una distinta «calidad», con ciertos atributos diferenciadores, entre los padres españoles y sus hijos nacidos aquende el océano, como anotó en 1568 el célebre fraile Bernardino de Sahagún en su *Historia general de las cosas de la Nueva España*. A partir de entonces estos criollos serán indistintamente los «hijos de la tierra», los «hijos del reino», los «hijos y nietos de conquistadores» e incluso los «beneméritos». Paralelamente esa diferente «calidad» diferenciadora es posible hallarla en el poema-gesta *Espejo de Paciencia* (1609) en un negro esclavo criollo, glorificado al máximo por su actuación y valentía en los sucesos que describe su autor, Silvestre de Balboa.

Desde luego, tanto los padres españoles o africanos como sus descendientes y sus mestizos –incluidos aquellos con indígenas– debían sufrir los cambios propios que se producen de la interacción hombre-medio en cualquier lugar del planeta, pero no es menos cierto que este hecho biológico tan natural tuvo variadas interpretaciones desde el punto de vista intelectual, de innumerables aristas ideológicas y políticas.

Por esto el cronista Juan López de Velasco afirmaba en 1574 en su *Geografía y descripción universal de las Indias* que

> Los españoles que pasan a aquellas partes (de América) y están en ellas mucho tiempo, con la mutación del cielo y del temperamento de las regiones aun no dejan de recibir alguna diferencia en la color y calidad de sus personas; pero los que nacen de ellos, que llaman criollos, y en todo son tenidos y habidos por españoles, conocidamente salen ya diferenciados en la color y el tamaño (...) y no solamente en las calidades corporales se mudan, pero en la del ánimo suelen seguir las del cuerpo, y mudando él se alteran también.

A partir de entonces si bien el padre Bartolomé de las Casas y sus seguidores revertían esas «calidades» a favor de los indígenas y por extensión de los criollos en general y españoles acriollados, un gran número de servidores de la Corona y de la propia Iglesia Católica enrumbaban su pluma y prédica en sentido diferente. Por ejemplo, el médico español radicado en Nueva España, Juan de Cárdenas decía en 1591 en su *Primera parte de los problemas y secretos maravillosos de las Indias* que el clima debilitaba físicamente a los criollos y en 1607 fray Gregorio García afirmaba en su obra *Origen de los indios en el Nuevo Mundo e Indias Occidentales* que al igual que los indígenas habían perdido sus barbas a causa del clima americano, así ocurriría con los criollos descendientes de europeos.

> Unos pocos años después, en 1612, concluía lapidariamente el sacerdote dominico y teólogo madrileño Juan de la Puente *(Tomo primero de la conveniencia de las dos monarquías católicas, la de la Iglesia romana y la del imperio español, y defensa de la precedencia de los reyes católicos de España a todos los reynos del mundo)*:
>
> Sospecho que el suelo y el cielo de América no es tan bueno para hombres como para yerva y metales, aunque sean descendientes de España. El buen trigo suele bastardear en la ruyn tierra y de can-

dial se haze centeno (...) Los cielos de América inducen a la inconstancia, a la lascivia y a las mentiras: vicios propios de los indios y que las constelaciones hacen característicos de los españoles que nacen y se crían allí.

En conclusión, siguiendo estos razonamientos tan malintencionados resultaba evidente que sería menester prolongar *ad infinitum* la dominación española en América, ya que, de acuerdo con este orden de razonamiento antes expuesto, los criollos «degenerarían» fatalmente. No faltó quien propusiese, para evitar de nuevo «la barbarie», una continua inmigración española hacia las colonias o, en el mejor de los casos, al menos por el «mucho y largo tiempo de quinientos y más años». [2]

La esencia de estos ataques se centra, por un lado, en el interés de los beneficiarios con el orden colonial, en particular los denominados «gachupines» y «chapetones», por dominar los repartimientos, las encomiendas y la tierra, principales fuentes de riquezas coloniales. Por el otro, en destruir la llamada «prelación», es decir, el derecho de prioridad que los criollos exigían para sí en todos los cargos vacantes o por crear en las audiencias y obispados de los que eran oriundos.

Esta había sido contemplada inicialmente en las Leyes de Indias a favor de los criollos, siempre y cuando sus candidatos tuviesen méritos similares o superiores a los de sus contrincantes criollos. Pero la práctica colonial arrojó resultados desfavorables para estos últimos, laicos y eclesiásticos y, como reacción, todos estos exigieron que la prelación se aplicase e incluso se extendiese a todo tipo de cargos, situando como argumento invariable que las colonias habían sido ganadas con el esfuerzo de sus antecesores, con muy poco concurso del Estado, en lo que no les faltaba parte importante de la razón.

Los resultados desfavorables para los criollos los mide una investigación parcial reciente, según la cual, entre 1682 y 1698, es decir, al cerrar el siglo reputado como del criollo, los cargos políticos en la América Hispana referidos a Presidente de Audiencia, Gobernador, Alcalde Mayor y Corregidor estaban ocupados en *un 77% por peninsulares y solo en un 23% por criollos descendientes de españoles y muy pocos de estos últimos «blanqueados»*. Se excluye de estas cifras los cargos de Virrey y las magistraturas de las Audiencias, a las que solo por casualidad y coyunturas excepcionalísimas acudían los criollos ricos. [3]

Parejamente, la política imperial de impedir –y ello es comprensible desde el punto de vista de la metrópoli– un mayor desarrollo de las oligarquías regionales e incluso coloniales que se iban nucleando en las élites cabildarias, alentó, protegió y aupó por lo general ese conjunto de ataques contra el criollaje americano «blanco» y de su sector mestizo y aliado potencial de aquel.

Por ello, los argumentos metropolitanos y de sus portavoces contra los criollos, incluyendo las aprehensiones de algún que otro criollo hispanizante, temeroso de las llamadas «castas inferiores», fueron adquiriendo cada vez más límites insospechados. Uno de los más racistas y despectivos que recorrió toda la América Hispana, fue aquel que aseguraba que ¡los defectos de los criollos hijos de españoles provenían de haber lactado en su infancia de negras e indias!

La clave para entender este rechazo a los criollos, fuese cual fuese su condición, aparece muy tempranamente, en dos documentos del año 1567, tan rico en definiciones, por cierto. Uno de estos, firmado por el Lic. García de Castro, sustituto del virrey del Perú, en carta dirigida al rey, le dice con toda claridad:

> *Hay tantos mestizos en estos reinos, y nacen a cada hora, que es menester que Vuestra Magestad mande enviar cédula para que ningún mestizo ni mulato puede traer arma alguna (...) so pena de muerte, porque esta es una gente que andando el tiempo ha de ser muy peligrosa y muy perniciosa en esta tierra*

A lo que añade el lic. Monzón, miembro de la Real Audiencia de Lima, también en carta al rey, *si Vuestra Magestad no da horden (sic) por tiempo, juntándose éstos (mestizos y mulatos) con los hijos de los conquistadores (españoles) y otros que están sin remedio podrían alterar la tierra* [4]

De todo ello se desprende una sarta de prohibiciones y regulaciones, muchas de estas absurdas que, si bien se aplicaban a discreción en los diferentes dominios de la monarquía habsburga, no eran sino exponentes del temor ante el ya convulsionado criollado. En Cuba, por ejemplo, la Sínodo Diocesana de 1681 recogía entre sus resoluciones sobre los negros y mestizos en general, que no debían salir de noche a trabajar «para evitar el daño de torpeza y deshonestidad que se pueda ocasionar (... por) dichas personas» [5], cuando por otra parte se sabe que existían serios precedentes levantiscos entre estos y el resto de los criollos en el transcurso de ese mismo siglo XVII, tanto en la Isla como en el resto de la América Española.

– *Urbi et orbis ... e Yndias.*

Por supuesto, la rivalidad entre criollos y españoles se trasladó a una de las instituciones fundamentales de la América colonial: la Iglesia Católico-romana. Esta representó no solo un serio puntal del estado español de las Indias y beneficiaria de sus riquezas, en particular a través de los bienes de «manos muertas», sino también, por sus características, lugar y tiempo, uno de los centros civilizatorios por excelencia. De donde se desprende una ambivalencia sin la cual es imposible analizar el proceso del criollaje.

Como en otros sectores capitales de la vida social, a fines del mismo siglo XVI, en 1591, un viejo sacerdote español, Tomás Durán Ribera, criticaba de forma muy acre a los jóvenes frailes criollos peruanos. Para aquel estos «no tienen fuste en cosa ninguna y aunque muestran apariencia, es de poco momento porque salen someros a la tierra como los árboles de ella con un poco de vicio y sin fructo» [6] los que antes se ha hecho referencia, ahora aplicado a un sector de las instituciones criollas, el eclesiástico.

Tras estos criterios se esconde un suceso ocurrido pocos años antes, entre 1583 y 1588, en uno de los dos virreinatos en que para ese entonces se concentraba el poder español en América. En la primera de estas fechas, «los hijos de españoles e indias del Perú» se habían atrevido a presentar ante el Tercer Concilio Provincial eclesiástico de Lima un documento que impugnaba la Real Cédula del 2 de diciembre de 1578 la cual prohibía a los obispos indianos conferir el sacerdocio a los mestizos hasta nuevo aviso. Con un Dictamen Conciliar favorable a las aspiraciones de los mestizos, Felipe II optó, por Real Cédula de 31 de agosto de 1588, dejar en suspenso las prohibiciones anteriores que impedían la ordenación de sacerdotes mestizos.

Sin embargo, siguiendo su tortuosa política colonial y regional en América, esta Real Cédula solo estaba dirigida a los obispos del Cuzco, la Plata, Quito y Tucumán y al arzobispo de Lima, quedando al margen los dos obispos chilenos y parte de la jurisdicción eclesiástica del Río de la Plata, todos dependientes de Lima y, por supuesto, el resto de los dominios españoles en América. Es decir, se había derogado la medida de 1578 solo allí donde habían aparecido protestas contra la orden real. [7]

Por la importancia de estos hechos me remito a uno de los mejores especialistas sobre el criollaje americano, Bernard Lavallé. Para éste las manifestaciones más antiguas de este asunto se habían producido efectivamente dentro de los límites del virreinato del Perú, en las regiones de Quito y Santa Fe. Hasta tal punto había llegado el problema que un obispo dominico español, Pedro de la Peña, se había dirigido en 1571 al virrey del Perú, Francisco de Toledo, quejándose de la marginación de que «eran objeto en general los clérigos criollos.»

Un lustro más tarde, el 3 de noviembre de 1576, el arcediano de Quito, Francisco de Galavís, se quejaba también de que «muchos clérigos beneméritos, hijos de conquistadores e pobladores», estuviesen «sin beneficios e doctrinas», lo cual no era precisamente el caso de los curas españoles que gozaban de las parroquias de indígenas y de otros jugosos cargos eclesiásticos. Ese mismo día y en el mismo lugar, el Procurador de la ciudad de Quito, Antonio Ribera Melgarejo, hizo redactar una «Información de los clérigos deste obispado» en la que pedía con insistencia que «los beneméritos de la tierra» –esto es, los criollos de linaje indígena y de prosapia conquistadora– se prefiriesen a los sacerdotes que habían nacido en España. Ya hemos dicho cual fue la impolítica respuesta real de 1578 y cuales sus resultados finales favorables al criollaje mestizo, pero que de nuevo tuvo una política zigzagueante en 1583, 1588 y 1593.

Para que se tenga una idea más exacta, en la Nueva Granada y en 1593 de 93 clérigos en el obispado solo 27 eran criollos, de los cuales 12 eran «blancos» y 15 mestizos, entre los que se contaba a un clérigo criollo, de madre y padre negros, desde luego recusado especialmente por los sacerdotes peninsulares. En Chile, en la Audiencia de Santiago, la situación distaba de ser mejor.

Por esto terciaba en el problema la oligarquía criolla, en este caso la limeña, y hasta tal punto que en medio del problema había declarado desde 1578 que esta, representada por «Los encomenderos desean que los beneficios se ocupan en *los hijos de la tierra, que se dizen acá criollos*, y por este rrespeto querrían que los frailes (españoles) no se ocupasen en dotrinas» (subrayado de hvd), es decir, en parroquias indígenas. La situación llegó a ponerse tan caldeada que un escrito nada más y nada menos del arzobispo de Lima dirigido al Consejo de Indias, de 1593, reclamaba, entre líneas, tener prudencia con los desafueros del clero español. [8]

Pero también, en el transcurso del siglo XVI y desde entonces, los criollos del virreinato del Perú fueron ganando espacios, aunque lentamente. El punto de discusión fue el de la «alternativa», es decir, la atribución del poder religioso provincial, cada trienio alternativamente –de ahí su nombre–, a criollos o a peninsulares (y demás europeos por extensión) en cada una de las comunidades regulares que, excepto la Compañía de Jesús, contaban con una estructura relativamente descentralizada y con cierto grado de autonomía.

Esta fue una vía para canalizar las aspiraciones criollas cuando sus sacerdotes lograban hacerse de la dirección de las diversas instituciones religiosas por un trienio, no sin las injerencias de las autoridades civiles coloniales. [9]

La situación no parecía haber tenido una mejor trayectoria en el virreinato de la Nueva España y la «alternativa» logró imponerse como en Perú, aunque también con dificultades. Si hemos de creer al contravertido sacerdote irlandés Thomas Gage, sus congéneres criollos del virreinato novohispano «no pudieron disimular el odio irreconciliable que tenían a los (sacerdotes) que llegaban de Europa y nos dijeron sin rodeos que los españoles y ellos no habían podido nunca avenirse», a la vez que anotaba que en Guatemala, donde predominaban los «españoles europeos (entre) los conventuales (... estos) tenían muy por debajo a los nacidos en el país». Pero, a la vez, el escrutador e integrante sacerdote irlandés insistía en que tantos unos como otros llevaban similar vida licenciosa y dispendiosa, en la medida en que podían proporcionársela. [10]

Como resultado final, a partir del segundo tercio del siglo XVII el problema cambió de carácter, ya que los sacerdotes criollos comenzaron a ser más numerosos en los conventos, lo que hizo disminuir las discusiones en torno a los puestos llamados de «doctrinas» entre los indígenas, una de las fuentes fundamentales de ingresos para la curia [11]. Esto les garantizaba, además, un mejor manejo de la «alternativa».

Curiosamente, en Cuba, según la visita pastoral del obispo Alonso Enríquez de Armendáriz, de 1620, casi el 60% de los sacerdotes eran «de la tierra» [12], proporción mayoritaria que al parecer no cambió hasta dos siglos después. Esto sentaría las bases para que, al cerrar la centuria otro obispo, Diego Evelino de Compostela (1635-1704), pudiese colocar al clero criollo en los puestos claves de la administración eclesiástica [13], hecho poco frecuente en otras colonias y que se mantendría en Cuba hasta entrado el inicio del siglo XIX.

En el interín la Iglesia Católica de la América Continental, si bien no se criollizaba con más amplitud por la tosudez de la alta jerarquía eclesiástica y el maridaje con el estado español de las Indias, al menos sí daba pasos en esa dirección, lenta pero progresivamente. Surgen incluso beatos o santos criollos como el mexicano Felipe de Jesús (1573-1597), mártir de la fe crucificado en Japón, y el mulato peruano fray Martín de Porres (1569-1639), así como las primeras advocaciones americanas del santoral católico –en particular las marianas–, bien pronto sincretizadas; pero también una Inquisición más bien atenuada, con actividades dispersas en el transcurso del siglo XVI e instalación en Lima y México en 1570 y 1571 respectivamente. [14]

A pesar de ello se siente la presencia inquisitorial, como la de la Iglesia toda, en el manejo del Index en estas tierras, aunque a la larga no pudieron evitar la difusión de las nuevas corrientes de pensamiento europeo entre la intelectualidad criolla, de las cuales los clérigos americanos hicieron un buen uso. Un ejemplo cautivante para el siglo XVII tardío es el del sacerdote novohispano Carlos de Sigüenza y Góngora, sobrino del ilustre intelectual español Luis de Góngora. Dicho sacerdote fue poeta, matemático, astrónomo, cosmógrafo, historiador, cronista, biógrafo y hasta un tanto arquitecto militar, de todo en una pieza, como demandaban las necesidades de la que llamó su *Patria*.

Su libro *Manifiesto philosofico contra los cometas despojados del imperio que tenían sobre los tímidos,* de 1681, es en opinión de Carlos Galeano un «formidable alegato contra la superstición y el miedo». Criticado desde una perspectiva bíblica por el jesuita austríaco Eusebio Francisco Kino, a la sazón en la Nueva España, Sigüenza le responde con todo sano orgullo criollo: «Podrá usted reconocer, al menos, que hay también matemáticos fuera de Alemania, aunque metidos entre los carrizales y espadañas de la mexicana laguna» (subrayado de hvd). [15]

209

Al orgullo de la mexicanidad naciente y de su ciencia en Sigüenza se une el de la tierra toda que lo vio nacer, sentimiento de plenitud que expresa en su otra obra, *Las glorias de Querétaro* (1684), libro cuya esencia ideológica, en opinión de Alfonso Reyes, descansa en la Virgen de Guadalupe, a quien llama «nuestra regaladísima *patriota*, cuyas aras son *el refugio más cierto de la devoción mexicana*» (subrayado de hvd).[16]

Para evitar esas y otras «liberalidades», se comenzaría a llamar a los jesuitas españoles, como realizó en 1687 el Gobernador de Cuba, Diego Antonio de Viana Hinojosa (1687-1689), para quien la «beneficiosa influencia» de estos sería conveniente «para frenar la lozanía en los ánimos juveniles y *la libertad que les ocasiona la tierra¹*,[17] pero la actuación de estos y ciertos otros frutos «negativos» para la España colonialista de esta nueva cosecha serán más bien característicos del siglo XVIII. A partir de entonces, de esa misma Virgen de Guadalupe, Reina de México, a la Virgen Reina de México y Emperatriz de América, queda un camino por recorrer, el del criollo hasta las expresiones particulares de las nacionalidades de Nuestra América, que habría de transitar a través del siglo XVIII hacia el siglo XIX.

–*A Dios rogando y con el mazo dando*.–

Por otro lado, la Iglesia Católica se mostró muy activa y consecuente con su papel en las colonias españolas de América, de donde el temprano interés demostrado en la cultura y la educación de «los naturales de la tierra». Ahora me limitaré a la segunda. En su primera colonia, La Española, no bien se había establecido y ya se fundaba una maestrescolía en la que la educación religiosa iba acompañada al menos de la enseñanza del latín. Tanto fue así que en 1530 su obispo solicitaba que se ampliase dicha maestrescolía con el argumento de que «se podrá fundar un colegio do fuesen enseñados en la fe los naturales y los hijos de los que han venido (y) tendrán maestros de todas las ciencias». [18]

Otra información, de 1538, daba fe de la existencia de «un Estudio general recientemente erigido por autoridad apostólica», el que facilitaba la bula papal «In Apostolatus Culmine», de 28 de octubre de 1538, que estableció las bases de la primera universidad fundada en tierras americanas. En esto está presente el interés de la Iglesia por facilitar los estudios de nivel superior a los jóvenes de Indias que hasta entonces debían marchar a las lejanas universidades españolas. [19] Probablemente en ese mismo año se fundase otra célebre institución educacional, el Colegio de Gorjón, devenido en 1558 en una debatida Universidad de Santiago de la Paz y Seminario Conciliar en 1620, hasta que pasó a manos jesuitas en 1701 [20].

En la segunda colonia española en América hacia donde se trasladó de forma momentánea el interés colonizador hispano, Cuba, otra institución de maestrescolía se fundaba contemporáneamente a la de La Española, en 1523 y en Santiago de Cuba. [21] A mediados de siglo, cuando el centro de atención de la colonia se traslada a La Habana aparece la preocupación de algunos vecinos de esta por dotar *a sus hijos* de preceptores, lo cual, seis o siete décadas después parece estar tan generalizado que el cabildo habanero designaba examinadores de maestros para ejercer un cierto control sobre esta actividad. [22]

En el rápido desplazamiento del interés metropolitano por el área del Caribe, bien pronto tocó su turno a la Nueva España, centro virreinal por excelencia. Y, desde luego, también lo desplazó la Iglesia. En 1536 ocurre un acontecimiento trascendental: la fundación del Colegio de Santiago de Tlatelolco, auspiciado por el obispo Juan de Zumárraga, como «colegio de indios mochachos (para) que aprendan gramática a lo menos». Tal fue su éxito en la Nueva España y colonias vecinas –por ejemplo, Cuba, a lo que hace referencia Julio Le Riverend– que el propio virrey, Antonio de Mendoza, se queja de que este estuviese rodeado de «envidias y pasiones», aunque en realidad este sembradío de criollos provocaría que alguien dijese: «La doctrina bueno fue que la sepan; pero el leer y escribir muy dañoso como el diablo», pues era indudable que el estudio no servía a los mestizos más que para hacerlos «más bellacos». [23]

Pero los criollos novohispanos supieron agenciarse muchas veces los favores e influencias de la Iglesia y a fines del siglo XVI ya tenían prestigiosas instituciones como los Colegios de San Gregorio, de San Bernardo y de San Miguel. En particular se destacaron los colegios de «San Pedro y San Pablo» o «Máximo» –en 1578 poseía imprenta propia–, de «Santa María de todos los Santos» o de todos Santos (1573-1574), San Ildefonso (1588), de donde surgiría, en unión con el San Pedro y San Pablo el Colegio-Seminario de San Pedro, San Pablo y San Ildefonso, de 1611-12 y el de Juristas Comendadores San Ramón Nonato (1654).

La nómina de colegios es cuantiosa en estas y otras colonias españolas, los que completan el sistema de educación superior. En Nueva España este estaba encabezado por la Universidad, fundada en 1551. En Perú será la de San Marcos, también de 1551, a la que siguen varios colegios como el de los Españoles y el del Príncipe, ambos de 1570. Otra universidad, la de San Cristóbal de Huamanga, está fechada en 1677 en Perú. Del primero de esos Colegios surgirá el Colegio Mayor de San Felipe y San Marcos, de 1589-92. Este se unirá al Colegio Mayor de San Martín (1582), para dar paso al final de la dominación española al Colegio Mayor de San Carlos o Convictorio Carolino de Lima (1769).

En colonias periféricas a los virreinatos, como Chile, surgen dos universidades en el siglo XVII, la de Santo Tomás de Aquino o de Nuestra Señora del Rosario, entre 1619 y 1624, y la de San Miguel o de la Compañía de Jesús, entre 1621 y 1622. Estas están precedidas por el Colegio Seminario del Santo Angel de la Guarda, de 1584 y en el próximo siglo acompañadas del Colegio Convictorio de San Francisco Javier [24]. En Guatemala, otra de esas colonias preteridas, de uno de sus colegios surgen la Universidad de San Carlos Borromeo (1676), fundada sobre el Colegio de Santo Tomás de Aquino. [25]

Lo interesante es destacar que, paulatinamente, los jesuitas fueron introduciéndose en la educación, así también como otras Órdenes, tanto para cumplir sus propósitos como por haber sido llamados por las élites criollas, las que estaban interesadísimas en el tipo de disciplina y de educación de la Orden. A esto se unían las conocidas propensiones entre los jesuitas de justificar incluso el tiranicidio y el rechazo a la tiranía extrema, ideas agradables a los oídos criollos.

Por ello ya entre fines del siglo XVI y principios del XVII sus colegios y universidades más importantes y conocidas se ubican, aparte de las mencionadas, en México, en Lima y Cuzco, Santa Fe de Bogotá, Guatemala, Córdoba y otras importantes ciudades coloniales. Su éxito fue tal que a principios del siglo XVIII ya la Compañía tenía fundadas más de 600 instituciones de educación en las colonias americanas, dedicadas a los niveles de enseñanza medio y superior. Vale aquí reproducir lo que dicen Enrique Sosa y Alejandrina Penabad sobre la Orden. Ésta era «temida, envidiada por otras órdenes y hasta por las autoridades metropolitanas, pero ardientemente deseada por las élites criollas del Nuevo Mundo para la educación de sus hijos varones». [26] Esto último bien valdría la pena de profundizar en los estudios futuros en particular los que analicen la expulsión de los jesuitas de América.

Sin embargo, la educación primaria y la secundaria elemental, que no siempre podía controlar directamente la Iglesia, corrió peor suerte por lo general. Las Ordenanzas españolas de 1668 y las Nuevas Ordenanzas de 1695 y 1705 sobre la práctica del oficio de maestro no pudieron impedir que personas con baja instrucción se adueñasen de las pequeñas escuelas y establecimientos que impartían conocimientos de estos niveles de la enseñanza.

Un capítulo especial fue el de la enseñanza y educación primaria de la mujer, no siempre inexistente como se supone muchas veces. En Nueva España y Guatemala los llamados «colegios-recogimiento» fueron normados por las Leyes de Indias para que las jóvenes indígenas principales y en particular las mestizas de mujeres nobles indígenas y conquistadores fuesen «criadas y doctrinadas de mujer de Castilla». Así se lo comunicaba al Rey en 1581 el Presidente de la Audiencia de Charcas, [27] en el virreinato del Perú.

Paralelamente y durante toda la época colonial surgieron las Escuelas de Amigas, o sus similares, instituciones educacionales domésticas privadas muy extendidas en Europa y que encontraron buena acogida también en la América

Española. Pero, en cualquier caso, la educación y enseñanza de las niñas siempre se mantuvo relegada, por lo general al ámbito del hogar (fenómeno poco estudiado, por cierto) aunque, insisto, no fue inexistente. Por ejemplo, la que sería después famosísima sor Juana Inés de la Cruz, estudió en una de esas escuelas.

«Somos un pequeño género humano».

El nuevo siglo XVIII aportaría cambios aún más significativos para el criollo, tanto en el orden de la educación y de las expresiones culturales como, desde luego, en su propia definición, de lo cual el sector criollo del bajo clero no fue nada ajeno. Esta es la centuria de transición de esa «gente de la tierra», como se les llamó comúnmente y de forma imprecisa, hacia el americano raigal que, con mayor conciencia de su situación se revela ante el reforzamiento del despotismo español.

Tras de tres siglos de dominio colonial el balance dejaba mucho que desear en cuanto a España. Solo a nivel de quienes llevaban realmente las riendas del gobierno y de la Iglesia en América la situación no podía ser más catastrófica. De los 170 virreyes nombrados durante esos tres siglos *solo cuatro habían nacido en América (2,4%)*. De los 602 capitanes generales, presidentes y gobernadores, *tan solo 14 era criollos (2,3%)*. Análogamente, sobre 706 obispos, solo 105 criollos obtuvieron la mitra (14,9%). [28] ¡Al menos al cerrar el siglo XIX la situación había sido más favorable para los criollos!, según se desprende de las cifras antes comentadas.

Otra era, desde luego, la situación del bajo clero y en particular de algunas órdenes, como la de los jesuitas, cuya organización, disciplina y nivel de conocimientos los hacían ser preferidos por las élites criollas para educar a sus hijos, como antes se ha dicho. Esto explica por qué la mitad de sus componentes americanos eran criollos, como también explica por qué Carlos III terminó abruptamente con esos aliados del criollaje laico, pero no con la semilla que habían sembrado los hombres de la Compañía y también otras órdenes y componentes de la institución religiosa católica.

Es que desde entonces una conciencia de destino común hispanoamericano, como diría Mariano Picón-Salas, se apoderaría del clima espiritual de la época, en unos primero, en otros después. [29] Lo que ha ocurrido es que ya el criollo se siente americano, lo que resumió de forma magistral Simón Bolívar, El Libertador, en su *Carta de Jamaica* (1815): «somos un pequeño género humano; poseemos un mundo aparte (...), no somos indios ni europeos, sino una especie media (...), en suma, nosotros (somos) americanos». De ahora en lo adelante ese criollo-americano comenzará a expresarse cada vez más a través de sus expresiones nacionales, en un difícil y doloroso proceso en cuya sustancia está la no menos tortuosa y luminosa savia del criollo y de sus instituciones y, entre estas, con toda propiedad, la Iglesia Católica y todo el vasto mundo sincrético que se fue formando en torno al uno y a la otra.

NOTAS

[1] Bernard Lavallé. *Las promesas ambiguas. Criollismo colonial en los Andes.* Lima, Instituto Riva-Agüero de la Pontificia Universidad Católica del Perú, 1993, pp. 15, 17 y 18.

[2] El primer planteamiento, bastante generalizado, aparece en el judío León Portocarrero, alias El anónimo portugués, en su *Descripción del virreinato del Perú, crónica inédita de comienzos del siglo XVII.* El segundo es del Oidor Diego Andrés Rocha en su *Tratado único y singular del origen de los indios del Perú, Méjico, Santa Fe y Chile,* de 1681.Ambos citados por Bernard Lavallé en «Del indio al criollo: Evolución y transformación de una imagen colonial», artículo en Separara. Sevilla, s.e., 1990, p. 11.

[3] Ángel Sanz Tapia. Provisión y beneficio de cargos públicos en Hispanoamérica (1682-1698)». En revista: *Estudios de Historia Social y Económica de América,* No. 15. Alcalá de Henares, España, julio-diciembre de 1997, pp. 107 y 116.

[4] Citados respectivamente por: Ángel Rosenblat. *La población indígena y el mestizaje en América.* Buenos Aires, Editorial Nova, 1954, Tomo II, pp. 89-90. Archivo General de Indias (AGI) Lima 92, 26-2-1567, en Bernard Lavallé. Las promesas..., p. 29.

[5] Enrique Sosa y Alejandrina Penabad. *Historia de la educación en Cuba 1. Siglos XVI y XVII.* La Habana, Pueblo y Educación, 1997, p. 80.

[6] A.G.I. Lima 318, 20 de abril de 1591, tomado de Bernard Lavallé, art. cit., pp. 20-21.

[7] Juan B. Olaechea Labayen. «Un recurso al Rey de la primera generación mestiza del Perú», en revista *Anuario de Estudios Americanos,* No. XXXII, 1975, pp. 155-156, 183-186.

[8] Bernard Lavallé. «Las 'doctrinas' de frailes como reveladoras de incipiente criollismo sudamericano», en revista *Anuario de Estudios Americanos,* No. XXXVI. Sevilla, 1979, pp. 449-464.

[9] Bernard Lavallé. *Las promesas...,* pp. 161-165

[10] Thomas Gage. *Viajes de la Nueva España.* La Habana, Casa de las Américas, 1980 (Edición abreviada), pp. 82 y 88.

[11] Bernard Lavallé. «Las doctrinas...», pp. 463-464.

[12] Alonso Enríquez de Almendáriz. «Relación espiritual y temporal del obispado de Cuba, vida y costumbres de todos sus eclesiásticos, escrita de orden del rey Felipe III, por fray Alonso Enríquez de Almendáriz, obispo de Cuba», 1620, tomada de Enrique Sosa y Alejandrina Penabad, ob. cit., p. 76.

(13) Eduardo Torres-Cuevas. «Formación de las bases sociales e ideológicas de la Iglesia católico-criolla del siglo XVIII», en revista *Santiago*, No. 48. Santiago de Cuba, Universidad de Oriente, diciembre de 1982, pp. 185-186.
(14) Mariano Picón-Salas. *De la conquista a la Independencia*. Ciudad México, Fondo de Cultura Económica, 1975, pp. 112, 115 y 118.
(15) Eduardo Galeano. *Memoria del fuego*. La Habana, Casa de las Américas, 1990, Too I, pp. 308-309.
(16) María Dolores Bravo. «Identidad y mitos criollos en Sigüenza y Góngora», en revista *Plural* no. 205, vol. XVIII-I, 2da época. Ciudad de México, octubre de 1988, pp. 34-35
(17) Archivo Nacional de Cuba (ANC). Fondo *Academia de la Historia*, Caja 90, sig. 637, tomado de Enrique Sosa y Alejandrina Penabad, *Ob. cit.*, p. 85.
(18) Emilio Rodríguez Demorizi. *Cronologóa de la Real y Pontificia Universidad de Santo Domingo (1538-1970)*. Santo Domingo, Editorial de la Universidad Autónoma de Santo Domingo, 1987, pp. 7-9, tomado de Enrique Sosa y Alejnadrina Penabad, *Ob. cit.*, p. 62.
(19) Enrique Sosa y A Penabad, *Ob. cit.*, p. 7.
(20) *Ibídem*, p. 154.
(21) *Ibídem*, pp. 61-62.
(22) *Ibídem*, pp. 147 y 115-116.
(23) Fernando Benítez. *Los primeros mexicanos (La vida criolla en el siglo XVIII)*. Ciudad México, Ediciones Era, 1988, pp. 85-88.
(24) Francisco Martín Hernández. «La influencia de los Colegios Mayores españoles en la fundación y primer desarrollo de los americanos», en revista *Estudios de Historia Social y Económica de América* No. 9, Alcalá de Henares, 1992, pp. 9-22.
(25) Enrique Sosa y A Penabad, *Ob. cit.*, p. 8.
(26) *Ibidem*, pp. 9-10 y 157.
(27) Pilar Foz. *Mujer y educación en Colombia. Siglos XVI-XIX. Aportaciones del colegio de La Enseñanza, 1783-1900*. Bogotá, Academia Colombiana de la Historia, 1997, p. 13.
(28) Tomado de Alcides Arguedas. *Historia general de Bolivia*. p. 27, citado por Jorge Abelardo Ramos. *Historia de la Nación Latinoaméricana*. Buenos Aires, A. Peña Lillo editor S.R.L., 1973, Tomo I, p. 106.
(29) Mariano Picón Salas. *Op. cit., pp.* 89-90.

PANEL
Iglesia Católica y pensamiento católico en Cuba

Evolución del pensamiento católico en Cuba, desde los orígenes hasta 1959.

Mons. Carlos Manuel de Céspedes García-Menocal

> «*Pero el hombre no sólo germina, sino también elige...*
> *frente al pesimismo de la naturaleza perdida,*
> *La invencible alegría en el hombre de la imagen reconstruida*»
> José Lezama Lima, *Conferencias*, 1968.

1.- Existe un programa en las computadoras, titulado WinZip, que resulta sumamente útil para conservar y, sobre todo, transmitir textos extensos. Los comprime y, consecuentemente, no ocupan demasiado espacio en el equipo. Cuando se necesita leer el texto, el programa permite ampliarlo hasta dimensiones que lo hacen legible y, si se desea conservar fuera del equipo, imprimible. Yo necesitaría hoy de un programa semejante que me permitiese exponer el extenso mensaje: evolución del pensamiento católico en Cuba desde los orígenes hasta 1959, de forma comprimida y, simultáneamente, comprensible. Pero como esto resulta impensable, mi forma realista de «comprimir» será «suprimir», con el anhelo de que lo que no mencione o lo haga sólo de paso, no se pierda en el ciberespacio, sino que deje en la mollera de mis auditores la inquietud por indagar y suplir mis silencios con mejores luces. Me limitaré, pues, a trazar las pistas por donde, de acuerdo con mis observaciones limitadas, transitó el pensamiento católico en Cuba durante los cuatro siglos y medio que cubre esta breve exposición. No me detendré en comentarios expositivos y críticos pormenorizados de autores y de escuelas presentes en la Iglesia que peregrina en esta Isla, que –todos lo sabemos– es de corcho y de siguaraya: flota, como el primero, y echa lo malo para afuera, como afirman los paleros, de la segunda. Lo que provoca que nuestra Iglesia, encarnada en el pueblo isleño, esté ella misma penetrada tanto por los atributos del corcho, como por los de la siguaraya. Y el pensamiento católico no es ajeno a estas características de nuestra identidad nacional.

2.- Por otra parte, tal y como entiendo las manifestaciones del pensamiento, éstas no se ciñen a los tratados y ensayos de Filosofía y de Teología, en las diversas dimensiones que tienen ambas ramas del saber humano. El «pensamiento» sustentador se puede manifestar y, de hecho, se manifiesta, consciente e inconscientemente, explícita e implícitamente, en todas las formas de la religiosidad, de la literatura, del arte, de las ciencias y de la técnica. La liturgia, la espiritualidad y los cultos populares, la poesía y la novela, la música y las artes plásticas, el camino de las ciencias y los enrumbamientos de la técnica, y hasta la cocina, develan el pensamiento de los hombres que participan en tales manifestaciones de la cultura de un pueblo o, al menos, de un grupo humano. La cultura en su sentido más amplio y, simultáneamente, más exacto y preciso, como estilo de vida dependiente de valores que se imbrican, es un conjunto muy articulado y el pensamiento que la anima encuentra su manifestación por todos los canales abiertos por cada uno de sus componentes.

Registro, sencillamente, esta referencia a los *loci* en los que se debe indagar también acerca del pensamiento vivo y de su natural evolución, pero no puedo analizarlos. Sería objeto de un estudio sumamente extenso.

3.- Por consiguiente, una exposición de la evolución del pensamiento católico, en Cuba y en cualquier parte, si pretende ser objetiva y abarcadora, supone un rastreo mucho más complejo que la simple investigación de las obras, instituciones y personas que tradicionalmente vinculamos con la creación, estímulo u orientación del «pensamiento» religioso en sentido estricto: escuelas, universidades, elaboración e impresión de libros, ensayos y artículos «de pensamiento» y los profesores y personalidades relacionadas con estas realidades. Una novena popular, un tipo de celebración religiosa, la música religiosa, un estilo de construcción de templos, las imágenes y devociones que se difunden en un momento y lugar determinados, etc. nos revelan qué filosofía de la vida y qué teología las inspiran. El rastreo de estas realidades para encontrar el pensamiento sustentador supone conocimiento de las mismas, intuiciones y sospechas de relación. El análisis lúcido permitirá verificarlas o no, convertirlas en certezas o abandonarlas como hipótesis fallidas. Se trata, pues, de tener la vocación y las dotes de Miss Marple, el personaje de Agatha Christie, y aplicarlas a la reconstrucción de la historia del pensamiento, no al esclarecimiento de un crimen.

4.- Hechas estas aclaraciones introductorias, mi primera observación es que, a partir de los inicios de la colonización y hasta ya entrado el siglo XIX, al menos oficialmente, todo lo que se pensaba en esta Isla tenía el sello de un catolicismo más o menos coherente. La empresa colonizadora, en principio, era también empresa evangelizadora y de estas tierras de América, como de las de España, estaba excluido el pensamiento no católico. Sabemos de los contactos con el pensamiento cristiano no católico con ocasión del «comercio de rescate», pero no me parece que las aventuras comerciales con holandeses, ingleses u otros comerciantes que profesaban religiones hijas de la Reforma hayan dejado una huella intelectual fuerte. Quizás hayan dejado un cierto estilo de vida, una buena dosis de relativismo ético y dogmático y una actitud proclive a lo liberal y a la tolerancia inmoderada, pero no un pensamiento elaborado, sistemático.

5.- Asunto más complejo y no resuelto diáfanamente por los historiadores de nuestra Isla es la presencia en ella del criptojudaísmo. Dada la naturaleza misma de esta situación, quizás nunca podamos precisarla mucho. Sabemos de su presencia en España y en toda la América hispano-portuguesa y conocemos algunos procesos inquisitoriales en casos muy concretos, pero hasta ahora no ha sido posible fijar la extensión del fenómeno y, mucho menos, su influencia en la espiritualidad y en los contenidos de pensamiento de la Iglesia, penetrada de algún modo por tal fenómeno. Me parece que sí podemos afirmar que, a la vuelta de muy pocas generaciones, los descendientes de aquellos cripto-judíos del siglo XVI ya eran simplemente católicos, tanto en España, como en América. Si esto es así, no se debería exagerar la influencia del criptojudaísmo en la vida católica en nuestras tierras.

6.- Una segunda observación: aunque se afirma que la mayoría de los colonizadores que permanecían en la Isla de Cuba y no pasaban al Continente, en este período iniciático, eran hombres y mujeres poco cultivados, no creo que todos fuesen patanes analfabetos. El ambiente del que provenían era la España de esos siglos, la que llenaba los corrales y las plazas de Castilla para aplaudir las obras de Lope y Calderón. No eran los profesores de Salamanca y de Alcalá los únicos que disfrutaban de estas joyas del pensamiento y de las bellas formas literarias. Esos mismos hombres y mujeres, sencillos unos y más cultivados otros, fueron los que desde entonces vinieron a América, Cuba incluida, en busca de mejor fortuna. Con ellos traían su sensibilidad y su cultura, no solamente sus brazos y sus ambiciones, las normales en todo emigrante.

7.- Conservamos muy escasa constancia de los frutos del pensamiento en Cuba, en los siglos XVI y XVII. Ahora bien, la falta de constancia hoy, no significa necesariamente ausencia total ayer, o sea, en aquellos siglos. Sabemos que criollos, incluyendo a mestizos y a aborígenes de la Florida –que era evangelizada y gobernada eclesiástica y civilmente desde la Habana–, fueron a cursar estudios en España. En alguna parte se prepararon. No pueden haber llegado a los colegios y universidades españolas con el solo aprendizaje de las primeras letras.

El colegio que montó la Compañía de Jesús en la Habana en el siglo XVI para formar a los aborígenes floridanos –institución que duró pocos años, como pocos años duró la primera presencia misionera jesuítica en la Florida–, aunque haya sido una construcción elemental, de madera, adobe y paja –como solían ser las construcciones en Cuba en esos tiempos de fundación y de pobreza–, algo bastante serio debe haber enseñado. Además, las ideas del Padre las Casas, de los misioneros dominicos y franciscanos, de los primeros jesuitas que estuvieron presentes en la Isla, etc. no eran elementales y deben haberlas proyectado tanto en su trabajo misionero con los aborígenes, como en su trabajo de acompañamiento pastoral con relación a los colonizadores católicos. No todo puede haberse reducido a los rudimentos del catecismo con respecto a los primeros y a la condena de las encomiendas, de la esclavitud y de los amancebamientos con respecto a los segundos. Pero no tenemos, hasta ahora, testimonios escritos de un pensamiento sólido, en esos años, sea en el terreno religioso, sea en el civil, como tampoco tenemos piezas notables de escultura o de pintura realizadas en Cuba, ni partituras musicales, ni restos de grandes construcciones arquitectónicas, salvo la llamada «casa de Diego Velázquez», en Santiago de Cuba, de autenticidad discutida. Las condiciones económicas, políticas y socioculturales de la Isla, en los dos primeros siglos de colonización, no eran un *vacuum* de cultura, pero tampoco favorecían ni las expresiones más elaboradas del pensamiento, ni las obras de arte, ni las construcciones perdurables. Nuestra Isla no era más que una «triste tierra, como tierra tiranizada y de señorío», según la conocida expresión de Miguel Velázquez en carta al obispo Sarmiento de 1547. Humildes, pero que muy humildes, fueron los orígenes de nuestra cultura y de nuestra identidad nacional. Y humildes continuarían siendo durante mucho tiempo. Tengamos ante los ojos –y hago ahora dos piruetas y dos saltos en el tiempo– que dos siglos y medio después de la carta de Velázquez, a los cuatro años de fundado, el *Papel Periódico de la Habana*, al que todos concedemos tanta importancia en la historia de la cultura en Cuba, contaba con 120 suscriptores. Aparecía dos veces por semana, los jueves y domingos y la suscripción importaba solamente seis reales al mes. Y le oí decir en una ocasión a Lezama Lima que el número que solía venderse de ejemplares de *Orígenes*, en las librerías habaneras, –y este salto nos está trayendo ya al final de la primera mitad del siglo XX– nunca pasó de los 120. Y cada ejemplar de esa joya costaba solamente cincuenta centavos. Ahora los coleccionistas y las bibliotecas pagan centenares de dólares norteamericanos por un ejemplar original.

8.- Volviendo al momento en el que estábamos, no se puede dejar de mencionar, empero, como el mejor fruto conocido del pensamiento católico en la Cuba de inicios del siglo XVII, el poema *Espejo de Paciencia*, del canario Silvestre de Balboa, Troya y Quesada. Misteriosa historia la de la transmisión de este poema que, de ser cierta la versión que ha llegado a nosotros, por intermedio del Obispo Morell de Santa Cruz, fue escrito en Santa María del Puerto del Príncipe –la actual Camagüey– en 1608. Independientemente de su valor literario y de la veracidad de los datos históricos aportados, el poema revela una cultura religioso-filosófica más que media para la época. Como apunté más arriba, actualmente los críticos y analistas del pensamiento no desprecian ni la literatura de ficción, ni la poesía, como vehículos del pensamiento filosófico y teológico. La prosa ensayística no es su única manifestación ¿No se escribió otra obra en Cuba en esos primeros siglos? ¿La nada precedió a *Espejo de Paciencia* y la nada se prolongó hasta el siglo XVIII, con la única excepción de las disposiciones legales y canónicas del tiempo? No soy hombre inclinado a afirmar, en materia cultural, los productos solitarios y, mucho menos, la generación espontánea y la esterilidad. Sé que hay un «antes» en España, pero de ese «antes» español, ¿nada floreció en Cuba hasta el *Espejo de Paciencia*? Son preguntas para las que no tengo respuestas categóricas, sino solamente las mencionadas sospechas, no verificadas, sino mantenidas como hipótesis. Por el talante de las preguntas, se puede intuir hacia dónde se dirigen las mismas: sospecho que hubo obras anteriores, contemporáneas y posteriores que hoy no conocemos. En lo que a pensamiento se refiere, no deben haber sido fruto de un pensamiento creativo, sino solamente un eco, más o menos bien logrado, de lo que se escribía por aquel entonces en la Península. Adelantándome en el tiempo –otro salto y otra pirueta– creo que se puede afirmar que en Cuba, hasta 1959, no ha habido un pensamiento teológico creativo, original, sino ecos: de España, de Italia, de Francia y menos de Alemania. Si ha habido una cierta creatividad, ha sido en el terreno filosófico, sobre todo en el dominio de la Etica, aunque –y esto ya fue en el siglo XIX– el pensamiento eticista del Padre Varela y de sus discípulos no era exclusivamente filosófico, pues incluía también la sustentación que nos viene de la Fe. O sea, fue un pensamiento bastante original filosófico-teológico. Regresando a los siglos fundacionales, me parece cierto que si hubo obras escritas de cualquier índole en nuestra Isla, su difusión debe haber sido mínima, pues Cuba tuvo que esperar –es el dato más probable– hasta 1720 para disponer de una imprenta y, hasta donde sabemos, aquella primera imprenta habanera del francés Charles Habré y las que surgieron casi inmediatamente, en la misma ciudad y en las otras villas de la Isla, se dedicaron a reproducir, casi exclusivamente, oraciones, textos con disposiciones legales y, sólo con posterioridad, textos de sermones o artículos de contenido. Para encontrar otra obra literaria de una cierta –aunque pequeña– envergadura, elaborada en Cuba, después de «Espejo de Paciencia», debemos esperar hasta la «Dolorosa métrica expresión del sitio y entrega de la Habana», de 1762. Subrayo que la inspiración para ambas obras es un hecho real y que ambos hechos, así como estos textos que nos dan cuenta poética de ellos, nos permiten vislumbrar el orto discreto de la conciencia de criollismo, antecedente de la conciencia de nacionalidad.

9.- No tenemos elencos de las bibliotecas existentes en nuestro País en los siglos XVI y XVII. Y las bibliotecas han sido y continúan siendo generadoras y estimuladoras eminentes de pensamiento y me parece que, por muy útiles que nos resulten, las computadoras no van a sustituir a los libros sino, por el contrario, van a facilitar su elaboración e impresión. Conocer los libros de las bibliotecas es conocer cómo se nutre el pensamiento y por dónde se encaminan las lucubraciones de los hombres y mujeres partícipes de una cultura. Las bibliotecas privadas deben haber sido muy escasas en los siglos fundacionales de Cuba. Las de los monasterios y conventos, un poco más abundantes, pero en ellas deben haber sido muy privilegiadas las obras «de devoción». Sólo en las instituciones que tenían a su cargo «escuelas» de diversa categoría, desde el siglo XVI y a todo lo largo del siglo XVII, debe haber sido posible encontrar, junto a los escritos «espirituales», obras de Gramática, de Retórica, de Derecho, de Ciencias, de Filosofía y de Teología. Como dato curioso anoto que, ya en el siglo XVIII, las bibliotecas de instituciones religiosas acusan una presencia muy significativa de autores franceses y no solamente de los autores «ortodoxos» sino también de pensadores de la Enciclopedia y de autores jansenistas.

10.- Todos sabemos que, a partir del siglo XVIII, debido al boom de la agricultura en el ámbito del Imperio español –fruto no solamente de un cierto desgaste de la minería, sino también de las ideas filosófico-económicas de los fisiócratas–, las condiciones de vida en Cuba cambiaron rápida y radicalmente. Y esto contribuyó al desarrollo de todas los géneros de pensamiento y de fomento y expresión del mismo. Se inaugura la primera imprenta y luego se multiplican en la capital y fuera de ella. Se fundan: 1) la Pontificia Universidad «San Jerónimo» en el Convento de San Juan de Letrán, de la Orden de Predicadores, en La Habana; 2) el Colegio Seminario «San Basilio Magno» en Santiago de Cuba y el Colegio Seminario «San Carlos y San Ambrosio, en La Habana, fruto de la fusión del antiguo y humilde Colegio »San Ambrosio« y del Colegio «San José», de la Compañía de Jesús; 3) el *Papel Periódico*, en La Habana; 4) la Sociedad Económica de Amigos del País. Simultáneamente, mejora la calidad de los centros de enseñanza anexos a conventos; éstos eran relativamente numerosos en la Habana y, prácticamente, en todas las ciudades del interior de la Isla, pues se hacía necesario contar con las posibilidades de formar intelectualmente a los niños y adolescentes que, luego, ya jóvenes, irían a la Universidad y al Colegio Seminario de La Habana. A partir del ocaso del siglo XVIII ya se puede establecer una genealogía bastante exacta del pensamiento en Cuba, de sus corrientes, de las analogías, de las diversidades, así como de sus principales «portadores». Son nombres conocidos, desde el Padre José Agustín Caballero, «padre de los pobres y de nuestra Filosofía», como lo llamaría José Martí, ya a fines del siglo XIX, hasta nuestros días.

11.- Antes de dibujar el bosque de las genealogías del pensamiento en Cuba, me permito enunciar otra sospecha no resuelta, cuyo contenido eventual debería integrarse en la evolución del pensamiento católico en Cuba. Ignorarlo es una laguna. Me refiero al Colegio «San José» de la Compañía de Jesús, en La Habana. Hasta ahora, apenas sabemos algo más que sus antecedentes y su existencia. Cuando, finalmente, los miembros de la Compañía de Jesús fueron obligados por el Gobierno español a dejar la ciudad, y el edificio de «San José» pasó a la diócesis habanera en la que, muy poco después, llegó a ser la sede del Real y Conciliar Colegio Seminario «San Carlos y San Ambrosio», en el Colegio «San José» se enseñaba: Gramática, Humanidades, Retórica –materias que integraban el ciclo básico–, más Filosofía, Moral y Teología. La comunidad estaba integrada por trece sacerdotes, un escolar y dos hermanos coadjutores. ¿Cuál era el talante de aquellos sacerdotes jesuitas? ¿Por qué senderos discurría su pensamiento? He leído opiniones contradictorias. Por una parte, que eran hombres sumamente «conservadores», desactualizados en las Ciencias y comprometidos con la escolástica decadente en Filosofía y Teología. Por otra, que eran excesivamente abiertos a la Ilustración Católica española. He sabido recientemente que los historiadores jesuitas contemporáneos de nuestra zona geográfica están investigando el asunto. Personalmente, desde que me intereso en estas cuestiones, pienso que los sacerdotes de la Compañía en Cuba, como tónica general, no deben haber sido muy distintos de los del resto de América y deben haber sido particularmente cercanos de los de México y Guatemala, con los que estaban muy vinculados. Ahora bien, la tónica de la Compañía en América, en ese momento, como en el resto del mundo –incluyendo a España– era la de la apertura al pensamiento científico y filosófico contemporáneo. Además, me pregunto: ¿cómo se formaron los sacerdotes que integraron el corpus docente del posterior Colegio Seminario «San Carlos y San Ambrosio», de dónde salió su biblioteca que sabemos incluía a los pensadores más importantes de la modernidad, dónde nació el aire que refrescaba aquellos claustros, muy poco tiempo después, cuando por ellos caminaba ya el entonces joven José Agustín Caballero? Ciertamente, el humilde Colegio «San Ambrosio», las escuelas de los agustinos y de los franciscanos y la ciertamente anquilosada de nacimiento Universidad «San Jerónimo», de la Orden de Predicadores, no pueden explicarlo todo. Insisto una vez más: en materia cultural, me cuesta admitir la existencia de productos solitarios. La generación espontánea no existe, ni en el terreno biológico, ni –a mi entender– en el cultural.

12.- A partir de fines del siglo XVIII se puede diseñar, con mayor nitidez, el mapa de la evolución de pensamiento en Cuba, tanto del pensamiento católico como del que no lo es, al menos por definición. Como ya apunté más arriba, las fronteras, frecuentemente, no son nítidas, amén de que el pensamiento de una persona o de una escuela o tendencia no suele ser un bloque cuadriculado, sino que incorpora diversas tendencias y matices. Simplificando, pues, mucho la realidad, tratándose en este texto de la evolución del pensamiento católico en Cuba, creo que podemos hablar de un pensamiento católico y de uno que no lo es y, dentro de ambas corrientes, de una tendencia conservadora y hasta integrista, y de una tendencia más flexible y abierta a nuevos injertos. Insisto, sin embargo, machaconamente, en los entrecruzamientos. Por ejemplo, San Antonio María Claret, Arzobispo de Santiago de Cuba, fue un integrista en el ámbito filosófico-teológico, conservador en el político y reformista y por delante de su tiempo, por no usar la palabra «progresista», que es palabra «enferma», en el terreno social.

13.- Situación irrepetida durante el régimen colonial en Cuba fue el caso del Obispo Espada. Era un típico exponente de la Ilustración Católica, heredera del pensamiento de Fray Benito Jerónimo Feijóo. Desde su autoridad pastoral promovió el pensamiento, la actividad eclesial y la acción cívica coherente con esta línea de pensamiento. Gracias a su presencia se instauró esa línea de pensamiento en el Colegio Seminario «San Carlos y San Ambrosio» durante su prolongado gobierno pastoral (1802 a 1832) y pudieron desarrollarla hombres como el Padre José Agustín Caballero y el Padre Félix Varela, así como José Antonio Saco y José de la Luz y Caballero. Después de la muerte de Espada, debido a los períodos de restauración por una parte o a los gobiernos liberales de corte anticlerical por otra, unos y otros bajo la sombra de la ley del Patronato Regio y su nefasta influencia en la designación de los obispos, el caso Espada no se repitió. Hubo vacíos prolongados de gobierno pastoral y cuando las sedes eran provistas, fuese en La Habana o en Santiago, los hombres elegidos para el ministerio episcopal fueron hombres de pensamiento inmovilista y de ideas políticas conservadoras, aunque algunos fueron santos reconocidos, como el ya citado San Antonio María Claret, y casi todos desarrollaron un gran esfuerzo pastoral de incremento de la vida católica. Esfuerzo, sin embargo, maltrecho en su raíz de cara a la porción criolla emergente y progresivamente más numerosa y determinante de la vida real en Cuba. El pensamiento de la mayoría de los cubanos, en el ámbito filosófico, social y político evolucionaba según los patrones del pensamiento liberal sembrados en «San Carlos», en la Sociedad Económica de

Amigos del País, en las primeras etapas de la Revista Bimestre, etc., mientras el pensamiento oficial de la Iglesia en Cuba era, prácticamente, un calco del pensamiento católico español del siglo XIX, ajeno ya, casi totalmente a las ideas de la Ilustración Católica. La revista *La Verdad Católica* es buen ejemplo de ello.

14.- Esta situación fue cavando un foso, progresivamente más ancho y más profundo, entre la Iglesia Católica como institución y la cultura criolla que se fue consolidando a lo largo del siglo XIX. Ahora bien, como la simiente había sido católica, muy marcadamente católica sobre todo en lo que a eticidad se refiere, la cultura criolla o sea, la identidad cultural cubana, mantuvo ese sello de cristianismo católico aún cuando los mejores exponentes de nuestra cultura en este período de consolidación, de asentamiento, del último tercio del siglo, ya no eran católicos en el sentido pleno de la palabra. Eran sumamente críticos de la institución eclesial. Baste recordar a José Martí, cuya personalidad ha marcado la realidad cubana posterior. Fue un pensador filosóficamente ecléctico, anticlerical –inteligente, no vulgar, pero anticlerical al fin y al cabo– en la etapa adulta de su existencia, política y socialmente liberal y éticamente cristiano. No resulta difícil reconstruir la genealogía cubana del pensamiento de José Martí: José Agustín Caballero, Félix Varela, José Antonio Saco, José de la Luz y Caballero y Rafael María Mendive, a los que habría que añadir los influjos foráneos, como el pensamiento político de Krause, la ideología latinoamericanista de Bolívar, los pensadores políticos norteamericanos, etc. y la Biblia, Antiguo y Nuevo Testamento, que penetra el pensamiento martiano en más de un aspecto.

15.- Anoto el singular privilegio de Cuba, país cuya nacionalidad surge de un pensamiento que, antes que otras cosas, fue un pensamiento ético, del talante ya señalado de la Ilustración Católica española. Me parece que esa realidad, admitida por casi todos los estudiosos del tema, ha tenido como consecuencias: a) el tono cristiano de la eticidad sostenida por los pensadores moralistas cubanos, todavía hoy, aun en el caso de los que no son cristianos y hasta niegan toda filiación religiosa y toda apertura a la Trascendencia; quizás pensaba en ello S.S. Juan Pablo II cuando en el Aula Magna de la Universidad de la Habana, el 23 de Enero de 1998, hablaba del «alma cristiana» del pueblo cubano; b) el afán por lo que hoy llamaríamos justicia social, y el empeño por integrarla (derechos humanos sociales), sin contradicciones, con los afanes propios de toda forma de liberalismo filosófico-político (derechos humanos individuales), afán no logrado históricamente, pero mantenido como utopía en el pensamiento sociopolítico cubano y en textos legales, como la Constitución de 1940, reflejo fiel de ese talante de la cubanía; c) la singular vinculación de la identidad cultural cubana con la hispana, que no oculta sin embargo el mestizaje y el sincretismo que caracterizan a la primera.

Anoto también lo que no es un privilegio, sino por el contrario una carencia, grave a mi entender, ya insinuada más arriba. Me refiero a la casi total ausencia de un pensamiento teológico original, creativo y referido a nuestra realidad. No es que en el ámbito filosófico hayamos tenido mucha riqueza original, pero encontramos acentos interesantes con relación al pensamiento universal compartido, que no encontramos en el ámbito teológico hasta tiempos muy recientes, posteriores al período que abarca este texto, con la excepción, en el siglo XIX, ya señalada también más arriba, del pensamiento eticista del Padre Varela y de sus discípulos. En Cuba hemos tenido muy buenos profesores de Filosofía y de Teología, pero muy pocos filósofos y menos teólogos.

16.- Como he afirmado acerca del pensamiento en general, también acerca de la eticidad, en sus distintas vertientes, debe rastrearse no solamente en los textos de corte filosófico y teológico, sino también en las obras de ficción –como por ejemplo, en la novela cubana clásica del siglo XIX, *Cecilia Valdés*, de Cirilo Villaverde– y en la poesía, género por excelencia de la literatura cubana, de entonces y de ahora. Por ejemplo, José María Heredia, Gertrudis Gómez de Avellaneda, Joaquín Lorenzo Luaces, José Martí y hasta poetas más intimistas, como Luisa Pérez de Zambrana, son testigos de la eticidad cristiana de nuestro pensamiento raigal, sobre todo cuando abordan problemas sociales, como la esclavitud, el problema racial, la situación política de la Isla, las injusticias sociales vigentes, etc. Esta observación vale para la obra literaria del siglo XX, tanto para la elaborada por autores explícitamente cristianos –Eugenio Florit, Dulce María Loynaz, Gastón Baquero, José Lezama Lima, Eliseo Diego, Cintio Vitier, Fina García Marruz, Mariano Brull, Emilio Ballagas, etc.–, como por los de pensamiento religioso ambiguo –como Miguel Barnet y Pablo Armando Fernández y, en otro sentido, Virgilio Piñera, que fue católico y después, en sus últimos decenios, se profesó ateo– y asimismo por los que, al menos aparentemente, han sido más ajenos a los contenidos de la fe de la Iglesia, entre los que no se deben dejar de mencionar a Nicolás Guillén, a Juan Marinello, a Regino Pedroso y a Roberto Fernández Retamar.

17.- Desde fines del siglo XIX ya no sólo podemos hablar de un pensamiento liberal anticlerical en contrapunto con el pensamiento diáfanamente católico. En sintonía con una buena parte del mundo occidental, irrumpen en nuestras playas las corrientes positivistas, deterministas o no, más insertadas en una corriente liberal o expresión de alguna de las formas del pensamiento socialista. El laicismo cubano, en parte fruto intrínseco de nuestra realidad, de nuestra tradición de corte hispano, en parte injerto de influencias norteamericanas, ha colaborado al desarrollo de las diversas formas de positivismo, desde Varona hasta nuestros días. Pero si, como norma general, el positivismo –sea simplemente cientificista, sea el de inspiración marxista– no ha alcanzado los extremismos excluyentes que hemos conocido en otras tierras, esto se debe a diversos factores, uno de los cuales, me parece, es precisamente, el ingrediente eticista cristiano sembrado en nuestra médula desde los años del «San Carlos» del P. José Agustín Caballero, del P. Félix Varela, de José Antonio Saco y de Don José de la Luz y Caballero, que prolongó su siembra –lo sabemos todos los cubanos– en el Colegio «El Salvador».

18.- En el mantenimiento de un pensamiento católico explícito a lo largo del siglo XX, sea en el campo de la ética social, sea en el de la ética personal, sea –sencillamente– en la expresión de los contenidos de la fe, no se puede ignorar el peso de los colegios católicos y de los movimientos laicales católicos, desarrollados unos y otros, sobre todo, después de la creación de la República en 1902 y, muy particularmente, después de la segunda mitad del siglo que estamos terminando.

19.- No quiero dejar de mencionar tres publicaciones que, en este siglo XX, en el período anterior a 1959, fueron, cada una según su perfil diverso, expresión de la presencia sostenida del pensamiento católico en ámbitos distintos. No tienen título de exclusividad en el dar fe de vida del pensamiento católico pero, a mi entender, son las más significativas y las que, en su espacio propio, han tenido mayor peso. Me estoy refiriendo a *Orígenes*, a *La Quincena* y a *Cine Guía*.

20.- *Orígenes* no fue una publicación confesional, pero el núcleo de las personas que la fundaron y le otorgaron su identidad era predominantemente católico. Del mismo formaba parte muy principal, junto a José Lezama Lima, el Padre Ángel Gaztelu, que ha sido, según mi juicio, el poeta religioso católico de mayor finura literaria y más intensa sensibilidad religiosa en Cuba, en el siglo XX. *Orígenes*, a casi medio siglo de su desaparición, continúa sorprendiendo y encantando. Pocas publicaciones en nuestro Continente pueden exhibir tal congregación de escritores y pensadores, de genuinos creadores, de la magnitud de los que reunió *Orígenes*. La entiendo hoy como la punta del iceberg del «alma cristiana» del pueblo cubano y como la mejor expresión de las posibilidades de la mediación de la Verdad y de la Belleza entre nosotros.

21.- *La Quincena* dependía de la Orden Franciscana. Los sacerdotes vinculados con ella eran vascos establecidos en Cuba y tenía en su cuerpo de redactores un grupo notable de laicos provenientes en su mayoría de los movimientos laicales que habían germinado en el País a lo largo de la centuria. Era un equipo, realmente, de lujo. Esta revista fue la mejor ventana de la modernidad católica para nuestra Iglesia en este siglo. No olvidemos que nuestra Iglesia forcejeaba siempre con los aprisionamientos del integrismo católico propio del nacional-catolicismo español de cada momento. Los sacerdotes vascos de *La Quincena* y los laicos que se movían en torno a ellos fueron vacuna contra ese virus en algunos ambientes de nuestra Iglesia. Lamentablemente, no todos los católicos cubanos fueron vacunados. Me atrevo a afirmar que pocas realidades como *La Quincena* facilitaron la recepción del Concilio Ecuménico Vaticano II en los medios más cultivados de nuestra Iglesia en Cuba, así como la comprensión más correcta del movimiento revolucionario marxista y la adopción de una actitud evangélica de diálogo con relación a él. Los enfrentamientos violentos y estériles, que también los hubo en la Iglesia, provinieron de otros costados de la misma, no de los círculos de *La Quincena*. Ni de los de *Orígenes*, dicho sea como añadidura.

22.- *Cine Guía*, como ya su nombre propio lo está indicando, fue una revista de cine, editada por el Centro Católico de Orientación Cinematográfica, integrado éste, a su vez, en la Junta Nacional de Acción Católica. Sus antecedentes están en la insólita apertura de la Iglesia en Cuba a la realidad del cine, desde tiempos muy tempranos de este arte del siglo XX. El primer cine-club que existió en Cuba fue fundado por la Iglesia, y precisamente para obreros, en el barrio popular de Jesús María, en la Habana Vieja. Si la memoria no me falla, esto ocurrió antes de 1915. Este interés fue posteriormente asumido por la Acción Católica y de sus filas nacieron quienes fundaron y animaron los cine-clubes, los cursillos de orientación cinematográfica y la revista *Cine Guía*. Es muy posible que en la década de los cincuenta, en ningún país iberoamericano, la Iglesia contaba con una publicación semejante. Las publicaciones cinematográficas de calidad análoga en el Continente dependían, generalmente, de instituciones culturales no católicas, aunque hubiese católicos interesados en el arte cinematográfico en casi todos los países.

23.- Una disciplina del pensamiento de la que con frecuencia nos olvidamos actualmente en la Iglesia –no así en otros tiempos– es la juridica. Este fue un ámbito en el que se multiplicaron los laicos católicos durante este siglo. Si tuviese que escoger a uno como emblemático, no sólo por su habilidad probada en el ejercicio de la profesión, sino también por su capacidad creadora, por el peso social de su presencia y por su identidad católica muy evidenciada, así como por la vastedad de su cultura, escogería al Profesor Manuel Dorta Duque. Él encarnó, además, nuestra vieja utopía consistente en la integración de los derechos individuales de la persona con los derechos y deberes sociales y, en su caso, a la luz de la enseñanza social de la Iglesia, tal y como se había desarrollado en este paradójico siglo. Una de sus grandes pasiones, como cristiano, profesional y político, fue traducir tal doctrina a términos de Derecho vigente, aceptable en la sociedad pluralista que ya él sabía tener muy en cuenta en su relación con juristas y políticos no católicos, con los que cultivó relaciones amistosas muy sólidas. Nunca deberíamos olvidar que él fue uno de los estrenuos defensores del concepto de función social de la propiedad privada, en los debates constitucionales de 1940 y que al socaire de la Constitución que emanó de los mismos, elaboró un proyecto muy serio de Ley de Reforma Agraria que, lamentablemente, quedó en las gavetas de los legisladores cubanos de la época, no muy interesados en resolver el problema agrario de la Isla. Elaboró numerosos textos jurídicos para sus clases de la Facultad de Derecho de la Universidad de la Habana y para las revistas jurídicas de la época, con un estilo terso, elegante y sumamente claro, el propio de las mejores obras jurídicas elaboradas en nuestro idioma.

24.- Mención singular merece la Sociedad Cubana de Filosofía que, evidentemente, acogía a pensadores de muy diversas escuelas y «confesiones» y que hoy está restringida al pensamiento marxista en sus diversas vertientes. En la década de los cincuenta, fue Presidente de la Sociedad Humberto Piñera, católico, y miembros conocidos los también católicos Rafael García Bárcena y las hermanas, Rosaura y Mercedes García Tuduri. Si estas dos últimas deben ser incluidas en la categoría de las buenas profesoras de enseñanza preuniversitaria y universitaria, Humberto Piñera –hermano, por cierto, del escritor Virgilio Piñera–Δ226 y Rafael García Bárcena fueron algo más que eso. Creo que a ambos se les puede atribuir la sistematización de un pensamiento ecléctico, a cada uno por su camino propio, con una explícita identidad católica. Entre los miembros de la Sociedad hubo otros católicos que, por lo general, se dedicaron a la enseñanza de la Lógica y de la Historia de la Filosofía en Institutos de Segunda Enseñanza y en colegios privados, cuyos programas incluían estas asignaturas. En el ámbito de la Filosofía, en la década de los cuarenta, resultaría una omisión no incluir a María Zambrano, española, discípula de Ortega y Gasset, exilada en Cuba, México y en el área del Caribe después de la Guerra Civil en España. Fue miembro del grupo de «Orígenes» y en el seno del mismo era la garante de la Filosofía en sentido eminente. Ignoro si fue miembro de la Sociedad Cubana de Filosofía, pero recuerdo la influencia de su persona en los restringidos círculos que en La Habana se interesaban por estas cuestiones. Hasta el final de sus días conservó la amistad con los cubanos que conoció: filósofos, literatos y, en general, hombres y mujeres que se movían en las tertulias culturales de sus años habaneros.

Tuvo una amistad muy cercana y, a mi entender, muy fecunda recíprocamente, con José Lezama Lima.

25.- No puede faltarnos una mención episcopal del siglo XX como corona de esta presentación de la evolución del pensamiento católico. Me parece que todos estaríamos de acuerdo en afirmar que el obispo cubano de este siglo que más contribuyó directa y personalmente a la difusión del pensamiento católico y a su inserción en la cultura nacional, a las reflexiones sobre la identidad cultural cubana y temas afines y el que gozó de más prestigio en los círculos intelectuales de la Isla, fue Mons. Eduardo Martínez Dalmau, obispo de Cienfuegos, seguido muy de cerca, al menos en La Habana, por el Emmo. Señor Cardenal Manuel Arteaga y Betancourt. Además, creo que ambos, cada uno con su talante personal, contribuyeron como ningún obispo antes que ellos, al rescate eclesial de la persona y del pensamiento del Padre Félix Varela y Morales, así como de toda la generación de «San Carlos y San Ambrosio» del primer tercio del siglo XIX, de la que ahora nos enorgullecemos sanamente, pero de la que la Iglesia en los dos últimos tercios del siglo XIX y en el primero del XX no hablaba demasiado.

26.- Y llega ya el momento de poner punto final a lo que no es más que una intervención en un panel en el que hay otros protagonistas. La aplicación del programa WinZip me ha llevado, sí, a comprimir suprimiendo, como había anunciado al inicio, pero lo he hecho de manera selectiva. Me doy cuenta, al final, que he sido más compresor y supresor de los componentes que supongo mejor conocidos y más flexible al incluir tanto mis sospechas detectivescas no resueltas sobre algunos eslabones del pensamiento católico en Cuba, como al presentar las realidades que estimo son menos conocidas hoy. Me sentiría muy satisfecho si este texto insuficiente deja abiertas las curiosidades y estimula su satisfacción. Muchas gracias.

PANEL

Pensamiento Católico Cubano Desde 1960 Hasta el ENEC

P. Antonio Rodríguez Díaz

I.- Causas que determinan este período

1. Quiero fijar como inicio de esta etapa la fecha del 16 de Abril de 1961, cuando se proclamó el carácter socialista de la Revolución Cubana, con lo cual se hizo público el giro de ésta hacia la filosofía marxista-leninista, que se venía acentuando cada vez más desde el mismo año 1959. La historia de Cuba entraba, pues, en el socialismo real, y, por consiguiente, el estado cubano quedaba fundamentado en la doctrina del marxismo-leninismo, esencialmente materialista y atea.

2. En el mismo año de 1961, las actividades de la Iglesia quedaban muy reducidas. La Ley de la Nacionalización de la Enseñanza, y la posterior prohibición de actividades, incluso las cultuales, en el exterior de los templos, produjo una nueva situación para la vida de la Iglesia en Cuba.

3. El éxodo voluntario e involuntario de sacerdotes, religiosos y religiosas, al cual se añade el de laicos comprometidos y no comprometidos en la acción eclesial, junto a las otras dos razones expuestas en los dos párrafos anteriores, constituyen las causas que fundamentalmente marcarán el período que sucintamente reseñaré, respecto al pensamiento católico cubano.

II.- Descripción

4. Las Universidades Católicas de «Santo Tomás de Villanueva» y de «La Salle» en la ciudad de La Habana, los diversos colegios católicos y la Agrupación Católica Universitaria, centros donde se enseñaba y difundía un pensamiento netamente católico dejaron de existir. A lo anterior se suma la paulatina disolución de la Acción Católica Cubana, la cual quedará concluida en 1965.

5. El seminario de La Habana, al llevar a sus alumnos para que estudiasen en otros países, quedó prácticamente inactivo hasta 1963, cuando reinició sus cursos sistemáticos. Por esta razón, cabe señalar que el seminario «San Basilio Magno», de El Cobre, y el seminario de La Habana, como centros de formación católica para los aspirantes al sacerdocio, constituyeron los dos únicos centros de enseñanza católica del país. Posteriormente en 1967, gracias al sacerdote jesuita español, llegado a Cuba un año antes, Felicísimo Sánchez, se fundó el Instituto «María Reina» para la formación filosófica y teológica de las religiosas, en el cual participaron unos pocos laicos.

6. Hasta el año 1967 continuó realizando actividades la Casa Cultural de Católicas, situada en el Vedado, muy venida a menos en su quehacer. Sin embargo, allí se ofrecieron las conferencias de Mons. Fernando Azcárate y Freyre de Andrade, por aquel entonces Obispo Auxiliar de la Habana, fallecido en 1998, que trataron acerca del Concilio Vaticano II. El Dr. Julio Morales Gómez, relevante laico de nuestra iglesia desde la década del treinta y ordenado sacerdote en 1971, también disertó sobre variados temas en dicha institución.

7. Otro laico católico, Mario Parajón, de sólida formación filosófica, adquirida en Cuba, en Francia y España, discípulo de Gabriel Marcel y de Julián Marías, con un pensamiento bastante orteguiano, ofreció conferencias indistintamente en la Casa Cultural Católica y en el Liceum, acerca del Concilio Vaticano II, del pensamiento francés contemporáneo y de otros temas, así como cursos de Filosofía en el Instituto «María Reina», hasta que en 1971 fue a residir a España, donde ha continuado su labor como escritor, conferencista y profesor.

8. Mención especial merece «Mundo Católico», la única sección periodística semanal que quedó después de la nacionalización de la prensa en el periódico «El Mundo». Primeramente escrita por el sacerdote franciscano de abierta mentalidad, el P. Ignacio Biaín; después del fallecimiento de éste en 1963 y hasta su desaparición, estuvo a cargo del P. Carlos Manuel de Céspedes. Comentarios acerca de temas religiosos, de la vida eclesial, del Concilio Vaticano II, varios artículos dedicados a una polémica entre caballeros, sostenida entre el sacerdote y el pensador marxista Aurelio Alonso, que escribía en «El Caimán Barbudo», referente a la evolución física y biológica del universo y al pensamiento del jesuita francés P. Pierre Teilhard de Chardin (+1955), a la que se añaden los comentarios concernientes a un diálogo entre marxistas y cristianos, animado por la asociación «San Pablo» de Alemania, constituyeron algunas de las temáticas de la sección «Mundo Católico» durante estos años hasta su desaparición en 1968.

9. La Organización Católica Internacional de Cine Cuba (OCIC), existente desde la década del cuarenta, y que por los años cincuenta se convirtió en la mejor del continente, quedó con una actividad muy disminuida en esta etapa, aunque personas como el P. Julio Morales Gómez, Walfredo Piñera y Gina Preval, lograron mantener viva la llama. Esta organización tuvo el mérito, de cara al diálogo con instituciones del estado, de mantener relaciones con el ICAIC.

10. Entre 1962 y 1965 se celebró en Roma el Concilio Vaticano II que puso a la Iglesia en diálogo con el mundo moderno, para que aquélla le hablase a éste un lenguaje nuevo. Varios obispos cubanos asistieron a las sesiones del Concilio. La puesta en marcha de los acuerdos de esta reunión fue acogida positivamente por la mayoría de los católicos cubanos. Dada la situación política del país, la renovación conciliar se aplicó con rapidez e intensidad en el área litúrgica, seguida por la bíblica. El área social quedaría como asignatura pendiente. Una profusión de cursillos en todas las diócesis sirvió para mostrar la vitalidad de una comunidad católica, que se iba reduciendo cada vez más, debido a distintos factores, tales como el aumento de las presiones estatales sobre los creyentes y la emigración de éstos. Más que en ninguna otra época se trabajó en materias de formación «ad intra» como en ésta.

11. Varios profesores desde las aulas del Seminario «San Carlos y San Ambrosio» se esforzaron en reflejar en sus cursos la renovación conciliar. Mons. Evelio Ramos (+1976) puso a sus alumnos en contacto con las corrientes del pensamiento filosófico contemporáneo, de manera concreta con los enfoques fenomenológicos, existencialistas y personalistas, sin que por ello fuera abandonada la filosofía perenne de la Iglesia. Otro profesor es el P. René David, aunque francés, no podría escribirse la historia del pensamiento teológico cubano sin hacer mención de su ejemplar persona. El mejor aporte suyo en esta etapa lo constituye la reflexión acera de una Teología de la Reconciliación para Cuba (1984). Por otra parte, desde la Ciencia Sociológica, como base para un mejor conocimiento de la realidad a evangelizar, los cursos de Mons. Francisco Oves Fernández (+1990), Doctor en Sociología, posteriormente nombrado Arzobispo de La Habana y el P. Bruno Roccaro, sacerdote salesiano llegado a Cuba en 1970, pudieron entregar a sus alumnos las herramientas de esta ciencia, de modo que les sirviera para una mejor comprensión de la realidad en la que iban a trabajar como pastores. La acción de ambos profesores se extendió más allá de las paredes del seminario. Mons. Oves animaría con su saber a la Conferencia Episcopal durante los años en los cuales fue su presidente, y asistió a varios sínodos de Obispos en Roma (1969, 1971, 1974 y 1977), en los que se trataron los temas de la Reforma Litúrgica, el Celibato Sacerdotal y la Justicia Social, la Evangelización,

y la Catequesis, respectivamente. El P. B. Roccaro fue el artífice ejecutivo de todo el proceso de la Reflexión Eclesial Cubana (REC). Por último, desde la Teología Litúrgica, Mons. Juan M. Machado sustentó con su enseñanza orientadora la renovación de la vida cultual de los católicos cubanos durante esos años.

12. El espíritu ecuménico no estuvo ausente en el quehacer de la Iglesia durante estos primeros años conciliares hasta 1972. Ningún otro momento ha podido superar ese período. Una muestra de ello fue el acto ecuménico efectuado en la Catedral de Santiago de Cuba, a iniciativa de Mons. Enrique Pérez Serantes y del Rector del Seminario Bautista de Oriente, el Rev. Adolfo Ham, en diciembre de 1964. Allí el P. Carlos Manuel de Céspedes disertó sobre la Teología Católica Contemporánea. Este sacerdote, junto con Mons. Azcárate, sostuvo hasta donde les fue posible, el pensamiento y quehacer ecuménico de aquellos años.

13. En esta brevísima exposición acerca del pensamiento católico, es preciso destacar el magisterio de quienes son los pastores de la Iglesia en esta porción del mundo, que es Cuba, los obispos. Desde la «Carta abierta del Arzobispado –de Santiago de Cuba–, a la Federación General de Trabajadores de Oriente y a la Asociación Provincial Campesina «Frank País», escrita por Mons. Enrique Pérez Serantes el 11 de febrero de 1961, no encontramos consignado otro pronunciamiento episcopal hasta el «Comunicado de la Conferencia Episcopal de Cuba a nuestros sacerdotes y fieles del 10 de Abril de 1969». La causa de este comunicado tiene su origen en la II Conferencia General del Episcopado Latinoamericano, celebrada en Medellín en Agosto de 1968. A esta reunión asistieron tres obispos cubanos: Adolfo Rodríguez, Fernando Azcárate y Pedro Meurice. La asamblea episcopal tuvo como objetivo la puesta en práctica del Concilio Vaticano II en la realidad y la vida de la Iglesia latinoamericana. Los documentos de Medellín son esplendorosos –no encuentro otro adjetivo–, y el tiempo no ha podido quitarles este esplendor. Cuando los obispos regresaron a Cuba, consecuentemente se preguntaron, cómo encarnar el espíritu de Medellín en la realidad cubana, en la cual desde hacía diez años, se venía realizando un proyecto político exclusivamente marxista-leninista, englobante de todas las estructuras políticas, económicas y sociales del país. ¿Cómo deberían vivir los cristianos cubanos los flujos renovadores de Medellín en esta realidad contextual de socialismo real? El desafío se hacía más apremiante, cuando a medida que el marxismo-leninismo se enraizaba cada vez más en el tejido social del país, aumentaba la discriminación hacia los católicos, y no porque éstos opusiesen en la práctica su fe a la revolución. El comunicado de los obispos planteó la contribución de los cristianos en el desarrollo económico de Cuba. Denunció «el bloqueo económico al que se ve sometido el pueblo como una injusta situación que hace difícil la búsqueda

del desarrollo». Los obispos dan, asimismo, el fundamento ético de esta desaprobación: «Los graves inconvenientes que pesan sobre los obreros, campesinos, amas de casa, niños y jóvenes en proceso de crecimiento y enfermos». (Cf. n.n. 17 y 18).

El comunicado del 10 de Abril de 1969, animaba a los católicos cubanos a vivir una espiritualidad de presencia y encarnación de la fe y la vida cristiana en la realidad de la nación, a fin de comunicar la savia del amor cristiano, y contribuir al desarrollo del país. Esta espiritualidad fortalecería la vida de los pocos, pero coherentes e incomprendidos cristianos, que vivirían en nuestras comunidades durante las dos décadas siguientes. Constituiría el preludio para lo que diez años más tarde sería el maravilloso movimiento católico que sostuvo la REC. Asimismo, en consonancia con el espíritu del Concilio Vaticano II y de Medellín, la Iglesia en Cuba asumía una actitud de diálogo con todas las realidades de la nación, incluyendo –lógicamente–, las estructuras del estado cubano; y, eludiendo así, toda postura de confrontación con éste. Personalmente pienso, que lo que sería la praxis de la Iglesia Católica en Cuba desde la publicación de este Comunicado hasta hoy, encuentra en él sus líneas maestras. A partir del referido Comunicado, y hasta el 17 de Febrero de 1986, fecha de inauguración del Encuentro Nacional Eclesial Cubano (ENEC), los obispos cubanos colegial e individualmente, ofrecieron su pensamiento magisterial en 20 ocasiones, que indico a continuación:

- Comunicado de la Conferencia Episcopal de Cuba a nuestros sacerdotes y fieles – 3 de Septiembre de 1969.
- Mensaje de Navidad y Jornada de la Paz –Conferencia Episcopal Cubana– 14 de Diciembre de 1969.
- La paz es posible –Jornada Mundial por la Paz –Conferencia Episcopal Cubana– 1 de Noviembre de 1972.
- Mensaje de Navidad y Jornada de la Paz-Conferencia Episcopal Cubana – 23 de Diciembre de 1973.
- Exhortación del Episcopado Cubano a los sacerdotes, religiosos, religiosas y fieles en ocasión de la visita de Mons. Casaroli– Marzo de 1974.
- Mensaje de Navidad y Jornada de la Paz– Conferencia Episcopal Cubana– 22 de Diciembre de 1974.
- Circular sobre la Jornada de la Paz –Conferencia Episcopal Cubana– 21 de Diciembre de 1975.
- Nota del Comité Permanente de la Conferencia Episcopal Cubana «No al terrorismo» –9 de Noviembre de 1976.
- Circular con motivo del cincuentenario del actual Santuario de la Virgen de la Caridad –Obispos cubanos– 1 de Agosto de 1977.

- Circular sobre la jornada de la paz «No a la violencia, sí a la paz» –Conferencia Episcopal Cubana 18 de Diciembre de 1977.
- Declaración del episcopado cubano sobre el diálogo con la comunidad cubana residente fuera de nuestro país –21 de Noviembre de 1978.
- Circular de la Conferencia Episcopal Cubana con motivo de la Navidad y la Jornada Mundial de Oración por la Paz – 27 de Septiembre de 1979.
- Nota de prensa con relación al asesinato de Mons. Oscar Arnulfo Romero –Mons. Pedro Meurice, Presidente de la Conferencia Episcopal Cubana 25 de Marzo de 1980.
- Ante el hecho del éxodo de cubanos –Mons. Pedro Meurice, adminis trador apostólico de La Habana y consejo presbiteral (para uso privado)– 28 de Abril de 1980.
- Entrevista a Mons. Pedro Meurice –Presidente de la Conferencia Episcopal Cubana– 9 de Abril de 1981.
- Nota de prensa sobre la fabricación de la bomba de neutrones –Comité Permanente de la Conferencia Episcopal Cubana– 20 de Agosto de 1981.
- Circular –La paz, don de Dios Conferencia Episcopal Cubana– 26 de Noviembre de 1981.
- Entrevista de Prensa Latina a Mons. Jaime Ortega, Arzobispo de la Haban– 26 de Diciembre de 1981.
- Nota de prensa sobre los acontecimientos en Granada –Comité Permanente de la Conferencia Episcopal Cubana– 26 de Octubre de 1983.
- Mensaje de Navidad –Conferencia Episcopal Cubana– 31 de Octubre de 1985.

14. Llegamos a la REC, que, a mi modo de ver, representa el momento de mayor esfuerzo de la Iglesia Cubana en cuanto a la elaboración de su pensamiento, de cara a su quehacer pastoral y social, en la Cuba de los años ochenta. Desde el punto de vista eclesiológico, tuvo el mérito de haber sido un proceso de reflexión iniciado en la base de nuestras comunidades eclesiales, muchas de ellas diezmadas en la cantidad de su membresía, pero que mostraban una vitalidad religiosa y moral extraordinaria, llegando no pocas veces al grado de heroísmo. La REC duró algo más de tres años. Concluyó con el ENEC en Febrero de 1986. El resultado se encuentra contenido en el libro que recoge sus documentos, verdadero proyecto –hasta ahora inigualable– para la vida y la acción de la Iglesia en Cuba. Sociedad, Cultura, Vida Consagrada, Laicado, comunidades eclesiales, encuentran en el ENEC luces y líneas de acción.

En el punto de partida de la REC está la III Conferencia General del Episcopado Latinoamericano, celebrada en Puebla de los Ángeles en Enero de 1979. Después, durante una numerosa reunión de sacerdotes de todo el país, efectuada en El Cobre a principios de Julio de ese mismo año, se escuchó la voz de Mons. Fernando Azcárate, que invitaba a hacer un «Puebla cubano», con el fin de encarnar los acuerdos de la Asamblea Episcopal Latinoamericana en la realidad social de Cuba, diferente a la del resto de los países latinoamericanos. Mons. Azcárate pasaría a la historia de la Iglesia cubana como el «Padre de la REC». Cuando muchos, dentro y fuera de Cuba, pronosticaban vida limitada a la Iglesia Cubana, la REC y el ENEC mostraron lo contrario: la obra portentosa de Dios. *Mirabilia Dei*.

15. Finalizo, haciendo mención del pensamiento católico cubano en la diáspora. Mercedes García Tudurí(+), Mateo Jover, José Ignacio Lasaga, Marino Pérez Durán, Humberto Piñera(+), José Ignacio Rasco, Andrés Valdespino (+) y Manuel Fernández, entre otros, fueron laicos destacados en la acción apostólica, social y política en la década del cincuenta. El giro hacia el marxismo-leninismo, operado en el proceso revolucionario, los llevó al exilio. Allí siguieron pensando en cubano y en católico durante la etapa que nos ocupa, y expresando sus reflexiones en conferencias y publicaciones. A ellos añado dos laicos de la generación posterior, el profesor de Filosofía Raúl Fornet, que estudió en Salamanca, y en la actualidad imparte cursos en diferentes universidades de Europa y América, y el teólogo Nazario Vivero, formado en Bélgica y Alemania, y actualmente asesor de la Conferencia Episcopal de Venezuela.

PANEL
Tres temas relevantes del pensamiento católico en Cuba

José de la Luz y Caballero

Perla Cartaya

I. Introducción

Los meses de junio y julio del presente Año Santo Jubilar, tienen una singular importancia para la memoria que honra, porque el día 22 del mes en curso hace 138 años que Don José de la Luz y Caballero emprendió el viaje eterno, y el 11 de julio celebramos el bicentenario de su natalicio en la villa de San Cristóbal de La Habana, ocasión en que la Iglesia de Cuba realizará el Jubileo del Educador, con las variantes determinadas en cada diócesis.

Los estudiosos de la obra lucista coinciden, por lo general, en que él fue una de las personalidades más polémicas de su época, compartiendo el cetro con el bayamés José Antonio Saco. Su bibliógrafo Domingo Figarola-Caneda reveló que fue el intelectual cubano sobre quien más se había escrito. Ya ha sido reconocido por algunos intelectuales como uno de los pensadores más trascendentes de la América Latina [1] en distintas aristas de la cultura y, en este sentido, resulta muy interesante el criterio del escritor e investigador Adalbert Dessau, quien cree advertir afinidades literarias entre José de la Luz y Caballero y Alejo Carpentier y considera que su obra constituye «...una de las cumbres de toda la historia del pensamiento en América Latina...», [2] a partir del estudio que realizó de los escritos de José de la Luz y la obra de Carpentier, *El reino de este mundo*, en cuyos párrafos finales este autor enuncia «ideas fundamentales del pensamiento elaborado en América Latina entre 1835 y 1850 cuando dice: el hombre ansía siempre una felicidad situada más allá de la porción que le es otorgada. Pero la grandeza del hombre está precisamente en querer mejorar lo que es». [3] Dessau puntualiza que esas ideas fueron enunciadas por Luz y por Andrés Bello, en la década del treinta del siglo XIX.

El estudio del ideario lucista, en sus variadas facetas, permite afirmar que si una buena parte de los conceptos que expresa se despojan del ropaje de antaño, resultan sorprendentemente actuales. [4] Y aunque esbozar la pedagogía de Luz no es el objetivo de estas cuartillas, me negaría a mi misma si relegara el hecho de que las investigaciones realizadas en el campo de nuestra historia de la educación, demuestran que se esforzó por darle un basamento científico a la educación y a la pedagogía, a la cual llamó, en 1833, «ciencia de la educación».

Mi línea de investigación ha sido, desde hace muchos años, la historia de la educación, la escuela y la pedagogía en Cuba.

En la década del 70 comencé a estudiar el pensamiento pedagógico lucista y escribí sobre ese aspecto de su obra. Puedo decirles que entonces no hallé en sus escritos de carácter educativo referencias directas a la religión; pero sí percibí el propósito de impregnar de valores evangélicos la educación, la sociedad. Creí por esos años, que conocía bien al silencioso fundador –así lo llamó nuestro Apóstol José Martí–; sin embargo, al enfrascarme con posterioridad en el análisis de su vida y de su obra de manera integral, comprendí que había errado en muchas de mis valoraciones. Al profundizar en lo que pudiera llamar el hombre a solas consigo mismo, dejando atrás su quehacer intelectual en la Sociedad Patriótica (o Económica) de Amigos del País de La Habana, les confieso que no ha dejado de sorprenderme. Todavía necesito dilucidar algunas interrogantes; por eso, en esta ocasión, sólo aspiro a proporcionarles una visión general del pensamiento de Don José de la Luz y Caballero. Mi método para ese empeño será dejarlo hablar.

II. Desarrollo

El hombre que «...Pudo ser abogado con respetuosa y rica clientela, y su patria fue su única cliente...» [5] ha legado a su pueblo y a cualquier hombre contemporáneo de corazón abierto, un ideario muy rico en matices y cadencias.

En el aforismo 594 se refiere a las ciencias como «ríos caudalosos que conducen al océano de la Divinidad»... mostrándole al hombre su pequeñez, induciéndolos a la humildad y acercándolo a Dios. [6] Y en instantes de acercamiento íntimo confiesa, en su aforismo 390 de 1847: «Cuando me siento frío y flojo, falto de inspiración, no hago más que leer un versículo del Evangelio, para que corran a torrentes los sentimientos y pensamientos; acalorando el corazón e iluminando la cabeza, se me comunica el Espíritu Santo (en toda la fuerza del término) «el don de lenguas y de lenguas». [7] Pensaba que en el mundo «...toca a algunos atesorar virtudes para distribuir consuelos. Aquí está el galardón del justo –continúa diciendo–, si es que necesita otro que el testimonio de su conciencia, de Dios...». [8] Solía decir que si en la sociedad moderna faltaba la religión, el respeto estaría ausente. ⁽⁹⁾ Advierto que tanto en momentos de alegría como en los de infortunio patentiza un sentimiento (que expresa en el aforismo 398): «¡Ah, mi Dios, mi Dios, cómo te encuentro hasta donde menos te esperaba! ¡Qué bien se ve que estás en todas partes!» ⁽¹⁰⁾ Piensa que el cristianismo es escudo y espada humilde y fuerte. «Dios y siempre Dios». ⁽¹¹⁾ Y tal vez en respuesta a quienes dudaban o dudaran de su fe, escribe en 1846 (al referirse a las obras de Dios en el aforismo 400); *Siempre fui profundamente aplaudidor de las obras de Dios, así en el mundo físico como en el moral; y amantísimo de la humanidad. ¿Puedo decir más enérgicamente que soy profundamente religioso?* ⁽¹²⁾

Algunos historiadores han tratado de presentar a Luz como un hombre al margen de las luchas políticas. Esto no es cierto. Tenía 22 años cuando escribió un enérgico artículo –inédito por razones obvias hasta muchos años después–, publicado bajo el título «Sobre las Segundas Cortes Constituyentes». En este trabajo proyectó su posición democrática ante los problemas de su época, observándose la influencia en su pensamiento de la escuela histórica francesa del siglo XVIII. Entre las ideas preconizadas por Luz sobresalen: la de no considerar el sexo para ser ciudadano; no exigir la tenencia de la propiedad para ejercer el derecho al voto; y valora, refiriéndose a la elección de los diputados a Cortes

> *... El único modo de asegurar los derechos políticos es que las elecciones sean de manera que todos o casi todos los ciudadanos puedan fácilmente sufragar, quiere decir, que mientras más populares sean las elecciones, tanto más nos afianzarán el goce de los derechos políticos...* ⁽¹³⁾

Manifiesta su confianza en el pueblo:

> *Se desconfiaba no sólo de que el pueblo eligiese buenos diputados a las Cortes, pero ni siquiera lectores de parroquia y de partido. Y ¿cuáles eran los motivos de esta desconfianza?. Yo no lo sé: pues el pueblo, aún suponiéndole ignorante, por rareza se engaña en la elección de sus representantes: la historia toda así lo atestigua...* ⁽¹⁴⁾

La ciudadanía, para él, significaba una alta dignidad, por eso consideró que

> *...debe privarse de ella a aquellos individuos que por sus crímenes y maldades se hacen indignos de vivir entre hombres... nadie ignora que el criminal es un miembro podrido de la sociedad, y que ésta en consecuencia debe negarle sus distintivos.* ⁽¹⁵⁾

Estas reflexiones demuestran las inquietudes políticas y sociales que ya tenía por aquellos años. Su pensamiento difería del de los terratenientes criollos esclavistas, encabezado por Francisco de Arango y Parreño –el primer economista cubano, según los investigadores de esa ciencia–, quién declaró que, frente al movimiento independentista y al liberalismo sólo su clase estaba al lado del rey:

> *Contamos no obstante –afirmó Arango– en todos los casos y estudios con los grandes propietarios, con esos buenos vasallos y malísimos soldados. Y ¿los demás? Los jóvenes, los aventureros, los descamisados, la gente de color, los esclavos... ¡Cuántos enemigos, si un ejército de revolucionarios enarbola en nuestras playas la bandera del recluta!»* [16]

Obsérvese que Arango no incluyó a todos los propietarios, sino sólo a los grandes propietarios, y consideró a la juventud entre los enemigos de aquella sociedad.

Es importante tener presente que este documento de Luz fue elaborado en medio de un ambiente caldeado por las pasiones políticas. Ese año (1822) se efectuaron las elecciones de diputados a Cortes, resultando elegidos el P. Félix Varela, Leonardo Santos Suárez y Tomás Gener, representantes del «partido cubano», capitaneado por el hacendado habanero Conde de O'Reilly. Andando el tiempo, Luz escribirá a Manuel González del Valle (1840):

> *Pues yo si hablo de política en mis artículos de filosofía: no para tratar de política, sino para inspirar a la juventud la justa desconfianza que debe animarla respecto a unos hombres que prostituyen la dignidad de la ciencia... Sea Ud. en muy buena hora un viajero y nada más en la nave del Estado; yo amo demasiado a mi suelo y estoy harto apegado a su gleba para poder decir otro tanto, y a este título, soy cuanto alcanza mis fuerzas, miembro activo de la colmena de mi patria.»* [17]

Al profundizar en la personalidad de Luz es evidente su incompatibilidad con aquel régimen de intolerancia, esclavitud, autoritarismo, contrabando, desafuero, privilegio y corrupción en el cual se movían los hacendados criollos. Por eso dijo, hablando de sí mismo: «no puede existir un hombre más en desarmonía con esta sociedad desde la cumbre hasta el cimiento, y hasta el polvo...» [18] y sentenció: «La sociedad hoy... *suciedad*». [19] Sintió que «la tiranía es una atmósfera que no deja respirar al corazón...» [20] y valoró que su siglo no era el de oro sino el del oro, proyectándose contra el individualismo, contra la falta de solidaridad entre los hombres al expresar: «...no vivimos *asociados*, sino amontonados. Hombres, ciudadanos, si se quiere, pero no *hermanos*». [21] Y para él, la fórmula era: «¡Fraternidad! Sinónimo de amor, igualdad y justicia entre los hombres!...» [22] Pensaba que la vida que fomentaba la ciudad moderna «es el veneno que la corroe: el interés». [23]

Si sería falso presentar a Luz como tribuno del abolicionismo, no menos erróneo resultaría considerarlo como un esclavista sostenedor de la esclavitud del hombre.

Expresó públicamente su repulsión por la institución esclavista y dio muestras inequívocas de ello. Su criterio era que «la introducción de negros en Cuba es nuestro verdadero pecado *original*, y tanto más cuanto pagaban justos por pecadores...» [24] y para él, «en la cuestión de los negros lo menos *negro* es el negro», [25] pues pensaba que lo más negro era precisamente, la conciencia de los victimarios blancos. Reflexionó profundamente sobre las consecuencias de la esclavitud y por eso sentenció: «¡En qué atmósfera vivimos sumergidos! Culpa de nosotros y de nuestros padres... ¡Como contamina la esclavitud a esclavos y amos!». [26] El castigo corporal a los esclavos le arrancó esta sentencia que es, probablemente, de las más duras que se pronunciaron contra tal sistema: «se necesita todo el amor cristiano para compadecer a estas alimañas que producen los suelos esclavos». [27]

En muchos de sus aforismos Luz fustigó fuertemente a los grandes propietarios: «En nuestro género de vida debemos tirar a ser pueblo aun nadando en las comunidades...» «Pueblo en restringir las necesidades, pueblo en el trabajo físico y parquedad de la moral, pueblo en comer, andar y dormir, pero siempre tratando de descollar». [28] «Los ricos –afirmó– suelen ser como los metales: difíciles de derretir...» [29] Comprendió que «la humanidad tiene que pasar por ciertos escalones (de abrojos y espinas) para llegar a ciertas alturas.» [30] Su comprensión acerca de la conflictividad latente en la sociedad de su tiempo quedó demostrada al escribir: «La actual sociedad, a guisa de fuego subterráneo abriga en sus entrañas fuerzas latentes, cuya manifestación ha de dejar pasmado al siglo del vapor, de la electricidad y del sufragio universal...» [31] Y señaló: «Bienaventurados los que conocen las señales de los tiempos y las siguen.» [32] Luz pensaba que «en bonanza no hay para qué pilotos, en tormenta se ha menester un hombre». 33 En estas palabras parece reconocer la necesidad de un líder para encausar las luchas; y expresó con un aforismo, muy poco divulgado por cierto, su respeto hacia el pueblo: «Callen personas cuando hablan pueblos». [34]

El trabajo, según Luz, era la roca en que se asentaba la propiedad y pensaba que «los que se rebelan contra ella van contra la ley del progreso».[35] Para él, la propiedad privada y la familia continuaban siendo los pilares del orden social.

Don Pepe –así lo llamaban con respetuoso cariño– era un hombre que actuaba movido por firmes convicciones personales, sin titubear ante las posibles consecuencias, lo que concretó en un hermoso pensamiento con el cual me siento identificada: «¡Qué cosa tan grande este testimonio de la conciencia que en medio de la tormenta alza la voz, diciendo: hiciste bien! Ese, ése es Dios». [36]

Luz declaró públicamente, en 1824, ser discípulo del Padre Varela –recuérdese que ya en ese momento el Padre Varela se hallaba en Nueva York, perseguido por la injusticia–, al inaugurarse solemnemente el curso escolar del Colegio-Seminario de San Carlos y San Ambrosio:

> ...penetrado internamente de mi insuficiencia yo seguiré el camino que me has trazado; yo haré cuanto esté de mi parte para mostrarme tu digno discípulo y con este trabajo no te separaré un instante de mi memoria, ora exponiendo las doctrinas que van a ser el blanco de nuestras faenas, ora estudiando sus obras, ora inspirando a mis discípulos aquel amor por la ciencia y la virtud que tú sabías infundir sólo con tu presencia. [37]

Ese momento marcó definitivamente su vida: daba los primeros pasos en el camino del magisterio al asumir como docente la Cátedra de Filosofía.

En 1831, de regreso de un largo viaje por Estado Unidos y Europa occidental comienza a actuar en la vida pública de su país. Ya existían en Cuba algunas experiencias negativas de la lucha abierta contra España. El Padre Varela, cuyo ejemplo servía de estímulo a hombres como Luz, seguía erguido contra la metrópoli; pero el escepticismo en cuanto a las posibilidades inmediatas de independencia corroía su espíritu, transmitiéndolo a sus discípulos con un consejo que reiteraba en sus cartas: cautela, cautela, cautela. En 1826 había escrito en *El Habanero: Es preciso no equivocarnos, en la isla de Cuba no hay amor a España, ni a Colombia, ni a México, ni a nadie más que a las cajas de azúcar y a los sacos de café...* [38]

Es importante, para valorar la posición política de Luz, tener en cuenta la influencia ejercida por la experiencia valeriana en el desarrollo de su labor independentista. Veinte años después, es decir, en 1846, Don Pepe escribirá:

> De ahí también la necesidad de la oportunidad, y la imposibilidad de hacer revoluciones si no existen hechos físicos o morales que el genio no pueda crear. Ni Napoleón revolucionaría la isla de Cuba en circunstancias ordinarias ni aun extraordinarias; pero que le ataquen sus propiedades y entonces la ovejita diventa leone. [39]

Fue surgiendo así, en algunos de los hombres más dignos de la época, la idea de que era imprescindible todavía un largo y lento período de preparación. Luz fue uno de esos hombres. Tenía la convicción de que hasta tanto los cubanos no adquiriesen la formación necesaria para la vida ciudadana, no debían precipitarse los acontecimientos. Por eso escribió:

> *Es menester impacientarse y impacientarse: lo primero para madurar la pera; lo segundo, porque ha de madurar; y por lo mismo esperar y ayudar cada abeja según sus fuerzas (que a ello nos obliga el deber, que es Dios) a la madurez y la confección del panal. En la historia, y como de la historia, es forzoso mirar ciertas cuestiones.* [40]

En estas sentencias está recogida, en síntesis, la táctica lucista en cuanto al problema cubano.

El análisis profundo de la realidad cubana lo reafirmó en una concepción que ya había expresado en 1833: «Tengamos el magisterio y Cuba será nuestra». [41] Por eso, en 1848, es capaz de expresar: «Cuba no está preparada para la independencia, para que lo esté soy yo ahora maestro de escuela». [42] Ya habían quedado atrás, definitivamente, sus responsabilidades en la Sociedad Económica de Amigos del País de La Habana. Su lugar, para siempre, será la escuela. Reflexiones reveladoras oirían los maestros en sus labios: «No estemos en cómo se enseña, sino en el espíritu con que se enseña. Buscad primero el reino de Dios, y todo lo demás se os dará por añadidura» [43] porque, para él, «la enseñanza es un contrato con Dios, no con los hombres», [44] lo cual expresa en su aforismo 562. Sabe que la enseñanza es un espinoso apostolado, por eso insiste en que no hay apóstol sin sentir la fuerza de la verdad, y el impulso de propagarla. [45]

> *Por donde quiera que profundicemos –escribirá con acierto– vamos a parar en la necesidad de una fuerte educación religiosa para formar hombres que sean hombres.* [46]

Estas palabras no niegan su insistencia en la enseñanza de la física, la química y la matemática, pero a cada cual correspondía un espacio en la educación de los escolares.

Cuando Luz dice: «hombres que sean hombres» quiere decir:
- que no fueran *maquinitas repetidoras*, es decir, hombres y no farsantes
- que fueran capaces de servir a la Patria en sus grandes necesidades morales y materiales.

Por tanto, el amor a Dios y a la patria iban de la mano en el análisis de su presente y del futuro. Insistirá una y otra vez en que la base de este trabajo estaba en la escuela primaria:

> *Atendamos de preferencia a este semillero de plantas tiernas y delicadas que más reclama nuestro cultivo, si queremos ver algún día árboles robustos y frondosos, bajo cuya sombra pueda tranquila redimirse la Patria.* [47]

Este Maestro, que nos dice: «confesar la propia falta es la mayor de las grandezas,» [48] que defiende sin tregua un concepto: «los hombres jamás gradúan el mérito o demérito de las acciones por la utilidad que produzcan...» porque entonces «habría una moral para cada caso, y los medios, cualesquiera que fuesen, quedarían justificados como se consiguiera el fin...» insiste en que «esta es la moral de la tiranía». [49] Vio claro que la patriótica misión de la generación en formación, requería una profunda renovación de la enseñanza, en cuyo proceso a la educación moral correspondía una significativa trascendencia.

Don Pepe concibió la educación de los sentimientos de acuerdo con su propia escala de valores, en cuya cima se hallaba el que, a su juicio, era ilimitado en su aplicación: «Antes quisiera yo ver desplomadas, no digo las instituciones de los hombres, sino las estrellas todas del firmamento, que ver caer del pecho humano el sentimiento de la justicia, ese sol del mundo moral.» [50]

El amor, para él, tenía un rango muy especial porque donde no había amor todo era dolor; y tal parece que quiso aclararnos su pensamiento al decir: «Sólo el sentimiento de la justicia es el que en mi pecho puede superar al del patriotismo». [51]

Luz pensaba que el hombre no moría cuando cesaba de existir, sino cuando dejaba de amar. «Amor a todos los hombres –sentenció– pero primero a mis compatriotas». [52] Insistió con fuerza en el amor a la verdad que todo hombre honrado debía sentir, hasta el punto de afirmar: «sólo la verdad nos pondrá la toga viril». [53] Mas la verdad y el deber debían marchar juntas.

Para el silencioso fundador el arte y la literatura podían ser fuertes apoyos para los padres y los maestros durante el transcurso de la educación del carácter y los sentimientos. El artista, según sus palabras, no copia rigurosamente la naturaleza exterior, sino del ejemplar que le ha hecho formar su propio sentimiento; por eso descubría con su creación algo nuevo para la humanidad, y a través de su obra lo comunicaba a los otros hombres. En 1835 escribió: «el arte no tanto se inventó para ejercitar el juicio de los inteligentes como para mover los afectos de la muchedumbre», [54] lo cual significa que rechaza la idea de un arte elitario, es decir, unilateralmente intelectualizado. Con respecto a la literatura, piensa que su alta misión es convertirse en un instrumento de mejora social. [55] Pero era imprescindible que los maestros y los padres supieran escoger las obras artísticas y literarias, sobre todo en los primeros años de la vida escolar.

El Maestro, al hablar de sí mismo, revela ser «un hombre... que vive y muere bajo la inflexible ley del deber» [56], porque ésta es la ley suprema de la humanidad.

Este pensador –que, según el decir martiano, sembró hombres– , se refirió a la libertad como el alma del cuerpo social. Y al profundizar en los males morales de la sociedad en que vivía, analizó si convendría a la humanidad y a su progreso predicar dos doctrinas, una para la «masa» y la otra para la «nata», para llegar a una conclusión certera: «Una y sólo una para todos...que comprenda las necesidades morales de toda la comunidad: en suma, una religión.» [57]

Luz reiteró que la actuación de los hombres debía basarse en los principios morales sustentados, aunque ello les ocasionara contratiempos. Fue valiente en sus polémicas y en sus decisiones, en el marco de sus limitaciones humanas.

Convencido el moralista cubano de que su proyecto escolar-pedagógico –esbozado desde 1833 en el Informe de la Escuela Náutica, más conocido como Informe sobre el Instituto Cubano–, sólo podría emprenderlo en una escuela propia, funda en 1848 el Colegio del Salvador, en la barriada del Cerro. No voy a detenerme en la pedagogía que aquí desarrolla. Pero la memoria que honra no puede relegar que, al finalizar cada semana, despedía a los alumnos con las famosas «charlas sabatinas», que siempre desarrollaba a partir de un fragmento de las epístolas de San Pablo. Manuel Sanguily y Enrique Pineyro –«maestros intermedios» [58] en este plantel– coincidieron al aseverar que, en esas ocasiones, todos sentían como si la Patria hablara por medio de su palabra, rodeado por los alumnos, los maestros y los trabajadores del plantel (Luz rehusó la mano de obra esclava), así como por los vecinos cercanos a la escuela y hasta por muchos padres que deseaban compartir ese momento con sus hijos; así, la influencia educativa florecía en la comunidad.

Don Pepe vivió y murió en la biblioteca del Colegio en el cual concentró su creatividad como maestro y la fuerza de su patriotismo, de su espiritualidad. Allí ardió, centelleó y se sofocó el corazón con mano heroica, –con palabras martianas–, para dar tiempo a que se le criase de él la juventud que sólo brillaría sobre sus huesos.

III. Conclusiones

El estudio del pensamiento y la vida de Don José de la Luz y Caballero –Maestro de maestros– permite comprender la influencia que ejerció en su Patria, desde la época del Seminario de San Carlos hasta el final de sus días. Don Pepe devino símbolo para los cubanos, incluso para los sectores más humildes de la población. Y esto, que es, a mi modo de ver, lo más hermoso de su obra, se puso de manifiesto en ocasión de su entierro, verdadera demostración de duelo popular, según el testimonio de un niño de nueve años que se llamó José Martí y Pérez.

Los humildes trabajadores cubanos de Tampa y Cayo Hueso, a quienes conoció nuestro Apóstol posteriormente, llevaban en el sentimiento la imagen de Don Pepe a modo de vínculo patrio. Aquel amor –en quienes representaban a los hijos más humildes de la patria: los tabaqueros cubanos emigrados debido a la Guerra de los Diez Años–, impresionó profundamente a Martí, en sus visitas a los hogares de esos compatriotas. Por eso, al regresar de su primer viaje de prédica revolucionaria por la Florida, declaró en Nueva York el 17 de febrero de 1892:

Se derramaban las almas y en los corazones de los cubanos presidía, como preside su efigie la escuela y el hogar, aquel que supo echar semillas antes que ponerse a cortar las hojas... ¡Yo no ví casa ni tribuna, en el Cayo ni en Tampa, sin el retrato de José de la Luz y Caballero... Otros amen la ira y la tiranía. El cubano es capaz del amor, que hace perdurable la libertad. [59]

Después de esta hermosa valoración martiana sobre la trascendencia de su obra, sobrarían las palabras.

NOTAS

[1] La doctora Isabel Monalellos.
[2] Adalbert Dassau: «Conceptos de José de la Luz y Caballero sobre el arte literario», en revista *Islas* no. 73, Publicación de la Universidad Central de Las Villas, septiembre-diciembre de 1982, p.13.
[3] *Ibídem* p.14.
[4] Me refiero a las investigaciones realizadas por las doctoras ya fallecidas Enma Pérez y Alicia Hernández de la Barca, el Dr. Justo Chávez y la autora de estas cuartillas.
[5] José Martí: *El Economista Americano*, Nueva York, marzo de 1888
[6] José de la Luz y Caballero: Aforismo, Editorial de la Universidad de La Habana, La Habana, 1945, p. 372
[7] *Ibídem* p. 247
[8] *Ibídem* p. 248-249
[9] *Ibídem* p. 250
[10] *Ibídem* p. 251
[11] *Ibídem* p. 254
[12] *Ibídem* p. 252

(13) José de la Luz y Caballero: «Sobre las Segundas Cortes Constituyentes», en Escritos Sociales y Científicos, Editorial de la Universidad de La Habana, La Habana, 1955, p. 11
(14) Ibídem p. 12
(15) Ibídem p. 12
(16) Jorge Ibarra: Ideología Mambisa, Instituto Cubano del Libro, La Habana 1972, p.24
(17) José de la Luz y Caballero; «Segundo Artículo según la doctrina de Cousin», en *Diario de La Habana*, 19 de marzo de 1840, p.2
(18) Ibídem 2 p.15
(19) Ibídem p.10
(20) Ibídem p. 329
(21) Ibídem p. 333
(22) Ibídem p. 347
(23) Ibídem p. 13
(24) Ibídem p.13
(25) Ibídem p. 15
(26) Ibídem p. 14
(27) Ibídem p. 16
(28) Ibídem p. 331-332
(29) Ibídem p. 348
(30) Ibídem p. 130
(31) Ibídem p. 343
(32) Ibídem p. 336
(33) Ibídem p. 344
(34) Ibídem p. 333
(35) Ibídem p. 349
(36) Ibídem p. 144
(37) José de la Luz y Caballero: *Discurso pronunciado en 1824 en el Seminario de San Carlos*, Cultural S.A., La Habana 1931, p. 27
(38) Félix Varela Morales: *Consideraciones sobre el estado actual de la Isla de Cuba*, en *Escritos Políticos*, Editorial de Ciencias Sociales, La Habana 1977, p. 118
(39) Ibídem 2, p. 343
(40) Ibídem 2, p. 334
(41) Ibídem 2, p. 368
(42) Manuel de la Cruz: *Cromitos Cubanos*. Establecimiento Tipográfico, Habana 1892, pp. 164-168. (Testimonio de Cirilo Villaverde. A pie de página).
(43) Ibídem 2, p. 358
(44) Ibídem 2, p. 358
(45) Ibídem 2, p. 359
(46) Ibídem 2, p. 361
(47) José de la Luz y Caballero: *Informe sobre el proyecto Ateneo*, en Diario de La Habana, febrero 3 de 1833, p.2
(48) Ibídem 2, p. 160
(49) Ibídem 2, p. 143
(50) Ibídem 2, p. 161
(51) Ibídem 2, p. 146
(52) Ibídem 2, p. 6
(53) Ibídem 2, p. 165
(54) José de la Luz y Caballero: *Elencos y Discursos Académicos*, La Habana 1950, p. 94
(55) Ibídem p. 75

[56] José de la Luz y Caballero: «El principio de la utilidad en el Elenco de Carraguao», en *La Polémica Filosófica,* Editorial de la Universidad de La Habana, La Habana 1948, T II p. 183
[57] *Ibídem* 2 p. 342
[58] Maestros intermedios: Este proyecto de Luz que llevó a la práctica en el Colegio Carraguao y en el Colegio del Salvador, consistió en convertir en maestros de la propia escuela a los estudiantes más aventajados de los grados superiores. Su objetivo era canalizar las aptitudes hacia el magisterio que observaba en algunos alumnos e iniciar así la formación para esa profesión.
[59] José Martí: Obras Completas, Editorial Nacional de Cuba, La Habana 1964, tomo 13, p. 64

El concepto de nacionalidad del Padre Felix Varela en el Habanero

Fr. Fidel de Jesús

En el marco de este Encuentro Nacional de Historia que se realiza sobre la temática *«Iglesia Católica y Nacionalidad Cubana»*, nos sentimos motivados a abordar el tema de la Nacionalidad Cubana, bajo el prisma de uno de sus forjadores, ya que no sin razón, cuando se habla de identidad nacional, cultura o nacionalidad cubanas, siempre es punto de referencia hablar del Padre Varela, de quien los más destacados exponentes de la cultura y la historia reconocen como el forjador de la conciencia nacional cubana, o dicho de otra forma, el forjador de la identidad nacional cubana.

Al desarrollar este estudio, siempre estuvo presente en mi memoria la frase que ha quedado como testimonio del lugar que ocupa Varela en la formación de la nacionalidad cubana, dicha por su discípulo José de la Luz y Caballero en su carta al Ciudadano del Mundo (seudónimo utilizado por uno de los contendientes dentro del intercambio epistolar que se desarrolla entre 1839 y 1840 entre un grupo de intelectuales cubanos, en lo que se ha dado en llamar la Polémica Filosófica), titulada «Filosofía» [1], de la que tomamos el siguiente pasaje: *«sepa el Ciudadano y sepa el mundo que al rendir el modesto Lugareño aquel testimonio de su celo al esclarecido Varela, no hizo más que ceder a un sentimiento profundo de gratitud, de justicia y de amor a su suelo, pues mientras se piense en la Isla de Cuba se pensará en quien nos enseñó primero a pensar».*

Igualmente, otro intelectual cubano de gran calibre, José Antonio Fernández de Castro, en 1943 dirá que Varela fue: *«el verdadero fundador de nuestra nacionalidad»* [2]

Por eso he querido abordar esta faceta de Varela, que integra toda su vida, y que es la que permite entender toda su acción pedagógica, filosófica, política, periodística, sacerdotal, concientizadora, que siempre tendrá como contenido fundamental el de la toma de conciencia de una identidad propia, que tendrá su origen español pero que, enriquecida por otros matices, se halla configurada en una identidad propia, criolla, cubana.

Y para abordarla, parto del periódico *El Habanero*, que a mi entender es la obra en que se expresa de manera más concreta su conciencia de identidad cubana, manifestada de tal manera, que me parece su obra más acabada, la que expresa con más madurez el sentido de la identidad y nacionalidad cubanas, que muchas veces sólo se considera a partir del inicio de las guerras de independencia en 1868, sin tenerse en cuenta su raíz vareliana, ya que Varela, a la par de otros pensadores de su época, sedimento y fraguó todas las expresiones de la cultura y el pensamiento que a lo largo del tiempo, desde el descubrimiento y colonización, fueron formándose en nuestra tierra, fundamentalmente entre los siglos XVII y XVIII, llegando a su etapa de forja en el siglo XIX, por cuanto fue él quien de manera anticipada hizo la mejor síntesis de todos los elementos que darán al traste con el movimiento independentista cubano, y esto lo vamos a ir analizando a través de toda su obra escrita, y del análisis de la época en que vivió.

Antes de hacer una relectura del pensamiento vareliano y de su concepto de *Patria* y *Nacionalidad*, habría que hacer un pequeño bosquejo del siglo XVIII, en el que nace Varela (1788), en el que se van a dar una serie de manifestaciones que irán formando la conciencia de identidad del cubano, pero que va a tener algunas peculiaridades muy propias. Tomando como referencia al historiador Manuel Moreno Fraginals, vamos a descubrir cómo en la realidad geopolítica y social cubana del siglo XVIII, el concepto de *patria* y *nación*, que en principio deberían referirse a la metrópoli, España, no coincidían, al punto de que será ésa la razón que definirá estos conceptos que luego desarrollará Varela, como tradición recibida de la generaciones que le anteceden.

Insisto en que, el título que escoge Varela para el periódico que funda con el objeto de concientizar a los nacidos en Cuba en la necesidad de realizar un cambio a la situación del país respecto de la condición de traspatio de España será el punto focal de la comprensión de su concepto de identidad o nacionalidad cubana: *El Habanero*.

Para comprender el por qué el gentilicio *habanero* expresa de manera más explícita el carácter patriótico de su idea de la nacionalidad cubana, me remito al análisis, detallado y profundo que hace el destacado historiador Manuel Moreno Fraginals en su importante obra: *Cuba/España España/Cuba Historia Común* [3], cuando analizando el devenir histórico de la Isla en su relación con la Metrópoli, dirá, refiriéndose al período comprendido entre los siglos XVI y XVIII, en el que:

> «No hablamos de Cuba como totalidad, porque ésta no existía como estructura integral económica y social. Las restantes villas originarias, incomunicadas o trabajosamente comunicadas entre sí, orientaron sus vidas de manera diversa...La Habana fue un fenómeno aparte cuya relación con el exterior fue mucho más importante que su conexión con el resto de Cuba. El distanciamiento físico creó además un distanciamiento psicológico entre La Habana y las demás poblaciones de la Isla. Desde el siglo XVI habanero será algo

más que un adjetivo gentilicio: denotará una peculiar manera de ser, un privativo sentido de superioridad social y política... [4]. *Luego añadirá que...la historia de Cuba comienza a ser confundida con la historia de La Habana.»* [5]

Este análisis desarrollado por Moreno Fraginals, nos ayuda a comprender el por qué al hablar de Cuba, nadie se siente identificado con su gentilicio: cubano, sin embargo, cuando se habla de habanero, santiaguero, trinitario, remediano o puertoprincipeño (camagüeyano), rápidamente el que habla se identifica con lo que le es más inmediato, aquello de lo que Varela había expresado que la consideración de la identidad propia o patriotismo es: *«La consideración del lugar en que por primera vez aparecimos en el gran cuadro de los seres, donde recibimos las más gratas impresiones, que son las de la infancia, por la novedad que tienen para nosotros todos los objetos...».* [6]

Claro está, al decir de Moreno Fraginals, descubrimos, que el concepto más fuerte de identidad estará asociado al lugar que jurídica, económica, social y políticamente, expresa a toda Cuba, que era La Habana, que junto a Santiago, las dos capitales de la Isla, constituyen el centro de organización política, el lugar de más desarrollo social y económico y el centro de pensamiento de toda la colonia, de ahí que decir *habanero* es más que decir el gentilicio de una simple ciudad, eso era aplicable para las ciudades o villas primitivas: Trinidad, Remedios, Puerto Príncipe (aunque esta última alcanzará en esos años un lugar destacado en la Isla, igualándose a las dos ciudades cabeceras) que no participan del gran comercio o de las grandes acciones políticas; de donde decir *habanero*, era incluso hacer referencia a una de las dos Provincias instituidas por la Metrópoli para estar representada en las Cortes: La Habana, la otra era Santiago, pero, mientras ésta última sólo tenía posibilidad de elegir un solo Diputado, aquélla tendrá derecho a tres Diputados.

Todos estos elementos nos hacen comprender el significado de *habanero*, que Varela señala en su expresión de identidad, por lo que ése será el título de su periódico utilizado para forjar la conciencian nacional, la identidad nacional y el principio de la futura independencia de su Patria.

«En ellas (las principales villas cubanas. Nota del Autor), –continuará Moreno Fraginals– había una actitud generalizada de rechazo a los privilegios oficiales de que gozaba La Habana gracias a su pujante desarrollo económico y demográfico, y al ascendente poder de su oligarquía, es fácil entender las actitudes de hondo regionalismo que se fueron enraizando en las sociedades del interior. En su aspecto positivo este regionalismo pudiera interpretarse como

amor a la patria chica *(la ciudad, la villa) no extendido a una* patria grande. *En otras palabras, hasta la primera mitad del siglo XVIII, Cuba no se asume como totalidad (la totalidad es España), y La Habana, por su condición de centro del poder, no es interiorizada como familia, sino como madrastra, detentadora de privilegios y distribuidora injusta de los bienes comunes. El gentilicio* habanero *era signo de orgullo para sus ciudadanos y, en cierta forma, atributo de exclusión para los naturales de otras villas cubanas.*

Por sus características de capital de la Isla, residencia del gobierno general, por su desarrollo urbano y privilegios oficiales, La Habana, antes que ninguna otra ciudad cubana, se fue definiendo una poderosa oligarquía que se autoproclamó con la representatividad de todo el país y terminó imponiendo sus valores, y caracterizando de cubano *a lo que en sus inicios fue sólo* habanero.*»* [7]

A lo largo del siglo XVIII, se darán una serie de manifestaciones que expresarán esta toma de conciencia, por parte de los «españoles criollos» hijos de españoles peninsulares, que van considerándose como parte de la sociedad española, pero al mismo tiempo como «otra cosa» distinta, ya que al tiempo que iban generando un patrimonio y una base económica, fundada en la plantocracia o sacarocracia (economía dedicada a las plantaciones cañeras o cafetaleras, en tanto la agricultura tabacalera y las actividades comerciales las desarrollaron los españoles peninsulares) desean alcanzar y disfrutar también de un poder político al que no tenían acceso, que manifestarán claramente los anhelos de poder y participación del gobierno de la tierra en que vivían y con la que se sentían identificados en clave de pertenencia y dominio.

En su andar histórico –dirá M.M.F.–, estas familias de la oligarquía habanera, que estaban todas emparentadas entre sí, tenían orígenes semejantes, intereses comunes y un pasado enraizado en la misma tierra habanera (La Habana era su solar), terminaron creando un sentido de identidad y destino que, como los personajes en busca de autor, sólo requerían de una voz a través de la cual expresarse. Fue esta la misión que cupo a José Martín Félix de Arrate y Acosta al escribir la Llave del Nuevo Mundo, Antemural de las Indias Occidentales. La Habana Descripta: Noticias de su Fundación, Aumentos y Estado, *terminada poco antes de la toma de La Habana por los ingleses (la dedicatoria es de 30 de Noviembre de 1761).* [8]

*Ninguna arma mejor que la historia de la patria (*la patria es La Habana*), para dejar constancia de la grandeza de los nacidos en ella* *y, lo que es más, destacar y alabar las diferencias de los españoles criollos respecto a los españoles peninsulares,* Patria *es palabra que Arrate repite insistentemente y que evoca el amor de los romanos a su ciudad, pero* patria, *en el sentido que le da Tito Livio (no olvidemos la formación clásica de Arrate), no es sólo lugar de nacimiento sino término que se asocia a la familia, la sociedad, la libertad y la felicidad. Arrate inicia su obra como un gran ditirambo, declarando que escribe para que no falten a su patria los anales que reclama su grandeza, y la cierra con uno de los mejores sonetos cubanos de todos los tiempos, donde exclama:*

...¡Oh Patria amada,
noble Habana, ciudad esclarecida!

Arrate presenta la excelencia de las cosas americanas. Por ejemplo, las maderas habaneras fueron solicitadas para hacer las puertas, ventanas y artesonados de El Escorial, por ser superiores a las de cualesquier otra parte del mundo...Igualmente menciona la amplia variedad de aves de canto y vistosa plumería, las frutas de delicados sabores y rotundos perfumes y, entre ellas, la piña, a la que dedica un extenso párrafo. La tierra habanera es digna de ser reputada como una de aquellas que habitaban las hespérides, cuyos huertos y árboles producían manzanas de oro». [9]

Y Varela, recibirá esta herencia o tradición, que también, un tanto románticamente expresará en uno de sus sermones, predicado el 12 de diciembre de 1818, en su «Elogio a Fernando VII», en el que expresa en detalles, muy líricos por cierto, su imagen de ese lugar, con el que de una manera u otra, más clara o más velada, identifica a su Patria, al decir:

«*La Naturaleza puso en la entrada de un apacible golfo, que baña a los opulentos países del tesoro del Mundo Nuevo, una* isla *afortunada en que imprimió sus carismas. No quiso mandar a ella la víbora venenosa ni la cruel langosta. Separó las fieras devoradoras, como extrañas, de la mansión de la paz; prohibió se acercasen el huracán furioso, el pesado granizo y la escarcha destructora; al mismo rayo le puso justos límites; reprimió el volcán abrasador, para que no vomitase sus mortíferas lavas sobre el país de su cariño; hizo brotar ríos numerosos que, serpenteando por los risueños prados, comunicasen la fertilidad y se detienen de mil modos, pues parece que dejan con pesar un suelo privilegiado.*

> *El Sol prometió acompañarla siempre, mas sin hacerla sentir los rigores que sufren el tostado africano. Por todas partes, una tierra hambrienta convida al hombre a entregarle copiosas semillas, ofreciéndole pagar con usuras. Un mar benigno baña sus costas; y hendiéndolas por diversos parajes, forma puertos en que respeta las naves, como para convidarlas a que vuelvan...En esta isla deliciosa habita un pueblo generoso. Hijo de la abundancia desconoce las pasiones que inspira la escasez. A él se acercan todas las naciones del orbe, y las luces adquiridas con ese trato no alteran sus nobles y sencillos sentimientos. Tal fue, señores, la obra de la naturaleza...»* [10]

Haciendo la exaltación de su *Patria*, Varela no singulariza a la sola Habana, sino que se refiere a toda la Isla, entrando un tanto en contradicción con la idea de *patria*, un tanto reductiva y particularista de Arrate, que sólo se refiere a La Habana.

> *«Tras el inocente (en apariencia) elogio de la naturaleza Arrate inserta la alabanza del* habanero, *quien sólo se distingue del castellano por el lugar donde nació. La defensa del español nacido en La Habana le obliga a exaltar a todos los naturales de la tierra, incluidos indios y negros...La descripción, comparación y reordenamiento de la geografía, la flora y el grupo humano nacido en La Habana, termina generando un discurso subversivo, caracterizado por la fractura y el reclamo...Lo que se impugna no es el orden político-social establecido y la escala de valores que lo rige, sino sólo el lugar que los habaneros de la oligarquía ocupan dentro de esta escala jerárquica.*
>
> *Sólo hay queja y reclamo, porque ambos tienen méritos iguales pero el español habanero no alcanza las mismas posiciones que el de la Península»* [11]

Entrando en el tiempo y el espacio de Varela, encontramos que en sus obras, algunos de estos rasgos de identidad nacional van a ser asumidos y hasta superados, desde una visión cristiana, jurídica y yo diría hasta moral, para lo cual vamos a analizar los conceptos de *patria* y *patriotismo* que Varela expresa en sus obras, y el enfoque de su identificación de Patria con Cuba, y de patriotismo con cubana, identidad nacional y cultura o personalidad cubana.

En la Parte VI de su Miscelánea Filosófica, escrita en al año de 1819, en su capítulo único, titulado Patriotismo, dirá Varela, en reflexión acerca de este sentimiento: *«Al amor que tiene todo hombre al* país *en que ha nacido, y al interés que toma en su prosperidad les llamamos patriotismo».* ⁽¹²⁾ Y luego agrega, para precisar el concepto, no ya de país, por cuanto por país debe entenderse en el sentido estricto y jurídico de la palabra, al que está constituido (léase el que tiene personalidad jurídica propia y constitución que lo caracteriza como tal), sino de patriotismo referido al término original de patria: «*La consideración del* lugar (no se refiere al país constituido, sino al LUGAR –no dice patria, pues no lo es jurídicamente, ya que de decirlo se estaría refiriendo a España, país al que pertenece el lugar–) *en que por primera vez aparecimos en el gran cuadro de los seres, donde recibimos las más gratas impresiones, que son las de la infancia, por la novedad que tienen para nosotros todos los objetos...»* ⁽¹³⁾

Es curioso, que Varela es demasiado explícito en su concepto de patriotismo, y sólo un español muy ignorante o con muy poca imaginación no se daría cuenta que se está refiriendo a la tierra donde ha nacido, como Patria, que ni geográfica ni afectivamente tiene como referencia a la Metrópoli colonial. Varela expresa algo que ha ido cocinándose desde el siglo XVI y que en su tiempo, aún sin decirlo, todos tienen claro: patria es La Habana (para Varela ya comienza a ser toda Cuba, donde se encuentra La Habana, y la nación es España).

Y prosigue detallando a lo que llama Patria:

> *la multitud de objetos a que estamos unidos por vínculos sagrados, de naturaleza, de gratitud y de amistad: todo esto nos inspira una irresistible inclinación, y un amor indeleble hacia nuestra patria. En cierto modo nos identificamos con ella, considerándola como nuestra madre, y nos resentimos de todo lo que pueda perjudicarla...De aquí el empeño en defender todo lo que le pertenece...* ⁽¹⁴⁾

El concepto de Patria referido muy explícitamente a la naturaleza a la que se siente unido por vínculos sagrados, nos recuerda lo que dijera en El Habanero sobre el lugar de Cuba en el concierto político de las naciones: «...desearía verla tan isla en política como lo es en naturaleza...» ⁽¹⁵⁾

Luego, Varela profundiza aún más en el concepto: «...la voz patria no significa un pueblo, una ciudad, ni una provincia; sin embargo, *los hombres dan siempre una preferencia a los objetos más cercanos, o por mejor decir, más ligados con sus intereses individuales...».* ⁽¹⁶⁾ De tal manera, que Varela reconoce la contradicción del concepto, entre lo que se considera jurídicamente y lo que se valora en clave «de naturaleza», lo que se valora afectivamente por la persona, cuando expresa que Patria es «la multitud de objetos a que estamos unidos por vínculos sagrados, de naturaleza, de gratitud y de amistad...nos identificamos con ella, considerándola nuestra madre...», y luego nos hablará del provincialismo como un falso concepto de patriotismo.

Al explicar el posible error de caer en un falso provincialismo, expresa:

> ...*son muy pocos los que perciben* las relaciones generales de la sociedad, *y muchos menos los que por ellas sacrifican las utilidades inmediatas o que les son más privativas»* [17] *(tal parece que es éste el criterio que luego le hará denunciar en su periódico El Habanero que: «en la isla de Cuba no hay opinión política, no hay otra opinión que la mercantil...en la isla de Cuba no hay amor...a nadie más que a las cajas de azúcar y a los sacos de café...»)...De aquí procede lo que suele llamarse provincialismo, esto es, el afecto hacia la provincia en que cada uno nace,* llevado a un término contrario a la razón y a la justicia...»* [18]

O sea, que Varela tiene conciencia de la idea de la oligarquía criolla habanera de su tiempo, pero la trasciende al criticar el falso provincialismo que ella promueve, al querer imponer una identidad de toda Cuba en la sola Habana.

> *Arrate no es un creador: la élite de la oligarquía habanera, en la primera mitad del siglo XVIII, ya tenía una profunda conciencia de sí y para sí. El papel de Arrate fue recoger, codificar y dar expresión exacta al reclamo de este poderoso grupo social, escribiendo el primer alegato político del criollismo habanero.* [19]

Por todo lo expuesto, se va comprendiendo que Varela recibe una tradición en cuanto a la idiosincrasia de una sociedad y una generación que le antecede y condiciona al punto de que él mismo se identifica con el sentido de *patria chica*, por cuanto aún no está formada una conciencia totalizadora de Cuba, que comprenda a toda la Isla, aunque él poco a poco, y creo que muy conscientemente irá evolucionando y manifestándolo en toda su obra. Pero comprende que para llegar a esa gente a la que quiere hacer comprender que el camino que conduce a la verdadera independencia del yugo metropolitano no podrá ser el Reformismo o el Anexionismo, dado el fracaso de la vía Autonomista, y que el único camino viable que les queda es el de la Independencia, pero para lograrlo, debe hacerlo desde sus propios códigos y lenguaje, de ahí, que conociendo el sentido de identidad de esos grupos de poder y pensamiento, él titulará al periódico con el que intenta llegar a ellos con el gentilicio con el que se identificaban ellos, y también él, ya que conocía la realidad que se desarrollaba entre La Habana y las demás ciudades y regiones cubanas.

Continúo citando a M.M.F. en su análisis de la situación de la generación criolla que va desarrollándose en esos siglos:

las generaciones sucesivas de estos fundadores fueron nativos de América, o criollos, *que es término que en siglo XVI y aun en el XVII tiene una fuerte carga peyorativa...desde muy temprano la corona advierte también que estas oligarquías locales eran poco confiables por su creciente tendencia a considerar la región que gobernaban con un cierto sentido de cosa propia, de tierras «...compradas con sus vidas y haciendas, regadas con la sangre de sus venas y aradas con sus armas...», como dirá un fabuloso romance americano del siglo XVII».* [20]

«Siguiendo el nomenclátor de Pierre Chaunu y a partir de los extraordinarios estudios cuantitativos de Douglas Inglis, hay que pensar -dice Moreno Fraginals- en la existencia de, por lo menos, una Cuba continental *(en el sentido de su proyección hacia el continente europeo, hacia la metrópoli) y una* Cuba insular *(aislada y cercada por el mar, proyectada en sí misma)...la Cuba continental está formada por la ciudad de La Habana y su zona de influencia, que representan el 44 por 100 de la población total de la Isla; a ella se puede agregar la ciudad de Santiago de Cuba. Su gran desarrollo está basado en la defensa del imperio, el antiguo sistema de flotas y, una vez desestructurado éste, en la recalada forzosa de los navíos de retorno* [21] *...Ya en el siglo XVIII La Habana es, en cuanto a población, la tercera ciudad de ambas Américas...»* [22]

Y estos elementos considerados por Fraginals, desde una perspectiva más profunda, de algo que poco o nada se ha valorado, son los que nos permiten entender la actitud, aparentemente ingenua de Varela en el gentilicio que utiliza, y al mismo tiempo la inteligencia que oculta, como para que comprendamos la estrategia utilizada, no pragmáticamente, sino conscientemente por nuestro sacerdote-filósofo, que sabe comprender y decodificar la realidad, para volver a codificarla y trasmitir la idea que quiere configurar en el pensamiento de los que por su poder económico y participación del político, pueden cambiar la marcha de la historia del pueblo cubano, de la *patria*.

Poco después, la toma de La Habana por los ingleses en 1762, dará al traste con toda una serie de restricciones y limitaciones que la Corona imponía a la Isla, y en especial a la oligarquía criolla que, luego, al recuperarla bajo su dominio, será difícil volverla a poseer como antes de su pérdida, al punto que la actitud de esta misma oligarquía será más desafiante y particularista.

De esta situación, tenemos dos documentos, de los que sabiamente Fraginals, refiriéndose al *«Memorial dirigido a Carlos III por las señoras de La Ha-*

vana en 25 de agosto de 1762», y la «Dolorosa métrica espresión del Sitio y entrega de La Havana, dirigida a N.C. Monarca Sr. Dn. Carlos Tercero qe. Ds. Gua.» dirá: ...estos escritos se originan en la cúpula de la oligarquía habanera, que desde el primer párrafo enfatizan que La Habana es «...nuestra patria...». [23]

Y añadirá: «Es la misma imagen, la misma terminología y el mismo estilo literario de Arrate en su Llave del Nuevo Mundo. ¿Estaría Arrate entre los redactores del Memorial? Es muy probable.» [24]

Es muy interesante notar que, aún, el concepto de patriotismo, tal y como lo expresa Varela en su obra, publicada en la Habana en 1819, pero evidentemente escrita antes, y quizás durante ese año de 1819, no ha recibido su bautismo de fuego, que comenzará cuando inicie sus estudios sobre la Constitución Política de la Monarquía Española, que comenzará en 1820, para enfrentar el reto de dirigir las clases de la Cátedra de Constitución, que el Obispo Espada y la Sociedad Económica de Amigos del País (SEAP), abrirán en el Seminario de San Carlos, por orden del Rey Fernando VII .

Son las relaciones generales de la sociedad, la razón y la justicia, los elementos que harán comprender su concepto de *patria* y, por tanto, de patriotismo. Y para entenderlo así, podemos citar, lo que luego acotará acerca del asunto, en ese mismo capítulo de su obra: «*Sólo en este sentido* (cuando es «llevado a un término contrario a la razón y a la justicia») *podré admitir que el provincialismo sea reprensible (repito yo, «Sólo en este sentido...sea reprensible»), pues a la verdad nunca será excusable un amor patrio que conduzca a la injusticia».* [25]

Y luego agrega, para darle énfasis a lo que considera, por oposición, un provincialismo racional o, traduciendo intenciones, si eso es posible, patriotismo de un hombre o pueblo hacia su patria sojuzgada o colonizada o gobernada por otra nación o país: «*Para mi el provincialismo racional que no infringe los derechos de ningún país, ni los generales de la nación, es la principal de las virtudes cívicas...».* Y para concluir, dice que: «*Su contraria, esto es la indiferencia civil o política, es un crimen de ingratitud, que no se comete sino por intereses rastreros, por ser personalísimos, o por un estoicismo político el más ridículo y despreciable».* [26]

Es muy interesante ver cómo Varela, parece decir lo que los españoles entienden, desde el supuesto de que para ellos *patria* es igual a *nación*, y al mismo tiempo expresar lo que él y sus discípulos, amigos y compañeros sienten al respecto. Si se lee fríamente, no parece decir nada contrario a los intereses de la Metrópoli, si se lee al influjo del verdadero amor patrio a Cuba, a la que están ligados por *vínculos sagrados, de naturaleza, de gratitud y de amistad* [27], entonces se entenderá que recoge el sentir de los criollos que sienten, piensan y viven en una tierra, y tienen un mismo sentir, un mismo pensar, un modo de ser y de vivir, o como diría su discípulo José Antonio Saco: «*...todo pueblo que habita un* *mismo suelo, tiene una misma lengua, unos mismos usos y costumbres, ese pueblo tiene una misma nacionalidad...negar la nacionalidad cubana es negar la luz del sol de los trópicos en punto de mediodía...»* [28]

Más adelante expresará, con absoluta convicción: «*El patriotismo es una virtud cívica, que a semejanza de las morales, suele no tenerla el que dice que la tiene...».* [29] Y en este pensamiento se centra toda su vida, en la que la palabra VIRTUD adquiere unas resonancias inusitadas, cuanto más la virtud cívica del patriotismo.

Muchos, incluso en su época y en su entorno, y después, ha habido que creyeron o entendieron mal el concepto de *Patria* de Varela, y me atrevo a citar a uno, Elías Entralgo, quien dirá: «*Todavía en el otoño de 1822 y en el invierno de 1822-23 (refiriéndose al momento del inicio de las sesiones de las Cortes de Diputados, en los que Varela interviene representando a la Provincia de la Habana, nota del autor) para la voz parlamentaria de Varela «patria» y «nación» se refieren a España. Cuba sólo posee la categoría de «provincia».* [30]

Es obvio, que el autor se refiere a los términos jurídicos bajo los cuales se movía y actuaba Varela ante las Cortes, pero no ante su propia conciencia y ante sus colegas, compatriotas, discípulos y electores, que lo eligen Catedrático de Constitución y Diputado a las Cortes, por la claridad de su pensamiento y la autenticidad de su patriotismo.

Y en su *Miscelánea Filosófica* lo dejará claro, aunque no explique las razones que lo motivan cuando dice:

> *Yo me detendré en considerarlos (se refiere a los males que causa en la política un patriotismo imprudente), y ojalá mis consideraciones no pudiesen estar apoyadas en hechos funestísimos, cuya memoria es una lección continua para mi espíritu, si bien la prudencia y la caridad me prohiben especificarlos. Hallábame afectado de estos mismos sentimientos cuando escribí este artículo en mis* Lecciones de Filosofía; *mas la delicadeza de la materia, el temor de ofender a personas determinadas, y el carácter de una obra elemental me impidieron su manifestación. Procuraré entrar en ella del modo más genérico que me sea posible, y si mi acierto no corresponde a mis intenciones, espero que éstas obtengan en mi favor la indulgencia de los verdaderos patriotas.* [31]

Creo que estas palabras bastan para aclarar cualquier duda al respecto.

> *Será el mismo Varela, el que luego en su obra antes citada, aclarará las dudas al expresar: «Yo me atrevo a asegurar que muchos*

> *que difieren totalmente, aun en cuanto a las bases de un sistema político, no tienen un ánimo antipatriótico; y que bien manejados variarían ingenuamente de opinión, y serían útiles a la patria.»* [32]

Es evidente, que aún Varela tiene el optimismo de creer que la reinstauración de la Constitución de 1812, con su espíritu democrático, avanzado para su época y para la retrógrada Monarquía Política Española, puede servir de base y principio para dar respuesta a los anhelos de libertad e identidad nacional de los criollos cubanos, que en su momento sólo podía asociarse a la concepción de una autonomía colonial. Las condiciones materiales de Cuba, su economía, el desarrollo de su cultura e intelectualidad, eran suficientes para pensar que Cuba podía gobernarse a sí misma sin depender de otra nación.

Y así lo expresa en su discurso en la apertura de la Cátedra de Constitución, en 1820, al hablar del

> *armonioso sistema político que contiene una constitución, que, para valerme de las expresiones del heroico y sensato Agar, si no es la obra más perfecta del entendimiento humano, al menos es la mejor que conocemos en su clase, y el fruto más sazonado que podía prometerse la España, en las angustiadas circunstancias del año de 1812..»* [33], donde entre otras cosas descubre los elementos que le permitirán su comprensión y su interpretación en clave de identidad nacional cubana, al señalar, entre otros: «*la verdadera naturaleza de la libertad nacional e individual, y cuáles son los límites de cada una de ellas, la distinción entre derechos y garantías, así como entre derechos políticos y civiles...»* [34]

En sus *Observaciones sobre la Constitución...*, perfilará los elementos jurídicos que luego servirán de argumentación para la comprensión del derecho a la libertad del pueblo cubano, al expresar: «*que toda soberanía está esencialmente en la sociedad, porque ella produce con el objeto de su engrandecimiento, incompatible con su esclavitud, y jamás renuncia el derecho de procurar su bien y su libertad, cuando se viere defraudada de tan apreciables dones...».* Y precisará aún más:

> *¿Qué libertad tendrá una nación que no posea en sí misma el poder? Y ¿qué nación podrá merecer este nombre si no es libre?*
> *Cuando todas las cosas se hayan trastornado, y los hombres por un cúmulo de relaciones, el más embarazoso e inevitable, hayan llegado a perder sus derechos imprescriptibles, sin poder reclamarlos*

sino a costa de su existencia; cuando un corto número, olvidando el origen de su poder (poder del que dice que «o la fuerza les hizo dueños de lo que la justicia no les había concedido o su autoridad no proviene sino de la renuncia voluntaria que han hecho los individuos de una parte de su libertad...»), se haya hecho árbitro de la suerte de los demás, ¿diremos que éste es un pueblo feliz, o un conjunto de esclavos en que la desgracia ha fijado su mansión?...» [35]

Como se puede apreciar, Varela y sus discípulos, unos 193 individuos, de la Cátedra de Constitución, están hablando u oyendo hablar en términos muy claros acerca de la soberanía, de la libertad, de los derechos políticos y civiles de un pueblo, de un país, de una nación o de una sociedad. Entonces, en algunos de esos grupos se sentirían incluidos ellos, no como simples números pasivos, sino como activos participantes en derechos y deberes para con aquello que Varela había conceptualizado como *Patria*.

¿Cómo puede decir Entralgo, que Varela sólo tiene conceptos de patria, nación o provincia según los cánones parlamentarios establecidos por la Metrópoli, acaso Varela no piensa, no discurre, es un simple ente pasivo; y sus discípulos, aquellos que pertenecen en su momento a las «clases vivas» de la sociedad cubana de la época: hijos de hacendados cafetaleros o azucareros, ganaderos o comerciantes, intelectuales y artistas, sacerdotes y militares? No es necesario echarle una ojeada al listado de alumnos, todos conocemos a los que después, en un bando u otro, participan en los enfrentamientos políticos, conspiraciones, proyectos sociales e intelectuales de la Cuba del siglo XIX.

Varela no expone unas normas constitucionales frías e inmóviles, Varela enseña a pensar en clave cubana las leyes de una Monarquía que controla y ejerce su soberanía sobre su territorio geográfico, su economía, su sociedad, su cultura, sus habitantes y sus derechos, derechos que otorga o quita según su interés.

Varela enseña al «español» nacido en Cuba, que tiene los mismos derechos que el español de la Península, o que al menos eso dice la Constitución, de tal manera, que la desigualdad que sufren los criollos sólo por haber nacido fuera de la «Madre Patria», llega hasta el extremo de no ser ni español ni cubano, viviendo una especie de «ningüneo» [36], que funciona según el capricho de *«un corto número»* de personas: llámense rey, nobleza, Cortes de Diputados, Gobernador o Capitán General, etc., que a su voluntad ejercen un poder omnímodo sobre los *españoles nacidos en Cuba*, que no tienen los mismos derechos de los demás españoles de la Península. Aquí evidentemente, Varela expresa el mismo reclamo, pero magnificado a todos los cubanos, que hiciera Arrate en su obra apologética de la oligarquía criolla habanera.

De tal modo todo lo anterior supone, lo que en principio refrenda la Constitución que comienza a explicar Varela: *«La independencia y libertad nacional son hijas de la libertad individual, y consisten en que una nación no se reconozca súbdita de otra alguna, que pueda darse a sí misma sus leyes, sin dar influencia a un poder extranjero, y que en todos sus actos sólo consulte a su voluntad...»* [37]

Se puede comprender, que España, la España peninsular no estaba sometida a otra nación, pero Cuba sí. El espíritu de libertad e independencia soplaba sobre la América Hispana; ya el sur del continente y casi todo el centro, comenzaba a dar sus primeros pasos independientes de la Metrópoli; ya la América del Norte, se había librado de Inglaterra, y se había constituido, tras largo proceso, en pujante nación independiente. Entonces la referencia a las relaciones entre naciones y pueblos, también incluía a Cuba como nación, pueblo o patria que podía darse su propio gobierno, podía dirigir sus propios destinos, desarrollar su propia economía, generar sus propias estructuras. Al menos en principio, según dictaba la misma Constitución Española.

Estas son las razones por las que Varela es elegido Diputado a Cortes, él era el mejor conocedor de los artículos de la Constitución, el que mejor podía defender los intereses de su *patria*.

Ya antes en los Elencos de Filosofía, donde aparecían los temas de examen en forma de proposiciones, aparecía, en uno de ellos el siguiente tema: *«El hombre tiene contraída una obligación estrecha con su patria, cuyas leyes le han amparado; y debe sostener sus derechos y defenderla».* [38]

Es curioso, que el propio Capitán General de la Isla Nicolás Mahy, recién llegado a Cuba, escribe al Rey:

> *No sé término para encarecer a V.E. el entusiasmo patriótico que he encontrado en estos habitantes...Se han celebrado en los días 11, 12 y 13 las elecciones de diputados a Cortes y Diputación Provincial, que ya estaban preparadas con arreglo a la Constitución, y tengo la dulce satisfacción de decir a V.E. que no es posible se hayan verificado semejantes actos en punto alguno de la Monarquía con más orden, más efusión de sentimientos patrióticos, más júbilo, ni más demostraciones de amor a la Constitución, al Rey y a la Religión; y así es que la concurrencia al Te Deum, rodeados los electores y Diputados elegidos, de músicas alternadas con un grito incesante de vivas y aclamaciones a todos los objetos que constituyen hoy felices a todos los españoles de ambos hemisferios, me ha proporcionado el día más grato de mi vida...¡Dichoso yo si tengo la sin igual fortuna de poder continuar dando tan agradables noticias a*

nuestro amado Monarca y al Congreso Nacional de esta parte predilecta de los dominios de ultramar! Singular suerte sería la mía.

Los Señores Diputados electos son Don Gabriel Aróstegui, Don José del Castillo, Don Félix Varela, Presbítero y Don Nicolás Ruíz, particular. Suplentes: Don Juan José Hernández y Don Indalecio Santos Suárez... [39]

De esa manera, expresaba él, el interés que se tomaba la población habanera en elegir a los que podían darle una dirección positiva para sus ansias de autonomía, que bien entendidas eran expresión de su identidad y carácter particular de su sentir como criollos.

Quizá, finalmente tendremos que convenir en que Elías Entralgo tenga alguna razón al decir que «*Todavía en el otoño de 1822 y en el invierno de 1822-23 para la voz parlamentaria de Varela »patria« y »nación« se refieren a España. Cuba sólo posee la categoría de «provincia»* [40], porque es evidente, que su pensamiento nacionalista en España no tendría eco alguno, y la prudencia le impedirá expresar claramente su pensamiento, pero sería mejor considerarlo una estrategia política, más que un concepto interiorizado como tal.

Se me ocurre pensar que Varela irá a las Cortes, y así actuará en ella, avisado por el Obispo Espada, experto en esas lides humanas, quien lo enviará como Jesucristo enviara a sus discípulos, diciéndole: «*Miren que yo los envío como ovejas en medio de lobos. Sean, pues, prudentes como las serpientes, y sencillos como las palomas.*» [41]

Volviendo a Fraginals, éste nos dirá en relación con la actitud de la sacarocracia habanera y la postura de Varela en relación a las Cortes, que:

La Independencia del resto de América hacía que en Cuba y Puerto Rico se concentrase todo el poder español. Los criollos tenían en sus manos la producción de la Isla; pero los españoles tenían el comercio, y en las colonias el comercio domina a la industria. Además, los criollos dependían de la trata de esclavos, también controlada por España. Finalmente, en su condición de esclavistas, los criollos estaban incapacitados para ejercer la violencia como último recurso de poder. Las Cortes quedaban así como el campo de batalla donde se enfrentaban las fuerzas en pugna. Naturalmente que era un campo de batalla donde los criollos estaban en minoría, lo cual les planteaba, primero, enviar delegados de completa confianza, y segundo, en los casos extremos, que esos delegados dijeran que en Cuba no iban a cumplir lo que se acordara (habría que recordar que en 1820, uno de los Diputados cubanos, Domingo Benítez y de la Torre, expresó en las Cortes, con gesto rebelde la negativa a poner en vigor en Cuba los aranceles proteccionistas que se discutía aprobar, en caso de ser promulgados, retando a las Cortes con sus palabras de que: *«...los naturales de aquella Isla se creerán autorizados por el primero e imprescindible de todos los derechos, que es el de la propia conservación, a no poner en ejecución tales disposiciones...»*, actitud que hizo expresar al Diputado por Ávila, Antonio de la Cuesta, que así era inútil legislar, porque *«en Cuba hacen lo que quieren»)...Todo esto significaba dos batallas: la primera, dentro de Cuba, para que los delegados representasen a la sacarocracia y no a los comerciantes peninsulares. La segunda en las Cortes.»* [42]

Por eso, pensar que Varela será tan iluso como para querer hablar y defender su concepto de Patria referida a Cuba en las Cortes de Diputados es no comprender el pensamiento vareliano, que en su sentir buscará de manera progresiva el camino que conducirá a la construcción de la verdadera Patria Cubana que, entre 1822-1823, pasará necesariamente por el camino primero de la Autonomía, para luego continuar por el de la completa Independencia. Si su pensamiento no se realiza como lo tiene proyectado no es responsabilidad suya, pero la fuerza de los acontecimientos, con la disolución por Fernando VII de las Cortes, y la consecuente persecución de los diputados, radicalizará el proceso de toma de conciencia del único camino para alcanzarlo. Pero aún así, este camino no será desarrollado sin crear una conciencia nacional entre los nacidos en aquella *isla afortunada...deliciosa isla... suelo privilegiado...país de su cariño.* [43]

> *«Entre sus papeles* (los de Varela) –nos recordará M.M.F.– *llevaba un proyecto de abolición de la esclavitud que era tema profundamente rechazado por los plantadores. No tuvo tiempo de presentarlo a las Cortes que tuvieron un final precipitado...No sabemos si este proyecto nació de su profundo espíritu cristiano o de su estrecha relación con el obispo de La Habana o, lógicamente de ambas fuerzas sumadas.*
>
> *En Varela depositó toda su confianza el Obispo de La Habana Juan José Díaz de Espada y Landa. A su vez este Obispo nunca fue persona grata a la plantocracia criolla, que tuvo profundas discrepancias con él. Fue Espada y Landa un obispo vasco, alineado políticamente con los liberales peninsulares, y que en una ocasión que creemos simbólica, en ceremonia especial y como magno homenaje, hizo guardar la Constitución española en el sarcófago del almirante Cristóbal Colón, que por entonces custodiaba la catedral habanera.»* [44]

Al proponer la redacción de un proyecto de Autonomía para las colonias de Ultramar, no buscará defender el poder y las potestades del rey ni de la Corona ni de aquellos cuyos intereses respecto de Cuba sólo se remiten a explotarla, dominarla y enriquecerse a costa de ella, sino los intereses de los que buscan su propia identidad, de los que se reconocen como algo más que españoles de ultramar, con los que se identifican con la tierra que los vio nacer.

Si bien es cierto que esos derechos e intereses que Varela y sus compañeros defienden en el marco constitucional, se refieren a los intereses de los cubanos, de los que conoce claramente que sólo cuentan los criollos pudientes de la oligarquía habanera, sacarócratas o plantócratas, que buscan una «independencia» entendida como autonomía que expresa la satisfacción de sus intereses económicos y políticos de clase, también mira al interés de los pobres que no tienen posibilidades de estudiar, de los negros que anhelan su libertad y el fin de la esclavitud; mirará al interés del ciudadano común que tiene que pagar impuestos e intereses a los que desde la lejana Metrópoli solo piensan en imponer cargas a los súbditos fieles y obedientes; y mirará mucho más allá de su Patria, mirará por los derechos de las otras colonias de ultramar: Puerto Rico y Filipinas; y mirará también por los nuevos países que nacen de las guerras de independencia latinoamericana, en el centro y el sur del continente, para los que pide el reconocimiento a su derecho de ser independientes y a ser reconocidos como hermanos que comparten una misma cultura, idioma, idiosincrasia y raíces cristianas.

«Ya perseguido políticamente, Félix Varela expresó sus ideas de independencia de Cuba, dentro del marco de una gran libertad cristiana. Su cristianismo integral le permitía incorporar los conceptos de libertad ilustrada y romántica que, al hacerse extensiva a los negros esclavos, lo ponía en conflicto con los plantadores. El grupo criollo, casi en pleno, le dio la espalda a su persona y a sus ideas. No le perdonaron su ataque frontal a la esclavitud ni se comprometieron con él en la lucha por la independencia. En toda la extensa correspondencia privada que se conserva de este sector en la época, prácticamente no se menciona su nombre ni se conoce un solo esfuerzo por aliviar su extrema pobreza, aunque él no lo hubiera aceptado. Después de muerto, se le convierte en héroe y pionero de la independencia, cuando la situación es distinta, los hombres son otros y su pensamiento ya no ofrecía peligro. En una de sus publicaciones dejó estampadas estas palabras trágicas: «Aquí no hay amor a Cuba ni España: sólo hay amor a las cajas de azúcar y a los sacos de café.» No era cierto respecto a toda Cuba: era verdad sobre los plantadores y comerciantes. Quienes le vieron después de Cádiz, le re-

cuerdan en su celda paupérrima y en su vida tocada por la santidad.» [45]

Por eso, al escapar a los Estados Unidos, ya ha comprobado que el camino legal, por las vías jurídicas, y podríamos decir, pacíficas, dentro de las estructuras del propio sistema colonial, por las que Varela confiaba alcanzar su meta, ya han sido superadas, para desarrollar entonces un trabajo de concientización, que llevará a cabo por medio de *«El Habanero»*, que por curiosa expresión no se llamará *«El Cubano»*, porque sonaría, a los oídos de los que todavía le escuchaban, demasiado ruidoso y altisonante, de ahí que por la «patria chica», La Habana, aquella ciudad de la que él mismo se titulara *«Hijo de la ilustre Habana»*, hará un camino que definitivamente conduciría a la patria que lo vio nacer: CUBA.

Si se mira al título de su periódico, se podrá comparar que, con relación a los periódicos de su época, éste es mucho más aterrizado con la realidad que se vive en Cuba en esos momentos. Los más lejanos del concepto metropolitano eran, antes de su partida a las Cortes: *«El Patriota Americano»* de José del Castillo, y *«El Americano Libre»* dirigido por Evaristo Zenea Luz (en el que colaboraban Domingo del Monte y José Antonio Cintra, discípulos de Varela, periódico que jugó un papel importante en el proceso electoral en el cual figuraba el Pbro. Félix Varela, como candidato a Diputado a las Cortes por la Habana). No será hasta después de 1868 que, con el desarrollo de las luchas independentistas, un periódico editado por los mambises lleve asociado el gentilicio cubano al título: *El cubano libre*.

Como se ve, el título de *«americano»* es el que se daba a sí mismo Varela en su despedida *«A los habitantes de la Habana...para ir a ejercer el cargo de Diputado en las Cortes»* [46], en el que se conceptúa como *«un alma americana...»*, aunque también en ese mismo mensaje, se autotitula *«hijo de la Ilustre Habana»*, como ya hemos citado antes, en tanto ya en los Estados Unidos, su periódico creador de conciencia cubana, habla de la tierra concreta que lo vio nacer, al titularlo *«El Habanero»*.

No será hasta el período comprendido entre 1834-1837, en que por primera vez se utilice fugazmente el gentilicio cubano para expresar la idea de nacionalidad, diferenciando de una manera velada, la nacionalidad española de la cubana en una institución aprobada por la Reina Gobernadora, cuando se inaugurara un proyecto desarrollado por Saco, Luz Caballero y otros intelectuales criollos [47]: la *Academia de Literatura Cubana*, que será atacada por O´Gavan, a la sazón Presidente de la Sociedad Económica (también llamada Patriótica) de Amigos del País, y sus corifeos que verán un intento de tomar distancia y trabajar por la búsqueda de espacios culturales y políticos, que será suspendida por el Capitán General de la Isla. Este atrevimiento le costará el destierro a Saco. [48]

Y apenas podrá usar ese gentilicio, la *Revista Bimestre Cubana* de la SEAP, llamada así popularmente, ya que su verdadero nombre, el original fue el de: Revista y Repertorio Bimestre de la Isla de Cuba, que luego de ser fundada por Mariano Cubí y Soler, pasará a manos de la SEAP, bajo la dirección de José Antonio Saco [49], y sufrirá también los embates de los españoles peninsulares, que no aceptarán bajo ningún concepto que, luego de la pérdida del gran continente iberoamericano por las guerras de independencia, alguien intentara expresar la más mínima idea de separación entre españoles criollos y peninsulares, aunque en la realidad no gozaran de los mismos derechos.

Estas ideas acerca del concepto de Patria y Nacionalidad de Félix Varela, podrían seguir analizándose en toda su obra, y es curioso, que en 1841, al reeditarse sus *Lecciones de Filosofía* en Nueva York, en su Lección Décima referida a las Disputas Literarias, encontramos, en una nota al pie de página, cuando habla de los exámenes públicos de 1816, donde Varela expresa, refiriéndose al Colegio en el que trabajó como pedagogo: *«El de San Carlos de La Habana (¡mi nunca olvidada patria!) donde tuve el honor de servir la cátedra de Filosofía...y cuya primera edición se hizo en aquella ciudad»* [50], donde parece por un momento confundir o mejor dicho fundir los conceptos de patria chica y Patria, al hablar de la Habana y de Cuba.

En casi toda su obra se aprecia una clara distinción entre patria y nación, entre España y Cuba, al punto de que en este sentido, es Varela anticipador de un concepto más preciso acerca del término *Patria*, que supera con creces el reduccionismo al que la oligarquía criolla habanera intenta llevarlo, aunque en su periódico concientizador, hable de manera estratégica en el mismo lenguaje de ellos, como forma de hacerles comprender su objetivo y llevarlos poco a poco, a la conciencia de una patria grande para todos los cubanos, concepto que luego Martí retomará y le llevará a decir: *«El amor, madre, a la Patria, no es el amor ridículo a la tierra o a las yerbas que pisan nuestras plantas...»*

Varela se sabe limitado por sus principios verticales a no acogerse a la Amnistía que le obligaba a reconocer un error del que no se arrepentiría nunca: amar a su patria [51], pero esto tampoco le impulsa a hacer lo que muchos hacendados pudientes acusados por conspirar contra España, que se hacen ciudadanos norteamericanos, para de esa manera poder recuperar sus bienes e intereses. Una vez más corroborará que en la Isla *«...no hay amor a Cuba ni España: sólo hay amor a las cajas de azúcar y a los sacos de café.».* [52]

Toda esta reflexión nos permitirá comprender en lo profundo el carácter anticipador del pensamiento de Félix Varela, que con mirada lúcida comprenderá la realidad del tiempo y el lugar en que le toca vivir y, consecuentemente luchar por una idea concreta, su espíritu no se engaña al entrar en la dinámica del liberalismo de su época, pues contaba con las armas de su amor a la sabiduría (filosofía) y de su amor a Dios y a su única *patria*, que le permiten adoptar una postura vertical [53] y decidida en la búsqueda de la verdad, una verdad que jamás será reductiva sino enriquecedora de su propia comprensión y amor al prójimo, desde su condición de cristiano y de sacerdote, que le hará expresar desde su exilio, lejos de su *patria*, su amor generoso a la tierra que le vio nacer, en carta a un amigo donde dice:

«...heme aquí totalmente libre, y sin lazos particulares con ningún país de la tierra...» [54]

En ese instante Cuba no es país reconocido, aún no está constituida como nación, lo cual sólo logrará 61 años más tarde, pero Varela no aceptó hacerse ciudadano de los Estados Unidos, y en sus *Cartas a Elpidio* completará su idea:

> *Yo soy en el afecto un natural de este país (se refiere a los Estados Unidos, Nota del Autor), aunque no soy ciudadano ni lo seré jamás por haber formado una firme resolución de no serlo de país alguno en la tierra, desde que circunstancias que no ignoras me separaron de mi* patria. *No pienso volver a ella, pero creo deberle un tributo de cariño y respeto, no uniéndome a otra alguna..*

Criterio propio de su amor incondicional a su patria, que le hará decir, en carta a sus hermanas, en 1842: *«Mi separación de mi patria es inevitable, y en esto convienen mis fieles amigos. Acaso yo he tenido la culpa por haberla querido demasiado, pero he aquí una sola culpa de (la) que no me arrepiento.»*

Espero que esta reflexión acerca de los conceptos de nacionalidad y patria de nuestro santo prócer, el Pbro. Félix Varela nos permita comprenderlos hoy que sufren la tendencia de una concepción integrista (que no integrada) y manipulada, como si desde los orígenes hasta nuestros días hubiera una línea recta en la aproximación o comprensión de ellos. Varela nos alertaba acerca de ello en El Habanero, cuando hablaba en los artículos Máscaras Políticas y Cambia Colores, de la presencia, ya desde sus tiempos de una manipulación e incomprensión de estos conceptos.

Son estos tiempos en que un falso nacionalismo se desata en todas partes y son la causa de una atomización de las naciones, de un ambiente de guerra civil en naciones en paz o el arma utilizada para manipular pueblos enteros. De donde se deriva la necesidad de profundizar en el estudio de las raíces de nuestra nacionalidad, del verdadero concepto de patria y nación, aquel del que Martí preconizara que debía construirse *«con todos y para el bien de todos»*, como único proyecto posible para el crecimiento y la prosperidad de los pueblos.

De ahí que hoy más que nunca sea un reto para todos nosotros la reflexión de nuestra historia, de nuestras raíces fundantes, de nuestros próceres, para que se cumpla aquello que expresara Menéndez y Pelayo: *«pueblo que no sabe su historia, es pueblo condenado a irrevocable muerte...»* [55]

Y en nuestra patria cubana de hoy, que tanto necesita comprenderlos por cuanto se está dando continuamente una confusión de conceptos, de los que nuestro querido Arzobispo Meurice, durante la visita del Papa, nos alertara diciendo que *«un número creciente de cubanos...han confundido la patria con un partido, la nación con el proceso histórico que hemos vivido en las últimas décadas, y la cultura con una ideología...».*

NOTAS

[1] Artículo escrito por José de la Luz y Caballero, publicado en la Gaceta de Puerto Príncipe el 2 de mayo de 1840. Poco antes había aparecido en La Habana, el 20 de abril de 1840.
[2] Tal como aparece citado por Leví Marrero en su obra: *«Cuba: Economía y Sociedad»*, Tomo VII, pág. 71.
[3] Moreno Fraginals, Manuel, *Cuba/España España/Cuba. Historia Común,* Editorial Grijalbo Mondadori, Barcelona, España, 1995.
[4] O.C. págs. 50-51.
[5] O.C. pág 99.
[6] Varela Morales, Félix, *Observaciones a la Constitución Política de la Monarquía Española, 1820.*
[7] Moreno Fraginals, Manuel, o.c., págs. 139-140.
[8] Moreno Fraginals, Manuel, o.c. pág. 141,
[9] *Idem* anterior, págs. 143-144.
[10] Varela Morales, Félix, Obras, Edit. Cultura Popular, Tomo I, La Habana, 1997, *Elogio de S.M. Fernando* VII, págs. 111-112.
[11] Moreno Fraginals, Manuel, o.c. págs. 143-145.
[12] Varela Morales, Félix, Obras, Edit. Cultura Popular, Tomo I, La Habana, 1997, *Miscelánea Filosófica,* Parte VI, *Patriotismo,* pág. 434.
[13] *Idem* anterior.
[14] *Idem* anterior.

(15) Varela Morales, Félix, *El Habanero*, Revista Ideal, Miami, USA, 1974, pág. 94-95.
(16) Idem ant., *Lecciones de Filosofía*, pág. 280.
(17) Varela Morales, Félix, Obras, Edit. Cultura Popular, Tomo I, *Miscelánea Filosófica*, Parte VI, Patriotismo, pág. 434.
(18) Varela Morales, Félix, *El Habanero*, Revista Ideal, Miami, USA, 1974, pág. 18.
(19) Moreno Fraginals, Manuel, o.c. pág. 146.
(20) Moreno Fraginals, Manuel, o.c. pág. 75.
(21) Idem, o.c., pág. 107.
(22) *Idem*, o.c., pág. 108.
(23) *Idem*, o.c., pág. 154.
(24) *Idem*, o.c., pág. 155.
(25) Varela Morales, Félix, Obras, Edit. Cultura Popular, La Habana, 1997, Tomo I, *Lecciones de Filosofía*, pág. 280.
(26) *Idem* ant., pág. 280.
(27) *Idem* ant. Pág. 280.
(28) Saco López, José Antonio, *Papeles sobre Cuba*, Tomo II, Dirección General de Cultura, MINED, La Habana, 1960.
(29) *Idem* ant. Pág. 281.
(30) Entralgo Vallina, Elías, *Los Diputados de Cuba en las Cortes de España durante los tres primeros períodos constitucionales*, Editorial Siglo XX, La Habana, 1941, pág. 38.
(31) Varela Morales, Félix, Obras, Edit. Cultura Popular, La Habana, 1997.Tomo I, *Miscelánea Filosófica*, Parte VI, Págs 437-438.
(32) *Idem* anterior, pág. 438.
(33) Varela Morales, Félix, Obras, Edit. Cultura Popular, La Habana, 1997, Tomo II, pág. 4.
(34) Varela Morales, Félix, Obras, Edit. Cultura Popular, La Habana, 1997, Tomo II, págs. 5-6.
(35) *Idem* ant. Págs. 12-13.
(36) Ninguneo, concepto utilizado por el famoso escritor mexicano Octavio Paz, en su obra «*El Laberinto de la soledad*», que se refiere a la condición de los emigrantes mexicanos en los Estados Unidos, que se sitúan en una frontera entre el ser mexicano y el ser norteamericano de tal manera que no son ni lo uno ni lo otro.
(37) Varela Morales, Félix, Obras, Edit. Cultura Popular, La Habana, 1997, Tomo II. *Observaciones a la Constitución Política de la Monarquía Española*, pág. 18.
(38) Varela Morales, Félix, Obras, Edit. Cultura Popular, La Habana, 1997, Tomo I. Elencos de Filosofía, Examen IV, Proposición 15, pág. 83.
(39) Archivo General de Indias, Sevilla, España, Fondo Cuba, Legajo 1980, Correspondencia de los Capitanes Generales. Carta del Capitán General Nicolás de Mahy al Rey, 16 de marzo de 1821.
(40) Entralgo Vallina, Elías, o.c., pág.38.
(41) Mt. 10, 16.
(42) Moreno Fraginals, Manuel, o.c., págs. 192-194.
(43) *Idem* 10.
(44) *Idem*, o.c., pág.194.
(45) Moreno Fraginals, Manuel, o.c., págs. 194-195.
(46) Artículo de despedida del Diputado Félix Varela Morales a las Cortes, publicado en el Diario del Gobierno Constitucional, en La Habana, el 18 de abril de 1821. Obras, Edit. Cultura Popular, La Habana, 1997, pág.73.
(47) A esta Academia pertenecerían como académicos, los importantes intelectuales cubanos: Nicolás de Cárdenas y Manzano (Director), Lic. Blas Osés (ViceDirector), Domingo Delmonte y Aponte, José de la Luz y Caballero, José Antonio Saco y López, Nicolás Manuel

Escobedo y Rivero, Felipe Poey y Aloy, Manuel Gonzáles del Valle y Cañizo, Ignacio Valdés Machuca, Pbro Francisco Ruíz. José Luis Alfonso, Anastasio Carrillo de Albornoz y Arango, José Agustín Govantes, Prudencio Hechavarría y O´Gavan, Francisco Javier de la Cruz, José Bruzón y Rodríguez, Anastasio Orozco y Arango, Domingo André, Francisco Eusebio de Hevia, Cornelio Coppinger, Pedro Pascual Sirgado y Zequeira, Esteban Morís; Joaquín Santos Suárez y Pérez, Vicente Osés y otros, que en su mayoría habían sido alumnos de Varela.

[48] Este destierro lo separará definitivamente de su patria, motivando tal escepticismo y actitud negativa en él, todo lo contrario de Varela que en carta a su amigo José Luis Alfonso dirá: «Cometí el error de ser patriota donde no hay patria. Por Cuba perdí mi poca fortuna, por ella perdí mi carrera y por ella todo mi porvenir. Yo debí haber hecho lo que hacen mis paisanos, que es enterrar el patriotismo, y tratar de labrarme una posición pecuniaria. Si yo hubiera seguido este camino, yo no viviría del modo que estoy viviendo ni moriría del modo que moriré...»

[49] Ver referencias en el Diccionario de la Literatura Cubana del Instituto de Literatura y Lingüística de la academia de Ciencias de Cuba, Editorial Letras Cubanas, La Habana, 1984, págs. 888-891.

[50] Varela Morales, Félix, Obras, Edit. Cultura Popular, La Habana, 1997, Tomo I, Lecciones de Filosofía, pág.204.

[51] Así lo expresa en carta a una de sus hermanas en Cuba, al decirle: «Mi separación de mi patria es inevitable, y en esto convienen mis fieles amigos. Acaso yo he tenido la culpa por haberla querido demasiado, pero he aquí una sola culpa de (la) que no me arrepiento». Cartas Inéditas de Félix Varela, SEAP, Nueva York, 30 de diciembre de 1842.

[52] Varela Morales, Félix, *El Habanero*, Revista Ideal, Miami, USA, 1974, pág. 18.

[53] Así lo expresa en carta a uno de sus discípulos en Cuba, al decirle: «Suponte que anuncien mi llegada a la Bahía de La Habana, ¿crees que una juventud cuya imaginación ha exaltado en mi favor la amistosa imprudencia de mis elogiadores no saldría a recibirme?, pues he aquí mi primer escollo. Otras personas de más rango, imitando la clemencia soberana se apresurarían a felicitar al perdonado. ¡Qué! ¿El que salió de su patria seguido de las miradas, del aplauso, volverá a ella para recibir la de la conmiseración? No me hables de patria. Yo no tengo otra que mi pecho». Carta inédita de Félix Varela, Biblioteca del Congreso, USA, Sección de Manuscritos. Papelería de José Ignacio Rodríguez.

[54] Carta de Varela a José de la Luz y Caballero desde Nueva York, fechada el 23 de agosto de 1839.

[55] Menéndez y Pelayo, M., «*Ensayos de Crítica Filosófica*», pág. 132.

La Academia Católica de Ciencias Sociales: una Institución al servicio del pueblo de Cuba

Salvador Larrúa Guedes

Introducción
¿Por qué surge la Academia?

Al inaugurarse la República casi junto con el siglo XX, la Isla vivía un momento muy difícil. Se acababan de romper las viejas estructuras del poder colonial, había finalizado la intervención norteamericana, y el país comenzaba su primer ensayo de gobierno: difícil empeño cuando la economía aún no se había recuperado de los destrozos causados por la Guerra del 95 y la población había perdido 300 000 habitantes –uno de cada cinco–, como saldo conjunto de la contienda, el hambre, el bloqueo y las epidemias.

Entonces, en la práctica, no teníamos legislaciones obreras. Las pocas estipulaciones legales referidas al mundo del trabajo eran anacrónicas. En general, los obreros carecían de instrucción, en su mayoría eran analfabetos y no conocían otros derechos que los demasiado restringidos por la administración colonial. Las grandes masas incultas de antiguos esclavos (la esclavitud fue abolida sólo dieciséis años antes de la proclamación de la República) que no sabían leer ni escribir, nunca se enteraron de la existencia de sus derechos sino de forma confusa y desorganizada. Ellos, los más olvidados, nunca conocieron otro que el del látigo sobre sus espaldas.

Obreros y antiguos esclavos, ciegos de pronto por el violento resplandor de la libertad recién estrenada, no tenían más preparación para asumirla que la adquirida a través de muchos años de sufrimientos, pero como no tenían preparación no sabían qué hacer con ella. Fueron presa fácil de los numerosos capitalistas norteamericanos que comenzaron a invertir en Cuba y buscaban mano de obra barata, de los españoles que no se retiraron a pesar de la derrota y de los no muy abundantes empresarios criollos (la mayoría de los ricos de Cuba perdió sus activos durante la guerra). En su mayoría, esos personajes lucraron con la escasa o nula instrucción de los más pobres, lo que resultaba muy fácil porque no tenían leyes que los protegieran, y si las leyes hubieran existido, pocos habrían podido apelar a ellas.

Desaparecido el dominio ideológico de España, intervenida y dominada la Isla por una potencia extranjera, mermada y disminuida la Iglesia en sus agentes pastorales, se produjo un extenso vacío intelectual y espiritual y no hubo freno para que entraran en la Isla las doctrinas más extrañas y disímiles. Seudosocialistas de todas clases, anarcosindicalistas, comunistas, caían en bandadas sobre los trabajadores y hablaban a las masas incultas de obreros en un lenguaje abigarrado del que no comprendían otras palabras que las que se asociaban a sus sueños y necesidades más imperativas: salario, viviendas, empleo, escuelas, justicia... por otra parte, aquel lenguaje exuberante e incontenible azuzaba las pasiones más bajas, exaltaba los ánimos, adulaba, enaltecía y mentía. Se acumulaban promesas y más promesas sobre un mundo dorado de los trabajadores, y los medios para obtenerlo, demasiado radicales, debían pasar siempre por un conjunto de medidas extremas... eran influencias ajenas que llegaban de horizontes desconocidos, de culturas exóticas, que portaban resabios y amarguras de otras tierras y se desarrollaron en países con situaciones, estructuras sociales e influencias civiles que nada tenían que ver con nuestra cultura, nuestra sociedad y nuestras raíces marcadas y crecidas en el humanismo católico y el pensamiento cristiano.

Se proyecta la Academia Católica de Ciencias Sociales

A punto de terminar el segundo decenio del siglo XX aquellos problemas sociales inquietaban a un grupo de hombres buenos, frailes predicadores y terciarios dominicos. El Prior de San Juan de Letrán, fray Francisco Vázquez, y el Prior de la Orden Tercera de Santo Domingo, Dr. Domingo Villamil, buscaban desde hacía tiempo la forma de emprender alguna actividad que vinculara a los dominicos actuales, desde el punto de vista intelectual, con los antecesores que fundaron la Universidad de La Habana, en consonancia con el carisma de la Orden y el vigor que manifestaba en esos tiempos. Comenzaron a pensar en diversos proyectos para dar respuesta a esa inquietud, pero no lograban concretarlos.

Una tarde, cuando los Terciarios celebraban el culto del Tercer Domingo, visitó San Juan de Letrán el Dr. Mariano Aramburo Machado, notable jurisconsulto católico, filósofo y escritor brillante, quien venía a conversar con el Prior del Convento acerca de un proyecto que estaba preparando. Aramburo estaba convencido de que los dominicos, de acuerdo con su gloriosa historia intelectual en Cuba, eran los más llamados a realizar sus propósitos.

Cuando explicó en líneas generales su proyecto, tanto el exponente como el oyente quedaron sorprendidos por la forma en que coincidían sus ideas. Hacía falta una institución que estudiara los urgentes problemas sociales de la Cuba de la época, y que propusiera soluciones acertadas. Estos eran también los objetivos del Dr. Domingo Villamil, y desde aquel día comenzaron a tomar forma las ideas que compartían: muy poco después el proyecto se concretaría con la fundación de la Academia Católica de Ciencias Sociales.

El Dr. Mariano Aramburo Machado

Hombre de patriotismo muy especial, de clara inteligencia, sumamente religioso y preocupado por los problemas sociales que nublaban el cielo de la Cuba de esa época, el Dr. Mariano Aramburo era un brillante profesor universitario, autor de los textos de la Filosofía del Derecho que durante muchísimos años formaron parte del curriculum de estudios de esa facultad universitaria. Dicha obra magistral no fue el único fruto de su actividad intelectual. En otro de sus libros, titulado Arte del buen vivir, el Dr. Aramburo mezclaba también la filosofía y el derecho con una visión sana y cristiana de la existencia que debía ser la base del difícil arte de la convivencia y del diálogo entre los hombres.

Siempre preocupado por los acuciantes problemas que debían tener solución adecuada para el desarrollo de la sociedad cubana, en 1916 el Dr. Aramburo había sido el promotor de la fundación de la revista Cultura que surgió con el estímulo y el apoyo de los Padres Paúles, los que habían convertido la hermosa Iglesia de la Merced, sede principal de la Congregación de la Misión en Cuba, en un importante centro intelectual de La Habana de entonces y donde se impartían conferencias magistrales y el arte y la literatura tenían la mejor acogida entre otras actividades, como si todas las manifestaciones culturales llegaran atraídas por las bellezas encerradas en este templo. Sus grandes inquietudes sociales impulsaban ahora al Dr. Aramburo, miembro de numerosas corporaciones y academias nacionales y extranjeras y Ministro Plenipotenciario de Cuba en Chile, para llevar a cabo la que sería su obra mayor: la fundación de la Academia Católica de Ciencias Sociales.

Fundación de la Academia

Hace casi 81 años, el 26 de octubre de 1919, se inauguró oficialmente la Academia Católica de Ciencias Sociales, en un acto sencillo pero no exento de gran solemnidad, que fue presidido por Monseñor Tito Trocchi, Delegado Apostólico para Cuba y Puerto Rico, y Monseñor Pedro González Estrada, Obispo de la Habana. La ceremonia se efectuó en el mismo local que hoy ocupa –como un símbolo profético– el Aula «Fray Bartolomé de las Casas», que fue desde ese momento la sede de la Academia hasta que este instituto desapareció al final de la década de los años 50.

La interpretación heráldica del escudo de la Academia nos habla muy claro de sus fines: una corona imperial sobre la cruz, simbolizando el dominio absoluto de Jesús. Bajo la cruz la estrella de Santo Domingo, que ilumina a la ciencia en forma de un libro del que se aprovechan los conocimientos atesorados por los predecesores para proyectar el futuro, y a las manos de obreros y empresarios, estrechamente apretadas, representando la unión cristiana como premisa de la vida digna y decorosa de los hombres.

Alrededor del escudo, la leyenda latina que traducida al español afirma que «La justicia y la paz se besan», y las ramas de mirto y de laurel representando el honor y la gloria.

La Academia Católica de Ciencias Sociales, que se instituye bajo el patrocinio de Santo Tomás de Aquino, tiene por objeto la exposición, propagación y defensa de la verdad católica en lo que concierne a las disciplinas nombradas, el estudio y esclarecimiento de las cuestiones que dichas ciencias comprenden, y la iniciativa y propulsión de las reformas que conduzcan al mejoramiento moral y económico del proletariado, a la armonía de las diversas clases sociales, y al cumplimiento cristiano de la justicia (sic). [1]

Estructura y miembros de la Academia

A partir del 19 de abril de 1919 estaba formado el Consejo de Gobierno, integrado por los siguientes académicos:

Rector, Dr. Mariano Aramburo y Machado; Consiliarios, RR PP. fray Francisco Vázquez y Germán Hilaire; Secretario, Dr. Domingo Villamil; Vicesecretario, Dr. José Guerra López; Tesorero, Dr. José López Pérez y Bibliotecario, Dr. Francisco Elguero Iturbide. [2]

Desde el primer momento, el Consejo realizó una labor destacada. De acuerdo con los Estatutos que quedaron aprobados desde el día en que se formó el Consejo, la Academia funcionaría con un máximo de treinta Académicos numerarios y treinta Académicos correspondientes. [3] Con facto y competencia comenzaron a sumar la cooperación de personas de gran valor religioso e intelectual hasta un total de catorce. Con los seis ya nombrados, llegaron hasta veinte Académicos Numerarios en aquella época.

Muchos de los miembros de la Academia eran hombres de talla singular en la ciencia, la religión y el humanismo. Para citar solamente a algunos, voy a mencionar a Mons. Manuel Arteaga Betancourt, que unos años después sería el Cardenal Primado de la Isla de Cuba; al Dr. José María Chacón y Calvo, ilustre investigador, literato e hispanista cubano; al Dr. Manuel Dorta Duque, ilustre profesor universitario que fue, después de Mariano Aramburo, el segundo Rector de la Academia y que simultáneamente ocupó cargos muy altos en la jerarquía de la Universidad de La Habana; y aquel científico de talla excepcional, el Doctor Don Fernando Ortiz. Los Académicos debían ser católicos prácticos, de elevada moral y gran prestigio [4], y tener Grados Mayores en Teología, Derecho o Filosofía, o especial suficiencia científica en alguna de las materias propias del Instituto. [5]

Además de los insignes miembros citados, la Orden Tercera de Santo Domingo proporcionó varios personajes de gran relieve en todos los órdenes con los Terciarios Monseñor Alberto Méndez, Secretario del Obispado de La Habana; M.l. Sr. Dean de la Catedral, Dr. Felipe Caballero; y los Doctores Domingo Villamil, Francisco Lamelas y Juan Isern. [6]

Como quiera que se trataba de una institución católica, los principales eventos de la Academia sólo tenían lugar después de cumplir cabalmente los requisitos del ritual establecido. La fiesta de Santo Tomás de Aquino se celebraba en una Iglesia de la Orden de Predicadores, el 6 de marzo de cada año, con Vísperas y Completas solemnes, al final de las cuales se cantaba el himno y la oración del Santo mientras los académicos portaban velas encendidas. Al día siguiente se cantaba la Tercia y a continuación tenía lugar una procesión claustral, precedida por la imagen de Santo Tomás, seguida de Misa solemne con panegírico.

En la Cuaresma había tres días de retiro seguidos de Comunión general, y cuando se producía el fallecimiento de algún académico, se cantaba un funeral compuesto de Vigilia, Misa y Responso, y se aplicaban tres Misas en sufragio de su alma.

Las sesiones de rutina de la Academia, que tenían periodicidad mensual, contaban con sus oraciones rituales que siempre terminaban así:

V. Ora pro nobis Sancte Thoma
R Ut digni efficiamur promissionibus Christi

De la misma forma, y con las mismas oraciones con que se iniciaban las sesiones académicas, se realizaban las rogativas previas a la promesa que realizaban los nuevos académicos, que culminaba cuando el Rector imponía al nuevo profeso la insignia de la Academia. [7]

Principales trabajos y proyectos de la Academia

El Proyecto de Código del Trabajo

Un año después de inaugurada la Academia quedó terminado su primer Proyecto: el Código del Trabajo, en el que se consumieron todas las sesiones propias de ese período con la participación del pleno de Académicos Numerarios y de varios Académicos Correspondientes.

El conocimiento profundo de la religión y de la Doctrina Social de la Iglesia, de las ciencias sociales, el derecho y la economía, y un riguroso examen de la situación de Cuba en materia de legislación laboral unido a la apreciación de los avances más relevantes de otros países en esta disciplina, permitieron elaborar un Proyecto que recogió en un solo cuerpo legal muy moderno y depuradamente técnico, tanto que nunca se había legislado nada semejante a nivel mundial, [8] todas las cuestiones vinculadas al trabajo, la jornada laboral, el salario, la protección contra accidentes de trabajo, las indemnizaciones, la seguridad social, la capacitación de los aprendices, junto con el andamiaje completo de procedimientos legales para dar soluciones en justicia.

El Código fue presentado al Senado de la República el 20 de junio de 1920 por el Rector de la Academia, Dr. Mariano Aramburo, y se remitió una copia al Presidente de la Cámara de Representantes. [9]

Algunos aspectos relevantes

En la actualidad, una lectura detenida del Código asombra por sus proyecciones y por su maciza coherencia. Nada quedó fuera de este documento que establece metas altas y soluciones audaces. El examen de los Títulos del Código es atractivo hasta para los desconocedores del Derecho.

El Proyecto disponía, en sentido general, la jubilación a los 65 años de edad con veinte de trabajo, y que se percibiría el 75 por ciento del salario promedio de los últimos cinco años. En el caso del Código de 1984, que es el que rige en Cuba actualmente, se fija para la jubilación la edad de 60 años para los hombres y 55 para las mujeres, y al menos veinticinco años de trabajo en ambos casos. La jubilación se establece tomando como base el salario promedio de los últimos cinco años con mayor salario, dentro de los diez últimos años de trabajo, y a partir de una escala que reduce la cuantía de las jubilaciones proporcionalmente, de acuerdo con su monto anual, para los salarios mayores de tres mil pesos anuales. Del salario base se otorga el 50 por ciento, más el uno por ciento por cada año por encima de los 25 años de trabajo requeridos. [10] En el caso de las pensiones por muerte, el Código de 1920 también fijaba para los hijos el 75 por ciento, que administraría la madre. Si el trabajador no tenía hijos, la esposa recibiría el 50 por ciento y si no era casado, los padres se beneficiarían con un 40 por ciento .[11]

Además, el Código propuesto por la Academia disponía para la incapacidad parcial al menos el 50 por ciento del salario hasta que el obrero recuperara su aptitud... en este documento no se olvidó ninguna situación, y no quedó sin salvaguarda ningún derecho.

La odisea de un Proyecto magistral

Se dice que en 1920 el Código no se aprobó por falta de presupuesto. Debe ser cierto, porque en ese momento la Isla comenzaba a andar por el espinoso camino de una crisis económica con envergadura mundial. De no ser así, tal vez se hubiera implantado el Proyecto a pesar de las fuertes erogaciones monetarias que significaba su puesta en vigor, y con el fin de conjurar una tempestad obrera que comenzaba a formarse en el horizonte del país. [12]

En 1922, 1923, 1929 y 1930 se hicieron nuevas gestiones para implantar el Código. El Proyecto fue tan apreciado en el exterior por su contenido y alcance, que lo solicitaron los órganos legislativos de varios países latinoamericanos para su estudio, mientras que la República de Chile lo tomó de modelo en 1921 para elaborar su propia legislación obrera.[13]

Repercusión en el ámbito internacional

Los doctores Mariano Aramburo, J.l. Vidaurreta y el sabio Dr. Don Fernando Ortiz, [14] redactaron una ponencia explicando la utilidad de la implantación del Código del Trabajo en Cuba, que adjuntaron a este Proyecto cuando fue presentado en 1929 a la Organización Internacional del Trabajo (OIT), órgano encargado de esta materia por la Liga de las Naciones. La alta instancia internacional, después de estudiar la fundamentación y el Proyecto, llegó a la conclusión de que

> ...el Proyecto cubano de un Código del Trabajo de hondo contenido social, supera en materia de legislación laboral a sus homólogos de otros países... lo que significa un adelanto de muchos años respecto a las demás naciones... [15]

Pero «ningún profeta es bien recibido en su patria» (Lc 4, 24) y el Código tuvo mejor acogida en el extranjero que en Cuba, aunque fue muy bien valorado por la Secretaría de Estado de nuestro país. A pesar de que esta legislación no pudo implantarse, el Proyecto se convirtió en un modelo que aspiraban alcanzar los jurisconsultos de más valía, y una opinión autorizada realizó el siguiente comentario: «deseo apuntar que dicho Código es obra notable que honraría a cualquier país que lo adoptase». [16]

Vigencia del Código

El Código del Trabajo no dejó de estar presente en Cuba, a pesar de todo. Don Fernando Ortiz menciona muchos de los aspectos recogidos en el Código, junto con otras realizaciones de la Academia Católica de Ciencias Sociales, como necesarios para que Cuba pudiera salir de la crisis en que estaba sumida en la década de los 20. [17]

Por otra parte, más de la mitad de los artículos del Código, pertenecientes prácticamente a todos los títulos y capítulos, finalmente garantizaron los derechos obreros en muchos puntos de materia laboral. El Proyecto de la Academia sentó cátedra y fue la fuente obligada de donde surgieron las legislaciones posteriores en aspectos tales como las Bolsas de Trabajo, relaciones contractuales, arbitraje, protección de la mujer, descanso retribuido, salario mínimo, indemnizaciones por enfermedad o accidente, y los seguros por ancianidad, invalidez y muerte.

De los 172 artículos del Código del Trabajo elaborado por la Academia en 1920, 129 formaron parte de diversas legislaciones posteriores,[18] y es innegable su decisiva influencia sobre algunos artículos determinantes de la Constitución de 1940, mundialmente reconocida como una de las más progresistas que nunca se hayan redactado.

Otros trabajos y proyectos de la Academia

Por primera vez en nuestra historia, la Academia Católica de Ciencias Sociales elaboró un «Proyecto de ley sobre la Protección a la Mujer Trabajadora» que complementaba lo legislado al respecto en el Código del Trabajo y que se publicó en la *Revista Antillana*, órgano de la institución, en 1922. Un «Proyecto de Viviendas Económicas para Obreros», presentado a la sesión del instituto el 5 de noviembre de 1920 por el académico Juan Isern, resultó tan valioso e impecable que el Congreso de la República, por Ley de 18 de junio de 1922, votó la aplicación de 1 millón 300 mil pesos de las reservas nacionales para construir 2000 casas. Posteriormente se aprobaron nuevos fondos y la iniciativa de la Academia hizo surgir, en las afueras de Marianao, un barrio bautizado con el profético nombre de «Redención» [19] en el que se construyeron cientos y cientos de casas nuevas y sólidas que los trabajadores amortizaron cómodamente con plazos muy largos.

Sería muy extenso enumerar todos los planes y proyectos que la Academia llevó adelante. Merece citarse el «Proyecto para la formación de Sindicatos Agrícolas», primer paso para llevar adelante en 1921 un «Plan de Reforma Agraria» [20], el segundo de la Isla de Cuba después de que el Arzobispo de Santiago de Cuba, San Antonio Maria Claret, preparara su «Proyecto de Reforma Agraria» en la década de los 50 del siglo XIX. También es preciso mencionar las «Conferencias Públicas para Obreros», que se dictaban semanalmente en el Centro Gallego para elevar los conocimientos de los trabajadores a fin de que éstos pudieran reclamar sus derechos, y en las que brilló fray Francisco Vázquez, Primer Consiliario de la Academia y Prior de San Juan de Letrán, así como la redacción de los «Estatutos de la Unión Nacional de Trabajadores», que fue la primera federación obrera de la Isla proyectada a partir de las estipulaciones de la Doctrina Social Cristiana.

Por su trascendencia es necesario mencionar la reforma en los estudios universitarios de la carrera de Derecho. Los análisis realizados por los académicos en este sentido condujeron a la modificación del currículum de esta carrera, que desde 1922 hasta varios años después del triunfo de la Revolución en 1959, quedaron vigentes y sin sufrir cambios de ningún tipo en la Universidad de La Habana, según la propuesta que realizara el Dr. Mariano Aramburo.

Dos Proyectos, la «Reforma Económica» y la «Reforma Política», llaman mucho la atención y forman una trilogía junto con el «Código del Trabajo». Una reforma económica de acuerdo con las ideas más modernas para elevar el nivel y la calidad de la vida y hacer que los obreros participaran tanto en la formación del capital -como accionistas- como en los beneficios del trabajo, un Código laboral que resguardara sus conquistas, y una reforma política que llegaría por sí misma en la medida en que los trabajadores alcanzaran una posición decorosa en la sociedad y también en el campo de las ideas con una conciencia clara de sus deberes y derechos como ciudadanos, y de lo que podrían esperar de la administración estatal.

Conclusiones

La Academia Católica de Ciencias Sociales realizó trabajos de tremenda repercusión para el mundo obrero y para toda la sociedad cubana en su conjunto no sólo porque fue la primera institución de nivel científico superior que examinó y estudió rigurosamente los problemas laborales y sociales para hallar soluciones idóneas utilizando las ideas más avanzadas y las normas de la Doctrina Social Católica –lo que constituía no sólo una novedad para Cuba, sino para toda la América Latina– sino porque fueron también los académicos los que pensaron y otorgaron a los obreros los «Estatutos de la Unión Nacional de Trabajadores», primera organización cubana de carácter masivo que enfocó la situación del mundo del trabajo desde una óptica cristiana y también la primera en velar por los intereses de los campesinos, para los que confeccionó el «Proyecto para los Sindicatos Agrícolas».

Con la Academia vio la luz en Cuba la primera entidad católica dedicada a los estudios sociales dentro del carisma dominico, solamente comprometida con la verdad y con la ciencia como instrumento para llegar a conocerla.

NOTAS

[1] *Revista Antillana*, año I, tomo I, no. 1, p. 41. En: Biblioteca Nacional de Cuba, La Habana.
[2] Larrúa Guedes, Salvador: *Presencia de los dominicos en Cuba*. Universidad Santo Tomás de Aquino, Santafé de Bogotá, 1997, p. 225.
[3] *Ibídem* (1), p. 42
[4] *Ibídem*. Cf. P. 42
[5] *Ibídem*.
[6] *Memoria que los dominicos de La Habana dedican a su excelso fundador Santo Domingo de Guzmán, en el séptimo centenario de su preciosa muerte (1221-1921). La Habana, 1921*, pp. 163-164. En: Archivo Histórico de San Juan de Letrán.
[7] *Ibídem* (1), pp. 48-50.
[8] Aramburo, Dr. Mariano: *Exposición del Proyecto de Código del Trabajo al Senado de la República el 20 de julio de 1920*. Imprenta Maza, Arroyo y Caso, la Habana, 1920, p. 4. En: Biblioteca Nacional de Cuba.
[9] *Ibídem*.
[10] Larrúa Guedes, Salvador: *La primera legislación obrera de Cuba*. Cuadernos del Aula «Fray Bartolomé de las Casas», no. 2. La Habana, 1998, p. 133.
[11] *Ibídem*.
[12] *Ibídem*.
[13] Aramburo, Dr. Mariano: *Academia Católica de Ciencias Sociales. Discurso leído en la sesión de apertura del curso de 1922* a 1923 el 15 de octubre de 1922. Imprenta Maza, Arroyo y Caso, la Habana, 1922. En: Biblioteca Nacional de Cuba.
[14] Don Fernando Ortiz colaboró con la Academia Católica de Ciencias Sociales. Aunque no fue miembro de número, hizo causa común con la Academia en cuestiones tales como el Código del Trabajo. Es asombroso el paralelismo que existe y las coincidencias presentes en los trabajos del sabio cubano que son homólogos con los de la Academia. Desde el Código del

Trabajo hasta la construcción de casas baratas para obreros, las ideas del sabio y las de la Academia van por el mismo camino.

[15] *Dictamen de la Oficina Internacional del Trabajo (OIT) sobre el Proyecto del Código de Trabajo de Cuba presentado por los Dres. Mariano Aramburo y Fernando Ortiz*, con fecha 15 de junio de 1929.

[16] Boletín de legislación laboral, julio-septiembre de 1929. Citado por Carlos M. Morán en su obra *Legislación del Trabajo*, premiada por el Colegio de Abogados de la Habana en 1929 y editada en 1930 por Ediciones Cultural, S.A.

[17] Cf. Ortiz, Fernando. *La crisis política de Cuba, sus causas y remedios. Remedios proletarios.* En: Le Riverend, Julio: *Órbita de Fernando Ortiz*. Ediciones Orbita, UNEAC, La Habana, 1973, p. 118

[18] *Ibídem* (16)

[19] Ubicado en el territorio que ocupa en la actualidad el barrio de Pogolotti.

[20] *Ibídem* (1). Cf. Contenido de ese Proyecto.

RESUMEN DE LAS PONENCIAS PRESENTADAS

José Agustín Caballero y Félix Varela: la actitud ilustrada en Cuba

Carmen Gisel Cabrera Rodríguez,
Casa de Altos Estudios «Don Fernando Ortiz»,
Universidad de La Habana.
Habana

El acercamiento continuo a la obra de los primeros pensadores ilustrados de Cuba fue objeto de mi interés por algún tiempo. La efervescencia y profundidad de análisis de estos, en relación a los acontecimientos europeos demostraba cuán al día estaban nuestros «intelectuales» en las cuestiones más álgidas del pensamiento. Comenzando por aclarar a qué nos referimos cuando hablamos de la razón ilustrada y las implicaciones culturales, en la amplitud del concepto, me adentro en las apropiaciones de la reflexión de ambos en relación al pensamiento del iluminismo, es decir, su posición ante la razón y la ciencia.

No es secreto que Agustín y Caballero fue uno de los primeros cubanos que, desde el claustro, dio la bienvenida al pensamiento moderno y a la virtud de la ciencia, o que Varela promovía la reforma docente como primer impulso a la cultura ilustrada y al ejercicio del pensamiento. En ambos casos la confianza en la experimentación como vía del conocimiento y la actitud analítica como método, son una constante posible de apreciar en sus obras y acción. A ello dedico las páginas del trabajo presentado al evento.

•••••

La religiosidad en la poesía femenina del siglo XIX en Cuba

Lic. Navia García Faberiro.
Habana

El siglo comienza (porque será el tópico principal de la obra) con el nacimiento de Gertrudis Gómez de Avellaneda, el 23 de marzo de 1814 en Puerto Príncipe, Camagüey, entre las mujeres que se han dedicado a la poesía es, sin dudas, la figura que ocupa el más alto sitial en la literatura y la más completa.

Y termina la centuria con otra poetisa, María Villar Buceta, que nace en Pedro Betancourt, Matanzas, el 21 de abril de 1899, quien, a través de sus versos encaró la realidad política de forma recta, rebelde, irónica y no exenta de humor y de cierto escepticismo.

Entre la Avellaneda y María Villar existieron más de una treintena de poetisas que recoge la historia de la Literatura Hispanoamericana: Mercedes Valdés, Luisa Molina, Úrsula Céspedes de Escanaverino, Martina Pierra de Poo, Luisa Pérez de Zambrana, Catalina Rodríguez, Brígida Agüero, Adelaida del Mármol, Julia Pérez Monte de Oca, Aurelia Castillo, Rosa Kruger, Sofía Estévez, Mercedes Matamoros, Nieves Xenes, Dolores Rodríguez de Tio, Esther Lucila Vázquez Zambrana, Dulce María y Juana Borrero, Emilia Bernal de Labrada, Mercedes Torrens, María Luisa Milanés, Mariana de la Torre, entre otras.

La realidad en la poesía femenina del Siglo XIX en Cuba es el tema que nos ocupa en esta ocasión, y muy especialmente, la poesía religiosa que nos encontramos en los versos de las poetisas cubanas.

La poesía escrita por la mujer en nuestra Patria en ese siglo tiene relativo interés por muchas y variadas razones: la discriminación de la mujer con relación al hombre; por los grandes revuelos que causaron sus versos en los círculos sociales y culturales de la época; porque los estudios formales de muchas de ellas se limitaron a la instrucción primaria o con sus padres aprendieron las primeras letras, teniendo como únicos modelos literarios (en algunos pocos casos) los clásicos españoles.

En Cuba, cuando se habla de poesía o de poetas, principalmente se habla de Martí, Heredia, Plácido, Mendive, Luaces, Zenea, Fornaris y los poetas de la Guerra. Con relación a las poetisas, se habla poco y solamente se menciona a la Avellaneda, a la Zambrana, a Juana Borrero y punto.

La poesía femenina y religiosa, la cual me he tomado la libertad de agrupar en cinco grandes grupos, en Cuba alcanza verdaderas manifestaciones de una poesía genuinamente cubana sensible, delicada, tierna y amorosa, representativa del naciente espíritu nacional y del pensamiento y cultura católicos en Cuba en el Siglo XIX.

.....

Juan Bernardo O'Gavan
¿El poder tras la tiara o algo más?

Manuel Barcia Paz,
Oficina del Historiador de la Ciudad de La Habana
Habana

Uno de los personajes más olvidados de la historia de la Iglesia cubana es, sin lugar a duda, el presbítero santiaguero Juan Bernardo O'Gavan y Guerra. Hombre ilustrado y muy de su época, O'Gavan fue profesor del seminario de San Carlos y San Ambrosio de la Habana, presidente de la Real Sociedad Económica de la Habana, diputado por Santiago de Cuba a las Cortes constituyentes de Cádiz en 1812 y presidente de aquéllas. Deán de la Catedral de La Habana y gobernador de la mitra habanera en más de una ocasión, O'Gavan fue también el brazo derecho del obispo Juan José Díaz de Espada durante la mayor parte de su mandato.

En este trabajo se analizan las causas por las cuales este notable eclesiástico cubano fue excluido de nuestro panteón nacional y se tratan de explicar los motivos de su exclusión historiográfica. Aunque no se pretende reivindicarlo, al menos se intentará desentrañar los motivos que le llevaron a convertirse en una «oveja negra», al tiempo que se sacarán a la luz sus numerosos aportes a la historia de Cuba, los que hasta la actualidad permanecen en un taimado olvido.

.....

Félix Varela: la destreza de lo principal

José Luis González Almeida
Habana

Se pronuncia la palabra Historia... Alguien versa sobre nacionalidad cubana... Entonces y como por conjuro, descúbrensenos, entre otros, José Antonio y Guiteras,

Martí y Carlos Manuel, Heredia y Varela. Es la savia de una cultura que ha hecho –hace– de sus grandes, componente inestimable de su rostro –su pulso– vital.

Largo –a ratos, apremiante– ha sido el curso de esa crónica. Una y otra vez, el cubano vuelve la vista al pasado –que habrá de ser siempre presente–, y ellos, los grandes (pro)hombres, permanecen ahí. Varela, el primero.

No es objeto de esta ponencia desentrañar, en osadía cientificista, las causales o el discurrir mismo de ese correlato. No aparece en ella ni con mucho, esa finalidad supraliteraria que tipifica a la producción genuinamente ensayística. Más bien se afanan los párrafos que continúan por aproximarnos al pensamiento político de «quien nos enseñó primero a pensar», con el ánimo de sintetizar/sistematizar un conocimiento del que ningún cubano «agradecido» –de esos a los que hiciera referencia el Apóstol– puede abjurar.

Varela en y desde su contexto histórico, Varela como artífice de un dialéctico –ascencional– pensamiento nacionalista, Varela en tanto precursor de la independencia, resultan pues las directrices de esta ponencia. Sirva su discurso como modesto tributo al 212 aniversario del patriarca plural: Padre de (en) la Iglesia, Progenitor de la Cubana.

·····

Las iglesias cubanas entre la independencia y la intervención

Yoana Hernández Suárez,
Instituto de Historia de Cuba
Habana

El estudio del universo religioso cubano ha sido objeto de las más diversas interpretaciones a través de la pluma de quienes han asumido estas investigaciones.

En la presente ponencia se abordará el estudio de la posición del clero católico cubano ante dos procesos de trascendental importancia como son la Guerra de Independencia del 95 y la intervención norteamericana.

Las fuentes para este estudio son complicadas y escasas. Si bien es cierto que algunas figuras han escrito sobre esta problemática aún se adolece de redefiniciones y análisis más críticos y acordes con aquella realidad y aquellos hombres.

Sólo presento en esta ocasión las primeras ideas de lo que será una investigación de mayor envergadura.

·····

Influencia de dos pensadores católicos en la formación de la nacionalidad cubana

Rouget Sóñara Valdés
Matanzas

El trabajo aborda de manera concisa la trascendencia e influencia del pensamiento y la acción de los Padres José Agustín Caballero y Félix Varela en la formación de la nacionalidad cubana a principios del siglo XIX. Analiza las raíces de su pensamiento ético, religioso y filosófico y aborda los principios básicos de sus idearios respectivos. Valora sucintamente la influencia enorme que ambos tuvieron sobre los orígenes de la nacionalidad cubana.

·····

Apuntes histórico-culturales de la presencia católica en Colón

Lic. Harlene Govea Pérez
Matanzas

El 8 de agosto de 1836, es la fecha que se considera oficialmente como la de fundación de Colón. Ya en enero de 1837 se celebró la primera Misa, en la Ermita construida para la naciente población.

A finales del siglo XIX era inminente la construcción de un nuevo templo por el crecimiento de la población, erigiéndose el nuevo edificio de la Iglesia Católica (en el lugar que actualmente se encuentra) en la solemnidad de la Purísima Concepción el 8 de diciembre de 1872.

La labor de hombres buenos, como el Padre Antonio Jiménez, hizo que se propagara el culto a San José (Santo Patrono del pueblo) y además organizó fiestas al calor de las cuales surgieron proyectos de prosperidad para Colón. También ejercieron el sacerdocio en Colón el Padre Rafael Toymil Zapela (sabio sacerdote) y el Padre Puig quien se mantuvo por treinta y un años frente a la Iglesia de Colón, caracterizados como ejemplos de hombres capaces del sacrificio por los demás.

Se señala, además, en este trabajo la hermosa labor de los Padres canadienses en Colón. Durante la década de 1950-1960 su quehacer religioso y educacional en Colón, es digno de resaltarse. En fin, que esta investigación presenta apuntes histórico-culturales de la presencia católica en nuestra ciudad.

·····

La vocación sociocultural del Padre Regis

Elisa Martínez Quiñónez
Cienfuegos

En 1913 el misionero dominico de origen francés, Francisco Regis Gabriel Gerest –presbítero y orador–, se estableció en la diócesis de Cienfuegos, donde fundó asilos y escuelas gratuitas, abogó por la práctica de las virtudes cívicas, prestó eminentes servicios públicos y, desde la Iglesia, orientó a la juventud por caminos prácticos en la vida civil.

Definir los rasgos de su vocación y la trascendencia de su proyecto sociocultural, constituyen los objetivos de esta investigación, avalada hoy por el testimonio tangible de su obra.

·····

Filosofía de los jardines

Lic. Rogelio Leal
Cienfuegos

La tipificación de una «ética floral» o «filosofía de los jardines» -de de propósito evangélico-de , con una línea de correspondencia que va desde el didáctico «Roman de la Rose», compuesto por Jean de Meun y Guillaume de Lorris en el siglo XIII, hasta las fantasías vegetales del «art nouveau», abonó en la ciudad de Cienfuegos el cultivo de una poesía que aflora hoy momentáneamente por sus fragancias estéticas y en la que plantas y flores predican perfecciones morales en «paraísos» docentes, insulares, de ingenua litografía cristiana. En ella, las flores retornan incansables y expresan rasgos del temperamento de los autores, de sus vivencias y filiaciones políticas y religiosas, trasunto de su vocación católica, protagonistas siempre de una poética ejemplarizante que constituye, sin lugar a dudas, uno de los temas permanentes –en cierta medida característicos– de la poesía cienfueguera de los siglos XIX y XX.

·····

Cien años de huella dominica. Apuntes históricos

Eloy Manuel Viera Moreno
Cienfuegos

Llegados a Cienfuegos hace más de 100 años, el servicio prestado a esta localidad por los religiosos de las congregaciones dominicas ha sido insuficientemente estudiado y valorado. En este trabajo se exponen las huellas más visibles de su acción, abarcando, incluso, las órdenes terciarias de religiosas dominicas. Algunas de éstas, por su importancia, trascienden los límites locales, convirtiéndose en acciones que sentaron precedentes en el ámbito nacional.

Las partes fundamentales del trabajo son:

- Breve introducción sobre la Orden de los Predicadores, su fundación, estructura y apostolado.
- Entrada de los dominicos a Cienfuegos (incluidas las órdenes de religiosas terciarias). Descripción de la situación de la Iglesia y ámbito social que encontraron en Cienfuegos.
- Labor pastoral de los dominicos en Cienfuegos. Descripción de la labor «explosiva» desarrollada por los frailes dominicos entre 1899 y 1903 en casi todos los territorios de la Diócesis. Se detallan los templos que construyeron durante su estancia, la fundación de la parroquia del patrocinio y se sugiere como decisiva su labor para la erección de la nueva Diócesis en Cienfuegos y no en la capital provincial de la entonces provincia civil de Santa Clara.
- Labor educacional de los dominicos en Cienfuegos. Se detalla la historia de los colegios dominicos en Cienfuegos, con algunas precisiones locales. Se expone la importancia que estas fundaciones tuvieron a escala nacional.
- Resumen y mapas. Se expone la información condensada, de forma que pueda ser encontrada con rapidez.

La exposición sencilla, el uso de imágenes y otros medios visuales, van dirigidos a cualquier interesado dentro y fuera de nuestra Iglesia. Con ello se contribuye a llenar el espacio vacío existente alrededor de estos temas que forman parte de nuestra historia y tradiciones, promoviendo con ello al hombre cubano, y se ofrece una propuesta que contribuya a esa Nueva Evangelización a que nos ha llamado S.S. el Papa Juan Pablo II.

·····

Cultura católica e identidad urbana. El caso de Camagüey

Lic. Marcos A. Tamames Henderson, Unión de Historiadores de Cuba
Camagüey

La identidad urbana de las ciudades americanas tiene su raíz en el universo cosmogónico que, con la conquista y colonización impusieron los españoles. El acto de fundar en nombre de Dios y del Rey no sólo caracterizó la ocupación del espacio en el cual quedaría emplazada la villa o ciudad, sino que generó, además, un conjunto de elementos sobre los cuales se desarrolló la orientación de los moradores, su sentido de pertenencia y diferenciación con otros territorios.

A partir de fuentes documentales primarias se pretende ilustrar la significación de la cultura católica en el desarrollo de la identidad urbana en el caso de Camagüey. El estudio de la evolución de la toponimia urbana durante los siglos XVI y XIX está relacionado con el levantamiento de parroquias en los diferentes barrios, bajo la advocación de santos y vírgenes, y el hecho de bautizar las calles, y espacios públicos a partir del santoral católico. La cultura católica determinó en el Príncipe las referencias necesarias para organizar la vida de sus pobladores, definiendo una imagen que se resiste al cambio en la actualidad.

·····

Diego Varona y Matías Boza: dos presbíteros en la historiografía cubana

Lic. Héctor Juárez Figueredo
y Lic. Marcos A. Tamames Henderson, Unión de Historiadores de Cuba
Camagüey

Las «crónicas perdidas» de los doctores Diego de Varona y Matías Boza se ubican entre las obras de los primeros historiadores cubanos. El trabajo aborda la actitud de ambos presbíteros principeños del siglo XVIII, en relación con las referencias hechas a sus textos y una crítica valorativa, desde la actualidad, a partir de aristas socioculturales y genealógicas.

Una relectura de diversas fuentes permite a los autores ratificar la existencia de una tradición histórica local, que tuvo sus inicios en las familias y el clero diocesano del Puerto Príncipe del XVIII, que permitió el surgimiento en la centuria siguiente de las historias de Betancourt y Torres Lasqueti.

·····

Fe y razón en la actualización vareliana del pensamiento

Eduardo Albert Santos
Camagüey

La actualización del pensamiento, proyectada y ejecutada por el presbítero Félix Varela a principios del siglo XIX, sigue siendo objeto de interés. La polémica en torno a su interpretación y su valoración no ha cesado hasta el presente. En el trabajo presentado se lleva a cabo una interpretación y valoración de tan importante suceso histórico desde la perspectiva del delicado problema de la relación entre la fe y la razón. Se examina en particular el polémico asunto de los vínculos recíprocos entre la filosofía y la teología que fue puesto en el orden del día por la renovación vareliana.

En esta dirección, en la ponencia se analiza la posición sostenida por el Padre Varela respecto al escolasticismo como teoría y método. La aguda crítica vareliana del escolasticismo se conjugó con una alta valoración de la teología. En consecuencia y, aunque no fue objeto primordial de su atención, se pronunció por la renovación de esta última, apoyada en la tradición y en lo mejor del pensamiento moderno. Desde su inconmovible fe, el presbítero optó por la juiciosa preservación de la armonía entre teología y filosofía, no por el costoso desgarramiento de ambas.

·····

La Virgen del Combate: Símbolo cívico religioso de Manzanillo

Gabriel Ángel Espinosa Reyes y María Escala Espinosa
Bayamo-Manzanillo

El devenir histórico-social de la región de Manzanillo siempre se ha visto matizado por el claroscuro. Hechos de luz imperecedera para la cultura y la historia de Cuba han ocurrido en Manzanillo y sus alrededores; por ejemplo: «Espejo de Paciencia», primer monumento de la literatura cubana, escrito en 1608, está basado en hechos ocurridos en Manzanillo en 1604, en los que apuntan indicios de la incipiente identidad de sus pobladores en estrecho vínculo con la fe cristiana. El levantamiento de la Demajagua, en 1868, es expresión de la hidalguía y del patriotismo de los cubanos, quienes ya, en esos tiempos, habían demostrado lo arraigada que tenían en su corazón la fuerza de la fe.

Otras veces, es la sombra la que, adueñándose de este entorno, ha caído con el velo del olvido, por disímiles razones, sobre momentos luminosos de la Historia y la Iglesia local, donde han quedado presentes rasgos permanentes de sus pobladores: su fe en Dios, unida a la defensa de una identidad cada vez más definida. El ataque de corsarios a Manzanillo en 1819, hecho del que ha quedado como testimonio la Virgen del Combate, es uno de esos momentos que merecen ser rescatados del olvido.

La presente investigación demuestra, que en fecha tan temprana como 1509, comienza a gestarse, precisamente por la región de Manzanillo, el pensamiento católico cubano, surgiendo desde entonces la veneración por la Santísima Virgen María, y cómo a través de la cual, en más de una ocasión, el pueblo de Cuba ha expresado la identidad patriótico-religiosa que forma su idiosincrasia.

·····

El mundo espiritual y ético religioso de Tristán Medina. Momentos de su vida.

Ivette Sóñora Soto, Oficina del Historiador de la Ciudad Santiago de Cuba

Tristán de Jesús Medina es un poeta del siglo XIX que la historia de la Literatura Cubana actual no menciona, y las pocas veces que lo nombró lo estigmatizó con el título de poeta menor. Tristán Medina fue un hombre de su época y por su época; en ella se destacó como un mordaz crítico, orador fecundo, seguro de sí y de sus anhelos. Abrazó la carrera eclesiástica y hasta ahí llegó su rebeldía.

El trabajo se encuentra seccionado en tres partes. La primera es una explicación sintética del romanticismo como conciencia y corriente literaria de forma general y particularizada en nuestro país, a modo de actitud para poder comprender a este poeta que fue el único cubano que tomó los hábitos en respuesta a su tiempo; la segunda parte es el análisis de cuatro artículos periodísticos, reflejo y portavoz de sus ideales éticos y religiosos; y en la última hacemos referencia sobre dos poemas religiosos que nos han llegado por vía de «El Redactor» sin grandes vuelos poéticos.

·····

Además se presentaron:

Mons. Zubizarreta y la primera coronación de la Virgen de la Caridad.
Jorge Domínguez
Camagüey

Cuba, Iglesia y esclavitud.
Rafael Duharte
Santiago de Cuba

Influencias de la Iglesia Católica en el habla del cubano.
Daniel Agüero Luaces
La Habana

CUARTO ENCUENTRO

Iglesia Católica y Nacionalidad Cubana
Cuarto Encuentro Nacional de Historia

Orlando Márquez

Con la cruz llegó la espada, se acostumbra a decir. Lo cierto es que en más de 500 años, la Iglesia Católica ha sido la única institución permanente en América, también en Cuba. Y si muchos recuerdan sólo la espada, hay otros que no olvidan la cruz.

Sin embargo, la historia que se escribe no siempre recuerda la entrega generosa y silenciosa de los misioneros, las religiosas, los buenos obispos, y los laicos de primera línea. «Durante los años del período revolucionario, la Iglesia ha sido ignorada en los libros de historia, dando una imagen parcial o una imagen falsa de la Iglesia». Eso es lo que piensa el Licenciado en Historia Joaquín Estrada, un laico católico de Camagüey, quien ha intentado poner algún remedio al mal desde que en 1995 propuso a la Comisión de Cultura de la Conferencia de Obispos Católicos de Cuba (COCC) la realización de un encuentro para repasar la historia eclesial cubana.

El primer encuentro *Iglesia Católica y Nacionalidad Cubana*, se realizó en 1996, el cuarto hace sólo unos días, del 6 al 9 de junio, en la Arquidiócesis camagüeyana, dedicado en esta ocasión a la obra social de la Iglesia en Cuba.

Unas 60 personas, conferencistas, ponentes e invitados, participaron en el evento en representación de las diócesis cubanas y de entidades especializadas en el país, entre ellos, Olga Portuondo, historiadora de Santiago de Cuba. Desde un inicio existía el propósito de poner en común las investigaciones de católicos y no católicos.

También participaron algunos provenientes del exterior, entre ellos el político y católico Ricardo Arias Calderón, exvicepresidente de Panamá y expresidente de la Internacional Demócrata Cristiana, quien presentó la conferencia *La fe cristiana y su proyección social*; Manolo Fernández Santalices, periodista e investigador cubano residente en Madrid, con su ponencia *Proyección social de las asociaciones y movimientos laicales en Cuba* antes de 1959; el sacerdote cubano e historiador Manuel Maza, sj, residente en República Dominicana, y la religiosa Hilda Rosa Alonso, residente en Miami, pedagoga e investigadora de la labor en Cuba de las Hijas de la Caridad.

Entre los conferencistas cubanos estuvieron el Padre Antonio Rodríguez, párroco de Artemisa, quien disertó sobre *Filosofía católica y sociedad en Cuba*;

297

Monseñor Carlos Manuel de Céspedes, Vicario de Oeste en La Habana, con el tema *Iglesia Católica y sociedad. Siglo XX*; Monseñor Ramón Suárez Polcari, canciller del Arzobispado de La Habana y profesor del Seminario San Carlos y San Ambrosio, habló sobre *Iglesia y mundo del trabajo,* y Roberto Méndez, católico y escritor camagüeyano, con una interesante disertación sobre la *Universidad del aire: laicos, diálogo y compromiso social.*

Otras ponencias ocuparon paneles y comisiones de presentación, destacando el panel *Congregaciones religiosas y obra social de la Iglesia en Cuba: una muestra,* en el que Sor Hilda Alonso, hc, Salvador Larrúa y Rogelio Fabio Hurtado, disertaron sobre la obra social en nuestro país de las Hijas de la Caridad, los franciscanos y los Hermanos de San Juan de Dios respectivamente. Interesantes debates provocaron también las ponencias *La Iglesia Católica y las Constituciones de 1901 y 1940 y Acción Católica y sociedad cubana,* a cargo de los laicos Yoel Prado y Diego Echemendía, de Santa Clara y Matanzas.

Muy emotiva fue la noche del viernes 7, con un concierto de la agrupación musical El Gremio, conformada por jóvenes dedicados a interpretar obras medievales europeas y del barroco americano. La antigua iglesia de San Juan de Dios, una verdadera joya arquitectónica, sirvió de sede propicia para el concierto y también para el homenaje que los organizadores tributaron a Manolo Fernández por sus largos años dedicados a la Iglesia. Hubo otro momento musical la noche del sábado 8, a cargo del grupo Imagen, conocido ya por casi todas las diócesis cubanas y cuyo último disco se vende en Miami.

Según Joaquín Estrada, quien es también Secretario Ejecutivo de la Comisión de Cultura de la COCC, además de «reparar la memoria histórica», estos eventos persiguen «darle a la pastoral de la Iglesia un basamento que le sirva para proyectarse al futuro y darle a las jóvenes generaciones este conocimiento», mediante la publicación de las memorias de cada encuentro.

Algo similar piensa Sor Hilda Alonso, la religiosa pedagoga que en 1961 se vio forzada a abandonar Cuba cuando fueron intervenidos los centros de educación. Sor Hilda considera que el evento ha sido «magnífico», pero además, es «realidad de un sueño que siempre he tenido, me preocupaba que la Iglesia en Cuba no tuviera el contenido escrito de todo aquello que vivimos en otro tiempo, cuando la Iglesia tenía gran fuerza en esta Isla, y esto creo que no es para generaciones como la mía, ya pasada, sino para las futuras generaciones, que puedan contar con la plataforma de una historia de la Iglesia en su obra social en mi patria».

El padre Maza es un historiador hecho, con varios libros publicados y un currículo que incluye numerosos eventos de este tipo. Por eso le pregunté su criterio sobre este encuentro en Camagüey:

«Es muy importante que la Iglesia sea consciente de los procesos por los cuales ha transitado, no solamente porque la historia es maestra de la vida, sino porque las personas que no conocen su pasado no pueden interpretar los retos del presente y, fácilmente, o se desaniman ante los retos del presente o no pueden ver qué opciones pudieran tener en el futuro».

La presencia de varios laicos como ponentes marcó otra de las reflexiones del padre Maza. «Este tipo de actividad combate las generalizaciones fáciles, fomenta el interés por la historia, se ve la importancia de lo particular, valora los archivos, las bibliotecas. Una actividad como esta despierta la vocación por la historia y la necesidad de reflexionar por dónde se ha ido caminando en los diversos momentos».

Aquí se habló del Obispo Espada, de los sacerdotes Varela, Olallo, Caballero, de la escolástica del Seminario San Carlos; de las Hijas de la Caridad y su obra con los enfermos; de los franciscanos y los Hermanos de San Juan de Dios, que el próximo año cumplen cuatro siglos de andar por la Isla. Se habló también de los laicos, de la Acción Católica, de los mártires católicos José Antonio Echeverría y René Fraga; de los curas que fueron capellanes en el Ejército Rebelde en la última guerra revolucionaria; de la revista *La Quincena*; de las expulsiones de religiosos y las detenciones en las Unidades Militares de Ayuda a la Producción (UMAP). Pero los participantes dieron muestras de su capacidad para mirar la historia con lentes de comprensión y también, por qué no, de misericordia.

En su homilía de la Misa de clausura, celebrada el domingo 9 en la iglesia de La Merced, el Cardenal Jaime Ortega, Presidente de COCC y de su Comisión de Cultura, expresó que a los cristianos católicos les corresponde «seguir los pasos de la misericordia en el sentir y el actuar de nuestros próceres y pensadores», entre los que recordó al presbítero José Agustín Caballero y a José Martí, «cuyo pensamiento –dijo–, desconoce el odio». Sin ignorar los hechos de violencia que recoge la historia, manifestó que es necesario explorar lo que consideró «esa historia aparentemente menor, grande en su significado que pueda alentar en nosotros un esfuerzo de reconciliación tan reclamado en la hora presente».

Los historiadores saben que la historia se repasa para actuar en correspondencia con los tiempos, porque «el que olvida la historia está condenado a repetirla, y eso es un error gravísimo», dijo Manolo Fernández.

Quizás la clave del compromiso de la Iglesia cubana con su historia y la Nación, está en la declaración que me dio el jesuita e historiador Manuel Maza: «Es una Iglesia humilde que sabe que su fuerza está en el Evangelio. Noto que aquí no hay ninguna ambición de protagonismos ni de actitudes revanchistas o agresivas, todo lo contrario. Yo veo un gran deseo de diálogo con todo el que quiera dialogar y una gran humildad para aportar lo que está en sus posibilidades».

«A pesar de todo, se mueve», es la frase que le atribuyen a Galileo. Cierta o no, es aplicable a la Iglesia en Cuba, como lo demuestra este evento de *Iglesia Católica y Nacionalidad Cubana*, cuya quinta edición se celebrará en el año 2004.

(Publicado en *La voz católica*, Arquidiócesis de Miami, junio 2002).

Listado de Participantes

PINAR DEL RÍO
    P. Antonio Rodríguez

HABANA
    Emmo. Card. Jaime Ortega Alamino
    Mons. Carlos M. de Céspedes
    Mons. Ramón Suárez Polcari
    Dr. Salvador Larrúa
    Lic. Rogelio Fabio Hurtado
    Lic. María Virginia Pérez
    Lic. Silvia Amaro Brito
    Lic. Navia García
    Lic. Daniel Agüero Luaces
    Lic. Danilo Gudz Robak
    Lic. Jorge Domingo Cuadriello
    Lic. Rita Petrirena
    Lic. Joaquín Bello
    Arq. Orlando Márquez
    P. José Liñán
    Lic. Walfredo Piñera
    Sor Fara
    Sor María Alejandra
    Grupo de música antigua:
    El Gremio

MATANZAS
    Lic. Diego Echemendía
    Lic. Jesús Hernández
    Dr. Israel Moliner
    Lic. Harlene Govea

SANTA CLARA
    P. Raúl Rodríguez
    Lic. Yoel Prado
    Inv. Reynel Rodríguez
    Lic. Laura María Fernández
    P. Jesús Garmilla

CIENFUEGOS
Ing. Eloy Viera Moreno

CAMAGÜEY
Mons. Adolfo Rodríguez
Mons. Juan García
P. Alvaro Beyra
Lic. Joaquín Estrada Montalván
Dr. Roberto Méndez
Lic. Amparo Fernández
Lic. Ramón Figueredo
Lic. Zelmira Novo
MsC. Marcos Tamames
Grupo musical de la arquidiócesis:
Imagen
Lic. Elda Cento

HOLGUÍN
Diac. Peña
Lic. Beatriz Hernández
Lic. Manolo Martínez
Inv. Arsenio Valdés

BAYAMO - MANZANILLO
Lic. Gabriel Espinosa
Lic. Carlos Amador

GUANTÁNAMO
Lic. José Braoet

SANTIAGO DE CUBA
P. José Rovira
Dra. Olga Portuondo
Dr. Rafael Duarte
Lic. Ivette Sóñora
P. Jorge Catasús

REPÚBLICA DOMINICANA
P. Manuel Maza sj

ESPAÑA
  Lic. Manuel Fernández

PANAMÁ
  Dr. Ricardo Arias Calderón
  Ing. Eduardo Vallarino Arjona

ESTADOS UNIDOS
  Hna. Hilda Alonso
  Hna. Eva Puellar
  Lic. Guillermo Fernández

DISCURSOS Y MENSAJES

Palabras de Apertura

Joaquín Estrada Montalván

Emmo. Mons. Card. Jaime Ortega Alamino
Exmo. Mons. Adolfo Rodríguez
Exmo. Mons. Juan García
Exmo. Dr. Ricardo Arias Calderón, ex-vicepresidente de la República de Panamá
Distinguidos conferencistas, panelistas, ponentes, invitados y participantes en el evento:

Estamos iniciando la cuarta edición del Encuentro Nacional de Historia «Iglesia Católica y Nacionalidad Cubana.» En esta ocasión con el tema: Obra social de la Iglesia Católica en Cuba, desde el siglo XVI hasta el año 1961, y en el 90 aniversario de la creación de las diócesis de Camagüey y Matanzas. Hemos tenido en cuenta asimismo al preparar el programa del evento otras dos fechas importantes, relacionadas con el tema central, los 200 años de la consagración episcopal del Obispo Espada y los 100 años de vida de nuestra República, centenario que aún espera por un análisis mesurado, sin apasionamientos extremos.

Tema amplio el que nos proponemos abordar en poco tiempo. Y es que la obra social de la Iglesia se manifestó desde los primeros momentos, con la llegada de los españoles. Podemos mencionar en estos inicios la defensa de los «indios» por el P. Las Casas. La Iglesia siempre ha estado atenta a las necesidades, en cómo colaborar para disminuir o eliminar las carencias que pueda tener la sociedad y que afectan a las personas que en ella viven. De ahí su importante obra educativa, la obra sanitaria, la creación de asilos, la preocupación por la vida en el campo con propuestas de reforma agraria, en fecha tan temprana como el siglo XIX hecha por san Antonio M. Claret. Importantes han sido los aportes de pensadores católicos en el decursar histórico de Cuba, mencionando por ejemplo sus incidencias en las constituciones de 1901 y 1940; la fundación de las Semanas Sociales; la proyección social de la Asociación Católica Universitaria, cuyos miembros elaboraron una encuesta para conocer la realidad en los campos de Cuba en el año 1957, que todavía hoy se cita por el valor de los resultados obtenidos. Interminable sería nombrar la obra de obispos como Jerónimo Valdés o

Espada; de sacerdotes como Félix Varela; religiosos como Fray Olallo o el P. Valencia; congregaciones como las Hijas de la Caridad, las Hermanas del Cardenal Sancha o las Hermanas del Amor de Dios, entre muchas más, o de laicos como Valentín Arenas Armiñán o Mariana Lola.

Para mencionar solo un dato, en el *Primer Catálogo de Obras Sociales Católicas en Cuba*, publicado en el año 1953 por la Acción Católica, se relacionan 255 obras educativas, sanitarias, asistenciales, sostenidas por católicos.

No estamos haciendo historia de algo que ya pasó, nos estamos asomando a los antecesores, y a los antecedentes de lo que es hoy: Cáritas, Pastoral de la Salud, centros de formación, Semanas Sociales y estudios de doctrina social de la Iglesia, Pro-Vida, publicaciones católicas, etc. Estamos estudiando un pasado muy rico que ha dado frutos maravillosos y que nos corresponde hoy a nosotros continuar.

El programa es ambicioso, pretende ser una muestra representativa de todo lo mencionado anteriormente. Los invito, pues, a centrarnos en el tema que nos ocupa para sacarle el mayor provecho posible a este evento.

Los objetivos fundacionales se están cumpliendo como estaban previstos; se puede decir que los eventos han alcanzado la adultez y que cada vez hay más interesados en participar en éstos. Hemos logrado que la parte de la historia nacional que corresponde a la Iglesia Católica, sea hoy tema de muchos historiadores y de varias instituciones, que asimismo sean más los que prestan su colaboración en estos eventos, dentro o fuera del país. Deseamos que este clima logrado en los eventos, de diálogo, reflexión, búsqueda en común de la verdad crezca en ellos y se expanda a los lugares que aún carecen de ello. La Casa Cuba, reclama por la unidad y el amor entre sus moradores.

Gracias a todos Ustedes que respondieron a la convocatoria, y que han tenido la gentileza de estar presentes. Gracias también, por supuesto, a todos los que materialmente los han hecho posible, y por encima de todo gracias a Nuestro Señor Jesucristo, Señor de la Historia.

Pidamos a Nuestra Madre Celestial la Virgen de la Caridad, al Siervo de Dios P. Félix Varela, y al Siervo de Dios P. Olallo que intercedan ante Él, por el éxito de este Cuarto Encuentro Nacional de Historia «Iglesia Católica y Nacionalidad Cubana» que declaro oficialmente inaugurado en nombre del Comité Organizador.

Muchas gracias.

Homilía Pronunciada por S.E.R. Cardenal Jaime Ortega Alamino en la Misa de Clausura

Camagüey, 9 de junio de 2002

Queridos hermanos y hermanas:

La escena descrita por el Evangelio de San Mateo nos muestra a Jesús en su empeño por establecer un nuevo modelo de relación entre los hombres. El episodio del llamamiento de Mateo es la ocasión propicia para hacerlo.

El sistema de recaudación de impuestos en los territorios ocupados por los romanos al pueblo judío, se hacía tanto más odioso cuanto que el ocupante empleaba en este oficio a intermediarios judíos al servicio de los romanos, favoreciéndolos y permitiéndoles ciertos abusos. Esto hacía que los del gremio fueran despreciados. Los recaudadores de impuestos entraban en la categoría formal de «pecadores».

En el pueblo hebreo en la época de Jesús había muchas separaciones: samaritanos y judíos, extranjeros y nacionales. Los fariseos eran los custodios de las separaciones que garantizaban la pureza. Entre todas las separaciones la más importante era la de justos y pecadores.

Jesús no parecía respetar esas separaciones y por eso lo espían y analizan cada uno de sus actos. Es impensable que un verdadero maestro en Israel se dirija a uno de la clase de los recaudadores, que es por lo mismo un pecador, para invitarlo a venir con él. Ese instante está plasmado de forma maravillosa en la pintura del llamamiento de Mateo de Caravaggio que se encuentra en Roma en la Iglesia de San Luis de los Franceses. Allí el primer sorprendido resulta Mateo, que no comprende cómo podía Jesús fijarse en él ante el asombro de los circunstantes. Estas impresiones, que quedaron grabadas magistralmente en el lienzo, contienen el descontento de los hebreos ante la actuación libre de Jesús.

Los fariseos siguieron los pasos de Jesús y lo hallan sentado a la Mesa acompañado de sus discípulos y de Mateo y otros amigos de éste, algunos recaudadores como él. Son los publicanos, aquellos que, contratados por los romanos, se dedicaban a los menesteres públicos. Se dirigen los fariseos a los discípulos de Jesús y les hacen una pregunta que revela su mentalidad, su actitud espiritual y el tipo de relaciones humanas que ellos estiman necesarias. «¿Por qué come el Maestro de ustedes con recaudadores y pecadores?». Aunque la pregunta está dirigida a los discípulos, Jesús oye y es él quien responde: «No tienen de necesidad médico los sanos, sino los enfermos» Esto les resulta chocante a los fariseos, que llevan una vida estructurada según la observancia. Todo es como es y para ser bueno cada uno tiene que estar en su lugar, los pecadores con los pecadores, los sanos y santos aparte y protegiéndose de no contaminarse con otros. Suponían, pues, los fariseos insanable la situación que Jesús viene a sanar. Porque Jesús no tiene únicamente el propósito de sanar al pecador Mateo, sacándolo de su grupo para hacerlo bueno. En este caso no se hubieran sentado a la Mesa con Jesús otros de la misma clase del recaudador. Jesús no venía a establecer nuevas separaciones, sino a sanar situaciones de separación.

Es una nueva relación entre los hombres la que intenta establecer el Señor. El mundo no debe ser de «unos» y «otros», de «buenos» y «malos»; la justicia no debe agotar las posibilidades de una convivencia serena entre los hombres y pueblos. El hombre no debe contemplar a su prójimo con mirada de juez. Es imprescindible superar la antigua concepción, nacida de los contratos primitivos, del respeto a los confines del otro, pero también del odio al enemigo, del vasallaje y de la opresión, para buscar más alto en la Verdad que trasciende nuestros criterios estrechos, un nuevo fundamento en las relaciones humanas. Es así como Jesús cita atinadamente al Profeta Oseas: «Vayan a aprender lo que significa misericordia quiero y no sacrificios».

La Liturgia de la Palabra se abre hoy precisamente con el texto del Profeta Oseas donde aparece esa preferencia divina por la misericordia, pero recoge en primer término el Profeta una reflexión común en el Pueblo de Dios, refutada seguidamente por el mismo Oseas.

Debemos notar que no se trata ahora de las relaciones de los hombres entre sí, sino de los hombres con Dios. Si buscamos en Dios el fundamento de nuestro actuar en la vida, debemos conocer a Dios verdaderamente, es decir, no forjarnos un Dios a partir de nuestras propias concepciones. Un hábito de trato estricto entre los hombres con normas, cumplimientos, juicios y exclusiones, puede fácilmente llevarnos a concebir un Dios justiciero y a apoyarnos después en ese Dios para aplicar nuestros criterios estrechos. Ese es el riesgo que podemos correr los creyentes y que no pudieron evitar muchos hijos de Israel, a pesar de las advertencias de los profetas.

La reflexión popular recogida por Oseas suena a buenos propósitos: «Esforcémonos por conocer al Señor: su amanecer es como la aurora y su sentencia surge como la luz. Bajará sobre nosotros como lluvia temprana, como lluvia tardía que empapa la tierra». Es incluso bello y poético el discurso, sin embargo el Profeta descubre que contiene algo inaceptable.

Estas palabras encubren cálculo y una falsa seguridad. Dios es asimilado a los elementos cósmicos: es como la aurora: puntual e inevitable, es como la lluvia, que tarde o temprano cae y hace germinar la tierra. Dios es así perfectamente previsible. Es como si el hombre pudiera controlar sus relaciones con Dios. Por la fe Dios nos ayudará, por la esperanza viviremos tranquilos en su presencia.

Pero un mundo así es un mundo incambiado e incambiable, Dios no interviene en la historia con nada nuevo, sino está ahí fijo y ayudando a los suyos según el modo ya preestablecido. Así sabemos siempre lo que Dios quiere.

Leemos en el Eclesiastés: lo que fue, eso será, no hay nada nuevo bajo el sol. Todo permanece inmutable en las relaciones con Dios y con los hombres. De este modo el Señor es perfectamente previsible y el hombre sabe cómo debe ser su relación con él: le ofrecerá sacrificios y oraciones en los tiempos fijados y así puede controlar aún el mecanismo de la reconciliación. Cumpliendo esto el hombre es bueno. A partir de una vida ritual normada, su relación con Dios queda establecida y ése es el Dios que nos debemos esforzar por conocer. La relación con el prójimo queda determinada por este modo de creer y de orar. Nosotros somos los buenos, cumplimos lo que sabemos que Dios quiere.

Es fácil que si creemos controlar así a Dios podamos ser jueces de nuestro prójimo. Por eso la reflexión popular que proponían al profeta Oseas: «Esforcémonos por conocer al Señor», no expresa una conversión sincera porque lleva en sí un mal conocimiento de Dios.

Entonces el Profeta habla en nombre de Dios: ¿Qué haré de ti Efraín, qué haré de ti Judá?.

Y usando también referencias cósmicas responde al pueblo asegurado en su religiosidad confortante y sin desafíos y les dice: «La misericordia de ustedes es una nube mañanera, un rocío que se evapora al amanecer. Por eso los herí por medio de los profetas, los condené con las palabras de mi boca». Ahí introduce Oseas la actitud verdadera que desea Dios en el corazón del creyente: «Porque quiero misericordia y no sacrificios».

Es a ese texto al que remite Jesús a quienes no comprendían su actuar en relación con Mateo. Es vieja la dureza del corazón y el ritualismo religioso, Jesús reafirma radicalmente lo que el Profeta ya había impugnado. Pero algo más pretende el Señor con su actuación. Quiere mostrarnos que Dios no es un Ser Supremo estático que se relaciona con el hombre por decretos inmutables como las leyes cósmicas. Dios entra personalmente en contacto con nosotros, sale a buscarnos, nos invita y nos perdona, nos colma con una vida nueva. Y además, en este actuar Dios es imprevisible, hasta el punto que el eje de la historia de la Salvación pasa por Jesucristo en quien Dios desconcertantemente se hizo hombre. Y la actuación de Dios hecho hombre fue siempre imprevisible: perdona a la adúltera, come y bebe con los pecadores, los excluidos, revela a la Samaritana, una mujer pública, que él es el Mesías, habla sin cesar contra el legalismo y dice que el hombre es más importante que el sábado, el día sagrado.

Al hacerse hombre en Jesucristo Dios nos mostró hasta donde llega su misericordia para con nosotros. Jesús no hizo sino manifestarnos en todas las incidencias de su vida cómo la infinita misericordia de Dios lo movía a actuar con un amor sin límites. Un amor de ese género reclama Él de nosotros, sus discípulos: «ámense unos a otros como yo los he amado». Pero además, discípulos del Hijo de Dios encarnado, porque «tanto amó Dios al mundo que nos envió a su Hijo», no podemos menos que amar a este mundo, sobre el cual Dios se inclina lleno de misericordia. También nosotros debemos aprender a mirar hacia el mundo de hoy, con ojos de misericordia.

La misericordia es la entraña del cristianismo, dice un teólogo actual a quien mucho aprecio, y nuestra era, la humanidad de este milenio, es víctima de una falta inmisericorde de amor.

La justicia, que ha sido el reclamo de todas las revoluciones, no puede por sí sola salvar al mundo. En su encíclica «Dives in misericordia», Juan Pablo II, que lleva sobre sus hombros la triste y dura experiencia del nazifascismo y del comunismo en su Polonia natal, proclamaba, con la convicción adolorida del que ha sufrido, la insuficiencia radical de la sola justicia y la necesidad urgente de misericordia para nuestro mundo. Era la segunda encíclica de su pontificado y acerca de ella el Papa ha declarado que virtió lo más entrañable de su pensamiento. Al escribirla faltaban diez años para que en el diccionario ruso fuera introducida de nuevo la palabra *misericordia*, que había sido suprimida en los comienzos del comunismo soviético.

Pero en nuestra época, y también entre nosotros, la realidad que esta palabra encierra, se vuelve cada vez menos discernible, o sea, están cada vez más ausentes del pensar y del sentir del hombre de hoy el sentimiento de compasión con el débil y el excluido, la comprensión de la situación real del otro, sin reducirlo a «un caso a estudiar», la simpatía hacia quien se esfuerza por alcanzar su dignidad plena, las actitudes de benevolencia y acogida que descarten la violencia y el recelo en las relaciones humanas.

¡Cuántos sacrificios se les exige a los pueblos!... Para construir una sociedad colectiva y justa o para ajustar la economía liberal y crear una abundancia, al menos para los mejores. Y estas panaceas no llegan nunca a un número creciente de miserables mirados con desdén o con temor por los pensantes y poderosos a quienes cuadra el mandato de Jesús: «vayan a aprender lo que significa misericordia».

Pero, ¿es posible que en un mundo secularizado una categoría tan religiosa como la misericordia pueda tener una incidencia tan grande en la historia de los pueblos, en las relaciones entre los seres humanos y en la orientación de la vida?. Esa categoría incluye a un Dios que mira al hombre y a la humanidad, amándolos, y unas relaciones humanas fundadas en un amor benevolente y comprensivo que tiene su origen en Dios mismo.

La ausencia de *misericordia* es así ausencia de Dios y la ausencia de Dios es el gran mal de nuestro mundo. Sólo el Dios de Jesucristo puede fundar una convivencia basada en la misericordia que genera el perdón y propicia la reconciliación y sólo la luz de la fe puede descubrirnos la verdad sobre Dios y su misericordia.

Pablo en su carta a los Romanos alaba la fe de Abraham que «creyó contra toda esperanza»...«No vaciló en la fe... Ante la promesa no fue incrédulo... se hizo fuerte en la Fe al persuadirse de que Dios es capaz de hacer lo que promete».

También nosotros recibiremos el favor de Dios, dice Pablo, «si creemos en el que resucitó de entre los muertos, nuestro Señor Jesús».

Apoyados en esta fe y vivificados por ella debemos los cristianos trabajar por establecer en nuestro mundo una cultura de la misericordia, donde pueda desarrollarse y crecer esa «civilización del amor» de la cual tanto nos ha hablado el Papa Juan Pablo II.

En este encuentro hemos seguido, en cierto modo, las huellas de la misericordia de Dios en nuestra historia nacional, al repasar las obras de servicio asistencial y social de la Iglesia en Cuba en los siglos pasados. El próximo año se conmemoran los cuatrocientos años de la llegada a Cuba de los Hermanos de San Juan de Dios para atender el primer hospital de La Habana. Enseñar y curar son dos de las obras de misericordia que identifican a la Iglesia Católica en dondequiera que se hace presente.

Pero pienso que como cristianos católicos debemos seguir los pasos de la misericordia en el sentir y el actuar de nuestros próceres y pensadores y rastrear su presencia o ausencia en el acontecer histórico cubano, empezando por el Presbítero José Agustín Caballero, padre de los pobres y de la Filosofía, hasta José Martí, cuyo pensamiento desconoce el odio y propone como ideal la convivencia en el amor.

La historia, como resumen de acontecimientos salientes, recoge los hechos de violencia, el heroísmo de las batallas, el triunfo del rebelde o del más fuerte. Pero en la trama oculta o discreta de la vida de los pueblos hay otro acontecer de contornos muy diferentes: el perdón a un enemigo, la comprensión del sentir diverso de un hombre o de un grupo, la aceptación de situaciones difíciles en aras del bien mayor de la solidaridad y el amor.

Necesitamos los cubanos explorar, junto con el pensamiento misericordioso de nuestros prohombres, esa historia menor, grande en su significado, que pueda alentar en nosotros un esfuerzo de reconciliación tan reclamado por la hora presente.

Y por encima de la enseñanza de la historia hemos de ir a aprender lo que es misericordia en la palabra de Jesús y en sus gestos y en la escuela estremecedora de la Cruz. Allí se comprende todo lo que realmente vale, lo necesario del esfuerzo, lo inaplazable del amor. Que el Señor Jesús ofrecido en esta Eucaristía como único sacrificio agradable a Dios, nos haga conocer lo que significa hoy para nosotros: «misericordia quiero y no sacrificios». Así sea.

Mensaje de Mons. Dionisio García, Obispo de Bayamo-Manzanillo

Bayamo, 4 de junio del 2002

A: Lic. Joaquín Estrada Montalván
   Secretario Ejecutivo
   Comisión Nacional para la Cultura

De: Mons. Dionisio García Ibáñez
    Obispo Bayamo-Manzanillo

Estimado Joaquín:

Doy gracias a Dios por la celebración del Cuarto Encuentro Nacional de Historia «Iglesia Católica y Nacionalidad Cubana» que tendrá lugar en Camagüey, los días 6 al 9 del presente, convocado por la Comisión Nacional para la Cultura de la Conferencia de Obispos Católicos de Cuba.

Lleguen a ti y a todos los participantes mis más sinceros deseos de que sean jornadas de trabajo que nos permitan a todos seguir descubriendo «la honda matriz cristiana» de nuestra cultura nacional como expresara Su Santidad Juan Pablo II en sus palabras al mundo de la cultura durante su visita a nuestra patria.

Que el ejemplo del Padre Varela, quien sintetiza como nadie, esa pasión de servir a Dios y a la Patria, los acompañe en este camino. Cuenten con mis oraciones.

Atentamente en Cristo,

+Mons. Dionisio García Ibáñez
   Obispo de Bayamo-Manzanillo

Presentación del libro «Te basta mi gracia» del Cardenal Jaime Ortega Alamino

Orlando Márquez

Se nos ha convocado esta tarde para hacer la presentación pública, en esta ciudad y arquidiócesis de Camagüey, y dentro del programa de este importante evento «Iglesia Católica y Nacionalidad Cubana», de un libro voluminoso, una selección de discursos, homilías, conferencias, declaraciones y artículos del Cardenal Jaime Ortega.

Creo conveniente referirme tan sólo a lo que, considero, es el espíritu detrás de estas páginas. Es cierto que en los últimos años he trabajado cerca del Arzobispo de La Habana, es precisamente esa cercanía la que me permite decir que este voluminoso texto revela, en líneas y entre líneas, la vivencia del Pastor.

El don de la palabra o de la sabiduría puede estar más o menos acentuado en las personas, pero la capacidad de comunicar es connatural al ser humano y es obligación del Obispo; solo hace falta estar abiertos al diálogo, a la escucha, tener los ojos, la mente y el corazón bien atentos a los demás. Este libro, pues, contiene la palabra del Pastor que ha acompañado a los fieles que han estado bajo su cuidado en estos veinte años.

Los Pastores, los Obispos, saben que Dios es celoso con su Pueblo, y espera de los Pastores lo que manifestó al Profeta Ezequiel: *apacentar las ovejas, fortalecer a las débiles, curar a la enferma, vendar la perniquebrada, devolver al redil la descarriada, buscar la perdida, evitar que se dispersen y anden errantes, presa de las fieras* (Cf. Ez. 34, 4-5). Esa es la misión del Pastor, del Obispo diocesano, reflejada en estas páginas. Y alguna otra que no aparece escrita en este libro, ni en ningún lugar.

Las «ovejas» son sacerdotes, diáconos, religiosas, religiosos, laicos. Para todos ellos ha habido una palabra, porque el Pueblo de Dios espera, y necesita, conocer lo que piensa, siente y hace por ellos su Obispo. Es la relación natural.

Pero hay además en este libro un pensamiento y una palabra para con los no católicos, y para la sociedad en general. No hay por qué extrañarse. Hay «ovejas» que no están en el redil, pero el Pastor, el Obispo de una diócesis, sabe que aquellas personas, hombres y mujeres que no comparten su fe, padecen y necesitan de su palabra y su oración, aunque ellos no lo sepan, o no lo deseen. Aun ellos deben quedar bajo el celo episcopal. Todo eso se refleja en estas páginas.

Por último, quiero decirles que, también por razones de trabajo, en los últimos años he podido estar cerca de los otros Pastores y Obispos de nuestra Iglesia. Ojalá, para el presente y el futuro, puedan compendiarse nuevos textos con las enseñanzas de ellos, no como un homenaje –este libro no es un homenaje–, sino para corresponderse con estos tiempos, y para facilitar el encuentro con el magisterio y la capacidad de servicio de nuestros pastores. Pero sé también que, aunque esto no ocurra, aunque este libro no se hubiera publicado, nos han manifestado todos estos años, en las buenas y en las menos buenas, su condición de Pastores en el trato personal, en las distintas revistas y boletines que tenemos, y hasta con su grito silencioso.

De eso se trata. Podemos ver con beneplácito esta obra, como puede verla el Cardenal Arzobispo de La Habana, porque sabemos que pensar, hablar y vivir de y en Dios, es el camino de nuestra salvación y motivo de gloria al Dios de la Trinidad. Pero debemos agradecer también al Cardenal pues nos recuerda que, a pesar de las dificultades y de los contratiempos, de los momentos de auténtico dolor y de oscuridad, podemos vivir en la certeza de Dios si, como él ha hecho, nos mantenemos abiertos a Su gracia.

Presentación del libro «El santero cubano» Del Padre Raúl Rodríguez Dago

P. Raúl Rodríguez Dago

Nací en la ciudad de Cienfuegos, a pocos kilómetros se encuentra el pueblo de Palmira, tierra natal de mis abuelos paternos y maternos, famoso por sus cabildos, sus «toques de santos» y celebraciones de santería. Desde niño escuché historias que me llamaban la atención sobre este mundo del sincretismo religioso.

En el año 1977 el Señor me llamó a la fe y comencé un nuevo camino que se concretizó el 12 de julio de 1978 al recibir el bautismo y la primera comunión.

El 8 de septiembre de 1985 al ser invitado por Mons. Ángel Pérez Varela al Santuario Nacional de Nuestra Señora de Regla, me encontré más de cerca con estas creencias al observar a tantas personas con sus collares blancos y azules y sus vestidos de color de Yemayá.

En octubre de 1985 comencé mis estudios en el Seminario San Basilio Magno de Santiago de Cuba, y a realizar trabajo pastoral en la Iglesia de los Desamparados. El barrio donde se encuentra esta comunidad está muy marcado por la práctica de la santería y el espiritismo cruzado, sintiéndome una vez más cerca de un mundo para el que no tenía respuestas.

Acudí a la hermana Marta Lee que se encontraba con las Hermanas Sociales en la Basílica del Cobre, ella me ayudó a dar los primeros pasos para conocer esta realidad.

En 1987 al regresar a La Habana y continuar los estudios en el Seminario San Carlos y San Ambrosio, la religiosidad presente en varios barrios de la ciudad me permitió mayor relación con este ambiente, y así pude comenzar investigaciones en Guanabacoa, en las Sociedades de Hijos de San Lázaro y San Antonio, visitar el museo y la casa de África en la Habana Vieja.

Durante los años 1988 y 1989 escribí en la publicación dominical Vida Cristiana diferentes artículos sobre el tema, y que se encuentran condensados en este libro.

En esta época surge mi amistad con Natalia Bolívar, la etnóloga y escritora cubana, la que continúa el estudio del culto a Ta Ma Kunde Yaya en el pueblo de Quiebra Hacha, y hoy está plasmado en su libro «Ta Ma Kunde Yaya y las Reglas de Palo Monte», editado en 1988.

Este libro surge a petición de muchas personas que en las conferencias que he dado en Iglesias de Cuba, en sur de la Florida y en Puerto Rico –donde desde

1995 me he acercado a este mundo– me han pedido que las ponga por escrito. No me creo un especialista, solo he tratado tratado de darle una respuesta desde mi fe cristiana a esta realidad que desde niño siento cercana.

Agradezco a Ediciones Enmanuel, una sencilla y pequeña obra que durante estos años he podido fundar y llevar adelante en la Parroquia de Quemado de Güines, y a Ediciones Universal en la ciudad de Miami, que me ha permitido realizar tres ediciones de este libro.

CONFERENCIAS

Filosofía Católica en Cuba y Sociedad

P. Antonio F. Rodríguez Díaz

Hasta 1842, la enseñanza de la filosofía en Cuba se halla vinculada a algunos centros educativos de la Iglesia Católica. Es en esa fecha, cuando ocurre la secularización de la Universidad de La Habana. Los centros educativos a los que me refiero son: el Convento de San Juan de Letrán y el Convento de San Francisco de Asís en La Habana desde la primera mitad del siglo XVII, y ya en el siglo XVIII se fundan tres instituciones que impartirán este saber, el Seminario San Basilio Magno en Santiago de Cuba (1722), la Universidad de La Habana, fundada en 1728 en el Convento dominico de San Juan de Letrán y el Seminario San Carlos y San Ambrosio, también en La Habana (1772).

Junto con la secularización de la Universidad de La Habana, ocurre la reducción de los servicios docentes del Seminario San Carlos, solamente para alumnos aspirantes al sacerdocio; por eso, desde 1842, la enseñanza filosófica de orientación católica en Cuba, quedó limitada al pequeño ámbito de los dos citados seminarios del país, y, ya en el siglo XX, se amplía a aquellos colegios católicos en el área de los estudios del Bachillerato en Letras, a la carrera de Filosofía y Letras en la Universidad Católica de Santo Tomás de Villanueva en La Habana y al Filosofado del Seminario San Alberto Magno en Colón. Como vemos, el ámbito de los formandos era demasiado pequeño para poder hablar de una influencia de la orientación filosófica católica en la vida social. Esto no quiere decir que personas, formadas desde una filosofía de orientación católica, no ejercieran de algún modo la influencia de este pensamiento en sus ambientes, como es el caso del laico Domingo Villamill en el Movimiento por la Paz en la década de los cuarenta.

A lo anterior debe añadirse la influencia de un pensamiento social católico a través de la obra pastoral de la Iglesia, recogido en las cartas pastorales de los obispos o por medio de organizaciones de apostolado laical: Agrupación Católica Universitaria y Acción Católica.

Lo que acabo de exponer, explica porqué el tema a tratar se limite a un período de nuestra historia, la llamada época de oro del Seminario San Carlos y San Ambrosio, la cual se circunscribe a la etapa marcada por estas dos fechas: 1790 y 1842. También limito la exposición a la relación seminario-sociedad, porque fue el seminario, como institución de la Iglesia, el lugar donde más se produce la relación filosofía católica en Cuba y sociedad, cuyas características expondré a continuación:

1. La relación filosofía católica-sociedad, ya aludida, cuenta con la confrontación entre la filosofía moderna y la filosofía aristotélica, representada por lo que los hombres de San Carlos llamaron «escolasticismo» aunque el término que mejor conviene para evitar confusiones, como explicaré más adelante, es el de «escolástica decadente criolla» y, por el otro lado, la filosofía moderna, tomado este término en un sentido amplio, pues, eclécticamente, reúne el pensamiento útil de varios autores.

2. Porque la anterior confrontación origina el enfrentamiento entre:
   - El Seminario y la Universidad, por los dos modos diferentes de enseñar, el renovado de uno y el atrasado de la otra.
   - El Seminario y la sociedad utilitarista cubana.

3. Porque el obispo de La Habana, Juan José Díaz de Espada y Fernández de Landa, cuyo bicentenario de su llegada a La Habana celebramos este año, es la figura origenante y central de esta renovación –¿y por qué no, «revolución»?–, llamada a provocar la confrontación –enfrentamiento a que me referí anteriormente–, toma el Seminario, como su «centro de operaciones» para irradiar las ideas ilustradas, pasadas por el tamiz del catolicismo español, que influirán en la sociedad cubana de aquella época y de las posteriores.

4. Porque son los hombres del Seminario, nuestro «patriarcado» –como lo llama Chacón y Calvo–, los ejecutores de esta renovación o revolución, articulada en el eje: Fe cristiana-Ilustración-renovación filosófica-sociedad.

5. La renovación filosófica realizada en el Seminario tuvo su influjo determinante en la sociedad a través de las ciencias experimentales, la técnica, la enseñanza, la ética formulada y vivida, y la política.

Seguidamente trataré de manera somera –como corresponde al marco de esta conferencia–, de reseñar la relación filosofía católica-sociedad desde los cinco puntos indicados anteriormente. Antes debo hacer una precisión acerca del término «escolástica», ya que el enfrentamiento filosófico realizado por el Seminario fue, según la enseñanza histórica impartida en Cuba, antes y después de 1959, contra la escolástica. Incluso, uno de los principales ejecutores de esta reforma filosófica, el P. Varela, emplea el término «escolasticismo». ¿A qué se refiere Varela cuando habla de barrer el «escolasticismo»? ¿Qué querían eliminar Espada y los hombres de «San Carlos» de los estudios filosóficos en Cuba, cuando la emprendieron, contra lo que se ha repetido hasta la saciedad, que la reforma filosófica fue, en primer lugar contra la escolástica? ¿No sería mejor hablar de un «escolasticismo decadente criollo»? Pienso que esta última expresión nos ayuda a aclarar conceptos y juicios, amén de no confundirnos y no confundir.

La filosofía escolástica

El Obispo Espada y los hombres de «San Carlos» no estuvieron en contra de la filosofía escolástica. Es necesario fijar esta aseveración para no continuar confundiendo y, por otra parte, para no dañar la inteligencia de estos hombres, que la tuvieron, y en grande. La afirmación correcta, como ya apunté, es la siguiente: El Obispo Espada y los hombres de «San Carlos» estuvieron en contra del «escolasticismo decadente criollo». A lo cual añado que, el «escolasticismo decadente criollo» no se puede tomar como sinónimo de filosofía oficial u oficiosa de la Iglesia Católica, puesto que la Iglesia Católica, como tal, no tiene una filosofía exclusiva, solo desecha un conjunto de tesis filosóficas incompatibles con la fe cristiana, como por ejemplo son: el ateísmo, el panteísmo, el materialismo, la reencarnación del alma, la negación de la inmortalidad del alma, la consideración del ser humano como medio y no como fin; etc.

En la misma línea, es necesario aclarar que a lo largo de estos dos mil años de cristianismo, han existido diversos sistemas y direcciones filosóficas, que han tenido como fundamento la fe cristiana, pero que divergen en sus concepciones, no teológicas, sino filosóficas. Ejemplo de ellos son: el agustinismo, el tomismo, el escotismo o el actual personalismo.

Por otra parte, aun cuando la Iglesia proponga en algún documento, como fue la encíclica *Aeterni Patris* de León XIII, alguna dirección filosófica, esto no significa que tal proposición sea absoluta y excluyente con relación a otras que fueren válidas. Lo anterior sirve para aclarar que en el caso de Cuba, aunque el «escolasticismo decadente criollo» se impartiese en los centros de estudios católicos, a fines del siglo XVIII y principios del siglo XIX, citados al inicio de este trabajo, ello no quiere decir que esa fuese la filosofía oficial de la Iglesia en la Cuba de entonces, prueba de ello fue que se le pudo criticar y barrer.

La escolástica fue una etapa de la historia de la filosofía que se desarrolló en la Edad Media a partir del siglo IX, y que alcanza su apogeo en el siglo XIII. Su decadencia se opera a mediados del siglo XV. La escolástica no fue el único modo de filosofar en la Edad Media, pues gran parte de ese período estuvo dominado por el agustinismo y por el misticismo en el campo católico. Además existió una filosofía bizantina, al igual que una judía y otra árabe. Luego, la escolástica no es sinónimo de filosofía medieval, ni de filosofía católica medieval, pues junto a la escolástica existió el misticismo católico medieval.

Es indiscutible que santo Tomás de Aquino fue el mayor filósofo escolástico medieval, pero no fue el único, como tampoco su sistema, el tomismo, tampoco fue el único. Ni siquiera en los siglos XIII, XIV y XV, el tomismo fue preponderante. Ya en vida del santo, su sistema filosófico, caracterizado por la aceptación de las tesis aristotélicas, que no entraban en contradicción con la fe cristiana, discriminadas éstas y recreadas por el Aquinate, no fue admitido por muchos de sus contemporáneos católicos. Después de su muerte, fue necesario que su maestro San Alberto Magno viajase a París para defenderlo de sus enemigos, aunque no lo consiguió. Es más, el obispo de París, Esteban Tempier, y el arzobispo de Canterbury, Roberto Kilwardby, condenaron las tesis tomistas. Cincuenta años después de la muerte de Santo Tomás de Aquino, cuando su canonización, sus enseñanzas pierden el estigma oficial; pero ni siquiera así, se libra de los ataques filosóficos del beato Juan Duns Escoto y de Guillermo de Ockham, entre otros.

La escolástica constituye una etapa importante del pensamiento filosófico. No fue un paréntesis en la historia de este. Todo lo contrario, fue un período de creación y de variada producción, al cual el pensamiento filosófico posterior ha vuelto en distintas ocasiones, a fin de tomar lo provechoso y válido que contiene, y que forma parte de la «filosofía perenne».

José Ferrater Mora nos dice:

> *La preferencia de algunas direcciones, ciertamente las menos importantes, hacia las sutilezas lógicas y el empleo de la silogística, que no podía conducir a descubrimientos positivos, hizo que la escolástica, al degenerar algunas veces en logomaquia, fuera decididamente rechazada en no pocos círculos del Renacimiento y que durante casi toda la Edad Moderna se situara aparte de las corrientes filosóficas vigentes. (Diccionario de Filosofía, Editorial Sudamericana, Buenos Aires, 1951, Voz «escolástica»).*

El error de la crítica renacentista y moderna consistió en identificar estas direcciones escolásticas menos importantes con toda la producción filosófica de la escolástica, lo cual no hizo ningún bien a una correcta comprensión de toda la escolástica; de este modo contribuyó a la creación del mito de la escolástica como el de una etapa estéril, anticientífica y oscurantista de la historia de la filosofía, vinculada al quehacer de la Iglesia Católica, también juzgada bajo el mismo signo.

La escolástica, como todo movimiento filosófico, tuvo su declive a mediados del siglo XV, pero en 1504 se celebró el Capítulo General de la Orden de los Predicadores, el cual asumió el tomismo como quehacer de la orden, en su doble vertiente filosófica y teológica. A partir de este momento, sí podemos hablar de una hegemonía del tomismo en las universidades y seminarios de la Iglesia, y no antes, como algunos han dicho. Las universidades de Bolonia, París, Salamanca y Alcalá de Henares son las abanderadas de este movimiento que no se queda solamente dentro de la Orden de los Predicadores, sino que también es asumido por jesuitas y carmelitas, entre otros. Al resurgimiento del tomismo se le dio el nombre de segunda escolástica y tuvo su mayor centro irradiador en la Universidad de Salamanca. Francisco de Vitoria, Domingo de Soto y Melchor Cano fueron las almas de este resurgimiento, que no consistió en repetir las tesis del Aquinate, sino en una lectura creativa de acuerdo a la realidad política y social de la España de aquel momento, que no era otra sino la del descubrimiento, conquista y colonización del Nuevo Mundo. La segunda escolástica tuvo el mérito de ser una escuela filosófico-teológica, no marcada por los bizantinismos, sino en contacto con la realidad social que emergía y para dar una respuesta filosófica-teológica-cristiana a esa realidad. El ya fallecido teólogo católico Bernhard Häring expresó que este momento, junto con el del encuentro entre la fe cristiana y el mundo helenista, han constituido los momentos de mayor inculturación de la fe cristiana en una realidad diferente. La segunda escolástica en sus orígenes fue un momento de creación y esplendor del tomismo como pensamiento filosófico-teológico, con una repercusión eminentemente social y política. Frutos de esta reflexión fue el considerar al indio americano con toda la dignidad que posee cualquier ser humano, asimismo el Derecho Internacional tuvo su cuna en Salamanca. Es una pena, que en nuestro medio cubano, por lo cerca que nos toca esto, no se haya hablado y enseñado más la segunda escolástica, y de la que se hable sea de la escolástica vana y menos importante y de la «escolástica decadente criolla». Es una pena, repito, porque con ello la exposición completa de la verdad queda mutilada.

La segunda escolástica tuvo su máximo exponente en el sacerdote jesuita español Francisco Suárez. Es curioso que de este autor no existan indicios de su pensamiento y libros en lo enseñado en la Universidad de la Habana y el Seminario San Carlos. Luego, al parecer, ni siquiera Suárez había llegado a la enseñanza filosófica en Cuba, y con ello uno de los mejores autores del pensamiento de la segunda escolástica. Su influencia fue acogida por el naciente campo del protestantismo. El desgaste del tiempo, la falta de confrontación con otros sistemas filosóficos que iban surgiendo, como el idealismo y el empirismo, el encierro en un academismo estéril no cuestionado desde el exterior, llevaron a esta segunda escolástica a un estado de salud tan precario, que le impidió vivir y servir, pues cayó en aquellos mismos vicios que el Renacimiento había criticado de la primera escolástica. El impacto beneficioso de la Ilustración la derribó en casi todas sus partes. Y este impacto llegó a Cuba, de modo no sistemático e incipiente con la docencia del P. José Agustín Caballero en el Seminario San Carlos en la última década del siglo XVIII; pero sobre todo con el episcopado habanero del Obispo Espada, hijo de la Ilustración española, que organizó una estrategia sistemática para llevarla hasta todos los lugares que pudo en medio de las calumnias y difamaciones de sus adversarios.

Aquí debo hacer un paréntesis para decir que existe una tercera escolástica o neoescolástica, nacida en 1879 con el influjo de la encíclica del Papa León XIII *Aeterni Patris*, y que durante todo el siglo XX ha florecido en universidades y círculos católicos; pero como la neoescolástica no tiene que ver con nuestro tema, no la trataré; su conocimiento nos ayudará a aclararnos aún más cómo no podemos ceñir nuestro discurso a una sola parte de la llamada filosofía escolástica.

La Ilustración en España tuvo como iniciador a Fray Benito Jerónimo Feijóo en el siglo XVIII. A diferencia de Francia y Alemania no se desarrolló enfrentada a la Iglesia Católica. Es más, tuvo un efecto bienhechor sobre la Iglesia, pues estuvo encaminada a despojarla de elementos mágicos, supersticiosos, pietistas y fideístas que se le habían añadido. Diríamos con el actual lenguaje conciliar que tuvo una proyección de «aggiornamento». De ahí que además de ser purificadora, la Ilustración española puso a la Iglesia en contacto con el mundo científico, filosófico y teológico moderno, y la acercó en su vida y modo de expresión a la autenticidad primigenia según el espíritu de su fundador. Por lo tanto, la Ilustración en España no fue anticatólica, como tampoco fue contra el tomismo, ni de carácter deísta; sino, todo lo contrario, desde la Iglesia y, entre otros, para beneficio de esta, aun cuando hubo sectores eclesiásticos que la combatieron. Espada que, como dije, fue hijo de esa Ilustración, trajo el estilo español de esta a Cuba. Ello permitió unir el pensamiento ilustrado a la raíz católica de la cultura cubana. También en Cuba, la Ilustración tendría sus adversarios, que serían los del Obispo, los del P. Varela y los de los hombres de «San Carlos»; pero esta oposición vendría de personas, aún clérigos, marcados por los caracteres de un pasado obsoleto o de intereses particulares. La Ilustración trajo el progreso al país y a la Iglesia habanera. A esta también la hizo más cercana al espíritu de Jesús, liberándola del pensamiento caduco, de las añadiduras inauténticas a la fe, de la simonía, de los privilegios y hasta del mal gusto. Espada fue un faro, una bendición para Cuba.

Corresponde ahora precisar qué partes del sistema filosófico de enseñanza fueron reformados. Evidentemente el primer golpe fue dirigido contra la logomaquia y los bizantinismos que conformaban los tratados de lógica y metafísica. Estériles por naturaleza, pues no partían de la realidad como tampoco se dirigían a su transformación. Sin embargo, esta logomaquia no pertenece a la esencia de la filosofía tomista, si alguna vez se le adosó, fue un pegote accidental y dañino. El tomismo es realista, inscrito en el realismo moderado aristotélico, gnoseológicamente parte y vuelve a la realidad, no es tampoco idealista, como los pocos conocedores de la historia de la filosofía o los esquematizadores a *fortiori* pretendieron. Sin embargo, cuando leemos la crítica que el P. Caballero, el Dr. Tomás Romay y el P. Varela hacen a lo que llamo «escolasticismo decadente criollo», nos damos cuenta que ella va dirigida no al tomismo, sino al aristotelismo enseñado en la Universidad y en el Seminario. Los tratados de Lógica, Física, Metafísica y Psicología Racional eran netamente aristotélicos. En el caso del tratado de Física, este enseñaba lo mismo que un discípulo de Aristóteles aprendía 24 siglos antes en la Grecia Antigua. Las ciencias experimentales se desarrollaron extraordinariamente durante los siglos posteriores a santo Tomás de Aquino. Si este, de pensamiento filosófico realista, hubiese sabido los conocimientos científicos experimentales de fines del siglo XVIII, no hubiera tenido ningún reparo en sustituir la física aristotélica por éstos en su discurso filosófico. Luego, Espada, Caballero, Romay y Varela no van contra santo Tomás de Aquino, sino contra el aristotelismo caduco. Por lo tanto, a fin de precisar, uno de los elementos de la «escolástica decadente criolla» son el aristotelismo caduco y la logomaquia discursante, plagada de bizantinismos estériles.

La reforma filosófica cubana es gnoseológicamente realista, inscrita en la corriente filosófica aristotélico-tomista, de esto no abjuró; sólo que colocó en el punto de partida a las ciencias experimentales (esto explica la apertura de los laboratorios de Física y Química en «San Carlos»), en lugar de la física aristotélica, y asimiló el sensismo de Locke, Condillac y Destutt de Tracy. Cuando la comparamos con el pensamiento filosófico contemporáneo a ella, nos damos cuenta que es moderada. Sigue a Locke (+1704) y a Condillac (+1780), que admiten la inmortalidad e inmaterialidad del alma, respectivamente, y no a Hume (+1776), Lamettrie (+1751), Holbach (+1789) o D'Alembert, que transitan por el materialismo y el positivismo.

Fue una reforma filosófica muy buena, necesarísima, pero que navegó dentro de los parámetros de la ortodoxia filosófica y teológica católica. Me parece que al presentarse como un movimiento extremista, se han cargado mucho las tintas, por desconocimiento o por espectacularidad.

La reforma del Seminario no fue contra la Iglesia ni contra la teología. Fue contra el modo de enseñar la filosofía y contra una forma peculiar de esta: la «escolástica decadente criolla». En un discurso del P. José Agustín Caballero sobre el sistema de enseñanza pronunciado en la Sociedad Económica de Amigos del

País a principios del siglo XIX, en el cual clamaba por la reforma, exponía: *[...] los jóvenes saldrán mejor instruidos en la latinidad, estudiarán la verdadera filosofía, penetrarán en el espíritu de la Iglesia en sus cánones [...] aprenderán una sana y pacífica teología.*

El P. Varela no incursionó en la metafísica. De hecho el texto que se empleaba en el Seminario era el de Goudín, que aunque tenía algunas innovaciones, era un obstáculo para la reforma ilustrada. En los tratados de Ética, Psicología Racional y Teodicea siguió el pensamiento tomista.

Consecuentemente, esta reforma en los planes de estudio y en la metodología pedagógica servía de soporte a las transformaciones científicas, técnicas y económicas que deberían de producirse en el país, como así fue. Además, el P. Varela sustituyó el «principio de autoridad», netamente escolástico, como elemento negativo de estas escuelas, que se arrastraba desde la Edad Media, y utilizado para probar la verdad de una tesis. A lo anterior se añade la eliminación del *magister dixit*, consistente en acatar sin más lo dicho por el profesor, y ahora sustituido por un discurrir del pensamiento del alumno en la materia abordada.

Ahora trataré del otro influjo ejercido sobre la sociedad cubana por la Época de Oro del Seminario «San Carlos y San Ambrosio». Es el influjo ético. Pienso que, aunque éste ha sido abordado por la historiografía cubana; sin embargo, no ha sido lo suficiente, ni en su origen –me refiero al corpus filosófico que lo produce–, así como a sus efectos que, gracias a Dios, llegan hasta nuestros días.

Concretamente, desde el inicio de la Conquista-Colonización, se desarrollan en el pueblo cubano dos modos de vivir la moral. San Alberto Magno, ya en el siglo XIII, llamaba a la ética practicada por una persona, «ethica utens», para distinguirla de otra, la «ethica docens», que es la que podemos encontrar enseñada por predicadores, maestros y libros. Pues bien, en Cuba, desde la Conquista-Colonización hasta hoy, podemos encontrar el origen y desarrollo de dos modos de «ethica utens» en el quehacer de nuestro pueblo: el utilitarista y el humanista cristiano. Ambos han corrido de forma paralela y llegan hasta nuestros días. No es difícil detectarlos. Además, entre estos dos modos de filosofía y comportamiento ético, se ha producido un sincretismo moral. De manera muy sintética lo explicaré a continuación.

Manuel Moreno Fraginals nos ha hablado de la «sacarocracia» que surge en nuestro país al ocurrir el boom azucarero a fines del siglo XVIII. Quiero destacar que, curiosamente, esa fecha coincide con la del inicio de la «Época de Oro» del Seminario «San Carlos». El boom azucarero cubano trajo consigo el desenfrenado aumento de la trata de negros y de la esclavitud, así como el desarrollo técnico de la industria azucarera y de otras ramas económicas. Esta explosión económica del país produjo una «ethica utens» peculiar de signo utilitario, la cual se ha desarrollado con distintas modalidades a través de estos dos últimos siglos, cambiando sus expresiones, pero permaneciendo el mismo sustrato filosófico ético. Este modo de vivir la moral se caracteriza por «el tener». Para ella el criterio que mide el desarrollo de una persona, de un grupo o del país, son los logros materiales que se alcancen. Para alcanzar estos logros materiales todo está permitido, aunque estas licencias vayan en detrimento de la dignidad de la persona humana. Este modo de concebir la vida, busca solamente o en primer lugar los intereses individuales, familiares o del grupo de pertenencia o clase social. El olvido de sí mismo y la entrega generosa a cambio de nada no constituyen actitudes para la praxis utilitarista. El bien común interesa poco o nada o lo entienden en función de los intereses individuales, grupales o de la clase social. Tal modo moral utilitario materialista de concebir la vida es el que explica la existencia de la trata y la esclavitud, así de cualquier forma despiadada de explotación humana. Los defensores de la trata y de la esclavitud a principios del siglo XIX, siempre enarbolaron la ruina económica del país, si ésta se suprimía. Algunos, racionalizando lo que era en sí irracional –la esclavitud– hasta llegaron a aducir principios cristianos, como el de que era necesaria para sacar al negro del paganismo religioso y moral en el que vivía en sus tierras.

La sacarocracia desapareció con el tiempo y vinieron otras aristocracias de diverso signo, y junto a ellas también vivió el pueblo, sufriendo su explotación, y el influjo de sus concepciones éticas que, de modo consciente e inconsciente, penetraron y se enraizaron negativamente en el ser del cubano. El utilitarismo ético ha producido el materialismo práctico y los criterios vanos y superficiales que, in crescendo, a través de doscientos años, han coexistido de forma pura o sincrética con la otra «ethica utens», de signo humanista cristiano, formulada en el Seminario.

En efecto, desde la última década del siglo XVIII, nace, dentro de los muros del seminario, la formulación y la enseñanza de la «ethica docens», que interiorizada y vivida con carácter autóctono, ha alimentado a los mejores hijos de este pueblo durante algo más de dos siglos. No fue una reflexión moral que se ciñó al cenáculo estrecho de las aulas. Esta formulación de la ética nace y se desarrolla durante cincuenta años en contacto con la sociedad colonial esclavista, utilitaria y católica de aquel entonces y da una respuesta moral cristiana, humanista, ilustrada y liberal a la española a esa sociedad. Basta que tal formulación ética haya tenido estas características, para que podamos apreciar la riqueza de sus contenidos originantes, llamados a evolucionar en la misma dirección, en su camino hacia el futuro.

Estas «ethica docens» y «ethica utens» de signo del humanista cristiano, se caracterizan no por la supremacía de los bienes materiales, sino, al contrario, por la firme creencia de que son los bienes espirituales los que deben primar por sobre las riquezas materiales, sin despreciar la sana utilidad de éstas para el correcto enriquecimiento de las personas y de la sociedad.

Los hombres de «San Carlos» optaron por la ética del ser y no del tener. Pusieron a la persona humana, incluyendo a los esclavos, como fin y no como medio. Para aquellos, la dignidad de la persona humana no podía estar en función del bienestar económico del país. Por eso se opusieron a la trata y a la esclavitud, como a cualquier forma de gobierno integrista. Optaron por las reformas, por la autonomía y algunos, luminosamente, como el P. Varela, llegaron a concebir la idea de la independencia política de Cuba. Eligieron la educación como camino de liberación y el saber lo que en otras partes del mundo se estaba produciendo en esta rama. Modernizaron la enseñanza, pues sabían que esta era la base del crecimiento material y espiritual del país. Combatieron el fanatismo y la superstición religiosa, porque la religión vivida de esa forma, adormece a las personas y bloquea el crecimiento personal.

Esta ética humanista-cristiana fue y es el cimiento de la nación. No en valde se ha dicho que el Seminario «San Carlos y San Ambrosio» es la cuna de la nacionalidad cubana. El P. Caballero, Espada, Varela, Romay, Saco, Luz, Escobedo y otros, comprendieron que para elevar la vida de un pueblo es preciso crear una conciencia moral de signo humanista. No se equivocó nuestro Martí, cuando nos dijo que José Agustín Caballero era «el padre de los pobres y de nuestra filosofía», porque no puede haber auténtica filosofía, si ésta no es para los pobres. En Cuba, esta filosofía, sentida y vivida como autóctona, estuvo, desde sus inicios, unida a la sociedad.

Esto explica su éxito y permanencia. Todo cuanto de bueno somos y hacemos hoy, es tributario de aquella producción ética que, repito, fue formulada para Cuba por aquellos hombres, los padres de la patria, nuestro patriarcado. Aquel tesoro moral fue tan rico, que sirvió para alimentar espiritualmente a los hombres y mujeres de aquella generación, a los del 68 y del 95 y a los de la República, cuyo centenario celebramos. Esa ética caló tan hondamente en el pueblo cubano, que se ha podido ver en la persona ilustrada y en el analfabeto; en el noble acaudalado, en el obrero y en el campesino; así como en los políticos honestos de la república. Lo más acrisolado de las familias cubanas de ayer y de hoy es la expresión de esta moral humanista cristiana.

Como fundador de todo este movimiento ético, volvemos a encontrar al Obispo Espada –¡Qué grande fue!–, ilustrado, descentralizador del poder, político, reformista, antiesclavista, liberal, promotor humano en lo sanitario y educativo, predicador de la verdadera fe y del verdadero culto, constitucionalista y autonomista. Este Obispo de la Habana se dio cuenta de la necesidad de formar la conciencia ética social opuesta al proyecto ético utilitarista de la aristocracia esclavista y latifundista, azucarera y comercial, absolutista, peninsular y criolla residente en la isla. Acoge, la propuesta del gobierno constitucional español (1820-1823), y funda la Cátedra de Constitución en el Seminario, promovida por la Sociedad Económica de Amigos del País, y cuya lección inaugural fue el 18 de Enero de 1821. El profesor fue el P. Félix Varela. Los alumnos, los hombres que Espada quería formar éticamente. ¿Para qué?. Para la sociedad. Luz dijo que estos hombres tomaron diversos caminos políticos en el futuro, pero este camino lo emprendieron armados con una conciencia moral. A una Habana, naturalmente dividida en una conciencia política plural ante el hecho de la Constitución, el Obispo comprendió la necesidad de formarlos éticamente para ello. La vía será la Constitución, a la cual se añade todo el contenido ético de sus enseñanzas y actuaciones, antes, en y después del trienio constitucional. A ello se sumaron también las propuestas y testimonios de vida de los hombres de «San Carlos».

Es indudable el carácter indeleble cristiano de esta «ethica docens» y esta «ethica utens» de Espada y sus colaboradores. Para ellos la fe cristiana no era algo accidental ni oportunista. Nacieron en familias cristianas en las que se enseñaban los criterios de la moral cristiana, en esos ambientes crecieron y se formaron; algunos eran sacerdotes, otros laicos, cuyas existencias fueron un crisol de virtudes. El cristianismo católico en el que vivieron, no fue de tipo sociológico coyuntural, por lo que la formulación de esta ética se hace por pensadores que vivían la fe cristiana de manera esencial. Desde una cosmovisión esencialmente cristiana hicieron sus reflexiones éticas y sus proyectos sociales, que resuman el auténtico cristianismo católico. Por lo tanto, el proyecto humanista ético social de los hombres de «San Carlos» es en su punto de partida y en sus contenidos netamente cristiano.

Otro elemento de esta reflexión ético-filosófica del seminario lo constituye el tratado de Ética Individual y Social enseñado por el P. Varela, el cual sigue la dirección escolástico-tomista. A tal efecto, es bueno recordar como Santo Tomás de Aquino es el primero en confeccionar un tratado «De Justicia» e insertarlo dentro de la reflexión teológica, como podemos ver en la Suma Teológica (II-II, qq 57-122). Este tratado independiente «De Justicia» refleja la concepción vivida por la cristiandad europea, desde que ésta empieza a cobrar conciencia de sí misma, hasta el Renacimiento (A. Gómez Robledo, Meditación sobre la Justicia, México, 1963, p. 96). Santo Tomás de Aquino coloca este tratado dentro de la ética de Virtudes, pues para él, la justicia es la principal entre las virtudes morales, y es el tratado más amplio de los siete tratados de virtudes que integran la moral en la Suma Teológica. El tratado tomasiano de Justicia tiene tres fuentes: la aristotélica (recreada por el Santo), la bíblico patrística (sobre todo San Ambrosio, San Agustín y San Gregorio) y el Derecho Romano.

Por otro lado, como ya indiqué en la primera parte, el tomismo tuvo su renacimiento entre los siglos XVI y XVIII, en los cuales la Ética Social Cristiana se formula dentro de un nuevo género moral: los tratados «De Justicia et Jure». Una característica de estos tratados se halla en que asumieron como tarea el estudio de los problemas sociales, políticos, económicos y jurídicos desde una visión cristiana.

A lo anterior se añaden los elementos sociales de la Constitución de Cádiz de 1812, la cual es fruto de la Ilustración y el Liberalismo español de principios del siglo XIX, que tienen la peculiaridad de no ser anticatólico, anticlerical y laicista. Por eso, la matriz ética humanista de nuestro pueblo no es anticatólica, ni anticlerical, ni laicista. Estos elementos vendrían después, y, por cierto, muy pasados por agua, muy a la criolla, como suelen ser casi todas las cosas en este país. De ahí que el laicismo cubano no sea equiparable al de otros países de Europa y América Latina.

El pensamiento filosófico moral político de la «Época de Oro» del Seminario lo encontramos resumido en un fragmento de las palabras pronunciadas por el P. Varela en la lección inaugural de la Cátedra de Constitución, cuando la define como «... la cátedra de la libertad, de los derechos del hombre, de las garantías nacionales, de la regeneración de la ilustre España, la fuente de las virtudes cívicas». (hasta aquí la cita). Este pensamiento político formará parte de todos los movimientos liberadores y democráticos posteriores. También lo encontraremos en la letra y en el espíritu democrático que se plasmó en nuestras constituciones. Fue una cátedra no para enseñar solamente leyes, sino, además, para enseñar virtudes cívicas, que son el alma de las leyes.

Murieron aquellos hombres, y después de la muerte del Obispo Espada en 1832, ocurrió, lo que no debió haber pasado, el distanciamiento entre gran parte del clero y el pueblo. Cuba siguió profesándose católica, pero varios factores, entre los cuales se destacan las leyes anticlericales del Ministro español Mendizábal, que secularizaron la Universidad de La Habana y las instituciones de caridad social de la Iglesia a cargo de las órdenes religiosas, además de reducir la matrícula del Seminario y sus estudios para la exclusiva formación sacerdotal. Paralelo a esto hubo una cada vez más creciente vinculación de los obispos y la mayoría del clero con el colonialismo español. Ello provocó un mayor distanciamiento entre clero y pueblo, el cual llega a su culmen al final de la dominación española. Sin embargo, aunque ocurre este distanciamiento, no desaparece la presencia de la ética humanista-cristiana en la vida del pueblo cubano, y por ello la vemos, como ya apunté, en los mejores cubanos de las generaciones posteriores hasta el presente. ¿Por qué?. Por la nobleza y la altura de sus principios morales, y por la fuerza inculturadora que ejercieron en la vida de la nación que nacía. No ha existido en toda la historia de Cuba momento de mayor y mejor inculturación de la fe cristiana-católica, que éste de la «Época de Oro» del Seminario «San Carlos y San Ambrosio». Ello es paradigma para la evangelización de todos los tiempos. El éxito de esta evangelización inculturada estuvo en que no fue superficial, porque llegó hasta la médula del pueblo: su estructura ética. Por eso, doscientos años después, un Papa pudo hablar al pueblo cubano haciendo referencia a sus raíces éticas, porque ellas son el tesoro de Cuba.

La fe cristiana y su proyección social

Ricardo Arias Calderón

Su Eminencia Jaime Cardenal Ortega, Arzobispo de La Habana.
Su Exc. Monseñor Adolfo Rodríguez, Arzobispo de Camagüey.
Representantes de las autoridades civiles.
Lic. Joaquín Estrada Montalván, secretario ejecutivo de la Comisión para la Cultura de la Conferencia de Obispos Católicos de Cuba.
Miembros de la Mesa Directiva.
Señores y señoras participantes.
Amigas y amigos todos:

Sean mis primeras palabras para agradecer al Comité Organizador del IV Encuentro Nacional de Historia «Iglesia Católica y Nacionalidad Cubana» la invitación que me permite, aunque no soy cubano, sino panameño (pero con un distante antepasado de Santiago de Cuba), y tampoco soy historiador, sino filósofo (pero con un doctorado de la Universidad de París en Historia de la Filosofía), el privilegio de dirigirme a los participantes en este cuarto encuentro.

Tomaré el tema propuesto, Iglesia y Sociedad en América Latina: realidades y perspectivas, por sus raíces, explorando la fe cristiana, específicamente la católica, y su proyección social. Y no lo tomaré desde el punto de vista de la facticidad de la historia, sino más bien desde un punto de vista paradigmático, de un modelo de vida, pensamiento y acción, que responda a las exigencias de nuestros tiempos, considerados como tiempos de una profunda transformación económica, política y sobre todo cultural, que llamamos «la globalización».

La fe cristiana es social

Por ello, partamos de lo esencial. La fe cristiana, especialmente en su formulación católica, es intrínsecamente social. La creencia distintiva de la fe cristiana la expresó San Juan en el prólogo a su Evangelio en estos términos: «Y la Palabra [que era Dios] se hizo carne y puso su Morada entre nosotros» (Juan, I, 14). Creemos que Jesucristo es Dios hecho hombre, en toda la complejidad de ser hombre: hombre en su contexto cósmico, es decir ubicado en el macrocosmos y no solo en su singularidad humana que lo constituiría en un microcosmos aislado, hombre en su condición inseparablemente corporal y espiritual y no como alma circunstancialmente ubicada en un cuerpo, y hombre en su dimensión tanto personal como comunitaria y no como mero individuo ensimismado. La integralidad humana de Jesucristo es exigencia esencial del misterio de la encarnación. Creemos que lo único que Jesucristo no asumió fue el pecado del hombre (Segunda Epístola a los Corintios, V, 21), pues «ha sido probado en todo como nosotros, excepto en el pecado» (Epístola a los Hebreos, IV, 15), en la medida en que el pecado, al contrarrestar la religación del hombre a Dios conduce a su deshumanización. La fe nos enseña que Dios se hizo hombre para salvar al hombre integral de su condición de pecador y para ello se encarnó en el hombre todo, menos en su pecado.

Además, a través del misterio de la Palabra hecha carne el creyente logra acceso al misterio aún más primordial de Dios uno y trino, tres personas distintas y un solo Dios verdadero. Ello nos revela en Dios una interrelación personal entre el Padre, el Hijo y el Espíritu Santo, es decir nos revela una realidad misteriosa de Dios-comunidad y no de Dios-individuo.

Por ello, la fe cristiana es intrínsecamente social. La oración que Jesucristo enseñó a sus discípulos y por su intermediario a todos los creyentes reza así: «Padre nuestro [...] venga tu Reino [...]» (Mateo, VI, 9-13) El resto de la oración se concentra no en el «yo-tú», sino en el «nosotros».

En consecuencia, se comprende que, según Jesús, la garantía de la presencia de Dios hecho hombre en la vida y en la historia sea social.

«Os aseguro también, prometió Jesucristo a sus discípulos, que si dos de vosotros se ponen de acuerdo en la tierra para pedir algo, sea lo que fuere, lo conseguirán de mi Padre que está en los cielos. Porque donde están dos o tres reunidos en mi nombre, allí estoy yo en medio de ellos» (Mateo, XVIII, 19).

También se comprende que al anunciar el Juicio Final, cuando se consumirá la historia, se redimirá el cosmos y resucitarán los hombres en cuerpo y alma, Jesucristo haya especificado que entonces el Hijo del hombre juzgará a los seres humanos sobre la base de la solidaridad de cada cual con sus semejantes, en los siguientes términos: «En verdad os digo que cuanto hicisteis a uno de estos hermanos míos más pequeños, a mí me lo hicisteis» (Mateo, XXV, 40).

Desde esta perspectiva, el anuncio evangélico consiste básicamente en la promesa de poder ingresar a una nueva realidad social, a saber el Reino de los Cielos (Mateo XIII) o el Reino de Dios (Marcos, IV), que trasciende los límites de lo creado y de lo temporal. En su realización progresiva dicha comunidad de creyentes, unidos con Jesucristo y entre ellos, ha conllevado, a partir de la resurrección y a lo largo de la historia, nexos sociales muy fuertes tanto de identidad como de funcionalidad. Jesucristo lo afirmó con la siguiente metáfora: «Yo soy la vid, vosotros los sarmientos» (Juan, XV, 5). Y San Pablo lo reiteró con esta otra metáfora: «[...] vosotros sois el cuerpo de Cristo, y sus miembros cada uno a su modo» (I Cor., XII, 27).

Este carácter social de la fe cristiana es doble. Por una parte la fe cristiana se recibe y se vive en comunidad. La Iglesia es ecclesia o asamblea del pueblo de Dios. Y como especificó el Concilio Vaticano II en su Constitución Pastoral Gaudium et Spes, esta

> comunidad está integrada por hombres que, reunidos en Cristo, son dirigidos por el Espíritu Santo en su peregrinación al Reino del Padre y han recibido el mensaje de salvación para anunciarlo a todos. Por esto, la Iglesia se siente en verdad íntimamente unida con el género humano y su historia (Introducción, no. 1).

Por su misión esencial la Iglesia Católica tiene que proyectarse hacia la humanidad toda entera.

La fe cristiana conduce así a cada creyente a realizar a su manera y a su medida la «proeza» que el gran intelectual cubano Jorge Mañach le atribuía a quien él tildaba de «gran camagüeyano», Enrique José Varona, a saber la proeza «de haber sabido universalizar su espíritu sin deslocalizar su destino».

La fe cristiana es cuestión pública

El carácter doblemente social de la fe cristiana impide que el creyente y más todavía la comunidad de creyentes acepte la concepción, paradoxalmente compartida por el liberalismo y el marxismo clásicos, de acuerdo con la cual la religión, incluso la cristiana, es asunto privado y no público. En la misa que celebró en la Plaza José Martí, punto culminante de su visita a Cuba en enero de 1998, Juan Pablo II afirmó:

> Algunos de estos sistemas han pretendido también reducir la religión a la esfera meramente individual, despojándola de todo influjo o relevancia social. En este sentido, cabe recordar que un Estado moderno no puede hacer del ateísmo o de la religión uno de sus ordenamientos políticos. El Estado, lejos de todo fanatismo o secularismo extremo, debe promover un sereno clima social y una legislación adecuada que permita a cada persona y a cada confesión religiosa vivir libremente su fe, expresarla en los ámbitos de la vida pública y contar con los medios y los espacios suficientes para aportar a la vida nacional sus riquezas espirituales, morales y cívicas.

Sobre este particular vale la pena consultar la obra del sociólogo socialista español Rafael Díaz-Salazar, intitulada La izquierda y el cristianismo. En la historia del socialismo y del marxismo en su relación con el cristianismo, Díaz-Salazar identifica tres posiciones:
1. La primera lleva a

> *considerar a la religión como una cuestión privada, es decir algo irrelevante que iba a terminar desapareciendo y a concentrar las energías en la desconfesionalización del Estado y del sistema educativo [...] su desaparición dependía de la extensión de la ciencia y de la extinción del capitalismo por el socialismo.*

Esta posición, que en alguna medida fue avalada por Engels, caracterizó al Programa de Gotha (1875) y a una interpretación del Programa de Erfurt (1891). La profesaron socialistas como Bebel, Kautsky y Labriola.

2. La segunda posición consiste en la privatización forzada de la religión. Esta posición «rechaza explícitamente la concepción de la religión como cuestión privada, si por ella se entiende respeto o tolerancia de la religión». Marx, quien profesó esta posición en *La cuestión judía* (1844) y en *Crítica del Programa de Gotha* (1875), consideró que «la religión es [...] el espíritu de la sociedad burguesa, la expresión del divorcio y del dejamiento del hombre con respecto al hombre», es decir es causa de alienación y de mala conciencia. Por ello, «el Estado puede y debe avanzar hasta la abolición de la religión, hasta su destrucción, pero solo como avanza hasta la abolición de la propiedad privada [...]» Lenin, Gramsci y Nin profesaron variantes de esta posición radical.

3. La tercera posición corresponde a una interpretación apaciguada de la primera posición y desdramatizada de la segunda. Esta tercera posición considera que «la religión es un hecho social que terminará siendo irrelevante; respétese como gusto personal y no se hable de ello». La profesaron entre otros Bernstein y Bauer.

En el socialismo posterior, el pensamiento de Adler contrasta y sobresale. En efecto, él no vinculó la instauración del socialismo con la desaparición de la religión, pues para él mientras el socialismo era un conocimiento científico de la sociedad que llevaba a la transformación de la misma, la religión se centraba en el sentido y el destino de la existencia humana. Pensaba que el socialismo liberaba al cristianismo auténtico del cristianismo tradicional, y este cristianismo auténtico constituía un modelo de revolución moral y facilitaba la realización espiritual de la religión. Jaurés, Guesde y Lafargue compartieron un pensamiento similar.

Al margen de estas posiciones, se han dado otras diferentes dentro de la corriente del socialismo utópico y dentro de las expresiones del socialismo religioso, que Marx, Engels y Lenin rechazaron como parte de los «absurdos filosóficos» que a su juicio caracterizaban al socialismo en Francia en contraste con el socialismo alemán, el cual era para ellos el «verdadero».

Los integrantes de la II y III Internacionales constataron así que el cristianismo tenía como religión una dimensión pública, pero al juzgar que sus efectos eran contrarios al socialismo, decidieron que era necesario privatizarla, de manera que cuando argumentaban que la religión «era» una cuestión privada lo que querían decir era que «debía ser» una cuestión privada, si necesario forzadamente. Ahora bien, si se adoptara este enfoque, no se lograría diferenciar entre lo fundamental del cristianismo y su realización concreta en un tiempo determinado. Además, no se reconocería la posibilidad de un camino intermedio entre su privatización y su politización que permitiera alguna cooperación entre cristianos y socialistas.

Sin embargo, algunas corrientes del pensamiento socialista post-marxista han comenzado a reconocer progresivamente el carácter a la vez privado y público del cristianismo. Incluso ciertas de ellas han identificado el humanismo cristiano como una de las fuentes espirituales y éticas del socialismo. Ello ha debido conducir incluso al socialismo marxista a modificar sus relaciones con la ciencia y con el materialismo filosófico, su posición sobre el pluralismo y la laicidad, así como su vínculo con el ateísmo y con la pervivencia de la religiosidad, tanto en su pensamiento como en la construcción del Estado socialista.

El tema ha preocupado al socialismo latinoamericano, incluyendo al cubano. En una primera etapa el socialismo cubano asumió la posición del marxismo soviético. Sin embargo en el III Congreso del Partido Comunista Cubano (1985), el Presidente Castro afirmó que en América Latina «sin los cristianos no puede construirse el socialismo», haciendo referencia positiva a la teología de la liberación, lo que condujo a su tesis de la «alianza estratégica» entre el socialismo cubano y cristianos de esta orientación.

Pero a pesar de este cambio en la manera de concebir la relación del socialismo cubano con el cristianismo, se ha mantenido, según Díaz-Salazar, «una escisión entre convergencia práctica y divergencia teórica». En efecto, no se han dado los replanteamientos a fondo que este cambio implica en cuanto a despojar al marxismo de una pesada carga de rigidez metafísica con respecto a su materialismo, a su cientificismo, a su economicismo y a su concepción de la religión como forma de alienación. Además, a pesar de la convergencia práctica con ciertos cristianos, el régimen socialista cubano no ha reconocido aún la plena y franca proyección social de la fe cristiana, particularmente de la comunidad eclesial de creyentes. Su ordenamiento institucional restringe artificialmente la actividad de la comunidad de creyentes específicamente de la Iglesia Católica, en los campos «caritativo» y educacional, en los medios masivos de comunicación y demás otros medios de cultura popular y especializada, y generalmente en la vida cívico-política de Cuba.

Como resultado de esta resistencia a la transformación teórica y debido especialmente a las correspondientes restricciones prácticas, el socialismo cubano, aunque demuestra actualmente mayor tolerancia hacia la fe cristiana que en el pasado, por una parte impide que el cristianismo le proporcione un referente pre-político y metapolítico, ético y espiritual, que le infunda un espíritu renovado y, por otra parte, no facilita sino más bien obstaculiza que la fe cristiana, en concreto la comunidad eclesial de creyentes, se proyecte en la cultura y le infunda un sentido del destino de la existencia humana.

La fe cristiana se proyecta socialmente de diversas maneras

La fe cristiana es intrínseca y doblemente social. Por ello los cristianos personalmente y como comunidad de creyentes no pueden dejar de buscar e incluso de exigir las oportunidades de proyectarse en la sociedad de la que forman parte. Sin embargo, ha de quedar bien claro, por fundamental norma de justicia, que la Iglesia Católica no puede requerir estas oportunidades como privilegio exclusivo para ella, sino como derecho de toda confesión religiosa auténtica derivado de los derechos humanos de toda persona miembro de la sociedad. Así lo hizo Juan Pablo II durante su viaje a Cuba. Y en consecuencia este derecho es inseparable en su ejercicio de un régimen de pluralismo religioso, según las características históricas y las transformaciones en curso en las distintas sociedades.

Proyección asistencial e interpersonal

Las maneras como la fe cristiana ha de proyectarse socialmente son múltiples, tres de las cuales son fundamentales. La primera es asistencial y básicamente interpersonal. Su fundamentación cristiana la encontramos expuesta con su obligatoriedad contundente en la Primera Epístola de San Juan:

> *Si alguno dice «Yo amo a Dios» y odia a su hermano, es un mentiroso; pues quien no ama a su hermano, a quien ve, no puede amar a Dios a quien no ve. Y nosotros hemos recibido de él este mandamiento: quien ama a Dios, ame también a su hermano (IV, 20-21).*

Y de este principio, se deriva la siguiente norma de comportamiento: «Si alguno que posee bienes del mundo ve a su hermano que está necesitado y le cierra sus entrañas, ¿cómo puede permanecer en él el amor de Dios?» (III, 17) Evidentemente, la expresión «los bienes del mundo» se refiere a la riqueza económica, pero al mismo tiempo a todo recurso humano por el cual una persona puede asistir a otra. Por lo inmediata que la prestación de la asistencia al prójimo es con respecto al mismo amor a Dios, el término «caridad», que comenzó refiriéndose al amor característico del cristianismo, al «ágape», ha terminado por designar también la actividad que resulta inmediatamente de ese amor, a saber la prestación directa interpersonal de ayuda al prójimo.

Proyección de transformación de estructuras

La segunda manera de proyectarse socialmente la fe cristiana es por la transformación de estructuras. Muy temprano en la experiencia de la comunidad de creyentes cristianos, denominados «los seguidores del Camino» *(Hechos de los Apóstoles*, IX, 2), se planteó un tipo especial de convivencia que contrastaba con la prevaleciente en la sociedad englobante. «La multitud de los creyentes, escribió el autor de los Hechos, no tenía sino un solo corazón y una sola alma. Nadie llamaba suyos a sus bienes, sino que todo lo tenían en común» (IV, 32). De ese entonces en adelante, la vida de la comunidad eclesial ha inspirado ideales de vida en común sobre la base de los cuales los cristianos han pasado juicio acerca de la realidad social circundante, con particular atención al factor de la riqueza en la vida humana y social, además han propuesto cambios estructurales en la misma sociedad y se han esforzado por contribuir a introducirlos institucionalmente.

Acerca de los «bienes del mundo» San Juan Crisóstomo (Padre de la Iglesia, nacido en Antioquía, fue obispo de Constantinopla y vivió de 344 a 407 a.d.), por ejemplo, con su sentido más práctico que teórico , se expresaba en los siguientes términos:

> *Lo digo, no porque la riqueza sea un pecado; no, el pecado está en no repartirla entre los pobres, en usar mal de ella. Nada de cuanto Dios ha hecho es malo; todo es muy bueno. Luego las riquezas también son buenas a condición de que no dominen a quienes las poseen y salven de la pobreza a los prójimos [...] yo no llamaría riqueza la que no destierra la pobreza, sino la aumenta. El verdadero rico no busca apoderarse de lo ajeno, sino socorrer a los demás; el que busca apoderarse de lo ajeno, ya no es rico; ése es el verdadero pobre.*

Esta reflexión sobre la riqueza desde la perspectiva moral evangélica desbordaba la consideración de la ayuda asistencial y apuntaba en dirección de una transformación estructural. Y de esta reflexión derivaba San Juan Crisóstomo ciertas normas claves. Por ejemplo, acerca de la diferenciación entre lo necesario y lo superfluo: «Si en la comida, advertía, en los vestidos y vivienda nos decidiéramos a contentarnos solo con lo necesario, el género humano se vería libre de infinitas calamidades». Y también acerca de la distinción entre la propiedad y el usufructo de bienes patrimoniales:

> *De allí que muchas veces, declaraba, me he reído al leer en ciertos testamentos que fulano tenga la propiedad de mis casas o de mi casa y otro el usufructo. Porque la verdad es que todos tenemos el mero usufructo y nadie la propiedad.*

A partir de normas como estas sobre el «sentido de la propiedad, el destino de la tierra, la responsabilidad de los ricos, las exigencias de la justicia», se comenzó a desarrollar, desde el período patrístico cristiano y a lo largo de los siglos, el pensamiento social cristiano, del que se configuró a finales del siglo XIX la Doctrina Social de la Iglesia. Ésta, en su intención profunda, propone orientaciones éticas para la conducción de la sociedad en su conjunto y, si necesario, la transformación de sus estructuras, en función de los valores del humanismo cristiano o del humanismo integral, tal como lo denominó el filósofo católico Jacques Maritain en 1936 para designar un humanismo abierto a la trascendencia y comprometido con la fraternidad. Por su mismo propósito dicha doctrina se planteó cada vez más explícitamente su proyección en el campo político, sobre todo a partir de Pío XII, que fue «el primer pontífice en privilegiar la democracia como régimen político».

Cabe recordar que sobre todo en torno a la encíclica *Quadragesimo Anno* (1931) la doctrina social de la Iglesia intentó sugerir un macromodelo de sociedad diferente y equidistante de los dos macromodelos que se confrontaban, o sea el capitalismo liberal y el estatismo socialista. Por divergente de dicha doctrina que haya sido la teología de la liberación en sus versiones más radicales, sin embargo esta última compartía y acentuaba la intención de orientar una transformación global de las estructuras de la sociedad.

Cabe destacar que en muchos países, incluyendo a Cuba, la proyección social de los creyentes cristianos en cuanto a la transformación de estructuras ha de concentrar en el establecimiento y la articulación de las llamadas «sociedades intermedias» o auténticas «ONG'S» que configuran la sociedad civil y que Juan Pablo II identificó como «la subjetividad de la sociedad». Sin ellas no se pueden garantizar los espacios necesarios para las iniciativas y responsabilidades de las personas y grupos humanos. Se corre entonces el riesgo de que en la sociedad el Estado absorba todas las energías y la economía misma se burocratice. En la medida en que la fe cristiana comunidad es una de las dimensiones más resistentes de la sociedad civil, en los países donde las otras organizaciones civiles perdieron su autonomía frente al Estado o no la han adquirido aun, los creyentes cristianos, normalmente bajo su propia responsabilidad, siguiendo la orientación de la Doctrina Social de la Iglesia, pueden servir como grandes promotores de la sociedad civil. Pienso que en Cuba están rindiendo este servicio social de primera importancia. Excepcionalmente la propia comunidad eclesial puede o aun debe por suplencia rendir el servicio

En todo caso, debe quedar claro que esta segunda manera de proyectarse la fe no implica que la misma proporcione directa e inmediatamente un modelo de sociedad. La fe proporciona motivación y orientación en la búsqueda de un modelo. Pero este ha de elaborarse por mediación tanto de las ciencias y tecnologías sociales como de la política, sobre la base de las cuales se le plantean a los creyentes opciones entre las que han de escoger razonada y libremente.

Proyección cultural y axiológica

La tercera manera de proyectarse la fe cristiana hacia la sociedad es culturalmente. Ella implica una crítica de los valores y principios vigentes y la adopción de valores y principios diferentes que sean humanizadores de la vida y convivencia en el actual contexto de la globalización. Uno de los descubrimientos más importantes de nuestros tiempos es la primacía de la cultura con respecto a la economía y a la política. Es sintomático que Francis Fukuyama, después de argumentar en su primer libro, *El fin de la historia y el último hombre*, que el mercado y la democracia representativa eran creaciones definitivas de la historia y en ese sentido marcaban el final creativo de la historia humana, reconoció en su siguiente libro, *Confianza, las virtudes sociales y la creación de prosperidad*, que el éxito de ambas instituciones dependía de la sociabilidad fundamental que las englobaba y de las virtudes sociales que las caracterizaban, las cuales son fruto de la cultura, la historia y religión de la sociedad en cuestión.

No nos debe sorprender, por lo tanto, que en *Centesimus Annus* Juan Pablo II haya considerado que «toda actividad humana tiene lugar dentro de una cultura y tiene una recíproca relación con ella». y que para él lo criticable del sistema económico vigente resulte, más que de sí mismo, del sistema ético-cultural que lo orienta. Por ello, afirmó: puesto que

> *el sistema económico no posee en sí mismo criterios que permitan distinguir correctamente las nuevas y más elevadas formas de satisfacción de las nuevas necesidades humanas [...] es pues necesaria y urgente una gran obra educativa y cultural.*

De allí la importancia decisiva de la proyección cultural y axiológica. Es sin duda la más radical. Las otras dos la presuponen al menos parcialmente, puesto que el campo de las realizaciones, donde ambas se ubican, presupone el campo de los valores que las motivan y orientan. Pero las realizaciones no agotan el potencial de los valores, ya que éstos siempre quedan abiertos a nuevas e inéditas versiones de aquellas. A tal punto ha sido y continúa siendo decisiva esta proyección cultural y axiológica de la fe cristiana que se ha argumentado con fundamento que

> *toda la modernidad tiene en él [el Evangelio] la fuente de sus valores, y [este] está también en el origen de la mutación cultural de la época que vivimos y que se llama –a veces– postmoderna.*

Así, por ejemplo la noción moderna del tiempo, lineal, no cíclica y por ello abierta al progreso, así como la noción de derechos humanos inherentes a la persona y no concedidos por el Estado, son nociones elaboradas sobre la base de valores judeocristianos. A pesar de lo mismo es necesario admitir la paradoja de que «las grandes ideas modernas han surgido agresivas con respecto a la fe cristiana, en donde tenían, sin embargo, sus raíces», en otras palabras que todas estas ideas han tenido una primera expresión herética.

El tema de la cultura adquirió centralidad en la III Conferencia Episcopal Latinoamericana de Puebla (1979) bajo el tema de «opción pastoral de la Iglesia Latinoamericana: la evangelización de la cultura, en el presente y hacia el futuro» (Segunda Parte, cap. 2, numeral 2.2) y también en la IV Conferencia de Santo Domingo (1992) bajo el tema de «cultura cristiana» vista como fruto de la «inculturación del evangelio» (Segunda Parte, cap.3).

> *Lo esencial de la cultura, declaró la III Conferencia, está constituido por la actitud con que un pueblo afirma o niega una vinculación religiosa con Dios, por los valores o desvalores religiosos. Estos tienen que ver con el sentido último de la existencia y radican en aquella zona más profunda, donde el hombre encuentra respuestas a las preguntas básicas y definitivas que lo acosan, sea que se las proporcione con una orientación positivamente religiosa o, por lo contrario, atea. De aquí que la religión o la irreligión sean inspiradoras*

de todos los restantes órdenes de la cultura –familiar, económico, político, artístico, etc.– en cuanto los libera hacia lo trascendente o los encierra en su propio sentido inmanente.

Por eso en su discurso inaugural de la IV Conferencia, el Papa declaró:

[...] en verdad, la evangelización de las culturas representa la forma más profunda y global de evangelizar a una sociedad, pues mediante ella el mensaje de Cristo penetra en las conciencias de las personas y se proyecta en el ethos de un pueblo, en sus actitudes, en sus instituciones y en todas las estructuras.

En el documento de Santo Domingo se precisaron las tareas que implica la proyección cultural de la fe:

La inculturación del Evangelio, según este texto, es un proceso que supone reconocimiento de los valores evangélicos que se han mantenido más o menos puros en la actual cultura; y el reconocimiento de nuevos valores que coinciden con el mensaje de Cristo. Mediante la inculturación se busca que la sociedad descubra el carácter cristiano de estos valores, los aprecie y los mantenga como tales. Además intenta la incorporación de valores evangélicos que están ausentes de la cultura, o porque se han oscurecido o porque han llegado a desaparecer [...]la fe, al encarnarse en esas culturas, debe corregir sus errores y evitar sincretismos.

La Iglesia, añade dicho documento, encarna el Evangelio en las diversas culturas y, respetando su diversidad,

defiende los auténticos valores culturales de todos los pueblos, especialmente de los oprimidos, indefensos y marginados, ante la fuerza arrolladora de las estructuras de pecado manifiestas en la sociedad moderna.

La proyección social más importante de la fe cristiana no es entonces la asistencia interpersonal que suscita ni la transformación estructural que promueve. Es la profunda mutación de valores que opera en la conciencia personal del creyente, en la conciencia colectiva de los creyentes como ecclesia y en la mentalidad fundamental de la sociedad circundante. Son estos valores los que le dan sentido a las acciones de asistencia al prójimo y a las gestas de evolución o de revolución de la sociedad. El atentado más grave contra el cristianismo desde el punto de vista social, es, por lo tanto, intentar que quien tenga la fe cristiana se acomode de cualesquiera valores predominen en la sociedad y deje de esforzarse por reivindicar su derecho que es también su deber de proyectar socialmente los valores de su fe.

Pero en el mundo contemporáneo la gestación de valores es sumamente compleja y se requiere para ello acceso a medios educativos y medios de comunicación. A ellos les dedican párrafos específicos tanto el documento de Puebla como el de Santo Domingo. También se requiere acceso a los grupos humanos que son los creadores de cultura por excelencia, los científicos, tecnólogos, intelectuales y artistas, por ejemplo. De allí que la Iglesia Católica reclame en Cuba estos accesos de cara al exclusivo control de los mismos por parte de un Estado identificado con una sola ideología. De igual manera lo reclama en otros países de cara a sistemas de educación o de comunicación subordinados al pensamiento único que tiende a imponerse con la globalización.

Importa destacar que la proyección cultural de la fe cristiana no puede pretender imponerse como única alternativa cultural. Por lo contrario, reconociendo la matriz pluralista de las culturas moderna y postmoderna, ha de esforzarse por lograr en ese contexto de pluralismo una presencia que asegure que el núcleo cultural compartido de la sociedad se mantenga abierto a la trascendencia, evitando que se encierre en un inmanentismo reduccionista, y que mantenga viva la posibilidad de la fraternidad como vínculo de convivencia, evitando encerrarse en la conflictividad humana como insuperable.

Valores que ha de proyectar socialmente la fe cristiana

La globalización conlleva un cambio de época tan o aún más profundo que el cambio de la edad media a la modernidad. Éste se efectúa sobre la base de las nuevas ciencias y tecnologías de la información y la comunicación, con la resultante caída del muro de Berlín y la unificación del mundo como nunca antes lo había estado. De cara a la globalización hemos de adoptar una de tres posturas axiológicas. La primera es el rechazo del cambio y el arraigo al pasado. La segunda es la capitulación ante el cambio y dejarnos llevar a cualquiera de sus consecuencias futuras. Ambas son irresponsables. La tercera es la postura de discernimiento crítico con asunción creativa. Esta es la postura responsable, pero también la más difícil y exigente. No cae en el maniqueísmo de considerar la globalización ni como pura luminosidad ni como pura oscuridad, sino como fenómeno ambivalente. Tampoco cae en la inercia frente a los patrones de conducta que la globalización favorece ni en su simple imitación, sino que exige recrearlos según el criterio y a la medida de cada sociedad particular. Solo esta postura es auténticamente humana y puede ser humanizadora, pues solo ella permite promover lo positivo y reducir lo negativo de la globalización. Y permite distinguir el fenómeno social de la globalización de la ideología neoliberal que se ha adherido al mismo, de modo a aprovechar la función crítica que dicha ideología puede ejercer frente al mercantilismo y a los excesos del Estado como «ogro filantrópico», según el análisis de Octavio Paz, pero sin ser víctima de las carencias flagrantes del neoliberalismo en su función constructiva de una nueva sociedad.

Para el cristiano, lo humano y más aún lo humanizador es la vía hacia Dios, porque creemos que Dios se hizo hombre en Jesucristo y que Jesucristo fue glorificado en su condición de Hijo de Dios en la medida en que asumió plenamente hasta la muerte su condición de Hijo del Hombre. El hombre, por su parte, solo se comprende y se realiza como hombre, en la medida en que se reconoce como *capax Dei*, según la expresión de Santo Tomás de Aquino. De allí que para el creyente sólo la postura de discernimiento con asunción creativa es, por su humanismo, la válida de cara a la globalización. Y esta actitud se adopta sobre la base de valores que surgen de la fe cristiana o son cónsonos con ella.

El valor supremo de la dignidad de la persona y su libertad

Dos valores decisivos para la vida social surgen desde la fe cristiana de cara a la tarea de humanizar la globalización. El primero se encuentra inscrito en la respuesta de Jesús a los fariseos y herodianos que le hicieron la pregunta de si era lícito o no pagar tributo al César: «Dad al César lo que es del César y a Dios lo que es de Dios» contestó Jesús (Mateo, XXII, 21). Esta norma implica una distinción de competencias y lealtades, en contraste con la fusión entre autoridad política y autoridad religiosa que era usual en el mundo antiguo. Pero hay algo mucho más profundo en la misma. Decir que debemos dar a Dios lo que es de Dios, quiere decir que debemos dárselo todo, a la manera como hay que dárselo únicamente a Dios, es decir como a la realidad absoluta de la que dependemos óntica y éticamente a título de sus creaturas. Decir que debemos dar al César lo que es del César, quiere decir que debemos darle lo limitado que le compete y no como a la realidad absoluta, sino como a una realidad relativa frente a la cual mantenemos nuestra independencia óntica y ética.

Este sentido más profundo de las palabras de Jesús lo expresa el teólogo cristiano Hans Küng en su libro sobre la ética de responsabilidad mundial que necesita la globalización:

> *Solo lo único incondicional en todo lo que es condicionado puede proporcionar la base para el carácter absoluto y universal de las exigencias éticas, el terreno primordial, el apoyo primordial, la meta*

primordial de los seres humanos y del mundo, que llamamos Dios. Este terreno, apoyo y meta primordial no representan un control ajeno sobre los seres humanos. Por lo contrario: semejantes fundamentación, anclaje y dirección abren la posibilidad de la verdadera identidad y acción humanas; hacen posible formular reglas para uno mismo y aceptar responsabilidad personal. Debidamente entendida, la teonomía no es heteronomía, sino la base, la garantía y también el límite de la autonomía humana. Solo el vínculo al infinito ofrece libertad de cara a todo lo finito.

El P. Félix Varela –el que enseñó a los cubanos a pensar por cuenta propia– lo sabía a su manera cuando escribía en El Habanero:

> *[...] la libertad y la religión tienen un mismo origen, y jamás se contrarían porque no puede haber contrariedad en su autor. La opresión de un pueblo no se distingue de la injusticia y la injusticia no puede ser obra de Dios. Solo es verdaderamente libre el pueblo que es verdaderamente religioso, y yo aseguro que para hacerle esclavo es preciso empezar por hacerle fanático.*

La fe cristiana ha de proyectar culturalmente un sentido radical, tanto óntico como ético, de la dignidad y libertad de la persona humana de cara a todas las realidades históricas y terrestres, en la misma medida del privilegio que tiene la persona humana de estar creada a imagen y semejanza de Dios y de estar religada a Él en conciencia. Tanto de cara al estatismo, incluso totalitario, en el que pudo degenerar la modernidad, como de cara al pensamiento único y a la uniformización de la cultura en los que puede caer la globalización, la fe cristiana proyecta culturalmente el valor supremo de la dignidad y de la libertad de la persona humana. Pero evidentemente se trata de una libertad que reclama sus derechos y reconoce sus deberes, es decir de una libertad condición de responsabilidad y de corresponsabilidad.

En la medida en que el socialismo, sobre todo en su versión marxista-leninista clásica, se resiste al reconocimiento pleno tanto doctrinal como político de este valor supremo, guardará vigencia el aforismo de Enrique José Varona: «Un católico, como católico, no puede ser socialista; un católico aunque católico, puede serlo», pero en este último caso, añadiría, el católico comprometería su identidad. En la medida, por lo contrario, en que el socialismo, en algunas de sus versiones más actualizadas, acepte progresivamente su transformación doctrinal y política para integrar este valor, un católico como católico podría optar moralmente por el socialismo, como ha sucedido sobre todo en Europa occidental e incluso en ciertos países del antes llamado Tercer Mundo, y en este caso su catolicismo se proyectaría socialmente según una modalidad de este socialismo transformado.

El valor indispensable de la solidaridad

Al mismo tiempo, de la fe cristiana surge un segundo valor como fuerte exigencia de cara a la globalización. La dignidad y libertad de la persona humana que la fe cristiana conlleva son condición de responsabilidad y de corresponsabilidad. Y estas generan una conducta y una cultura «samaritanas» de solidaridad. Se plantea entonces la norma evangélica: «cuanto hicisteis a uno de estos hermanos míos más pequeños, a mí me lo hicisteis» (*Mateo* XXV, 40).

La parábola del buen samaritano sugiere cuatro componentes del valor de solidaridad: primero, implica superar divisiones humanas étnicas, religiosas o de cualquiera otra índole, mediante el diálogo y la reconciliación; segundo, requiere la sensibilidad para descubrir y reconocer las necesidades del prójimo que en justicia ameritan atención o más exactamente compasión; tercero, conlleva el compromiso de actuar eficazmente y con generosidad para aportar un comienzo de solución a la injusticia que se ha comprobado, y cuarto, exige previsiones para que la recuperación de la víctima prosiga una vez que el benefactor no esté más presente.

Por otra parte, cabe asociar con la cultura samaritana la insistencia evangélica de que «los últimos serán primeros y los primeros últimos» (*Mateo* XX, 16 y XIX, 30; *Marcos* X, 31 y *Lucas* XIII, 30). Sobre este particular se ha escrito:

> *Esta pasión cristiana por la primacía de los últimos crea una especial sensibilidad e interés por conocer y transformar las condiciones de vida en que se encuentran los últimos de cada sociedad y de la humanidad en su conjunto, una fuerte crítica y denuncia de los mecanismos de riqueza y de poder que causan esa situación, y un compromiso activo para luchar social, política y económicamente por la emancipación de los empobrecidos que tienen que constituir el centro de la vida colectiva hasta que dejen de serlo.*

Este principio representa espiritualmente el horizonte utópico que motiva la dedicación y, si necesario, el sacrificio de una vida al servicio de los demás, ideal cristiano de proyección social en imitación de Jesucristo.

Un eco muy claro de este amor preferencial por los pobres se encuentra en la segunda estrofa del tercero de los Versos Sencillos del apóstol Martí:

> *Con los pobres de la tierra*
> *Quiero yo mi suerte echar:*
> *El arroyo de la sierra*
> *Me complace más que el mar.*

El valor evangélico se expresa tanto en la preferencia que lo lleva a querer compartir la suerte, es decir la condición de vida de los pobres, como en el tono de amor y paz con que se expresa, desprovisto de todo odio hacia los causantes de dicha suerte.

De cara a la globalización, la responsabilidad personal y la corresponsabilidad comunitaria, actuando a través de redes de solidaridad, han de concentrarse en suscitar respuestas a dos retos principales de justicia social que plantea el mundo en proceso de globalización: el reto mundial del 80%-20%, es decir que el 80% de la humanidad solo dispone del 20% de la riqueza y en las sociedades desarrolladas el reto de la sociedad de dos tercios-un tercio, es decir que dos tercios de miembros de la sociedad participan en los beneficios del desarrollo, mientras que un tercio se encuentra marginado de los mismos. Cuando Juan Pablo II reclama una «globalización de la solidaridad» lo que tiene en mente es la exigencia de la fe cristiana de que la dignidad y libertad sean condición de responsabilidad y de corresponsabilidad solidariamente asumidas por una comunidad. Dicha exigencia reclama las tres virtudes de la responsabilidad, a saber la autenticidad, gracias a la cual hemos de responder a nuestra propia conciencia, la compasión gracias a la cual hemos de responder a nuestro prójimo, y el respeto a la naturaleza creada junto con la apertura a la trascendencia, gracias a las cuales hemos de responder a Dios.

Conclusión

En su homilía en la Plaza José Martí de La Habana, el 25 de enero de 1998, el Papa criticó

> *una forma de neoliberalismo capitalista que subordina la persona humana y condiciona el desarrollo de los pueblos a las fuerzas ciegas del mercado, gravando desde sus centros de poder a los países menos favorecidos con cargas insoportables,*

y declaró: «Para muchos de los sistemas políticos y económicos hoy vigentes el mayor desafío sigue siendo conjugar libertad y justicia social, libertad y solidaridad, sin que ninguna quede relegada a un plano inferior.» A fuer de sincero debo decir que Cuba todavía no ha logrado esta conjunción, como tampoco la han logrado, por razones diferentes, las otras naciones latinoamericanas.

Al término de la visita del Papa a Cuba, el Presidente Castro se expresó en los siguientes términos que revelan una coincidencia virtual importante:

> *Me conmueve el esfuerzo de Su Santidad por un mundo más justo [...] Si la globalización de la solidaridad que usted proclama se extiende por toda la tierra y los abundantes bienes que el hombre puede producir con su talento y su trabajo se reparten equitativamente entre todos los seres humanos que hoy habitan el planeta, podría crearse realmente un mundo para ellos, sin hambre ni pobreza; sin opresión ni explotación; sin humillaciones ni desprecios; sin injusticias ni desigualdades, donde vivir con plena dignidad moral y material, en verdadera libertad, !ese sería el mundo más justo! Sus ideas sobre la Evangelización y el Ecumenismo no estarían en contradicción con él.*

¿Al calor de estas palabras, estará el régimen cubano dispuesto a caminar junto con los cristianos, considerados no solo individualmente ni solo en su fuero interno, sino en su asamblea *(ecclesia)* y proyectándose socialmente, para contribuir ambos a forjar la primera sociedad en nuestra América Latina que sea a la vez libre y solidaria? Hasta ahora, después de la visita del Papa, no ha habido signos inequívocos de semejante disposición, ni tampoco se vislumbran cambios significativos a raíz de la reciente visita del presidente Carter. Sin embargo, ambas visitas requirieron una voluntad decidida a tomar iniciativas inusitadas y esperanzadoras. Sería inconsecuente que esa voluntad no le diera seguimiento a sus propias iniciativas o las redujera a simples eventos pasajeros de relacionamiento público.

De todos modos, guardo la esperanza, ya que la historia humana está repleta de imprevisibles, de que en Cuba se pueda iniciar una experiencia en la cual la exigencia de libertad, que planteamos quienes hemos sido críticos de su régimen, pero sin odio y con respeto, se conjugue con la exigencia de equidad, que plantean quienes han sido sus defensores, con inteligencia y cordialidad. Se gestaría así una experiencia de sociedad libre y solidaria que el mundo necesita para superar el callejón sin salida de un capitalismo salvaje, sin pretender el indeseable retroceso a un socialismo opresor.

Ello respondería al ideal de una política «con todos y para el bien de todos», tal como la predicó Martí con su palabra y su vida. Representaría una proyección social de la fe cristiana de una significación mundial indiscutible y al mismo tiempo sería el aporte más duradero de la Revolución Cubana al desarrollo de la historia humana.

La Iglesia Católica en la Cuba colonial y el mundo trabajador

Monseñor Ramón Suárez Polcari

Preliminar

Ya hace unos años que vengo incursionando en el apasionante mundo de la Historia Eclesiástica, la nuestra, la que se fue forjando durante cinco siglos en esta Isla que Dios nos dio como lugar propio de nuestra nación cubana.

De estas indagaciones y cúmulos de datos, tomados de aquí, de allá y de acullá, salió como fruto un libro que, si Dios lo permite, verá la luz este año.

Enterado de este nuevo encuentro de Historia, que cada año se hace mejor y, sin proponérnoslo, va tornándose imprescindible en la búsqueda de un trabajo serio, profundo y plural que, estoy seguro, servirá de base a una futura Ópera Magna de Historia de la Iglesia en Cuba, donde tantos aporten y todos se beneficien, me he decidido a presentar algo.

El tema, si no es original, ha sido poco tratado, tanto que hay muchos que no lo consideran existente.

LA IGLESIA CATÓLICA EN LA CUBA COLONIAL Y EL MUNDO TRABAJADOR, donde se incluyen los obreros, empleados, campesinos (pequeños propietarios y simples labriegos) y demás hombres y mujeres que han necesitado vender su fuerza o su capacidad de trabajo para poder subsistir, en relación, directa o indirecta, con los llamados eclesiásticos, sean jerarquía, clero o religiosos y religiosas.

Desarrollo

En el transcurso de este trabajo no haremos mención a la labor de los indocubanos o de los esclavos negros, africanos o criollos; porque esos infelices no vendían, o no pudieron vender, su fuerza de trabajo sino que, encomendados o comprados, se convirtieron en instrumentos de producción sujetos al simple capricho o a la necesidad económica de sus amos.

En las Leyes de Indias encontramos regulaciones para el trabajo de los naturales del Nuevo Mundo. En ellas se establece la remuneración monetaria al trabajo realizado por éstos.

Pero aquello no pasó de ser buenos deseos y letra impresa, porque o no fueron cumplidas en su totalidad o no se ajustaban a la realidad.

Es el caso del indio cubano, como el de todos los de las Antillas y demás islas del Mar Caribe. Estos grupos indígenas carecían del concepto de trabajo remunerado; por otra parte, las condiciones socio económicas propias de los primeros años del período conquista-colonización, coadyuvaron a incapacitarlos para participar en una economía de intercambio mercantil.

¿Cuándo encontramos las primeras referencias acordes a la temática que nos ocupa?

En el siglo XVIII se producen una serie de cambios agrarios consistentes, por una parte, en la reunificación de sitios, realengos, hatos o haciendas para dar respuesta al incremento de la agricultura o la ganadería, y por otra, al desarrollo de nuevos renglones en la economía agraria, como fueron el tabaco, la caña de azúcar, el maní (cacahuate) y el café.

La importancia de la cría de ganado porcino cederá su lugar a la de ganado vacuno manso, para obtener leche y carne de una forma más controlada, obligando a la transferencia de asiento de las haciendas para buscar ríos y manantiales más accesibles.

Los Betlemitas y los Jesuitas formaron parte de los implicados en la demolición de viejas haciendas para lograr un mejor aprovechamiento del terreno en el cultivo de la caña de azúcar y la construcción de ingenios, así como de la ganadería, con las consecuentes innovaciones de las relaciones de trabajo y mano de obra.

El convento de Santa Clara se benefició, por mandato real, de la venta y composición de tierras realengas.

Los conventos de las Catalinas y de Santo Domingo de La Habana serán unos de los mayores opositores al plan de la Corona de repartir tierras a los labradores de Santiago de las Vegas, por considerar muy bajas las tasaciones de sus tierras expropiadas y convertidas de potreros muchas veces inutilizados a parcelas donde pudiera desarrollarse el cultivo del tabaco.

La nueva política económica de la corona española, ahora bajo el poder de la dinastía borbónica, fijó su atención en la nueva industria tabacalera donde Cuba ocupaba un importante lugar en la producción del polvo de tabaco o rapé y del envío de las ramas para la elaboración del puro o habano.

Esta producción no siempre llegaba en todos sus volúmenes a la Metrópoli, pues un parte considerable era desviada hacia el comercio de contrabando.

El primero en Cuba que presentó un proyecto de Monopolización estatal de la producción tabacalera fue el Capitán Juan Núñez de Castilla, por entonces, uno de los mayores intermediarios y productores de la preciada solanácea y fundador de la ciudad de San Felipe y Santiago, en su corral de Bejucal. Le siguió el sevillano Juan Francisco Carballo, gran benefactor del convento y hospicio de Belén.

El gobierno de Madrid emitió un bando en 1717 «para que sus naturales –refiriéndose en específico a La Habana–, vecinos y moradores de cualquier estado, edad o condición que sean, sin excluir los eclesiásticos, no puedan sacar tabaco alguno fuera de la Isla.

La crisis económica provocada por el estanco del tabaco no dejó indiferente a la Iglesia. Los priores de los conventos de San Juan de Letrán, San Francisco y San Agustín, la Abadesa del convento de Santa Clara, el prior del hospital de San Juan de Dios y el prefecto del hospicio de Nuestra Señora de Belén reunieron su sentir en un documento colectivo elevado a Su Majestad, donde defendían a los labradores más afectados por esta medida de control económico.

No descarto como una importante motivación en la actuación de los eclesiásticos, la propia afectación a la que se verían sometidas sus comunidades al disminuir los pagos que, por razón de lo impuestos procedentes de las memorias de misas, censos y rentas que, en buena parte, les sustentaban.

En el documento señalaban que los labradores pobres quedarían a merced de los intermediarios quienes les impondrían créditos adelantados y otros suplementos como formas de pagos de las cosechas. El endeudamiento sería cada vez mayor, haciendo del labrador un futuro siervo de la Corona puesto en las manos de los intermediarios.

Los vegueros se reunieron y nombraron representantes de La Habana, Santiago de las Vegas, Jesús del Monte, Guanabacoa y San Miguel del Padrón, para presentar su solicitud y gracia al Rey Felipe V. Todo parecía ir por caminos de conversación pacífica, pero la actitud intransigente del Gobernador Don Vicente de Raxa provocó un ambiente de sedición entre los labradores.

El Obispo Valdés envió religiosos que lograron detener momentáneamente la inminente sublevación. Pero esta se desató en cuanto se tuvo noticia de la presencia en puerto habanero, de los dos primeros buques encargados de recoger el tabaco para entonces producido.

Los vegueros, en número de 500, traspasaron las puertas de la muralla llegando hasta la casa de gobierno y lograron la capitulación del Gobernador que embarcó a España.

En respuesta, la Corona envío al brigadier Gregorio Guazo Calderón, militar de mano dura, que desembarcó en La Habana con un millar de soldados regulares y con la misión de devolver el orden y hacer cumplir las leyes reales a como diera lugar.

Al disgusto popular se unió el de muchos clérigos que así lo expresaron públicamente, provocando la protesta oficial del Gobernador ante el *Obispo Jerónimo Valdés*. La persistencia en esta actitud por parte de los clérigos, obligó al Gobernador a elevar una queja al Rey en la cual, denunciaba al Obispo y a los Priores de estimular una posible sedición entre los labradores.

La segunda sublevación ocurrió en 1720 y tomó dimensiones peligrosas. Las nuevas gestiones pacificadoras del Obispo Valdés fueron infructuosas, no así las del hacendado José Bayona y Chacón y las del Vicario Provisor Don Pedro Morell de Santa Cruz que logran que los sublevados desistieran de sus planes tras la aceptación de algunas concesiones por parte de las autoridades civiles.

En la tercera sublevación se dieron acciones violentas que culminaron en la destrucción de muchas vegas y en algunos enfrentamientos armados. Esta vez, la intervención mediadora del Obispo y del Conde de Bayona fue desatendida por ambos bandos.

Sublevados y soldados se enfrentaron en Calabazar y fueron apresados once vegueros. Trasladados a Jesús del Monte, fueron ejecutados sin los auxilios religiosos.

Historiadores como Leví Marrero clasifica a estos vegueros ejecutados como los mártires de la lucha por el comercio libre frente al opresivo régimen mercantilista colonial.

Pasados treinta años –1755– el gobierno colonial seguía procurando un aumento de la producción tabacalera para satisfacer las demandas de la Corona. Ahora se litigaba sobre el derecho de posesionarse de tierras privadas con tal que fueran dedicadas al cultivo del tabaco.

Al ser consultado, el *Obispo Morell de Santa Cruz* se manifestó en contra de esta medida por entender que atentaba contra el derecho de los propietarios, pues, «si a cualquiera fue (re) lícito hacerse señor del fundo ajeno, se abrirá puerta a la perturbación...» (sic) El Obispo instó a las autoridades a remunerar con justicia a los propietarios cuando se hiciese indispensable al bien del Estado el uso parcial o total de sus terrenos.

Como dato curioso, en el informe de la Santa Visita Pastoral al territorio de Sotavento, el Obispo Morell de Santa Cruz reporta la existencia de 219 vegas en lo que sería, transcurrido un siglo, la Provincia de Pinar del Río.

San Antonio María Claret, un obispo preocupado por los problemas sociales

Si algo llama la atención en la obra de este hombre grande es la capacidad de atender, con provecho, tantos aspectos de la vida de sus fieles. Unido a la predicación de la Palabra, el santo Obispo trabaja por mejorar la situación social del pueblo, que conocía muy de cerca. De su autobiografía extraemos esta experiencia pastoral:

«Como siempre iba a pie, me juntaba con los arrieros y gente ordinaria».

Fundó cajas de ahorro en todas las Parroquias «porque vi que los pobres, si se les dirige bien y se les proporciona un modo decente de ganarse la vida, son hombres virtuosos; de otra manera, se envilecen». (Autobiografía nº 569)

Dio comienzo al proyecto de la Casa de Caridad o Granja Agrícola en Puerto Príncipe y escribió el libro «Las delicias del campo», referente a los métodos agrícolas modernos, que de haberse aplicado, hubiera mejorado la situación económica de los campesinos.

En su tiempo no existía como cuerpo doctrinal la Enseñanza Social de la Iglesia; sin embargo, muchas de sus obras respondieron a estos principios. Claret se encuentra entre aquellos pastores que contribuyeron a la formación de esta conciencia en el seno de la Iglesia.

Sus cajas de ahorro puestas al servicio de los obreros y de los campesinos para el fomento de las nuevas técnicas agrarias o mecánicas fueron precursoras de cualquier plan social de fomento agrícola o industrial del siglo XX.

Estos planes de ahorro tenían en cuenta también a las muchachas pobres carentes de dotes para casarse, como era la costumbre de la época, o de las viudas que quedaban en situación de desamparo.

Se preocupó, además, del funcionamiento de escuelas de artes y oficios en las cárceles, «porque –cito al Obispo– la experiencia enseñaba que muchos se echaban al crimen porque no tenían oficio, ni sabían cómo procurarse el sustento honradamente.» (Autobiografía Nº 571)

Las Escuelas Dominicales

Bajo este título se fueron agrupando una serie de escuelas empeñadas en la promoción de la mujer, principalmente de las jóvenes de pocos recursos, de cualquier raza, trabajadoras en factorías o en el servicio doméstico.

Su origen se encuentra en el noble proyecto de «un hombre de Dios» que pensando en el desamparo que proporciona al hombre –¡cuánto más a la mujer!– la ignorancia, acudió a determinadas damas de la aristocracia para iniciar estas escuelas que debían funcionar los domingos al mediodía, por ser éste, el único momento libre para tantas jóvenes que debían ganarse el sustento trabajando honradamente, ya fuese en talleres, fábricas o en el servicio doméstico.

Como toda buena obra, tuvo en sus inicios muchas dificultades, vencidas por la constancia en el buen propósito del proyecto.

¿Cómo llegó a nuestra Isla? Lo cuenta su fundadora en Cuba, la Señora Doña Ángela Echaniz de Araiztegui quien, iniciada en esta noble labor en una de las escuelas dominicales de Madrid, viajó a Cuba con su esposo para establecerse en La Habana.

Todo comenzó un domingo de 1881, después de la misa de 12 en la Iglesia parroquial del Cristo del Buen Viaje de La Habana. Al anuncio del Párroco, se presentó una sola muchacha y con ella comenzó la obra; después aparecieron otras y se incorporaron algunas damas dispuestas a impartir clases.

La primera escuela dominical que contó con todos los elementos necesarios, funcionó en los claustros del Convento de San Felipe de Neri desde el 12 de febrero de 1882. Pero como allí se establecieron por entonces los Padres Carmelitas, la escuela se trasladó a un local que ofrecieron las Madres Carmelitas en la calle Compostela.

La escuela se llamó San José y su Directora la Sra. Jenkes de Ferrer, con una matrícula de 604 alumnas.

La segunda se abrió el 28 de noviembre del mismo año, bajo el patrocinio de Santa Teresa de Jesús y en un pobre local cedido por el Párroco del Jesús María, que desde el principio resultó pequeño. El Obispo Fernández de Piérola y su hermano el Presbítero Domingo pusieron gran empeño en esta obra propiciando un nuevo local en una pequeña casa que adquirieron para ese fin.

La escuela estuvo dirigida por la Sra. Chiappi de Ordoñez y tuvo una matrícula de 578 alumnas.

De más está decir que estas escuelas eran totalmente gratis.

El 23 de enero de 1883 quedó establecida la tercera en un local de la Parroquia del Espíritu Santo, con el título de «Sagrado Corazón de Jesús»; fue su Directora la Señora de Palacios y contó con una asistencia de 581 discípulas.

Para el 25 de noviembre de ese mismo año, se fundó una en la Catedral bajo el título de Nuestra Señora de Loreto, dirigida por Dña. Ramona M. De Reyes y con 306 alumnas.

La 5ta. Escuela se llamó «Los Santos Ángeles Custodios», iniciada el 23 de junio de 1884 en el noviciado de las Hermanas de la Caridad, trasladándose, después, a una pequeña casa de la calzada de San Lázaro. Su Directora, la Sra. Vidalia Aizpúrua de Duplessi, con 327 alumnas.

6ta. «San Joaquín y Santa Ana», en la Parroquia del Pilar, en una casa de Calzada del Cerro nº 467, bajo la dirección de Doña Ángela de Cárdenas, con 308 alumnas. 17 de agosto de 1884.

7ma. «San Ignacio de Loyola» en la Parroquia de Nuestra Señora de Guadalupe, en la casa nº 103 de la calle Campanario. Directora Dña. Rosalía María de Salteraín; 600 alumnas; fundada el 14 de mayo de 1885.

8va. «San Juan Bautista» en la Parroquia de Jaruco; Directora, Dña. Matilde G. Villageliú con 100 alumnas y fundada el 28 de junio de 1885.

9na. «Santo Tomás Apóstol» en Marianao; Directora, Srta. Josefina Pérez con 400 matriculadas y fundada el 15 de agosto de 1885.

10ma. «Nuestra Señora del Carmen» en el Carmelo, casa de Mr. Dass en la calle 12; Directora Dña. Micaela Macotegui con 300 alumnas y fundada el 30 de agosto de 1885.

11na. «San Ramón» en Regla; Directora, Dña. Juana Benemelis con 300 alumnas y fundada el 26 de marzo de 1886.

12ma. «Nuestra Señora de los Desamparados» en la Parroquia de Montserrat, en Águila n° 71; su Directora, Dña. Águeda de Rosell con 150 alumnas y fundada el 12 de febrero de 1888.

13ra. «San Luis Gonzaga» en Casa Blanca; Directora, Dña. Rosario Montero de Berguería con 80 matriculadas y fundada el 22 de abril de 1888.

Además funcionaban por entonces, una en Puerto Príncipe y otra en Santiago de Cuba.

¿Cómo se mantenían?

Por donaciones o suscripciones; saliendo a pedir ayuda a los comercios y almacenes o como se hizo en el año 88, organizándose un *Match de Base Ball*.

La dirección de las escuelas y el trabajo de impartir clases se hacía de forma gratuita y voluntaria por parte de un grupo de más de cien seglares, todas mujeres, que realizaban aquella labor movidas totalmente por su fe.

Entre los años 1882 y 1888 se crearon quince escuelas de obreras, pasando por ellas más de 5 000 alumnas.

Colegio San Francisco de Paula

El 1° de septiembre de 1888 abrió sus puertas un modesto establecimiento docente con horario nocturno, donde se impartieron clases gratuitas para adolescentes, jóvenes y adultos trabajadores. Fue su Director Don Ramón Rosainz Díaz.

El proyecto contemplaba instruir a obreros y aprendices no exigiéndoles más que puntualidad, orden y moralidad.

Las clases comenzaban a las 6 y 30 de la tarde y concluían a las 9 y 30 de la noche; y se impartían las asignaturas de Religión explicada, Lectura en prosa, Escritura o Caligrafía, Aritmética, Gramática y Dibujo Lineal aplicado a las artes y oficios.

Este tipo de institución conllevaba la anuencia del Obispo y solicitaba la ayuda de los fieles. Tanto el Director como los profesores ejercían su noble ministerio de forma voluntaria.

Sean estos dos ejemplos prácticos una prueba de que no todo era «hierba mala», sino que también había muy buen trigo. Que aquellos laicos y laicas se entregaban a estas labores, sacrificando tiempo libre y descanso, movidos por el deseo de servir a sus hermanos más necesitados de la sociedad, sin otro fundamento que la vivencia práctica de la virtud de la Caridad.

Libertos, campesinos y empleados del comercio en las dos últimas décadas del siglo XIX

El afán desmesurado de riquezas cerró muchas puertas de evangelización a la población negra que, por otra parte, creció mucho en la segunda mitad del siglo XIX. De alguna forma, la clase campesina, desposeída de tierras y recursos de subsistencia debidos al sistema de latifundio imperante en la economía española, se veía situada en una posición muy parecida a la de los esclavos, por la falta de atención espiritual a causa de una notable disminución del clero y de los centros de culto en «tierra adentro».

En las ciudades ocurría otro tanto con los obreros y empleados.

El Obispo de La Habana, Monseñor Manuel Santander y Frutos preocupado por la práctica religiosa de sus fieles publicó una exhortación pastoral dirigida a *«Los dueños de tiendas, almacenes, comercios, fábricas, Maestros de Arte y Oficios mecánicos»*, para llamarles la atención sobre el deber de guardar el domingo y permitírselo a sus empleados.

El lenguaje del Obispo es fuerte y directo. Valga de ilustración:

> *[...]Se ha abolido la esclavitud de la raza de color; hay que abolir otra esclavitud más vergonzosa de la raza blanca, que es la esclavitud de miles y miles de dependientes. Vienen aquí por la excesiva población de su país en busca de un trabajo honrado, y en llegando aquí se les hace esclavos. No importa que tengan creencias Católicas, y que su conciencia tenga deberes religiosos que cumplir; desde que entran en poder de un amo, no se les deja cumplir con esos deberes; no se les respetan sus creencias, se les obliga a vivir sin Dios, como si fueran máquinas. Se les hace vivir en la ignorancia; se sofocan en su pecho todos los sentimientos religiosos y nobles; se les hace creer que no hay más Dios que el dinero, y sus almas quedan muertas para todo lo grande, para todo lo que dice relación á la vida del espíritu.*
>
> *¿Qué mayor esclavitud? ¿Qué más negra y más ignominiosa esclavitud? Esclavos del mostrador, lo son necesariamente de la ignorancia y de las malas pasiones[...]*

Después que exhorta a los dueños a vivir ellos los principios y cumplir los deberes cristianos, insiste en que lo permitan también a sus empleados. Que se guarde el Domingo y los días de Fiestas como días de descanso y atención a la vida espiritual.

Termina con su estilo tajante y absoluto: *[...]El que desoiga la voz de su Obispo dá á entender el poco respeto que le merece la autoridad eclesiástica, y por consiguiente, que su fé es una fé muerta, y su Catolicismo un Catolicismo de solo nombre[...]*

Para concluir nuestra exposición hablaremos de la obra pastoral del Siervo de Dios Presbítero Jerónimo Usera con el mundo del trabajo y la promoción de la mujer.

En los primeros meses del año 91, la enfermedad ha minado su cuerpo pero no su mente ni su espíritu de Pastor, por eso, desde su pobre lecho de enfermo, sigue dirigiendo obras y proyectos. El último fue el de la «Academia tipográfica para señoritas». Usera era un hombre «moderno». Estuvo al tanto de los avances de la técnica y de la ciencia, mirando siempre al futuro y pensando en su aplicación pastoral para el bien de sus semejantes.

Cuando presentó este proyecto, todavía no existía linotipia ni había llegado a Cuba la mecanografía; pero el Padre sabía de su existencia y pensaba que la mujer podía aprender esas técnicas con vista a su promoción.

La obra comenzó con un donativo de 2000 pesos oro ofrecidos por Da. Carmen Ribalta, una piadosa dama de Sagua la Grande. Era una buena cantidad pero no lo suficiente para realizar todo el proyecto. Por eso, no demoró en hacer publicar su «llamamiento a la opinión pública» del 3 de abril de 1891.

Este proyecto era el primero de esta clase en toda América y en los dominios españoles. Era la posibilidad de que las mujeres pobres encontraran una vía honrada de ganarse la vida y colaborar en su futuro hogar.

El proyecto no sólo contemplaba la enseñanza de la tipografía sino la promoción humana de las jóvenes, pues se preveía el aprendizaje de los buenos modales, preocupación por el aseo personal y el cuidado de su figura, así como las costumbres higiénicas para el hogar.

La dirección recayó en Da. Domitila García Coronado hija de un periodista y, quizás, la única mujer en Cuba que conocía algo de tipografía.

El día 10 de mayo de 1891 fue inaugurada la Academia con la presencia del Señor Obispo quien bendijo los diferentes locales. El Gobierno colonial la reconoció y le impuso el nombre de Escuela de Artes y Oficios. Comenzó con una capacidad para 40 alumnas.

La obra se mantuvo por espacio de más de 20 años después del fallecimiento del benemérito sacerdote, quien pensó también en la situación de esas u otras mujeres que tendrían que trabajar fuera de sus hogares pero, a la vez, estar casadas y tener hijos. Para ellos pensó y creó el proyecto de las Casas Cunas «en las cuales se atenderá a la subsistencia y cuidado de los niños pequeños de obreras o criadas durante las horas que éstas se dediquen al trabajo.»

BIBLIOGRAFÍA

El trabajo corresponde en casi todas sus partes a mi texto, aún inédito, titulado Historia de la Iglesia Católica en Cuba, y el tema tiene sus fuentes en:

Leví Marrero: *Cuba: economía y sociedad*. Editorial Playor, S.A.
    Madrid.
Manuel Gómez Ríos: *Jerónimo M. Usera: Testigo del amor para el tercer milenio*. EDITABOR.
    Madrid.

Boletines Eclesiásticos de la Diócesis de La Habana. Colección de la Biblioteca del Arzobispado de La Habana. Años 1880 al 1895.

Catolicismo, religiones populares e identidad nacional cubana

Prof. Israel Moliner Castañeda

La colonización de Cuba supuso como todo proceso de tal naturaleza, la intención imitativa en sus ejecutores, quienes conscientes o no, trataron de reproducir en la realidad insular lo que habían aprendido en sus países originarios. Con la simplicidad de quien cambia una planta de un cantero a otro tuvieron el empeño de reproducir sus formas de vida, sus leyes, sus tradiciones, arquitectura, lenguaje, creencias, etc.

Pero en la mayoría de los casos la realidad concreta del nuevo medio no permitió una cabal repetición, quedando lo obtenido bastante alejado de sus modelos. Es precisamente las diferencias entre lo susceptible trasplantar y aquello concretamente alcanzado, lo que hemos de definir como típico en las culturas de la colonización americana.

Los órdenes fundamentales, mediante los cuales el conquistador intentó desarrollar su colonización fueron:

- Orden físico: Partiendo de su conocimiento sobre la naturaleza. En ello se vio limitado al enfrentarse con una flora y fauna esencialmente distinta.
- Orden social: Implicaba las relaciones humanas. Realmente, condiciones sociales muy diferentes, incluyendo la coincidencia con personas de muy diversos orígenes raciales, culturales y económicos, tuvieron que suscitar nuevas normas de convivencia, que necesariamente hicieron improcedentes las normas propias de la metrópoli colonizadora.
- Orden legal: Al ser inaplicables las leyes vigentes en la metrópoli muy pronto surgiría una legislación específica para el mundo colonial español conocida como Leyes de Indias.
- Orden económico: La impronta de la riqueza americana generó una nueva organización económica en Hispanoamérica, que muy poco tenía en común con lo antes existente en España.
- Orden político: De las estructuras sociales metropolitanas escasas fueron aplicables a la nueva realidad que mostraba la vida en las colonias, por ello muchas tuvieron que ser modificadas y otras creadas, para hacer efectiva la empresa de colonización y explotación en los nuevos territorios.

- Orden idiomático: En principio, junto al religioso, fueron los que más claramente pudieron ser reproducidos, pero la propia naturaleza de quienes lo asumieron produjo modos y variantes que revitalizaron y enriquecieron inexorablemente la lengua europea.
- Orden religioso: Puede aplicarse el mismo postulado que en el idiomático, especialmente en el ámbito de las creencias populares, pero sobre esto trataremos más tarde.

Si queremos entender lo cubano en su carácter multiétnico, no limitado o reducido al binomio blanco-español & negro-africano, aunque ello abarque a los factores principales; también hemos de considerar los aportes franco-haitianos, franceses, italianos, ingleses, asiáticos, estadounidenses y antillanos, juntos, mezclados, amalgamados, fundidos bajo el sol antillano, para engendrar y parir una rica identidad compuesta de disímiles valores.

Como aquellos que acompañando al Descubridor abordaron las naos en interminable viaje llevándolos a unir el Nuevo Continente a la noción renacentista de mundo conocido, después llegarían otros improvisados navegantes, devenidos también en nuevos colonos, sustraídos de un ámbito incuestionablemente marginal, quienes en el riesgo de la empresa vivida experimentaron una metamorfosis tal que ya nunca volvieron a ser lo que antes eran, independientemente a si lograron la gloria o el fracaso, la riqueza o la miseria, el éxito o la muerte.

Por supuesto, siempre las condiciones en Las Antillas fueron más perentorias que en la América Continental, pues éstas ofrecían menos riquezas que aquellas en lo concerniente al oro y la plata, interés principal en los primeros momentos de la colonización.

Por consiguiente, estos blancos peninsulares e isleños, que vienen a Cuba no van a ser portadores de la alta cultura que vivía la España renacentista, ni del cristianismo católico-romano robustecido en la Contrareforma gestada al pie de los severos claustros de Ávila, sino de la marginidad de tabernas y cubiles, parrandas y pillerías; con una religiosidad aunque bendecida por el genuino culto mariano, plagada de reminiscencias paganas y morerías, aun en el propio clero venido a Las Antillas durante gran parte de la dominación hispana y donde un Antonio María Claret siempre resultó una excepción.

Desde el punto de vista psicológico, la travesía era capaz de cambiar todo para ellos, incluso al margen del mayor o menor éxito económico a su paso por el Nuevo Mundo; dejaban de ser lo que antes eran para ahora estar identificados y autoidentificarse como indianos.

Y es que ser indiano representaba la posibilidad cierta de ya no ser marginal, por la simple razón que en las sociedades de allende los mares los marginales resultaban los aborígenes y los negros, sumidos en una cruel servidumbre y explotación. Si del otro lado esos inmigrantes eran los peores en la escala social, acá otros ocupaban esa posición y ellos, aún sin ser de su pertenencia, tenían cierta ascendencia sobre éstos según lo estipulado en las Leyes de Indias.

No pocos fueron los indianos afortunados, por el contrario, muchos se beneficiaron de tal modo en la aventura acumulando caudalosas riquezas, con el lujo de borrar cuantas manchas inadecuadas existieran en sus antecedentes y antecesores, para llegar a adquirir determinados títulos nobiliarios. Aunque entre nosotros esa práctica no fue tan frecuente como en otros lugares de tierra firme, numerosos lograron el capital suficiente para construirse una vida nueva y, al final, el adjetivo indiano, que en los primeros momentos tenía un uso peyorativo, terminó como sinónimo de gente acaudalada y de bien.

El descubrimiento, conquista, colonización y explotación económica de América constituyó un hecho de tal naturaleza que modificó radicalmente todas las estructuras y equilibrio económico existentes entre las potencias europeas, obteniendo España tal riqueza que prácticamente resultaba inalcanzable para el resto de las naciones del Viejo Mundo, las cuales, excepto Portugal, únicamente lograron unas cuantas migajas de poco valor en tesoros de metales preciosos durante el reparto americano.

Salvo las posesiones españolas y portuguesas en Centro y Sudamérica, las cuales contaban con suficiente población aborigen para los requeridos trabajos de explotación minera y una agricultura de subsistencia para la vida en esos territorios, la empresa de la colonización y explotación americana confrontó un obstáculo prácticamente insuperable en sus primeros momentos: la falta de mano de obra humana.

Cuando se arriba al siglo XVI, momento de inicio para la gran colonización de América, ya Europa había superado sobradamente el régimen esclavista (al menos en la totalidad de las metrópolis que participaran en la empresa ultramarina) y el feudalismo apuntaba a su liquidación total.

En el siglo XIII el legislador castellano lograba establecer en el Código Civil de Las Siete Partidas que (sic), «servidumbre es postura e establecimiento, que fisieron antiguamente las gents, por la cual los omes que eran naturalmente libres, se pasen siervos e se meten a señorío de otro, contra razón de natural.» [1]

Sobre todo, llama la atención el preámbulo al Título V en la Partida IV, al expresar con plena grandeza: (sic) «Servidumbre es la mas vil e la mas desmedida cosa entre los omes puede ser, porque omes que es la cosa mas noble e libre creatura, entre todas otras creaturas que Dios fiso, se torna poe ella en poder de otro.» [2]

La experiencia universal había demostrado, como escribiera Adam Smith, conocido defensor de la clase media industrial inglesa, «que el trabajo realizado por esclavos, aunque sólo parece costar la manutención de los mismos, es al final el más caro de todos. Una persona que no pueda adquirir ninguna propiedad no puede tener otro interés que comer lo más posible y trabajar lo menos posible.» [3]

Cuando se implanta la esclavitud no se hace porque se prefiera a la fuerza de trabajo libre, no hay preferencia. Las razones de la esclavitud están dadas por la escasa población de Europa en el siglo XVI que hacía imposible suministrar trabajadores asalariados en cantidades apropiadas para una producción a gran escala de azúcar, café, tabaco, algodón y realizar los múltiples servicios que se requerían en el Nuevo Mundo.

Muy acertadamente escribió el eminente historiador y estadista trinitario Eric Williams:

La esclavitud en el Caribe se identificó muy estrechamente con el negro. De este modo se dio un giro racial a lo que es fundamentalmente un fenómeno económico. La esclavitud no nació del racismo, por el contrario, el racismo fue la consecuencia de la esclavitud. La fuerza de trabajo esclava en el Nuevo Mundo fue mestiza, blanca, negra y amarilla: fue católica, protestante y pagana.

Los rasgos del hombre, su pelo, color y dentadura, sus características subhumanas, tan ampliamente citadas, eran solamente las razones posteriores para justificar un simple hecho económico: que las colonias necesitaban fuerzas de trabajo y que recurrían a la fuerza de trabajo negra porque era más barata y mejor. Esto no era una teoría: era una conclusión práctica que se deducía de la experiencia personal del colono. Si hubiera sido necesario, éste hubiera ido a la luna en busca de fuerza de trabajo. África estaba más cercana que la luna, más cercana también que países más populosos como la India y China. Pero ya les llegaría a éstos su turno.[4]

Concluyendo, a diferencia del blanco-europeo, el negro fue traído como siervo, destinado a ser la mano de obra o fuerza bruta que asuma los peores trabajos, tanto en la gestión colonizadora, como en la ulterior vida de las colonias.

Los documentos más antiguos sobre la introducción de esclavos en América datan de 1501, cuando en las instrucciones reales al recién nombrado gobernador de La Española, Nicolás de Ovando, le indican que impidiese la emigración de ilotas moros y que, en cambio, estimulara la de esclavos negros siempre que fueran nacidos en país católico. [5] El primer instrumento legal sobre la entrada de esclavos en Cuba fue la solicitud de envío referida a doce esclavos que estaban en La Española, hecha por los oficiales reales de Santiago de Cuba al Rey en el año 1515. [6]

Aunque el total de grupos étnicos subsaharianos rebasa los cien, la siguiente tabla muestra las zonas y culturas más importantes abarcadas por la trata negrera en África entre los siglos XVI y XIX:

Factores humanos de la Cubanidad:

Europeos:	Africanos:	Asiáticos:	Otros:
Andaluces	Yorubas	Chinos	Franco-haitianos
Canarios	Congos	Coreanos	Yucatecos
Catalanes	Ararás	Japoneses	Haitianos
Gallegos	Mandingas		
Antillanos	Carabalíes		
Vascos	Gangás		
Asturianos			
Franceses			
Ingleses			

Otros grupos étnicos con importancia poblacional en la formación del etno cubano fueron:

- Franceses. Venidos en un primer momento de Haití, pero luego también de Luisiana y de la propia Francia.
- Franco-Haitianos. Por este nombre se conoció a los esclavos de Haití que acompañaron a sus amos en la migración luego de la sublevación acontecida en ese país en 1792.
- Asiáticos. En este grupo se comprende tanto a los curíes chinos traídos como mano de obra entre 1840 y 1860, como migraciones posteriores de chinos, japoneses y coreanos ya en el siglo XX.
- Yucatecos. Fueron aborígenes de ese territorio mejicano que fueron introducidos en la Isla en condiciones de esclavitud entre 1830 y 1860. Sin embargo, su número no fue muy elevado.
- Haitiano. Fueron los trabajadores agrícolas que se introducían habitualmente en la parte oriental de la Isla para trabajar en las zafras, llegando con importancia numérica hasta el territorio de Camagüey.
- Antillanos. Por tal entiendo a los braceros de Islas Caimán, Barbados, Jamaica y otras Antillas menores que frecuentemente venían a Cuba en la primera mitad del siglo XX a trabajar en las colonias cañeras y otros cultivos en Cuba e Isla de la Juventud.

Paulatinamente lo diferente entre lo perseguido por los colonizadores y lo que todos los mencionados factores étnicos lograban como palpable en la nueva realidad que vivían fue conocido por criollo, pero al igual que lo indiano, era producto de algo accidental, de variaciones impuestas por condiciones concretas de vida donde aquellas reminiscencias no podían reproducirse. Lo criollo era distinto a lo metropolitano, pero solamente distinto.

Sin embargo, ya el empleo del término cubano presupone no un accidente, sino la voluntad de algo nuevo, ajeno a lo peninsular. No se trata de un accidente, sino de un deseo expreso y manifiesto de ser diferente, de no ser más algo español, sino propio e identificable como cubano.

La cultura es el resultado de un sistema de relaciones que sostiene el hombre con la naturaleza (ámbito físico), con los demás hombres (ámbito social) y con Dios (ámbito espiritual).

Como en toda sociedad hay grupos de personas que poseen los recursos materiales y otros que carecen de ellos, los primeros van a dominar los medios de producción, la tecnología, las comunicaciones y la enseñanza por lo que sus resultados en los tres ámbitos debemos interpretarlos como cultura dominante, siendo siempre los menos numerosos.

En contraposición a los grupos hegemónicos, vemos a las grandes masas populares, muchas voces carentes de la generalidad material, por lo que su cultura es llamada popular. Cuando la tendencia antagónica entre lo popular y lo dominante llega a puntos extremos, la cultura popular se convierte en una cultura de resistencia.

Los componentes más notables de toda cultura popular resultan: la religiosidad popular, el baile, la música, la literatura oral, los valores éticos, las tradiciones, la farmacopea, la artesanía, el arte culinario y el teatro.

Para hablar de una espiritualidad cubana, por supuesto, debemos remitirnos al medio de lo popular, porque los rasgos distintivos de toda identidad nacional se generan, no en la cultura dominante, sino dentro de la vida de las grandes masas populares.

Tenemos que considerar que a los factores humanos conformadores de la nación cubana, múltiples por sus orígenes étnicos y por el nivel de evolución económico-cultural que presentaban en el momento cuando coinciden en esta Isla, no les fue posible restituir cabalmente sus culturas particulares en el período de la conformación de la cubanidad y solamente pudieron preservar el ámbito de lo espiritual, es decir, su relación con Dios, porque ésta siempre es particular, íntima e inviolable.

Por ello, en el proceso de conformación y desarrollo de la nacionalidad cubana, más que encuentros y mezclas de culturas, realmente asistimos a la hibridación de diversas y muy variadas manifestaciones religiosas, donde lo católico será el factor aglutinador que facilitará esas ósmosis.

Por ser siempre la religiosidad popular el elemento más importante y el mayor generador de valores de identidad dentro de toda cultura popular, fue ese ámbito espiritual el factor más claro que posibilitó las interrelaciones, intercambios, sincretismos, mezclas y ósmosis entre las diferentes etnoconciencias concurrentes en el embarazo y parto de la cubanidad.

También hemos de tener en cuenta que la mayoría de los grupos étnicos no europeos venidos a nuestro país, tanto por las distancias físicas, el nivel de las comunicaciones entonces existentes y la propia situación social en la cual estaban sumidos, motivó una pérdida de contacto con los focos o fuentes de sus identidades, papel que ocupó la Iglesia Católica y el catolicismo popular que devienen en centros de referencias que actúan simultáneamente como nutrientes y modificadores, de las maneras religiosas que portaban las personas pertenecientes a los mencionados grupos.

Los puntos que fueron comunes a todos esos grupos forjadores de lo nacional podemos precisarlos como:

– La creencia en un Dios único, Supremo, Padre Todopoderoso y Creador de todo el Universo.
– La fe en una vida perdurable.
– La aceptación de entidades que actúan como intermediarios entre Dios y los hombres.
– La conciencia de que por la fe, las adversidades pueden ser modificadas favorablemente.

Por religiosidad popular debemos entender aquellas creencias populares que no pueden ser enmarcadas en los sistemas teológicos, ni litúrgicos de las llamadas religiones universales. En última instancia, tal religiosidad es la manera como el hombre sencillo vive su relación con Dios. Por lo tanto, a toda religión universal corresponden modos concretos de religiosidad popular.

Estructura social de la plantación

La religiosidad popular cubana está compuesta de las siguientes manifestaciones:

- La Piedad o catolicismo popular   100%
- Los sistemas mágico-religiosos de raíz africana   60%
  (Santería, Regla de Palo, Arará, Gangá, Iyessá, Vodú
  y Sociedad Ñáñiga o Abakuá)
- Espiritismo popular   40%

Religiosidad popular cubana

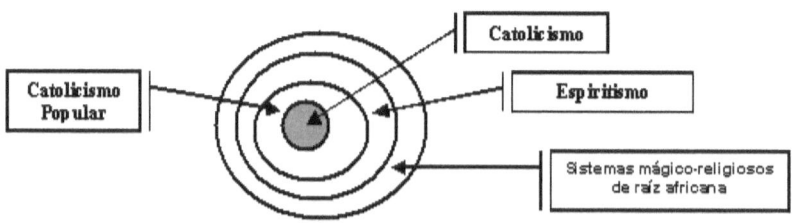

Los valores que sostienen la espiritualidad popular cubana surgen de los elementos de fe compartidos por los grupos étnicos que aparecen en la conformación de nuestra nacionalidad. Si una identidad nacional es la suma de los valores propios y distintivos de una comunidad de personas con intereses, valores, esperanzas, tradiciones y objetivos compartidos, está muy claro que estos aspectos que a continuación señalamos son rasgos indivisibles de la nación cubana:

– Creencia en Dios: Dentro de la espiritualidad popular vemos que la fe en un Dios Omnipotente y Creador del Universo asume dos aspectos: la confianza y el miedo.

Dentro de lo popular siempre esa confianza se sustenta en que:

· Dios va a ayudar.
· Dios va a hacer justicia.
· Dios nos va a premiar.
· Dios aprieta, pero no ahoga.

Por su parte el miedo queda sustentado en:

· Dios castiga lo mal hecho.
· Dios castiga a quien abusa de los más débiles o indefensos.
· Dios lo ve todo y juzga todo.
· Blasfemar de Dios es atraer su castigo y la mala suerte.

– Ser buen hijo o proteger a los padres: Este principio abarca el deber del cuidado de los hijos hacia los padres, pero por extensión se aplica como:

· Respeto a las personas mayores, especialmente a los ancianos.
· Cuidado a los niños.

No cumplir con estos principios públicamente acarrea la pérdida del prestigio social de la persona y la creencia de que es susceptible al castigo divino, que llegará a él en algún momento de su vida.

Sin dudas, el peor agravio para un cubano popular es que le mienten la madre y tal reacción, sin dudas, está asumida por una profunda valoración de la persona de la madre, que en la vida popular es más importante que la del padre, por aquel dicho popular de que madre hay sólo una.

- Ayudar siempre a los necesitados: Tal es un aspecto de profundas raíces en la cubanidad que, sin dudas, fue una interpretación popular del principio cristiano de «Amarás a tu prójimo como a ti mismo».

La solidaridad, ayuda mutua o mutualismo, representó una estrategia de vida asumida por las clases populares en Cuba para resistir las injusticias sociales a lo largo de la historia del país. Primero la vimos en los estatutos de entidades populares como los Cabildos de Africanos, los Gremios o las Sociedades de Socorro Mutuo, Instrucción y Recreo.

Luego, ha aparecido en cada momento de crisis, catástrofes o limitaciones severas que ha sufrido la nación. En menor o mayor grado, esto repercute en dos aspectos de la sociedad cubana: la solidaridad entre vecinos y la condición solidaria internacional.

Los siguientes ejemplos, obtenidos de la tradición oral en modos de religiosidad popular tan diversos como la Regla de Ocha o Santería, la Sociedad de los Ñañigos o Abakuá y el espiritismo popular, ilustran lo antes expuesto:

Santería: (Tomado de las enseñanzas de Ifá):

+ Buen hijo tiene bendición de Dios y de su mamá.
+ Oreja no pasa cabeza y respeta a sus mayores.
+ En el adulterio está el peligro.

Ñáñigos:

+ Que puedo hablar porque soy cristiano.
+ Sin Dios no hay nada.
+ La avaricia rompe el saco.
+ A más no poder, paciencia.

Espiritismo popular:

+ Oración para un recién nacido: «Dios mío, me habéis confiado la suerte de uno de vuestros espíritus; haced, Señor, que sea digno del deber que se me ha impuesto; concédeme vuestra protección, ilumina mi inteligencia con el fin de que pueda discernir con tiempo las tendencias del que debo preparar para entrar en vuestra paz, haced que en este niño germinen las buenas semillas, hasta que él pueda por sus propias inspiraciones elevarse hasta vos».

Las religiones afrocubanas pueden, de acuerdo a su finalidad, ser agrupadas en tres grandes grupos:

– Las que persiguen el tránsito feliz de la vida a la muerte. (Santería, Arará, Iyessá, Gangá). También en este grupo podemos incluir al espiritismo popular, que no es una forma afrocubana.
– Las que buscan el dominio de las fuerzas de la naturaleza (Regla Conga, Bruja o Palo Monte).
– Las que desean el éxito o prestigio social. (Sociedad Secreta de los Ñañigos o Abakuá).

Santería: Tiene como motivaciones principales:
- La Salud.
- Las relaciones sentimentales.
- La vivienda.
- El desenvolvimiento.

Caracterización:
Sus devotos creen en la Santísima Trinidad: Dios Padre (Oloddûmaré), Dios Hijo (Olofi) y el Espíritu Santo (Olorum), en la vida perdurable y en la existencia de entidades intermedias que sirven de puente entre Dios y los hombres (los orishas).

Para la comunicación entre los creyentes y sus objetos de fe se emplean formas oraculares como el Obbi o «cocos», el Diloggún o caracoles y el Ekuelé o cadena de los babalaos (hombres dedicados al orisha Orumla); por influencia del catolicismo popular también tienen plegarias o emplean algunas de la Iglesia, así como el amplio complejo danzario-musical.

Entre los rituales más importantes de la Santería se cuentan las consagraciones o asientos de los orishas que pueden serlo, los medios asientos, las mundificaciones o limpiezas y los trabajos o embos o ebbos.

Manifestaciones como la artesanía, el arte culinario, la farmacopea o la literatura agráfica (especialmente los mitos), además de la música y la danza, han influido e influyen decisivamente en la creación y generación de valores en nuestra cultura popular.

Cuadro de los principales orishas:

NOMBRE:	FUNCIÓN:	SINCRETISMO:	COLORES:
Ellegwá	Protector, dueño de los caminos	Niño de Atocha, S. Pedro, S. Roque	Rojo y negro
Oggún	Guerrero, Herrero, machetero	S. Juan Bautista, S. Pedro	Morado, negro, verde y rojo
Ochossi	Cazador, protector de cárceles	S. Norberto	Verde y rojo
Orisha-Oko	Campesino	S. Isidro Labrador	Carmelita claro
Oggué	Ganadero	S. Blas	Carmelita oscuro
Babalú-Ayé	Médico y Rey	S. Lázaro	Morado y rojo
Inle	Médico y pescador	S. Rafael	Verde y azul
Osaín	Dueño del monte	S. Silvestre	Verde oscuro
Obbatalá	Dueña de la paz, guerrero y rey	V. de La Merced	Blanco y dorado
Agayú-solá	Patrono de los trabajos con fuerza	S. Cristóbal	Rojo vino
Idbeyis	Gemelos, protectores de los niños	S. Cosme y S. Damián	Rojo y blanco
Shangó	Lo masculino, dueño del trueno y tambores (Macho)	Sta. Bárbara	Rojo y blanco
Obba	Patrona del hogar	Sta. Rita	Rosado
Yemayá	Dueña del mar y la maternidad	V. de Regla	Azul y blanco
Oshún	Dueña de los ríos, el dinero, el amor y la rumba. Lo Femenino.	V. de la Caridad	Amarillo y blanco
Oyá	Dueña de la muerte	Sta. Teresa	Arco Iris
Yanzá	Dueña de la muerte	La Candelaria	Rosado
(Yewá)	Dueña de las tumbas	Sta. Rita	
Orumla Ifá	Oráculo	S. Francisco	Verde y amarillo

Los elementos antes mencionados pueden aplicarse también a los arará, iyessá y gangá, sólo que tales se han mantenido en un ámbito netamente familiar y en la última década es que han permitido la presencia de foráneos en sus rituales. Por supuesto, también elementos como la lengua, el nombre de divinidades (foldunes, santos u orishas), los musicales, etc. son diferente.

En estas formas de la religiosidad popular cubana, no se puede hacer mal a ninguna otra persona; existen para ayudar, curar y consolar, pero nunca para dañar. A los orishas, foldunes, orissas o santos, no se les piden cosas malas, sino buenas para la salud y el progreso de todos.

Dentro de las historias referidas a entes míticos de estos sistemas mágico-religiosos hay muchas con una clara ascendencia católica y evangélicas. Veamos algunos ejemplos:

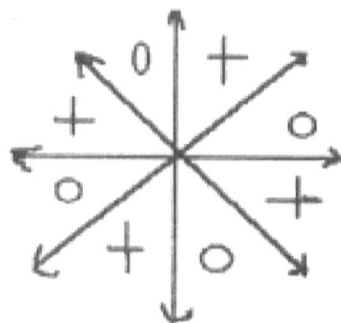

Regla de Ocha o Santería:
Patakín que explica por qué el coco es blanco por fuera y negro por dentro y explica la razón por la cual se debe trabajar siempre en el suelo.

«Los hombres estaban padeciendo muchas miserias y enfermedades, por lo que hicieron una rogación con mucha fe a Olofi. Este con su bondad infinita los escuchó y envió a Obbi para socorrerles.

Obbi vestía inmaculadamente de blanco, como quien nace de lo más puro de Dios. Al llegar a la tierra comenzó a curar a todos, ricos y pobres, mientras su fama se extendió con suma rapidez.

Entonces los ricos al conocer el valor de Obbi comenzaron a alagarle con las más lujosas vestiduras y costosos regalos. Le fabricaron un espléndido castillo, a fin de que no tuviera que ir andando por los caminos y atraerlo a sus intereses y beneficios.

Así Obbi se fue apartando y olvidó a los pobres, quienes de nuevo quedaron desamparados. Ningún menesteroso necesitado podía llegar a él, puesto que según Obbi le mancharían sus finos y limpios trajes.

De nuevo los pobres y el pueblo se quejaron a Olofi. Una noche los ricos daban un banquete para Obbi y de pronto un mendigo apareció en el medio del salón. Un grito de repudio salió de todas las gargantas y los soldados acudieron de inmediato a desalojarlo.

El mendigo imploró la ayuda de Obbi pero él ordenó que lo echaran del lugar. Cuando los guardias iban a cumplir la orden, aquel mendigo se transformo en el propio Olofi y todos quedaron inmóviles.

Olofi dijo a Obbi: Te mandé para que hicieras el bien y sanaras a todos, pero tú has quedado solamente con los ricos, mientras mi pueblo sufre las calamidades. Desde ahora trabajarás para todos, como el más humilde, en el suelo por donde todos caminan, escupen y pisan. Tu ropa será oscura como el polvo, mientras por dentro, como tu alma es buena, seguirás siendo blanco. Luego se dirigió a los ricos con duras palabras: Yo les digo que al final muy pocos de Uds. estarán en mi mesa.

Por eso el coco hay que lanzarlo directamente al piso y si éste es de tierra, mejor. Su parte blanca indica el bien o lo bueno, mientras la negra anuncia el mal.

Recuerda mucho las parábolas de los banquetes [7] este patakin que aparece en las enseñanzas del signo Eyorosó que encontramos en los libros que preparan a los iniciados del País de los Silencios, entre nosotros conocidos popularmente como babalaos:

«Un hombre invitó a sus vecinos a un convite, en el que sirvió las peores comidas y bebidas que encontró. Como sabían que era muy rico, muchos le rendían las mayores adulaciones, menos dos que permanecían en silencio, como preocupados. Durante el convite, todos comieron y bebieron sin muestras de disgusto, excepto los dos indicados quienes trataron de acercarse para decir algo al anfitrión, pero éste con un gesto les indicó que guardaran silencio.

Cuando los otros invitados se retiraron, iban murmurando y manifestando su descontento. En cambio, los otros le abrazaron francamente al anfitrión. Así el hombre supo que no eran sus verdaderos amigos, a pesar de que todos participaban de lo suyo.

Los ararás cubanos, preservadores de la alta religiosidad de los ewefong dahomeyanos, conservan muchas historias sobre su temido y venerado rey Xampaná Omú Laye, más conocido entre nosotros como Babalú Ayé Andrónica Omobitasa o el enviado del Señor que es dueño de la vida y la muerte, el sol y la luna, la lluvia y el arcoiris.

Muchas veces al son de los imponentes tambores de las serpientes, en mis andanzas por Perico, Jovellanos y Colón, en el mismo centro de la provincia matancera, me contaban sabios ignorados que:

Se había desatado en el reino de Dahomey una epidemia de lepra que amenazaba con liquidar a toda la población del país. Sabiendo que existía un poderoso médico en el vecino reino de Oyó, despacharon emisarios pidiendo su socorro, pero ninguno regresó.

Una mañana ya todos próximos a morir, se congregaron junto al mar. Hacían sus rezos finales, cuando en lo alto de la montaña resplandeció la figura de un jinete que galopaba sobre un caballo hermosamente blanco.

El hombre desmontó y fue poniendo sus manos sobre cada uno de los enfermos abrazándoles con amor, hasta que él mismo se vio contagiado. En ese momento, sacó unas yerbas de su bolso, las pasó por su cuerpo y pese a que eras dos simples ramas, éstas se multiplicaron, curando a todos los allí reunidos.

Entonces el hombre, con voz firme dijo: ¡Yo soy el enviado de otro que es mayor que yo. quien tenga fe en Él, como les he curado, serán también elevados a su reino. Si permanecen conmigo, yo permaneceré con Uds. hasta el final de todos los tiempos, pero actúen como yo he actuado haciendo siempre el bien, cueste lo que cueste, cualquiera que sea el peligro que ello entrañe.

La Regla Conga, Bruja o Palo Monte, es la transculturación de los secuestrados africanos provenientes de los distintos grupos bantús que fueron traídos a la Isla como esclavos. A diferencia de otras religiones afrocubanas, el elemento fundamental de creencias radica en el uso de los fetiches, especialmente una cazuela conformada por restos humanos, de animales, tierra, hojas y palos, llamada nganga.

Finalidad. Dominio de las fuerzas de la naturaleza o nkisisismo.

Motivaciones predominantes:
– Forzar realidades adversas.
– Relaciones sentimentales.
– Desenvolvimiento económico y social.
– La salud.

Componentes:
– Uso de fetiches.
– Comunicación mediante el empleo del vititifinda y los posesos.
– Conocimiento de la vegetación.
– Ritos fúnebres.

Organización:

a) Jerárquica: Tata Nganga, Madre Nganga, Mayordomo, Padrino, Madrina, Congo Basinde, Gallo, Cajero, Muleros y Vasallos.

b) Ceremonial: Rayaduras, Habilitación de Prendas, Trabajo de Prendas o fetiches, Mundificaciones y Curaciones.

Elementos o vehículos del culto: Complejo danzario-musical, bailes, arte culinario, artesanía ritual, farmacopea y literatura de tradición oral, donde sobresalen las fábulas y las paremias.

Mitología: A diferencia de los sistemas mágico-religiosos de ascendencia africana, las divinidades congas no tienen forma humana, sino que son fuerzas de la naturaleza que emanan de Nzambia, que es el nombre que entre ellos recibe el Dios Supremo. No obstante, muchos escritores de forma superficial han pretendido identificarlos con los orishas y los santos católicos.

NOMBRE:	FUERZA:	SINCRETISMO:
Nzambia o Zambia	Dios Supremo y Creador	Dios
Remolino 4 Vientos	Fuerza buena del viento	Niño Jesús de Praga
Lucero Mundo	Fuerza de la Vida	Jesucristo niño
Viento Malo	Fuerza maligna del viento	
Sarabanda son Briyumba	Fuerza de los metales	San Juan Bautista
Sebangandó	Fuerza de los animales	San Norberto
Mpungo Funtila	Fuerza de las enfermedades	San Lázaro
Kanké	Fuerza de la vegetación	San Silvestre
Tiembra Tierra	Fuerza del tiempo y la paz	Virgen de La Merced
Ntala-Nzamba	Fuerza de los jimaguas	San Cosme y San Damián
Siete Rayos	Fuerza del rayo y el fuego	Santa Bárbara Macho
Madre Agua	Fuerza de todas las aguas	Virgen de Regla
Chola Unwenwe	Fuerza del amor y el dinero	Virgen de La Caridad
Centella Ndoke	Fuerza de la muerte	Santa Teresa de Jesús

La sociedad de los Ñañigos o Abakuá

Fundada en 1836 en La Habana, cuando el cabildo de los Carabalí Apapá inició en sus misterios a un grupo de negros criollos, la Sociedad de Los Ñañigos o Abakuá constituye la única sociedad secreta de origen africano que pudo ser reconstruida en América y la más importante transculturación originada por las etnias efik, efor, apapá, bibí, bríkamo e isuamas en Cuba.

Realmente el ñañiguismo o abakuá no constituye propiamente religión, sino una especie de masonería popular que agrupa o permite a hombres solamente. Las bases del código abakuá son:

– Ser buen hijo y buen padre

- Ser hombre
- Ayudar y proteger a los hermanos
- No cometer adulterio con la mujer de un hermano

Las agrupaciones ñáñigas reciben el nombre de plantes, juegos o potencias y están integradas por un mínimo de 25 personas que reciben el nombre de obonekues con plazas, pudiendo existir un número indefinido de miembros u obonekues sin plaza. En la actualidad el promedio de miembros por potencias es de unas 300 personas. Solamente existen ñáñigos en Ciudad de La Habana (incluyendo Regla y Guanabacoa)<135>, Matanzas<36> y Cárdenas<5>.

Finalidad. Reconocimiento Social

Motivaciones:
- Trabajo
- Reconocimiento de la condición de hombre
- Socorro mutuo

Los principales cargos o jefes de una potencia ñáñiga son el Iyamba o jefe principal, el Mokongo o jefe militar; el Npegó u orden y el Isue o jefe religioso. También son importantes el Nkríkamo o llamador de los íremes: el Nasakó o brujo, el Mosongo o ayudante de Mokingo, y el Isunekue o ayudante de Isue.

Los íremes, ñañas o más popularmente diablitos, son los personajes más representativos de las liturgias ñáñigas o abakuá. Consisten en danzantes enmascarados, de identidad secreta, que simbolizan espíritus luces que vienen a la tierra para dar testimonio de que las cosas realizadas por los humanos están bien hechas.

Los principales son Eribangandó, Aberisún, Aberiñán, Emboko famba, Efiméremo Moko Ireme, Akuanamina y Anamangüi (el íreme fúnebre). Las principales liturgias ñáñigas son el plante o fiesta y el nlloro o ñampe, que es el rito luctuoso. Toda la liturgia abakuá se basa en la reconstrucción del mito o leyenda de Sikana, por lo que muy acertadamente D. Fernando Ortiz los calificaba como tragedia teatral.

Como toda realidad, tanto la Piedad Popular como los Cultos Sincréticos, están inmersos en una red de contradicciones conformadas por valores y desvalores que continuamente provocan o tienden a provocar modificaciones en sus diversos componentes, siempre más visible en los aspectos externos, que en los fundamentos mismos de las creencias.

No obstante y sin que esto sea una esquematización, las modificaciones que actualmente se originan en las creencias populares cubanas vienen dadas por los siguientes factores:

- Pérdidas de conocimientos de generación a generación: Esta es una tendencia que se ha producido regularmente en las religiones afrocubanas. Ocurrió en mayor grado cuando murieron las personas portadoras originarias de estas creencias, es decir, los africanos traídos a la Isla, pues no todo lo que conocían supieron o quisieron transmitirlos a los descendientes criollos, prefiriendo llevarse esos secretos a la tumba.

  También hemos de tener en cuenta que éstos eran conocimientos agráficos, transmitidos oralmente, lo cual también implica pérdidas y modificaciones en los procesos de enseñanza. Cuando los descendientes de estas personas comenzaron a leer y escribir, muchos se dedicaron a la tarea de escribir esos conocimientos, pero ya se habían producido pérdidas.

  Como las religiones tradicionales subsaharianas son eminentemente míticas, fueron los mitos los primeros elementos de tales creencias, que se escribieron. Luego vinieron aspectos prácticos como los sistemas adivinatorios, los rituales, las normas para construcción de adminículos sagrados, etc.

- Adecuación a nuevas realidades físicas y sociales: El vivir en ámbitos sociales y naturales muy diferentes a los territorios de origen obligó a transformar y modificar mitos, creencias, liturgias, comportamientos religiosos, etc. Era necesario que los nuevos creyentes entendieran el significado de las enseñanzas y valores que sostenía el sistema mágico-religioso que transculturaba, por ello las necesarias e inevitables suplantaciones y cambios. El baobab se convirtió en ceiba; la serpiente en alacrán; el leopardo en chivo, y tantas otras transformaciones como la necesidad impuso.

Por supuesto, después, la realidad de un sistema social ateo y opuesto a las religiones, sin reparar en ninguna, también impuso imprescindibles cambios. Máxime ante las carencias económicas y morales que se han vivido. Pero también logros obtenidos en esta nueva realidad social, especialmente en la educación, justicia social, salud, etc. han impuesto sus modificaciones.

- La modernidad: Todo lo que desde la óptica de lo moderno o civilizado atenta en las sociedades actuales contra el ejercicio y los valores propios de la cultura tradicional y popular, va también en contra de las religiones populares, porque son parte indivisible de aquella.

– La ignorancia de los estudiosos: En nuestro país, si exceptuamos la obra de Ortiz, Lachatañeré y Lydia Cabrera, iniciadores y justos precursores en tales estudios, generaciones posteriores de investigaciones que se han acercado a estos problemas han adolecido de una base científica de trabajo de campo y, lo peor, tratan de asumir posturas absolutizantes y generalizadoras sin tener en cuenta principios tan fundamentales al estudiar todo el universo popular como son la espontaneidad y el valor local.

La suma de todos estos elementos nos llevan a encontrar que todos estos cultos sincréticos ya son muy diferentes a como eran en etapas muy precisas como el término de la esclavitud en Cuba, los inicios del siglo XX, la década de 1950 o, incluso, los años de Revolución anteriores al período especial.

Con pleno conocimiento sustento que todo lo positivo en las modificaciones asumidas entre los practicantes de estas religiones populares desde finales del siglo XIX, cuando aún éramos colonia, hasta el momento y preciso instante en que nos encontramos, ha provenido de una matriz católica, no importa cual ortodoxa o popular pudiera ser, pero siempre portadora de amor, fe, esperanza, confianza, progreso, alegría, belleza, como abriendo rutas cada vez más anchas y plenas hacia ese Dios de Infinito Amor, Padre de toda la Creación.

NOTA

[1] *Las Siete Partidas Castellanas*. Madrid, 1921. Título XXI de la Ley I. Partida IV.
[2] *Idem*. Título V de la Ley I. Partida V.
[3] Smith, Adam: *The Wealth of Nation*. Edit. Cannan. New York, 1943, pág. 265.
[4] Williams, Eric: *Capitalismo y Esclavitud*. Edit. Ciencias Sociales. La Habana, 1975, pág. 7.
[5] Saco, José Antonio: *Historia de la Esclavitud de la Raza Africana*. La Habana, 1935, pág. 83.
[6] Ortiz, Fernando: *Los Negros Esclavos*. La Habana, 1916, pág. 64.
[7] Mateo 22, 2-14; Marcos 8, 28-29 y Lucas 21, 29?32 y 14, 16-24.

Obra sosial de la Iglesia en Camagüey Siglo XX

Amparo Fernández

El 24 de noviembre de 1898 se retira de Puerto Príncipe el Batallón de Cazadores de Cádiz hacia el reino de España; el 10 de diciembre se firma el Tratado de París y el 1 de Enero de 1899 se inicia la Primera Intervención Norteamericana, con unos cambios sustanciales en esta ciudad con un reordenamiento en las instituciones del gobierno. Con la pérdida de sus colonias, España pierde la facultad de proponer prelados al Santo Padre, que, hasta esos momentos y salvo muy raras excepciones, respondían a los intereses políticos del Reino.

Al retirarse de la sede de Santiago de Cuba el Arzobispo Mons. Francisco Saínz de Urturi y Crespo, que regresa a España, el Santo Padre nombra al Rev. Francisco Barnada y Aguilar, natural de Santiago de Cuba, de 59 años de edad, para que se haga cargo de la silla episcopal el 24 de julio de 1899, el cual tendrá el gobierno de la Vicaría de Puerto Príncipe. En este período la Santa Sede nombra un Delegado Apostólico con residencia en Nueva Orleáns.

La Iglesia Católica cubana se encuentra afectada por los sentimientos patrióticos de los independentistas ya que las tropas en operaciones traían sus capellanes castrenses españoles que ocupaban los poblados y líneas militares y sus jefes militares tomaban las zonas e impartían el auxilio espiritual, quedando un resquemor por esta situación.

En el caso específico de Puerto Príncipe, al igual que otros lugares de la Isla, se encuentra con un territorio devastado por la guerra. El desorden y el atraso social, la insalubridad, la pérdida de edificaciones religiosas de las parroquias rurales, conventos y hospitales intervenidos por el gobierno español y convertidos en civiles, órdenes religiosas extinguidas, pérdida de capitales en las fincas, analfabetismo y orfandad. Una ciudad donde no existe acueducto y la luz eléctrica está en sus comienzos.

El sistema hospitalario en el año 1899, estaba constituido por los siguientes hospitales civiles:

– Ntra. Sra. del Carmen, de mujeres, atendido por las Hnas. de los Pobres
– San Juan de Dios, para hombres
– San Lázaro, para leprosos y dementes
– Hospital Militar

- Asilo en San Juan de Nepomuceno, a cargo de los Hnos. de los Pobres
- Asistencia a enfermos, por las Siervas de María
- Conferencia San Vicente de Paúl, de mujeres
- RP Carmelitas Descalzos

En el año de 1899 era Superiora del Hospital de Mujeres Sor Esperanza Varona que, además, atendía el Asilo de Niños San Juan Nepomuceno, donde los registros civiles de defunción dan cuenta de las muertes por inanición.

Centros de Enseñanza:
- Para varones: R.P. Escolapios
- Para hembras: R.M. Ursulinas

El censo de población de noviembre de 1899 da un resultado de 25,102 habitantes con un decrecimiento de un 8,2% en relación con el año de 1855 donde la población es de 30,385 habitantes.

En el saneamiento y reordenamiento del gobierno interventor, el 1º de abril de 1900 embarcaron por el puerto de Nuevitas hacia La Habana a los dementes; en el mes de septiembre del mismo año, llevaron a los leprosos a La Habana, quedando el Hospital de San Juan de Dios vacío, listo para dedicarlo a ser Asilo de Ancianos.

El 8 de noviembre de 1901 se publica en el periódico «Dos Repúblicas» una Orden de Clausura, del Gral. Leonardo Wood, para el Asilo de Niños Huérfanos de S. Juan Nepomuceno, para enviarlos a Estados Unidos o a un Colegio en La Habana. Debido a las protestas populares, quedó sin efecto esta Orden.

Una vez elaborada la Constitución de 1901, con la libertad de expresión proclamada por los constituyentes, queda separada la Iglesia del Estado y, a pesar de las altas y bajas por intentos de ideas más radicales en contra de la Iglesia, desde este momento la Iglesia Católica comienza una fase de recuperación, sin interrupciones gubernamentales.

En los años 1902-1914, con el advenimiento de la República, la benefactora camagüeyana Srta. Dolores Betancourt y Agramonte, residente en Nueva York, luego de un viaje a Barcelona, España, en 1902, entra en contacto con la congregación salesiana y con el Padre Provincial hace gestiones para el establecimiento en Camagüey de las llamadas «Escuelas Populares» para la enseñanza de niños y niñas pobres fundadas por San Juan Bosco.

En 1903, el 9 de julio, cambia oficialmente el nombre de la ciudad de Puerto Príncipe por el de Camagüey. La prensa por esos días anuncia que las RM Ursulinas han organizado y mejorado su colegio brindando cursos especiales de taquigrafía y caligrafía para jóvenes (las de taquigrafía son las primeras que se imparten en esta ciudad a mujeres, las cuales se prepararon para el trabajo en la nueva corriente laboral de empleo para mujeres en oficinas y telégrafos.

Aparte de esto, no hay cambio notable en la obra social de la Iglesia.

El 10 de diciembre de 1912 el Santo Padre Pío X expide una Bula creando los Obispados de Camagüey y Matanzas, asignando los límites de las respectivas provincias eclesiásticas. El 25 de mayo de 1914 designa primer obispo de Camagüey al fraile carmelita y Provincial su Orden en España, el vasco Fr. Valentín Zubizarreta y Unamunzaga, quien es consagrado el 8 de noviembre en el convento de los carmelitas descalzos de Ntra. Sra. de La Merced de Camagüey. La Parroquial Mayor es designada como Catedral.

En este período se intensifica la correspondencia con Dolores Betancourt. El 19 de junio de 1916, le comunica a Mons. Zubizarreta que recibió carta del RP Superior de la Congregación Salesiana, por la cual espera pronto la fundación en Camagüey, por la que ella lleva trabajando más de 13 años y a la que donaría casi por completo su capital.

Las RM Ursulinas en febrero de 1915 anuncian en el periódico «Libertad» que han adaptado sus planes de enseñanza a los del país, bajo el lema: «Instruir es mucho: pero construir y educar es complemento de nuestras aspiraciones». «Con la educación basada en la moral de Jesús». Clases especiales: Mecanografía y Taquigrafía. Pintura, Modelado, Música, Corte y costura y Bordado.

Consolidación de la obra social de la Iglesia. Años 1922-1959

Un cambio en el gobierno de la Diócesis de Camagüey se produce el 24 de febrero de 1922 al ser nombrado Obispo de Camagüey el Dr. Enrique Pérez Serantes, español, consagrado en Cienfuegos el 13 de agosto de 1922, quien se hace cargo del Obispado a partir del 2 de septiembre de 1922.

Mons. Pérez Serantes establece una Santa y Pastoral Visita de carácter permanente y trata de resolver los problemas que afectan a su Diócesis durante su gobierno que duró hasta el 28 de mayo de 1949, cuando ocupa el Obispado Mons. Carlos Riu Anglés.

Caballeros de Colón
8 de junio de 1923. Es fundado el Consejo Santa María 2479 de la Orden de los Caballeros de Colón con sus cinco comisiones (Beneficencia, Fiestas, Propaganda, Casa y Empleos), que estaba establecida en Cuba desde 1909 y su función principal es la fraternidad y después las obras de piedad.

Diciembre de 1929. Preside la Comisión de Beneficencia Francisco Bango y González, Mons. Dr. Juan A. Salas Royano y tres miembros más.

1940. Es el centro de la vacunación antivariolosa.

Conferencia San Vicente de Paúl (mujeres)
«La asistencia social en diferentes aspectos»
Establecida desde el 11 de junio de 1861.
Su acción: Hospitales, leprosorios, expósitos, maternidad, enfermos de guerra, mejoras a los presos. Visitas domiciliarias para elevar el nivel social en el sentido espiritual y material (pago de alquileres, donación de casas, acoger personas, roperos –con recursos propios–, confección de ropas con donativo de tejidos...), servicio de biblioteca para visita a penados.

Conferencia San Vicente de Paúl (hombres)
Fundada el 26 de enero de 1920 con 15 miembros, sin edificio social, residen en las Escuelas Pías, entre sus acciones están el servicio religioso a la Cárcel de Camagüey, las becas en las Escuelas Pías a 15 niños con pago total de uniformes, libros, matrículas y demás en La Habana y Camagüey, jabas de Navidad para niños pobres entregadas a los vecinos del lugar, etc.
La Iglesia Católica suplió en gran medida lo que no pudieron los gobiernos de la República en cuanto a asilos, hospitales, escuelas, dispensarios, beneficencia, etc.

Damas Isabelinas
13 de abril de 1929. Se constituyó la Corte de Santa Teresa de Jesús «Para el bien de la humanidad». Nombrada Regente la Sra. Alicia L. Rosado, esposa del Dr. Alberto Santos Álvarez.
26 de agosto de 1935. La Regente, Sra. Angela Errotaberca de Pichardo comunica al gobierno provincial que se ha creado un Patronato para construir un asilo y creche Santa Teresa para niños internos entre 2 y 12 años y un asilo diurno para lactantes y que el lugar será el Hospital San Juan de Dios; con el fondo de Acción Cívica se haría la adaptación, pero esto no se realiza siendo disuelto el Patronato.
1939. 15 becas para niños pobres en el colegio popular El Carmen.
1947. Misión en la cárcel de la ciudad.
1952. Se encargan de la Sala de Tuberculosis del Hospital General.

Acción Católica Cubana
- Juventud Masculina y Juventud Femenina
- Caballeros Católicos. Fundada en el año 1929 la Asociación Nacional en Sagua la Grande.
- Damas de la Acción Católica.
- Maestras Católicas
- Juventud Obrera.

Ayuda a asilos y hospitales estatales. Con sus bazares para obras de beneficencia para los pobres en especial en Navidad, Día de Reyes, fiestas parroquiales con ayuda de alimentos, ropas y juguetes.

Es una obra tan abarcadora que merece un estudio especial aparte.

1958. Patronato de Centro de Asistencia Social Católica de Camagüey, cuya vida fue efímera.

Enseñanza

Artes y Oficios
Establecido como colegio en la década de 1930.

Enseñanza para varones a cargo de los Padres Salesianos. Sus alumnos se graduaban como obreros calificados.

Por la mañana se daban las clases de instrucción y en las tardes se realizaban prácticas en los talleres.

Algunas de las especialidades que se estudiaban en este centro eran:
– Artes gráficas: Linotipos, imprenta, encuadernación, impresión de folletos, avisos, etc.
– Mecánica automotriz
– Dibujo técnico, con lectura de planos.
– Albañilería: Técnicas constructivas de edificación con instalación hidráulica y sanitaria, construcción de aljibes y pozos.
– Carpintería: Diseño y construcción de muebles.

Enseñanza especial (Sordomudos)
El Pbro. Pedro Orbe y Urquiza, vizcaíno, que había sido ordenado en diciembre de 1911 en Vitoria y nombrado profesor del Colegio de Sordomudos de Deusto, Vizcaya y subdirector capellán del mismo hasta 1925, teniendo luego otras funciones entre 1925-1936 fuera del colegio (en Bélgica atiende la educación de los refugiados españoles). En 1939 pasa a la diócesis de Camagüey y es nombrado párroco de «El Santo Cristo» el 13 de enero de 1942.

A partir de su llegada, el P. Pedro se da a la tarea de localizar a los sordomudos de la ciudad, organizándolos en una pequeña y pobre escuela, donde funge como maestro.

El 11 de marzo de 1947, Mons. Pérez Serantes escribe a la Primera Dama de la República, Sra. Paulina Alsina, Vda. de Grau, presentándole al P. Orbe y una comisión de personas con dos alumnos del colegio que está sostenido por la Sociedad Club de Leones de Camagüey, y donde el presbítero y sus alumnos demostrarán la importancia de esta enseñanza con una exhibición de lo aprendido. Monseñor decía: «Camagüey merece una institución para hablar y pensar».

Este fue el cimiento para que años después, en 1957 se creara la Asociación Provincial de Pobres y Vecinos y Maestros del Instituto de Logopedia y Foniatría de Camagüey, sito en Rosa La Bayamesa #65.

Hermanas Oblatas de la Providencia
Fundadas en Camagüey el 12 de enero de 1925, procedentes de Baltimore, Estados Unidos. Se dedican a la enseñanza de:
- Artes decorativas: Pirografía, pirocromado, pintura al relieve en cristal.
- Preparación a oficios: Mecanografía y taquigrafía, Corte y costura (con la técnica académica del sistema Acma).

Mantuvieron enseñanza gratuita, aparte de los cursos regulares para jóvenes y niños.

Reverendas Madres Reparadoras
Sostenían una escuela gratuita anexa a su Capilla para la formación de niñas pobres.
- Clases de instrucción
- Corte y costura, tejido
- Preparación para oficina: Mecanografía, Taquigrafía e Inglés.

Congregación Salesiana. Escuela «Dolores Betancourt».
A mediados de la década del 30 fundan la primera Escuela del Hogar de Camagüey en San Francisco #1 (hoy Luaces # 1), bajo el lema: «La educación de la mujer es base para la regeneración de las naciones.»
- Ingreso de las alumnas: 15 años de edad y 6º grado de instrucción.
- Duración del curso: 1 de octubre a 24 de junio.
- Clases: De lunes a viernes, de 1:00 pm a 4:30 pm, excepto en las fiestas de precepto y nacionales.

Plan de enseñanza:
- Religión, Moral y Cívica.
- Contabilidad doméstica
- Economía doméstica
- Inglés
- Redacción
- Higiene y Medicina prácticas
- Cuidado a enfermos
- Corte, costura y confección
- Artes manuales: confección de flores, sombreros, abanicos y cestería
- Nociones de agricultura
- Jardinería

- Cuidado de animales domésticos
- Lavado y planchado

Las clases eran eminentemente prácticas

Los alumnos ponían los materiales y $ 4.00 al mes.

- Curso nocturno gratis a alumnos mayores de 14 años (60 muchachas y 50 varones).
- Curso diurno de enseñanza escolar (60 niñas gratis y 50 niños a media pensión)

Escuela Popular «El Carmen»

Las religiosas salesianas aparte del Colegio sostenían una catequesis en las barriadas pobres de Nadales, Agramonte, Piedra Imán y todo el cinturón de miseria que bordeaba la ciudad, llevando ropas y alimentos.

En el Colegio se confeccionaron 200 almuerzos para niños pobres en el año 1939.

Asilos, dispensarios y hospitales

Asilo San Juan de Nepomuceno

Para niñas pobres y huérfanas. Con una matrícula de 50 a 60 internas.

Labor hospitalaria educativa

Con integración social en la zona. Muy bien relacionadas con sus vecinos. En casos de fenómenos naturales daban albergue a las personas.

Asilo Amparo de la Niñez

Su lema: «Salvando las niñas mediante la educación cristiana».

Patrona: La Virgen Milagrosa.

Fundado por la religiosa ursulina exclaustrada Srta. María Montejo Tan, comenzó a funcionar el 23 de abril de 1926.

Preferencias: las huérfanas de padre y madre.

Ingreso mediante certificado de bautismo.

Edades de 6 a 15 años

Podían permanecer hasta 18 años o más de acuerdo a conveniencia de la administración del asilo.

Educación cultural según los planes estatales y corte y costura.

Las mayores se distribuyen en la cocina, lavado, limpieza y costura, forjándolas como mujeres propias del hogar.

Tenía una Asociación cuyos miembros contribuían con $ 1.00 al mes.

A la muerte de la fundadora el 6 de septiembre de 1945, se hacen cargo las Religiosas de la Caridad de San Vicente de Paúl.

La Asociación de Ferroviarios Amigos del Amparo de la Niñez, fundada el 28 de noviembre de 1951, constituida por diferentes sectores ferroviarios (Asociaciones de Columna de Pista, Cooperativa Ferroviaria, empleados de oficina, Atlético Ferroviario, jubilados, Empresa de Ferrocarriles Consolidados de Cuba, Hermandad Ferroviaria, trabajadores de la Unión) donó en el año 1956 $ 2,880.84 para gastos de alimentación, electricidad, gas oil, juguetes, artículos para Reyes, almuerzo de Navidad, excursiones, reparación de radios, adquisición de bomba, etc. En el año 1959, incluyendo el aguinaldo pascual, donaron $ 2,127.00 y dieron a las Oblatas $ 50.00. Al año siguiente dieron al Amparo de la Niñez $ 2,215.15 y a las Oblatas $ 100.00.

Las Hermanas de la Caridad de San Vicente de Paúl atendían también el Dispensario Cristo Rey en el Reparto Batista fundado por la Sra. Rita María Rodríguez.

Asilo Amparo de la Vejez
Fundado en 1953 por las religiosas de la Congregación de las Hermanitas de los Ancianos Desamparados para el ingreso de ancianos de ambos sexos. Se ubicaba en los locales de la actual Escuela de Enfermería de Camagüey.

Asilo Beata Teresa de Jesús Jornet
También para ancianos. Fundado en 1955 por la misma congregación que el anterior.

Obra social de la Compañía de Santa Teresa de Jesús (teresianas) en el Reparto Saratoga, con asistencia social y educativa

Hospital infantil San Juan de Dios: obra cumbre hospitalaria religiosa del siglo XX.

El 23 de diciembre de 1929, durante el machadato, cuando la primera gran crisis del capitalismo y su incidencia en Cuba, con la seria depresión económica que se inicia en el gobierno de Gerardo Machado, dada la situación en que se encontraba la asistencia médica a niños hospitalizados, en una Asamblea de Maestros del Distrito se constituye el Patronato Antonio Luaces, de carácter benéfico, para proteger la Sala Antonio Luaces para niños pobres que funcionaba en el Hospital General, en especial los de las escuelas públicas, que había sido fundada y ampliada por el Sr. Rafael Zayas-Bazán y Villanueva. Se redactó un reglamento.

Se nombró como presidenta del Patronato a la Srta. Mercedes Álvarez Bigas y vicepresidenta a la Srta. Julieta Arango Montejo, como secretara a la Srta. Mercedes Zayas-Bazán Bejarano.

Se apoyaba la sala con medicamentos a los hospitalizados.

En los meses de noviembre y diciembre de 1934 el Patronato realizó pagos por $ 116.04 en radiografías, enfermeras de noche, medicamentos, meriendas y sirvientas para atención a los niños hospitalizados

En el año 1935 cambia la directiva del Patronato. Es elegida presidenta la Srta. Julieta Arango Montejo; la directiva encuentra un nuevo impulso. La Srta. Arango Montejo ocupará la presidencia mientras dura el Patronato.

Década del 40, definitiva para la consolidación de la obra

El 8 de mayo de 1940 el gobernador provincial declara al Patronato como Institución benéfica, se modifica el reglamento y será dicha institución quien gobernará y regirá al Hospital San Juan de Dios, sede del Patronato, y para la administración interna se propone sean las Hermanas de la Caridad de San Vicente de Paúl u otro Instituto Hospitalario Católico; se nombra como Socio de Honor a su fundador, el Sr. Rafael Zayas-Bazán. Se fundará, además, una Creche de Niños, cercana y anexa a San Juan de Dios, siguiendo la intención del fundador del Hospital San Juan de Dios, D. Gaspar Alonso Betancourt.

El Hospital fue transferido como propiedad del Patronato, quien no podía cederlo al Estado o a un particular. Su restauración, adaptación y habilitación estuvo a cargo de particulares, créditos estatales, instituciones locales, centrales azucareros, obreros camagüeyanos que ofertaron su mano de obra. Entre todos se destacan:

- II Convención Nacional de Ferreteros (28 de enero de 1949). Habilitación y donación de una cocina moderna.
- Sección femenina del Fondo Cubanoamericano. Habilitó una Sala y un Cuarto de Cura.
- Farmacia y medicamentos. Obra permanente del Dr. Álvarez Fuentes.
- Fondo de Ayuda a los Aliados en 1943 habilita una Sala de Medicina.
- Conferencia de Caballeros de San Vicente de Paúl dona un Salón de Ingresos.
- La Sra. Dolores Roms, Vda. de Goya en memoria de su esposo.
- Club «Las Abejas» del Hospital Foundling de Nueva York habilita una Creche Terapéutica.
- Industriales camagüeyanos. Una Sala de Medicina.
- Club de Leones. Gabinete dental con servicio interno y atención a pacientes externos.
- Mons. Pérez Serantes. Restauración de la Iglesia de San Juan de Dios.
- Mrs. Lidia Palmer, de Maryland, Estados Unidos donó el órgano de la Iglesia, gracias a una gestión del Sr. Gonzalo Arango, hermano de Julieta.

Distribución del hospital

- *Planta baja: Sala de operados, de ortopedia, de curaciones, Rayos X, medicina, gabinete dental, consulta externa, oficina del Patronato, cuarto oscuro, 2 habitaciones, acceso al elevador.*
- *Planta alta: Salón de operaciones, salas de medicina, creche de niños, salón de conferencias farmacia y otras dependencias.*

El Hospital Infantil sería atendido por el Instituto de las Carmelitas Misioneras, las cuales salieron en el vapor «Monte Urbosa», el 3 de diciembre de 1951 desde Barcelona, llegando el 22 del propio mes, a La Habana, las religiosas fundadoras:
- Guillermina de San Juan de la Cruz (Ferrer Nicolás)
- Laura de San Juan de la Cruz (Muro Archedurra)
- Pilar de Santa Teresa (Castell Torres)
- Máxima de Jesús Crucificado (Fernández Iribarren)

Son promotores de la fundación el P. Ireneo con la Srta. Julieta Arango Montejo.

El 28 de diciembre de 1951 llegan a Camagüey las religiosas con los promotores.

El 20 de enero de 1952 llegan 4 Hermanas para completar la Comunidad:
- María Carmen de la Transverberación (Miquéliz Ozcondi)
- María Carmen del Buen Pastor (Apraiz Uría)
- María Teresa de San José Oriol (Esteban Padilla)
- Josefina de María (Escudero Rodríguez)

Las recién llegadas se incorporan a las labores de preparación del Hospital para su inauguración.

Mons. Carlos Riu Anglés ordenó se retocase el altar mayor, regaló el Sagrario, un copón, una custodia y los candelabros del altar.

27 de enero de 1952. Se trasladó en procesión el Santísimo desde la Iglesia Catedral a San Juan de Dios. Presidía la misma Mons. Riu Anglés, los padres carmelitas y varios sacerdotes. Al día siguiente se recupera el servicio religioso del templo. A este acontecimiento asistió la Primera Dama de la República.

El 29 de enero se atendieron en el Hospital 40 niños internos. Las consultas externas ascendían a más de 4,000 al año. Los recursos eran bastante limitados.

El propio 29 se registra la primera defunción en el Hospital, la del pequeño Hermes Aguilera Olazábal, de 15 días de nacido, hijo de Hermes e Isabel, natural de Ciego de Ávila. Muere a las 8 de la noche del día anterior debido a neumonía y síncope respiratorio.

El 16 de marzo fallece el niño Rogelio Adroque Fernández, de 10 años, natural de Camagüey. La causa de la muerte fue un colapso respiratorio y encefalitis no epidémica.

El 30 de abril muere Irene Noy Aguilera de 4 meses, de Camagüey, por cólera infantil y síncope cardíaco.

Caso de Cuerpo de Guardia
27 de mayo de 1952 – Flora Josefina Méndez Sánchez– edad: 2 años, vecina de la calle de San Juan de Dios – Colapso respiratorio y encefalitis.

El 24 de abril de 1953 se inscribe su directiva en el Registro de Asociaciones como:

Superiora: Rvda. Madre Guillermina S. Juan de la Cruz
1ª consultora: Hna. Laura de S. Juan de la Cruz
2ª consultora: Hna. Carmen de la Transverberación
Ecónomas: Hna. Pilar de Santa Teresa
   Hna. Maximina de Jesús Crucificado
   Hna. Teresa de San José
Miembros: Hna. Josefina de María
   Hna. Josefina del Buen Pastor

Y cuyo fin espiritual según se lee en el artículo 4 de su Reglamento está «en asistir a los enfermos y atender a los huérfanos y disolverlos en establecimientos instituidos al efecto».

De tener bienes propios y disolverse la Asociación pasarían al Sr. Obispo de Camagüey.

En el año 1956 la nueva superiora es Carmen de San Elías Arfuniés Ávalos.

El Balance Anual de la Asociación de las Hermanas Carmelitas Misioneras, enviado el 31 de diciembre de 1954, al Registro de Asociaciones en el Gobierno Provincial fue:

Ingresos: $ 2,425.00
Egresos:
              $ 2,391.00
Saldo: $ 34.00

El 31 de diciembre de 1958:
Ingresos: $ 3,626.00
Egresos:
              $ 3,457.00
Saldo: $ 169.00

En el año 1959 se envía una nueva modificación del Reglamento donde, de extinguirse el Patronato, la propiedad del Hospital San Juan de Dios pasará a las Hermanas de la Caridad de San Vicente de Paúl y de no estar radicando por cualquier causa, a la Clínica San Rafael de los Hermanos de San Juan de Dios.

Los bautismos realizados entre el año 1952 y 1961, mientras estuvieron las Hermanas, fueron 2518 y en el año 1962 se bautizaron 101.

En el mes de mayo de 1958 partieron las tres primeras postulantes para Pamplona: las hermanas Nieves, Clemencia y Zolia; llegaron el 15 de mayo y el 25 de julio María Nieves Benítez Blanco pronuncia sus votos religiosos, el día 26 de julio falleció.

La obra de las Carmelitas Misioneras desde el punto de vista hospitalario, junto a su Director, Dr. Oscar Ortiz Machado, su fundadora, Srta. Julieta Arango Montejo, los drs. Paisán, Beyra, Roger Solís, Barquín, entre otros, llevaron la sanidad, la caridad, la salud y la espiritualidad a todos los niños y fue el mejor servicio hospitalario de la provincia en este período.

En su conjunto, la obra social de la Iglesia en el siglo XX debe ser objeto de investigación histórica en su profundidad, por lo que hizo la Iglesia Católica por las capas más desvalidas de la sociedad.

BIBLIOGRAFÍA

Arzobispado de Camagüey. Expediente de los Carmelitas Descalzos. Siglo XX.
Arzobispado de Camagüey. Expediente de las Carmelitas Descalzas Misioneras. Siglo XX
Arzobispado de Camagüey. Expediente de las Hermanas de los Ancianos Desamparados «Amparo de la Niñez» y «María Teresa Journet»
Arzobispado de Camagüey. Asilo «Amparo de la Niñez»
Arzobispado de Camagüey. Reverendas Madres Reparadoras
Arzobispado de Camagüey. Reverendas Madres Ursulinas
Arzobispado de Camagüey. Reverendos Padres Escolapios
Arzobispado de Camagüey. Bula de la creación de los Obispados
Arzobispado de Camagüey. Expediente Mons. Pérez Serantes
Arzobispado de Camagüey. Expediente Mons. Zubizarreta
Arzobispado de Camagüey. Expediente Carlos Riu Anglés
Arzobispado de Camagüey. Religiosas del Cardenal Sancha
Arzobispado de Camagüey. Religiosas Siervas de María
Arzobispado de Camagüey. Acción Católica Cubana Nacional
Arzobispado de Camagüey. Juventud Femenina de la Acción Católica
Arzobispado de Camagüey. Juventud Obrera Católica
Arzobispado de Camagüey. Consejo Diocesano de Camagüey
Arzobispado de Camagüey. Asociación de Caballeros Católicos de Cuba
Arzobispado de Camagüey. Damas de Acción Católica de Cuba

Arzobispado de Camagüey. Damas Isabelinas
Arzobispado de Camagüey. Maestros Católicos
Arzobispado de Camagüey. Patronato del Centro de Asistencia Social Católica de Camagüey
Arzobispado de Camagüey. Caballeros de Colón
Arzobispado de Camagüey. Obra San Vicente de Paúl de Servicio al Preso
Arzobispado de Camagüey. Conferencia de Caballeros San Vicente de Paúl
Arzobispado de Camagüey. Conferencia de Señoras San Vicente de Paúl
Arzobispado de Camagüey. Expediente Salesianos
Arzobispado de Camagüey. Expediente Salesianas
Arzobispado de Camagüey. Expediente Pedro Orbe Urquiza
Arzobispado de Camagüey. Libro de Bautismos 1, 2, y 3. Hospital San Juan de Dios
Arzobispado de Camagüey. Libros de Bautismos 42, 43 y 44

Archivo Histórico Provincial

Registro de Asociaciones. Caja 178 No. 5 Patronato Sala Luaces
Registro de Asociaciones. Caja 173 No. 13 Amparo de Luaces
Registro de Asociaciones. Caja 165 No. 17 Ayuda a necesitados
Registro de Asociaciones. Caja 176 No. 8 Ferroviarios Amigos de Amparo de la Niñez
Legajo 174 No. 7 Asilo Amparo de la Niñez
Registro de Asociaciones. Legajo 2 Asociación Nuestra Señora de los Dolores o Venerable Orden Teresa de los Dolores.
Registro de Asociaciones. Legajo 192 No. 7 Conferencia Caballeros San Vicente de Paúl
Registro de Asociaciones. Legajo 135 No.6 Asociación Hermanas Carmelitas Descalzas Misioneras
Registro de Asociaciones. Legajo 168 No. 21 Asociación de Maestros Normales de Camagüey
Registro de Asociaciones. Legajo 172 No. 1 Asociación Provincial de Padres, Vecinos y Maestros del Instituto de Logopedia y Foniatría
Registro de Asociaciones. Legajo 176 No. 15 Damas Isabelinas. Año 1929
Registro de Asociaciones. Legajo 177 No. 6 Asociación Benéfica de Salud Camagüeyana
Registro de Asociaciones. Legajo 178 Patronato de la Sala Antonio Luaces de Camagüey
Registro de Asociaciones. Legajo 175 No. 4 Asilo y Creche Santa Teresa. Damas Isabelinas
Registro de Asociaciones. Legajo 175 No. 2 Asilo Auxilio al Niño. 1939

Biblioteca Provincial

Álbum del Hospital San Juan de Dios. Año 1949
Revista Antorcha. Año 1943
Piezas de la Historia de los Carmelitas Misioneros en Cuba.

Universidad del Aire.
Laicos –y algunos clérigos– Diálogos
y compromiso Social

Dr.Roberto Méndez

Resulta indudable que el centenario de la República que acabamos de conmemorar –aunque no de celebrar– resulta un peculiar desafío desde el punto de vista valorativo para los historiadores cubanos. Con sus luces y sombras, no siempre fáciles de deslindar, es preciso llenar respecto a ella una especie de «laguna de significación», pues si esa importante etapa de nuestra evolución nacional es simplemente vista como un vacío, una carencia, entonces se aflojarían las ligazones entre el hoy y el anteayer de nuestros orígenes y más de medio siglo se convertiría en una *terra incógnita* como aquellos vacíos que se procuraba ocultar con esta denominación en muchos mapas hasta el siglo XVI.

No debe reincidirse en el largamente repetido error de la historiografía liberal-positivista, que fue capaz de inventarse una «Edad Media», vacía de saber y progresos, simple paréntesis oscuro entre la dorada Antigüedad y su heredero el Renacimiento, con lo que sólo obtuvieron una especie de «agujero negro» que ha tomado más de un siglo llenar con estudios especializados que desmienten tanta leyenda negra y demuestran que sin ese fecundo período, nada intermedio, sino generador en sí mismo, no se hubiera llegado a la imprenta, a los viajes de descubrimiento, en fin a la Modernidad occidental, tan alabada por esos autores positivistas.

Si precisamente esas casi seis décadas en que lo cubano, para decirlo en términos lezamianos, va llegar «a su definición mejor», con una cultura por fin emancipada de las estructuras coloniales, se reducen a un signo negativo y sólo se es capaz de ver en ellas las peores tachas éticas, se están desechando los aportes que en el terreno cívico, religioso, científico, artístico, prepararon nuestro hoy. Fueron esos los tiempos de Fernando Ortiz, Lidia Cabrera, Dulce María Loynaz, Jorge Mañach, Nicolás Guillén y también los de el Cardenal Arteaga, Monseñor Enrique Pérez Serantes y los del nacimiento de un laicado con activa participación en los distintos ambientes de la sociedad. Privarnos de ese período, es de algún modo, declararnos «sin historia» o más absurdo aún, asegurar que tenemos abuelos pero no padres. Es preciso superar esa especie de trauma y no limitarse a repetir que tal momento es el de una «seudo república» o el de una

389

«neocolonia», pues República fue, con todas las tachas y aciertos de las demás repúblicas latinoamericanas.

La *Universidad del Aire* fue uno de los empeños intelectuales más notables de esa etapa, sepultado hasta ahora bajo una profunda capa de olvido como otros tantos hechos insulares de ese período si hacemos excepción de un libro reciente: Universidad del Aire: conferencias y cursos, de la investigadora Norma Díaz Acosta [1], cuyo valor esencial es comenzar a sacar a la luz tal institución, aunque la escasez de análisis de los datos de que dispone, así como la extrema parcialidad con que juzga los hechos limitan mucho su valor.

Los orígenes de esta institución es preciso buscarlos en el período final del gobierno de Gerardo Machado, cuando estudiantes, profesores, periodistas, a la vez que combaten al caudillo que quiere perpetuarse en el poder, pretenden modificar las principales estructuras sociopolíticas de la nación y sanear el ambiente intelectual con objetivos como: la autonomía universitaria para evitar la influencia gubernamental en la vida académica de la institución, la afirmación de una identidad nacional frente al intervencionismo foráneo, así como la defensa del Arte Nuevo y la difusión de las más modernas teorías científicas.

Originalmente la *Universidad del Aire* fue pensada como un conjunto de conferencias impartidas por los más notables especialistas de una materia, articuladas en cursos, de manera que, al decir de Jorge Mañach, autor de su primer Reglamento, ofrecieran «nociones introductorias y generales que abran una vía inicial a la curiosidad de los oyentes.» [2] La primera sesión se trasmitió el 13 de diciembre de 1932 por la emisora CMBZ y en ella, la conferencia «Cómo se formó el mundo» a cargo de Salvador Massip inició el curso «Evolución de la Cultura». A éste, seguiría el año siguiente el ciclo «Civilización Contemporánea» que cerró el 6 de octubre de 1933, a causa de la confusa situación nacional. Colaboraron en esta etapa algunas de las figuras más relevantes de las ciencias y la literatura cubana: el gran físico Manuel F. Gran, los juristas Ernesto Digo y Antonio Sánchez de Bustamante y Montoro, Luis de Soto padre de los estudios de Historia del Arte en la Isla, el historiador Elías Entralgo, los poetas Eugenio Florit y Emilio Ballagas y el compositor de vanguardia Amadeo Roldán. El empeño parecía efímero, pero tanto la voluntad de su espíritu animador, Jorge Mañach, como su evidente utilidad pública, reclamaban una nueva y más amplia puesta en práctica.

Este segundo período, que se extendió de 1949 a 1952, en casi estricto sincronismo histórico con el gobierno constitucional de Carlos Prío Socarrás, fue el más conocido y apreciado por la mayor parte de la población cubana con inquietudes intelectuales. Ahora la trasmisión se efectuaba por el Circuito CMQ- Radiocentro, en vivo, cada domingo de 3:00 a 4:00 PM. Estos tiempos nuevos, de entusiasmo con el nuevo modelo de democracia, permitían un rasgo audaz: el comentario de cada tema impartido no se realizaba sólo por los panelistas invitados sino por el público presente en el estudio, al que se permitió este período hacer preguntas y emitir juicios. Luego, los *Cuadernos de la Universidad del Aire del Circuito CMQ*, impresos por la Editorial Lex, publicaban cada mes las conferencias y las transcripciones exactas del debate, y eran accesibles en todo el país, por una suscripción anual de dos pesos o por veinte centavos el ejemplar suelto.

Mañach se encargó además de tomar continuamente el pulso a la realidad nacional para que los cursos incidieran en ella de manera directa. Además, eran invitados como profesores figuras que tuvieran investigaciones o puntos de vista originales sobre el tema o cuya ejecutoria pública, presente o pasada, los hubiera hecho protagonistas de él: ministros, banqueros, economistas, historiadores, diplomáticos, escritores, profesores universitarios pasaron ante estos micrófonos, sin restricción alguna de filiación política, opiniones filosóficas o credo religioso. Más aún, daba la impresión de que Mañach procuraba esta diversidad, se encargaba de tener en un mismo ciclo y hasta en una misma mesa a figuras muy diversas, para que el auditorio sacara sus propias conclusiones, pues los panelistas muy pocas veces lograban estar de acuerdo.

No es extraño pues que importantes personalidades del mundo católico participaran como invitadas en la *Universidad del Aire*. Podría decirse que se contó con ellas sobre todo porque su labor profesional les acreditaba con especialistas en un tema y no porque se pensara en su devoción personal, pero en un momento en que en los medios intelectuales era de buen gusto declararse anticlerical y agnóstico, el ofrecer espacio a figuras que se sabía que se manifestarían explícitamente como cristianos y más aún, como fieles a las estructuras eclesiales, era un acto de audacia que no muchas instituciones tuvieron por esos años.

Llama la atención que esa presencia católica es distintiva de esta etapa, pues en el primer período de la Universidad del Aire no ocurrió de la misma manera. Esto puede justificarse en principio por la ampliación de los puntos de vista del organizador, que ha pasado de la oposición a un régimen dictatorial, concebida más o menos con un espíritu de grupo, a una más amplia noción de la promoción del intelecto en un ambiente de democracia. Pero también por el fortalecimiento de las estructuras eclesiásticas, al fin recuperadas de la difícil transición a la República que le tomó casi tres décadas, lo que se evidenció en la diversificación de la enseñanza religiosa y la pastoral caritativa. El magisterio de los obispos se ha fortalecido y va ganado un espacio público, como se hace evidente en los documentos que redactan en torno a la Convención Constituyente de 1940, de los que son ejemplos la «Exposición del episcopado cubano a los señores delegados a la Asamblea Constituyente» (6 de febrero de 1940) y la «Circular con motivo de la nueva Constitución» de Mons. Manuel Arteaga Betancourt, por entonces Vicario Capitular de la Arquidiócesis de La Habana (20 de junio de 1940)[3] que se complementó con la campaña nacional «Afirmación Católica»[4]. Mas el rasgo distintivo del período es el fortalecimiento de un laicado, bien formado y comprometido con la evangelización de los distintos ambientes, capaz de vivir sin traumas su fe en medio del ambiente de fuerte laicismo y libre en su actuación de las ataduras del viejo «clericalismo», signos de ello fueron : la constitución en toda la nación de la Acción Católica Cubana (1943), el rápido fortalecimiento de la Agrupación Católica Universitaria, fundada por el P. Rey de Castro SJ en 1931 y destinada a formar líderes «selectos» para la participación en la vida política y cultural de la nación, cuya labor podría complementarse con la de la Unión de Universitarias Católicas, fundada por Rosa Trina Lagomasino en 1942. Signos de esos tiempos fueron: la renovación de las catequesis –del que fue viva expresión el Congreso Catequístico Nacional de 1937–, el interés en el estudio de la Doctrina Social de la Iglesia y la voluntad de renovar las anémicas expresiones anteriores de prensa católica con publicaciones más audaces y encarnadas como: *Semanario Católico –luego La Quincena– Lumen, Juventud Católica Cubana y Justicia Social Cristiana*. Era muy difícil pues ignorar a los católicos en un empeño como este.

Inventariar a todos los católicos que pasaron por esos micrófonos, no sería labor sencilla, no sólo por el alto número de conferenciantes sino porque en la distancia no siempre es posible discernir su filiación religiosa, salvo en el caso evidente de los clérigos, por lo que nos limitaremos a los que tuvieron una ejecutoria más notable en su época.

Así, el primer ciclo de esta segunda época «Ideas y problemas de nuestro tiempo» incluyó la mayor diversidad de voces y temas que era posible esperar: junto a intervenciones de autores, cuyo pensamiento iba del velado agnosticismo al marcado ateísmo: Salvador Massip, Raúl Roa, Medardo Vitier, Fernando Ortiz, la filósofa andaluza María Zambrano –discípula de Ortega y Gasset, con un personalísimo pensamiento en que la filosofía antropológica grecolatina tiene una feliz síntesis con el acervo cristiano– disertó sobre «La crisis de la cultura de Occidente» donde defendió el punto de vista que el nacimiento de la cultura occidental, a un tiempo helénica y cristiana, debe ubicarse en el momento en que florece el pensamiento de San Agustín. Mientras, a un laico cubano de amplia ejecutoria, José Ignacio Lasaga se le confiaba un tema como «El neo-escolasticismo», allí, el disertante no se limitó a remontarse a los tiempos de Santo Tomás de Aquino para ir a la raíz de un término «tabú» para la modernidad como lo es la escolástica, para después ubicarse en las peculiaridades de su reflorecimiento moderno, de modo que en los pocos minutos concedidos pudo presentar a los oyentes una síntesis de las ejecutorias de figuras actuales como Jacques Maritain, a la vez que se refirió a otras vertientes del pensamiento católico como la filosofía de la acción de Maurice Blondel y el existencialismo cristiano de Gabriel Marcel, para acabar defendiendo la actualidad de ciertas ideas sin atenerse a su lejano origen:

> ...*el valor de un pensamiento no se mide nunca en Filosofía por la fecha de su nacimiento, sino si acaso por la de su muerte. Hay ideas que nacieron anteayer y ya ayer eran tenidas por nulas e infecundas; y hay en cambio, ideas que llevan siglos y siglos corriendo de mente en mente y todavía pueden servirnos para entender mejor el universo y comprender mejor al hombre. Pudiera repetirse de ellas aquella profunda observación de un parisiense frente a su vieja catedral de Nuestra Señora: «lo más interesante no es que tenga ocho siglos, sino que siga siendo contemporánea»* (5)

En el segundo curso, dedicado a las «Artes y letras de nuestro tiempo», intervino de nuevo María Zambrano con una conferencia titulada «De Unamuno a Ortega y Gasset», mientras que al escritor José María Chacón y Calvo ofreció «Algunas notas sobre la reciente poesía española». Esta figura merece una mención especial: último heredero de los Condes de Casa Bayona, Chacón nada preocupado por títulos que no fueran los de la auténtica sabiduría, dedicó su vida a la investigación y aún sus aportes, hechos con tanta humildad, no han sido suficientemente calibrados: ayudó a impulsar los estudios folklóricos en Cuba, aplicó los principios de la nueva filología hispana de Menéndez Pidal a nuestros textos fundacionales, profundizó en el conocimiento de la vida y obra de José María Heredia, tuvo una amplia labor como crítico en *El Diario de la Marina* y en *El Mundo*. Fundador y animador de la Sociedad Hispano Cubana de Cultura y del Ateneo fue un continuo puente entre Cuba y España. Amigo de personajes de todos los matices políticos, fue continuamente denostado por políticos extremistas e ignorado en las distribuciones de prebendas, profesor invitado en Vermont y en Columbia University, miembro de la Academia Católica de Ciencias Sociales, nunca obtuvo una cátedra en la Universidad de La Habana, sólo en su madurez, pudo acceder a los estrados de la Universidad Católica de Santo Tomás de Villanueva para explicar Literatura Cubana entre 1946 y 1961. Católico de raíz, soportó a lo largo de su vida primero las agresiones, luego el olvido de sus últimos años. Cuatro veces fue invitado Chacón a la Universidad del Aire, quizá la más memorable no fue la que hemos citado en 1949, sino la de 1952, poco después del golpe de estado de Batista, cuando invitado a impartir en el curso «Los forjadores de la conciencia nacional» la conferencia «Heredia y su influjo en nuestros orígenes nacionales» fue capaz de vincular el pensamiento antiautoritario y constitucionalista del fundador de la poesía cubana con las amargas circunstancias que la Isla estaba viviendo, para exhortar al final a los oyentes con palabras de San Pablo: «Si andamos en el espíritu, vivamos también en el espíritu».

El tercer ciclo: «Actualidad y destino de Cuba» trató temas tan urgentes como la necesidad de renovación del sistema electoral, la situación de la violencia política en el país, la dependencia económica y su reflejo en el comercio cubano, el régimen penitenciario, la enseñanza oficial, la salud pública y hasta el desarrollo del turismo internacional. Todas impartidas por personas directamente implicadas en la materia, fuera por haber desempeñado un alto cargo en esa esfera o por desarrollar en ella su labor profesional. La conferencia de Gastón Baquero: «¿Está en crisis nuestra cultura?» es una pieza magistral, lamentablemente poco conocida pues el autor no volvió a publicarla. Poeta excepcional, vinculado al grupo *Orígenes*, editor jefe del *Diario de la Marina*, mostró en su obra una actitud marcadamente cristiana y no contaminada con cierto fundamentalismo preconizado por los dueños de ese diario, es capaz de enunciar con vigor lo que se presenta como aparente decadencia y es en sí misma crisis de crecimiento.

Lo que se nos aparece como una «crisis de la cultura», no es otra cosa que una crisis de crecimiento, de revisión, de duda, que supone precisamente la latencia, la petición urgente de vida, de unos vigorosos gérmenes de cultura. Ésta se apoya en resortes vitales, en quicios de recia vitalidad. Nosotros hemos cambiado la élite por la mayoría; la cantidad por la calidad, lo cual es un bien cuando se está, en inicio, en estreno, en etapa inaugural, como estamos nosotros. Lo que parece haberse perdido en profundidad, se ha ganado en extensión: ya volverán las horas de aprender latín y griego. Contra el artificio que supone aspirar a vivir de cultura prestada, ¡como si esto fuera vitalmente posible y culturalmente válido!, las fuerzas intactas, las raíces puras de nuestro pueblo, encamínanse, lentamente, hacia su integración, hacia la formación de un concepto claro, de un derrotero preciso, es decir, hacia el descubrimiento y posesión de una cultura... [6]

El pluralismo de ese foro y el ambiente de tolerancia para con los pensamientos más contradictorios fue uno de los sostenidos propósitos de Mañach como director del espacio, así en el quinto curso: «La huella de los siglos» (octubre 1950-diciembre de 1951) dedicado a la Historia Universal, junto a cultivadores de variopintas ideologías, fueron invitados notables pensadores católicos: tocó a Mercedes García Tudurí, después de las conferencias sobre la Roma de los Césares abordar la vida de Cristo, su texto se tituló «La llama de Nazaret».

Era Mercedes una verdadera personalidad no sólo del mundo católico sino de la intelectualidad de su tiempo. Obtuvo en la Universidad de La Habana los doctorados en Filosofía y Letras, Pedagogía, Derecho, Ciencias Políticas, Sociales y Económicas, así como una licenciatura en Derecho Diplomático y Consular. Fue profesora y directora del Instituto No. 1 Preuniversitario de La Habana, catedrática de la Universidad Católica Santo Tomás de Villanueva. Presidió la Sociedad Cubana de Filosofía. En los Estados Unidos, donde residió en los últimos años de su vida ejerció su magisterio en Marygrove College y en St. Thomas University. Fue miembro de la Academia Norteamericana de la Lengua Española y de la Academia de Doctores de Madrid. Recibió numerosos premios nacionales e internacionales. Su Santidad Juan Pablo II le concedió la Orden Pro Eclessia et Pontifice, «para destacar su contribución excepcional en el campo de la educación», la misma le fue entregada el 6 de abril de 1997. Pocos meses después falleció en Miami, Florida.

La conferenciante, convencida de las dificultades que encerraba la exposición de su tema, comienza por postular la unidad de la condición humana y la divina en Cristo, recorre momentos fundamentales de su vida y predicación, especialmente las Bienaventuranzas, para señalar cómo allí se fundamentará una axiología que será la asumida por la naciente cultura occidental y poniendo sus ojos en un mundo dividido por las consecuencias de la Segunda Guerra Mundial, concluye: «Hoy, cuando el mundo vive una nueva hora de tribulación dividido entre Oriente y Occidente, sabemos, los que confesamos la divinidad de Cristo, que la verdadera paz puede ser alcanzada mediante Él, por los hombres que de veras tengan buena voluntad.» [7] Mas, lo verdaderamente atractivo del papel de Mercedes estuvo en la claridad y honestidad con que respondió a las interpelaciones llena de un espíritu similar al que llenó a San Pablo al predicar en el Areópago ateniense.

El Dr. Manuel de la Mata, individuo francamente agnóstico y de ingenio volteriano, que había hecho un deporte del continuo diferir de los conferencistas invitados, a los que interrogaba o replicaba habitualmente, con aire de mucha suficiencia, exigió a la Dra. Tudurí que le mostrara las fuentes históricas que garantizaban la existencia histórica de Cristo. Ella argumentó que se basaba en los Evangelios, pero que existían numerosas biografías que documentaban la existencia del Cristo-hombre mientras que en el aspecto divino había que guiarse por la luz de la fe. No bastó al interrogador la respuesta y declaró, no sin cierta impertinencia, que no consideraba válidos los Evangelios como prueba testifical por ser posteriores a la existencia de Cristo y, tal vez para extremar su sarcasmo, afirmó que su duda fundamental era: «si el discípulo infiel, Judas, hubiera visto resucitar muertos, caminar sobre las aguas, realizar toda esa serie de hechos taumatúrgicos que se atribuyen a Cristo, dudo mucho que hubiera podido ser infiel» [8], para luego asegurar que «en el Derecho romano, en la historia de Roma, no hay ningún documento que prueba en ningún sentido la existencia de Jesús de Nazaret como persona viva y sometida a un proceso.» [9] No replicó la conferenciante a quien de antemano se situaba en una actitud tan impermeable, pero esto motivó una intervención del Dr. Mañach en su función de moderador, en la que aclaraba: «La Universidad del Aire es una institución de cultura, enteramente al margen de toda confesión, como se suele decir, de toda opinión rígida, sobre todo en materia religiosa. Pero naturalmente animada de un espíritu científico, es, por lo mismo, respetuosa de toda opinión que se considere suficientemente fundamentada y emitida por personas de responsabilidad intelectual.» [10] No había concluido su «vía crucis» la invitada: le faltaban las interpelaciones de quienes saliéndose del tema querían enjuiciar otros aspectos del cristianismo, por ejemplo el Sr. Benigno Pazos quien le planteó un verdadero sofisma: si la Iglesia Católica es portadora de la verdad y ella apoya a Franco, ¿es Franco un gobernante cristiano? A lo que ella se negó a responder por salirse del tema de su intervención. Vinieron luego otros dislates: el Sr. Otto Jahkel le preguntó qué consideraba superior si el Sermón de la Montaña o la Declaración de los Derechos del Hombre, a lo que ella respondió: «en el Sermón de la Montaña están contenidos todos los derechos del hombre» [11], siguieron a ésta otras intervenciones basadas en los argumentos más o menos manidos: si la Iglesia se opone al progreso científico, si a Cristo hay que verlo en realidad como a un revolucionario de su época, a un reformador moral...Todo esto volvió a dar fuerzas al polémico Dr. de la Mata quien le preguntó si no creía que en la actualidad la justicia social está por encima de la caridad cristiana, a lo que ella replicó tajante:

> *Bueno, el Dr. de la Mata ha confundido la caridad. Él cree que la caridad es dar dinero, es darle un óbolo a cualquier necesitado. La caridad tiene que estar dentro del espíritu del hombre, el no pensar inicuamente, el no falsear la verdad, el no inculpar de manera injusta a cualquier otro hombre, en eso está la caridad del hombre; no sólo en dar un óbolo, que lo da cualquiera, sin sentir por dentro la caridad. La caridad va por dentro del hombre y no en sus actos exteriores.* [12]

Es preciso reconocer el temple de esta educadora cristiana, quien no sólo dictó su conferencia sabiendo de antemano que provocaría numerosos cuestionamientos, sino que procuró dialogar con sus contrincantes defendiendo sus puntos de vista de fe, en franca minoría, teniendo que improvisar las respuestas en un programa en vivo y sabiendo que la transcripción de la discusión sería editada y por tanto comentada por una importante cifra de lectores cubanos. Este ejemplo, es justo reconocerlo, ni fue habitual entonces, ni lo es hoy, quizá porque lo más común ha resultado siempre el exponer las propias ideas en círculos que previamente coinciden con ellas y están dispuestos a reforzarlas y alabarlas.

En este mismo ciclo, el tema «Los Padres de la Iglesia» fue confiado al Padre Ignacio Biaín ofm, por entonces director del *Semanario Católico*, y figura relevante de la prensa católica y en general de la pastoral social en Cuba. Si su texto fue una especie de ABC de la Patrística, bien documentado y lleno de matices, aún más notables fueron sus respuestas al infatigable Dr. de la Mata quien se empeñó en la discusión en demostrar que todo el cristianismo no era más que un conjunto de imitaciones o falsificaciones de textos egipcios, griegos y judíos. La audición de ese día fue completada por una excelente conferencia del Dr. Aníbal Rodríguez: «Agustín el converso», centrada en los aportes de San Agustín al pensamiento occidental.

Apenas un mes después, el 21 de enero de 1951 fue invitado al programa el Padre Basilio Jiménez, fraile dominico de la comunidad de San Juan de Letrán, quien por esos años tenía a su cargo las cátedras de Teología Dogmática, Matemáticas y Ciencia del Seminario San Carlos y San Ambrosio.[13] No porque su tema «Tomás el Aquinate» estuviera ubicado en el remoto siglo XIII se libró de los importunos comentarios del Dr. de la Mata, empeñado ese día en criticar al autor de la *Summa Theologiae* y a todos los pensadores cristianos por hacer de la filosofía una «sierva de la teología», a pesar de que el disertante, tanto en su texto como en la discusión, procuró una y otra vez explicar con toda elocuencia como el Aquinate concilió fe y ciencia.

Con motivo del medio siglo de existencia de la República, se organizó un curso especial, llamado «Curso del Cincuentenario», el cual fue concebido como un balance de lo alcanzando y lo frustrado en ese período en diferentes sectores de la vida social: la política, la economía, la educación, las costumbres. Entre los prestigiosos ponentes se destacaban: Elías Entralgo –con un texto que motivó graves sucesos a los que nos referiremos después–, Medardo Vitier, Elena Mederos de González y Cosme de la Torriente. Para referirse especialmente a «La recuperación moral y sus vías» fue invitado Monseñor Eduardo Martínez Dalmau, Obispo Titular de Cienfuegos, hombre culto, amante de la investigación, apasionado del legado de Félix Varela, miembro de la Academia Cubana de la Historia. A pesar de que este prelado ha sido acusado por algunos de sus críticos de contubernio con los poderosos por intereses familiares, fue muy claro en su exposición de los problemas morales del país: denunció las condiciones de vida de los trabajadores agrícolas, el analfabetismo, la falta de una organización colectiva para la defensa del campesinado, la malversación de fondos públicos, el auge de profesionales del vicio que se enriquecen con el comercio de estupefacientes y la pornografía, el vicio del juego. Ante esto llamó a revitalizar «el superior instinto moral del que todos estamos dotados» y a desplegar una labor conjunta hogar-escuela para lograr la recuperación moral de la Patria y propuso un programa de 3 puntos a cumplir en la práctica: continuar con la lucha contra la miseria económica, abolir la Lotería Nacional y terminar con la política como medio de lucro personal y reforzar los cimientos del hogar con –al menos– la enmienda de la Ley del Divorcio y la enseñanza en las escuelas de la religión cristiana. Como en esta sesión, presidida por Francisco Ichaso, por ausencia de Mañach, los comentadores eran invitados de alto nivel profesional: los profesores Manuel F. Gran, Rosario Rexach, Juan Francisco Zaldívar y Salvador Bueno, no pasó el Obispo por las molestias de sus antecesores, y aunque algunos de ellos difirieron de su enfoque, se le trató con respeto y se apoyaron sus planteamientos fundamentales.

Aunque no es posible reseñar la presencia en el espacio de cada intelectual cristiano, es imposible pasar por alto la de una figura eminente del foro cubano: el jurista Manuel Dorta Duque. Pocos recuerdan ya hoy a este abogado, profesor de Derecho Hipotecario de la Universidad de La Habana y autor de un «Curso de Legislación Hipotecaria» (1938)[14], luchador antimachadista, al parecer el único católico practicante delegado a la Constituyente de 1940 y organizador de la campaña de Afirmación Católica frente a los manejos oscuros de ciertos elementos que pretendían clausurar las posibilidades de acción pública de la Iglesia en la nueva Ley Fundamental. Autor de un Proyecto de Código Cubano de Reforma Agraria, que fue engavetado en la Cámara de Representantes. Compareció por primera vez el 28 de mayo de 1950 en el tercer curso «Actualidad y destino de Cuba» con el tema «¿Qué rumbo sigue el hogar cubano? ¿Debe modificarse la ley de Divorcio?» con una respuesta auténticamente cristiana para estas urgentes problemáticas y por segunda y última vez, en el séptimo curso «Los forjadores de la conciencia cubana», el 21 de diciembre de 1952 con su «Semblanza del Dr. José Antonio González Lanuza», en el que propone como ejemplo para escolares, profesores, políticos, a este individuo de gran laboriosidad e infatigable civismo. Dorta, con un pensamiento católico muy moderno, no insiste particularmente en el mensaje religioso explícito en sus textos, sino en el respeto del estado laico, pero en el que se debe asimilar una ética de clara raíz cristiana.

Mas este concierto de voces, coaligadas por el bien común iba a quebarse en un momento de crisis nacional: el golpe de estado de Batista. A menos de un mes del cuartelazo, Mañach en su conferencia «La cultura en los 50 años de independencia» criticó abiertamente la ruptura constitucional. Un grupo de estudiantes del público, por esos días, lanzó una lluvia de huevos contra un político que justificó la asonada. La reacción oficial no se hizo esperar: el 4 de mayo de ese año, durante la conferencia de Elías Entralgo: «Saldo del Cincuentenario», fuerzas del régimen asaltaron el estudio, golpearon a los asistentes y disolvieron la sesión, lo que motivó muchas protestas de la sociedad civil.

El espacio pudo reabrirse, fue leída la conferencia interrumpida, e inclusive publicada con una nota de la Dirección que comenzaba:

A poco de iniciar el Dr. Elías Entralgo la lectura de esta conferencia, en la audición de la Universidad del Aire correspondiente al día 4 de mayo, un grupo de personas del público que no eran concurrentes habituales a esas audiciones, interrumpió la lectura, agrediendo a las personas de la Mesa y al público. Este atentado incalificable a la cultura y a la libre expresión del pensamiento, causó honda conmoción en la opinión pública... [15]

A partir de entonces, la CMQ prohibió el acceso del público al programa y los comentarios a las conferencias se hicieron desde entonces por especialistas invitados o simplemente por el moderador. El ciclo logró concluir, e inclusive dictarse el siguiente: «Los forjadores de la conciencia cubana», mas, poco a poco, la censura fue asfixiando la institución. Entre 1953 y 1956 se emprendió un largo curso llamado «de formación cultural» que en realidad era una especie de Historia de la Literatura Universal, desde «El Antiguo Testamento» explicado por el Padre Biaín y el nuevo por Dionisio de Lara Mínguez. Participaron en el ciclo numerosos intelectuales católicos: el profesor Raimundo Lazo, Mercedes García Tudurí, comentando esta vez *La ciudad de Dios* de San Agustín, mientras que su hermana Rosaura se ocupaba de *La consolación de la filosofía* de Boecio, les seguirían José Rubinos, José María Chacón y Calvo, Cintio Vitier como glosador de Bossuet y de Góngora, Aurelio Boza Masvidal, Mario Parajón, José Lezama Lima, Ángel del Cerro y Rubén Darío Rumbaut federado de los Jóvenes de Acción Católica y fundador del «Movimiento Humanista» quien comentó el libro: *El protestantismo comparado con el catolicismo* de Balmes y dedicó otro programa a la vida y obra de Jacques Maritain. Pero era evidente que las circunstancias obligaban a callar los problemas más urgentes y a refugiarse en la «alta cultura», de ahí la escasa huella que este ciclo dejó en un país presa de grandes convulsiones políticas.

Después de 1959 llegaron a dictarse dos cursos: «Realidades y esperanzas de Cuba» y «Doctrinas e ideas contemporáneas», en esta etapa fungía como director el profesor Luis Aguilar León. De hecho, ya la Universidad del Aire había cumplido con su ciclo vital desde 1953 y mostraba sólo una agonía prolongada.

Si esta institución, de un alcance insospechado en la Cuba de entonces, no puede ser soslayada en la evolución de la cultura nacional, la presencia de cristianos, laicos o clérigos en ella, es un signo que todavía nos ilumina: ellos fueron precursores de esa «evangelización de la cultura» a la que repetidamente nos ha llamado SS Juan Pablo II. Es cierto que muchos empeños actuales de la

Iglesia cubana como el de las Aulas «Félix Varela», «Fray Bartolomé de las Casas», «San Basilio Magno» y labores como la de la OCIC-Cuba o la de estos Eventos de Historia «Iglesia Católica y nacionalidad cubana», evidencian esa presencia activa del laicado en el mundo de la cultura, pero no debe olvidarse que la labor esencial no se libra dentro de los templos sino en el ágora. No carece nuestra Iglesia actual de figuras notables y preparadas para ese empeño, pero varias décadas de repliegue eclesial, han marcado profundamente la conciencia de las comunidades hasta el punto de sentirse y comportarse a veces como Noé dentro del arca.

Sólo cuando no haya temor de dialogar, dentro o fuera de la Iglesia, con lo diverso, con lo opuesto, en un clima de adecuado respeto y escucha, se estará en condiciones de llevar la palabra evangélica al mismo corazón de la cultura. Cuando se desechen de una vez los temores a la censura o peor, a la autocensura y sobre todo se ponga en práctica el mejor antídoto para ellas: comenzar por desterrarlas de casa y saber escuchar al contrario con respeto, sin zaherirle ni encerrarse en poses de falsa suficiencia, iremos acercándonos de nuevo a ese espíritu que animó a aquellos intelectuales católicos hace medio siglo, cuya valentía y limpieza espiritual siguen iluminándonos.

NOTAS

[1] Editorial Ciencias Sociales, La Habana, 2001.
[2] Norma Díaz: *Introducción* a Universidad del Aire...Ed cit, p.1.
[3] Ambos documentos pueden consultarse en *La voz de la Iglesia en Cuba*, Obra Nacional de la Buena Prensa, México, 1995.
[4] Sobre esta campaña puede consultarse el libro de Manuel Fernández Santalices: *Presencia en Cuba del catolicismo*. Caracas, Textos Ágora, 1998, capítulo 3.
[5] José Lasaga: *El Neoescolasticismo*. En: Cuadernos de la Universidad del Aire del circuito CMQ. *Ideas y problemas de nuestro tiempo*, no.5, julio 1949, p.29.
[6] Gastón Baquero: *¿Está en crisis nuestra cultura?*. En: Cuadernos de la Universidad del Aire del circuito CMQ. *Actualidad y destino de Cuba*, no.19, julio 1950, p.40.
[7] Mercedes García Tudurí: *La llama de Nazaret*. En: Cuadernos de la Universidad del Aire del circuito CMQ. *La huella de los siglos*, no.25, enero 1951, p.30.
[8] *Ibid*. Discusión, p.31.
[9] *Ibid*.
[10] *Ibid*.
[11] *Ibid*.
[12] *Ibíd*., p.33.
[13] Cf. Salvador Larrúa: *Presencia de los dominicos en Cuba*. Bogotá, Universidad de Santo Tomás, 1997, p.232.
[14] Cf. Manuel Fernández Santalices: *Presencia en Cuba del catolicismo*, p.64.
[15] Cuadernos de la Universidad del Aire del circuito CMQ. Sexto Curso *Curso del Cincuentenario*, no. 42, mayo 1952, p.387.

Asociaciones y movimientos católicos en Cuba: su proyección social en la República

Manuel Fernández Santalices

El advenimiento de la República en Cuba tras el final de la Guerra de Independencia, comenzada en 1895, inició un período de crisis, indecisión y perplejidad para el catolicismo de la Isla. La impuesta españolidad de la Iglesia en Cuba la hizo, por lo menos, distante en medio del fervor patriótico suscitado por el triunfo de las fuerzas «mambisas», no obstante la intervención de las tropas norteamericanas que precipitaron el final de la contienda bélica iniciada por los cubanos con éxitos evidentes como la invasión de las columnas de Gómez y Maceo que en tres meses recorrieron la Isla de Baraguá (Oriente) a Mantua (Occidente). [1]

Los obispos de Santiago de Cuba y La Habana, ambos españoles, manifestaron muy poca sensibilidad ante los anhelos de independencia de los cubanos y aunque muchos sacerdotes criollos se habían mostrado favorables a las luchas en las dos guerras y al final pidieron que se cubanizase la institución, lo cierto es que hubo una gran indecisión a la hora de reorganizar la Iglesia bajo la nueva situación. La presencia de los norteamericanos, que actuaban como ejército de ocupación, hizo concebir la idea de una permanente norteamericanización de la Isla, lo que se puso en evidencia con los primeros nombramientos eclesiásticos. [2]

Tanto la primera Constitución republicana firmada en 1901, como la Orden General del Comandante de la plaza de Santiago de Cuba, Leonard Wood, que hizo las veces de «Constitución Provisional» hasta la vigencia de aquélla, expresaban la libertad religiosa y, en el caso de la Constitución de 1901, la separación de la Iglesia y el Estado; es decir, se prescribía la laicidad sin ninguna posibilidad de colaboración, ya que el Estado no podía «subvencionar en caso alguno ningún culto». [3]

De este modo, la Iglesia Católica se veía obligada a replantear su misión evangelizadora sin el «patronato» del poder civil sino en competencia, y a veces frente a la beligerancia de otros grupos, religiosos o no, y de las nuevas Iglesias evangélicas que llegaban a Cuba para proponer un modo de ser cristiano más comprometido, moderno y libre, frente a un catolicismo que había perdido gran parte de su entusiasmo misionero y se había desgastado en compromisos seculares.

401

La «reorganización» de la Iglesia católica que habían pedido los curas cubanos al compás de los cambios políticos que ya estaban en puertas a finales del siglo XIX, parecían ineludibles y urgentes.

El problema económico imprescindible para poner en pie a la Iglesia, muy disminuida por la destrucción de templos, la dispersión del clero y la carencia de medios para su manutención4, quedó resuelto inicialmente, aunque en forma precaria, mediante un menguado tributo de las parroquias llamado «décima episcopal»; pero, faltaba por resolver cómo iba a ser su proyección apostólica en un medio adverso donde las luchas independentistas habían hecho penetrar a la nueva República de un pragmatismo positivista, donde la religión apenas tenía lugar, y un anticlericalismo difuso se había extendido entre las cabezas pensantes. Un síntoma inquietante había sido la prohibición gubernamental de la procesión pública con que se quería terminar el Congreso Eucarístico diocesano de La Habana en 1919. El hecho fue calificado así por el primer laico ilustrado con que contaba el catolicismo cubano, Mariano Aramburo:

> Faltó la libertad... la libertad por la que lucharon Agramonte y Maceo, Céspedes y Martí... la libertad que hoy no es égida de cubanos ¡desgraciados! que tienen fuerza bastante para expulsarla [a la Iglesia católica] por extranjera perniciosa. [5]

Los adelantados

Para estimular la presencia cristiana en aquella incipiente sociedad cubana de la República, no hubo planes específicos ni podía haberlos dada la precariedad de medios. Pero enseguida se pudo ver que el dinamismo misionero que portaban quienes accedían a aquel nuevo campo apostólico que era la Gran Antilla, podía llegar a movilizar a un laicado que ya comenzaba a despuntar allí donde los estímulos se ponían en marcha. Falta de clero, los seminarios recién abiertos tras el eclipse de las guerras, sólo la promoción de un laicado entusiasta podía mostrar la faz comprensiva del catolicismo en una sociedad, en el mejor de los casos, indiferente y prevenida contra las manifestaciones religiosas.

Esto se puso de manifiesto con la temprana aparición del primer movimiento laical fundado en La Habana, en el seno de una organización no española. El 28 de marzo de 1909, en la iglesia habanera del Santo Cristo del Buen Viaje, regida a la sazón por los frailes agustinos norteamericanos que habían restaurado su Orden en Cuba, se fundó el primer núcleo de la Orden de Caballeros de Colón, institución típicamente norteamericana por más de un rasgo característico, que en muchas manifestaciones pudo después calificarse de pintoresca. Se dijo de ella que era en lo interno una «masonería católica». Pero en aquel momento crucial y en opinión de uno de sus fundadores, ella comenzó

> *a dar a los hombres católicos la fuerza y el valor de la unión, los llevó al templo a confesar y comulgar, los preparó en sus juntas y conferencias para el apostolado seglar y los sacó después a la plaza pública, a la tribuna y a las columnas de la prensa, a conquistar el respeto y a decir la verdad acerca de la iglesia y de los católicos, a intervenir como tales en la vida cívica, cultural y social, a dar el ejemplo.* [6]

Era la respuesta que estaba exigiendo un medio social donde se solía afirmar que la religión era cosa de mujeres y de niños. Pero no sólo esto; así como la Orden de Caballeros de Colón, desde Estados Unidos, había desarrollado activas campañas «en contra de la subida de los aranceles del azúcar cubano y a favor del justo reconocimiento de la soberanía cubana sobre la Isla de Pinos», ahora la rama cubana, según el mismo comentarista,

> *ha sabido llegar a las escuelas públicas para inculcar la moral cristiana por medio de premios en oposición y de conferencias, como ha combatido los proyectos de leyes antirreligiosas, cómo ha extendido la caridad y la alegría de la Navidad con su reparto de víveres y ropa, cómo contribuyó en la miseria a combatir el hambre con sus cocinas económicas, cómo inició la calificación acerca de la moralidad de las películas cinematográficas, cómo escaló temprano la radio-tribuna y sostuvo atractivas temporadas de radio, cómo fue la primera que se encargó en casi todos los templos habaneros, de la colecta para las Misiones parroquiales.* [7]

Y no puede olvidarse la campaña emprendida a iniciativa de los Caballeros de Colón, cuando se redactaba la Constitución de 1940, para hacer que se escuchara la voz de los católicos por los convencionales. Y esto fue posible sobre todo gracias a una personalidad de acusado relieve en la Orden, Manuel Dorta Duque, también convencional, autor del proyecto de un código cubano de Reforma Agraria que fue considerado el más importante, completo y serio estudio realizado en Cuba en materia de reforma agraria, anterior a la legislación actualmente vigente. [8]

La convocatoria a la juventud

En el informe sobre las deliberaciones de una Conferencia de los arzobispos y obispos de Cuba, celebrada en el mes de diciembre de 1922, se decía, entre otras cosas, lo siguiente con referencia a la acción social católica:

> Es igualmente necesario agrupar a los jóvenes y especialmente a los que han recibido formación en los colegios católicos. De no hacerlo así, después de haber salido de los Colegios, fácilmente se olvidarán de la sana y religiosa educación recibida frustrándose de esa manera tan buena semilla, hábilmente sembrada. [9]

No sabemos si los obispos dieron como continuación de esta propuesta algún proyecto de agrupación de los jóvenes católicos egresados de más de un centenar de escuelas católicas establecidas en la Isla. Pero sí sabemos que en 1920 existía ya una *Asociación de Jóvenes Católicos* y en 1927 un Club Católico Universitario. Y aunque estas dos agrupaciones fueron esfuerzos efímeros, ellos condujeron en 1928 a fundar la *Federación de la Juventud Católica Cubana* que, como querían los obispos, recogía y dinamizaba el esfuerzo formativo de los colegios católicos que ya empezaban a ofrecer el fruto de una emergente dirigencia católica. Precisamente, la Federación surgía de la actitud beligerantemente anticatólica de un Congreso Nacional de Estudiantes celebrado en 1925 en la Universidad de La Habana, donde participaron católicos aún no muy bien definidos políticamente junto a otros estudiantes que se movían ideológicamente dentro de una tendencia izquierdista que en buena parte se decantaba hacia el comunismo. El Congreso lo presidió Julio Antonio Mella. Estos orígenes de la Federación no pudieron menos que marcar su futuro. [10]

Tres años después nacería pujante la Agrupación Católica Universitaria con un intento de «formación de selectos» que influyeran positivamente en el ámbito universitario. [11]

Aunque no de un modo explícito ni en sus orígenes ni en su organización, había en estas asociaciones un marco idóneo para encuadrar a los jóvenes católicos y la base para ofrecer el testimonio de una doctrina que tenía cosas que decir y defender en la plural sociedad republicana que se construía en la nueva Nación. De hecho, «agrupados» y «federados» aportaron en la «Colina Universitaria» un modo de «dignidad estudiantil» que no pudo menos que atraer a líderes y simples estudiantes de aquel medio que tan decisivamente influyó en la marcha de la Cuba republicana. Un «federado» llegó a ser Presidente de la FEU (Federación Estudiantil Universitaria).

Otro presidente de la FEU, éste procedente de las filas de los Caballeros de Colón, fue José Antonio Echevarría, de heroico comportamiento revolucionario en la «Colina», al pie de la cual cayó bajo las balas batistianas en 1957, tras pronunciar por radio palabras que resultaron su testamento. Entre ellas, estas: «Confiamos en que la pureza de nuestra intención nos traiga el favor de Dios para lograr el imperio de la justicia en nuestra patria».[12] Palabras que quiso borrar el fanatismo.

La acción católica en el horizonte

Desde estos inicios se manejaron en el ámbito católico de Cuba términos como «acción social católica» o «acción católica», aunque casi siempre de un modo genérico hasta que se concretó en la organización que se llamó la Acción Católica Cubana. Es decir, que esta organización eclesial que llegó a constituirse con vida propia a partir del inicio de los cuarenta del siglo XX, tuvo un proceso de preparación y asentamiento de agrupaciones afines.

La fundación de la Acción Católica el 28 de marzo de 1943 fue la consagración de asociaciones que ya presentían en el horizonte un movimiento de envergadura: así la Federación de la Juventud Católica Cubana, hecha organizativamente a imagen y semejanza de la Acción Católica, la Liga de Damas de la Acción Católica, creada en 1942 ex profeso para ser una de sus ramas, y la Asociación de Caballeros Católicos de Cuba, que en 1929 fue constituida como consecuencia de una exigencia y un reto...

El reto provino de un incidente en la villa de Sagua la Grande que un cercano observador cuenta así:

> *Aquel 7 de diciembre de 1925, la logia masónica de Sagua la Grande celebraba una «solemne tenida» en memoria del General Maceo, cuando escucharon un repique de campanas en la parroquia ordenado por el párroco para convocar a los fieles a la acostumbrada Salve a la Santísima Virgen bajo su advocación de la Inmaculada Concepción cuya festividad es el 8 de diciembre.*

Uno o más de los masones reunidos malinterpretaron el repique de campanas, afirmando que era una manera del párroco de manifestar su alegría por la muerte de Maceo y arengando a los reunidos se dirigieron en plan de ataque a la iglesia produciendo graves destrozos... [13]

Este suceso estimuló el logro de un propósito que venía exigido por las circunstancias: la oportunidad de unir a un laicado católico disperso en diversas asociaciones. Es así como «el 4 de enero de 1929, en Sagua la Grande, Las Villas, se funda con 470 socios que ya estaban agrupados en asociaciones locales de hombres católicos que toman a partir de la fecha antes señalada, el nombre de «Uniones». En aquel mismo año de 1929 llegan a un total de 22 «uniones», radicadas en las entonces seis provincias cubanas. [14]

Uno de los fundadores, Luis C. Bello, planteaba así las dimensiones de la acción que se proponían los Caballeros Católicos de Cuba:

> Yo he insistido mucho en cubanizar nuestra Asociación, entiendo por cubanizar afincarla en aquellos lugares donde la cubanidad se presenta con toda su esplendidez, y he podido advertir que muchos han confundido mi gestión atribuyéndole un carácter «guajiro», que no me ofende, pero que no es precisamente el que yo pretendo darle. Nuestra Asociación debe pretender que su movimiento sea envolvente, es decir, naciendo en lo más ignorado del campo cubano, posesionarse del pueblo, llegar a la ciudad y de ahí a la capital. [15]

Como así ocurrió prácticamente: de aquellas 22 «Uniones» implantadas ninguna lo estaba en la capital de la Isla.

¿Feminismo católico?

En marzo de 1925 se convocó a un Congreso de Mujeres al que concurrió una nutrida representación católica, constituidas ya las dos principales asociaciones femeninas en el seno de la iglesia: las Católicas Cubanas y las Damas Isabelinas, rama femenina de los Caballeros de Colón. En ese tiempo estaba en el candelero la concesión del voto a la mujer y se esperaba que fuese un tema central del Congreso; pero la agenda contemplaba otras temáticas de urgente implementación en aquella sociedad cubana que daba sus primeros pasos de un justo juridicismo. «Una católica» rubricaba esta aseveración en la revista San Antonio:

> No hay ningún motivo de justicia ni de moral, para que se niegue a la mujer, un derecho que le corresponde tan naturalmente como al hombre. La iglesia no prohíbe a la mujer el ejercicio del derecho de sufragio; al contrario, reconoce que por este medio ella puede ejercer una influencia bienhechora y la anima a ejercitarlo. [16]

Dos años más tarde, en 1927, en Cuba se concedía a la mujer el derecho del sufragio.

En el Congreso se enfrentaron, según el comentarista de la misma revista católica, las feministas cristianas, sensatas y mesuradas, y «las feministas laicas y librepensadoras, quisquillosas, rabiosillas, gritonas y epilépticas»; aunque reconoce el comentarista que entre las «izquierdistas» había algunas superiores en cultura y oratoria. Ironías aparte, parece que el Congreso se convirtió en campo de Agramante cuando se realizaron planteamientos inaceptables para las católicas, que éstas rechazaron y por ello fueron calificadas con epítetos escasamente cultos y les achacaron el fracaso del congreso, que con la espectacular retirada del recinto de las «progresistas» se dio por terminado abruptamente. [17]

Examinadas las listas de las mujeres que aparecen como dirigentes de las asociaciones católicas de entonces, se reconocen los nombres de quienes asumieron el liderazgo femenino en años sucesivos, en fundaciones como la Casa Cultural de Católicas, de las Damas Isabelinas, creada en 1939 para «forjar culturalmente a la mujer cubana, de modo que esté ella en disposición de tomar parte activa en las luchas civiles». Si bien es verosímil que la «Casa Cultural» haya sido una réplica a la laicista sociedad «Lyceum», fundada en 1928, es lo cierto que cumplió una función forjadora del «feminismo católico». Lo mismo que la Asociación de Católicas Cubanas, pionera en estas lides, con un programa a la vez ambicioso y generoso de intenciones.

Una «nueva cristiandad»

En 1948 apareció en la revista Lumen, publicada por la Agrupación Católica Universitaria, la traducción del portugués de un artículo titulado «Los cuatro evangelistas de la nueva cristiandad», que aludía a los autores franceses Jacques Maritain, Leon Bloy, Charles Péguy y Georges Bernanos.[18] Los jóvenes de la Federación de la Juventud de Acción Católica encajaron el golpe: el artículo, en clave irónica y demoledora, se publicaba como una crítica sesgada al entusiasmo de los jóvenes católicos por los escritores y pensadores franceses de esa generación, cuyo jefe de fila era Maritain, en los que encontraban una visión del mundo y de las cosas, efectivamente «nueva», distinta de la de los escritores católicos españoles, por ejemplo, que aspiraban a ser los abanderados de la «hispanidad». Quizás injustamente admiraban a Maritain y no a Morente, a Claudel y no a Pemán, que debían estar más cerca de su sensibilidad; pero así estaban las cosas y esta preferencia por los intelectuales católicos franceses los situaba –y obligaba– a la profesión de un «progresismo» que podía ser ingenuo, pero también sincero y enriquecedor. La revista de la Federación se convirtió a un formato de periódico y asumió un tono combativo con verdaderas «pedradas» lanzadas en gruesos titulares de primera página contra todo lo que se consideraba denunciable de las miserias de la sociedad cubana.

Orígenes ¿una revista católica?

Un comentarista aseguró recientemente que algún miembro del grupo de Orígenes o, como se decía, de la «generación de *Orígenes*», se había desvinculado de ese grupo por no estar de acuerdo con la orientación general de la revista. Esa orientación no podía ser otra que la cristiana o católica. Basta considerar al grupo mismo y a muchos de los textos que se publicaban –estudio que está por hacer– para darse cuenta no sólo de que existía esa orientación, sino que había una cierta preferencia hacia los que se había denominado irónicamente «los cuatro evangelistas de la nueva cristiandad» y los que se podían asimilar a éstos: escritores de la vanguardia católica más moderna. *Orígenes* publicó nada menos que una obra de teatro completa de Paul Claudel: «El canje» («L'Otage»), en traducción de Cintio Vitier, así como textos de León Bloy, Chesterton, T. S. Eliot, María Zambrano o Tomás Merton, y entre los cubanos, Emilio Ballagas. También de los propios miembros del grupo, confesionalmente católicos, Fina García Marruz, Cintio Vitier, Eliseo Diego u Otavio Smith y, naturalmente, de la figura sobresaliente en la generación: el P. Ángel Gaztelu, autor de la más bella y profunda poesía religiosa hecha en Cuba.[19] El mismo Lezama, creador y animador de la revista tenía hermosa poesía religiosa, por lo menos cuatro sonetos a la Virgen, y otro miembro del grupo, Virgilio Piñera, un bello poema: « San Sebastián ha dicho...», estos últimos publicados en primicia en el *Semanario católico* [20], que en rigor puede considerarse un antecesor de *Orígenes* no sólo por haberse hecho vocero de estos poetas, sino por los vínculos que los unían a uno de los directores del *Semanario*, el P. Ignacio Biaín.

Orígenes no puede, sin más, clasificarse como una revista católica, porque no lo era en sentido estricto; pero la publicación que tanto influyó en el curso de la cultura cubana, más en intensidad que en extensión, puede considerarse, como se decía entonces, una revista de «inspiración cristiana».

Gracia y desgracia de la revista *La Quincena*

Cuando en 1955 comenzó a circular en Cuba la revista *La Quincena*, pareció colmarse el vacío que había señalado en un comentario editorial la revista *Lumen* de la Agrupación Católica Universitaria: «Ni siquiera hemos sido capaces de formar una revista común de verdadero empuje. Estamos todavía a merced de los vientos que soplan nuestros enemigos desde los cuatro rincones del mundo, o aun dentro de las fronteras nacionales, sobre la opinión cubana corriente». [21] *La Quincena* resultó ser una tercera transformación de la revista que desde 1910 publicaban los padres franciscanos: *San Antonio* (1910-1938), *Semanario Católico* (1938-1955) y *La Quincena* (1955-1961). Evidentemente había una voluntad de «desacralizar» el título, al compás de lo que se quería lograr con el contenido de la revista. Su proyección en la sociedad cubana se basaba en el nuevo lema: «Una respuesta cristiana a los problemas de hoy». Considerando el momento socio-político en que salió a la palestra, podrá comprenderse cómo esta concepción editorial ideada por quien fue su fundador y director hasta los momentos más críticos, el P. Ignacio Biaín, fue su gracia y su desgracia.

Dar una respuesta a los problemas del momento en Cuba, no se podía hacer impunemente. Las críticas acerbas comenzaron a llegar desde dos flancos: la misma autoridad religiosa y las instancias del poder civil, a la sazón producto del golpe de estado de Fulgencio Batista. La situación del país era explosiva y también sangrienta. Por mucho que *La Quincena* juzgara con mesura, pero con firmeza, lo que estaba pasando en la Isla, no podía menos que despertar inquietudes en el revuelto panorama cubano. La revista no sólo sufrió la «censura» directa ejercida –se sabía– desde el Palacio Presidencial; también la jerarquía eclesiástica intervino tratando de neutralizar algunos pronunciamientos considerados «imprudentes» desde sus páginas. Mucho más rudimentario fue el acto de hacer desaparecer ediciones completas arrojándolas al mar de la bahía de La Habana: era querer ahogar al mensajero.

Pero *La Quincena* no era sólo una publicación combativa, o no lo era en absoluto; sus páginas estamparon principios de doctrina católica escritos por las primeras plumas nacionales e internacionales que avalaban su orientación.

Antes que la revista terminara de modo traumático su periplo, el P. Biaín había abandonado la dirección, víctima de una grave angustia vital por tensiones inevitables que lo llevó a la muerte. El siguiente director, el P. Mariano Errasti no lo tuvo más fácil, aunque trató, tal vez a sugerencia de sus superiores, de suavizar algo el tono crítico de la revista.

La mirada del P. Biaín había avistado otros horizontes: su idea inicial fue entregar la revista a un grupo de laicos que la condujeran, separándola definitivamente de la tutela de la orden franciscana. Todo fue inútil. La Quincena pasó de la «desgracia» de un camino escabroso, a la «gracia» de estar inscrita en la historia de las publicaciones católicas cubanas como un intento, tal vez único, de mostrar a la sociedad cubana una vía venturosa inspirada por la fe católica.

Diálogo con la cultura

Una insistente preocupación de los hombres y mujeres de fe a partir del primer tercio del siglo XX, fue establecer un diálogo con la cultura cuyo proceso evolutivo adquiría fuerza entonces en la Isla. Uno de sus aspectos más modernos y extendidos era el cine como expresión de arte, además de los aspectos industriales, comerciales y sus repercusiones morales. A la acción sobre este medio se dedicaron privilegiadamente los católicos cubanos.

Inicialmente el modo de abordar el medio en lo que entonces se llamaba «apostolado del cine» era sólo informar a los fieles católicos acerca del valor moral de las películas. Y los primeros que lo hicieron, como lo habían hecho en otros aspectos de la proyección social de la fe, fueron los Caballeros de Colón, publicando listas de las películas que se proyectaban en La Habana, con la indicación de a qué público podría estar destinada tal o cual película o cuáles no debían verse según un criterio prudencial basado en la moral católica. Era el criterio que, en general, primaba en la actuación de los cristianos sobre ese medio de difusión y fue confirmado por el Papa Pío XI en la encíclica *Vigilanti cura* de 1936 [22], aunque este documento papal ya apuntaba también otros aspectos del «apostolado del cine» como la promoción de las buenas películas, entendido esto como las que no ofrecían reparos morales.

En este mismo año de 1936, y seguramente por el estímulo de la encíclica, la Federación de la Juventud Católica Cubana asumió esta actividad, que siempre tenía como referencia la pujante «Legión de la Decencia» de los Estados Unidos, que publicaba puntualmente listas de películas clasificadas moralmente según los públicos: una especie de «index» cinematográfico. El nombre del organismo estadounidense era desafortunado y las actividades que durante cierto tiempo lo ocuparon más desafortunadas aún. El tristemente célebre «Código Hayes» que promovió, es visto hoy por los historiadores del arte cinematográfico como causa de una cierta decadencia del cine norteamericano de la época. [23]

El «apostolado del cine» se enmarcaba entonces en la Federación bajo un Secretariado de Campañas Moralizadoras. Cuando la rama masculina de la Federación de la Juventud Católica Cubana se integró como Rama B de la Acción Católica, se le asignó como una de sus prioridades «la campaña por la decencia del cine y de los espectáculos de diversión pública».

Pero aumentaba la inconformidad con esta proyección apostólica hacia el cine y bastó la presencia en Cuba en 1948 del Secretario General de la Oficina Católica Internacional del Cine (OCIC) para que se abrieran perspectivas inéditas y que nuevos aires corrieran entre las filas católicas. El Secretario de la OCIC, André Ruszkowski, un polaco especialista en cine, traía en su equipaje dos películas para ilustrar su empeño de lograr que los católicos hicieran discurrir por otras vías el «apostolado del cine». Las reuniones con Ruszkowski evidenciaron –según Walfredo Piñera– «cómo la realización influye sobre el contenido, y la importancia de los elementos expresivos del cine: guión, fotografía, actuaciones... en la trasmisión del mensaje que, intencionalmente o no toda película tiene». [24]

De aquí a comprender que el juicio sobre una película debía incluir más que un simple criterio moral y moralizador, había sólo un breve paso.

Bajo este presupuesto, un nuevo rumbo se iniciaba. La Junta Nacional de Acción Católica creó un Secretariado bajo el nombre de Centro Católico de Orientación Cinematográfica que agrupó a los que se entusiasmaban por el cine viéndolo bajo una nueva concepción: ni solo un objeto de preocupación moralizadora ni un divertimento intrascendente, sino la forma de expresión artística nacida y desarrollada en la contemporaneidad y una manifestación cultural con la fuerza de lo popular por su carácter industrial y comercial inesquivable. Algunos del CCOC quisieron profundizar en el conocimiento del fenómeno asistiendo al curso que dictaba en la Escuela de Verano de la Universidad de La Habana el crítico José Manuel Valdés Rodríguez sobre «El cine: industria y arte de nuestro tiempo». [25]

Las iniciativas no se hicieron esperar. En 1952 el CCOC fundó un Cine-Club. No era la primera vez que se celebraban sesiones de cine en La Habana con intenciones de goce artístico. En 1951 se había creado la Cinemateca de Cuba con el fin de exhibir, en sesiones memorables, «clásicos del cine», primero con filmes prestados por la Cinemateca Francesa y en una segunda etapa por el Museo de Arte Moderno de Nueva York. Pero el Cine-Club católico tenía una finalidad añadida, inédita: las proyecciones de las películas eran seguidas de un debate entre el público asistente que tenía el propósito de crear en los espectadores una actitud crítica del fondo y la forma de la obra cinematográfica, que consiguiese un disfrute mayor de la película y un discernimiento de los contenidos. El éxito fue grande y los Cine-Clubes se extendieron a otros lugares de la Isla y a algunos colegios. Dos momentos cimeros en el Cine-Club de La Habana fueron la exhibición, en estreno absoluto, de películas como «El diario de un cura rural», de Robert Bresson, y «Dos centavos de esperanza» de Renato Castellani. Con todo ello, llegó a ser imprescindible contar con los Cine-Clubes católicos en las iniciativas destinadas a elevar a un nivel humano y artístico el conjunto de las películas exhibidas en Cuba, casi siempre elegidas por los distribuidores con un criterio pedestre, meramente comercial.

Con la publicación por el CCOC en 1953 de la revista Cine Guía llegaba a su culmen la tarea de diálogo con la cultura que se proponía en el medio cinematográfico. En su primer número se presentaba así la revista:

> *Cine Guía llega para ser un nuevo auxiliar de la gran tarea que tenemos entre manos de dar al cinematógrafo la categoría artística y humana que le corresponde. Para ello pretendemos mostrar al público la entraña de ese arte maravilloso y nuevo, la belleza de sus formas dinámicas, plásticas y sonoras, sus posibilidades inexplotadas de arte en embrión, y su poderosa influencia sobre las masas, capaz de transformar la humanidad.* [26]

Cine Guía se publicó durante ocho años con entregas mensuales ininterrumpidas. Sus páginas reflejaron la actualidad cinematográfica en Cuba entre 1953 y 1961 e incluyeron, además, estudios sobre técnica y estética del cinematógrafo. Como las pocas revistas de cine que se editaban en Cuba solían ser superficiales y deficientemente informadas, Cine Guía llegó a gozar de predicamento entre los buenos aficionados.

El CCOC quiso promover el cine de aficionados y hasta creó un incipiente Centro de Experimentación, con sesiones teóricas de estudio y prácticas de filmación para preparar realizadores cristianos.

El rigor y seriedad de la actividad del CCOC lo hizo acreedor de la confianza de los organizadores del ICAIC, llamando a algunos de sus miembros a colaborar en su seno.

Esta labor católica hacia el cine ha tenido continuidad y hoy se realizan actividades que son dignas sucesoras de las que se hicieron hacia la mitad del pasado siglo XX.

Proyecciones políticas

A pesar de las suspicacias que despertaba entre la clase burguesa cualquier intervención directa en la acción política en Cuba, que era un campo lleno de todas las malezas de ambiciones, intereses creados y corrupciones, pronto algunos católicos supieron que la manifestación de su fe en la vida social, incluía entrar en ese campo casi inaccesible de la política. Estos «pioneros» de una acción política desde la fe, precisamente lo hacían desde la plataforma de las asociaciones laicales fundadas al surgir la República: Caballeros de Colón, Agrupación Católica Universitaria, Federación de la Juventud Católica. La vida civil cubana entraba entonces en un período crítico casi interminable con el Gobierno del Presidente Machado y su caída traumática. Allí estuvieron algunos que vieron claro cómo la fe cristiana, si bien se proyectaba hacia un horizonte escatológico, hacia la tierra nueva y cielos nuevos del Evangelio, comenzaba a realizarse aquí mismo, como más tarde enseñó el Concilio Vaticano II.

Unas intuiciones que tenían el arraigo y solidez de las enseñanzas que brotaban desde el hontanar inagotable del magisterio de la Iglesia católica, encontraron eco una vez más; los jóvenes católicos rompieron con el conformismo de manifestaciones públicas sólo piadosas, y en los actos del Día de la Juventud Católica Cubana del año 1949 decidieron, como señaló un comentarista contemporáneo, que «es hora ya de gritar la verdad cristiana en medio de la calle con toda su integridad, con todas sus implicaciones y exigencias, sin eufemismos ni circunloquios». [27] Así, uno de los actos del «Día» fue un mitin en el Parque Central de La Habana repleto de público. Los jóvenes oradores federados irrumpieron en el bullir de la noche habanera alegre y confiada con vigorosas denuncias de que la situación política del país empezaba a hacerse intolerable.

De que los dardos de los discursos dieron en la diana de la realidad cubana es buena señal el comentario negativo que publicó al día siguiente el conservador *Diario de la Marina* bajo una rúbrica desconocida: Orencio del Valle, que todos daban como un seudónimo de Gastón Baquero, entonces Jefe de Redacción del periódico.

El presunto comunicante en «Carta al Director» decía cosas como esta:

> *Yo, como católico sincero, le digo que me causó dolor y tristeza, porque se trataba de los jóvenes, la esperanza de mañana, y yo creo que si el catolicismo ha de regenerar a nuestra patria, como lo espero, nunca será usando las mismas armas que utiliza la política corrompida y demagógica, porque, repito, que para todo lo que sea católico hay un estilo católico, que lo mismo es de pensar y de sentir, que de hablar aunque sea satirizando y atacando. El católico precisamente se distingue porque todo lo hace con inteligencia y prudencia. En época de demagogia como la nuestra, el católico no puede ayudar a la corriente, que si se desborda arrastrará precisamente todo lo que el católico ama y defiende.* [28]

No es de extrañar que los jóvenes federados hayan resentido una crítica semejante. En la respuesta del Director del periódico había una sibilina amenaza:

> *Y en cuanto a sus temores en el orden estrictamente religioso de catolicismo interpretado o fiel a la doctrina verdadera, no tema se pueda torcer el sentido católico y evangélico; puede usted estar tranquilo porque si algo es consubstancial a la Acción Católica, es el acatamiento a las direcciones de la jerarquía, que vela con gran celo por la pureza y por el estilo de vivir, de pensar y de hablar, verdaderamente católicos.* [29]

El Director del *Diario* parecía ignorar que los obispos nombraban consiliarios que representaban su sentir y su criterio, y difícilmente, por mucha libertad que se les concediese, los jóvenes federados podían lanzarse a iniciativas imprudentes. De hecho, no hubo ninguna llamada al orden por parte de la jerarquía por la celebración del mitin.

Al año siguiente hubo otro mitin. Ya los jóvenes de la Acción Católica habían elegido una vía sin retorno: la denuncia «profética» de los males sociales desde la mirada de la fe cristiana.

413

Entre los dos actos del Parque Central habanero se habían sentado las bases de un movimiento con claro destino de acción política directa: el Movimiento Humanista, inspirado sobre todo en los principios de una acción política cristiana fundamentados en las ideas del filósofo francés Jacques Maritain en una obra fundamental: *Humanismo integral*, que había inspirado a movimientos semejantes en América Latina, especialmente en Chile, y había un componente «humanista» en las declaraciones iniciales de Fidel Castro sobre el contenido la Revolución. [30]

Por su parte, la Agrupación Católica Universitaria, en una de sus asambleas apostólicas, la de 1948, había dado calor a la idea de *La política* como apostolado después de que en 1946 un «agrupado» se hubiese postulado para lograr un escaño de Representante a la Cámara y elegido por una alta votación. El movimiento Acción Cubana, que se creó entonces, quiso servir de apoyo y estímulo a este esfuerzo político por alcanzar poder y así contribuir a que la vida de relación en Cuba se realizase con limpieza y rectitud. [31]

El golpe de estado de Fulgencio Batista en 1952 pareció confirmar la validez de todos estos esfuerzos, pero a la vez la interrupción del ritmo democrático en los turnos de poder que supuso el cuartelazo, detuvo cualquier posibilidad de reforma política, en beneficio de la acción para derribar la tiranía y recuperar la vida constitucional.

No obstante, surge en 1954 el Movimiento de Liberación Radical como fruto de la efervescencia política entre los jóvenes católicos. Lo formaron un grupo de dirigentes de la Juventud de Acción Católica y un cristiano evangélico (protestante). El Movimiento de Liberación Radical no pudo sustraerse a las luchas que entonces se iniciaban. Fidel Castro conocía el Movimiento y se acercó a él para atraérselo y completar así, cualitativamente, el cuadro dirigente del incipiente Movimiento 26 de Julio. Un miembro de Liberación Radical que asistió a estos acercamientos, en definitiva fallidos, dijo después: *La idea de que podía haber estado tratando de asociarse públicamente con gente que proyectaba una imagen respetable, con un grupo que además tenía visos intelectuales y hasta religiosos, parece bastante razonable.* [32]

Por un cristianismo social

La encíclica *Rerum Novarum* del Papa León XIII, considerada como la «Carta Magna de la sociología católica», fue promulgada en Roma el 15 de mayo de 1891, y publicada en La Habana poco más de un mes después en un suplemento especial del *Diario de la Marina*, lo que suscitó una cierta expectación en los círculos católicos cubanos más interesados por los temas sociales. Uno de estos círculos fue la Congregación Mariana de la Anunciata, fundada en el habanero Colegio de Belén en 1875, y en cuya Academia se reunían bachilleres y profesionales a la sombra del antiguo colegio jesuítico. Allí los jóvenes de La Anunciata daban los primeros pasos en la fundación de una academia nocturna obrera para atraer a la juventud trabajadora, y tal vez sustraerla de la influencia de líderes anarquistas españoles que habían establecido sus cuarteles en la calle Dragones de la capital. Como fruto de estos afanes los congregantes fundaron el Círculo Católico para estudiar las cuestiones laborales y también crearon una sociedad de jóvenes obreros con los ex alumnos del floreciente Catecismo de la Anunciata. En 1915 se constituyó la Congregación Mariana Obrera de la Caridad y San José, animada particularmente por el jesuita P. Jorge Camarero.

El escaso resultado de estas primeras experiencias de gremialismo católico animaron al P. dominico Francisco Vázquez y al jurisconsulto Mariano Aramburo, que habían fundado en 1922 la Academia Católica de Ciencias Sociales, a crear una Unión Nacional del Trabajo con características que se anticipaban a los tiempos: tenía carácter laical y no confesional. Intento generoso de los fundadores, pero que no encontró por parte de quienes fueron puestos a cargo de la organización una actitud semejante; antes bien, aprovecharon la apertura y libertad concedida a la organización por motivos tácticos, para medrar desde ella. [33]

En 1941, el jesuita P. Manuel Foyaca, considerando que para realizar cualquier tarea de cristianismo social había que divulgar la doctrina social de la Iglesia, poco conocida y mal comprendida, fundó el movimiento Democracia Social Cristiana. Así definió sus orígenes el mismo fundador:

> *Nació este movimiento de unos cuantos cubanos que aspiraban a realizar en su patria las obras múltiples del catolicismo social. Proclamaron, en siembra pródiga, los principios sociales cristianos por toda la Isla; e, impacientes, porque su ideal no admitía espera, quisieron, ya enseguida, recoger en una organización nacional –no existía aún la Acción Católica Cubana–, las voluntades generosas prestas al trabajo.* [34]

Con la colaboración principalmente de profesionales católicos pertenecientes a las asociaciones ya constituidas y en marcha, celebró numerosos actos públicos, muchas veces al aire libre en calles y plazas, a lo largo de la Isla, para dar a conocer la doctrina social católica y su aplicación a problemas candentes de la sociedad. Resultado sorprendente, aun entre los católicos: para muchos esa doctrina era en extremo exigente y hasta destructora de unos esquemas conservadores establecidos por la clase burguesa. Pero, ¿acaso no era ese el efecto esperado y tal vez deseado?

En 1947 se funda un movimiento que iba a ser un momento de inflexión en el desarrollo del «catolicismo social»: la Juventud Obrera Católica (JOC). Surge en el seno de la Federación de la Juventud de Acción Católica como una de las secciones especializadas en que habría de subdividirse la organización, como la de estudiantes secundarios y la de universitarios, aunque con autonomía por insertarse la JOC dentro de un movimiento internacional que establecía sus filiales en 73 países y contaba con varios millones de afiliados en todo el mundo.

Los fines confesados de la JOC eran: «conquistar a la juventud trabajadora y difundir entre ella la doctrina social cristiana». Pero había otra finalidad *in pectore*: «la necesidad de formar cuadros dirigenciales con vistas a implantar un régimen social y político netamente cristiano en Cuba».

Cómo iba a lograr estos fines se sabría pronto. Las circunstancias político-sociales de Cuba arrastrarían a la JOC a actividades y compromisos muy cercanos a sus propósitos. Para la formación de líderes aptos que contribuyan a *lograr una transformación de los esquemas socio-económicos predominantes, inicia una labor pedagógica de gran envergadura: círculos de estudios, jornadas, semanas nacionales, seminarios, conferencias, y actos públicos.* [35]

Para dar a conocer su ideario publica un periódico mensual: *Juventud Obrera* y un programa radial importante.

La crisis institucional provocada por el golpe de estado de Batista en 1952 los lanzó a insertarse más intensamente en el marco socio-político cubano. Encabezaron la organización de huelgas, ya sindicales, ya políticas como la bancaria de 1955. Hasta el asesor eclesiástico de la JOC tomó partido públicamente en defensa de las luchas en las que participaban los jocistas y tuvo que tomar el camino del exilio. [36]

Después del triunfo revolucionario de 1959 entregaron también su esfuerzo con esperanza y generosidad. Lograron puestos de primera responsabilidad en los organismos sindicales y lucharon siempre por su compromiso enunciado de construir un régimen social y político cristiano, es decir, justo. No pudo ser.

Obras de beneficio público

En 1953 se publicó en La Habana, por el Secretariado Económico Social de la Junta Nacional de Acción Católica Cubana, un catálogo de las iniciativas sociales católicas existentes en Cuba. Se relacionaban allí 255 obras educativas, asistenciales y sanitarias sostenidas por católicos.[37]

Cifra importante para una iglesia que a mediados del siglo XX aún se reponía de crisis anteriores y, por lo tanto, no abundaba en medios ni en personal. Sólo un espíritu que dimanaba de las enseñanzas del Evangelio pudo permitir que instituciones de beneficencia se crearan y se mantuvieran, casi sin ayuda estatal, llenando un vacío asistencial que llegaba hasta los menos favorecidos.

Sería muy mezquino contar sólo estadísticamente esta acción de la Iglesia si no se pone de relieve el amor que la preside. Se ha manifestado por actuales dirigentes políticos cubanos cuánto se hace con reducidos medios; pero pocas veces se ha reconocido explícitamente esta dimensión amorosa sin la cual no tendría sentido para quienes se mantienen en ellas al pie del doliente. Por las 255 iniciativas asistenciales relatadas en el Catálogo circula una vida del espíritu alimentada por la caridad cristiana, aunque no tengan un lugar entre las influencias sociológicas comprobables.

El futuro

Se ha llegado a decir que movimientos católicos, no arraigados actualmente en la Isla, aguardan el advenimiento de un cambio en los destinos del catolicismo cubano y, por lo tanto, la posibilidad de que inspiren una transición desde la óptica de la doctrina católica.

La fe militante en Cuba ha tenido un protagonismo en los destinos patrios que sólo los ciegos voluntarios no ven. La historia no se repite y no hay un eterno retorno de las cosas, si bien los procesos históricos puedan tener un cierto cariz de semejanza.

¿Cómo será en el futuro?

Los documentos del ENEC y del ECO, las enseñanzas pastorales de los obispos y algunas reflexiones laicales aportan claridades avaladas por años de entrega generosa a favor de un mejor futuro de la Patria cubana. Aquí, desde donde tienen lugar los gozos y las fatigas, las alegrías y los dolores, los amaneceres y los ocasos; quienes creen y esperan, llevarán otra vez en el corazón y en los labios la palabra que da vida y esperanza.

Madrid-Las Batuecas
Marzo del 2002

NOTAS

(1) Emilio Roig de Leuchsenring, «13 Conclusiones Fundamentales Sobre la Guerra Libertadora Cubana de 1895», en *Jornada* 34, México, El Colegio de México, Centro de Estudios Sociales.
(2) Manuel Fernández Santalices, «El laicado en la reorganización de la Iglesia», en *Presencia en Cuba del catolicismo*, Caracas, Ed. Fundación Konrad Adenauer, ODCA, 1998, pág. 16.
(3) Leonel Antonio de la Cuesta (Comp.), *Constituciones cubanas, desde 1812 hasta nuestros días*, New York, Ediciones Exilio, 1974, pág. 139.
(4) Juan Martín Leiseca, *Apuntes para la historia eclesiástica de Cuba*, La Habana, Talleres Tipográficos de Carasa y Ca., 1938, pág. 196.
(5) *Ibídem*, pág. 229.
(6) Jorge Hyatt, «La Orden de los Caballeros de Colón», en Semanario Católico, La Habana, año XL, nos 1210 al 1213, 1950, págs. 42-44.
(7) *Ibídem*.
(8) Manuel Fernández Santalices, op. cit., pág. 64.
(9) [S. A], *La voz de la Iglesia en Cuba, 100 documentos episcopales*, México, D.F., Ed. Obra Nacional de la Buena Presna, A. C., 1995, pág. 24.
(10) Manuel Fernández Santalices, *op. cit.*, pág. 24.
(11) *Ibídem*.
(12) René Anillo, «José Antonio Echevarría», apud Carlos Franqui, *Diario de la Revolución cubana*, Barcelona, Ediciones R. Torres, 1976, pág. 230.
(13) Manuel Rodríguez Bustamente, «Los Caballeros Católicos», en 1905, *boletín Lasallista*, La Habana, año XI, nos 121-122, enero-febrero, 1996, pág. 72.
(14) José Montó Sotolongo, «Los Caballeros Católicos», en *Semanario Católico*, La Habana, año XL, nos 1210 al 1213, 1950, págs. 32-36.
(15) Luis Cancio Bello, «El futuro católico de Cuba a través de la Asociación «Caballeros Católicos», en *Semanario Católico*, La Habana, año I, 1938, pág. 18.
(16) [Una católica], «Página femenina», en *San Antonio*, La Habana, marzo 25 de 1925, pág. 177.
(17) Marianófilo [P. Mariano García de Andoín], «De la vida ambiente», en *San Antonio*, La Habana, año XVI, n° 9, mayo 10 de 1925, págs. 255-257.
(18) Mesquita Pimentel, «Los cuatro evangelistas de la nueva cristiandad», en *Lumen*, La Habana, julio 1948, págs. 131-157.
(19) *Vid. Orígenes,* (Índice de autores), Edición facsimilar, vol. I, Edciones Turner, Madrid, 1989.
(20) José Lezama Lima, «Sobre unos sonetos marianos», en *Semnario Católico*, La Habana, año II, n° 69. octubre 1989, págs. 26 y 27; Virgilio Piñera, «San Sebastián ha dicho...», en Semanario Católico, La Habana, año II, n° 55, 25 de junio de 1939, pág. 27.
(21) «Invitación a la mirada», en *Lumen*, La Habana, año IV, n°. 2, junio, 1947, pág. 10
(22) Pío XI, «Vigilanti cura», *Mundo Cinematográfico. Documentos pontificios,* La Habana, Centro Católico de Orientación Cinematográfica, 1956.
(23) Walter Kerr, «Los problemas católicos del cine americano», en *Cine Guía*, La Habana, año II, n° 8, octubre 1954, págs. 3-6.
(24) Walfredo Piñera y María Caridad Cumaná, *Mirada al cine cubano, la Iglesia Católica y el cine en Cuba*, Bélgica, OCIC, 1999, páps. 109-117.
(25) *Ibídem,* pág. 112.
(26) «Primer plano», en *Cine Guía*, La Habana, n° 1, marzo de 1953, pág. 1.

(27) Ali Presalde [Luis de Zabala], «El mitin de la Juventud Católica», en *Semanario Católico*, La Habana, año XXXIX, nos 1170-1171, septiembre 18 y 25 de 1949, pág. 12.
(28) Orencio del Valle, «Carta al Director. Respuesta», en *Diario de la Marina*, La Habana, jueves 29 de septiembre de 1949, pág. 4.
(29) *Ibídem*.
(30) Rubén Darío Rumbaut, «El humanismo y la Revolución», en *La Quincena*, La Habana, año V, n° 8, abril de 1959, págs. 16-19 y 29-31.
(31) José M. Hernández, *Agrupación Católica Universitaria. Los primeros cincuenta años*, Miami, Florida, [s.e.], 1981, pág. 36.
(32) Mario Llerena, *La Revolución insospechada. Origen y desarrollo del castrismo*, Buenos Aires, Editorial Universitaria de Buenos Aires, 1981, pág. 36.
(33) Felipe Zapata, «Las obras del cristianismo social en Cuba», en *Semanario Católico*, La Habana, año XL, nos 1210-1213, 1950, págs. 38-41.
(34) *Justicia Social Cristiana*, La Habana, segunda época, vol. 1, n°. 1, enero-marzo, 1951, pág. 3.
(35) Rodolfo Riesgo, *Cuba: el movimiento obrero y su entorno socio-político, 1865-1983*, Miami-Caracas, Saeta ediciones, Colección Realidades, 1985, págs. 39-44.
(36) *Ibídem*.
(37) Secretariado Económico Social de la Junta Nacional de Acción Católica Cubana, *Primer catálogo delas obras sociales católicas de Cuba, compuesto por el Secretariado Económico Social de la Junta Nacional de Acción Católica Cubana*, La Habana, Ed. Lex, 1953.

La Iglesia y las Constituciones republicanas de 1901 y 1940

Joel Prado

En enero de 1901, un conocido político cubano que se confesaba no creyente se aventuró a compartir su visión del fenómeno religioso en Cuba con sus más ilustres colegas de aquellos días.

> *Éste es un pueblo –dijo– donde no ha habido hasta hoy, y quiera Dios que perdure, donde no ha habido fanatismo religioso. ¿Sabéis por qué? Porque la libertad y la tolerancia religiosas han sido grandes, no solamente en las relaciones del pueblo con la autoridad, sino hasta en las relaciones de la misma familia; pero este pueblo que no ha sido jamás fanático, fue y es un pueblo católico, este es un pueblo donde la Iglesia Católica está arraigada, donde en realidad de verdad el culto católico ha sido el único que ha arraigado de una manera positiva, no solamente por la protección del Estado, sino por las condiciones políticas de nuestra tierra.* [1]

Quien así hablaba era Juan Gualberto Gómez, hijo de esclavos, conspirador infatigable contra el yugo español, hombre de confianza de José Martí, agente principal del Partido Revolucionario Cubano en la Isla, periodista eminente, atinado defensor de los derechos de los negros y, por encima de todo, auténtico patriota. «¿Qué es, señores, lo fundamental, lo que da arraigo, lo que da vida al sentimiento religioso entre nosotros? (…) ¿Sabéis dónde está la fuerza del sentimiento religioso católico?», preguntó Juan Gualberto a la emergente clase política cubana, reunida para redactar la Constitución de la futura República. Y concluyó: «Está precisamente en el sentimiento de los pueblos que se sienten oprimidos, desgraciados y esclavizados, y como ésta fuera una tierra de esclavos, una tierra de despotismo, aquí había un lugar donde únicamente las almas podían encontrar algo que las tranquilizase, que las consolase». [2]

Más allá del inevitable contrapunteo que pudiese producirse entre la mentalidad liberal de este hombre y la religión, más allá de las críticas que como luchador independentista hiciera a la Iglesia por su postura en épocas recientes, Juan Gualberto Gómez, siguiendo los pasos de los grandes forjadores de la patria cubana, tuvo la sabiduría de reconocer el peso de lo religioso en el alma de nuestro pueblo y, concretamente, el arraigo visible del catolicismo. Tuvo, además, el mérito de recordar estas verdades en un minuto crítico para la fe, y muy especialmente para la institución católica.

Aquella Cuba de comienzos del siglo XX acababa de dejar atrás una pesadilla. A sus espaldas quedaba el espectro de una guerra sangrienta que puso fin al vasallaje español, legándonos un país en ruinas y la sospechosa presencia de nuestros vecinos estadounidenses como árbitros de los nuevos rumbos. La ocupación militar norteamericana se oficializó al despuntar el año 1899, apenas los representantes de la Madre Patria hicieron sus maletas y se marcharon con la mayor premura hacia el Viejo Continente. Comenzó entonces para nosotros un período difícil, el de la transición postcolonial: el paso de las viejas y dolorosas realidades coloniales a un futuro independiente que, al menos en teoría, los Estados Unidos se habían comprometido a respetar.

Los primeros tiempos transcurrieron bajo la égida del moderado John R. Brooke, quien se ganó el aprecio de la sociedad por su acertada decisión de estimular la participación de los cubanos en la administración del país. Pero la Era Brooke sólo duró unos meses, y para sustituirlo llegó a La Habana el nada conciliador Leonard Wood, de fuertes proyecciones anexionistas.

Pese a todas las contingencias, Cuba experimentó una recuperación digna de ser estudiada con mayor profundidad, echando a un lado los absurdos estereotipos ideológicos habituales. La economía se reactivó; la industria azucarera salió del hoyo al que la había lanzado la guerra; la agricultura adquirió nuevos ímpetus; se intensificó la actividad comercial; el transporte y las comunicaciones abandonaron el catastrófico estado en el que se hallaban sumidos; la enseñanza y la sanidad progresaron asombrosamente; la población creció, y llegó un momento en que el país multiplicó sus exigencias para que Washington cumpliese sus promesas de respetar la opción independentista, rechazando así cualquier proyecto trasnochado de anexión.

Fue en esas circunstancias que el Gobernador Wood convocó a una Asamblea Constituyente, a través de un Decreto publicado el 25 de julio de 1900. Entre los objetivos cardinales del foro estaría «redactar y adoptar una Constitución para el pueblo de Cuba, y como parte de ella, proveer y acordar con el Gobierno de los Estados Unidos en lo que respecta a las relaciones que habrán de existir entre aquel Gobierno y el Gobierno de Cuba». [3] Este párrafo, tan conciso y directo, cayó explosivamente en la opinión pública, que lo consideró un absurdo y un insulto. Levantó entre los cubanos una ola de protestas que englobó a influyentes sectores sociales y a la clase política. Por aquellos días, daban sus primeros pasos los nacientes partidos del país: desde el Partido Nacional, muy cercano al Generalísimo Máximo Gómez y con una base de apoyo nítidamente habanera, pasando por el Partido Republicano de Las Villas, con posiciones más radicales y próximas a la Asamblea del Cerro, hasta llegar a la conservadora Unión Democrática, punto de encuentro ideológico de antiguos autonomistas e independentistas de derecha. Unos siguiendo los dictados de su conciencia patriótica, otros por recomendación del más elemental sentido común, lo cierto es que estas formaciones políticas acordaron elevar su protesta ante Washington, frente a la descabellada pretensión de que las relaciones cubano-norteamericanas fuesen enfocadas como materia constitucional.

Por fin, en septiembre de 1900 fueron elegidos los delegados a la Convención que redactaría la primera Carta Magna de la República, quienes iniciaron sus labores dos meses más tarde en el viejo Teatro «Irijoa» (después Teatro «Martí»). Como padres fundadores del nuevo orden que empezaría a regir en la Isla, los 31 delegados decidieron concentrarse en la redacción del texto constitucional, sorteando momentáneamente las presiones que se ejercían sobre ellos para que tratasen sin dilación lo de los vínculos con el Vecino del Norte. Durante varios meses, examinaron un amplísimo número de temas concernientes a la vida del país, entre los cuales no faltó el hecho religioso.

Hablar de religión en aquella Cuba de los albores del siglo XX implicaba, de manera inevitable, hacer alusión al Cristianismo y al desempeño de la Iglesia Católica... Desempeño polémico, porque junto a la valiosa contribución realizada por la institución a nuestra sociedad en el terreno de la espiritualidad, la moral, la cultura y las obras asistenciales, se alzaba también la imagen de una Iglesia excesivamente comprometida con el poder colonial español, en virtud del Patronato Regio. En la memoria del pueblo cubano perduraba el recuerdo de los grandes hombres católicos que dejaron su huella en el alma agradecida de la nación, así como el ejemplo de decenas de sacerdotes que se sumaron a las luchas por la independencia a partir de 1868. Pero de la mano de las luces iban las sombras, y a la Iglesia que transitó de la Colonia a la República le resultaba extremadamente difícil poder borrar aquellos capítulos de su pasado reciente que la presentaban en abierta pugna con el ideario patriótico de la Isla. ¿Cómo olvidar a la parte del clero que vociferó una y otra vez a favor del integrismo? ¿Cómo olvidar el silencio cómplice ante los actos más censurables de Madrid? ¿Cómo olvidar las posiciones anti-independentistas de Monseñor Francisco Sáenz de Urturi y Monseñor Manuel Santander y Frutos, obispos españoles que gobernaban las diócesis de Santiago de Cuba y La Habana, respectivamente?

Si bien el fin de la dominación española liberó las manos de la Iglesia en muchos sentidos, también es obvio que la dejó en medio de un panorama desolador desde el punto de vista material, organizativo y de su propia credibilidad como institución. Casi nueve décadas más tarde, reflexionando sobre la etapa, los católicos cubanos reconocieron:

> *Grandes fueron las dificultades enfrentadas por aquellos obispos y sacerdotes de finales del XIX y principios del XX. Al finalizar la contienda, la Iglesia, víctima de su situación de dependencia frente al poder colonial, ofrecerá la imagen a muchos cubanos de algo caduco. Los templos destruidos, la población disminuida y empobrecida, el país asolado, la escasez del clero y la acusación de anticubana blandida por sus opositores del momento (laicistas y masones), la casi total ausencia de hombres y jóvenes practicantes, además del establecimiento de las Iglesias protestantes (en un clima, como causa de aquel momento histórico, desgraciadamente nada ecuménico por ambas partes), nos pueden dar idea de las dificultades afrontadas.* [4]

En un abrir y cerrar de ojos, la Iglesia comenzó a transitar por un terreno distinto. Debió enfrentarse a fenómenos tan desafiantes como la descristianización de la sociedad, el anticlericalismo y la indiferencia religiosa –que no eran exclusivos de Cuba, pues pululaban en importantes zonas del Occidente cristiano–; y encaró igualmente las limitaciones que impusieron a su labor evangelizadora las autoridades norteamericanas que gobernaban el país. En lo interno, a las calamidades descritas habría que añadir la delicada situación que se creó en el nombramiento de los obispos. Monseñor Sáenz de Urturi y Monseñor Santander y Frutos tuvieron que hacer sus maletas, dimitir e irse. La Santa Sede designó entonces al sacerdote cubano Francisco de Paula Barnada y Aguilar para regir la Arquidiócesis santiaguera, pero envió como nuevo Pastor de La Habana a un extranjero: el italiano Donato Sbarreti Tazza, miembro de la diplomacia vaticana, muy al tanto de los asuntos concernientes a los Estados Unidos. Roma veía en Monseñor Sbarreti a un hombre capaz de conducir las negociaciones con el gobierno interventor yanqui… Negociaciones que buscaban, entre otros puntos, la compensación económica a la Iglesia por las propiedades incautadas a las congregaciones religiosas en las desamortizaciones del siglo XIX.

Pero el nombramiento de Donato Sbarreti lució muy poco feliz a los ojos cubanos por tratarse de un extranjero, lo mismo que el de Monseñor Buenaventura Broderick como Obispo Auxiliar de La Habana años después. Figuras tan prestigiosas como Máximo Gómez y Salvador Cisneros Betancourt encabezaron la inconformidad de los mambises y no descansaron hasta que la Santa Sede cambió el rumbo y multiplicó los nombramientos de cubanos para gobernar las circunscripciones eclesiásticas del país.

De manera que, al iniciarse las labores de la Convención Constituyente, el 5 de noviembre de 1900, el panorama no era nada halagüeño para el catolicismo. Máxime si se tiene en cuenta que entre los delegados existía una poderosa corriente liberal de profundos contornos laicistas. Los debates del texto así lo evidenciaron.

Una de las primeras cuestiones discutidas fue el Preámbulo de la nueva Constitución, el cual incluía una clara invocación a Dios. Frente a ella se situaron de manera vertical hombres tan escuchados como Salvador Cisneros Betancourt, Martín Morúa Delgado –quien creía inútil «traer a Dios a la Constitución», pues «Dios está en todas partes»–, Juan Gualberto Gómez e incluso el futuro Presidente Alfredo Zayas –el cual no vaciló en decir: «Yo no creo en Dios ninguno»–; mientras que la invocación divina encontró un esclarecido defensor en Pedro González Llorente, quien recordó a sus colegas que nuestro pueblo era creyente y no ateo, posición a la que se sumó el agnóstico Manuel Sanguily con su enorme autoridad intelectual. Sanguily concebía a Dios como «símbolo de lo supremo», y recalcó que «desde este punto de vista meramente abstracto, no puedo comprender que sea para nadie humillante e indecoroso que levantemos a Él nuestras manos y le pidamos su amparo». [5]

Finalmente, el texto fue aprobado y, en el pórtico de la primera Constitución republicana, los padres fundadores escribieron:

> *Nosotros, los delegados del pueblo de Cuba reunidos en Convención Constituyente, con el encargo de redactar y adoptar para dicho pueblo la Ley Fundamental de su organización como Estado soberano e independiente, con un Gobierno estable capaz de cumplir sus obligaciones internacionales, mantener el orden, afianzar la libertad, garantizar el goce de la justicia y promover el bienestar de los que habiten en su territorio; acordamos y adoptamos, en virtud de aquel mandato, invocando el favor de Dios, la siguiente Constitución.* [6]

Las sesiones celebradas en el capitalino Teatro «Irijoa» depararon también otros momentos de intenso debate sobre el peso de la religión y el lugar de la Iglesia en la sociedad cubana. Se escucharían reflexiones hermosas y atinadas como la de Juan Gualberto Gómez (que citamos al inicio), junto a ataques de claro perfil anticlerical. El ilustre Marqués de Santa Lucía, por ejemplo, dio rienda suelta a sus sentimientos nacionalistas al referirse al recién nombrado Obispo de La Habana. Dijo Cisneros: «Le haré siempre la guerra a Sbarreti y a todos los extranjeros que vengan a Cuba a ocupar un puesto, sea dondequiera que fueren; lo mismo le haré a Sbarreti como se la haré al General Wood: para mí todos son iguales. En siendo extranjero, ¡fuera de aquí! ¡No quiero extranjeros aquí!». [7]

Entre los 115 artículos de aquella Constitución, a la cual le endilgaron el ominoso apéndice de la Enmienda Platt, había uno especialmente, el 26, donde se prescribió la libertad religiosa y la separación de la Iglesia y el Estado, como expresión del espíritu liberal que recorría toda la Carta Magna y de su asombrosa similitud con la Constitución estadounidense que tomó como modelo. Su promulgación oficial se efectuó el 20 de mayo de 1902, día en que los cubanos estrenamos la República, y rigió intacta hasta que el Presidente Gerardo Machado decidió modificarla en pos de sus mezquinas ambiciones de prorrogarse en el poder. Tras la caída del dictador, en 1933, y hasta finales de esa turbulenta década, los cubanos padeceríamos una inestabilidad jurídica que trató de ser conjurada con efímeros estatutos y leyes constitucionales.

Los años 30 pasaron a la posteridad como un período extraordinariamente convulso. Gerardo Machado, revestido de un mesianismo que ha sido consustancial a la mayoría de nuestros Presidentes, decidió ignorar la voluntad del pueblo y perpetuarse en Palacio más allá del mandato de la nación. El 12 de agosto de 1933, la rebelión de una sociedad harta de su despotismo lo obligó a huir, dejando a sus espaldas un país agobiado por la crisis económica, dividido en lo político y enlutado tras el fatigoso combate contra la opresión. Un país que durante los próximos siete años iba a padecer los estragos de la inestabilidad institucional, manifestada en una agitadísima sucesión histórica que abarcó presidencias fugaces, gobiernos progresistas y reaccionarios, huelgas, represión sin miramientos, destituciones «constitucionales», preponderancia del militarismo y un intenso debate ideológico.

Fulgencio Batista, un humilde Sargento-Taquígrafo devenido Coronel y luego General, se convirtió en el verdadero árbitro de la política cubana durante aquellos años. Fue el gran hacedor de Presidentes y la mano dura que impuso el orden de San Antonio a Maisí. En el ocaso de la década, las circunstancias internacionales y domésticas propiciaron un giro de 180 grados en el rumbo que hasta ese instante había mantenido Batista. El autoritario jefe militar se convirtió en conductor de una interesantísima transición democrática. La creciente polarización de un contexto mundial caracterizado por la ofensiva del totalitarismo nazifascista contras las democracias, así como la nueva orientación que había venido imprimiéndole a la política exterior norteamericana el Presidente Franklin Delano Roosevelt desde su ascenso al poder, influyeron decisivamente en la actitud del caudillo, al igual que las fuertes presiones que estaba recibiendo en el interior del país a favor de una apertura.

Una de las demandas capitales del pueblo era la celebración de una Asamblea Constituyente libre y soberana. Ni la vieja Constitución de 1901, con sus desquiciados ribetes presidencialistas y su desvinculación de los más acuciantes problemas sociales, ni las efímeras leyes que intentaron sustituirla, se ajustaban ya a las realidades y a los profundos anhelos de la nación. Cuba pedía a gritos otra Constitución, pero para llegar a ella había que poner de acuerdo a sus principales gestores: los políticos cubanos. He ahí uno de los grandes méritos de la etapa. Fulgencio Batista cedió en sus posiciones de fuerza y se inclinó explícitamente por la concertación, mientras que sus más influyentes adversarios abandonaron las tesis abstencionistas y se sumaron a la reestructuración pacífica del país. Al final, ganó la Patria, pues cubanos de los más disímiles colores ideológicos se sentaron juntos para pactar los cambios. La derecha, el centro y la izquierda, sin deshacerse de su identidad, impulsaron de forma constructiva una transición acompañada de importantes medidas democratizadoras.

En noviembre de 1939, el pueblo eligió a los delegados a la Asamblea encargada de redactar la nueva Constitución. Los partidos políticos de la época se habían agrupado en dos grandes coaliciones para concurrir a los comicios. Por un lado, el bloque de la oposición, integrado por el Partido Revolucionario Cubano (Auténtico), de Ramón Grau San Martín; el ABC, de Joaquín Martínez Sáenz; el Partido Demócrata-Republicano, de Mario García Menocal; y el Partido Acción Republicana, de Miguel Mariano Gómez. Por el otro, el frente gubernamental, que aglutinaba al viejo Partido Liberal, de Emilio Núñez Portuondo; el Partido Popular Cubano, del difunto Alfredo Zayas; el Partido Realista; el Conjunto Nacional Democrático; el Partido Unión Nacionalista, de Carlos Mendieta; y el Partido Unión Revolucionaria Comunista, cuya extraña simbiosis con los partidos tradicionales sólo se explica en virtud de la luna de miel que los comunistas compartían por aquellos años con el Coronel Batista.

Las urnas dieron el triunfo a la oposición, con 41 delegados, mientras el Gobierno situó 35 representantes en el foro. El 9 de febrero de 1940, el Capitolio de La Habana abrió sus puertas a la flamante Asamblea Constituyente, en cuyo acto inaugural hablaron oradores de lujo como Jorge Mañach, José Manuel Cortina y Juan Marinello. Desde esa jornada, y por espacio de varios meses, el país entero siguió con sumo interés lo que allí se debatía. Los hijos de la Iglesia no fueron la excepción.

En su edición del 25 de febrero de 1940, el «Semanario Católico» expresó:

> *Suponemos y tenemos motivos para pensar así, que la Constitución no sancionará ningún pecado nuevo, ninguna agresión taimada y sectaria contra nuestros derechos que son sagrados y anteriores a todos los derechos y prerrogativas que creean poseer los Delegados. Cuba dará de ese modo un bello ejemplo de civilidad y de respeto al fuero de las conciencias a ciertas repúblicas hispanoamericanas, atosigadas de brutal anticlericalismo. Por otra parte, la Iglesia duplicará sus esfuerzos en bien de la República misma. De esa suerte, dos órdenes distintos, el temporal y el espiritual, marcharán unidos, pero no confundidos, respetándose mutuamente y*

apoyándose el uno al otro para la formación plena e integral del hombre cubano. [8]

Evidentemente, la Iglesia que alzó su voz en 1940 ya no era la misma de 1901. El tono de su argumentación revelaba que las cosas habían cambiado y, si a comienzos del siglo XX sus problemas internos y los prejuicios sociales limitaron su participación en el debate público, ahora, cuatro décadas después, resultaba imperioso que hablase. ¿Qué había sucedido en el mundo eclesial cubano?

Estudiosos del tema como el historiador Manuel Fernández Santalices, han interpretado con precisión el itinerario del catolicismo entre 1900 y 1940. Una mirada fugaz bastaría para comprender cómo aquella institución enquistada y exhausta que nos legó la Colonia, se vigorizó progresivamente durante la República sin traicionar el mandato de su Divino Maestro. La Iglesia cubana, en sintonía con las corrientes modernizadoras de la Iglesia Universal, abrió su acción evangelizadora a disímiles campos, entre ellos la acción social. Los colegios católicos se multiplicaron, lo mismo que las catequesis populares; nacieron asociaciones como los Caballeros Católicos, la Federación de Juventudes Católicas, la Agrupación Católica Universitaria... y se allanó el camino para la aparición de las diferentes ramas de la Acción Católica en los años 40; los laicos desempeñaron un papel cada vez más activo; se consolidó la presencia católica en el ámbito asistencial; creció el clero cubano y la gente se acostumbró a ver una Iglesia cada vez más activa.

No faltó tampoco lo que ha sido descrito como «un episcopado de excepción por su piedad, espíritu misionero y creatividad pastoral». [9] Obispos muy a tono con las realidades cubanas como Valentín Zubizarreta, Eduardo Martínez Dalmau, Manuel Arteaga Betancourt, Enrique Pérez Serantes y Alberto Martín Villaverde. Precisamente, tres días antes del inicio de las sesiones, ellos hicieron llegar a la Asamblea una «Exposición» que sintetizaba las aspiraciones de la Iglesia en cinco puntos fundamentales: sancionar la libertad de enseñanza; acordar la enseñanza obligatoria de la religión en las escuelas públicas, respetando la libertad de conciencia de quienes no la deseasen; proteger la institución del matrimonio; disponer que el matrimonio religioso tuviese fuerza legal; y llevar a vías de hecho la armónica comprensión del capital y el trabajo.

Es interesante ver cómo en este último tema, los Obispos advirtieron:

Estamos firmemente convencidos de que una gran parte de trabajadores que hoy militan en partidos extremistas, cuyo objetivo es una perniciosa cuanto inhumana lucha de clases, lo hace porque se siente desamparada y los abandonaría, pasando de la lucha de cla-

ses a la cooperación de las mismas, si encontrara apoyo para sus legítimas aspiraciones y protección para sus derechos. [10]

Por supuesto que los delegados a la Convención tomaron nota de las peticiones de los Obispos, aunque hay que decir que el único legislador de abierto compromiso católico en aquella vorágine laicista era Manuel Dorta Duque, dirigente de la Orden de los Caballeros de Colón. El Dr. Dorta Duque era abogado y tenía una cátedra en la Facultad de Derecho de la Universidad de La Habana. Era un hombre de profundas convicciones democráticas que había combatido la dictadura del General Machado. Se destacaba por su amplia cultura, su notable oratoria y su habilidad parlamentaria. Figuró como uno de los especialistas más serios en la cuestión agraria, y llegaría a redactar un Proyecto de Código Cubano de Reforma Agraria que, aunque quedó engavetado en el Congreso, pasó a la posteridad como uno de los más completos estudios realizados durante la República.

La Constituyente del 40 reeditó el encendido debate del año 1901 sobre la invocación a Dios que contenía el Preámbulo del texto constitucional. De más está decir que los activísimos delegados comunistas se opusieron a ella. Uno de sus más brillantes oradores, Salvador García Agüero, manifestó:

> *En cuanto a la invocación a Dios, diremos sencillamente lo siguiente: entendemos que no hay ninguna razón que justifique la imposición de esta invocación en este Preámbulo, cuando existe la realidad indudable de que ésta es una Constitución hecha para todo el pueblo de Cuba, sin distingos de ninguna especie; y nadie puede afirmar, con visos de veracidad, que todo el pueblo de Cuba está inclinado o dispuesto, se siente impulsado u obligado a hacer realmente esta invocación.* [11]

Contra la moción comunista se irguieron numerosos delegados, cuyo portavoz fue un viejo mambí, Miguel Coyula Llaguno, quien recalcó:

> *Queremos que la Constituyente de 1940 se inspire en los mismos ideales que la Constitución de 1901. Aquellos convencionales no eran menos cubanos que éstos, e invocaron el favor de Dios. Parece que las realidades no hablan a nuestros sentimientos y queremos olvidar a Dios. Las malditas realidades del mundo se reflejan aquí. Señores: debemos invocar a Dios en nuestras labores para dotar a Cuba de una Constitución. ¿Qué daño se infiere al pueblo de Cuba y a los partidos aquí representados? ¿Qué razón hay para suprimir*

la invocación? Se le quiere arrancar la creencia a un pueblo que ama a Dios. Los que lucharon por la libertad de Cuba en 1868 y 1895 se santificaron pensando en Dios. Nosotros tratamos de quitarle la fe al pueblo. (12)

Finalmente, la enmienda del Partido Unión Revolucionaria Comunista fue rechazada por amplio margen y la invocación a Dios encabezó la nueva Ley Fundamental.

Urge decir que los católicos no se comportaron como espectadores pasivos de cuanto acontecía en la sede del Congreso. La Isla fue escenario de una vigorosa campaña encaminada a reafirmar su identidad religiosa y a promover las peticiones hechas por los Obispos. La iniciativa, que partió de los Caballeros de Colón, involucró a numerosas asociaciones de la Iglesia e incluyó mítines radiofónicos y actos públicos. Su colofón sería una gran asamblea que reunió a más de 20 mil personas en el Teatro del Centro Gallego, la tarde del 24 de febrero de 1940. Allí estuvieron presentes, además, representantes de las autoridades civiles, los partidos políticos y todas las clases sociales de Cuba, quienes escucharon cómo los líderes de las organizaciones católicas reivindicaron los derechos de la Iglesia de forma mesurada y constructiva.

Varios meses estuvieron reunidos los delegados a la Convención, intentando un consenso que dotara a Cuba de una Carta Magna capaz de responder a los desafíos fundamentales de la época. Al final, el propósito se logró: el 1ro. de julio de 1940 los legisladores se trasladaron a la histórica localidad de Guáimaro, en Camagüey, para estampar sus firmas en la Constitución, promulgada oficialmente pocos días después, el 5 de julio, en la escalinata del Capitolio.

Una rápida lectura de su articulado permite comprobar que muchas de las aspiraciones católicas no se vieron concretadas en el texto. El Artículo 35 ratificó la libertad religiosa y la separación Iglesia-Estado. Aunque se respetó la libertad de enseñanza, el Artículo 55 dejó claro que la enseñanza oficial sería laica, y que los centros de enseñanza privada estarían sujetos a la reglamentación del Estado, si bien conservarían el derecho de impartir, separadamente de la instrucción técnica, la educación religiosa. En cuanto al tema del matrimonio, el Artículo 43 proclamó que sólo era válido el autorizado por funcionarios con capacidad legal para realizarlo. La Ley de Leyes también consagró el divorcio y contempló la posibilidad de equiparación al matrimonio civil de las uniones consensuales. Algo que sí atendió con sumo cuidado la Constitución fue el tema de las escabrosas relaciones entre el trabajo y el capital. Tan meritorios resultaron sus aportes en este terreno, que figuró entre las constituciones más avanzadas de América.

Esta doble dimensión de aportes y limitaciones fue reconocida por la Iglesia Católica. Así lo expuso en un documento el entonces Vicario Capitular de La Habana y futuro Cardenal, Manuel Arteaga Betancourt, quien dio gracias a Dios públicamente, pues en su criterio, «si bien es cierto que la perfección, tan difícil de alcanzar en toda obra humana, no se puede proclamar en nuestra Carta Magna, nada es peor que la incertidumbre de una revolución sin fin en un Estado democrático sin su necesaria base». [13]

El país entero respiró aliviado y se dispuso a recorrer en paz un camino prometedor que apenas duraría 12 años. Muchos compatriotas, como ha escrito el eminente historiador Herminio Portell-Vilá, sólo prefirieron concebir la Constitución del 40 «como una panacea instantánea para todos los problemas y como una garantía invencible contra toda dictadura y contra la corrupción política».[14] Lejos estaban de sospechar que Fulgencio Batista, el mismo hombre que auspició la apertura democrática, iba a encargarse de enterrarla el 10 de marzo de 1952, con un fatídico golpe de Estado que hundió para siempre a la República.

CITAS Y NOTAS

[1] *Cuba: Fundamentos de la Democracia. Antología del pensamiento liberal cubano desde fines del siglo XVIII hasta fines del siglo XX.* Madrid, Fundación Liberal «José Martí». Pág.199.
[2] *Ibídem.*
[3] Citado por Julio Le Riverend en *La República*. La Habana, Editorial de Ciencias Sociales, 2001. Pág.22.
[4] Encuentro Nacional Eclesial Cubano: *Documento Final e Instrucción Pastoral de los Obispos*. Roma, Tipografía Don Bosco, 1987. No.46, pág.39.
[5] Citado por Manuel Fernández Santalices en *Presencia en Cuba del catolicismo. Apuntes históricos del siglo XX*. Caracas, Fundación Conrad Adenauer, 1998. Pág.8.
[6] *Ibídem.*
[7] *Ibidem.* Pág.6.
[8] *Ibidem.* Pág.35.
[9] Encuentro Nacional Eclesial Cubano, Op. Cit. No.49, pág.40.
[10] *La voz de la Iglesia en Cuba. 100 documentos episcopales.* México, Obra Nacional de la Buena Prensa A.C., 1995. No.23, pág.30.
[11] Citado por Jorge de la Fuente en *Análisis Constitucional desde Jimaguayú hasta el 40*. La Habana, Editorial de Ciencias Sociales, 1989. Pág.158.
[12] Citado por Manuel Fernández Santalices en Op. Cit. Pág.38.
[13] *La voz de la Iglesia en Cuba...*, Op. Cit. No.1, pág.32.
[14] Portell Vilá, Herminio: *Nueva Historia de la República de Cuba (1898-1979)*. Miami, La Moderna Poesía INC., 1986. Pág.499.

Pluralismo religioso e increenciaen la Cuba republicana. Énfasis en el tema «Iglesia Católica y sociedad».

Mons. Carlos Manuel de Céspedes García-Menocal.

Nota introductoria.- Texto preparado para diversos encuentros a lo largo del año 2002, centenario de la instauración de la República en Cuba. El punto de partida inmediato es una exposición e intercambio subsiguiente sobre la presencia de lo religioso plural y de la increencia –con un énfasis en el tema «Iglesia Católica y Sociedad»– que tuvo lugar en una sesión del Instituto de Estudios Cubanos, Miami, 10 a 12 de Enero de 2002. Después, con variantes no sustanciales, dependientes del lugar, he leído este texto en el encuentro de Historia de la Iglesia en Camagüey, en un seminario en la Universidad Notre Dame (Indiana), en el Curso de Laicos de Pinar del Río, en el marco de una serie de encuentros organizados por la Comisión Diocesana de Cultura de Guantánamo y en el Curso de Verano de la Universidad Complutense (El Escorial).Trato de integrar en este texto algunas elaboraciones, ya más remotas en el tiempo, sobre ambas cuestiones, o sea: tanto sobre algunos aspectos de la presencia del pluralismo religioso en la Cuba republicana, cuanto sobre lo que considero un énfasis necesario, o sea, el tema «Iglesia Católica y sociedad» en la República. No se trata, en esta segunda referencia, de una mirada exclusivizante, sino de una apetencia de intelección objetiva de lo religioso y de la increencia en Cuba.

Introducción general con parábolas como pórtico.

Los árboles nacionales de Cuba son la palma real y la ceiba. La primera es sumamente erguida. Los huracanes le arrancan las hojas o «pencas» con facilidad, pero difícilmente la quiebran. Sin embargo, si le cae un rayo, se seca irremisiblemente. La ceiba no es tan alta como la palma, pero es sumamente robusta. Los santeros la consideran un árbol sagrado y resulta difícil encontrar un leñador que se atreva a cortarla. Cuando le cae carcoma, el tronco es corroído en su interior pero no se percibe la enfermedad hasta que ya es demasiado tarde; entonces se seca y se desploma.

El corcho siempre sale a flote. En la década de los años veinte, el historiador y tantas otras cosas más Ramiro Guerra, llamó a Cuba «Isla de corcho». La expresión tuvo fortuna y la seguimos llamando así.

431

> *La ciguaraya es un árbol con muchas propiedades curativas. Lo que no cura su raíz, lo curan sus hojas, su flores o sus frutos. Además tiene la peculiaridad de ser sumamente flexible. Cuando los huracanes arrasan los bosques, quebrando los troncos de los árboles más robustos, las ciguarayas del lugar se doblan hasta el suelo, se recuestan sobre la tierra y, pasada la tormenta, se enderezan incólumes. Los santeros o creyentes sincréticos interpretan esta flexibilidad de la ciguaraya en las grandes ventoleras como un beso a la madre tierra para que les conserve la vida. Los «santeros» consideran a la ciguaraya, también, como un árbol sagrado. No se puede tumbar si no median causas muy graves y siempre después de rezos y ceremonias de las que se pueda inferir que el permiso de los orishas ha sido otorgado. A Cuba la llaman también «El País de la ciguaraya».*

El caimito, verde o morado, de fruto delicioso, y la umbrosa y ornamental yagruma, abundan en nuestros campos. En ambos árboles, varía el color del anverso y del reverso de sus hojas. En Cuba, a los simuladores, a los hipócritas y también a los volubles, se les suele decir que son como «hojas de caimito» u «hojas de yagruma». Abundan esos árboles y esas personas.

La masa carnosa del fruto del caimito tiene consistencia gelatinosa y, para algunos paladares, excesivamente dulce. Cuando está muy maduro es casi una baba y llega a empalagar. En Cuba, a las personas excesivamente adulonas o exageradas en materia de afectos, se les suele llamar babosos y empalagosos.

La jutía es un mamífero roedor más bien feo y huidizo, pero tiene la gracia de los ratones. A los cobardes en Cuba se les llama «jutías». Me parece que se trata de una comparación injusta. La jutía no es cobarde, es astuta y escapa y se esconde y deja de circular por los caminos del monte cuando se siente perseguida por quien puede dominarla, por quien es más fuerte que ella. Pero como su carne resulta sabrosa, los animales más grandes, incluyendo a los racionales, se empeñan en engañarlas, les dan caza y, como son frágiles, logran frecuentemente atraparlas. Si se trata de animales racionales, o sea, de personas, las guisan exquisitamente. ¡Pobres jutías de mi tierra: tan fácilmente terminan en las ollas! ¡Pobres los cubanos que se les asemejan: no tanto por ser cobardes, cuanto por ser frágiles, también terminan en las ollas de los más poderosos!

1.– En el ámbito de este texto es imposible incluir la referencia detallada a todos los hechos menudos relacionados con el tema. Mencionaré algunos que considero imprescindibles y que, quizás, no sean muy conocidos, pero prefiero detenerme solamente en las líneas generales de los diversos períodos y situaciones referidos, con el énfasis en los hechos y las líneas generales de los períodos más distantes en el tiempo. En primer lugar, porque supongo sean menos conocidos; en segundo lugar, porque son más «historia». Los períodos más recientes son mejor conocidos y se prestan menos para hacer historia. El género científico-literario «historia» requiere un cierto distanciamiento, un reposo en el juicio que resulta muy difícil de alcanzar cuando quien escribe es testigo y participante. Al que se ha batido en el ruedo con los toros le resulta más fácil la crónica que la historia. Por otra parte, reconozco de entrada que mi interpretación de dichos períodos y situaciones no es compartida por todos los analistas. Además, me parece que no deberíamos hablar ni del pluralismo religioso, ni de la increencia, ni de la Iglesia Católica, en particular, o sea, como realidades aisladas. Para aproximarnos a la cuestión religiosa en Cuba –y en casi todas partes– es necesario interrelacionar. Además, si queremos ceñirnos a los cien años de régimen republicano, no podemos hacerlo si no desempolvamos algunos recuerdos de los antecedentes con relación a la cuestión religiosa, o sea, cómo era o estaba dicha cuestión en Cuba, el 20 de Mayo de 1902. Dudo, en este caso, cuál es el verbo castellano más correcto, si «ser» o si «estar», para referirme al estreno republicano de la religiosidad plural y de la irreligiosidad en esta Isla de corcho, en la que casi todo, también la Iglesia Católica, participa en mayor o menor grado de una de las cualidades del corcho: la de hundirse y desaparecer temporalmente, para siempre salir a flote, aunque las aguas sean frecuentemente más procelosas de la cuenta y parecería que degluten definitivamente lo que navega en ellas. Pero esto, la ingestión definitiva, no suele ocurrir: después del paso de la ola más impresionante, en un rinconcito imprevisto del mar, reaparece, saltarín y entre blancas espumas, el objeto sólo temporalmente deglutido, dispuesto a continuar su carrera marina. No reaparece él solo; reaparecen también los otros objetos que ya creíamos fagocitados por los monstruos que habitan en las profundidades, no siempre bien conocidas, del mar insular. Casi todos los objetos, es decir, casi todas las situaciones, encarnadas en las mismas personas e instituciones o en otras de personalidad y máscara análogas, cuando se dejan ver de nuevo, están flotando y corriendo la misma carrera o una carrera parecida a la que ya les conocíamos antes de la inmersión. Y no olvidemos que estas personas y situaciones, en Cuba, además de participar de la condición del corcho, participan de la naturaleza de la ciguaraya, del caimito, de la yagruma y de la jutía, sin dejar de ser ceiba y palma real.

2.– En el tema que nos ocupa, los términos de la cuestión son: a) las diversas formas de religiosidad presentes en Cuba, con un peso especial histórico de la Iglesia Católica, lo que no significa que ella tenga calificación de exclusividad. Bajo el acápite «formas de religiosidad», además del mayoritario catolicismo, incluyo todas las comunidades eclesiales cristianas –algunas significativamente numerosas–, la amplia gama de formas religiosas –irreductibles a la unidad– en las que se sincretizan ingredientes provenientes del catolicismo, con los provenientes de diversas religiones africanas, y hasta con el espiritismo y alguna que otra creencia de origen chino. Haré alguna referencia breve a las Iglesias Orientales, al Judaísmo y al Islam, presentes en nuestro País, aunque carentes de peso social significativo en este momento; b) la irreligiosidad en sus diversas formas (también la irreligiosidad es plural); c) la realidad de la República que, más que escenario, es también parte de la realidad en cuestión. Para su comprensión mejor, la historia republicana suele dividirse en períodos. Quienes prefieren atenerse a la vigencia de las constituciones efectivas durante un período significante, suelen hablar de: Primera República, desde 1902 hasta 1940, aunque de hecho la Constitución de 1901 fue reformada durante el gobierno de Gerardo Machado y se dejó de aplicar durante casi todo el período que va desde 1933 hasta 1940, en el que el País fue regido por «leyes constitucionales» muy manipuladas en su aplicación desde el campamento militar de Columbia; Segunda República, desde 1940 hasta 1959, con la contradicción de que la vigencia de la Constitución de 1940 quedó suspendida el 10 de Marzo de 1952; Tercera República, desde el 1º de Enero de 1959 hasta nuestros días, o sea, a partir del inicio del «período revolucionario», aunque de hecho la Constitución Socialista de la República inició su vigencia en 1976 y fue reformada en 1992. Debido a estas irregularidades en la vigencia de las constituciones republicanas, otros analistas prefieren simplemente designar cinco períodos significativos: 1º desde los inicios de la República hasta la caída del gobierno de Machado en 1933; 2º desde la caída de Machado hasta la vigencia de la Constitución de 1940; 3º desde 1940 hasta 1952, o sea, hasta el golpe de estado de Batista; 4º desde 1952 hasta 1959, o sea, hasta el inicio del Gobierno Revolucionario; 5º desde el 1º de enero de 1959 hasta nuestros días, es decir, el período actual.

La realidad socioreligiosa y eclesial en cuba antes de despuntar el siglo XX, realidad que se fue precisando a través de la historia peculiar de esta isla, cuyos árboles nacionales son la frondosa ceiba y la soberbia palma real, pero nunca ha dejado de ser de corcho y en ella han hecho patria: la ciguaraya de uso múltiple; el caimito y la yagruma, dotados de hojas que tienen un color por el anverso y otro por el reverso y cuya pulpa es «babosa»; tambien ha hecho patria en la isla la huidiza pero finalmente indefensa y frágil jutía.

3.– Deberíamos siempre recordar, antes de cualquier análisis sobre realidades cubanas, que a pesar de ser un país latinoamericano, Cuba no es nación típicamente latinoamericana; a pesar de estar geográficamente situada entre América del Norte, América del Sur y América Central, entre el Golfo de México y el Mar Caribe y, por ende, ser geográficamente un país caribeño, Cuba no es un país típicamente caribeño. El por qué depende tanto de las razones étnicas, cuanto de las históricas en todas sus dimensiones.

4.- Cuando llegaron nuestros antepasados españoles a fines del siglo XV y principios del XVI, no encontraron en la Isla ni una población aborigen numerosa, ni una civilización aborigen desarrollada, como sí fue el caso de la mayor parte del Continente, en donde la presencia de lo aborigen, aún hoy, es patente y, en muchos casos, mayoritario y socialmente determinante. A causa de las nuevas condiciones de trabajo impuestas por los colonizadores y como consecuencia de la ausencia de anticuerpos para los virus europeos, la ya escasa población aborigen insular se vio rápidamente diezmada. Los sobrevivientes se mezclaron de tal manera con los españoles y con los negros africanos importados, casi todos, como esclavos, que ya a fines del siglo XVIII resultaba muy difícil encontrar aborígenes puros en la Isla. Hoy encontramos restos del mestizaje con la población indígena sólo en algunos lugares del extremo oriental, como p.e. en Yateras y, menos, en regiones aisladas de las montañas de Guantánamo y de Baracoa.

5.- Hasta el siglo XVIII, Cuba fue solamente una factoría de paso entre España y el Continente americano. Durante los siglos XVI y XVII el interés económico estaba centrado en los metales preciosos que, en nuestra Isla, eran sumamente escasos. Valía la pena explotar solamente el cobre, de mucho menor interés. Sin embargo, la posición geográfica, los puertos amplios, las excelentes maderas y las posibilidades de carne y de pescado salados para las travesías, fueron suficientes razones para mantener la Isla dentro de las fronteras del Imperio y ponerla al servicio de las «flotas» en una y otra dirección, servicio necesario para la mejor organización de la explotación económica de las colonias continentales, pero no fueron suficientes razones para poblar la Isla abundantosamente y desarrollar las instituciones sociales, la Iglesia y la cultura en tal colonia insular de segunda categoría.

6.- En medio de aquellas limitaciones de los primeros siglos de la colonización, y más precisamente en los inicios del siglo XVII, debemos colocar uno de los hechos más enriquecedores de la historia religiosa de Cuba: el inicio del culto a la imagen de Nuestra Señora de la Caridad, en el poblado minero de El Cobre, junto a Santiago de Cuba. La devoción a esta advocación de la Virgen se extendió rápidamente por la región oriental de la Isla y más lentamente fue implantándose también en el centro y el occidente. Ya a inicios de la República, o sea, ya en el siglo XX, fue declarada Patrona de Cuba. El Santuario Basílica de Nuestra Señora de la Caridad constituye un punto de referencia religiosa insustituible y de tal modo se ha extendido la devoción a Nuestra Señora de la

Caridad, más allá de las fronteras visibles de la Iglesia Católica e incluso imbricada en creencias sincréticas, que hoy se puede decir que el Santuario de El Cobre es el «corazón» del pueblo cubano y que esta devoción, como resulta frecuente con otras advocaciones marianas en Hispanoamérica, tiene connotaciones no solamente religiosas polisémicas, sino también connotaciones civiles profundamente «ecuménicas». En los grupos religiosos sincréticos, hasta nuestros días, Nuestra Señora de la Caridad es sincretizada con el orisha Oshun, del panteón yoruba. Más o menos en la misma época en que empieza a desarrollarse la devoción a Nuestra Señora de la Caridad en el oriente de la Isla, en el occidente empieza a hacerse presente el culto a Nuestra Señora de Regla, sincretizada con Yemayá, y a Nuestra Señora de la Merced, sincretizada con Obbatalá.

7.– La valoración de Cuba por parte de España cambió, cuando por diversas razones, se acrecentó el interés por la agricultura en el Imperio, de lo cual no fue ajeno el influjo de los fisiócratas de la Península. El azúcar, el tabaco y el café crecían muy bien en la Isla y fueron los productos privilegiados que determinaron el incremento de la atención sobre Cuba. A ello se unió el interés que demostraron tener algunos otros países del continente europeo. Inglaterra llegó a tomar La Habana y sus alrededores. En la segunda mitad del siglo XVIII, Cuba contaba ya con las instituciones necesarias para su desarrollo integral, tanto las nuevas, como p.e. la Universidad Pontificia de La Habana, la Sociedad Económica de Amigos del País, el Papel Periódico, teatros, imprentas, etc., cuanto las que ya existían pero renovadas entonces (hospitales, escuelas y los dos Reales y Conciliares Seminarios del País: San Basilio Magno en Santiago de Cuba, y San Carlos y San Ambrosio, en La Habana, llamados ambos a tener un gran peso en la evolución ulterior del País y en la gestación y desarrollo de la nacionalidad cubana. También por entonces fue erigida la Diócesis de La Habana y aumentaron rápidamente el número y las condiciones humanas verificables de la existencia sacerdotal en el País. Si los cálculos no nos engañan, ya a fines del siglo XVIII La Habana era la tercera ciudad del continente americano en cuanto a número de habitantes, después de México y de Lima.

8.– La consecuencia inmediata de la expansión de la agricultura cañera fue la enorme y paralela expansión de la esclavitud, desde los últimos años del siglo XVIII, hasta casi el final del siglo XIX, ya que la esclavitud fue abolida en Cuba en 1886 y aunque la trata había sido abolida en 1817, de hecho continuó realizándose de manera clandestina, ilegal, muy lucrativa, con la complicidad frecuente de las autoridades coloniales. La población negra y mestiza llegó a ser ya desde los primeros decenios del siglo XIX superior a la población blanca, a pesar de la numerosa inmigración española en ese siglo y en el primer tercio del siglo XX. La importación de esclavos y el nacimiento de hijos de negros y de mestizos superó los números de los blancos. Hoy no podemos precisar con exactitud las proporciones pues los últimos censos no dejan constancia de la raza. En general, los sociólogos estiman que, a nivel nacional, simplificando mucho los datos, los cubanos somos un tercio blancos, un tercio mestizos y un tercio negros. Las proporciones varían según las regiones del País.

9.- En la esclavitud de los negros africanos deben situarse las raíces de muchos de nuestros problemas sociales, pasados y presentes. Sin embargo, creo que se puede sostener la afirmación, con tal de que no se infle el significado, de que la presencia de los negros en Cuba ha traído consigo un enriquecimiento cultural y, probablemente, también biológico. Condeno la causa primordial de la presencia negra, o sea, la esclavitud, y considero que de la esclavitud, no de la negritud, se derivan los problemas sociales, de antaño y de hogaño, que deploramos. Y no olvido que de la esclavitud en Cuba somos responsables, en primer lugar, los blancos, españoles y criollos.

10.- Con la presencia africana se inicia el entrecruzamiento racial y cultural, o sea, el mestizaje, que no es una realidad estática, sino un proceso dinámico en constante evolución, progresiva unas veces, involutiva otras. Me parece que la expresión que más precisamente define la identidad cultural cubana, desde antes de la instauración de la República, es «mestizaje evolutivo», siempre que no entendamos lo de «evolutivo» como una realidad mecánica o necesariamente orientada siempre en una dirección positiva. Una de las consecuencias inmediatas del mestizaje cultural, ha sido el surgimiento y los desarrollos ulteriores de las religiones que sincretizan componentes religiosos africanos, propios de las diversas etnias que llegaron a Cuba, con los componentes del catolicismo mal comprendido y peor asimilado, como consecuencia de una pésima evangelización de los negros esclavos. Es muy posible que llegaran a nuestras playas algunas formas de sincretismo católico-africano a través de los llamados «negros curros» que vinieron directamente de España, no de África. El fenómeno ha mantenido su vigencia religiosa, con repercusiones en muchos ámbitos de la sociedad que no se inscriben en lo propiamente religioso, a lo largo de todo el período colonial y del siglo de vida republicana. Hoy lo encontramos no solo en la marginalidad negra y mestiza, sino en todos los estratos y «colores» de la sociedad cubana. Con razón lamentamos la confusión religiosa creada por el sincretismo, así como las manifestaciones del mismo que mejor se deberían interpretar como pura magia y folklore y las manipulaciones a las que se presta este fenómeno social, no siempre de diáfano carácter religioso, que suele presentarse como la religión propia de nuestro pueblo en proceso de mestizaje creciente. Pero mejor haríamos si dejáramos ya a un lado los lamentos ante una realidad irreversible e invirtiéramos más y mejores esfuerzos por conocer bien esa compleja realidad y encararla con un discernimiento esclarecedor y evangelizador razonable. Además, si no debemos olvidar que de la esclavitud fuimos responsables los blancos criollos y españoles, de la mala evangelización de los negros también lo somos y precisamente en cuanto miembros de la Iglesia, que como tal tuvo y tiene a su cargo la evangelización de los blancos, de los negros y de los mestizos, así como de las «situaciones» creadas y sostenidas dentro del proceso de mestizaje que nos ha acompañado desde los inicios de la colonización.

11.– Ya de la etapa inmediatamente anterior a la República, señalo que: a) Cuba y Puerto Rico fueron los únicos países iberoamericanos que vivieron el siglo XIX como parte del ámbito español, lo que significa que vivieron la «modernidad» bajo la influencia cultural y política, muy ajustadas, de España. –b) La Iglesia Católica en Cuba padeció, como la de España, las oleadas anticlericales y antirreligiosas desarrolladas en el marco del pensamiento liberal español del siglo XIX, así como la resaca opuesta, o sea, los afanes de manipulación, exitosa o no, de la religiosidad católica por parte de los gobiernos conservadores o de «restauración». Y esta experiencia, tan española, se vivió en Cuba con casi igual intensidad que en la Península. –c) Las guerras independentistas en Cuba empezaron más tarde que las del Continente, su duración fue más prolongada y su carácter fue, probablemente, más sangriento que el de las guerras anteriores y más breves que tuvieron lugar en el Continente. Los miembros del ejército español presentes en Cuba durante la última guerra (1895-98) fueron más numerosos que todos los que combatieron en el resto del Continente tomados en su conjunto. –d) Simultáneamente, el movimiento autonomista (con relación a España) y el movimiento anexionista (con relación a los Estados Unidos) tuvieron en Cuba más adeptos, en términos proporcionales, que los que tuvieron en los demás países y regiones del Continente. Durante los últimos cincuenta años de gobierno colonial español, ya el comercio de Cuba, en las dos direcciones, era más voluminoso con los Estados Unidos que con España; y el número de emigrados cubanos en los Estados Unidos era, proporcionalmente, más numeroso que el de cualquier país del Continente, salvo el caso de los mexicanos del Oeste, que no eran entonces precisamente emigrantes. Además, había más emigrantes cubanos en los Estados Unidos que en España. Inevitablemente, este conjunto de realidades dejó una huella en el pueblo cubano que condicionó el inicio de la vida republicana. Con ese pueblo y no con otro tuvo inicio la República de Cuba.

12.– No se debe soslayar la hipoteca que significó, para la Iglesia Católica, la Ley de Patronato Regio, que convertía a la Iglesia Católica en uno de los componentes del estatuto colonial español. Es posible que su existencia se justificara en los inicios del proceso de colonización, pero ya a fines del siglo XIX resultaba anacrónica y servía de justificación legal para manipulaciones de la Iglesia Católica por parte de las autoridades españolas. La imagen de la misma resultaba empañada a los ojos del pueblo y ello incrementó las dificultades de la evangelización católica y facilitó la evangelización protestante, cuando ya ésta fue posible, durante la intervención norteamericana y a partir de los inicios de la República. Sin embargo, desde fines del siglo XVIII y a todo lo largo del siglo XIX y, posteriormente, en la República, a pesar de los aires anticlericales que nutrieron en buena medida su origen, la Nación ha estado acompañada por la sombra de algunas instituciones y personalidades católicas fundacionales y paradigmáticas, tanto en el orden estrictamente religioso, como en el cultural y en el sociopolítico. Pienso –y cito como ejemplos no exhaustivos– en instituciones como los Seminarios «San Basilio Magno» y «San Carlos y San Ambrosio» en los primeros decenios de su historia, [en el Padre Esteban Salas, primer exponente conocido de compositor y ejecutor de buena música en nuestro País, y en el Padre de nuestra cultura, el sacerdote habanero y Siervo de Dios Félix Varela y Morales. Gracias, sobre todo, a la siembra de este último, el mismo proyecto de república democrática y de independencia política de España no podían aparecer como sustancialmente contradictorios con la existencia de la Iglesia Católica, y las ideas republicanas escaparon de la tentación de un liberalismo individualista extremista y han estado ungidas, desde el siglo XIX hasta nuestros días, por una especial sensibilidad ética con relación a los derechos sociales de la persona humana, componente histórico de la enseñanza social de la Iglesia Católica.

13.– Para los interventores norteamericanos y para los cubanos que crearon la República, la libertad religiosa y las facilidades ofrecidas a la evangelización protestante constituían uno de los presupuestos del régimen democrático que se deseaba implantar pero, simultáneamente, fueron un medio de incrementar el distanciamiento con relación al peso evidente de «lo español» que, a veces muy superficialmente, se identificaba con «lo católico» en la realidad cubana. Ahora bien, de hecho, el estilo con el que los interventores norteamericanos implantaron su concepción de la libertad religiosa, la naturaleza de esta misma concepción en aquellos años y la coyuntura histórica en la que se implantó, lo que lograron fue debilitar enormemente las posibilidades de proyección social de la Iglesia Católica en la Cuba republicana.

¿Qué ha pasado con la república, en cuyo entramado variopinto hemos vivido, flotado, andado hacia delante y hacia atrás; hemos sido leones y hemos sido también jutías; palmas reales, pero también hojas de caimito y de yagruma; nos hemos enfermado de hastío y desaliento, pero hemos sido resanados una y otra vez, como si estuviéramos perennemente injertados a un palo de ciguaraya? Y, en definitiva, ¿qué ha pasado con la religión en el siglo xx, nuestro primer siglo republicano, en este pueblo que identificamos por las parábolas mencionadas?

14.- La suerte de «lo religioso» en el siglo republicano ha dependido de la naturaleza del pueblo, de sus virtudes y patologías, así como de la Historia en todas sus facetas, antes y después de los hechos de 1898 y de 1902. Con respecto a la historia anterior ya he hecho alusiones, con respecto a las virtudes y patologías que han afectado la evolución de «lo religioso», me parece que no es éste el espacio para desarrollar un estudio de psicología social y/o de patologías sociales, en el que el sujeto fuese el pueblo cubano. Me remito a los estudios ya realizados, hace muchos decenios, por Fernando Ortiz y por Jorge Mañach y que han servido de armazón para casi todo lo que ha venido después en esta dirección. Sobre el tema que nos ocupa, me limito a señalar lo que Jorge Mañach calificó como «choteo» e identificó como característica del cubano medio y raíz de una buena parte de las calamidades históricas de nuestro pueblo en casi todos los ámbitos de la existencia. «Choteo» vendría a ser sinónimo de «relajo criollo», de «superficialidad jocosa», de «hurto del cuerpo» ante las realidades más comprometedoras, etc. Consiste fundamentalmente en ese no tomar la vida en serio, proyectado positivamente sobre realidades que no hay por qué tomar demasiado en serio, que no se deben dramatizar, ni deben engendrar fanatismos; su cara negativa reside en que, sin discernimiento responsable, el «choteo» o «relajo» se proyecta también sobre las realidades que sí se deberían tomar siempre muy en serio. Escojo la terminología de Mañach, tomada en préstamo de su ensayo «La indagación del choteo», pues me parece, simultáneamente, precisa y sencilla, pero otras palabras serían posibles, y de hecho son las que han empleado otros autores para referirse a, más o menos, la misma característica negativa del cubano medio: p.e. superficialidad, oquedad ontológica, vacío existencial, vivir a la intemperie, etc.

15.- No todos los cubanos han sido o son así, portadores impenitentes del relajo. Ha habido y hay entre los cubanos personas que llevan siempre la luminosidad consigo y creo que, gracias a ellos, esta Isla ha logrado mantenerse a flote y la identidad cubana, más frágil y menos identidad que lo que solemos tener en cuenta, no se ha disuelto en aguas negras. Pero son seres de excepción. Con un gran peso específico, pero seres de excepción. La tónica, la media cubana está, lamentablemente en el no tomar en serio lo que sí se debe tomar en serio, llamémosle a esto choteo, relajo, superficialidad, oquedad ontológica, vacío existencial o vivir a la intemperie. Esta patología social no es republicana. Ya era bien conocida en los inicios del siglo XIX, si es que no andaba errática ya antes por estas tierras. Los pensadores del siglo XIX, incluyendo a los Obispos, aluden a ella con frecuencia. Sin embargo, también se refieren unos y otros a la capacidad de recuperación y a los hombres de luz que, de tanto en tanto, en determinadas coyunturas, logran la sanación. Al parecer, al menos hasta ahora, en las recuperaciones no se trata de lo que en Derecho Canónico se denomina sanatio in radice, sanación en la raíz. Si de cura de la raíz se hubiese tratado, no aparecería de nuevo con tanta frecuencia y en tan variados ámbitos.

16.– La intervención norteamericana de 1898 a 1902 y la Enmienda Platt –que con mayor precisión que «enmienda» debería llamarse «apéndice» pues el texto constitucional no fue enmendado–, impuesta por el gobierno norteamericano a la primera Constitución republicana (1901), y que estuvo vigente hasta 1934, han sido fuente de frustraciones y de desalientos para muchos cubanos. No para todos. No podemos negarnos a nosotros mismos que hubo cubanos, mambises inclusive, que desearon la intervención y la Enmienda. Es más, entre los cubanos, ya lo he mencionado, no faltaron los anexionistas y el primer Presidente de la República, Don Tomás Estrada Palma, de quien Carlos Manuel de Céspedes tuvo muy mal juicio y José Martí lo tuvo espléndido, fue anexionista confeso y fue hombre de la Guerra de 1868 a 1878 y el Delegado del Partido Revolucionario Cubano por designación de José Martí.

17.– Como pasa a menudo con las realidades de orden político, vistas las cosas a distancia y con la cabeza fría, no todo lo que se derivó de la intervención y de la Enmienda es vituperable. Según mi entender discutible, vituperables fueron en sí mismas y vituperable que bajo el capote jurídico de una enmienda o, mejor, apéndice constitucional impuesto, los sucesivos gobiernos norteamericanos dictaminaran sobre asuntos cubanos, sin que fuera el interés de Cuba, sino «los intereses norteamericanos» los que orientaran tales dictámenes y los hechos que de ellos se derivaron. Personalmente, como la mayoría de los historiadores y de los cubanos que hoy pensamos con un cierto nivel de información sobre estas realidades, yo habría preferido que no hubiesen tenido lugar ni la intervención, ni la Enmienda. Pero, no dejo de preguntarme, ¿es cierto o no que la intervención aceleró el final de la Guerra de Independencia? ¿Estaban en condiciones Cuba y España de prolongar mucho más tiempo esa Guerra? ¿Cuál habría sido el desenlace si ambos grupos en pugna se hubiesen visto obligados a negociar? ¿Independencia política de España o amplia autonomía hasta que en alguna circunstancia posterior se hubiera obtenido la independencia? ¿Qué habría convenido más a Cuba en aquel marco geopolítico y económico de fines del siglo XIX? Las preguntas sin respuesta contundente podrían prolongarse. Los hechos fueron los que fueron, gústennos o no, y con ellos hubo que bregar. En materia religiosa, la intervención y la enmienda o apéndice significó el ya mencionado debilitamiento de la presencia social de la Iglesia Católica y el incremento vertiginoso de las comunidades eclesiales de carácter protestante norteamericano, así como a una relativización de lo religioso cristiano que, a la larga y a la no tan larga, conduce al agnosticismo y al indiferentismo, así como a un cierto ateísmo práctico.

18.– No podemos soslayar ni el pluralismo de opinión política de los cubanos de entonces y de los españoles que permanecieron en Cuba, ni el pro-norteamericanismo de la mayoría de los que estaban en condiciones de conducir la cosa pública en Cuba, como era el caso de Tomás Estrada Palma, Primer Presidente de la República. Se suele afirmar que la República que nació el 20 de Mayo de 1902 no fue la que soñaron los mambises. Esto es verdad sólo en cierta medida, pues aunque hubo patriotas que no desearon ni la intervención, ni la Enmienda, ni la anexión, muchos mambises sí pensaron tanto en la intervención norteamericana, para acelerar el fin de las guerras, cuanto en la posibilidad de otras intervenciones norteamericanas y hasta en la anexión política al país del norte. Sin que debiéramos olvidar que el autonomismo –con relación a España– era también una forma de patriotismo. Y esto ya era así desde los inicios del siglo XIX. El Padre Varela, en las décadas de 1820 a 1850, era un independentista y un antianexionista sostenido, mas reconoce sin embargo que su opinión no sólo es minoritaria, sino excepcional, pues la mayoría de los cubanos de la emigración soñaban entonces con la anexión a los Estados Unidos y la mayoría de los que estaban en Cuba, con la «reforma, en la línea de una mayor autonomía, no de independencia de España.

19.– Entre las consecuencias positivas de la intervención y de la Enmienda me parece que se podrían mencionar, a título de ejemplo: –a) una cierta apertura a la «modernidad» norteamericana, tanto en lo socio-político, cuanto en lo tecnológico; esto se hizo evidente en diversas realidades, pero sobre todo en la implementación de servicios públicos, desde la educación a la policía, pasando por la organización de la salud. Para los standards de América Latina en el momento, Cuba alcanzó en este ámbito un nivel más que aceptable en un período muy breve de tiempo; –b) el tránsito pacífico a la instauración de la República y un cierto cuidado, no sostenido, pero sí ocasionalmente presente, por parte de los políticos, en evitar fricciones que podían conducir a intervenciones norteamericanas; a veces ocurrieron inevitablemente, pero en ocasiones el temor a la intervención propició la mesa de negociaciones internas, lo cual fue positivo, y éstas lograron alejar las intervenciones, reducirlas al nivel de amenazas y, por último, la eliminación de la Enmienda; –c) el flujo de capital norteamericano privado, que se sentía protegido por la Enmienda, en un momento en que el País necesitaba con urgencia las inversiones extranjeras para echar a andar después de los desastres de la Guerra de 1895 a 1898, etc. La pregunta que siempre queda colgada es la de la balanza entre esas consecuencias positivas y las negativas acarreadas por la Enmienda.

20.– En realidad, basta hurgar un poco en los archivos españoles, cubanos, norteamericanos y vaticanos, para establecer que cuando se abre el período de la intervención norteamericana, nadie sabía exactamente cuál sería el destino político final de Cuba, incluyendo en esta consideración a la Iglesia Católica. Los católicos criollos en su mayoría deseaban la sustitución de los obispos españoles de La Habana y de Santiago de Cuba, designados al amparo de la Ley de Patronato Regio. Ambos habían sido enemigos tanto del proyecto independentista, cuanto del anexionista. En Santiago la sustitución de Mons. Francisco Sáenz de Urturi y Crespo, O.F.M. resultó fácil, pues el Arzobispo mismo la solicitó, no considerándose el hombre adecuado para el momento y él mismo también señaló quién entendía debería ser el sustituto, que era un sacerdote cubano ejemplar, identificado como independentista, Mons. Francisco de Paula Barnada y Aguilar. En La Habana, la solución resultó más ardua, pues el Obispo, Mons. Manuel Santander y Frutos no veía la conveniencia de su sustitución y deseaba permanecer en la Diócesis. Como ya Cuba era independiente de España, no se podía recurrir a la Nunciatura en Madrid para los asuntos eclesiales de la Isla. El responsable directo de timonear la situación eclesial era el Delegado Apostólico en Cuba, designado por S.S. León XIII el 16 de Septiembre de 1898, o sea, inmediatamente después de la derrota española. Se trataba de Mons. Placide Chapelle, Arzobispo de Nueva Orléans, francés de nacimiento y norteamericano por naturalización. La solución episcopal momentánea para La Habana fue Mons. Donato Sbarretti, italiano, Auditor de la Delegación Apostólica en Washington. O sea, ni español, ni cubano, ni norteamericano. Mons. Sbarretti mantenía buenas relaciones con los círculos gubernamentales norteamericanos, desconfiaba de la capacidad de los cubanos para gobernarse a sí mismos –fuese en el orden civil, fuese en el eclesiástico– y, al parecer, era anexionista. Cuando se definió el destino político de Cuba, fue sustituido por Mons. Pedro González Estrada, sacerdote cubano, bueno y discreto, quien durante el período de las luchas independentistas no se había identificado exteriormente con ninguna de las posiciones políticas presentes en el tablero criollo. Los criollos «patriotas» proponían otras posibles designaciones, pero la Santa Sede entendió que, por sus cualidades personales, esos candidatos no se equiparaban a Mons. Barnada, el propuesto para Santiago de Cuba, que sí fue aceptado por la Sede Apostólica.

21.– Antes de dejar Cuba definitivamente, Mons. Sbarretti, actuando de consuno con Mons. Barnada y asistido por su colaborador, el P. Buenaventura Broderick –que llegaría a ser Obispo Auxiliar de La Habana–, dejó encaminada la solución de la espinosa indemnización a la Iglesia por las propiedades incautadas a tenor de las llamadas «leyes de Mendizábal» o «leyes de desamortización», en el siglo XIX. Gracias a esa indemnización, hecha efectiva a partir de

443

1908, pudo la Iglesia Católica tener un soporte económico en sus primeros pasos republicanos.

22.– Porque lo cierto es que el cuadro de la Iglesia Católica en aquellos inicios republicanos no podía ser peor. Templos escasos y, en las zonas rurales, casi todos o derruidos o en pésimas condiciones materiales; número insuficiente de sacerdotes y de religiosos y religiosas; nivel medio de formación más bien bajo, tanto en los sacerdotes y religiosos, como en los laicos; escasas instituciones eclesiásticas con un nivel aceptable de prestigio social y de eficacia evangelizadora; «mala fama» sociopolítica y cultural de la Iglesia Católica entre los criollos que tomaban las riendas de la cosa pública y se destacaban en el ámbito cultural. A pesar de que la mayoría del pueblo más sencillo mantenía un cierto nivel de vinculación con la Iglesia Católica, las simpatías emergentes iban en la dirección de la masonería, más o menos anticlerical, y del estilo norteamericano de religiosidad protestante. Paradójicamente, si las personas más sencillas y la población marginal, sobre todo, los de raza negra, mantenían ese grado de vinculación con el catolicismo raigal, esto se debía, por una parte a las formas sincréticas de religiosidad –que exigían esa vinculación con la Iglesia Católica–, y por otra al racismo explícito de la cultura norteamericana de entonces.

23.– En el ámbito cultural y educacional imperaba la autoridad de Enrique José Varona, una especie de «santo» agnóstico y anticlerical, venerado por una buena parte de la población y autor de los planes de estudio que estuvieron vigentes en el País hasta la década de los años cuarentas. Los maestros rápidamente formados en los años de la intervención norteamericana tuvieron el privilegio, desde el punto de vista pedagógico, de ser enviados a Boston que, por aquel entonces, era ciudad identificada como centro de la renovación de los métodos de enseñanza. Los contenidos eran, evidentemente, los propios de los ambientes intelectuales bostonianos de la época, o sea, una suerte de protestantismo liberal matrimoniado con la masonería y con el estilo norteamericano de democracia «laica», lo que sintonizaba tanto con lo que primaba en los ámbitos pronorteamericanos de Cuba, cuanto con la esfera de influencia de Enrique José Varona. Este clima laicista, del que la dimensión religiosa de la persona quedaba excluida, fue el que reinó en Cuba desde los inicios de la República. Empero, el ateísmo militante y la increencia explícita fueron fenómenos de excepción durante los primeros decenios de la República. Las mujeres fácilmente se identificaban con la Iglesia católica o con alguna confesión religiosa de origen protestante, salvo los grupos minoritarios de «mujeres intelectuales» que solían militar en los grupos laicistas. Entre los hombres sobreabundaba, este laicismo, de tonalidad anticlerical no excesivamente violenta, unida a una especie de religiosidad difusa en la que podían entrar tanto los componentes católicos, como los protestantes y el espiritismo. De la «santería» o sea, de las religiones sincréticas, no se hablaba mucho, aunque secretamente era asumida por muchos, preferentemente entre la población socialmente marginada de origen africano. Desde un punto de vista teórico, esa vertiente del mestizaje cultural comenzó a ser estudiada por Fernando Ortiz y por Lydia Cabrera, ya a fines del primer decenio republicano.

24.– Afortunadamente, las leyes republicanas dejaban un margen suficiente para la organización de escuelas privadas, siempre que éstas asumieran los planes oficiales de estudio. Al calor de esta legislación educacional –que con ligeras variantes estuvo vigente en Cuba hasta mayo de 1961–, desde los inicios republicanos, la Iglesia puso uno de sus énfasis primordiales en la educación católica explícita. Desde los primeros años del siglo XX se multiplicaron en nuestro País las escuelas católicas, tanto los grandes colegios, propios de las ciudades, capitales de provincia o no, cuanto las escuelas primarias más sencillas, que en la década de los cincuentas ya llegaron a estar presentes en casi todas las parroquias rurales del País. La primera universidad católica de nuevo cuño fue fundada varios decenios más tarde, en 1946. En materia educacional, casi todo el peso recaía sobre las órdenes y congregaciones religiosas. Algunas desempeñaban estas tareas ya desde los tiempos de la colonia –como p.e. la Compañía de Jesús, la Escuela Pía, las Damas del Sagrado Corazón y las Madres Ursulinas–, pero otras órdenes y congregaciones comenzaron a establecerse en los inicios del régimen republicano. Las pequeñas escuelas parroquiales rurales continuaron dependiendo casi exclusivamente de la misma red parroquial. Y así fue hasta 1961.

25.– Para valorar en sus justas dimensiones el esfuerzo de las instituciones de la Iglesia en materia educacional y de asistencia social, debemos recordar que el régimen laico implantado por la intervención norteamericana y por la República, impedía casi totalmente la ayuda oficial a instituciones de enseñanza o de beneficencia explícitamente católicas. Era la norma norteamericana, pero era aceptada de buen grado por los intelectuales criollos marcados por ella y por el liberalismo anticlerical de raíz española. Esto obligaba a mantener dichas instituciones o por la colaboración de los mismos beneficiarios o por la generosidad de las personas de recursos económicos más o menos abundantes. Esto dificultaba su extensión y les confería un carácter frecuentemente ambiguo que poco ayudaba a una genuina evangelización. A pesar de ello y sin dejar de percibir los inconvenientes, pero sin muchas alternativas económicas efectivas, pobre como era, la Iglesia Católica se dedicó desde los inicios de la República, a desarrollar estos servicios de enseñanza y de asistencia social, uniéndolos a los que sobrevivieron a la destrucción de la Guerra de Independencia, esforzándose por compensar con su presencia nueva, privada, la ausencia eclesial católica en los servicios estatales, de los que se había eliminado esta presencia, casi totalmente, desde los años de la intervención norteamericana. La Iglesia, desde siempre, en Cuba y en todas partes, ha contemplado esta presencia en el dominio de la enseñanza y de la asistencia social, como algo connatural, es decir, como una tarea derivada de su misma naturaleza. Hasta donde pudo, la Iglesia hizo presente la caridad evangélica con un número creciente de hogares y asilos de ancianos y de niños, así como con una apreciable red de escuelas de diversos tipos, incluyendo la formación tecnológica, casi siempre gratuitas, para niños y jóvenes de escasos recursos. Casi todas estas instituciones subsistieron, creciendo, hasta mayo de 1961.

26.– De los primeros años republicanos también habría que recordar los esfuerzos de la Iglesia Católica por implementar una efectiva pastoral vocacional, a partir de la reorganización de los seminarios. La hipoteca de la escasez de vocaciones nativas pesaba sobre la Iglesia desde mediados del siglo XIX y nunca ha sido superado este problema. La presencia de sacerdotes extranjeros, sobre todo españoles, en el amanecer de la República, resultaba inevitablemente ambigua a los ojos del pueblo, amén de que no por voluntad explícita en contrario, sino por el peso mismo de la realidad, dificultaba la inculturación de la Iglesia Católica en la Isla. Esto no siempre se apreció con clarividencia. Además, no se puede soslayar que no todas las órdenes y congregaciones se preocuparon por el cultivo de las vocaciones de cubanos. Todavía eran abundantes las vocaciones sacerdotales y religiosas en España. Lo fueron hasta la década de los sesentas. Algunas órdenes y congregaciones preferían «importar» sacerdotes y religiosos de la Madre Patria y canjearlos por ayudas económicas. Recuerdo que en una de las más importantes órdenes religiosas presentes en el País, sus miembros, con humor de pésimo gusto, se referían a este canje como «nuestra trata de blancos».

27.– Otro énfasis de la época fundacional fue el esfuerzo por hacerse presente en el mundo de los medios de comunicación social, en el de la cultura y en el de la política, o sea, en lo que conocemos como «vida pública» o proyección social de la dimensión evangelizadora de la Iglesia. Era un esfuerzo contracorriente, de pasos muy pequeños y discretos. Apunto, como «signo» de lo que afirmo, que en todo nuestro primer siglo de historia republicana ningún Presidente de la República, durante el ejercicio de su cargo, ha sido católico practicante, comprometido con la Iglesia, y ni siquiera han sido identificados como católicos de la periferia. Han sido hombres bautizados en la Iglesia Católica; algunos han mantenido una real práctica religiosa católica durante la niñez y la primera juventud, pero en su edad adulta, cuando empezaron a manifestarse como «políticos», ya no se han identificado con la Iglesia. Algunos han manifestado cercanía y la han apoyado en la medida en que las leyes vigentes lo han permitido y han participado en celebraciones religiosas muy especiales, pero no mucho más. Sin embargo, la mayoría han sido casados por la Iglesia y, hasta el actual período de «república socialista», han educado a sus hijos en colegios católicos. Las esposas y una buena parte de la familia de algunos de ellos sí han sido miembros explícitos de la Iglesia. Algunos, en una etapa posterior, después de su gestión presidencial, ya al final de su vida, han regresado a la práctica religiosa católica. Entre los ministros de gobierno, altos funcionarios judiciales y miembros del poder legislativo ha habido algunos católicos diáfanamente identificados como tales, pero nunca han sido mayoría en los cien años de República.

28.– Un hecho que mejoró de manera difícilmente calculable el clima sociocultural y político con relación a la Iglesia Católica, al menos en La Habana, fue la designación de Manuel Arteaga y Betancourt como Vicario General, por parte de Mons. Pedro González Estrada, Obispo de La Habana. Tomó posesión el 4 de Mayo de 1915. Era nieto de D. Juan de Arteaga y Agramonte, que tuvo que sufrir proceso judicial y exilio por haber participado en la revolución de Joaquín Agüero, en 1851. Todos sus hijos, excepto Ricardo, que era sacerdote, participaron en la Guerra de los Diez Años. El padre del nuevo Vicario General de La Habana era uno de ellos, D. Rosendo Arteaga, que combatió bajo las órdenes de Carlos Manuel de Céspedes y llegó a ser Comandante del Ejército Libertador. Después de la muerte de Carlos Manuel de Céspedes, se exilió en Jamaica, como muchos patriotas vinculados con el Padre de la Patria. La familia de su madre, Dña. Delia Betancourt había tenido una historia análoga. De hecho, Rosendo y Delia se conocieron en el exilio, en Kingston, y en su Iglesia Parroquial católica se casaron el 8 de agosto de 1877. D. Rosendo y Dña. Delia habían regresado a Puerto Príncipe después de la guerra y allí murió Rosendo en 1886. En 1892 pudo venir a Cuba temporalmente, a visitar a sus familiares, el Tío D. Ricardo Arteaga, el sacerdote, exilado en Venezuela. Cuando regresó a Caracas llevó consigo al sobrino Manuel, que había nacido en Puerto Príncipe el 28 de Diciembre de 1879. O sea, contaba trece años de edad cuando partió con su tío. Por esta razón había realizado sus estudios civiles y eclesiásticos y había iniciado su vida sacerdotal en Venezuela.

29.– En el momento en que Mons. Pedro González Estrada le propone ser su Vicario General, el Padre Manuel Arteaga era párroco de la iglesia de Nuestra Señora de la Caridad, en la ciudad de Puerto Príncipe, ya Camagüey, y había sido elegido Concejal, por el Partido Conservador, en las elecciones de Noviembre de 1912. No se nos escape el dato que entonces las mujeres no tenían derecho al voto, lo que hace más significativa la elección del Padre Arteaga, en un momento de escasísima presencia masculina en nuestros templos. A sus treinta y dos años y a pesar de haber vivido fuera de Cuba diecinueve de ellos, el joven sacerdote era ya apreciado no sólo como persona, sino también por su trabajo parroquial, y por su desempeño periodístico al frente del periódico católico La Opinión de Camagüey y de la revista Religión y Patria. Tuvo buen ojo el Padre Cándido Arbeloa S.J. cuando dirigió hacia el Padre Arteaga la atención de Mons. González Estrada, en búsqueda entonces de un Vicario General, porque el anterior, Mons. Saínz Vencomo, había sido designado Obispo de Matanzas. Después de la dolorosa renuncia de Mons. Pedro González Estrada a la mitra de La Habana, Mons. Arteaga continúo siendo Vicario General durante todo el episcopado de Mons. Manuel Ruiz. A la muerte de éste fue elegido Vicario Capitular; luego designado Arzobispo de La Habana y el 24 de Febrero de 1942 fue consagrado como tal. En el primer Consistorio de Pío XII después de la II Guerra Mundial, fue designado Cardenal, recibiendo el Capelo en febrero de 1946.

30.– La presencia de Mons. Arteaga en La Habana desde 1915, permitió incrementar las relaciones de la Iglesia con los medios oficiales, políticos y culturales. Gracias a él se reinició la atención pastoral carcelaria que, con los años, se institucionalizó como «La Obra del Preso», a cargo de las Hijas de la Caridad y de los Padres Paúles. Hizo lo que pudo por reiniciar también las capellanías militares, pero sólo consiguió que él personalmente pudiera celebrar Misa, confesar, predicar, etc. en los campamentos militares. Lo hizo mientras sus ocupaciones se lo permitieron. Llegó un momento en que ya no pudo continuar con esa labor que, en todo caso, muy probablemente, se habría visto interrumpida a partir del Gobierno de Gerardo Machado. Como ejemplo de su aceptación en medios culturales no católicos y de su apertura al tratamiento, inclusive, de temas entonces un tanto «escabrosos», anoto que cuando en 1921 y gracias a la iniciativa de Don Fernando Ortiz y de Lydia Cabrera, se fundó la primera institución dedicada a la investigación de la «otra» raíz de nuestra cultura, la africana, en la presidencia del acto de constitución estaba Manuel Arteaga junto a los fundadores.

31.– A Mons. Arteaga se debe atribuir también, probablemente, la iniciativa y, seguramente, el patrocinio eclesiástico, de la creación de la Federación de Antiguos Alumnos de los Colegios Católicos. La fecha oficial de la fundación fue el 11 de febrero de 1928, o sea, ya dentro del gobierno episcopal de Mons. Manuel Ruiz, y en pleno «machadato». La idea era reagrupar y acompañar a los jóvenes y a las muchachas que iban terminando sus estudios en los colegios católicos, cuyo número se había incrementado sensiblemente desde el inicio de la República. Era una institución de carácter formativo y apostólico, en sentido amplio, pues incluía la educación de la responsabilidad social de los jóvenes católicos. Mons. Arteaga fue el primer asesor eclesiástico y su presencia mucho contribuyó a limpiar de sospechas extrañas el nacimiento de la institución. Con el tiempo, cuando los Obispos crearon la Acción Católica, la Federación se convirtió en las dos ramas juveniles.

32.– En la época resultaba un tanto sorprendente la constatación de las diferencias políticas entre el Arzobispo, Mons. Ruiz, y su Vicario General, Mons. Arteaga. El primero era simpatizante del Partido Liberal y, por lo tanto, apoyaba al Presidente Machado que, sobre todo en su última etapa, adoptó un estilo personal de gobierno de mano dura, del que estuvieron ausentes casi todas las notas que permiten identificar una democracia. Por su parte, Mons. Arteaga simpatizaba con el Partido Conservador, que entonces formaba parte de la oposición. Esta diversidad en las simpatías políticas, al parecer, no creó quiebras sustanciales entre ambos y de hecho Mons. Arteaga continuó siendo Vicario general de Mons. Ruiz hasta que este falleció. Cuando se desplomó el gobierno del General Machado, el 12 de Agosto de 1933, hubo algunos días de descontrol ciudadano, de venganzas por mano propia y de saqueos en las casas de algunos de los que habían apoyado al General Machado. No faltaron entre los sectores izquierdistas y anticlericales de la oposición quienes recordaron las simpatías de Mons. Ruiz por el gobierno depuesto y quienes hasta citaron las alabanzas que muy poco tiempo atrás el Arzobispo de La Habana le había dedicado, lo que excitaba las iras de algunos grupos. Afortunadamente, tampoco faltaron quienes hicieron notar que su Vicario General era «antimachadista» y al parecer esto evitó reacciones negativas de importancia contra la Iglesia.

33.– Esa misma década de los años veintes vio la organización del Primer Partido de inspiración marxista en el País. Congregó un número no muy extenso de miembros, pero su influencia a lo largo de su historia, hasta la creación del nuevo partido comunista de Cuba, el actual (1965), siempre se extendió más allá del número de sus miembros. Fue una organización clave en la historia del movimiento obrero y logró atraer las simpatías de grupos muy significativos de artistas e intelectuales. Me parece, en honor a la verdad, que la difusión del socialismo desde el partido contribuyó al mantenimiento y desarrollo de las inquietudes sociales en el seno del pueblo y, probablemente, sirvieron también de estímulo a la Iglesia a tomar en serio la enseñanza social católica que entonces, en el mundo entero, vivía un período de enriquecimiento que no se ha detenido hasta nuestros días. Como era frecuente en los partidos comunistas de la época, entre los requisitos para ser incorporados al mismo no se incluía la profesión de «ateísmo militante», lo que sí fue un requisito en el partido comunista actual, desde su fundación en 1965 hasta el IV Congreso en 1991. Entre los miembros de aquel partido hubo muchos ateos y agnósticos e indudablemente la dirección del partido estuvo siempre en manos de ellos, pero entre sus miembros de los niveles intermedios y de la base hubo muchos creyentes «independientes» y personas –casi siempre marginados socialmente– que en mayor o menor grado participaban en grupos sincréticos. No conocí católicos o protestantes, diafanamente identificados como tales, que fuesen miembros de aquel partido. Aunque la Iglesia y las comunidades eclesiales protestantes difundían un cristianismo social, la orientación era profundamente anticomunista, como lo era en casi todo el mundo, debido a las historias, difundidas por todas partes, acerca de la implantación del gobierno marxista en la Unión de Repúblicas Socialistas Soviéticas, tanto durante el gobierno de Lenin, como en el de Stalin.

34.- Resulta también digno de señalamiento que, después de la caída del gobierno de Machado, en el período de inestabilidad política que va de 1933 a 1940, o sea, hasta la elaboración y puesta en vigor de la nueva constitución republicana y la recuperación de una relativa estabilidad política, años en los que hacen crisis los partidos políticos tradicionales (conservador y liberal) y surgen varios partidos nuevos que cubrirían una amplia gama ideológica, no surgió ningún partido de corte demócrata cristiano, como sí surgieron en otros países de Europa y de nuestro continente. Los católicos con vocación política militaban en todos los partidos, menos en el socialista, y el voto de los católicos se distribuía también entre todos los partidos. En más de una ocasión, siendo aún muy joven, escuché que los Obispos de la época no simpatizaban con la idea de un partido demócrata cristiano que, aunque oficialmente no fuese confesional, inevitablemente sería identificado con la Iglesia Católica. Los Obispos, en términos generales, al parecer, preferían la presencia de católicos en los partidos con diversas plataformas políticas, según las convicciones de cada uno, siempre que no estuviesen en contradicción con la ética católica. Otro tanto puede afirmarse de la militancia política de los protestantes a lo largo de todo el período republicano.

35.- Del General Batista siempre se dijo que era sincrético y en la loma de Regla se mostraba una casa más que aceptable de la que se afirmaba que pertenecía a su «brujo» y que el propio Batista se la había regalado. Su segunda esposa, y tengo entendido que también la primera, eran identificadas como católicas; sus hijos recibieron educación en colegios católicos y he oído decir que, después que se fue de Cuba el 1º de enero de 1959, el propio ex Presidente Fulgencio Batista iba a la iglesia con su esposa y murió con los sacramentos de la Iglesia. En los últimos años de su vida, en España, parece que un sacerdote de la Compañía de Jesús tuvo un fuerte ascendiente espiritual sobre él. En esto, pues, historia semejante a la de otros Presidentes de la República.

36.- En la década de los años treintas se fueron estableciendo las bases de lo que en los cuarentas y cincuentas sería uno de los movimientos culturales más interesantes y fecundos de nuestra historia republicana. Me refiero al llamado «Grupo Orígenes», animado por el escritor católico José Lezama Lima y por el sacerdote Ángel Gaztelu. No fue un grupo confesional, pero los principios éticos y estéticos sobre los que se asentaba eran evidentemente católicos. No fue el único movimiento cultural significativo de la época, pero sí creo que fue el de mayor peso específico, el más abarcador y ecuménico y el que mejor sintonizó con la realidad nacional y, simultáneamente, con las ondas intelectuales y artísticas que recorrían el mundo occidental. Quienes se fueron separando de él, no dejaron de ostentar un cierto sello de «Orígenes» en sus avatares posteriores y los miembros que viven aún, son personas sumamente respetadas y a quienes se acude en demanda de luz. No debemos dejar de citar como astro independiente, con relaciones personales con muy diversos grupos, pero independiente de todos, a Dulce María Loynaz, de larguísima e internacionalmente reconocida carrera literaria, también identificada como católica desde sus primeros pasos literarios –sus primeros pasos en la poesía, todavía inmaduros, estuvieron dedicados la Eucaristía–, hasta el final reciente de sus días.

37.– Los años cuarentas y cincuentas fueron años sumamente ambiguos en nuestro período republicano. Cada una de las realidades positivas que se pueden objetivamente catalogar, presenta ángulos deplorables y viene acompañada por realidades negativas. Cito dos ejemplos que ilustran mi afirmación: –a) el crecimiento de la macroeconomía en la inmediata postguerra, estuvo acompañado por las escandalosas injusticias sociales nacidas de la exageradamente desigual distribución de los ingresos y de la corrupción administrativa y privada; –b) la aprobación del texto constitucional de 1940, no exento de defectos desde el punto de vista de la «técnica» jurídica, fue una fiesta nacional, pero con el discurrir de los años, en muy buena medida, no totalmente, dicho texto se redujo a un elenco de buenos deseos que no encontraron los canales jurídicos y administrativos necesarios para que los mismos fuesen llevados a vías de hecho.

38.– Sólo por caminos zigzagueantes y andando muy lentamente se dieron pasos positivos que nos parecía aseguraban la institucionalidad democrática, aunque tan lentamente y con actores tan poco prestigiosos –debido a diversas causas, no siempre relacionadas directamente con la corrupción–, que cuando ocurrió la catástrofe del Golpe de Estado de 1952, casi todos los cubanos lo lamentamos pero, en el primer momento, casi ninguno movió un dedo para impedirlo. Tuvieron que ponerse en evidencia las consecuencias negativas del mismo para que, progresivamente, la mayor parte de los cubanos se fueran moviendo de manera efectiva, en mayor o menor grado, hacia la sustitución del General Batista por un gobierno más limpio y eficaz en el orden administrativo, que restaurase el orden democrático postulado por la Constitución de 1940. Al menos, esos eran los deseos de la mayor parte del pueblo y a la sombra de la restauración de la Constitución, de la reorganización de los partidos políticos y de la convocatoria a elecciones democráticas, fue ganando adeptos el movimiento revolucionario que encabezaba el Dr. Fidel Castro. Los intentos de diálogo político, que conducían a los mismos fines pero por vías de negociación, no de revolución violenta, fracasaron uno tras otro, tanto por la tozudez del General Batista y el apoyo de los gobiernos norteamericanos casi hasta la última hora, como por las divisiones entre los políticos y, en general, entre los hombres públicos o leaders sociales, que nunca acababan de ponerse totalmente de acuerdo en los pasos a dar en torno a la sustitución de Batista y la reorganización posterior del País.

39.– El fracaso de los intentos de sustitución por las vías de la negociación facilitó la dinámica adhesión a la vía de la revolución violenta. Este fue el camino que, en definitiva, se impuso. El Dr. Fidel Castro tomó el poder el 1º de Enero de 1959 y su estilo de gobierno evolucionó rápidamente hacia una radicalización de tipo socialista, explícita desde 1961, y de inspiración marxista-leninista, explícita desde 1965. Dichas «explicitaciones» tuvieron lugar con manifestaciones de aceptación mayoritaria del pueblo cubano. Bajo ese patrón, común en todas las repúblicas en las que ha estado vigente el llamado «socialismo real», se organizó el Estado cubano, que encontró su legitimación en la Constitución de 1976, reformada en 1992 y todavía vigente. Creo que hoy se puede hablar de una tímida e insuficiente transición económica, sin que vaya acompañada, hasta el momento, por signos de una transición política. En ese sentido, la actitud del gobierno cubano podría homologarse con la de Viet Nam y con la de China, aunque en estos dos países la transición económica en curso es mucho más audaz y aparentemente mucho más eficaz que la que con trabajo se percibe en nuestro País. Corren rumores de pasos próximos más consistentes y articulados en Cuba con relación a la economía, pero eso no forma parte de la Historia, sino de la Futurología y no he realizado estudios en este ámbito... ni tengo bola de cristal, ni creo en los sistemas adivinatorios propios de las religiones sincréticas, relacionados con los caracoles!

40.– Una de las ambigüedades de las décadas de los cuarentas y de los cincuentas y hasta más acá, hasta alcanzar el periodo posterior a la instalación del gobierno socialista-marxista-leninista, se me hace evidente en el terreno religioso. Si nos dejamos guiar por los números, por lo que la mayoría de los cubanos decía y hacía y por los signos de prestigio o, al menos, aceptación social, las décadas de los cuarentas y de los cincuentas fueron de un significativo crecimiento religioso cristiano, tanto católico como protestante, así como de los movimientos religiosos libres de corte pentecostal y adventista. El número de personas que se acercaba regularmente a los templos crecía, las instituciones de diversa índole aumentaban en cantidad y calidad, y era notablemente mayor el número de los cristianos de diversas confesiones –sobre todo católicos– que asumían responsabilidades sociales y culturales en diversos niveles y sectores, con un buen rango de aceptación en su desempeño público. No habían desaparecido las ventoleras de agnosticismo y de escepticismo, de anticlericalismo y hasta de ateísmo, pero la curva se inclinaba hacia la disminución. Si tuviera que mencionar un nombre, de este período, un solo nombre de un católico laico adulto, comprometido política y socialmente y diáfanamente comprometido con la Iglesia y que podría tipificar lo que quiero decir, escogería al Dr. Manuel Dorta Duque, prestigioso abogado y profesor universitario, constituyentista de 1940, Senador de la República, representante de nuestro País en más de una reunión internacional de importancia, difusor de la enseñanza social de la Iglesia –en estrecha unión con el Arzobispo de La Habana, el Cardenal Manuel Arteaga y Betancourt, con la Compañía de Jesús y con los Padres Dominicos–, cabeza de los Caballeros de Colón y, en todas las cosas, hombre integérrimo. Si con la misma finalidad tuviera que escoger a un joven de prematura vida pública e indiscutible leader universitario, escogería a José Antonio Echevarría, Presidente de la FEU, miembro de los Escuderos de Colón y católico practicante hasta el día de su muerte. Si tuviese que escoger una institución apostólica, escogería a la Acción Católica en todas sus ramas; si de publicaciones se tratase, escogería «La Quincena»; si de avanzadillas culturales fuese cuestión, hablaría del Centro Católico de Orientación Cinematográfica y de su revista Cine-Guía, así como de la no confesional, pero de inspiración católica y ya mencionada anteriormente, revista Orígenes, dirigida por José Lezama Lima y con la colaboración del Padre Angel Gaztelu; si de obras sociales, mencionaría la extensión del sistema educacional católico, la multiplicación de hogares de niños y de ancianos desamparados y la obra de asistencia a las prisiones. Ninguna de estas menciones tiene carácter de exclusividad, sino solamente de ejemplo indicativo.

41.– Las vocaciones a la vida sacerdotal y religiosa en la Iglesia Católica y a la vida pastoral en las confesiones evangélicas tuvieron también un sólido incremento en estas décadas. Seguíamos considerándonos con razón un País necesitado de ayuda misionera para la expansión del Cristianismo, pero el aumento paulatino pero sostenido de los cubanos en esta vida consagrada a la misión y a la acción humanitaria de la Iglesia y de las demás confesiones cristianas parecía irreversible.

42.– Con relación a los diversos grupos de religiones sincréticas, las apariencias y lo que los mismos adeptos afirmaban, indicaban que el número de personas adscritas a esos grupos disminuía sensiblemente. En la medida en que negros y mestizos marginales y las escasas minorías blancas también marginales que participaban en estos ritos eran promovidos cultural y socialmente, abandonaban esas prácticas a favor de una religión socialmente aceptable, fuese el catolicismo –mayoritariamente– fuese alguna forma de cristianismo evangélico.

Muy pocos cubanos que deseasen ser «socialmente bien vistos» confesaban tener prácticas sincréticas. Si las tenían, las ocultaban porque sabían que mayoritariamente eran consideradas «un atraso» cultural y una involución de la verdadera religión y, para muchos, hasta el caldo de cultivo de algunas formas de conducta delincuencial. Quienes éramos curiosos acerca de nuestra identidad integral, estudiábamos el fenómeno, leíamos a Fernando Ortiz y asistíamos a sus cursos libres en la Universidad y en alguna ocasión hasta mirábamos con distanciamiento algún «culto» sincrético, pero nada más. Sabíamos que continuaban estando vigentes estos ritos, más cercanos a la magia, el espiritismo y al folklore que a una verdadera religión vinculante, pero los considerábamos en recesión en el terreno religioso, mientras simultáneamente se incrementaba el reconocimiento y el estudio académico de los mismos como parte del sedimento africano, en el terreno cultural mestizo propio de Cuba.

43.- La ya aludida designación como Cardenal, de quien era Arzobispo de La Habana desde el 24 de febrero de 1942, Mons. Manuel Arteaga y Betancourt, en el primer Consistorio posterior a la II Guerra Mundial, debe colocarse en este clima de crecimiento de la Iglesia Católica en Cuba. La decisión de Pío XII era un signo y un estímulo. Ningún otro País de la zona geográfica de Cuba había recibido tal gesto de confianza. El anuncio tuvo lugar el 24 de Diciembre de 1945 y el Capelo le fue conferido en el Consistorio Público del 21 de febrero de 1946. Los que tenemos edad suficiente para recordarlo, nunca hemos olvidado el júbilo generalizado de católicos y de una cantidad significativa de no católicos: primero ante la noticia y, luego, el día del regreso a La Habana, el 27 de Abril del mismo año cuando desde la proa del Magallanes saludaba a la población congregada por miles en la Avenida del Puerto, multitud que inmediatamente lo acompañó a la Catedral para el solemne Te Deum. Y si en esos años el Cardenal Arteaga nos estaba aportando su elegancia integral y su gallardía criolla, simultáneamente Mons. Enrique Pérez Serantes, primero en Camagüey y luego en Santiago de Cuba, sería la encarnación patente de una excepcional sensibilidad en el ámbito misionero y en el de la acción social de la Iglesia; Mons. Martínez Dalmau el testigo de una erudición poco frecuente al servicio de una cubanía irrenunciable; Mons. Alberto Martín Villaverde el portaestandarte de la sabiduría pastoral omnipresente y Mons. Evelio Díaz, en Pinar del Río y en La Habana, en los años más difíciles de la historia de la Iglesia en Cuba, el pastor de la serenidad, la confianza y el buen humor indeficiente.

44.- Los actos públicos masivos –Congresos Eucarísticos y Marianos, Misas en parques y plazas, procesiones, ceremonias de coronación de imágenes, etc.– se unían a las expresiones del crecimiento y la estabilidad de la Iglesia en hechos mencionados anteriormente (multiplicación de instituciones de beneficencia, escuelas, asociaciones de laicos, etc.). No sólo en La Habana, sino prácticamente en todas las Diócesis, y no sólo en el seno de la Iglesia Católica sino también, en naturalmente menor proporción, en las comunidades eclesiales surgidas de la reforma, que también experimentaron un significativo crecimiento en número y en aprecio social en este período. Hasta la mucho menos numerosa comunidad hebrea creció en estas décadas como consecuencia de la emigraciones de judíos de Europa Central con motivo primero del nazismo y después de las secuelas de la Guerra y el crecimiento fue también acompañado del éxito económico y del prestigio social. Tengo entendido que en la década de los cincuentas la comunidad hebrea en Cuba contaba con más de 15.000 miembros, ubicados predominantemente en La Habana, pero con miembros en toda la Isla.

45.– Sin embargo, al menos con relación al Catolicismo, esta imagen color de rosa, al parecer, ocultaba una realidad diversa. ¿Simulación social, semejante a las hojas de yagruma y de caimito o a la palma real internamente partida por un rayo o a la ceiba carcomida? El discurso de Pío XII al Congreso Eucarístico Nacional de 1947, transmitido en directo en la mañana del 24 de Febrero de 1947, y las predicaciones y conferencias del P. Lombardi S.J., Director del Movimiento por un Mundo Mejor, muy pocos años después, señalaban una cierta inconsistencia del catolicismo cubano, al que encontraron poco sólido, distanciado de la práctica religiosa regular e inconsciente de los problemas socioeconómicos y políticos que minaban las raíces del País, simbolizado por una palma real en cuya base comenzaba a enroscarse una serpiente, en el discurso de S.S. Pío XII que nos estremeció a todos los que lo escuchamos. El Padre Lombardi, en su visita a Cuba y posteriormente, utilizó palabras aún más descarnadas.

46.– La encuesta realizada por la Agrupación Católica Universitaria en la década de los cincuentas ratifica esos criterios: el pueblo cubano se confiesa mayoritariamente religioso, pues casi todo el mundo «cree en algo», y era entonces preponderantemente católico, pero muy distante de la práctica regular y de la frecuencia de los sacramentos y manifestaba en proporciones significativas criterios que no son los de la Iglesia en materias como p.e. el divorcio con disolución del vínculo, el celibato de los sacerdotes, etc. La proporción de los que se confesaron «protestantes» es muy reducida; más reducida aún la de los sincréticos y la de los no creyentes. La encuesta fue muy amplia, pero ateniéndome al tema religioso, la lectura de sus «signos» me lleva a la conclusión de que los cubanos en su mayoría eran religiosos, pero en realidad no católicos en el sentido íntegro, sino solamente en un sentido sumamente superficial o periférico, no comprometidos. Eran lo que suele decirse «católicos a su manera». Sin embargo, dejo constancia de que para algunos exegetas de la Encuesta –como su

Director José Ignacio Lasaga– esos «signos» eran suficientes como para catalogar al pueblo cubano como «un pueblo católico». Es evidente que yo ni suscribía, ni suscribo esta afirmación, a no ser que la entendamos con un sentido más humilde, como S.S. Juan Pablo II en el discurso en el Aula Magna de la Universidad de La Habana en enero de 1998, que se limitó a afirmar que el pueblo cubano conserva «su alma cristiana».

47.– Pocos años después de la encuesta, tuvo lugar la instalación del poder revolucionario que tan rápidamente evolucionó hacia el socialismo marxista. En aquellos años y hasta 1991, o sea durante treinta años, hizo del ateísmo uno de los componentes de su ideología. Los mismos cubanos que siete años antes asistían al menos ocasionalmente a Misa y a las celebraciones religiosas populares –p.e, en Semana Santa o en honor de Ntra., Sra. de la Caridad–, que se confesaban católicos a los encuestadores de la ACU y bautizaban a sus hijos, aunque no fuesen a Misa todos los domingos y fiestas, aplaudieron la nacionalización de la enseñanza privada y la prohibición de la enseñanza religiosa en las escuelas, unida a la promoción de la enseñanza del ateísmo desde la escuela primaria; no se conmovieron ante la expulsión de sacerdotes y de religiosas; cohonestaron con su presencia las manifestaciones antirreligiosas reiteradas en torno a los edificios de culto; ni se enteraron de la inclusión de laicos católicos, de sacerdotes y de seminaristas en los campos de trabajo forzado que eufemísticamente se denominaron Unidades Militares de Ayuda a la Producción, etc. Sé que todo puede encontrar «explicaciones» en el difícil contexto de la época en la que coexistían, por una parte, el entusiasmo popular ante el carisma inicial del Dr. Fidel Castro y la creatividad de los primeros años de Gobierno Revolucionario y, por otra parte, el enfrentamiento, quizás inevitable, entre la Iglesia y el Estado Marxista. Ahora bien, «explicaciones» no equivale a «justificaciones» o «legitimaciones» y, en todo caso, dicha explicación contextualizada no me aporta razones suficientes que me ayuden a comprender el cambio brusco de actitud de la mayoría del pueblo, si tomamos en serio sus afirmaciones anteriores con relación a su catolicidad, hechas muy pocos años antes por el mismo pueblo que casi inmediatamente después no tenía escrúpulos de conciencia en firmar las planillas de solicitud de admisión a la Juventud Comunista o al Partido, en las que afirmaban que eran ateos. Una parte significativa de ese mismo pueblo entusiásticamente socialista, no muchos años después, ha emprendido el camino de la emigración a países no socialistas en los que satanizan el sistema de organización sociopolítica y económica al que antes adhirieron. Y una buena parte de ese mismo pueblo, de los que mayoritariamente permanecen en Cuba, ahora se acercan a alguno de los grupos religiosos presentes en el País, sea a la Iglesia Católica, sea a grupos sincréticos, sea a confesiones religiosas de tradición evangélica.

48.– Todo esto resulta inexplicable para quien tome en serio lo que el cubano medio –de antes, de entonces y de ahora–, dice que cree, que apoya o que rechaza, sea en el terreno puramente religioso, sea en cualquier otra de las dimensiones de la existencia. En el ámbito que ahora nos ocupa, o sea, el religioso y, dentro de él, la pertenencia a la Iglesia Católica, todo resulta bastante claro si aceptamos las reiteradas ambigüedades y simulaciones, de una buena parte de los cubanos, en el ser y en el decir; y, por lo tanto como expresé anteriormente, que aunque se decían católicos, en realidad, la mayoría de los cubanos no lo eran tanto, y ni siquiera eran creyentes en un Dios personal, a nivel medianamente profundo, capaz de comprometer éticamente a la persona humana. Entonces, me parece, todo nos resulta diáfano y se comprenden los cambios de actitud externa y las vueltas de la tuerca. Aunque no es lugar para desarrollar un argumento que he desarrollado en otros textos, tengo la impresión de que esa inconsistencia religiosa de la mayoría de los cubanos tampoco puede separarse de lo que nuestro Jorge Mañach llamaba «espíritu de choteo», al que ya me he referido. De ese espíritu de choteo o del «relajo criollo», o sea, de la falta de responsabilidad ante la existencia, sin discernimientos de sabiduría entre lo que es serio y lo que no lo es, nace –a mi entender– la inconsistencia en materia religiosa, cultural, política, etc. Como consecuencia de esta dolorosa convicción, estimo que, tanto los responsables de la sociedad civil como los animadores de la vida eclesial, deberían trabajar de consuno para ayudar a nuestro pueblo a superar este relajo pluridimensional que resulta tan connatural a la mayoría de los cubanos, que ni siquiera lo perciben como la carcoma que nos destruye como Nación. Paulatina pero progresivamente. El temprano ensayo «El pueblo cubano», de Don Fernando Ortiz, es mucho más desesperanzador con respecto a nuestro pueblo que lo que fue posteriormente Jorge Mañach y que lo que afirmo ahora en este texto. Yo no cierro las puertas que siempre me abre la Esperanza, hermana menor de las virtudes teologales, según del decir de Charles Péguy. No las cierro con relación a Cuba, ni con relación a ninguna otra realidad intramundana. «Contrimenos», dirían los campesinos de mi tierra, con relación a las realidades trascendentes.

49.– Después de unos años de estupor y de aplastamiento ante lo que sucedía en el País, años de casi total silencio y de desconcierto ante la privación de los medios tradicionales de realización de su misión evangelizadora, años de muchas preguntas sin respuestas claras y unívocas ante sus propias responsabilidades históricas, años –en fin– de casi total incomunicación entre las autoridades de la Iglesia y quienes ostentaban –y en muchos casos todavía ostentan– las mayores responsabilidades políticas y administrativas, la Iglesia Católica comenzó un camino lento y discreto de reanimación, tomando como punto de partida para la misma la concentración en lo que era posible: la Liturgia y la formación de sus miembros en todos los niveles. De los inicios de este despertar azorado datan las dos cartas pastorales de 1969, en las que los Obispos reafirman la voluntad eclesial de continuar viviendo y sirviendo y de realizar su misión, con espíritu de diálogo, en el nuevo marco sociopolítico y económico creado por el movimiento revolucionario, armada por la confianza en Dios, en la intercesión maternal de Nuestra Señora de la Caridad y en la capacidad de buena voluntad de todos los ciudadanos de nuestro País, creyentes y no creyentes. De este despertar agradeceremos siempre el empeño lúcido de los Obispos del momento y de quien entonces ostentaba la representación de la Santa Sede en Cuba, Mons. Cesar Zacchi, que nunca nos olvidó y quiso bien a los cubanos hasta el final de sus días.

50.- Fueron los años espléndidos del Beato Juan XXIII y de Pablo VI, del Concilio Vaticano II (1962-65) y de Medellín (1968), los años del Congreso de Apostolado Seglar (1967) y del inmediato postconcilio. El clima de renovación en la Iglesia Universal coincidía con el cambio cultural de los sesentas en el mundo occidental. Y si estos cambios culturales facilitaron la instalación del movimiento revolucionario cubano en la iconografía de la época, la renovación eclesial estimuló el esfuerzo de la Iglesia en Cuba por «situarse» en la nueva realidad, sin quiebras en su identidad. Ya en un clima discretamente creciente de inserción y de mayor comunicación en ambas direcciones entre la Iglesia y el Estado en el interior del País, y de una mejor comunicación de la Iglesia en Cuba con las realidades del mundo exterior, eclesiales y seculares, llegamos al Pontificado de Juan Pablo II (1978), a Puebla (1979), a la cuidadosa preparación (Reflexión Eclesial Cubana - REC -1981 a 1985) y a la realización del Encuentro Nacional Eclesial Cubano (ENEC, 1986), a las frecuentes «misiones populares» posteriores, al capelo cardenalicio de Mons. Jaime Ortega, nuestro segundo Cardenal Arzobispo de La Habana, y por último a la visita pastoral del Santo Padre a Cuba, verdaderos días de fiesta, en el sentido más integral de la palabra, para la Iglesia y para todo el pueblo, que durante cuatro días dejó a un lado muchas de sus tribulaciones y conflictos.

51.- A partir del ENEC y en torno a la visita del Santo Padre, la Iglesia Católica en Cuba pasó de ser una Iglesia de la conservación y de la defensiva con vistas a la supervivencia, a ser una Iglesia en estado de misión y crecimiento, no espectacular, pero sostenido. El fenómeno del éxodo iniciado en los primeros años de esta etapa de nuestra historia republicana, no ha desaparecido y continuamos formando buenos laicos católicos y protestantes para que la mayoría vaya a evangelizar en países extranjeros. La Iglesia Católica en Cuba es hoy como al parecer siempre ha sido y como describen las parábolas del Evangelio al referirse a la instauración del Reino de Dios: grano de mostaza y polvo de levadura. No más que eso, pero tampoco menos que eso.

52.– Lamentablemente también estos últimos años han sido testigos de un crecimiento desmesurado de los movimientos religiosos libres de corte pentecostal, desgajados del protestantismo histórico, así como de grupos de la vasta gama de religiosos sincréticos, con una tendencia hacia una mayor africanización o, más exactamente, paganización, con el concomitante debilitamiento del componente católico habitual e histórico de dichos grupos. Al parecer, esta tendencia se origina, en ocasiones, en la convicción de algunos etnólogos que tienen creencias sincréticas, pero no deja de presentar signos de una manipulación proveniente de convicciones de otra índole, ajenas a lo religioso. Utilizo a conciencia el adverbio «lamentablemente» para referirme a ambas situaciones porque entiendo que, salvo en casos que considero excepcionales, los exponentes de ambos grupos manifiestan signos de una realidad que dista mucho de ser una «religión» en el genuino sentido de la palabra, y ambas actitudes, tal y como se presentan en los años recientes, comportan rompimientos culturales de consecuencias deteriorantes de la cultura y la nacionalidad, ya precarias.

53.– Las relaciones con el Estado han logrado una mejor fluidez en las dos direcciones, aunque todavía insuficiente, también en ambas direcciones. De la agenda de la Iglesia en esa relación han desaparecido algunos temas, pero otros continúan estando presentes, como son, p.e. las deficiencias en la gestión oficial en detrimento del bienestar integral del pueblo y el acceso de la Iglesia a los grandes medios masivos de comunicación y a la educación. Las publicaciones eclesiales contemporáneas son un factor positivo, como lo son también las celebraciones religiosas fuera de los templos, tanto las masivas, como las de pequeño grupo, pero estos «espacios» de evangelización no compensan los espacios perdidos en los años sesentas y no satisfacen la vocación misionera, evangelizadora, de la Iglesia.

54.– No quiero dejar de mencionar la sensibilidad social de la mayor parte del pueblo cubano y, consecuentemente, de la Iglesia como porción católica del mismo. Esa tradición arranca desde nuestros balbuceos en la Historia, en el siglo XVI, encuentra una expresión sistemática en la generación áurea del Seminario «San Carlos y San Ambrosio», se prolonga en los discípulos de esa generación y, ya en la República, se hace patente, de manera humilde, pero real y efectiva, en la Academia Católica de Ciencias Sociales de los Padres Dominicos, en la obra del Padre Foyaca S.J. asumida por la Compañía de Jesús y en la revista «La Quincena» de los Padres Franciscanos.

55.– Investigaciones sociológicas realizadas hace algunos años (1994-1996) por una institución gubernamental, antes de la visita de S.S. Juan Pablo II, revelan que un 86% del pueblo cubano está abierto a la Trascendencia, o sea, que «creen en Algo más allá de nuestras realidades intramundanas», aunque sólo un 15% tiene referencias explícitas con alguna religión institucionalizada. Sorprendente resultado después de más de treinta años de promoción oficial del ateísmo militante, pero que, a mi entender, reitera los resultados de la investigación de la Agrupación Católica Universitaria de los años cincuentas.

56.– Así, según las «parábolas» o comparaciones cubanas, un poco jutías y un poco caimitos y yagrumas, como somos, continuamos encontrando ciguarayas que nos sanen, volvemos a salir a flote, como el corcho, y mantenemos viva nuestra vocación de ceibas y de palmas reales. ¿La llegaremos a realizar en esta orilla de la Historia? Lo deseo, pero no apuesto. El «choteo» criollo, nuestra pandemia secular, continúa vigente, sean cuales sean los regímenes sociopolíticos y las coyunturas nacionales... Y yo, ya lo dije antes, no soy futurólogo, ni tengo bola de cristal, ni creo en los sistemas adivinatorios de las religiones sincréticas.

Acción Católica y Sociedad en Cuba

Dr. Diego Echemendía Hernández

«La Acción Católica es la participación organizada de los fieles en el apostolado jerárquico de la Iglesia». Esta frase es repetida en numerosas ocasiones durante la militancia de una persona. No era una frase hueca, ni una meta a alcanzar, era una realidad. En cada país hubo condiciones concretas que hicieron florecer la Acción Católica. A esto se suma la calidad de los pontífices que han ocupado la silla de Pedro en el siglo XX y tenemos ya las condiciones para su funcionar brillante.

En Cuba a principios del siglo habían buenos colegios católicos, pero sus alumnos, como regla general, una vez graduados mantenían un catolicismo rutinario y nada combativo. En 1927 en un Congreso celebrado en la Universidad de La Habana se atacó a la Iglesia y este ataque fue contestado por un grupo de estudiantes católicos que vieron la necesidad de organizarse de alguna forma. El Dr. Jorge Hyatt buscó y encontró al Hno. Victorino DLS, dispuesto a afrontar esa tarea. El 11 de febrero de 1928, 12 federaciones de Antiguos Alumnos y el Club Católico Universitario fundaron la Federación de la Juventud Católica Cubana eligiendo como presidente de la misma al Dr. Herminio Rodríguez. 1928 era un año de lucha política. Durante el primer año de su existencia la Federación organizó distintos actos en teatros de La Habana para dar a conocer el pensamiento de la Iglesia sobre los problemas sociales que tanto agitaban a las conciencias de entonces. Se comenzó a editar la revista «Juventud Católica Cubana» que llevaría su voz a horizontes más dilatados.

De 1928 a 1933, etapa muy convulsa en la historia de nuestra Patria, la Federación de la Juventud Católica organizó dentro de sus posibilidades actos públicos en los que se dio a conocer la Doctrina Social de la Iglesia.

En 1933 se introduce un cambio de importancia en la estructura de la Federación: la organización en grupos. Surgen así los grupos de Antiguos Alumnos del Colegio de la Salle del Vedado y el de la Iglesia de San Francisco en La Habana. Al mes siguiente en el Grupo de Antiguas Alumnas del Colegio de Nuestra Señora de Guadalupe surge el primer grupo femenino. Los grupos de la Salle y San Francisco se constituyeron en julio de 1933. En octubre del propio año en Trinidad se funda el primer grupo del interior, siguiendo después Mariel, Placetas y Fomento.

En octubre de 1933 a solicitud del Consejo Nacional se designa a un sacerdote que sirva de enlace entre los obispos y la Federación. Con ese carácter fue designado un humilde, santo y culto sacerdote franciscano: El R. P. Fray Pablo de Lete.

En 1936 se desarrolla la organización con un ímpetu inesperado. Se multiplicaron los grupos en toda la Isla, se organizó el apostolado y se orientó la formación con modificaciones que lo acercaban a las direcciones pontificias para organizaciones juveniles de acción católica. El cuarto domingo de septiembre se fundaron los primeros grupos en Santiago de Cuba, cuando la capital oriental se preparaba para la Coronación de la Virgen de la Caridad, que tuvo lugar en diciembre.

En 1937 se duplica el número de grupos, se estudió y puso en vigor un nuevo Reglamento, creando los Consejos Diocesanos y secretariados técnicos para la mejor dirección y orientación de la labor.

Se fijó el lema «Piedad, Estudio y Acción». También se implantó el aspirantado, período de no menos de 3 meses, durante el cual el aspirante recibía una instrucción especial para sus futuras labores apostólicas. A fines de ese año, la Federación echó sobre sus hombros la organización de la «Guía Moral del Cine». También la Federación tomó a su cargo las actividades de catequesis, beneficencia e instrucción en los barrios periféricos de La Habana.

En 1938 se funda el grupo especializado universitario «San Buenaventura». Se celebró el día del décimo aniversario, que posteriormente se transformaría en el «Día de la Juventud Católica».

En 1939 se celebra la Primera Concentración Nacional en Placetas. Cada 2 años se mantuvo esta celebración de Concentración Nacional, donde siempre hubo un acto cívico en el que se proclamó la Doctrina Social de la Iglesia aplicada a la realidad nacional del momento.

En 1941 se celebró la Segunda Concentración Nacional en la ciudad de Cárdenas.

En 1943, durante la Tercera Concentración Nacional celebrada en Ciego de Ávila, se anunció la constitución oficial de la Acción Católica en Cuba con las ramas correspondientes a las juventudes que, desde ese momento se llamaron Federación de la Juventud (Masculina o Femenina) de la Acción Católica, dejando de existir la Federación de la Juventud Católica. Es sabido que la Acción Católica consta de 4 ramas: La rama A quo corresponde a los caballeros se constituyó algún tiempo después con la asociación de Caballeros Católicos de Cuba fundada desde hacía tiempo por Valentín Arenas y un grupo de hombres en Sagua la Grande y que fue extendiéndose por la Isla. La última rama en fundarse fue la correspondiente a las mujeres, que se llamó Liga de Damas de la Acción Católica. En cada parroquia había o debía haber una Junta Parroquial de Acción Católica que coordinaba la labor de las 4 ramas. Lo mismo sucedía a nivel diocesano y nacional.

A partir de 1943 la Acción Católica aumentó su actividad en Piedad (con retiros espirituales y otras actividades similares como círculos de estudio semanales), y Acción con su publicación mensual y distintos actos donde se hacía llegar la voz de la Iglesia sobre los temas de actualidad.

Un punto que debe ser tratado es la especialización. Uno de los aspectos fundamentales de la Acción Católica es el apostolado entre los similares: el obrero con los obreros, el estudiante con los estudiantes, etc. Sin que esto quiera decir que se valore más un ambiente que otro, sino que es más fácil y eficaz la labor teniendo en cuenta la características de cada sector. En Bélgica el abate Carjdin había fundado la JOC con gran éxito. En Cuba igualmente la JOC se extendió con rapidez y eficacia. La JEC prácticamente existía ya aunque al principio sin darle ese nombre en los grupos existentes en los colegios católicos y la JUC (llamada «Sección Universitaria») en los 4 grupos que habían en la Universidad de La Habana. Quedaban además los grupos parroquiales, en cuyo seno militaban jóvenes de variada procedencia. Además, en poblaciones pequeñas no siempre era posible tener grupos de JEC y de JOC. Como es natural hubo algunas tensiones entre los grupos parroquiales y los especializados, pero siempre se resolvieron en un ambiente de verdadera fraternidad.

En la Universidad de La Habana, el Hno. Victorino fundó el «Hogar Católico Universitario», residencia de los jóvenes procedentes del interior, y local de los grupos de la Juventud Masculina de Acción Católica. Posteriormente la Juventud Femenina tuvo otro local.

Los grupos especializados no solamente hacían labor de apostolado en su ambiente sino que también tenían trabajos de tipo social donde hiciera falta. Como ejemplo de esto podemos citar el barrio de la Capilla-Escuela Santa Rosa, en «Pan con timba» o «Timba» donde funcionaba la catequesis Conferencia de San Vicente de Paúl, dispensario, etc., que era atendida por grupos de la JUC. En el barrio de «Las Yaguas» había también otra Capilla-Escuela.

La ACU (Agrupación Católica Universitaria) era una Congregación Mariana fundada y dirigida por los Padres Jesuitas que trabajaron mucho en el ambiente universitario. No eran propiamente de la Acción Católica, pero el trabajo que hacían se sentía en la Universidad y en toda Cuba. Es bueno mencionar la serie de folletos sobre temas diversos, específicamente sobre temas sociales hechos con base estadística que han sido consultados y citados hasta mucho tiempo después de disuelta la Acción Católica. Los Padres Rey de Castro y Llorente tuvieron a su cargo durante mucho tiempo la dirección de la ACU. En Cuba además existían los Caballeros de Colón y la Asociación de Maestras Católicas extendidas ambas organizaciones por toda la Isla y que en su medio hacían una verdadera labor de Acción Católica sin estar vinculados reglamentariamente a la organización.

Cada rama de la Acción Católica tenía sus símbolos: bandera, escudo, y brazalete. En todos figuraban los símbolos de la Patria y de la Iglesia, Había una ceremonia de iniciación en la que se imponía el brazalete a los iniciados.

Algunos de los dirigentes nacionales de la Acción Católica fueron: Alfonso García Iglesias, Julio Morales Gómez, Ramón Casas, René Alonso, Antonio Fernández Nuevo, Blanca Hernández, Marta Moré, Josefina Zaragoza, Alberto Gutiérrez, Ángel del Cerro, Amalio Fiallo... y tantos otros más que harían interminable este trabajo.

Había distintas campañas de carácter nacional en distintas épocas del año: «Celebra cristianamente las Navidades», «Moraliza la playa con tu ejemplo»,...

La política partidista le estaba prohibida a la Acción Católica por su Reglamento. Esto naturalmente no implicaba que sus miembros no pudieran participar de la actividad política partidista, pero lo debían hacer a título personal.

Los principios sociales de la DSI chocaron a veces con el régimen establecido y se produjeron no pocos incidentes. Entre otros alcanzó difusión el del mitin de Guanajay (cerca de 1958) donde el Jefe de Puesto de la Guardia Rural le dio al orador 2 minutos para que terminara. El mitin terminó inmediatamente a «plan de machete».

Con el triunfo de la Revolución las condiciones cambiaron rápidamente y son diferentes en las distintas diócesis.

A los cambios se le sumó la emigración de gran cantidad de dirigentes en distintas fechas.

1961 fue un año en el que ocurrieron: la invasión de Playa Girón, la nacionalización de la enseñanza y la expulsión de gran cantidad de sacerdotes, religiosas y religiosos.

En 1963 la Jerarquía, haciendo uso de las facultades que le otorga el Reglamento de la Acción Católica ordenó la disolución de esta. Por supuesto, la disolución no significó el fin del apostolado de los fieles: después vino la ASO y la organización de los fieles en distintas pastorales, y hubo REC, ENEC, y visita del Papa.

PANEL
Congregaciones religiosas y obra social en Cuba.
Una muestra.

Obra social de las Hijas de la Caridad en Cuba 1847-1961

Sor Hilda Alonso

La Hija de la Caridad llamada por Vicente de Paúl y Luisa de Marillac sirvienta de los pobres y enfermos tiene su origen y se desarrolla en el siglo XVII.

Responde en ese momento a una necesidad humana, a una necesidad social. Las Provincias de Francia en guerras, dejan tal pobreza y miseria que llega a las calles de Paris.

No sólo van a salir al encuentro de aquellas necesidades, que aprisionan el corazón de Vicente de Paúl, niños huérfanos, ancianos y enfermos, les infunde en aquellos momentos características universales del servicio, porque tiene un concepto tan universal de la humanidad que le hace sentirse responsable de todos los hombres de la nación, cualesquiera que sean y dolencia que les aqueje, crea la Filosofía del Servicio apropiándose de la frase evangélica: *«si alguno de vosotros quiere ser grande que sea vuestro servidor» (MT 20,20). Crea una mística, contemplar a Jesucristo en ese pobre hambriento, sediento, enfermo (MT. 25, 35).*

Llega a los sentimientos más profundos del corazón de la mujer, mueve sus más delicadas fibras para volcar toda su persona en la hoguera ardiente del sufrimiento.

Brota la caridad heroica: por las calles de París recoger enfermos, llevar alimento a los ancianos en sus domicilios. Con alegría y generosidad dan sus servicios a los niños huérfanos, heridos en las batallas, presos, etc.: *servir, mitigar el dolor que hace surgir el lema de la Compañía: «La Caridad de Jesucristo nos urge».*

La creación de las instituciones para el bien de los ciudadanos surge en los pueblos de acuerdo al aumento de la población y el grado de su prosperidad.

Cuba en el 1847 iba desarrollándose: la agricultura va en aumento, adaptación de la máquina de vapor al trabajo de los ingenios, cuenta con el ferrocarril entre La Habana y Güines, ensanche y belleza de sus ciudades, la cultura de sus habitantes proporcionaba una madurez intelectual, incompatible con las injusticias de un gobierno autoritario, lo que impulsaba a sus hijos a luchar por el ideal de la independencia.

En este momento Cuba llama a las Hijas de la Caridad de San Vicente de Paúl, agregándolas a su vida ciudadana como nuevo ingrediente social.

El Padre Buenaventura Codina, CM, dirigía a las Hijas de la Caridad en España (1844-47), en su correspondencia se encuentra una carta que éste dirigía al Superior General P. Juan Bautista Etienne, en septiembre de 1845 en que le informaba que el Capitán General de Cuba Leopoldo O´Donnell había pedido seis Hijas de la Caridad para los hospitales de la Isla y que, aceptada la demanda por el Gobierno español pronto recibiría orden de envío.

Real Orden

El Excmo. Sr. Ministro de la Gobernación de la Península, con fecha de 19 de septiembre último, me dice lo que sigue: –Excmo. Sr. Su Majestad se ha servido resolver que, por el Director General del Noviciado de las Hijas de la Caridad del mismo Instituto, sin perjuicio de la preferencia que merecen los establecimientos de beneficencia a quienes antes de ahora les está hecha igual concesión. –De R.O. lo digo a V. E. para su conocimiento y efectos consiguientes. –Dios guarde a V. E. muchos años. Madrid 7 de octubre de 1845. Fermín Artela– Sr. Director General del Noviciado de las Hijas de la Caridad.».

«Una nueva Real Orden» 12 de septiembre de 1846 urgía el envío a Cuba de las Hijas de la Caridad.

Los trabajos que realizarían las Hermanas fueron estipulados en el contrato otorgado en Madrid el 21 de noviembre de 1846 ante el Sr. Jacinto García Londres, secretario honorario de la Reina de su Majestad la Reina Isabel II y escribano de número de la Villa y de la Corte.

Las seis Hermanas parten del Puerto de Cádiz del 4 al 9 de diciembre de 1846. Llegan al puerto de La Habana el 12 de enero de 1847. El 18 de enero tomaron posesión del Hospital o Real Beneficencia de La Habana.

Existía la institución desde el 1792. En estos momentos se llamaba la Real Casa de Maternidad de la Habana, al cese de la soberanía se llamó Casa de Beneficencia y Maternidad. (Referencia al estudio de este trabajo sobre la Casa de Beneficencia de la Habana)

Primera etapa - época colonial

La Real Cédula del 26 de noviembre de 1852 tiene un solo apartado sobre los institutos religiosos de Hermanas y dice así:

> *VIII. No existiendo ya en la Península la Orden hospitalaria de San Juan de Dios, y habiendo faltado en esa Isla por el transcurso del tiempo casi todos sus individuos, he determinado que se encarguen de la dirección de los hospitales que aquellos tenían a su cuidado, las Hermanas de la Caridad, que actualmente existen en esa Ciudad, administrándose los bienes y rentas de los expresados hospitales por los Síndicos que nombraréis, bajo la inspección de la Junta de Caridad establecida en la misma y de la Municipal en la de Puerto Príncipe.*

HABANA
1847 - Real Casa de Beneficencia
1851 - Colegio San Francisco de Sales
1854 - Hospital de San Lázaro
1854 - Hospital de San Ambrosio
1854 - Hospital San Juan de Dios
1856 - Hospital de Guanabacoa
1857 - Casa de Recogidas de San Juan Nepomuceno
1857 - Colegio Ntra. Señora de la Asunción, Guanabacoa
1859 - Colegio Santa Isabel
1864 - Hospital de Dementes de Mazorra
1866 - Colegio «La Domiciliaria»

SANTA CLARA
1867 - Hospicio y Beneficencia, Sancti Spíritus

PUERTO PRINCÍPE (CAMAGÜEY)
1866 - Hospital Ntra. Señora del Carmen
1866 - Asilo de Camagüey

SANTIAGO (ORIENTE)
1864 - Hospital Militar Santiago de Cuba
1864 - Casa de Beneficencia Santiago de Cuba

Segunda etapa - guerras por la independencia

El hospital como el cuartel, es el lugar que polariza en tiempo de guerra la mayor actividad social.

En Cuba son fundados principalmente para atender los soldados españoles y marinos que luchaban contra los cubanos que anhelaban la Independencia.

Desde 1833 ya tienen su reglamento dispuesto por el Conde de Villanueva existiendo estos hospitales en forma rudimentaria desde 1566, techo de guano, piso de tierra y sin condiciones higiénicas.

En 1895 estalla la Guerra de Independencia y llega la necesidad urgente de atender a los militares heridos. Al cierre de las escuelas sus edificios se habilitan para nuevos hospitales.

HABANA
1868 - Hospital San Francisco de Paula
1872 - Asilo San Vicente de Paúl del Cerro
1874 - Colegio «La Inmaculada»
1887 - Hospital Santa Susana, Bejucal
1892 - Colegio Jesús María
1894 - Protectorado de Niños
1896 - Hospital Militar de Regla
1896 - Hospital Militar Alfonso XIII
1896 - Hospital de San Antonio
1897 - Hospital Militar Santiago de las Vegas
1897 - Hospital de Madera
1897 - Hospital Militar de Bejucal
1897 - Hospital Militar de Guanabacoa

MATANZAS
1873 - Asilo San Vicente de Paúl
1873 - Casa de Beneficencia
1886 - Hospital de San Nicolás
1889 - Hospital de Santa Isabel
1896 - Hospital Militar de Santa Isabel
1899 - Asilo Municipal

SANTA CLARA
1895 - Hospital Militar Sancti Spirítus
1895 - Hospital de Santa Clara
1896 - Hospital Militar de San Juan de los Remedios

1896 - Hospital Militar de Cienfuegos

PUERTO PRÍNCIPE (CAMAGÜEY)
1897 - Hospital Militar Ciego de Ávila

SANTIAGO (ORIENTE)
1881 - Hospital Civil de Santiago de Cuba

Tercera etapa - época republicana

Finalizan las guerras y Cuba independiente, las Hijas de la Caridad dejan los hospitales por la disminución de enfermos al ser controladas las crueles epidemias y por el cese de los heridos en batalla, quedan en algunos civiles donde se hacía muy necesaria la presencia de la Hija de la Caridad.

En el comienzo de la primera intervención americana y la fundación de la República se abren las escuelas de enfermeras donde se iba a preparar el personal laico que podía reemplazar a la Hija de la Caridad.

De 1897-1898

El General Weyler decretó la reconcentración de los campesinos en las poblaciones, donde quedaron hacinados millares de ancianos, mujeres y niños, los cuales en su mayoría perecieron víctimas del hambre, paludismo, influenza y la desesperación.

Llamada de los pobres desamparados.

- Acogida a indigentes.
- Escenas crueles y desgarradoras que presentan personas carentes de todo medio de subsistencia, ya del campo o de la ciudad, ambulantes por las calles.

Conocemos por relatos de la tradición la asistencia de las Hijas de la Caridad a estos desamparados y refugiados en grandes locales, naves o edificios abandonados por su mal estado, faltos de toda comodidad, las Hermanas en lo posible los atendían, unas veces quedaban solo durante el día por no haber lugar para pasar la noche, proporcionándoles alimento y cuanto ellas podían conseguir para aliviar sus necesidades; como se hizo en la Finca La Jacoba al fondo de lo que fue más tarde el Asilo Menocal, Cerro, o ya permanentemente como en los demás lugares, encontrándose ubicado uno de ellos, en el propio terreno en que más tarde se levantó nuestro Capitolio Nacional.

Si la vida en el hospital era ruda aquí traspasaba toda medida. Al trabajo se unía la falta de ambiente propicio al orden e higiene. Atormentaba a las Hermanas la falta de comestibles y ropas para cubrirlos.

Aún queda una nota más aguda que oír, registrada en las inmediaciones de Matanzas donde las Hijas de la Caridad, ayudadas por los PP. Paúles que recogían comestibles para los pobres, que ellas después repartían, practicaron una singular visita a domicilio, curando y socorriendo a familias que buscaron refugio en la cavidad de la roca. En ellas muchas veces se encontraron junto al cadáver ya rígido de los padres, el coro espantado de las inocentes criaturas atónitas ante el espectáculo nuevo e indescifrable de la muerte.

Llamada de la niñez a la educación y enseñanza

Hay otra necesidad que reclama la presencia de la Hija de la Caridad en el nuevo período que se abre a su historia, escuelas en los campos y pueblos. En la primera generación de la Vida Republicana entran en el campo social de la educación y enseñanza de la clase más modesta de Cuba: asilos y escuelas gratuitas, colegios de pensión mínima y escuelas de obreras y talleres.

El camino fue largo, pero condujo a la niña de escasos recursos económicos y más tarde a la joven a llegar a escuelas de nivel superior y universitario, no solo promocionándose ella misma, sino promocionando también a su familia, obra social sin precio en la cultura del pueblo cubano.

A medida que fue mejorando la economía en Cuba, las Hijas de la Caridad pudieron organizar otros centros de enseñanza, conservando con prioridad la ayuda a las niñas pobres, cobrando una pensión para cubrir los gastos, admitidas más de la mitad sin pago.

Las Hijas de la Caridad con las exigencias de los tiempos, en justicia, se fueron preparando para estar a la puesta al día en sus conocimientos de ciencia y pedagogía.

HABANA
1900 - Asilo de Niños, Guanabacoa
1903 - Colegio la Milagrosa, Guanabacoa
1903 - Colegio Ntra. Sra. de la Caridad, Güines
1910 - Colegio La Milagrosa, Casa Blanca
1912 - Colegio La Milagrosa, Marianao
1913 - Colegio Ntra. Señora de Regla, Regla
1914 - Asilo y Creche del Vedado

1914 - Asilo Menocal, Cerro
1915 - Colegio Sagrado Corazón, Güira de Melena
1916 - Colegio Sta. Infancia, San Antonio de los Baños
1918 - Asilo Mina Truffin, Marianao
1919 - Asociación Católicas Cubanas, Cerro
1921 - Asilo María Jaén para niños
1925 - Quinta Luisa de Marillac, Isla de Pinos
1926 - Academia San José, Isla de Pinos
1932 - Escuela Parroquial Ntra. Señora del Carmen
1933 - Escuela Parroquial Sta. Luisa de Marillac, Alquízar
1935 - Escuela Parroquial Monserrate
1951 - Instituto del Cáncer Curí
1952 - Casa San Vicente de Paúl, Madruga
1954 - Hospital ONRI (Cristo de Limpias)

PINAR DEL RIO
1954 - Casa Social «Santa Luisa de Marillac»

MATANZAS
1902 - Colegio La Milagrosa
1953 - Colegio y Dispensario Central Dolores, Jovellanos

LAS VILLAS
1925 - Hospital Ntra. Señora del Carmen, Caibarién
1926 - Asilo Anita Fernández, Cienfuegos
1952 - Clínica Dispensario Dolores Bonet, Santa Clara
1956 - Colegio del Hospital Ntra. Señora del Carmen, Caibarién

CAMAGÜEY
1926 - Asilo Amparo de la Niñez
1955 - Dispensario y Colegio Cristo Rey

ORIENTE
1900 - Asilo Huérfanos de la Patria
1900 - Colegio Hijas de María
1902 - Colegio Nuestra Señora de Belén
1909 - Sanatorio la Colonia Española
1954 - Colegio Nuestra Señora de la Caridad, El Cristo
1959 - Academia Cervantes, Baracoa

Testimonios escritos

Conservados en los archivos de LAS HIJAS DE LA CARIDAD que ilustran el realismo de sus vidas.

1896

Refiriéndose a los establecimientos de las Hijas de la Caridad que en 1896 y principios de 1897 tenían en Cuba las Hermanas, escribía Sor Teresa de Jesús Mora a la Visitadora de España, Sor Cristina Jovellar:

> *Aquí en la Habana tenemos el Alfonso XIII con dos mil enfermos; la* Beneficencia *de donde soy la Hermana Sirviente con otros dos mil: Madera (cuartel) con setecientos, y* Regla *con tres mil. Los de afuera son: Matanzas, con quinientos;* Santiago de las Vegas *con novecientos;* Cienfuegos, *con quinientos;* Remedios, *con seiscientos;* Santa Clara *con otros seiscientos;* Sancti Spíritus, *con cuatrocientos, y el hospital de* Santiago de Cuba *con unos mil doscientos».* En este último había veintitrés Hermanas. Además, continuaba, *«tenemos enfermerías agregadas a los hospitales de* Bejucal *y* Guanabacoa». Actualmente *«se está construyendo una capillita en el Hospital moderno, que vamos a poner bajo la advocación de la Virgen del Pilar».*

> *Hoy, que Cuba está castigada por el azote de la guerra (escribía un periódico La Patria de Santa Clara, al dar lo noticia de la muerte de Sor María Teresa Cinea), la Hermana de Caridad ha venido a cumplir su misión. La tenemos en los hospitales, corriendo con todo lo que la administración concierne en la asistencia de los enfermos. Ellas velan cuidadosamente porque del jefe al soldado todos estén bien atendidos. Alimentos, medicinas, todo lo suministran por sus manos. No es raro verlas a la cabecera de un moribundo hablándole de la vida eterna, consolándole en sus dolores, infundiéndole aliento, y por fin, cuando el alma del que deja de existir abandona la envoltura humana, sus labios rezan una plegaria, pidiéndole a Dios la gloria para el pecador que abandona el mundo de los mortales...*
> *En el Hospital Militar de Santa Clara tenemos esta institución digna de todo encomio. Pero «la muerte se cierne en derredor de estos ángeles de la humanidad. Ayer falleció Sor María Teresa Cinea*

víctima de la fiebre amarilla, y quizá no tarden en sucumbir las virtuosas Hermanas Sor Aureliana Currás y Sor Eulalia Lacunza.

La muerte de la propia Sor María Teresa Cinea *fue para toda la población de Santa Clara un motivo de luto universal. Su entierro fue presidido por el mismo gobernador militar de la plaza, coronel Osés. La banda de música del Alfonso XIII acompañó el cadáver, tocando conmovedores aires fúnebres».*

Imposible describir, añadía el citado periódico, lo imponente del acto a que nos referimos. «Las bocacalles, las aceras, las ventanas y balcones estaban llenas de gente, aguardando la fúnebre comitiva. Al cruce del humilde y blanco sarcófago, todo el mundo se descubría; todos los semblantes expresaban admiración y respeto. Las clases sociales se disputaban el sarcófago para conducirlo en sus hombros» y así fue llevado hasta el mismo cementerio.

A medida que la guerra se prolongaba, se hacían mayores la carestía y la miseria, no ya sólo en algunos cuerpos del ejército, sino hasta en la ciudades. Hablando de situación tan congojosa, escribía Sor Eduvigis Laquidaín, Vice visitadora, con fecha 19 de abril de 1898:

HABANA

«Todo cuanto podáis saber por otras noticias es poco en comparación de la triste realidad». Y algunos meses después: *«Cuando el hambre se comenzó a sentir, nuestra puerta (de la casa central) abundaba de pobres extenuados, de mujeres que casi no podían andar, de chicos que buscaban algo que comer».*

No despedían a nadie sin darles «alguna cosa» y hasta volvieron a abrir las escuelas de las niñas pobres, alimentando a unas trescientas, que quizá no tenían otro cosa que comer.

MATANZAS

En ayuda de las Hijas de la Caridad en esa ciudad, para el alivio de sus enfermos y de las clases menesterosas, acudieron los Padres Paúles de la ciudad; uno de ellos, el P. Soriano, escribe con fecha 8 de octubre de 1898, al P. Eladio Arnaiz sucesor del P. Maller en el cargo de Visitador de la Congregación de la Misión y de la Hijas de la Caridad en España:

antes de terminar el primer mes de bloqueo ya no había comida para los pobres, ni para los asilos ni hospitales. ¡Ah cuántas veces nos hemos acordado, señor Arnaiz, de aquellos tiempos en que nuestro Padre Vicente sostenía a pueblos y provincias enteras ,asoladas por la guerra!

Todavía podemos decir que desde el cielo influye para que se continúen estas mismas obras de caridad por medio de sus hijos e hijas, que poseen su espíritu en la tierra.

Cuatro han sido los meses que hemos estado sosteniendo a los enfermos de los hospitales y tres asilos de niños y ancianos, que sin duda alguna hubieran muerto de hambre, si la Divina Providencia no nos hubiese deparado la ocasión, poco menos que milagrosa, de hacer acopio, aunque no sin grande trabajo, de abundante harina de maíz y trigo, latas de caldo de carne, sopas variadas, leche condensada y otras varias conservas.

SANTIAGO DE CUBA

No había igualmente una Hija de la Caridad que dejase de estar animada de idénticos sentimientos, levantados en algunas de ellas hasta el heroísmo.

Ayer, escribía, con fecha 5 de enero de 1898, Sor María Losa, una de las Hermanas del Hospital Civil de Santiago de Cuba. Me encontraba con Jesús en el Huerto de los Olivos, tan triste, que cogí la pluma para escribir y no sabía qué decirla. Y, ¿sabe usted por qué era mi tristeza? Porque como hoy van a bombardear la ciudad por mar y por tierra, dispusieron el señor Arzobispo y el Padre Martínez que saliésemos de la ciudad para salvar la vida. Se había dado el alta a todos los enfermos, pero quedaban postrados en la cama, sin poder salir, más de cuatro; y el pensamiento de que dejábamos a esos desgraciados sin nuestro cuidado, me hacía morir de pena.
Me parecía que ya no era Hija de la Caridad.
Mas nuestro Santo Padre a quien le pedí con toda mi alma que no permitiera dejáramos abandonados a su porción más querida, parece que me oyó y en la tarde, cuando esperábamos se nos indicara el lugar adonde debíamos ir, se nos presentaron dos de nuestros Padres, a decirnos que se había pensado era mejor nos quedáramos con nuestros enfermos. Cuán fue mi contento al oír esto, sólo

Dios, que penetra hasta el fondo de nuestros corazones, puede saberlo. Ayúdeme usted a dar las gracias a Nuestro Señor. Y a renglón seguido: «Dentro de pocas horas principia el bombardeo, y en esta casa no ha quedado ni capellán, ni presidente, ni administrador, ni médico, ni practicante. Hasta la mayor parte de los empleados se han ido, deseando salvar su vida. Ahora sí que me considero Hija de San Vicente». La relación terminaba: «Si no muriese hoy, le acabaré de contar lo que nos ocurriese en este terrible día, en que no se ven por todas partes sino soldados, fusiles, cañones y todo lo que puede hacer estremecer de espanto».

Volviendo un día al hospital la propia Sor María Losa y otra de las Hermanas, se hallaron, en medio de la soledad a que por aquellos días había quedado reducida la población, con tres hombres vestidos de paisano, que al verlas se pusieron de pie, saludándolas respetuosamente y preguntándoles llenos de admiración:

- Pero Hermanas, ¿no tienen ustedes miedo de permanecer en Santiago de Cuba?
- *Las Hijas de la Caridad*, contestó Sor María, n*o tienen miedo a las balas cuando están atendiendo a sus pobres.*

El testimonio de amor al prójimo lo recogió el periodista hispano Manuel Aznar en la afirmación siguiente: «No concibo el monumento al soldado español o al soldado mambí, sin la silueta de la blanca y ensangrentada toca de la Hija de la Caridad».

La obra social de los franciscanos en Cuba

Dr. Salvador Larrúa Guedes

Los primeros pasos

Los franciscanos comenzaron a realizar obras de beneficio social aún antes de que comenzaran a erigirse las siete villas fundadas por el adelantado Diego Velázquez de Cuéllar, ya que una de sus primeras misiones fue la defensa de los indígenas ante los desafueros y brutalidades de los conquistadores y en particular de los lugartenientes del propio Velázquez.

Al percatarse de la buena disposición de los religiosos hacia los indios, Fray Bartolomé de las Casas, en su «Memorial sobre remedios de las Indias» redactado en 1516, ya proponía la creación de comunidades de indígenas cercanas a las primeras villas, al cuidado de los frailes (que serían franciscanos y dominicos). En estas comunidades, los aborígenes serían instruidos en la fe cristiana y en los usos, costumbres y trabajos de la civilización, para ayudarlos a adaptarse al tremendo cambio operado en sus existencias. Decía textualmente Las Casas:

> *Finalmente porque no mueran, vuestra reverendísima señoría mande así mismo que... se haga una casa que se diga del Rey o como más vuestra señoría mandare, donde haya un monasterio de media docena de frailes Franciscos y Dominicos, ó todos Franciscos ó Dominicos, que della tengan cargo (y) aquellos los reciban (a los indios) y allí los provean de comer y de lo demás que á sus ánimas y cuerpos fuere necesario... encargados dellos los dichos religiosos, desquesten ya récios y gordos y fuera de peligro y en dispusición para ser enseñados, que los enseñen y doctrinen y instruyan en cosas de la fée, y estén en ellos hasta que merezcan ser bautizados, y después de bautizados estén en la dicha casa con los dichos religiosos un año, que en todo este tiempo saldrán hábiles y conocedores de su Criador; y después del dicho año, les hagan compañía con labradores de la manera arriba dicha... y que los religiosos dichos les hagan moderadamente trabajar por ejercicio, estando en ello, en hacer labranzas y no en cosa de minas ni coger oro, antes del baptismo como después dél...* [1]

Las proféticas concepciones de Fray Bartolomé de Las Casas referidas a la forma de evangelizar y civilizar a los naturales del Nuevo Mundo, fueron aplicadas por primera vez en Cuba precisamente por los franciscanos, como si aplicaran al pie de la letra las sugerencias contenidas en el «Memorial sobre remedios de las Indias» a que nos hemos referido.

El empeño de los frailes seráficos comenzó cuando el Provincial de la Orden Franciscana en Santo Domingo, Fray Pedro Mexía de Trillo, que se oponía por principio a que los indios fueran obligados a trabajar en las encomiendas,

> *ideó un plan de colonias agrícolas en las cuales los indios, bajo la dirección de algunos religiosos entendidos en la materia, se dedicarían a la práctica de diversos cultivos y a aprender a vivir como los cristianos. Una parte del producto de dichas colonias pertenecería al rey; el resto, a los mismos indios. Tan pronto como éstos estuviesen capacitados para vivir y trabajar por sí, quedarían relevados de toda tutela, sin otra obligación que la de pagar un tributo anual a la Corona.* [2]

Aprobado por Su Majestad Católica el Proyecto o Plan de la Experiencia, que así lo llamó el Provincial de los franciscanos, el 14 de septiembre de 1526 se dictaba un Real Decreto por el que se disponía que Fray Pedro Mexía se trasladara a Cuba para ensayar su sistema. A pesar de que el gobernador Gonzalo de Guzmán se disgustó por la misión encomendada al franciscano, porque mermaba sus facultades de repartidor de indios inherentes a la primera autoridad de la Isla y por tanto uno de los medios que garantizaba su poder sobre los colonos y negó a Mexía de Trillo toda autoridad para intervenir en los asuntos de los indígenas el proyecto pudo seguir adelante. El intento del gobernador no dio resultado: cuando el franciscano se quejó de su conducta, tanto la Audiencia de Santo Domingo como el Consejo de Indias fallaron a favor del religioso y finalmente, por Real Cédula de 15 de febrero de 1528, se le «restó a Guzmán gran parte de sus funciones de repartidor (de indios) y se le privó del derecho de encomendarse indios a sí mismo, a sus familiares y a sus criados» [3]

Por su parte, el nuevo Obispo de Cuba, Dr. Miguel Ramírez de Salamanca, pensó que el Plan de la Experiencia de cierta forma restaba alcance a su jurisdicción, y también trató de oponerse al empeño del franciscano. Sin embargo, el fraile encontró su mejor defensor en una persona de gran prestigio: Don Manuel de Rojas, ex-gobernador de Santiago de Cuba, figura honorable que se destacaba por su proceder honrado, recto y justiciero, que vio con buenos ojos el proyecto, estimulado por otro Real Decreto firmado en 1530. En 1531, desde su nueva posición como procurador de la villa de San Salvador de Bayamo, apoyó con toda su influencia que fuera en un punto muy próximo a esta villa donde se alzara el primer «pueblo de indios» el único que se levantó en aquella época, donde se pudo llevar a la práctica la concepción de Fray Pedro Mexía de Trillo:

> *Manuel de Rojas... esforzado en cumplir las providencias reales de 1530 sobre la enseñanza de los indígenas. Cerca de Bayamo estableció colonias de indios libres que trabajaban para sí bajo la dirección de un clérigo y un vecino casado. El primero encargóse de la 'doctrina de estos escogidos; el segundo tenía por misión 'enseñarlos e industriarlos en la manera de vivir políticamente, y favorecerlos y ampararlos conforme a la instrucción que se les dio* [4]

La larga guerra contra Guamá y sus partidarios había hecho de Manuel de Rojas un partidario de la incorporación de los indígenas a través de la religión, la educación y la instrucción. Efectivamente, el Real Decreto de 1530, en sus ordenanzas, mandaba que se enseñase a los indígenas a vivir con estilo civilizado y cristiano, que se les adiestrara en la agricultura y en los oficios comunitarios de más necesidad, que se les enseñara el idioma castellano, las primeras letras y la religión de Cristo, y que se les hiciera andar vestidos y hacer en todo como los cristianos. Ordenaban además lo que habría de hacerse para formar las comunidades indígenas:

> *Se formarían pueblos de unos 300 indios, con tantas casas como familias; con iglesia, plaza y hospital. Con campos de crianza que serían comunes. Los ganados también serían de propiedad común. Un carnicero en cada pueblo se encargaría de proporcionar una ración diaria de carne a cada vecino. El gobierno de cada comunidad estaría en manos de un triunvirato compuesto por un clérigo, un cacique indio y un español casado. La función docente estaba encomendada al sacristán que, de ser posible, debía ser indio natural* [5]

Como es natural, Fray Pedro Mexía de Trillo tuvo sus mejores colaboradores en los franciscanos que tenían Casa en Santiago desde 1531 y que llegaban en sus misiones apostólicas a los más apartados lugares de las jurisdicciones de Bayamo y Puerto Príncipe para evangelizar a los indígenas de esos territorios.

El Plan de la Experiencia propuesto por el Provincial de los Franciscanos que se aplicó en Bayamo con la ayuda de Don Manuel de Rojas y de los hermanos de la Orden Seráfica se adaptó, por supuesto, a las condiciones de Cuba, pero es indudable que seguía en líneas generales el espíritu de las reales provisiones. Como recuerdo de este esfuerzo, que llevó a cabo Fray Pedro Mexía de Trillo con el apoyo de los franciscanos que desde 1531 comenzaron a levantar un rústico Convento en Santiago de Cuba, quedaron en Bayamo un nuevo Convento bajo la advocación de Santa María de los Ángeles, con su pequeña Iglesia adjunta, que se levantaron en 1534 de forma provisional y que se construyeron en mampostería a partir de 1582. Los frailes que radicaron en el nuevo convento bayamés también se dedicaron a difundir la fe cristiana entre los indios de los alrededores.

Al regresar de estas correrías, traían nuevos indígenas para el pequeño pueblo de indios fundado cerca de Bayamo. En dicho pueblo levantaron además una escuela para la enseñanza de las primeras letras, que parece ser la primera que funcionó de forma estable en Cuba. [6]

No duró muchos años la experiencia del pueblo de indios fundado cerca de Bayamo. La rápida disminución de los naturales por un lado, y por otra parte la promulgación de las célebres Ordenanzas de 1542, fruto del empeño infatigable de Fray Bartolomé de Las Casas, que determinaron la igualdad jurídica y de los indios de Cuba con los españoles y establecieron sus derechos, convirtieron la existencia del pueblo de indios fundado por la convicción del Padre Las Casas, la iniciativa del franciscano Mexía de Trillo y el apoyo del funcionario Don Manuel de Rojas, en un recuerdo del pasado.

Las escuelas de los franciscanos

En dos siglos a partir de 1531 los franciscanos levantaron 7 Conventos y 3 Hospicios en Cuba: los Conventos de la Inmaculada Concepción (Santiago de Cuba, 1531), de Santa María de los Angeles (en dos etapas, 1534 y 1582, erigido en San Salvador de Bayamo), el de la Purísima Concepción (San Cristóbal de La Habana, a partir de 1574), el de Santa Ana (en dos etapas, 1599 y la fundación definitiva en 1735, Santa María de Puerto Príncipe), el Convento de la Vera-Cruz (Sancti-Spíritus, 1716), el de San Antonio (en la Asunción de Guanabacoa, 1719), el de María del Consuelo (Trinidad, 1731); y los Hospicios de Matanzas, al final del siglo XVII o principios del XVIII, el de Villa Clara en 1730 y el de San Isidro en San Cristóbal de La Habana, en 1745. [7]

Prácticamente todas las escuelas que funcionaron en Cuba durante la etapa colonial fueron religiosas y las que no lo eran directamente también estaban vinculadas a la religión cristiana Se puede decir que en cada casa levantada por los franciscanos, fuera Convento u hospicio, funcionó una escuela donde se enseñaban las primeras letras a los vecinos del lugar: en muchos casos, fueron las escuelas franciscanas las primeras que funcionaron en varias de las villas más importantes de Cuba. En el caso del Hospicio de Villa Clara, erigido en 1730, tuvo una pequeña escuela que luego se segregó del Hospicio en 1794 y tomó el nombre de Colegio de Nuestra Señora de los Dolores, que llegó a tener fama en esa población.

Sin embargo, ninguno de los centros educacionales fundado por los franciscanos llegó a tener tanto vuelo y renombre como el que funcionaba en los claustros del Convento de La Habana. En 1838, franciscanos y laicos de renombre y gran preparación tenían a su cargo las cátedras siguientes:

> *Cátedra de Teología, a cargo del Padre Orellana.*
> *La de Gramática, por el Padre Fray Manuel Suárez.*
> *La de Filosofía, desempeñada por Don José de la Luz y Caballero, discípulo que fue de aquella casa, donde estudió dicha ciencia y se examinó de ella en 1817.*
> *La de Matemáticas, por Jan Cristian Kruger.* [8]

La enseñanza de la filosofía a cargo de Don José de La Luz y Caballero en la escuela de los franciscanos de La Habana llegó a tomar un alto vuelo, que fue reconocido por los más doctos maestros de la Universidad Dominica de San Gerónimo y del Seminario de San Carlos y San Ambrosio. El alemán Kruger, por su parte, llegó a adquirir gran fama como profesor de matemáticas, asignatura que alternó con las de economía y comercio en forma igualmente brillante.

En las aulas de los franciscanos de La Habana también brillaron profesores de gran talla como Fray Francisco Cigala y Fray Javier Agüero, en las clases de Física experimental, y Fray José Torrubia, en las de Historia Natural. El teólogo Fray Juan Calzada, autor de un «Tratado de las indulgencias en general y en particular» que se publicó en La Habana en 1838, también adquirió gran renombre en la enseñanza de la Teología. [9]

Obras sociales más importantes en la etapa colonial

Durante toda la historia colonial de Cuba estuvo presente la tradición franciscana de prodigar el bien a los necesitados de todas las formas posibles, y se puede constatar que numerosos frailes trabajaron tanto en las escuelas como en los asilos y hospitales de la misma forma que sus ermitas, iglesias y conventos fueron siempre centros de amparo a donde iban el hambriento, el enfermo o el peregrino, de la misma forma que los padres llevaban a sus hijos para que los franciscanos los instruyeran.

Las crónicas más antiguas de los hechos de los franciscanos en Cuba guardan la memoria de un aspecto importante de sus actividades sociales cuando nos presentan a un terciario franciscano, –el primero del que se tienen noticias en la Isla– el Hermano Sebastián de la Cruz, que poco después de llegar a La Habana en circunstancias poco conocidas se consagró con ánimo heroico al servicio y cuidado de los enfermos pobres en un pequeño local o colgadizo, a finales del siglo XVI. Sebastián de la Cruz pasó a la historia como el antecesor directo de los que fundaron algunos años después la gran Casa de Belén en La Habana. [10]

Las obras de Fray José de la Cruz Espí, el Padre Valencia

No se puede hablar de la obra social de los Hijos de San Francisco en la Isla de Cuba, ni se puede escribir la historia de la legendaria ciudad de Puerto Príncipe, actualmente Camagüey, sin hablar de ese franciscano incansable, de inmenso corazón y coraje a toda prueba, que fue Fray José de la Cruz Espí, a quien el pueblo llamaba, por su origen, el Padre Valencia.

Fray José de la Cruz Espí nació en Valencia, España, el 13 de enero de 1763 y recibió el bautismo en la Iglesia de Santo Tomás Apóstol y San Felipe Neri, de la misma ciudad. Cursó sus primeros estudios en el Colegio de los Padres Escolapios de Valencia y, urgido por el llamado del Señor, tomó el hábito pardo de la Orden de San Francisco el 15 de agosto de 1777, contando 14 años de edad. A los 22 años, en 1785 fue enviado a Méjico, y su ordenación sacerdotal tuvo lugar el 2 de mayo de 1787, a los 24 años.

Al cabo de 4 años, en 1791, lo destinaron como misionero a la peligrosa isla de Nutka, en la Alta California, donde dejó un claro ejemplo de heroísmo cristiano civilizando a los indígenas antropófagos, a los que enseñó a sembrar plantas de fibra y dotó con telares para estimular su progreso, y tiempo después también a las misiones de Monterrey y las Selvas de San Blas. En 1793 regresa a Méjico y al cabo de 7 años, en 1800, lo trasladan a la Provincia Franciscana de Santa Elena de la Florida, destinado al Convento Franciscano de La Habana. Contaba entonces 37 años.

Después de una corta estancia en la capital, en ese mismo año lo envían a Trinidad, donde debía levantar una nueva Iglesia. Una vez que expuso su misión a los vecinos desde la Cátedra Sagrada, se dio a la tarea de peregrinar casa por casa pidiendo limosna para sufragar la gran empresa. En su primera Semana Santa en Trinidad, fijó con sus propias manos un Vía Crucis de madera en las calles, en cuyas estaciones se iba deteniendo la procesión. Trabajaba personalmente en la obra de la Iglesia, y fue tan estimulante su ejemplo que hasta los ricos del pueblo paleaban cal y arena para hacer las mezclas y los maestros de escuela llevaban a los niños a la fábrica de ladrillos para que cada uno, según sus fuerzas, llevara hasta la obra uno o dos ladrillos cada día.

En 1813 viaja por primera vez a Puerto Príncipe, donde se establece definitivamente en 1814. El espectáculo de los leprosos que deambulan por la ciudad a expensas de la caridad pública lo conmueve tanto, que decide levantar un Hospital, que se llamará Hospital de San Lázaro, para albergarlos, y empezó a recoger limosna de puerta en puerta para llevar a cabo la construcción. Por sí mismo conseguía el dinero, compraba los materiales, los acarreaba e iba preparando los terrenos del huerto que debía contribuir a la alimentación de los lazarinos. En 1819 quedó terminado el Hospital de San Lázaro, un gran edificio de ochenta varas de frente con capacidad para 60 enfermos, con una capilla anexa y dotado con su propia huerta y algunos corrales donde se criaban animales para el sustento de los enfermos. No se sabe cómo, pero al Padre Valencia le alcanzaba el tiempo para atender las verduras de las huertas y los animales en los corrales, después de trabajar en sus obras y cuidar personalmente a los enfermos, sin descuidar por todas estas cosas su sagrado ministerio, o dejar de cargar y conducir personalmente a los enfermos del cólera cuando llegaba la mortal epidemia, bien para llevarlos al hospital o para darles los últimos sacramentos.

El Padre Valencia no se detuvo. Para favorecer a las mujeres enfermas y necesitadas, comenzó a levantar un Hospital para Mujeres que contaba con 70 camas desde el 11 de noviembre de 1823, y su ejemplo arrastró nuevamente a todo el pueblo camagüeyano en el empeño. Al mismo tiempo, trabajaba en la construcción de una nueva Iglesia puesta bajo la advocación de Nuestra Señora del Carmen, con su convento al lado, y llevó a feliz término todas estas obras en muy poco tiempo, gracias a la cooperación que le brindaba el pueblo. A renglón seguido fundó la «Sociedad Caritativa de Señoras Principales», presidida por la Condesa de Villamar, que debía garantizar las finanzas del Hospital.

En 1826 llevó a cabo la construcción de un tejar, dotado con un horno de 8 bocas, capaz para fabricar 10 000 ladrillos diarios destinados a las diversas obras que impulsaba con sus iniciativas. Desde 1826 hasta 1828 construyó además dos norias para mejorar el abastecimiento de agua.

Durante algunos años, a renglón seguido, trabajó en la construcción de un Convento de Madres Ursulinas, y al presenciar los trabajos que pasaban los peregrinos que desde occidente pasaban por Camagüey con rumbo al Santuario del Cobre para rendir culto a la Virgen de la Caridad, inició otra obra: la Hospedería de San Roque, en terrenos anexos al Hospital de San Lázaro.

Tuvo también la intención de crear un colegio religioso para niños, y su gran influencia junto con su admirable creatividad facilitaron la instalación de los Padres Escolapios en Camagüey.

Además construyó un puente sobre el arroyo de las Jatas, que se terminó el 4 de marzo de 1833, con el fin de facilitar el tránsito de los caminantes que si no cruzaban por este lugar estaban obligados a pasar por callejones que se hacían intransitables cuando llegaban las lluvias.

Tenía en proyecto levantar un Hospital de Dementes y una Cárcel modelo en la que los reclusos pudieran tener enseñanza religiosa así como elementos de instrucción y aprendizaje de artes y oficios manuales y mecánicos.

Murió el 2 de mayo de 1838, dejando tras de sí una estela de santidad y la veneración de todo el pueblo camagüeyano que varias veces ha tratado de promover su canonización, sobre todo cuando se conmemoró el Centenario de su fallecimiento en 1938.

Durante sus 38 años de vida en Cuba, el Padre Valencia pudo construir, sobre la base de su coraje, de su fe indoblegable y de su esfuerzo y entrega personal, la Iglesia y el Convento Franciscano de Trinidad, y en Camagüey el Hospital de San Lázaro, la Iglesia del Carmen al que se anexaba el Hospital de Mujeres y el Convento de las religiosas, el Monasterio de las Ursulinas, la Hospedería de San Roque, un puente, un tejar, dos norias, además de promover el Colegio de los Escolapios y proyectar un Hospital de Dementes y una Cárcel Modelo[11].

Dejó una gran estela de milagros y una fama de santidad muy grande, y sobre todo la inapreciable enseñanza de su ejemplo[12].

Desde 1841, con la puesta en vigor de las leyes de exclaustración y despojo, se extinguió la Orden Franciscana en Cuba, al igual que las demás órdenes religiosas. Desde ese año hasta 1887, año en que tiene lugar la Restauración de los franciscanos en Cuba, quedaron paralizados o dejaron de funcionar las fundaciones de la época colonial. Vino una nueva etapa para las obras franciscanas destinadas al servicio social, que lograrían su mayor esplendor después del nacimiento de la República en 1902.

Obras sociales más importantes en la etapa republicana hasta 1959

El Colegio «Madre Mazzarello»

Entre las obras sociales franciscanas más importantes de la etapa republicana se encuentra el Colegio «Madre Mazzarello», en Camagüey, que también tuvo su origen en la poderosa voluntad y la energía creadora del Padre Valencia.

En este lugar estuvo el Hospital de Nuestra Señora del Carmen, dotado con 16 camas, que fundó en 1730 Doña Eusebia Ciriaca de Varona, quien le proporcionó algunas rentas para su mantenimiento. A la llegada del P. Valencia, el viejo Hospital se encontraba en ruinas, y el franciscano, como ya hemos visto, lo reconstruyó junto con la Iglesia y el Convento.

Con la exclaustración de 1841, el poder secular se hizo cargo del Hospital, pero no pudo enfrentar los gastos y la institución tuvo que ser clausurada.

Al llegar las Madres Salesianas en el siglo XX, se les hizo entrega de la herencia que legara el gran fundador franciscano y ellas rehabilitaron la obra, ya más que centenaria, fundando en sus locales el Colegio «Madre Mazzarello», que estaba destinado a la enseñanza de las niñas pobres de Camagüey.

Las iniciativas de Fr. Iñaki de Pértika, o.f.m.

El P. Iñaki de Pértika o.f.m. llegó a Cuba en 1937, prácticamente expulsado de España, donde ardía en esos momentos la guerra civil. Permaneció en Cuba hasta que se produjo el éxodo de religiosos en 1961, y su obra social fue tan reconocida que incluso los masones en Guanabacoa reconocieron sus méritos. Las obras que aparecen a continuación fueron resultado de su iniciativa personal. Fueron fundadas en el período comprendido entre los años 1938 y 1951.

La Escuela gratuita «San Francisco de Asís»

Fundada por iniciativa del P. Iñaki, que fungía como asesor eclesiástico, esta escuela fue instalada en el local del Sindicato de Despalilladoras de Placetas. Tenía una matrícula de 95 alumnos de ambos sexos, atendidos por dos maestras. Los gastos del centro eran financiados por la Junta Parroquial de Placetas y la Acción Católica.

Dispensario «Nuestra Señora de la Caridad»

Fue fundado por el P. Iñaki de Pértika con la ayuda de la Junta Parroquial de Acción Católica de Placetas. Tenía por Director Facultativo al Dr. Tomás Suárez Celorio, su Director-Administrador era el Sr. Mardonio Santiago García, y el P. Iñaki era el asesor eclesiástico. Sus gastos se cubrían con el producto de numerosas donaciones y suscripciones.

El Dispensario tenía un Departamento Médico que en 1952 consultó 1539 enfermos, realizó una entrega gratuita de 2210 medicinas de diversos tipos y además 3858 ámpulas de inyecciones de diversos tipos. En ese mismo año se aplicaron 1448 inyecciones a los casos que las necesitaban.

También se habilitó un Departamento Dental que en ese mismo año atendió 333 casos, realizando 725 extracciones.

Dentro del Dispensario también funcionaba un Departamento de Higiene Escolar en el que se examinaban los niños matriculados en la escuela contigua, llenándose las fichas correspondientes.

Escuela «Nuestra Señora de la Caridad»

Esta escuela también fue fundada en Placetas por la Junta Parroquial de Acción Católica, y tenía al P. Iñaki de Pértika como asesor eclesiástico, y su inauguración tuvo lugar el 6 de agosto de 1949. Como en el caso anterior, los gastos de esta institución se cubrían por medio de numerosas donaciones y suscripciones. El 3 de diciembre de 1950 se inauguraba un nuevo pabellón que ampliaba las capacidades instaladas.

La matrícula ascendía a 240 alumnos de ambos sexos, a los cuales se les servía el desayuno gratuito todos los días, atendidos en varias aulas donde trabajaban en total siete maestras.

Escuela Nocturna de Corte y Costura

Creada en Placetas por iniciativa de la Junta Parroquial de Acción Católica, también tenía por asesor eclesiástico al P. Iñaki de Pértika. Los gastos de este centro se cubrían con los recursos que aportaba la Junta Parroquial. Las profesoras del centro trabajaban sin recibir pago alguno.

Su matrícula ascendía a 50 alumnas atendidas por dos profesoras. Es bueno destacar que además de cursar los estudios propios de un centro de esta naturaleza, las alumnas colaboraban en la obra de mantener un ropero de beneficio popular, confeccionando canastillas y prendas de vestir para auxiliar a las familias pobres [13].

Colegio «San Antonio»

También surgió por iniciativa del P. Iñaki de Pértika en Placetas, con el apoyo de la Junta Parroquial. Se trataba de una pequeña escuela que complementaba la ya existente bajo la advocación de la Virgen de la Caridad, y fue inaugurada el 2 de septiembre de 1951.

Además, los franciscanos colaboraban con el Colegio San José, fundado en 1947, que atendían en Placetas las Siervas de San José.

Otras obras de los franciscanos

Dispensario Médico-Dental de Acción Católica «San Francisco de Asís»

Este Dispensario, que radicaba en la calle 27 no. 156, en el Vedado, se inauguró el 24 de octubre de 1947. Su Presidenta era la Marquesa de Jústiz de Santa Ana, y su Consiliario, el P. Serafín Ajuria, o.f.m.

El centro estaba administrado y dirigido por una Junta Directiva compuesta por señoras y señoritas que pertenecían a la Acción Católica y a la Orden Tercera de San Francisco. Colaboraban, además, las Terciarias Franciscanas del Buen Consejo.

Esta institución proporcionaba servicios médicos y dentales gratuitos a los pobres, además de practicar la asistencia social mediante la orientación y el consejo a los pacientes según los valores cristianos, además de ayudarlos a resolver sus problemas familiares y económicos.

Contaba con dos gabinetes médicos dotados con modernos equipos en los que prestaban servicios cuatro profesionales de la salud, dos por la mañana y dos por la tarde, auxiliados por dos voluntarias de Acción Católica y una religiosa franciscana. Por su parte, el gabinete dental, también equipado con la mejor técnica, era atendido por varios dentistas, una voluntaria de Acción Católica y una religiosa franciscana.

Un moderno laboratorio muy bien dotado realizaba las investigaciones clínicas. En él trabajaban un técnico de la especialidad, con un ayudante y varias jóvenes estudiantes de medicina.

El Dispensario contaba además con un Departamento de Fluoroscopía y Radiografía, uno de Farmacia y otro de Servicios Sociales donde se atendían los casos sociales y las personas con problemas económicos. En la Oficina Técnica-Administrativa se conservaban las historias clínicas, que de 1947 a 1951 ascendían a 6,450.

Durante casi 4 años de funcionamiento, en el Dispensario se examinaban como promedio mensual 137 personas, se realizaban 960 consultas (alrededor de 40 diarias), se efectuaban 250 análisis clínicos, 340 exámenes fluoroscópicos y radiográficos, 18 extracciones dentales, y se entregaban medicamentos gratuitos por valor de 861 pesos.

Durante el año 1950, los ingresos por cuotas de socios protectores alcanzaron 2,202 pesos, el producto de una tómbola, 900 pesos, y un donativo de Fray José Mojica, 1000 pesos, para un total de 4,202 pesos. En ese mismo año, los gastos generales del centro sumaron 611 pesos, los gastos del laboratorio, 161 pesos, los del personal, 1,485 y 74 pesos por impresos del dispensario, para un total de 2,331 pesos.

En ese mismo año se entregaron medicamentos gratis por valor de 10,332 pesos. Durante ese año, los socios protectores donaron muebles y equipos clínicos al Dispensario por valor de 4,385 pesos. En total, durante el año 1950 el Dispensario tuvo gastos que ascendieron a 17,048 pesos. El 60 por ciento del total de gastos correspondió a la entrega gratuita de medicamentos.

En el Dispensario trabajaban 19 médicos que daban consultas diariamente, por la mañana y por la tarde. A partir del año 1953 se ampliaron los servicios que se prestaban a los niños mediante la aplicación gratuita de la vacuna BCG con el plan correspondiente de protección contra la tuberculosis.

El Cine Club Católico

Fue fundado en La Habana en 1952 por iniciativa de la Dra. Elvira Rojo y auspiciado por el Centro Católico de Orientación Cinematográfica, contando con la ayuda del P. Ignacio Biaín o.f.m. como asesor eclesiástico. En el momento de su inauguración, contaba con 350 socios fundadores que pagaban una cuota mensual y tenían derecho de asistir a las funciones periódicas.

El propósito fundamental del Club era estimular el perfeccionamiento moral, cultural y artístico del cine, y proporcionar a sus asociados funciones cinematográficas dignas de un público educado e ilustrado.

Todos los meses el Club celebraba una función en la que se exhibían filmes que seleccionaba previamente la Junta Directiva. Antes de que comenzara la proyección, se brindaba una información que comprendía los valores artísticos y técnicos así como la orientación histórica, filosófica o moral de la película, que estaba a cargo de un crítico de cine de gran prestigio. Después de la exhibición se realizaba un amplio y enriquecedor debate colectivo en torno al argumento y otros detalles.

Por otra parte, en el Cine Club Católico se dictaban conferencias periódicamente sobre temas relacionados con el cine.

Ropero de San Antonio

Funcionaba en la Calle Aguiar no. 509, en La Habana, y su Consiliario era el franciscano P. Ángel Madariaga.

Este Ropero atendía a más de mil quinientos niños pertenecientes a siete centros catequísticos de La Habana. Para dar una idea de la labor que se realizaba, basta recordar que en 1951 el Ropero proporcionó los vestidos de primera comunión a 350 niños de ambos sexos.

Escuela Parroquial «Nuestra Señora del Carmen»

Fue fundada en Casablanca el 1° de febrero de 1925 por las Terciarias Franciscanas del Buen Consejo. En 1953 la Madre Superiora era Ildefonsa de Jesús, y su Director, el franciscano Fr. Daniel Eleiz.

Dispensario «La Virgen de Fátima»

Se trata de un dispensario que funcionaba en La Jata, Guanabacoa, bajo la dirección de un Padre Franciscano. Los equipos con que contaba fueron donados por el Dr. Manuel Martínez Cañas[13].

Realizaciones de la acción social franciscana

La Acción Social Franciscana era una asociación que surgió en 1952 bajo los auspicios del P. Ezequiel Iñurrieta y otros hermanos franciscanos, para promover una serie de proyectos en beneficio de los pobres. El punto III de los Estatutos de esta entidad define con claridad sus objetivos:

– La formación cristiana de todos sus miembros,
– Fundación de Escuelas gratuitas para niños, y de Escuelas de adultos,
– Formar un Ropero capaz de atender la mayor cantidad posible de familias,
– Crear Escuelas de Corte y Costura y de instrucción general para el servicio doméstico,
– Fundar un Asilo-Orfelinato o Ciudad de los Niños,
– Fomentar la caridad cristiana con repartos de ropas, alimentos, etc.,
– Fundar Dispensarios Médicos Gratuitos.

Algunas de las fundaciones ya citadas surgieron al calor de la Acción Social Franciscana, que fue inscrita en el Registro Civil de Asociaciones desde 1955, año en que se legalizó su libro de Actas aunque la primera reunión oficial se efectuó en diciembre de 1954. Desde ese año, las nuevas fundaciones promovidas por la Acción Social Franciscana fueron las siguientes:

Escuela gratuita San Antonio de Padua

Se fundó en 1954 con capacidad para 250 niños. Empezó en un aula pequeña con pocos alumnos y en el año citado ya contaba con varios locales, aulas bien provistas con buenos pupitres y material escolar. Los niños disfrutaban de un buen desayuno gratis y de un Ropero Escolar, y ya se hablaba de instalaciones deportivas en terrenos adquiridos para ese fin que costaron 147,000 pesos, que ya se habían pagado completamente en 1959, y de una ampliación del edificio de la escuela.

Asilo-Orfelinato «Mi Casa»

La casa donde se instaló este Asilo-Orfelinato «Mi Casa», destinado a alojar a niños sin familia, fue donada por la Sra. Alicia Mendoza, viuda de Tarafa, cuando el P. Ezequiel Iñurrieta tuvo la idea de fundar «la primera ciudad de niños que habrá de funcionar en Cuba» y se dio a la tarea de estudiar los modelos de instituciones similares existentes en Francia, Italia, España, Estados Unidos y Méjico. La Ciudad de los Niños no había de ser un reformatorio, sino un verdadero hogar para los pequeños.

La Acción Social Franciscana apoyó el proyecto y al frente de «Mi Casa» se pusieron las Religiosas Franciscanas del Buen Consejo, de pronto convertidas en verdaderas madres de los alumnos sin familia. El P. Iñurrieta logró poner en marcha la institución desde el 21 de noviembre de 1954.

La casa era de dos plantas: arriba el dormitorio y debajo, la sala de recibo, la cocina y el comedor. En el patio de 40 metros de largo se proyectó construir un edificio de dos plantas para habitaciones y talleres, y adaptar el garage original para salón de cine. Los niños aprendían artes y oficios, y se proponían clases prácticas de agricultura. El P. Iñurrieta quería alcanzar la cifra de 70 niños, todos huérfanos o abandonados. En 1957, la revista franciscana «La Quincena» ya informaba que en «Mi Casa» residían y estudiaban más de 50 niños... la Acción Social Franciscana se encargaba de las cuotas de mantenimiento, de las suscripciones y donaciones que posibilitaban el sostenimiento del centro.

En 1959, la fundadora Alicia Mendoza prometió un donativo mensual de 500 pesos, y las gestiones realizadas por el P. Zubieta con el Ministerio de Bienestar Social para recibir una subvención de otros 600 pesos mensuales no fructificaron del todo. La escasez de fondos durante los años siguientes hizo cada vez más difícil la vida de la institución, que finalmente tuvo que cerrar sus puertas.

Otras obras que echó adelante la Acción Social Franciscana desde 1955 hasta 1959, fueron la *Academia de Corte y Costura*, donde aprendían jóvenes sin recursos que se graduaban con títulos reconocidos por el estado, una *Escuela de Adultos* destinada a la alfabetización de adultos y que dirigía el P. Iñurrieta, y un *Ropero* que cubría las necesidades del Asilo-Orfelinato y de la Escuela.

Además se proyectaba el *Policlínico San Antonio* que iba a estar ubicado en Miramar y del que llegó a publicarse una maqueta, pero desde 1959 se congeló este propósito.

Todos los proyectos y las fundaciones desaparecieron en 1961 junto con la Acción Social Franciscana, que era su motor impulsor: aún se conserva el Acta de la última reunión de aquella entidad que tanto había hecho por los pobres de Cuba: data del 14 de enero de 1961. [14]

Pero todos estos detalles, todo este recuento de trabajos y de realizaciones para el beneficio de la sociedad pudieron conservarse y ponerse en blanco y negro, para presentarlas en este Encuentro, hacer que formaran parte de nuestra memoria, nos conectaran con el pasado y nos ayudaran a mirar al porvenir.

NOTAS

[1] Pichardo, Hortensia. *Documentos para la Historia de Cuba*, I. Editorial Ciencias Sociales, La Habana, 1965, pp. 53-54
[2] Guerra y Sánchez, Ramiro. *Manual de Historia de Cuba*. Editorial Ciencias Sociales, La Habana, 1968, p. 57
[3] Ibídem.
[4] Guerra y Sánchez, Ramiro; Pérez Cabrera, José; Remos, Juan J.; Santovenia, Emeterio S. *Historia de la Nación Cubana I*, La Habana, 1952, p. 282
[5] Junta Nacional de Acción Católica. *Primer Catálogo de Obras Sociales Católicas de Cuba*, La Habana, 1953, p. 7
[6] Beain, Fr. Victorio o.f.m. *Historia de la Custodia Franciscana del Caribe*. (Fotocopia del manuscrito original), p. 60
[7] Cf. Escoto, Augusto. *Contribución a la Historia de la Primera Orden Franciscana en la Isla de Cuba*. En: *Crónicas del Certamen Histórico-Literario... en homenaje al Cardenal Cisneros*, La Habana, 1918
[8] *Ibídem*
[9] *Ibídem*.
[10] Cf. Larrúa Guedes, Salvador. *Historia de los Franciscanos en Cuba*. (Original en poder del autor). La Habana, 2001
[11] *Ibídem*. Cf. Barrios, Emiliano. El Centenario del P. Valencia. Cía. El Camagüeyano, Camagüey, 1938
[12] Cf. *Ibídem* (5)
[13] Chasco, P. Angel García o.f.m. *Acción Social Franciscana: Historia de las Realizaciones y Proyectos*.
[14] *Ibídem*.

RESÚMENES DE LAS PONENCIAS PRESENTADAS

Ideario de San Antonio María Claret y Clará. Educación de la mujer y su ¿misión?

Ivette Sóñora Soto
Santiago de Cuba

El modelo que hasta nuestros días ha llegado sobre el comportamiento de la mujer en la sociedad y sobre todo el arquetipo de madre ha sido modelado en la conciencia del hombre y la mujer por la cultura patriarcal que determinó la posición y la misión de la mujer diseñada para la atención de los hombres y por los hombres, es decir, el sentido de sus vidas delineado como «seres para-los-otros».

Este modo de comportamiento establecido indujo a San Antonio María Claret, a que en 1853 y 1855 escribiera sobre la «misión» de la mujer dentro del hogar, con los arquetipos de madre y esposa como modelos básicos en su ideario, cuando dirigía la arquidiócesis de Santiago de Cuba como arzobispo, pues al llegar a dicha ciudad se encuentra una situación anómala en cuanto a la moral edificada por la Iglesia Católica. Promueve un discurso destinado a la mujer, donde se combinaba la necesidad social de la instrucción que las preparara en el mejor gobierno de la casa y en la atención y educación de los hijos. Este hilo discursivo donde se buscaba hacer comprender a la mujer la necesidad de la instrucción tenía como objetivo fundamental servir al hombre desde su nacimiento.

En Santiago de Cuba la revista Semanario Cubano (1855), se hizo eco de esta prédica y publicó una serie de artículos dirigidos a las mujeres, donde se enfatizaba que era menester que las madres se instruyeran con el fin de trasmitir valores preestablecidos por la sociedad patriarcal, en su carácter de formadoras de hombres, guías de los hijos, para que éstos se convirtieran en hombres de bien para la sociedad, en ciudadanos correctos y virtuosos, las niñas no era tenidas en cuenta como seres ciudadanos, o sea, la educación dirigida a ellas oscilaba entre ser buenas esposas y madres amantísimas.

●●●●●

La Iglesia Católica en Manzanillo: su protagonismo hasta 1960

Gabriel Ángel Espinosa Escala
Bayamo-Manzanillo

La Iglesia Católica en Manzanillo ha sido protagonista de una obra social imperecedera, fundamentalmente, por la acción que desplegara en la primera mitad del siglo XX. Su positiva influencia en el desarrollo intelectual y espiritual de la sociedad local está vigente actualmente. Esta investigación está encaminada a dar a conocer nombres, instituciones y hechos que fueron sembradores del sentimiento religioso que ha perdurado en el pueblo de Manzanillo.

Este modesto trabajo está basado en la información aportada por datos tomados de los Libros Sacramentales de la Parroquia «Purísima Concepción», de importantes documentos del Archivo Histórico Local, del folleto «Apuntes históricos de Manzanillo», del libro «Copiador de Oficios», de testimonios de quienes, a pesar de su edad siguen trabajando al servicio de Dios y por la labor abnegada de laicos comprometidos en rescatar y conservar la verdad histórica de la Iglesia local.

La fundamentación teórica de la investigación se apoya en una exposición fotográfica y en un pequeño folleto que contiene información histórico-religiosa, datos curiosos y de interés que contribuyen a lograr el objetivo de dar a conocer la obra social de la Iglesia Católica en Manzanillo y su trascendencia histórica.

•••••

Trabajo social de la Iglesia. Labor del Padre Santiago Zubieta en Gibara (1956-1961)

Arsenio Valdés Bruceta
Holguín

Con la construcción de la carretera central en el gobierno de Gerardo Machado, en la década del 30 del siglo pasado, Gibara pierde su esplendor económico. Y ya en el año 1956, cuando el Rev. P. Santiago Zubieta llega a esta localidad en el mes de enero para hacerse cargo de la parroquia los gibareños, en su mayoría, están en la extrema pobreza.

Más que elocuentes, aterradores, son los datos que este sacerdote obtiene de una encuesta dirigida por él en su comunidad y que lo llevan de inmediato a realizar ingentes esfuerzos por paliar en lo posible la terrible situación de los gibareños. De esta manera es creado un Dispensario, dotado de medicamentos gratuitos para todo el que lo necesite, así como se ofrecen consultas médicas, también sin costo alguno, en las que intervienen tres médicos, entre ellos un pediatra. Los exámenes médicos, análisis y radiografías, así como los viajes a otros pueblos, incluyendo la capital del país, para atenciones especializadas, eran de igual manera costeados por la Iglesia. En el hospital Calixto García de La Habana, por intermedio del padre Santiago, se contaba con cinco camas en distintas salas del mismo para la atención a los gibareños. No sólo en el Dispensario se realizaba esta labor, existía un almacén para alimentos y un ropero para proveer de ropa y calzado a los necesitados, labor que se extendía a los barrios de mayor pobreza y a las zonas rurales.

Fue fundada por el Padre Santiago una escuela parroquial, la San Juan Bosco, con tres aulas de 1ro, 2do, y 3er grados respectivamente que daba matrícula a unos cuarenta niños de ambos sexos; las maestras eran titulares y ofrecían su trabajo de manera gratuita. A los niños se les suministraba ropa, calzado y alimentos y la escuela tenía un carácter seminterno.

Para niñas y señoritas fue creada la escuela de corte y costura y bordado, atendida por dos profesoras titulares, y contaba con cinco máquinas de coser.

Mucho luchó el Padre Santiago porque se construyera en Gibara una fábrica de cemento, que no se materializó, pero gracias a su encuesta al triunfo de la Revolución se edificó en Gibara una fábrica de hilos, a instancias del entonces Ministro de Industrias, Comandante Ernesto Che Guevara, que dio trabajo a una parte importante de los gibareños.

Sin embargo, no obstante toda esta labor, tuvo que marchar del pueblo al que tanto había ayudado y del país, abucheado por una pequeña turba de simpatizantes del gobierno en el que había puesto sus esperanzas de que Gibara saliera del olvido y de la pobreza en que otros gobiernos la sumieron.

●●●●●

La obra social del Padre Valencia en Puerto Príncipe

Zelmira Novo
Camagüey

En este trabajo nos propusimos conocer toda la Obra realizada por el Padre Valencia en nuestra ciudad y las consecuencias que la misma trajo para la población y la sociedad puertoprincipeña del siglo XIX.

En la medida en que nos fuimos adentrando en el conocimiento de la vida de este Santo Hombre, de sus virtudes, su espiritualidad y sus conocimientos, nos fuimos sintiendo tan impresionados con la misma, que no pudimos sustraernos al embrujo que él ejerció entre sus contemporáneos, que lo adoraban y veneraban como si fuera un santo.

Este trabajo está dividido por etapas que se corresponden con las diferentes épocas vividas por el Padre, sólo se trata de forma más profunda la correspondiente a las vivencias en Puerto Príncipe.

•••••

Síntesis biográfica del R.P. Agustín Munfort Olivero Sch.P.

Ramón Figueredo Cisneros
Camagüey

El día 12 del mes de septiembre de 1930, en el vapor «Antonio López» de la Compañía Transatlántica, arribó a La Habana, procedente de España, el sacerdote escolapio Agustín Munfort Olivero.

Nacido el 9 de octubre de 1898, en Barcelona, oriundo de una familia muy pobre, pero de profundas creencias religiosas, y luego de cursar la carrera sacerdotal, había recibido su ordenación en 1922, en la Catedral de Barcelona.

Después de una estancia de tres años en Cárdenas, fue designado Prefecto de Alumnos Gratuitos en las Escuelas Pías de Guanabacoa, en cuya villa realizó una extraordinaria labor hasta el año 1962, en que se vio precisado a regresar a España, en unión de un gran número de sacerdotes.

Durante un fructífero período de casi 30 años dedicó toda su atención a los niños pobres, cuyas familias carecían de recursos económicos para darles estudios y carreras. Apela a las formas más inimaginables para proveer fondos que incrementaron numerosas aulas, permitieron abonar e incluso aumentar los sueldos de los profesores, darles libros, uniformes y aun juguetes para niños necesitados, en Navidad y Reyes.

Fue de tanta envergadura su labor caritativa y a la vez formadora de principios cristianos en sus alumnos que, a menudo, los periódicos locales y boletines lo mencionaban como un ejemplo de religioso preocupado por los necesitados.

Se le conoció por el apelativo de «Padre de los Pobres», o el «Limosnero de Cristo». Tanto fue así que en el año 1955, luego de ser declarado Padre Ejemplar, y con motivo de recibir un caluroso y merecido homenaje de casi toda la sociedad guabacoense se colocó una placa de bronce en reconocimiento perdurable a sus méritos.

Luego de su regreso a España en 1962 en el vapor «Covadonga», continuó incansablemente su labor de ayuda a los necesitados en el Colegio del Campo de la Bota y en la Rectoría de Claverol (Lleida).

Pidiendo ayuda por las calles de Barcelona como un auténtico limosnero, llega a las casas de amigos y conocidos, a comercios, despachos profesionales, e incluso a restaurantes y hoteles de lujo. Su labor recibió críticas, incomprensiones, fuertes regaños de sus superiores, incluso amenazas de la policía. A veces fue hasta engañado por gente inescrupulosa que abusaron de su buena fe. Sin embargo, su honradez era tal que el dinero que se le daba para transportes en taxis o autobuses lo destinaba a sus pobres y prefería castigarse caminado calles, plazas y avenidas. Nunca invirtió nada en provecho propio: sus ropas y zapatos estaban a menudo raídos por el uso y el sacrificio.

Con más de ochenta años jamás se dio por vencido, y cuando comprendió que ya su salud era precaria hizo donación de sus ojos para que, a su fallecimiento, un invidente pudiera recuperar la vista.

Falleció el 25 de enero de 1985 en la enfermería de la Orden Escolapia en Santa Eulalia, Barcelona. Tenía 87 años.

La Biblioteca principal del centro escolapio de Guanabacoa, provincia de La Habana, lleva su nombre.

Obra pía habrá en el mundo, mientras haya hombres de fe como Agustín Munfort.

•••••

El Dr. Valentín Arenas Armiñán y su papel en el apostolado seglar cubano

Reynel Rodríguez López
Santa Clara

Valentín Arenas Armiñán fue un laico sagüero que desarrolló un intenso apostolado en las tres últimas décadas de la República. Hijo de una acomodada familia recibió una esmerada formación a manos de los jesuitas desde las primeras edades hasta el nivel universitario. Acompañado siempre por la espiritualidad ignaciana fundó a los 31 años de edad en Sagua la Grande la Asociación de Caballeros Católicos de Cuba que si bien no es la primera de su tipo en el país fue sin lugar a dudas la más significativa y constituyó el fundamento para la creación de la Acción Católica en Cuba, movimiento del cual fue su primer presidente.

El Dr. Arenas fue además el artífice de la Primera Semana Social de Cuba, celebrada en Sagua la Grande en 1938. En este encuentro logró reunir a los más destacados pensadores cristianos del momento y echó a andar la preocupación por la reflexión social en el seno de la Iglesia.

En sus años de madurez coordinó y presidió gran número de eventos nacionales y representó a la Iglesia Cubana en no pocos encuentros internacionales, convirtiéndose en un verdadero vocero del episcopado nacional. Su larga lista de reconocimientos y condecoraciones otorgadas por distintas instancias de la Iglesia pudiera ser un oval de una delicada consideración defendida por algunos que le conocieron, quienes lo designan como el padre del laicado cubano.

Este trabajo tiene como principal pretensión rescatar la memoria histórica de tan necesario personaje en la reconstrucción de nuestra identidad eclesial: ciertamente amenazada por el olvido, la escasez y deterioro de las referencias así como la conspiración del talante humilde o al menos discreta del Dr. Valentín.

En la investigación se recurrió como fuente principal a la prensa de la época, tanto de carácter local como nacional, en segundo lugar a los documentos históricos que se han podido conservar y por último a la memoria viva de los que lo conocieron. Hay que aclarar que el presente trabajo no satisface su pretensión fundamental, no obstante abre las puertas a futuras investigaciones.

•••••

Labor de la Iglesia en el sector de la salud

Víctor Cuevas y Laura M. Fernández
Santa Clara

En estos momentos, en nuestro país, la labor social más conocida de la Iglesia es la relacionada con la salad. A través de Cáritas está presente tanto en la distribución de la ayuda recibida de distintas organizaciones internacionales con destino a hospitales, hogares de ancianos y otros centros del sistema de salud, como a los donativos de medicamentos que se distribuyen de forma gratuita en algunas de nuestras comunidades. Esta atención no es algo nuevo, desde los primeros esfuerzos de atención de salud en Cuba, la Iglesia brindó su ayuda.

Este trabajo quiere ayudar a descubrir esta presencia en nuestro país y especialmente en la diócesis de Santa Clara.

La Iglesia fundó y atendió hospitales civiles y de caridad, enseñó el cultivo de plantas medicinales para los hospitales. La atención de los hospitales y lugares asistenciales estuvo en manos de las órdenes religiosas masculinas y femeninas especializadas en el cuidado de enfermos.

Fue la institución eclesial la encargada del registro de nacimientos y fallecidos, de los enterramientos en las Iglesias y posteriormente del establecimiento y administración de cementerios.

Y fue también gracias a la Iglesia que se llevó a cabo la fundación y atención de asilos para niños, ancianos, mujeres.

Conoceremos también las ordenes religiosas que se dedicaron a esta labor asistencial y algunos de sus miembros más destacados.

Finalmente descubriremos el trabajo asistencial que desempeña hoy la Iglesia a través de sus comunidades.

•••••

Cruces, apuntes para la historia de su comunidad católica

Eloy Manuel Viera Moreno
Cienfuegos

Cruces, pequeño poblado del nordeste de la comarca de Cienfuegos y cabecera actual de uno de sus ocho municipios, es un ejemplo de los pueblos fundados por los avances tecnológicos de la modernidad (en este caso el ferrocarril). Comenzando por el nombre con que los primeros habitantes de esta región designaron el lugar, toda su historia está transida por tradiciones cristianas. El acercamiento a ellas hará más universal nuestra historia local.

Mediante la utilización de los materiales del archivo personal del Ing. Eloy Viera, así como de otros amablemente facilitados por el Museo de Cruces, se brindan apuntes sobre la historia de la fundación de ese pueblo, como introducción necesaria a la descripción de la aparición del templo, sus transformaciones y elevación al rango de parroquia. También se brindan detalles acerca de las tradiciones y colegios católicos locales.

El trabajo este destinado a rescatar y divulgar estos conocimientos entre las comunidades católicas y pueblo en general de las diferentes localidades, como humilde colaboración al rescate de la memoria histórica de la obra social de la Iglesia Católica en nuestro país. Para su realización, con la estimulante ayuda de Mons. Emilio Aranguren Echeverría, Obispo de Cienfuegos, se han utilizado medios actuales de computación y fotografía que hacen más amena la presentación.

•••••

Apuntes para una biografía del maestro mártir René Fraga Moreno

Jesús Hernández Cabrera
Matanzas

El trabajo investiga parte de la bibliografía existente sobre la vida del maestro matancero René Fraga Moreno que, como destacó el ENEC en 1986, «su vida junto a la de muchos jóvenes de esa generación está aun por escribir». Nacido en el seno de una familia católica de 11 hermanos supo vincular su fe con el patriotismo y una hombría singular que lo llevó al enfrentamiento de la dictadura batistiana, hasta ofrendar su vida de forma valiente y generosa. Se trata de mostrar a René como maestro en amplio sentido de la palabra: fe, patriotismo, camaradería estudiantil, solidaridad con los pobres amistosos, pudiendo dar una imagen de la calidad humana de René que lo distinguió siempre como hombre de capacidad excepcional.

Su calor revolucionario no estuvo desvinculado a su fe, que lo comprometió más a la necesidad de un cambio social.

El testimonio oral de 3 de sus hermanas, fotos de la familia y amistades, así como lo que de su muerte y sepelio quedaron plasmados en la prensa provincial y nacional de la época, la denuncia del que fuera nuestro obispo, Monseñor Alberto Martín Villaverde, forman parte de los anexos que aparecen al final de la misma y con un soporte bibliográfico, publicaciones, museables y documentales ponen de manifiesto su vigencia para las nuevas generaciones.

●●●●●

Huellas de la Obra Social de la Iglesia en la historia colombina

Harlene Govea Pérez
Matanzas

Desde su fundación en la primera mitad del siglo XIX, Nueva Bermeja (hoy Colón) muestra el paso evangelizador de la Iglesia.

De las hermosas huellas de la Obra Social que en nuestro pueblo ha dejado el servicio cristiano de numerosos consagrados, religiosas y hasta laicos, trata este trabajo.

Conocedores de la importancia de las historias locales para el enriquecimiento de la historia nacional, se estructuraron los aspectos sobresalientes que en las distintas épocas conformaron el período colonial; la primera mitad del siglo XX, culminando con la década de 1950 a 1960.

●●●●●

La vida en el Espíritu. Hermanas Sociales en Cuba

Navia García Fabeiro
Habana

La Sociedad de Hermanas Sociales está principalmente, inspirada por la Renum Novarum del Papa León XIII, la primera de las grandes encíclicas que llaman a la justicia social, y que abrió las puertas a la Doctrina Social de la Iglesia y al estudio desarrollo de esta Doctrina, llamada a rescatar la dignidad del ser humano.

Las Hermanas Sociales arribaron al primer cincuentenario de su presencia en Cuba. Fundadas el 11 de octubre de 1951, en el poblado de El Cobre en Santiago de Cuba, con la cooperación del entonces Arzobispo de Santiago, Mons. Enrique Pérez Serantes.

Nada fácil sería la situación que debió enfrentar esta Comunidad Religiosa al poner en práctica la Doctrina Social de la Iglesia, trabajando para la promoción de la mujer, la familia y la niñez, en movimientos, obras caritativas, en el campo social y cultural, donde la Iglesia las necesita. Y aún más difícil resultaría su consagración a los signos de los tiempos: la misión social, en los finales del Siglo XX, en nuestro país.

●●●●●

Contribución científico-técnica de la Iglesia Católica a Cuba desde el siglo XVI hasta 1960

Danylo Gudz Robak
Habana

Este trabajo tiene como finalidad reflejar la contribución realizada por la Iglesia Católica en Cuba, destacando las figuras más relevantes, así como hechos significativos que contribuyeron al desarrollo científico-técnico del país.

Las etapas que se analizan comprenden desde el siglo XVI hasta el año 1960.

El contenido de este estudio aborda los siguientes puntos:

Contribución en las ciencias exactas: Física: P. Félix Varela; Matemáticas: P. Chacón; Astronomía: P. Viñes y P. Gutiérrez Lanza; Química: P. Gerest

Contribución en las ciencias naturales: Botánica: Hno. León; Paleobotánica: P. escolapios; Zoología: P. Fraganillo, Dr. Aguayo, Sr. Pastor Olavo.

Contribución en la medicina: Labor en los hospitales: Obispos de Compostela, Valdés, Espada, Claret, Dr. Tomas Romay, Dr. Finlay, Dr. Presno.

Contribución a la formación de la juventud: Fundación de escuelas y trabajo de los Obispos de Compostela, Valdés, Espada; apertura de los seminarios de San Carlos y San Basilio Magno; aportes educacionales del P. Félix Varela, José de la Luz y Caballero y Juan Bautista Sagarra. Congregaciones religiosas dedicadas a la enseñanza.

Contribución en la promoción y empleo de la mujer: Labor de los Obispos de Compostela, Valdés; creación de la Escuela de Enfermeras; creación de congregaciones religiosas y asociaciones de mujeres católicas; significativas contribuciones de mujeres como Marta Abreu, Mariana Grajales; aportes culturales de las Sras. Dulce María Loynaz, Mariana Lola, Anita Fernández.

Contribuciones en otras cuestiones sociales: Trabajo con los ancianos y la Tercera Edad; congregaciones religiosas; investigaciones históricas y aportes significativos de obispos, sacerdotes, laicos.

●●●●●

La presencia del Grupo Orígenes en la Iglesia de Bauta

María Virginia Pérez Pérez, Silvia Amaro Brito
y Tomás Carrera
Habana

En el presente trabajo se presentan los resultados de dos investigaciones realizadas con el propósito de contribuir al rescate de la memoria histórica de la Iglesia Católica en Cuba en defensa del devenir histórico y la identidad nacional.

En la primera se narra cronológicamente la historia de la parroquia de la localidad y los diferentes párrocos que en ella desarrollaron su labor elaborada por el Hno. e historiador de la iglesia Tomás Carrera.

En la segunda se exponen las incidencias del Grupo Orígenes en nuestra Iglesia, resaltando la figura del padre Angel Gaztelu representación de Bauta en este grupo. Se presentan además los resultados del proyecto Tras la Huella de Orígenes que llevan a cabo las autoras de esta investigación, Lic. María Virginia Pérez Pérez y la directora de la biblioteca Silvia Amaro Brito.

•••••

Sacerdotes: calles y plazas en Camagüey

Lic. Daniel E. Agüero Luaces
Habana

Las calles y plazas constituyen también elementos culturales del hombre urbano, por cuanto son reflejo de la vida de los que por ellas transitan mostrando caracteres identificatorios de la realidad físico-social del territorio.

En el caso de Camagüey no habría de ser distinto, y cuando en 1823 en la antigua villa, ya con el título de ciudad, se necesitó localizar con facilidad los inmuebles que agrupaba, se procedió a nombrar las calles siguiendo diferentes criterios, pero con una fuerte presencia de la hagiografía.

Con el advenimiento de la República, muchos odónimos fueron cambiados sustituyéndolos por los de personalidades vinculadas con la lucha de liberación, pero la población, las más veces, hace referencia al nombre que la costumbre ha mantenido a través de ese gran señor llamado tiempo.

Algunos nombres impuestos en homenaje a quienes realizaron una valiosa obra social están presentes en la odonimia camagüeyana, y entre ellos quiero recordar a los Padres Olallo, Valencia, Jofre, Carmelo, Felipe, Trías, Gonfaus, Monteverde y Arteaga.

Mi ponencia pretende honrar a estos hombres de Iglesia que con su acción demostraron que es posible vivir para amar al prójimo, cualquiera que sea el tiempo en que nos toque peregrinar en este mundo. Sus nombres en calles y plazas del legendario Camagüey así lo corroboran.

•••••

Además se presentaron:

Obra social del P. Arocha
P. Antonio Rodríguez
Pinar del Río

Misión formadora de tres sacerdotes españoles en Cuba durante un año crucial: 1958.
Jorge Domingo Cuadriello
La Habana

Anexo

Apertura del Tercer Encuentro Nacional de Historia "Iglesia Católica y Nacionalidad Cubana". Presidido por Su Eminencia Card. Jaime Ortega Alamino, actual Presidente de la Comisión Nacional de Pastoral de Cultura de la COCC. Mons. Juan García (actual Arzobispo de Camagüey, en esos momentos su Obispo Auxiliar); Mons. Adolfo Rodríguez; Card. Jaime Ortega Alamino; Mons. Salvador Riverón (Obispo Auxiliar de La Habana) y Joaquín Estrada

Uno de los paneles del Tercer Encuentro Nacional de Historia "Iglesia Católica y Nacionalidad Cubana". Joaquín Estrada; P. Antonio Rodríguez; Mons. Carlos Manuel de Céspedes y Eduardo Mesa.

Presentación en Cuba del libro Te basta mi Gracia, del Card. Jaime Ortega Alamino, por Orlando Márquez, durante el Cuarto Encuentro Nacional de Historia "Iglesia Católica y Nacionalidad Cubana".

En el Arzobispado de Camagüey, Mons. Adolfo Rodríguez y el Card. Jaime Ortega Alamino con parte de la delegación que de allende los mares pudo participar en el Cuarto Encuentro Nacional de Historia "Iglesia Católica y Nacionalidad Cubana". Ricardo Arias Calderón, P. Manuel Maza; Card. Jaime Ortega Alamino; Mons. Adolfo Rodríguez; Eduardo Vallarino y Guillermo Fernández.

Vista de uno de los plenarios del Cuarto Encuentro Nacional de Historia "Iglesia Católica y Nacionalidad Cubana".

EL grupo Imagen de la diócesis de Camagüey en una de las noches del Tercer Encuentro Nacional de Historia "Iglesia Católica y Nacionalidad Cubana".

Mons. Adolfo Rodríguez saluda a los participantes en el Cuarto Encuentro Nacional de Historia *"Iglesia Católica y Nacionalidad Cubana"*, en el almuerzo de despedida.

Manuel Fernández en la Iglesia de San Juan de Dios, Camagüey, en el homenaje que se le ofreció en el Cuarto Encuentro Nacional de Historia "Iglesia Católica y Nacionalidad Cubana". Muestra el cuadro que se le regaló, pintado por la artista Maidelina Pérez.

Grupo El Gremio de La Habana, en la Iglesia de San Juan de Dios, Camagüey, durante el homenaje que se le ofreció en el Cuarto Encuentro Nacional de Historia "Iglesia Católica y Nacionalidad Cubana".

Grupo Imagen de la arquidiócesis de Camaguey, durante una de las noches del Cuarto Encuentro Nacional de Historia. "Iglesia Católica y Nacionalidad Cubana".

Diploma entregado a Manuel Fernández durante el homenaje que se le realizara en el IV Encuentro Nacional de Historia. Diseñado y realizado por la artista Annette Pichs.

www.ingramcontent.com/pod-product-compliance
Lightning Source LLC
Chambersburg PA
CBHW030508080526
44586CB00011B/112